Kurzlehrbücher
für das juristische Studium

Hay
US-Amerikanisches Recht

US-Amerikanisches Recht
Ein Studienbuch

von

Dr. Peter Hay
L. Q. C. Lamar Professor of Law, Emory University Atlanta
em. Universitätsprofessor an der Technischen Universität Dresden

5. Auflage

Verlag C. H. Beck München 2011
Manzsche Verlags- und Universitätsbuchhandlung, Wien 2011

Verlag C. H. Beck im Internet:
beck.de

ISBN (C.H. Beck) 978 3 406 62697 5
ISBN (Manz) 978 3 214 12495 3

© 2011 Verlag C. H. Beck oHG
Wilhelmstraße 9, 80801 München
Druck und Bindung: Nomos Verlagsgesellschaft
In den Lissen 12, 76547 Sinzheim

Satz: ottomedien, 64295 Darmstadt

Gedruckt auf säurefreiem, alterungsbeständigem Papier
(hergestellt aus chlorfrei gebleichtem Zellstoff)

Vorwort zur 5. Auflage

Das Buch hat dieselbe Zielsetzung und behandelt dieselben Sachgebiete wie das ursprüngliche Buch (Beck Verlag 2000) und seine überarbeiteten und erweiterten Folgeauflagen (Beck Verlag 2002, 2005, 2008). Einen Auszug aus dem Vorwort der 1. Auflage füge ich an. Seit 2002 erscheint das Buch auch auf englisch (*Law of the United States*, Beck Verlag 2002, 2005, 2010). Die dritte englische Auflage erschien 2010 auch in chinesischer Übersetzung bei der Peking University Press.

Die vorliegende 5. deutsche Auflage basiert auf der Überarbeitung des Materials für die beiden neuen fremdsprachigen Auflagen und berücksichtigt die Entwicklungen der Folgemonate. Sie ist grundsätzlich auf dem Stand von Sommer 2011.

In Atlanta unterstützte mich mein Mitarbeiter *Matthew J. Blumenstyk, J.D.*, der auch die Zuarbeit von Hilfskräften koordinierte. Wertvolle Hinweise bekam ich auch von meinem chinesischen Kollegen Prof. *Xu Qingkun*. Die Einarbeitung des neuen Materials und Erstellung des Manuskripts besorgte Herr Rechtsreferendar *Christian Feierabend* in Berlin. Ihnen allen danke ich herzlich.

Atlanta/Berlin, im Sommer 2011 *Peter Hay*

Aus dem Vorwort zur 1. Auflage

Das vorliegende Buch hat seinen Ursprung in meiner *Einführung in das amerikanische Recht*, die erstmals im Jahre 1975 bei der Wissenschaftlichen Buchgesellschaft, Darmstadt, erschien, in den folgenden Jahre mehrere Neuauflagen und Überarbeitungen erfuhr und auch in anderen Sprachen erschien.[1] Ziel des ursprünglichen Buches war, dem Leser einen Überblick über die Tradition, Systematik und die wichtigsten Grundlagen des US-amerikanischen Rechts zu vermitteln.

Dieses Ziel verfolge ich auch mit diesem Kurzlehrbuch. Es unterscheidet sich von seinem Vorgänger durch einen wesentlich erweiterten Umfang: weitere Materien werden vorgestellt, mehrere Gebiete werden vertieft behandelt und das Quellenmaterial ist durchgehend aktualisiert und umfangreicher gestaltet worden. Die Auswahl der Rechtsgebiete wurde von der Überlegung geleitet, sowohl besonders charakteristische Bereiche des US-amerikanischen Rechts als auch solche von besonderer praktischer Bedeutung für den deutsch-amerikanischen Rechtsverkehr zu behandeln. Bei der Auswahl der Quellen kam es mir darauf an, klare Belege für die gemachten Aussagen zu bringen, die dem Leser nach Möglichkeit auch zugänglich sind. Fachtermini habe ich weitestgehend im Englischen verwendet. Beides soll den Einstieg in die Materie und das Weiterarbeiten erleichtern. So richtet sich das Buch gleichermaßen an Studierende und an interessierte Praktiker.

Wie schon früher, schicke ich eine Warnung voraus: auf vielen Gebieten des öffentlichen Rechts und bei fast allen des Privatrechts gibt es kein „amerikanisches Recht". Vielmehr besteht es aus dem einzelstaatlichen Recht der 50 Gliedstaaten, des District of Columbia und der Territorien. Gemeinsame Sprache, Rechtstradition und Kultur bewirken zwar eine grundsätzliche Rechtseinheit, beim praktischen Arbeiten mit „amerikanischen Recht" muß aber immer konkretisiert werden, ob es um einzelstaatliches oder Bundesrecht geht und, wenn ersteres, um welchen Einzelstaat. Verlaß auf „allgemeine Grundregeln" ist gefährlich. Für Gebiete, auf denen einzelstaatliches Recht erhebliche Unterschiede aufweist (etwa im Ehegüterrecht), enthält der Text entsprechende Hinweise.

Dresden und Atlanta, im Frühjahr 2000 *Peter Hay*

---

[1] Deutsche Auflagen: 1983, 1990, 1995; englische Originalauflagen: 1976 (North-Holland), 1991 (Butterworth); chinesische Übersetzungen: 1983, 1997 (Peking University Press); spanische Übersetzung: 1992 (Butterworth).

Inhaltsverzeichnis

Abkürzungsverzeichnis	XVI

1. Kapitel. Einführung, Quellen, Wesen, Methode

A. Rechtsgeschichtliches	1
I. Wurzeln des U.S.-amerikanischen Rechts	1
II. Rezeption des englischen Rechts in den USA	4
B. Rechtsquellen	5
I. Gesetztes Recht, Bundes- und einzelstaatliches Gesetzesrecht	5
II. Amerikanisches Recht als Richterrecht	8
III. Auffinden einschlägigen Fallrechts	10
1. Common Law-Rechtsgebiete	10
2. Gesetzesrecht	11
3. Sekundäre Quellen	12
IV. Rechtswissenschaftliches Arbeiten mit dem Computer	13

2. Kapitel. Öffentliches Recht

A. Staats- und Verfassungsrecht	15
I. Grundlagen	15
II. Bund	16
1. Legislative: Kongreß	17
2. Exekutive: Präsident und Regierung	20
3. Judikative: insbesondere Supreme Court	24
III. Einzelstaaten	25
IV. Besondere Territorien	27
B. Grundrechte	27
I. Ursprünge und Entwicklung	28
II. Einzelne Grundrechte	30
C. Ausländerrecht	32
I. Einreise und Aufenthalt	32
II. Einbürgerung	34
III. Ausbürgerung	34
IV. Ausweisung	35
D. Verwaltungsrecht	35
I. Vorbemerkung	36
1. Begriff des Verwaltungsrechts	36
2. Geschichtliche Entwicklung und Rechtsquellen	36
II. Verwaltungsbehörden	37
1. Ministerial- und unabhängige Behörden	37
2. Verwaltungsbehörden und Gewaltenteilung	38

III. Verwaltungsverfahren 39
    1. Handlungsformen der Verwaltung 39
    2. Verfahrensrechte und -leitung 40
IV. Rechtsschutz gegen Verwaltungshandeln 41

3. Kapitel. Gerichtsorganisation und Zivilprozeß

A. Einführung 43
    I. Begriff des Zivilprozesses 43
    II. Quellen 44

B. Gerichtssystem und sachliche Zuständigkeit 45
    I. Bundesgerichte 45
        1. Aufbau 45
        2. Sachliche Zuständigkeit 46
    II. Einzelstaatliche Gerichte 48
        1. Aufbau 48
        2. Sachliche Zuständigkeit 48
    III. Zusammenfassung 49
    IV. Zuständigkeits„wechsel" 49

C. Internationale Zuständigkeit 50
    I. Allgemeines 50
    II. Gerichtsstandsvereinbarungen 50
    III. Rügelose Einlassung 51
    IV. Belegenheitszuständigkeit 51
    V. Personal Jurisdiction 52
        1. Allgemeine Gerichtsstände 52
        2. Besondere Gerichtsstände 53
        3. Besonderheiten für die Zuständigkeit der Bundesgerichte 55
    VI. Örtliche Zuständigkeit 55
    VII. Regeldurchbrechungen 55
        1. Forum Non Conveniens 55
        2. Federal Transfer 56
        3. Lis Pendens 57

D. Zivilprozeß 58
    I. Zivilklage und Verfahrensgang 58
        1. Vorüberlegungen 58
            a) Klageinhalt 58
            b) Kosten eines Zivilprozesses 60
        2. Verfahrenseinleitung 60
        3. Erweiterung des Verfahrensgegenstandes 61
            a) Klagehäufung und Grenzen der Rechtskraft 61
            b) Claim joinder 62
            c) Counterclaim 63
            d) Party Joinder 63
            e) Crossclaim 64

f) Impleader	64
g) Intervention	65
h) Interpleader	66
j) Class Action	66
4. Discovery	69
a) Allgemeines	69
b) Zuständigkeit	69
c) Discovery – Begehren	70
5. Einstweiliger Rechtsschutz	70
a) Allgemeines	70
b) Preliminary Injunctions	71
c) Temporary Restraining Order	71
d) Attachment	71
6. Summary Judgment	72
7. Hauptverhandlung	72
a) Ablauf der Hauptverhandlung	72
b) Beteiligung einer jury	73
8. Behandlung ausländischen Rechts	74
9. Urteilswirkungen	74
a) Claim Preclusion	75
b) Issue Preclusion	76
c) Kollisionsrechtliche Fragen der Preclusion	76
10. Wiederaufnahme und Rechtsmittel	77
II. Anerkennung und Vollstreckung	78
1. Begriff der Urteilsanerkennung	78
2. Anerkennung im zwischenstaatlichen Verkehr	78
3. Anerkennung ausländischer Urteile	79
4. Vollstreckung	80

E. Außergerichtliche Streitbeilegung 81
  I. Allgemeines 81
  II. Formen der Alternativen Streitbeilegung 82
    1. Arbitration 82
    2. Andere Formen 82

4. Kapitel. Internationales Privatrecht

A. Einleitung 84

B. Quellen 85
  I. Staatsverträge 85
  II. Bundes- und einzelstaatliches Recht 85
  III. Die Erie-Doktrin 86

C. Entwicklung und Stand der Theoriendebatte 87

D. Allgemeine Lehren 89
  I. Domicile 89
  II. Qualifikation 90
  III. Dépeçage 91

IV. Renvoi 91
V. Ordre public 92

E. Besondere Materien 92
   I. Vertragsrecht 92
   II. Unerlaubte Handlungen 94
   III. Sachenrecht 96
   IV. Familienrecht 97
   V. Erbrecht 99
   VI. Trusts 100
   VII. Gesellschaftsrecht 100

5. Kapitel. Zivilrecht

A. Vertragsrecht 102
   I. Einführung 102
   II. Vertragsschluß 105
      1. Angebot und Annahme 105
         a) Angebot 105
         b) Annahme 107
      2. Consideration 108
      3. Form 110
      4. Nichtigkeit und Anfechtbarkeit 111
         a) Geschäftsfähigkeit 111
         b) Illegale Verträge 112
         c) Täuschung und Zwang 112
         d) Mistake of Fact 112
         e) Fairneßerwägungen 113
   III. Vertragsbestandteile 113
      1. Vertragsinhalt 113
      2. UCC Art. 2: Sale of Goods 114
         a) Vertragspflichten 114
         b) Übergang der Leistungsgefahr 115
         c) Garantievereinbarungen/Zusicherungen des Verkäufers 115
      3. Bedingungen 116
   IV. Vertragserfüllung 117
      1. Common Law 117
      2. UCC Art. 2: Sale of Goods 117
      3. Verweigerung der Annahme der Ware 117
      4. Annahme der Güter und spätere Rückgabe 118
   V. Erlöschen der Vertragsverpflichtung 118
      1. Vertragsbruch der anderen Partei 118
      2. Nachträgliche Absprachen 119
      3. Unmöglichkeit und Wegfall der Geschäftsgrundlage 119
         a) Überblick 119
         b) Unmöglichkeit 120
         c) Frustration of Purpose 120
   VI. Vertragsbruch 120

        1. Anspruch auf Schadensersatz 120
        2. Leistungsklagen 122
    VII. Verträge zugunsten Dritter 123
    VIII. Abtretung von Rechten und Pflichten aus einem Vertrag 124
        1. Abtretung von vertraglichen Ansprüchen 124
        2. Abtretung von Vertragspflichten 125

B. Restitution und Unjust Enrichment 125
    I. Einordnung 125
    II. Fallgestaltungen 126
    III. Inhalt 127

C. Unerlaubte Handlungen 127
    I. Einführung 128
    II. Vorsatzdelikte 128
        1. Delikte gegen Personen 129
            a) Battery 129
            b) Assault 129
            c) False Imprisonment 130
            d) Infliction of Mental Distress 130
        2. Delikte gegen Sachen 130
            a) Trespass 130
            b) Conversion 131
        3. Privileges 131
        4. Umfang der Haftung 133
    III. Fahrlässigkeitsdelikte 133
        1. Sorgfaltspflicht 134
            a) Allgemeine Anforderungen 134
            b) Owners and Occupiers of Land 134
        2. Sorgfaltspflichtverletzung 135
            a) Allgemeine Anforderungen 135
            b) Behandlung im Prozeß 136
        3. Kausalität und Schaden 137
        4. Privileges 138
    IV. Nuisance 138
    V. Strict Liability 139
    VI. Produkthaftung 140
    VII. Reputation and Privacy 142
        1. Defamation 142
        2. Invasion of Privacy 144
        3. Malicious Prosecution und Abuse of Process 144
    VIII. Weitere Haftungsfragen 145
        1. Joint and Several Liability 145
        2. Vicarious Liability 145
        3. Immunität 146
    IX. Schaden 147
        1. Nominal Damages 148
        2. Compensatory Damages 148

            3. Punitive Damages 149
            4. Wrongful Death and Survival Statutes 151
       X. Reformen des Deliktsrechts 152

D. Sachenrecht 152
       I. Einführung 153
      II. Rechte mehrerer Personen 153
     III. Immobiliarsachenrecht 154
            1. Typisierung dinglicher Rechte an Grundstücken 154
            2. Freehold Estates 155
            3. Nonfreehold Estates 156
            4. Future Interests 157
            5. Landlord and Tenant 159
            6. Dingliche Beschränkungen und Nutzungsrechte 161
            7. Erwerb dinglicher Rechte an Grundstücken 163
                 a) Ersitzung 163
                 b) Rechtsgeschäftlicher Erwerb vom Berechtigten 163
                 c) Gutgläubiger Erwerb 164
            8. Mortgages 165
      IV. Mobiliarsachenrecht 166
            1. Bailment 166
            2. Gutgläubiger Erwerb 167
            3. Sicherungsrechte 167

E. Familienrecht 169
       I. Einführung 169
      II. Eherecht 170
            1. Verlöbnis und Ehe 170
            2. Allgemeine Wirkungen der Ehe 172
            3. Unterhalt und eheliches Güterrecht 173
            4. Ehescheidung 176
            5. Gleichgeschlechtliche Ehen und Außereheliche Lebensgemeinschaf-
               ten (Domestic Partnerships) 180
     III. Eltern und Kinder 183
            1. Legitimation und Abstammung 183
            2. Sorgerecht 185
            3. Unterhalt 187
            4. Adoption 188

F. Erbrecht und Trust 189
       I. Einführung 189
      II. Gesetzliche Erbfolge 190
     III. Testamentarische Erbfolge 191
            1. Gültigkeitsvoraussetzungen 191
            2. Inhalt und Grenzen der Testierfreiheit 193
      IV. Pflichtteil 194
       V. Ausschlagung der Erbschaft 195
      VI. Nachlaßverfahren 195
     VII. Trusts 197

    1. Rechtsnatur und Funktion 197
    2. Der Trust im Einzelnen 198

6. Kapitel. Wirtschaftsrecht

A. Gesellschafts- und Kapitalmarktrecht 202
    I. Vertretungsrecht (Agency) 202
        1. Allgemeines 202
        2. Begründung der Vertretungsmacht 203
        3. Rechte und Pflichten im Vertretungsverhältnis 204
    II. Partnerships (Personengesellschaften) 205
        1. General Partnership 205
            a) Allgemeines 205
            b) Gründung 205
            c) Haftung 206
            d) Auflösung 206
        2. Limited Partnership 206
            a) Allgemeines 206
            b) Abgrenzung zur General Partnership 207
        3. Sonstige Formen von Personengesellschaften 208
            a) Joint Venture 208
            b) (Registered) Limited Liability Partnership 208
    III. Corporations (Kapitalgesellschaften) 209
        1. Allgemeines 209
        2. Public Corporations 210
            a) Allgemeines 210
            b) Gründung 210
            c) Geschäftsanteile und Kapitalausstattung 210
            d) Organe einer Corporation 211
            e) Internal Affairs-Rule 213
        3. Close Corporation 214
        4. Sole Proprietorship 214
        5. Sonstige Formen von Kapitalgesellschaften 215
        6. Delaware-Effekt 215
        7. Anerkennung im Ausland 216
    IV. Limited Liability Company 216
    V. Ausländische Gesellschaften 217
    VI. Kapitalmarktrecht 218
        1. Kapitalmarktaufsicht 218
        2. Forward Looking Statements 219
        3. Insiderhandel mit Wertpapieren 220

B. Insolvenzrecht 221
    I. Einleitung 221
    II. Zuständigkeiten 222
    III. Formen bundesrechtlicher Insolvenzverfahren 223

C. Kartell- und Wettbewerbsrecht 227
   I. Allgemeines 227
   II. Sherman, Clayton und FTC Act 228
   III. Sanktionsmöglichkeiten 232
   IV. Extraterritoriale Anwendung des Antitrust-Rechts 234
   V. Wettbewerbsrecht 240
   VI. Beschränkungen im U.S.-Außenhandel 241

D. Arbeits- und Sozialrecht 242
   I. Die Entwicklung des Arbeitsrechts 243
   II. Arbeitsvertragsrecht 245
      1. Grundzüge 245
      2. Diskriminierungsverbote 246
      3. Soziale Mindeststandards 248
   III. Kollektives Arbeitsrecht 249
   IV. Sozialrecht 249

7. Kapitel. Straf- und Strafprozeßrecht

A. Strafrecht 253
   I. Einführung 253
   II. Strafrecht Allgemeiner Teil 253
      1. Voraussetzungen der Strafbarkeit 253
      2. Defenses 254
      3. Strafhaftung für das Verhalten anderer 256
   III. Einzelne Straftatbestände 257
   IV. Todesstrafe 263

B. Strafprozeßrecht 267
   I. Einfluß der verfassungsrechtlichen Garantien 267
   II. Verfahrensablauf 269
      1. Ermittlungsverfahren 269
         a) Verhaftung 269
         b) Search und Seizure 271
         c) Miranda-Rechte 274
         d) Recht auf einen Rechtsbeistand 275
         e) Einschränkung der Beweisverwertungsverbote 275
      2. Vorverhandlungsstadium 276
      3. Hauptverhandlung 280
      4. Verurteilung zu einer bestimmten Strafe 284
      5. Rechtsmittelverfahren 286
   III. Neben-Rechtsmittel 286
      1. Verfassungsgarantie des habeas corpus 287
      2. Reform der bundesrechtlichen habeas-corpus-Vorschriften .. 288
      3. Einzelstaatliche Neben-Rechtsmittel 290

Anhang 1 – Ein fallrechtliches Beispiel: MacPherson v. Buick Motor Co. ... 291
Anhang 2 – U.S. Constitution 314
Anhang 3 – Juristenausbildung und -Beruf in den Vereinigten Staaten 331
Anhang 4 – Skizze der Bundesgerichtsbezirke (District Courts und Courts of Appeal) 340

Table of Cases 341

Stichwortverzeichnis 356

Abkürzungsverzeichnis

A., A.2 d .... Atlantic Reporter, Regionalfallrechtssammlung, 1. bzw. 2. Serie
AAA .... American Arbitration Association
ABA .... American Bar Association
Abs. .... Absatz
A.C.A. .... Arkansas Code Annotated
ADR .... Alternative Dispute Resolution
a.E. .... am Ende
aff'd .... affirmed, bestätigt
Ala. .... Alabama, auch Fallrechtssammlung des Staates
A.L.I. .... American Law Institute
A.L.R. .... American Law Reporter
Am. .... American
Am.J.Comp.L. .... American Journal of Comparative Law
Am.J.Int'l L. .... American Journal of International Law
Am.Jur. .... American Jurisprudence
Ann. .... Annotated
App.Div. .... Appellate Division, Berufungsinstanz
Ass'n .... Association
Ariz. .... Arizona, auch Fallrechtssammlung des Staates
Ark. .... Arkansas, auch Fallrechtssammlung des Staates
A.R.S. .... Arizona Revised Statutes
Art. .... Artikel

Bankr. .... Bankruptcy
B.C. .... Boston College
BGBl. .... Bundesgesetzblatt
BGH, BGHZ .... Bundesgerichtshof, amtliche Sammlung in Zivilsachen
B.Rev. .... Bar Review
B.U. .... Boston University

Cal. .... California, auch Fallrechtssammlung des Staates
Cal. Fam. Code .... California Family Code
Cal. Rep. .... California Reporter, Fallrechtssammlung
cert. denied .... certiorari denied, Revisionsantrag durch den Supreme Court abgelehnt
C.F.R. .... Code of Federal Regulations
Cir. .... Circuit, Bezirk eines Bundes-Berufungsgerichts
CISG .... Convention on Contracts for the International Sale of Goods, UN-Kaufrecht
Civ. Civil
Civ. Pro. .... Civil Procedure
CJS .... Corpus Juris Secundum
Co. .... Company
Colo. .... Colorado, auch Fallrechtssammlung des Staates
Colum. .... Columbia University
Comm., Comm's .... Commission, Commissioners
Conn. .... Connecticut, auch Fallrechtssammlung des Staates
consol. .... consolidated
Const. .... Constitution
Corp. .... Corporation
C.P.L.R. .... Civil Practice Law and Rules (New York)
Ct. .... Court
Ct. Cl. .... Court of Claims

D. .... District, District Court
DAJV .... Deutsch-Amerikanische Juristen-Vereinigung e. V.

D.C.	District of Columbia, auch Fallrechtssammlung des Staates
Del.	Delaware, auch Fallrechtssammlung des Staates
Dep't	Department
ders.	derselbe
d. h.	das heißt
dictum	nicht entscheidungserhebliche Begründung (obiter dictum)
dissenting	dissenting (opinion): Minderheitsvotum
E.D.	Eastern District, Bezirk eines erstinstanzlichen Berufungsgerichtes innerhalb eines Staates
EGBGB	Einführungsgesetz zum Bürgerlichen Gesetzbuch
Eng. Rep.	English Reports
EuGRZ	Europäische Grundrechte-Zeitschrift
EuGVÜ	Brüsseler Europäisches Gerichtsstands- und Vollstreckungsübereinkommen
EVÜ	Römisches Schuldvertragsübereinkommen
F., F.2 d, F.3 d	Federal Reporter, Fallrechtssammlung der Bundesberufungsgerichte, 1, 2. bzw. 3. Serie
f., ff.	folgende, fortfolgende
FBI	Federal Bureau of Investigation
FCC	Federal Communications Commission
FDIC	Federal Deposit Insurance Company
Fla.	Florida, auch Fallrechtssammlung des Staates
Fn.	Fußnote
FR	Federal Register
F.R.App.P.	Federal Rules of Appellate Procedure
F.R.C.P.	Federal Rules of Civil Procedure
F.R.Crim.P.	Federal Rules of Criminal Procedure
F.R.D.	Federal Rules Decisions
F.R.Ev.	Federal Rules of Evidence
FSIA	Foreign Sovereign Immunities Act
F.Supp., F.Supp.2 d	Federal Supplement, Fallrechtssammlung der erstinstanzlichen Bundesgerichte, 1. bzw. 2. Serie
FTC	Federal Trade Commission
FTCA	Federal Tort Claims Act
Ga.	Georgia, auch Fallrechtssammlung des Staates
GA	Goltdammer's Archiv für Strafrecht
GmbHR	GmbH-Rundschau
Harv.	Harvard University
Haw.	Hawaii, auch Fallrechtssammlung des Staates
HBÜ	Haager Beweisübereinkommen
HR	House of Representatives
Hrsg.	Herausgeber
HZÜ	Haager Zustellungsübereinkommen
i. d. R.	in der Regel
ICLQ	International and Comparative Law Quarterly (England)
ILCS	Illinois Compiled Statutes
Ill.	Illinois, auch Fallrechtssammlung des Staates
ILM	International Legal Materials
Inc.	Incorporated
Ind.	Indiana, auch Fallrechtssammlung des Staates
INS	Immigration and Naturalization Services
Int'l	International
Int'l&Comp.L.Q.	International and Comparative Law Quarterly (England)

XVII

Abkürzungsverzeichnis

IPR	Internationales Privatrecht
IPRax	Praxis des Internationalen Privat- und Verfahrensrechts
I.R.C.	Internal Revenue Code
i. V. m.	in Verbindung mit
JA	Juristische Arbeitsblätter
J. Int'l L.	Journal of International Law
JöR	Jahrbuch des öffentlichen Rechts
JZ	Juristenzeitung
Kan.	Kansas, auch Fallrechtssammlung des Staates
Kap.	Kapitel
K.B.	King's Bench (England)
KTS	Konkurs-, Treuhand- und Schiedsgerichtswesen
La.	Louisiana, auch Fallrechtssammlung des Staates
La.R.S.	Louisiana Revised Statutes
L.Ed., L.Ed.2 d, 3 d	Lawyers' Edition (kommerzielle) Entscheidungssammlung des U.S. Supreme Court in 1., 2. bzw. 3 Serie
LEXIS	Datenbank, auch mit sonst unveröffentlichten Entscheidungen
L.F.	Law Forum, mit Vorsatz des Bundesstaats- oder Universitätsnamens
L.J.	Law Journal, mit Vorsatz des Bundesstaats- oder Universitätsnamens
LLC	Limited Liability Company
LLP	Limited Liability Partnership
L.Q.	Law Quarterly, mit Vorsatz des Bundesstaats- oder Universitätsnamens
L.Rev.	Law Review, mit Vorsatz des Bundesstaats- oder Universitätsnamens
Ltd.	Limited
Mass.	Massachusetts, auch Fallrechtssammlung des Staates
Md.	Maryland, auch Fallrechtssammlung des Staates
Mich.	Michigan, auch Fallrechtssammlung des Staates
Minn.	Minnesota, auch Fallrechtssammlung des Staates
Misc.	Miscellaneous, erstinstanzliche und Berufungsentscheidungen
Miss.	Mississippi, auch Fallrechtssammlung des Staates
Mo.	Missouri, auch Fallrechtssammlung des Staates
Mont.	Montana, auch Fallrechtssammlung des Staates
MPC	Model Penal Code
m. w. N.	mit weiteren Nachweisen
n.	Note
N.C.	North Carolina, auch Fallrechtssammlung des Staates
N.D.	North Dakota, auch Northern District (eines Bundesgerichtsbezirks)
N.E., N.E.2 d	North Eastern, Regionalfallrechtssammlung in 1. bzw. 2. Serie
Neb.	Nebraska, auch Fallrechtssammlung des Staates
Nev.	Nevada, auch Fallrechtssammlung des Staates
N.H.	New Hampshire, auch Fallrechtssammlung des Staates
N.J.	New Jersey, auch Fallrechtssammlung des Staates
N.J.Eq.	New Jersey Equity Court Reporter
NJW	Neue Juristische Wochenschrift
NLRB	National Labor Relations Board
N.M.	New Mexico, auch Fallrechtssammlung des Staates
n.o.v.	(judgment) notwithstanding the verdict (non obstante veredicto)
N.W., N.W.2 d	North Western, Regionalfallrechtssammlung in 1. bzw. 2 Serie
N.Y., N.Y.2 d	New York; auch Fallrechtssammlung des Staates, 1. bzw. 2. Serie
N.Y.S., N.Y.S.2 d	New York Supplement (Fallrechtssammlung), 1. bzw. 2. Serie
NZA	Neue Zeitschrift für Arbeits- und Sozialrecht

O.C.G.A.	Official Code of Georgia Annotated
Okla.	Oklahoma, auch Fallrechtssammlung des Staates
Or.	Oregon, auch Fallrechtssammlung des Staates
O.R.S.	Oregon Revised Statutes
P., P.2 d	Pacific, Regionalfallrechtssammlung in 1. bzw. 2. Serie
Pa.	Pennsylvania, auch Fallrechtssammlung des Staates
Pepp.	Pepperdine University
PKPA	(Federal) Parental Kidnapping Prevention Act
Pub.	Public
RabelsZ	Rabels Zeitschrift für ausländisches und internationales Privatrecht
Rest., Rest.2 d	Restatement, 1. oder 2. Fassung
R.I.	Rhode Island, auch Fallrechtssammlung des Staates
RIW	Recht der internationalen Wirtschaft
R.M.B.C.A.	Revised Model Business Corporation Act
Rn.	Randnummer(n)
RULPA	Revised Uniform Limited Partnership Act
RUPA	Revised Uniform Partnership Act
S.	Seite(n)
S.E., S.E.2 d	South Eastern, Regionalfallrechtssammlung in 1. bzw. 2. Serie
S.C.	South Carolina, auch Fallrechtssammlung des Staates
S. Cal. L. Rev.	Southern California Law Review
S.C.R.	Supreme Court Reports (Kanada)
S.Ct.	Supreme Court, auch (kommerzielle) Fallrechtssammlung des obersten Bundesgerichtshofes
S.D.	South Dakota, auch: Southern District (eines Bundesgerichtsbezirks)
S.E., S.E.2 d	South Eastern, Regionalfallrechtssammlung in 1. bzw. 2. Serie
Sec.	Section
SEC	Securities and Exchange Commission
SMU	Southern Methodist University
So., So.2 d	Southern, Regionalfallrechtssammlung in 1. bzw. 2. Serie
Stat.	Statutes, Sammlung der Bundesgesetze
Supp.	Supplement
S.W., S.W.2 d	South Western, Regionalfallrechtssammlung in 1. bzw. 2. Serie
Tenn.	Tennessee, auch Fallrechtssammlung des Staates
Tex.	Texas, auch Fallrechtssammlung des Staates
Tex. Com. App.	Texas Commercial Appeals, Berufungsgericht für Handelssachen
UCC	Uniform Commercial Code
UCCJA	Uniform Child Custody Jurisdiction Act
UCCJEA	Uniform Child Custody Jurisdiction and Enforcement Act
U.C.L.A.	University of California (Los Angeles)
UIFSA	Uniform Interstate Family Support Act
U.Ill.	University of Illinois
U.L.A.	Uniform Laws Annotated
ULPA	Uniform Limited Partnership Act
UMDA	Uniform Marriage and Divorce Act
UN	United Nations
UNIDROIT	Internationales Institut zur Privatrechtsvereinheitlichung
U.Pa.	University of Pennsylvania
UPA	Uniform Partnership Act
UPC	Uniform Probate Code
URESA	Uniform Reciprocal Enforcement of Support Act (jetzt durch UIFSA ersetzt)
U.S.	United States, auch: offizielle Fallrechtssammlung des Supreme Court

Abkürzungsverzeichnis

U.S.C.	United States Code, Sammlung der Bundesgesetze
U.S.C.A.	United States Code Annotated, Sammlung der Bundesgesetze mit Anmerkungen
U.S.C.S.	United States Code Service
U.S.Const.	United States Constitution, Verfassung der Vereinigten Staaten
u. U.	unter Umständen
v.	versus, gegen
Va.	Virginia, auch Fallrechtssammlung des Staates
Vand.	Vanderbilt University
vgl.	vergleiche
Vill.	Villanova University
Vol.	Volume, Band
V.S.A.	Vermont Statutes Annotated
Vt.	Vermont, auch Fallrechtssammlung des Staates
Wash.	Washington (Staat), auch Fallrechtssammlung des Staates
W.D.	Western District (eines Bundesgerichtsbezirks)
WESTLAW	Datenbank, auch mit sonst nicht veröffentlichten Entscheidungen
Wis.	Wisconsin, auch Fallrechtssammlung des Staates
W.L.R.	Weekly Law Reports (England)
WuW	Wirtschaft und Wettbewerb
W.Va.	West Virginia, auch Fallrechtssammlung des Staates
Wyo.	Wyoming, auch Fallrechtssammlung des Staates
z. B.	zum Beispiel
ZEuP	Zeitschrift für Europäisches Privatrecht
ZfRvgl	Zeitschrift für Rechtsvergleichung
ZgS	Zeitschrift für die gesamte Staatswissenschaft
ZIAS	Zeitschrift für ausländisches und internationales Arbeits- und Sozialrecht
ZIP	Zeitschrift für Wirtschaftsrecht
ZPO	Zivilprozeßordnung
z. T.	zum Teil
ZVglRWiss	Zeitschrift für Vergleichende Rechtswissenschaft

1. Kapitel. Einführung, Quellen, Wesen, Methode

Literatur: *Blumenwitz*, Einführung in das anglo-amerikanische Recht, 7. Auflage 2003; *Burnham*, Introduction to the Law and Legal System of the United States, 4. Aufl. 2006; *Farnsworth*, An Introduction to the Legal System of the United States, 3. Auflage 1996; *Fletcher/Shephard*, American Law in a Global Context, 2004; *Ginsburg*, Legal Methods: Cases and Materials, 3. Auflage 2008; *Henrich/Huber*, Einführung in das englische Privatrecht, 3. Auflage 2003; *Holdsworth*, A History of English Law, 1983; *Horwitz*, The Transformation of American Law, Band 1 1977, Band 2 1992.

A. Rechtsgeschichtliches

I. Wurzeln des U.S.-amerikanischen Rechts

Das amerikanische Recht gehört zur Familie des **common law**. Wenngleich es im Laufe der Zeit und vor allem in der modernen Industriegesellschaft Eigenständigkeit entwickelt hat, liegen seine Wurzeln doch im englischen Recht. Konzeption, Rechtsdenken und das Rechtsgefühl zeigen selbst heute den Einfluß der englischen Vorläufer. 1

Nach der normannischen Eroberung übte der König von England durch die in der **curia regis** versammelten Räte selbst die Gerichtsbarkeit aus. Anfangs zog die curia durch das Land und hielt Gerichtsverfahren an verschiedenen Orten ab. Dies war auch im Amerika der Kolonialzeit Praxis. Die Richter zogen, damals zu Pferd, durch das Land (rode the circuit). Das erklärt, warum sowohl die Gerichtsbezirke im Gerichtssystem vieler Einzelstaaten als auch die Gebiete der bundesgerichtlichen courts of appeal bis heute circuits genannt werden. 2

Später übernahmen neu entstandene Institutionen die Gerichtsfunktion der curia regis. Es entstanden die königlichen Gerichte (**royal courts**) mit Sitz in Westminster. Die alten Gerichte der Grafschaften (local shire courts) wurden ersetzt. Die drei royal courts – Court of Exchequer, Court of Common Pleas, Court of King's Bench[1] – waren diejenigen Gerichte, die das common law entwickelten. Es verdrängte zunehmend die Geltung lokaler Bräuche. 3

Die Tätigkeit der royal courts wurde bestimmt und beschränkt durch das **writ system**. Writs wurden im Namen des Königs durch den königlichen Kanzler (chancellor) ausgestellt und enthielten den Befehl zur Eröffnung eines speziellen Verfahrens. Diese jeweiligen Verfahren wurden später als forms of action bekannt. Für jeden Anspruch mußte es einen entsprechenden writ und eine Klageform geben, die wiederum oft durch ein eigenständiges Verfahren charakterisiert war. Existierte kein writ, gab es keinen einklagbaren Anspruch. Ideenreichtum führte zu immer neuen writs (56 im Jahr 1227), bis die Provisions of Oxford (1258) die Schaffung neuer writs verboten. Trotzdem erlaubte das Statute of Westminster II (1285) dem chancellor die Ausgabe neuer writs in vergleichbaren Fällen und der writ für „trespass upon the case" eröffnete einen weiten Handlungsspielraum. Tatsächlich wurde dieser writ zur Grundlage vieler nachfolgender delikts- und vertragsrechtlicher Ansprüche. Dennoch 4

---

[1] Einzelheiten dazu bei *Blumenwitz* Einführung, S. 14.

5 Anfangs konkurrierten kirchliche Gerichte mit den royal courts. Diese wandten kanonisches Recht an und verhandelten religiöse Gesetzesverstöße, etwa Ehebruch oder Inzest. Während der Herrschaft Königs Heinrich II. verloren sie einen Großteil ihrer Bedeutung. Ihr Einfluß in Familien- und Erbsachen bestand bis in das 19. Jahrhundert. Im Privatrecht finden sich bis heute Spuren religiösen Einflusses. Selbst in den Vereinigten Staaten mit ihrer strikten Trennung von Kirche und Staat haben die Parteien die Wahl der Eheschließung vor einer öffentlich-rechtlichen Stelle, etwa einem Richter, oder nur in einem religiösen Akt. Der Geistliche übernimmt dann eine staatliche Funktion.

bildeten die Klagearten ein recht geschlossenes System und machten die Entscheidung der Gerichte in Einzelfällen schwierig.

6 Die Formstrenge der Klagearten (vor allem die Unmöglichkeit, andere als Geldschäden zu ersetzen) erforderte Ausnahmen. Solche bot das Billigkeitsrecht des Königs, später des chancellor (als keeper of the king's conscience) zur Gerechtigkeit im Einzelfall (**equity**).

7 Die anfängliche equity-Rechtsprechung wurde sehr zurückhaltend ausgeübt. Sie konkurrierte mit den ordentlichen common law-Gerichten, deren Richter ihr sehr kritisch gegenüberstanden. Sie bemängelten fehlende Maßstäbe, und wo es solche gebe, hingen sie von der Schuhgröße des chancellor[2] ab. Mit der Zeit entwickelten sich Rechtsprechungsregeln. Der court of chancery behandelte vorrangig bestimmte Fallgruppen und gewährte verschiedene Arten von Ausnahmen, insbesondere das Erkennen auf specific performance. Aus der anfangs individuellen Rechtshilfe wurde ein System von equity-Rechtsprechung und -Rechtsmitteln.

8 Law und equity waren verschiedene Systeme des Rechts. Law bezeichnete die Rechtsprechung durch die common law-Gerichte, während „equity" als **extraordinary remedies** zur Anwendung kamen, wo common law-Rechtsbehelfe unzureichend waren. So etwa konnte, wenn wegen der Einzigartigkeit der Sache (eines besonderen Stückes Land oder eines Kunstwerkes) ein Anspruch auf Schadensersatz in Geld nicht adäquat erschien, der außerordentliche Rechtsbehelf der Naturalerfüllung (specific performance) geltend gemacht werden.

9 Die englische Unterscheidung in Verfahren at law und in equity wurde natürlich auch von den amerikanischen Kolonien übernommen. Allerdings existierten nicht in allen Staaten separate equity-Gerichte, oder sie wurden alsbald abgeschafft. Schon früh legte der Kongreß für die Bundesgerichte deren Zuständigkeit auch für equity-Fragen fest. Heute gehören besondere Gerichte und Verfahren in equity der Vergangenheit an. In England sah der Judicature Act von 1873 vor, dass beide Komplexe von allen Gerichten anzuwenden seien. In den Vereinigten Staaten führte New York 1848 diese Entwicklung an. Durch die Regeln zum Zivilverfahren wurde die Unterscheidung zwischen Klagen at law und Verfahren in equity und den jeweiligen Klageformen abgeschafft.[3] Vor den unteren Bundesgerichten wurde die Trennung von law und equity zunächst beibehalten. Bis 1938 wandten die Richter beide Systeme an, jedoch in verschiedenen Verfahren. Die Federal Rules of Civil Procedure bestimmen nun in Rule 2 eine **einheitliche Form der Zivilklage**.[4]

---

[2] „A chancellor's foot." *Seldon* Tabletalk, 52 (London 1821).
[3] § 69 des Field Code of Civil Procedure.
[4] F.R.C.P. § 2: „there shall be one form of action to be known as ‚civil action'."

Zusammen mit der Abschaffung getrennter Verfahren führte der New Yorker Field 10
Code ein sogenanntes fact pleading ein. § 142 (2) forderte für die Klage eine klare
und präzise Darlegung der anspruchsbegründenden Tatsachen.[5] Rule 8 (a) der Federal Rules verlangt eine kurze und klare Begründung der Klage, die den Anspruch des
Klägers auf Rechtshilfe zeigt. Es ist also nicht mehr nötig, einen Anspruch in einer
bestimmten Form – im Sinne eines writ des ursprünglichen common law – abzufassen.[6]

Trotz der Verbindung von law und equity bleibt die **Unterscheidung** wichtig. Ein 11
kleines Beispiel bietet die Bestimmung des 7. Zusatzartikels der Bundesverfassung:
Sie gibt das Recht, in common law-Sachen ein jury-Verfahren zu verlangen, wenn
der Wert des Streites $20 übersteigt. Ein entsprechendes Recht auf jury trial bei
equity-Verfahren gibt es nicht.[7] Um zu entscheiden, ob ein Recht zusteht, muß der
Anspruch also den herkömmlichen Kategorien zugeordnet werden. Das ist fast
immer der Fall, wenn es um Rechtsmittel geht. So ist etwa das Rechtsmittel der specific performance erst dann verfügbar, wenn ein Rechtsmittel at law nach herkömmlicher Definition nicht ausreicht. Gerichtliche Verfügungen sind ebenfalls traditionell
equity-Rechtsmittel. Die Vorbedingungen eines solchen müssen also gegeben sein,
bevor eine Verfügung ergehen kann.

Zusätzlich zur Funktion als Quelle unabhängiger Ansprüche und Rechtsmittel 12
durchdringt equity auch das Rechtssystem im Ganzen. So sind inzwischen equity-Konzepte wie beispielsweise der „gute Glaube"[8] und das Institut der „Sittenwidrigkeit"[9] Teil des materiellen Vertragsrechts und Grundlage für Interpretation und Anwendung des kodifizierten Rechts. Ein amüsantes Beispiel ist die Kodifizierung von
equity-Grundsätzen in Montana mit dem Ziel, eine Hilfe für die gerechte Anwendung der anderen Vorschriften des Gesetzbuches zu bieten.[10]

---

[5] „... a plain and concise statement of the facts constituting a cause of action without unnecessary repetition."
[6] Siehe zum Ganzen auch *Subrin*, How Equity Conquered Common Law: The Federal Rules of Civil Procedure in Historical Perspective, 135 U. Pa. L. Rev. 909 (1987).
[7] Zur Rolle des jury-Verfahrens in Verfassung und Gesellschaft siehe *Carrington*, The Civil Jury and American Democracy, 13 Duke J. Comp. & Int'l L. 79 (2003).
[8] Siehe UCC § 1-203 (mit Querverweis in den offiziellen Kommentar). Siehe auch *Summers*, The General Duty of Good Faith – Its Recognition and Conceptualization, 67 Cornell L. Rev. 810 (1982).
[9] Siehe UCC § 2-302; *Leff*, Unconscionability and the Code – The Emperor's New Clause, 115 U.Pa. L.Rev. 485 (1967).
[10] Montana Code Annotated, § 1-3-101 ff. (2004)
§ 1-3-101: Die im Folgenden aufgestellten Rechtsgrundsätze sollen nicht die vorhergehenden Bestimmungen modifizieren, sondern vielmehr zu ihrer richtigen Anwendung beitragen.
§ 1-3-201: Eine Rechtsnorm sollte dann keine Anwendung mehr finden, wenn sie ihren Sinn verloren hat.
§ 1-3-202: Rechtsnorm und Rechtssinn sind untrennbar.
§ 1-3-203: Niemand soll sein Ziel auf Kosten eines anderen erstreben.
§ 1-3-204: Ein jeder kann sich eines Rechtsvorteils begeben, soweit die Norm lediglich individuelle Rechtspositionen schützt. Die Parteien können jedoch nicht über eine im öffentlichen Interesse erlassene Rechtsnorm verfügen.
§ 1-3-205: Jeder soll seine Rechte nur insoweit in Anspruch nehmen, als er nicht gegen Rechte anderer verstößt.
§ 1-3-206: Wer seine Einwilligung gibt, kann durch die auf dieser Einwilligung beruhende Handlung nicht verletzt werden.
§ 1-3-207: Niemand kann sich auf eine irrtümlich erfolgte Einwilligung berufen.

II. Rezeption des englischen Rechts in den USA

13 Der Einfluß des englischen Rechts auf das amerikanische Rechtssystem hielt auch nach der Unabhängigkeit an. In einigen Staaten wurde englischen Entscheidungen, die nach der Unabhängigkeit ergingen, jede Wirkung abgesprochen. In den meisten Staaten aber blieb das englische Recht sehr einflußreich. Dieser Einfluß nahm während des 19. Jahrhunderts sogar wieder zu, wozu die bedeutenden Arbeiten von *James Kent*[11] und *Joseph Story*[12] viel beitrugen. Blackstones Commentaries erschienen in den Vereinigten Staaten erstmals 1771 und erleichterten den Zugang zum englischen Recht.

14 Das heißt aber nicht, dass nicht auch andere Rechtstraditionen das amerikanische Recht beeinflußten. Louisiana beispielsweise, das 1812 in den Bund aufgenommen wurde, folgte der französischen Rechtstradition. Der Staat gab sich Kodifikationen

---

§ 1-3-208: Niemand darf Vorteile aus einer von ihm begangenen Rechtsverletzung ziehen.
§ 1-3-209: Wer sich in betrügerischer Weise einer Sache entledigt, soll so behandelt werden, als wenn er sich weiterhin im Besitz der Sache befindet.
§ 1-3-210: Wer eine in seinem Namen vorgenommene Handlung untersagen konnte, es aber nicht tat, wird so angesehen, als wenn die Handlung mit seinem Einverständnis unternommen wurde.
§ 1-3-211: Niemand soll für die Handlung eines anderen büßen.
§ 1-3-212: Wer den Nutzen hat, soll auch die Last tragen.
§ 1-3-213: Wer eine Sache überträgt, hat auch alles das zu übertragen, was zum Gebrauch der Sache erforderlich ist.
§ 1-3-214: Gegen jede Rechtsverletzung steht der Rechtsweg offen.
§ 1-3-215: Das Recht stellt sich nicht zwischen solche, die gleich im Recht sind oder im Unrecht.
§ 1-3-216: Zwischen verschiedenen gleichartigen Rechten ist dem frühesten der Vorzug zu geben.
§ 1-3-217: Niemand ist verantwortlich für höhere Gewalt.
§ 1-3-218: Das Recht ist in erster Linie für die Wachsamen da und nicht für diejenigen, die sich auf ihren erworbenen Positionen ausruhen. *(The law helps the vigilant, before those who sleep on their rights.)*
§ 1-3-219: Das Recht berücksichtigt weniger die Form als den Inhalt.
§ 1-3-220: Eine zu erbringende Leistung gilt als erbracht zugunsten dessen, demgegenüber sie erbracht werden sollte und zuungunsten dessen, von dem sie zu erbringen war. *(That which ought to have been done is to be regarded as done, in favor of him to whom, and against from whom, performance is due.)*
§ 1-3-221: Was nicht als existent nachgewiesen werden kann, gilt als nicht existent.
§ 1-3-222: Das Recht verlangt niemals Unmögliches.
§ 1-3-223: Das Recht konstituiert keine nichtigen Akte, es verlangt auch keine nichtigen Akte.
§ 1-3-224: Lappalien sind nicht Sache des Rechts.
§ 1-3-225: Sonderregelungen gehen allgemeinen Vorschriften vor.
§ 1-3-226: Niederschrift zur gleichen Zeit ist in der Regel das beste.
§ 1-3-227: Größeres schließt Geringeres ein.
§ 1-3-228: Überflüssiges schadet nicht *(Superfluity does not vitiate)*.
§ 1-3-229: Sicher ist, was unzweifelhaft gemacht werden kann.
§ 1-3-230: Zeitablauf heilt nicht Nichtigkeit.
§ 1-3-231: Die Nebensache folgt der Hauptsache und nicht die Hauptsache der Nebensache.
§ 1-3-232: Im Zweifel ist die Auslegung zugunsten der Rechtswirksamkeit derjenigen vorzuziehen, die zur Nichtigkeit führt.
§ 1-3-233: Die Auslegung muß vernünftig *(reasonable)* sein.
§ 1-3-234: Wenn eine von zwei schuldlosen Personen durch die Handlung eines Dritten einen Schaden erleidet, so soll derjenige, durch dessen Fahrlässigkeit das Ereignis eintrat, den Schaden zu tragen haben.

[11] *Kent*, Kommentar zum amerikanischen Recht (1826–1830).
[12] *Story*, Kommentar (9 Bände, 1832–1845).

nach französischem Vorbild, einschließlich eines Zivilgesetzbuches (Civil Code) und hält an dieser Tradition bis heute fest. In einigen westlichen Staaten gibt es einen deutlichen Einfluß spanisch-französischen Rechts, besonders im Ehegüterrecht.[13] Trotz der eben genannten Ausnahmen sind Rechtsdenken, Rechtssprache und die großen Institute des Privatrechts in Amerika heute noch „englisch", und viele einzelstaatliche Gesetze bestimmen expressis verbis die Rezeption des englischen common law.[14]

Etwa um die Zeit des amerikanischen Bürgerkrieges (1861–65) läßt sich ein Auseinandergehen der Systeme feststellen. Die amerikanische Gesetzgebung greift ändernd und fortbildend in das Fallrecht des common law ein, und die Rechtsprechung überlagert das rezipierte common law mit einer „amerikanischen Glosse". Amerikanische Gerichte verweisen heute selten auf englische Entscheidungen. Die Literatur erarbeitet Lösungen moderner Probleme aus der Systematik des eigenen Rechts, u. U. unter Berücksichtigung englischer Entwicklung in rechtsvergleichender Sicht. Trotz dieser naturgemäßen Wendung zum Auffinden eigener Wege bilden englisches und amerikanisches Recht eine Rechtsfamilie[15] mit größeren Bindungen zueinander als dies in Kontinentaleuropa der Fall ist, vor allem auf dem Gebiet des Privatrechts. 15

Noch ein Wort zur **Terminologie:** case law ist das gesamte Richterrecht und schließt heute das common law- und equity-Präjudizienrecht ein. Ungenau und verwirrend verwendet man auch häufig common law und case law als Synonyme, wobei in diesem Sprachgebrauch common law als Richterrecht schlechthin gebraucht und dem gesetzten Recht (statutory law) gegenübergestellt wird. Case law bedeutet demnach immer Fallrecht, common law dagegen, je nach zugedachter Bedeutung, das ursprüngliche Richterrecht der common law courts oder, weitergefaßt, alles Richterrecht. Schließlich wird common law auch zur Bezeichnung des anglo-amerikanischen Rechtssystems gebraucht, wodurch man dieses vom kontinentaleuropäischen civil law abgrenzt.[16] 16

B. Rechtsquellen

I. Gesetztes Recht, Bundes- und einzelstaatliches Gesetzesrecht

Seit Ende des 19. Jahrhunderts nimmt die Bedeutung des gesetzten Rechts in dem ursprünglich hauptsächlich auf Richterrecht, d. h. Fallrecht, beruhenden amerikanischen Rechtssystem zu. Wirtschafts- und Sozialgesetzgebung, z. B. der Sherman Antitrust Act des Jahres 1890 und die Arbeitsunfall-Entschädigungsgesetzgebung (workmen's compensation) des frühen 20. Jahrhunderts, verdrängt das common law in diesen Bereichen, und besondere Verwaltungsbehörden, z. B. die Interstate Commerce Commission und später die Federal Trade Commission, übernehmen die Regulie- 17

---

[13] Siehe dazu unten, Rn. 495 ff.
[14] Z. B. 5 ILCS 50/01 (2004). Zur Begriffsbestimmung des common law siehe unten, Rn. 16.
[15] Siehe *Zweigert/Kötz*, Einführung in die Rechtsvergleichung, 3. Auflage 1996, S. 233 ff.; *Schlesinger/Baade/Damaska/Herzog*, Comparative Law, 5. Auflage 1987, S. 310 ff.
[16] Ein kurzer Überblick bei *Hay*, Civil Law, in: *Smelser/Baltes (Hrsg.)*, International Encyclopedia of Behavioral and Social Sciences, S. 1865 ff. (2001).

rungsfunktion der Gerichte. Das amerikanische Rechtssystem ist heute weder rein „fallrechtlich", noch beruht es ausschließlich auf Gesetzen oder einer Kodifikation. Man stößt vielmehr auf ein gemischtes System, das sich von der kontinentaleuropäischen Entwicklung zu einem „gemischten" System durch wachsende Bedeutung des Fallrechts daher nicht grundlegend unterscheidet, in dem aber die Betonung auf dem fallrechtlichen Aspekt verbleibt. Das heißt, dass sich common law- und civil law-Systeme nähern, z. B. dadurch, dass zunehmend Bereiche des amerikanischen Rechts jetzt durch Gesetze geregelt werden. Allerdings ist man weit entfernt von einer Systematik, die z. B. das deutsche Rechtssystem charakterisiert. Einzelgesetze mögen viele Bereiche, insbesondere des Wirtschaftslebens, regeln. Zu einem civil law-System wird das amerikanische Recht dadurch nicht. Über das Verhältnis von gesetztem Recht zu Fallrecht wird unten noch zu sprechen sein.

18 Gesetztes Recht besteht auf Bundes- wie auch auf einzelstaatlicher Ebene. Die Bundesverfassung (Constitution)[17] bestimmt die Bundesgesetzgebungskompetenz,[18] behält den verbleibenden Teil dem einzelstaatlichen Gesetzgeber vor[19] und bestimmt in der Supremacy Clause ihres 6. Artikels, dass Bundesrecht einzelstaatlichem Recht vorgeht. Zum **Bundesrecht** gehören nach der in der Supremacy Clause enthaltenen Aufzählung zunächst die Verfassung selbst (mit dem bindenden verfassungsrechtlichen Fallrecht des obersten Bundesgerichts), ferner Bundesgesetze (einschließlich auf ihnen beruhende Ausführungsverordnungen der Bundesverwaltungsorgane) und Staatsverträge.[20] Inwieweit andere internationale Abkommen, die nicht als Staatsverträge zustande kommen, wie z. B. vom Präsidenten allein abgeschlossene executive agreements,[21] auch in den Bereich der Supremacy Clause einbezogen sind und, vor allem, was ihre Stellung gegenüber anderem Bundesrecht anlangt, ist durch die Rechtsprechung noch nicht endgültig geklärt.[22] Von der Stellung der executive agreements abgesehen gilt für verfassungskonformes Bundesrecht der Satz: *lex posterior derogat priori*, d. h. insbesondere, dass einem Staatsvertrag gegenüber anderem Bundesrecht für seine innerstaatliche Gültigkeit kein Vorrang eingeräumt wird.[23] **Einzel-**

---

[17] Als Anhang 2 abgedruckt.
[18] Siehe unten, Rn. 48.
[19] 10. Zusatzartikel der Bundesverfassung.
[20] Staatsverträge treten mit ihrer Ratifizierung durch den Präsidenten (nach Zustimmung des Senats mit Zwei-Drittel-Mehrheit) in Kraft und bedürfen, jedenfalls soweit sie „self executing" (direkt anwendbar) sind, keines besonderen Ausführungsgesetzes (Transformation) für ihre innerstaatliche Geltung. Da Staatsverträge gleiche Geltung wie Bundesgesetze besitzen, letztere aber von beiden Häusern des Kongresses verabschiedet werden müssen, beschränkt die Rechtstradition den Abschluß von Staatsverträgen auf ausschließlich „internationale Materien", um eine Umgehung des Repräsentantenhauses durch den Abschluß eines Staatsvertrags durch Senat und Präsidenten zu verhindern.
[21] Zu Staatsverträgen und anderen internationalen Abkommen, wie z. B. executive agreements des Präsidenten, siehe *Hay*, Supranational Organizations and United States Constitutional Law, 6 Virginia J. Int'l L. 195, 197–209 (1966); abgedruckt in *Hay*, Federalism and Supranational Organizations, S. 206–220 (1966).
[22] Ebenda, 207–209; Restatement (Third) Foreign Relations Law of the United States § 325.
[23] Dazu auch unten, Rn. 231. Die völkerrechtliche Verpflichtung der USA bleibt natürlich unberührt. Das kann möglicherweise zu dem unglücklichen Fall führen, dass sich widersprechendes staatliches Recht zur Verletzung völkerrechtlicher Verpflichtungen führt. Die erhebliche Entkopplung völkerrechtlicher Verpflichtungen von den innerstaatlichen Wirkungen eines Staatsvertrages zeigte sich zuletzt im Fall *Medellín v. Texas*, 552 U.S. 491, 128 S.Ct. 1346 (2008): ein texanisches Gericht hatte Mexikaner verurteilt, ohne dass diese zuvor über ihr Recht informiert worden waren, ihre Botschaft oder ein Konsulat zu Rate zu ziehen, wie es ein Staatsvertrag zwischen den USA und Mexiko vorsieht.

staatliches Gesetzesrecht wiederum besteht aus (einzelstaatlichem) Verfassungsrecht und Gesetzen sowie den Rechtsverordnungen der Gemeinden und Städte (meist ordinance genannt). Einzelstaatliches Recht – Gesetzes- wie Fallrecht – ist keineswegs einheitlich. In vielerlei Hinsicht, vor allem im Bereich des Zivilrechts, mag die Rechtslage in vielen Einzelstaaten, insbesondere in denen, die der common law-Tradition verpflichtet sind, sehr ähnlich sein. Dennoch muß man sich immer vor Augen halten, dass es sich um eigenständige Rechtsordnungen handelt.

In einigen Einzelstaaten gibt es Reservate für Indianerstämme, die weitgehende Hoheit besitzen, örtliche zivilrechtliche Angelegenheiten selbst zu regulieren und über diese auch gerichtlich zu entscheiden, beispielsweise: unerlaubte Handlungen, die im Reservat begangen wurden oder familienrechtliche Fragen, die Stammesangehörige betreffen.[24]

Um die Divergenzen zu überbrücken, gibt es für viele Rechtsgebiete bzw. Rechtsfragen **Uniform Laws**. Diese werden von der National Conference of Commissioners for Uniform Laws („Uniform Law Commission") ausgearbeitet und den Einzelstaaten zur Annahme vorgeschlagen. Diese Uniform Laws sind unterschiedlich erfolgreich. Nur wenige gelten in der Mehrheit der Einzelstaaten, am erfolgreichsten ist der Uniform Commercial Code (UCC). Er wurde 1953 in Pennsylvania eingeführt und gilt nunmehr in allen Staaten, unter Ausnahme einiger Teile in Louisiana, zwischenzeitlich in mehrfach überarbeiteter Fassung. Selbst die Akzeptanz eines Uniform Law ist noch keine Gewähr für Einheitlichkeit der Rechtslage. Das folgt daraus, dass ein Uniform Law als einzelstaatliches Gesetz erlassen wird und der einzelstaatliche Gesetzgeber schon zur Zeit der Übernahme des Uniform Laws Änderungen gegenüber dem Vorschlag eingefügt haben kann. Selbst bei übereinstimmender Annahme durch mehrere oder alle Einzelstaaten wird die Auslegung und Anwendung eines Uniform Law mit der Zeit auseinandergehen, denn es fehlt an einer übergeordneten Gerichtskompetenz, etwa auf Bundesebene, die die einheitliche Anwendung sicherstellen könnte. Daraus ergibt sich die Notwendigkeit häufiger Neufassungen, die z. B. im Falle des Uniform Commercial Code von einem "Permanent Editorial Board" vorgeschlagen werden.

In einem vom Mexiko angestrengten Verfahren entschied der Internationale Gerichtshof, dass die Vereinigten Staaten damit eine völkerrechtliche Verpflichtung verletzt hätten und wies die erneute Überprüfung der Verurteilungen an. 2004 I.C.J. No. 12 (2004). Präsident *George W. Bush* stimmte dem in einem Memorandum an den Bundesjustizminister zu. Texas hielt sich jedoch nicht daran und der Supreme Court bestätigte es: weder das Urteil des ICJ noch das Memorandum des Präsidenten haben einen direkten Anwendungsanspruch im amerikanischen Recht. Am 16. 7. 2008 erließ der ICJ eine Anordnung, Medellins Fall neu zu verhandeln und seine Hinrichtung aufzuschieben. 2008 I.C.J. 139. Zuvor war im Kongreß ein Gesetzesentwurf zur Umsetzung völkerrechtlicher Verpflichtungen aus ICJ Urteilen ins nationale Recht eingebracht worden. H.R. 6481, 110th Cong., 2d Sess. (referred to Committee July 14, 2008). Das oberste Gericht von Texas sowie der U.S. Supreme Court lehnten es jedoch ab, von ihren Vorentscheidungen Abstand zu nehmen. 2008 U.S. LEXIS 5362 (Aug. 5, 2008). Am selben Abend nach der letzten Entscheidung wurde Medellin hingerichtet. Weiteres in Rn. 737 Fn. 234.

[24] Siehe auch unten, Rn. 63.

II. Amerikanisches Recht als Richterrecht

19 Das amerikanische Rechtssystem ist, wie das englische, vornehmlich ein Fallrechtssystem. Diese Aussage gilt nicht nur für Rechtsgebiete, die nur fallrechtlich geregelt sind, sondern auch hinsichtlich gesetzlich geregelter Materien, denn auch Gesetzesrecht unterliegt der bindenden Auslegung durch die Rechtsprechung. Das Gesetz wird also durch Fallrecht überlagert.[25]

20 Fundamentaler Grundsatz eines fallrechtlichen Systems ist, dass Untergerichte an die Rechtsgrundsätze früherer Entscheidungen (Präjudizien, **precedents**) der Obergerichte gebunden sind: Dieses ist die Lehre der **stare decisis**. Danach sind untere einzelstaatliche Gerichte hinsichtlich einzelstaatlichen Rechts an die Entscheidungen der Berufungsgerichte und schließlich des einzelstaatlichen Supreme Court und in bundesrechtlichen Fragen an die Entscheidungen der zuständigen Bundesgerichte (letztlich des Bundes-Supreme Court) gebunden.[26] Bundesgerichte richten sich in bundesrechtlichen Fragen nach den Entscheidungen ihrer übergeordneten Bundesgerichte, in Fragen einzelstaatlichen Rechts aber nach den verbindlichen Entscheidungen der betreffenden einzelstaatlichen Gerichte, soweit natürlich diese Entscheidungen nicht Bundesrecht tangieren.

21 Das jeweils höchste Gericht, einzelstaatliches oder Bundesgericht je nach der Materie des Falles, kann von dem von ihm aufgestellten Präjudiz abweichen, es aufheben (**overrule**) und dadurch neues Recht schöpfen. Eine derartige Richtungsänderung im Recht wirkt nur für den vorliegenden Fall sowie auf die zukünftige Rechtslage; sie hat keine Rückwirkung auf frühere, nach dem alten Präjudiz entschiedene Fälle, in denen die Entscheidung Rechtskraft (res judicata)[27] erlangt hat. Nur selten weicht ein unteres Gericht absichtlich[28] von einem bestehenden Präjudiz ab; in der Regel geschieht das nur in der Erwartung und in der Überzeugung, dass das Obergericht die Meinung des Vorderrichters teilen, das Präjudiz als veraltet betrachten und daher aufheben, d. h. das abweichende Urteil des Vorderrichters bestätigen (affirm) werde.[29] Doch das ist der Ausnahmefall: Weitaus häufiger hält der Vorderrichter an dem

---

[25] Für weitere Informationen zur Weiterentwicklung des Rechts durch die Judikative siehe *Strauss*, Courts or Tribunals? Federal Courts and the Common Law, 53 Ala. L. Rev. 891 (2002)

[26] Es ist umstritten, ob unveröffentlichte Gerichtsentscheidungen als precedents zu behandeln sind. Fast 80 % aller bundesgerichtlichen Entscheidungen in zweiter Instanz werden nicht veröffentlicht, und die meisten Gerichtsregeln erlauben nicht, diese als Präjudizien zu zitieren. In einer neuen Entscheidung hielt ein Gericht die eigene Nicht-zitier-Regel für verfassungswidrig: auch unveröffentlichte Entscheidungen haben danach Präjudizwirkung. *Anatasoff v. United States*, 223 F. 3 d 898 (8th Cir. 2000), vacated as moot. 2000 US. App. LEXIS 33 247 (8th Cir. 2000) (en banc). Ausführlich *Price*, Precedent and Judicial Power After the Founding, 42 Boston College L. Rev. 81 (2000).

[27] Die Lehre von res judicata (siehe auch unten, Rn. 201 ff.) besagt, dass ein von einem zuständigen Gericht in der Sache in letzter Instanz zwischen den Parteien endgültig entschiedener Rechtsstreit von denselben Parteien weder bei demselben noch bei einem anderen Gericht wieder streitanhängig gemacht werden kann. *Hay*, On Merger and Preclusion (Res Judicata) in U.S. Foreign Judgment Recognition – Unresolved Doctrinal Problems, in: *Schütze u. a.* (Hrsg.), Festschrift für Reinhold Geimer, 2002, S. 325.

[28] Möglicherweise übersieht es jedoch ein Präjudiz, denn im amerikanischen Parteiverfahren (siehe unten, Rn. 92) obliegt es den Parteien, dem Richter das einschlägige Fallrecht vorzutragen.

[29] *Blumenwitz*, Einführung, veranschaulicht dies anhand einer Reihe New Yorker Entscheidungen auf S. 49 ff. *Caminker*, Precedent and Prediction, 73 Tex. L. Rev. (1994).

Präjudiz fest und überläßt es dem Obergericht, sein Präjudiz im Berufungs- oder Revisionsverfahren zu ändern.

Die zentrale Bedeutung des Präjudizienfalles wirft die Frage auf, was konkret als ein die Entscheidung des Vorderrichters kontrollierendes, ihn bindendes Präjudiz zu betrachten ist. Hier muß strikt unterschieden werden zwischen der **ratio decidendi** (holding)[30] einer Entscheidung und der darin enthaltenen **obiter dicta**. Allgemein besprochene Rechtsgrundsätze oder in der Entscheidung erwähnte Rechtsauffassungen der Richter sind nicht Teil der Entscheidung; sie gehören in die Rubrik der obiter dicta, die möglicherweise eine Deutung der zukünftigen fallrechtlichen Entwicklung zulassen oder überhaupt für die weitere Rechtsentwicklung von Bedeutung sein mögen. Bindendes Präjudiz sind sie nicht. Das kann nur sein, was zur Entscheidung des in dem Fall vorliegenden Sachverhaltes notwendig war. Daraus ergibt sich die für den kontinentaleuropäischen Juristen ungewohnte Sachverhaltsbezogenheit des amerikanischen Rechtsdenkens, d. h. die eingehende Beschäftigung mit dem Sachverhalt (facts) eines jeden möglicherweise relevanten Präjudizes.

Da kaum ein Fall einem anderen im Sachverhalt gleicht, „on all fours" ist (etwa: auf allen vier Pfeilern des Vorfalles ruht), ergibt sich für den Anwalt die Notwendigkeit, Sachverhalte zu vergleichen und das günstige Präjudiz als im Sachverhalt vergleichbar, das ungünstige dagegen als „völlig anders gelagert" zu betrachten (to **distinguish**, d. h. durch Differenzierung aus der Welt zu schaffen) und den erkennenden Richter von dieser Auffassung zu überzeugen. Rechtliche Argumentation ist also zum großen Teil vergleichende Sachverhaltsanalyse. Dass diese Methode die Möglichkeit zur Rechtsfortbildung in sich birgt, ist leicht erkennbar: Ohne eine veraltete Entscheidung expressis verbis aufzuheben (to overrule), kann ein Obergericht sie durch differenzierte Betrachtung der neuen Sachverhalte und der daraus folgenden Nichtanwendung des alten Präjudizes aushöhlen, bis sie schließlich völlig ihre ursprüngliche Autorität verliert. Ebenso kann ein Untergericht, das, wie oben besprochen, an ein Präjudiz seines Obergerichts gebunden ist und nur in den seltensten Fällen diesem durch Nichtanwendung des Präjudizes zwecks möglicher Aufhebung desselben vorgreifen wird, versuchen, durch „Weg-Differenzierung" des Präjudizes neue Wege und Betrachtungsweisen aufzuzeigen.

Rechtsfortbildung, im Sinne einer Anpassung des Rechts an sich verändernde gesellschaftliche Bedürfnisse, erfolgt im amerikanischen Rechtssystem durch das Zusammenspiel von Gesetzgebung und Rechtsprechung. Die Methode richterlicher Rechtsfortbildung wurde oben beschrieben. In sie greift der Gesetzgeber durch Verabschiedung konkreter Gesetze regulierend ein, z. B. wenn er durch Annahme des Uniform Commercial Code (unten Rn. 284, 315 ff.) einen großen Teil des common law-Vertragsrechts kodifiziert. Die Auslegung des Gesetzes, z. B. des Uniform Commercial Code, ist dann aber wieder Sache der Gerichte. Ihre Rechtsprechung zu einer bestimmten Gesetzesvorschrift bindet als Präjudiz die Untergerichte in späteren Fäl-

---

[30] Eine Gerichtsentscheidung enthält drei Elemente: den vom Gericht bzw. der Jury festgestellten Sachverhalt, die auf diesen Sachverhalt anzuwendenden Rechtsgrundsätze und das sich aus den beiden vorstehenden Elementen ergebende Urteil. Das dritte Element bindet die Parteien des unmittelbaren Rechtsstreits in bezug auf die festgestellten Tatsachen und geltend gemachten Ansprüche. Der aufgestellte Rechtsgrundsatz, die angewandte Norm, hat weitere Auswirkungen. Dadurch wird der Richter des Untergerichts verpflichtet. Zur doctrine of precedent vgl. *Walker/Ward*, Walker's English Legal System, 10. Auflage. 2008, S. 78 ff.

len.[31] Nicht die Gesetzesvorschrift, sondern deren gerichtliche Auslegung, die richterliche „Glosse", ist anzuwendendes Recht. Geht die Rechtsprechung andere als vom Gesetzgeber beabsichtigte Wege, so kann dieser wiederum durch Gesetzgebung regulierend eingreifen. Für das praktische Arbeiten mit amerikanischem Recht ist also ganz besonders zu beachten, dass das Auffinden des neuesten einschlägigen Gesetzestextes nicht das Ende der Nachforschung sein darf. Vielmehr muß in jedem Fall zusätzlich geprüft werden, wie die betreffende Bestimmung durch die Rechtsprechung ausgelegt wird. Nur letzteres ist am Ende ausschlaggebend.

III. Auffinden einschlägigen Fallrechts

1. Common Law-Rechtsgebiete

25 Angenommen, ein Fall ist zu lösen, auf den keine gesetzliche Vorschrift Anwendung findet, so dass man völlig fallrechtlich vorgehen und die einschlägigen Präjudizien auffinden muß. Wie geht man an die Bearbeitung heran?[32]

26 Die meisten[33] Entscheidungen amerikanischer Bundesgerichte, der Supreme Courts der Einzelstaaten, sowie oftmals auch Entscheidungen einzelstaatlicher Berufungsgerichte werden veröffentlicht. Bundesgerichtliche Entscheidungen finden sich in drei Hauptsammlungen: U.S. (für den Supreme Court),[34] F., F.2d oder F. 3d (Federal, Federal Second oder Federal Third für die Courts of Appeal) und F. Supp. (Federal Supplement für die erstinstanzlichen Gerichte).

27 Jeder Staat hat seine eigene Entscheidungssammlung. Darüber hinaus werden höchstrichterliche einzelstaatliche Entscheidungen auch in sog. Regional Reporters (Regionalsammlungen) veröffentlicht.[35] Um ein Präjudiz zu finden, bedient man sich zuerst einer der frei zugänglichen online Suchmaschinen oder einer Enzyklopädie,[36] z. B. des Corpus Juris Secundum, eines vielbändigen Werkes, das alle Rechtsmaterien alphabetisch ordnet und die für jeden Staat ausschlaggebenden Präjudizien anführt.

---

[31] Dazu ist auch noch zu beachten, dass ursprünglich (heute nicht mehr so betont) der Wortlaut der Gesetze, die das common law ändern, restriktiv auszulegen sei.

[32] Vgl. *Baran/Mersky/Dunn*, Fundamentals of Legal Research und Legal Research Illustrated, beide 9. Aufl. 2009.

[33] Wegen der Menge an Entscheidungen werden viele nicht veröffentlicht. Das entscheidende Gericht bestimmt über die Veröffentlichung. Der Text meint, dass jedenfalls Entscheidungen, die aus der Sicht des Gerichts bedeutsam sind, veröffentlicht werden. Zur Frage der Bindungswirkung unveröffentlichter Entscheidungen schon oben, Fn. 22.

[34] Supreme Court-Entscheidungen werden zusätzlich in der Lawyers' Edition (L.Ed.) und in dem Supreme Court Reporter (S.Ct.) veröffentlicht. Der Citator (siehe sogleich unten) bringt für jede Entscheidung Parallelzitate.

[35] Das Zitat einer einzelstaatlichen Entscheidung führt daher in der Regel beide Quellen an, z. B. 17 N.Y.2d 27, 215 N.E.2d 159 (1966), d. h., die Entscheidung ist zu finden im 17. Band der höchstrichterlichen Entscheidungen von New York, 2. Serie, Seite 27, sowie im 215. Band der Regionalsammlung Northeastern (Nordosten), 2. Serie, Seite 159, und wurde 1966 entschieden.

[36] Andere Quellen sind etwa die Digests, eine Sammlung führender Entscheidungen, geordnet nach Streitgegenstand, deren Bände jeweils etwa einen Zeitraum von zehn Jahren beinhalten; und die sog. Words and Phrases, die den Zugang zu anderen Quellen erleichtern, wenn die Zuordnung einer bestimmten Rechtsfrage zu einem Rechtsgebiet zweifelhaft ist oder wenn eine Definition oder Interpretation benötigt wird.

Über Computer zugängliche Datenbanken erleichtern erheblich eine schnelle und gründliche Suche (dazu sogleich unten, Rn. 34). Die Hauptaufgabe besteht nun darin, ein als einschlägig befundenes Präjudiz bis in die neueste Zeit zu verfolgen, um sich über seine Weitergeltung oder Modifizierung zu informieren. Zu diesem Zweck bedient man sich des Shephard Citator der Datenbanken. Ausgaben des Citator bestehen parallel für jede Entscheidungssammlung, d. h. also einzelstaatlich, regional sowie für die Bundesentscheidungssammlungen. Die Citators führen jede in diesen Sammlungen veröffentlichte Entscheidung nach Band und Seite der betreffenden Sammlungen und liefern dazu die Fundstellen aller späteren Entscheidungen in demselben und in anderen Staaten, in denen die zu prüfende Entscheidung zitiert wurde, sowie Quellen zu Besprechungen und Anmerkungen. Spätere Entscheidungen werden mit einer vorgestellten Schlüsselzahl (oder -buchstaben) versehen, die erkennen läßt, ob die spätere Entscheidung die ältere bestätigt, von ihr abweicht oder sie gar aufgehoben hat.

Ein praktisches Beispiel soll dies veranschaulichen. Die New Yorker Entscheidung in *MacPherson v. Buick Motor Co.*, 217 N.Y. 382, 111 N.E. 1050 (1916)[37] betraf die Haftung eines Autoherstellers gegenüber dem Käufer, der ein Kraftfahrzeug von einer autorisierten Vertriebsgesellschaft (also nicht direkt vom Hersteller) gekauft hatte. Angenommen, der Fall ist dem Anwalt unbekannt: wie findet er diese Entscheidung und prüft ihre Weitergeltung seit 1916? In der Enzyklopädie Corpus Juris Secundum finden sich Zitate zu New Yorker Entscheidungen zur Fahrlässigkeit im allgemeinen und zur Haftung eines Herstellers im besonderen in den §§ 100, 100 (2) und 100 (3). Eine Fußnote (Anm. 58) verweist auf den Band Motor Vehicles, der wiederum in seinem § 165 (1) in Fußnote 43.5 den *MacPherson*-Fall als führende New Yorker Entscheidung zu dem vorliegenden Problem angibt. Der Shephard Citator hilft, die auf diese Weise gefundene und als zutreffend erkannte Entscheidung bis in die jüngste Zeit zu verfolgen. Desgleichen hilft er bei der Feststellung, ob *MacPherson* inzwischen dahingehend erweitert wurde, dass auch der Hersteller eines Teils des Fahrzeuges haftbar ist. So stellt man in dem gegebenen Beispiel fest, dass die Entscheidung in *Goldberg v. Kollsman Instruments Corp.*, 12 N.Y.2 d 432, 191 N.E.2 d 81 (1963) *MacPherson* bis zu diesem Zeitpunkt nicht erweitert hat, dass (nun die *Goldberg*-Entscheidung im Citator nachprüfend) *Halfern v. Jad Construction Co.*, 15 N.Y.2 d 823, 205 N.E.2 d 863 (1965) *Goldberg* folgt und die Frage offen läßt, aber dass die Entscheidung in *Clark v. Bendix Corp.*, 42 App.Div. 727, 345 N.Y.S.2 d 662 (1973) (ein Berufungsgericht!) die Erweiterung der Haftung schließlich vornimmt.

2. Gesetzesrecht

Wie für Entscheidungen in common law-Rechtsgebieten ermöglichen die verschiedenen **Shepard's Citators** für Gesetze und die Datenbanken auch das Auffinden der Entscheidungen, die bestimmte gesetzliche Vorschriften bindend auslegen. Die verschiedenen einzelstaatlichen und bundesrechtlichen Gesetze werden nach Kapitel oder Band und Paragraphennummern aufgeführt[38] und alle dazu ergangenen Ent-

---

[37] Als Anhang 1 abgedruckt und besprochen.
[38] Bundesgesetzte werden veröffentlicht in Statutes (Stat.), wobei die Nummer des jeweiligen Bandes vorangestellt wird, die Seitenzahl dagegen am Ende erscheint; im United States Code (U.S.C.) und dem

scheidungen darunter chronologisch geordnet. Eine einmal als zutreffend befundene Entscheidung kann dann mit Hilfe späterer Citators in dieser oder in der Entscheidungsreihe weiterverfolgt werden. Für Gesetze geben viele Staaten zusätzlich zu dem offiziellen Gesetzbuch auch ein mit Anmerkungen zu Entscheidungen versehenes Gesetzbuch heraus (Statutes Annotated oder Code Annotated); dort gefundene Entscheidungen können wiederum mit Hilfe des Citator weiterverfolgt werden. Ergänzungshefte zu jedem Citator erscheinen in der Regel jeden oder jeden zweiten Monat, zu Annotated Statutes seltener, jedenfalls aber jährlich.

30 Die Datenbanken (unten Rn. 34) nehmen neue Entscheidungen oftmals innerhalb von ein bis zwei Tagen nach ihrer Veröffentlichung auf. Versteht man diese Quellen zu benutzen, so läßt sich jeder Fall sowohl finden als auch in der weiteren Rechtsprechung bis in die Gegenwart verfolgen. Der Citator für Gesetze zitiert natürlich auch Gesetzesnovellen, die dann wiederum nachgeschlagen und auf dazu ergangene Entscheidungen überprüft werden können.

3. Sekundäre Quellen

31 Das Fallrecht ist in zwei weiteren Quellen verwertet, den Restatements und den **American Law Reports Annotated** (A.L.R., erste, zweite und dritte Serie). Letztere Sammlung nimmt die führenden Entscheidungen auf allen Rechtsgebieten auf, vergleicht sie mit Entwicklungen in anderen Staaten und bespricht sie kritisch und in vergleichender Sicht. Diese Sammlung ist daher sowohl zum Auffinden parallel gelagerten Fallrechts sowie für das Verständnis der Rechtsentwicklung oft sehr hilfreich.

32 Von großem Wert und oftmals Einfluß auf die Rechtsprechung sind die sog. **Restatements** des American Law Institute, einer privaten Organisation.[39] Restatements bestehen für alle Rechtsgebiete, oft bereits in zweiter oder dritter Bearbeitung, und erfassen das Fallrecht systematisch in der äußeren Form eines europäischen Gesetzbuches. Sie verhelfen dadurch zu einem schnellen Überblick über die Rechtslage zu einer bestimmten Frage. Autoritativ sind sie natürlich nicht, doch sind besonders die besten der Restatements so zuverlässig in ihrer Aufarbeitung des einschlägigen Fallrechts, daß Anwälte und Gerichte sie anstatt des Fallrechts in ihren Vorträgen bzw. Urteilen zitieren. Benutzung eines Restatements sollte jedoch nicht die Durchforschung des Fallrechts selbst ersetzen, weil in einigen Fällen oder auf einigen Rechtsgebieten die im Restatement angebotene Lösung entweder nicht oder nicht mehr zutrifft oder sogar von Anfang an mehr als Wegweiser für die zukünftige Entwicklung

---

United States Code Annotated (U.S.C.A.), einer kommentierten Ausgabe, wobei allerdings bei den letzten beiden Sammlungen die jeweils jüngsten Entscheidungen nicht berücksichtigt sind. Die neuesten Entscheidungen erscheinen in den U.S. Code Congressional and Administrative News (West Publishing Co.). Weitere ergänzende Regelungen sowie Erlasse und Proklamationen des Präsidenten werden im Code of Federal Regulations (C.F.R.) veröffentlicht. Einzelstaatliche Gesetze erscheinen nur in regelmäßigen Zeitabständen – in den Revised Statutes, Codes, Statutes (oder Codes) Annotated. Bis zur Veröffentlichung der einzelnen Bestimmungen in den großen Sammlungen können diese in den sog. Session Laws eines jeden Staates eingesehen werden.

[39] Das American Law Institute (A.L.I.) ist eine private Vereinigung von Professoren, Richtern und Anwälten, die im Jahre 1923 mit dem Ziel gegründet wurde, das amerikanische Recht zu vereinheitlichen und zu verbessern. Der Schwerpunkt der Tätigkeit des A.L.I. liegt heute in der Veröffentlichung der Restatements of Law.

des Fallrechts gedacht war. Ein Beispiel für ersteres ist § 288 des ursprünglichen Restatement of Contracts, der Abhilfe für den Fall des Wegfalls der Geschäftsgrundlage vorsah, aber in der Rechtsprechung keinen Niederschlag gefunden hat. Ein Beispiel für ein mehr wegweisendes, aber sehr einflußreiches Restatement ist die 1971 erschienene zweite Bearbeitung des IPR.[40]

Lehrbücher, Kommentare und Arbeiten in wissenschaftlichen Veröffentlichungen (insbesondere in den *Law Reviews*[41]) bezwecken oft mehr die kritische und bewertende Vermittlung der neueren Rechtsentwicklung als ihre Beeinflussung. Führende Autoren werden auch in den USA in der Rechtsprechung zitiert, vor allem wenn es um rechtspolitische Gesichtspunkte geht, haben aber in der Regel weniger Einfluß auf die Rechtsprechung als in Europa.[42] Amerikanische Zeitschriftenliteratur ist leicht zugänglich durch den systematisch gegliederten und vierteljährlich erscheinenden Index to Legal Periodicals, der seit ungefähr zehn Jahren nun auch durch einen parallel gegliederten Index to Foreign Legal Periodicals ergänzt wird. Die Indices erfassen Zeitschriften, Arbeiten in Sammlungen sowie Festschriften.[43] 33

IV. Rechtswissenschaftliches Arbeiten mit dem Computer

LEXIS und **Westlaw** sind die bekanntesten Suchmaschinen, die ein rechtswissenschaftliches Arbeiten mit dem Computer ermöglichen. Die meisten juristischen Bibliotheken und zahlreiche große Anwaltskanzleien besitzen entsprechende Zugänge. Im Trend der Zeit bieten sie ihre Dienste auch im Internet an,[44] so dass jederzeit ein Zugriff auf einschlägige Entscheidungen und Publikationen möglich ist. Während Enzyklopädien und Shepard's Citators immer Wochen und Monate alt sind, erscheinen die Entscheidungen in der online Datenbank oft schon wenige Stunden nach 34

---

[40] Vgl. unten, Rn. 242. Das Restatement (Second) of Conflict of Laws heißt in vielen seiner Bestimmungen das Recht der „most significant relationship" als Kollisionsnorm gut. Diese Anknüpfung läuft dem Restatement (First) of Conflict of Laws entgegen, das in seiner Territorialbezogenheit z. B. auf die lex loci delicti abstellte und an dem noch viele Einzelstaaten festhalten. Das Restatement (Second) baute deshalb hauptsächlich auf den neueren Entwicklungen in New York auf, ist wegweisend für das ganze amerikanische IPR. Eine systematische und wertneutrale Darstellung des heutigen IPR ist es aber noch nicht.

[41] Fast jede juristische Fakultät gibt eine von fortgeschrittenen Studierenden redigierte Zeitschrift heraus, meist unter Vorsatz des Universitätsnamens Law Review benannt: z. B. Harvard Law Review. Viele Universitäten veröffentlichen sogar mehrere solcher Law Reviews. Diese sind dann meist fachspezifisch, etwa Emory University's Bankruptcy Developments Journal. In ihnen erscheinen die wichtigsten Beiträge zur Rechtsliteratur aus der Feder von Wissenschaftlern, Richtern und Anwälten. Die studentischen Herausgeber bringen in der Regel im Anschluss an die wissenschaftlichen Beiträge kurze Anmerkungen zu den wichtigeren neuen Entscheidungen; vgl. *Zimmermann*, Law Reviews – Ein Streifzug durch eine fremde Welt, in: Amerikanische Rechtskultur und europäisches Privatrecht (Hrsg. Zimmermann), 1995, S. 87–131. Zusätzlich existieren eine Reihe von Fachzeitschriften, z. B. zum Versicherungsrecht, Patent- und Urheberrecht, Familienrecht usw. Für den europäischen Leser ist das American Journal of Comparative Law von besonderer Bedeutung.

[42] Bedeutende Ausnahmen bestätigen die Regel, wie z. B. die Arbeit des späteren Bundesrichters *Brandeis* (zusammen mit *Warren*), The Right To Privacy, 4 Harv.L.Rev. 193 (1890), die die Grundlage für den deliktsrechtlichen Anspruch zum Schutz der Privatsphäre bildete. Siehe dazu auch unten, Rn. 399.

[43] Zu dem Wesen und den Quellen des amerikanischen Rechts vgl. auch *David/Grasmann*, Einführung in die großen Rechtssysteme der Gegenwart (1966) 411 ff.

[44] www.lexis.com und www.westlaw.com.

ihrer Verkündung. Westlaw z. B. enthält die Entscheidungen des U.S. Supreme Court im Volltext innerhalb einer Stunde nach Verkündung. Bereits während des Studiums werden angehende Juristen mit der Nutzung der Datenbanken vertraut gemacht.[45] Eine schnelle und effiziente Suche wirkt sich nicht nur in Zeitersparnissen, sondern auch in finanzieller Hinsicht aus, da die Dienste gebührenpflichtig sind.[46]

35 In den Datenbanken ist das Fallrecht des Bundes und der Einzelstaaten gespeichert sowie das Gesetzesrecht und der Inhalt vieler Rechtszeitschriften. Zunehmend findet auch ausländisches Recht (z. B. englisches und französisches Recht, Recht des Commonwealth und Europarecht) Berücksichtigung. Einschlägige Fälle, Gesetze oder Aufsätze in Zeitschriften lassen sich durch systematisch einengendes „Befragen" des Computers auffinden. Die Suche ist bei beiden Anbietern ähnlich organisiert:

36 Die Suchmaschine bietet verschiedene Optionen an. Der Nutzer beginnt entweder mit der allgemeinen Suche oder er ruft ein Dokument auf bzw. verifiziert eine Zitierung. Die gefundenen Ergebnisse können gespeichert oder ausgedruckt werden. Die Suche kann auch auf eine bestimmte Datenbank oder ein spezielles Rechtsgebiet eingeschränkt. Die jeweiligen Kategorien sind übersichtlich aufgeschlüsselt und zum Teil weiter untergliedert. Angeboten werden bei den Datenbanken beispielsweise Bundes- und einzelstaatliche Entscheidungen, Restatements und Uniform Laws sowie Veröffentlichungen in verschiedenen Zeitschriften. Durch die Eingabe von bestimmten Begriffen wird die Suche weiter eingegrenzt. Bei Zeitschriften sind das z. B. der Autor, bestimmte Wörter, die im Text oder Titel erscheinen sollen, oder ein bestimmter Veröffentlichungszeitraum. Eine gerichtliche Entscheidung kann sofort abgerufen werden, wenn eine Fundstelle, die Partei oder die Nummer des Dokuments bekannt ist. Alle Zitierungen können auch überprüft werden. Bei der Eingabe einer Entscheidung wird beispielsweise die vorherige Geschichte und die nachfolgende Entwicklung dargestellt und die Bezugnahme in anderen Urteilen aufgelistet. Mit diesem Shepardizing[47] läßt sich auch ermitteln, ob eine Regel verworfen wurde oder weiterhin Geltung beansprucht. Dies wird durch verschiedene Symbole kenntlich gemacht.

---

[45] Die Recherche ist für Studenten in den amerikanischen law schools kostenlos. In den Anfangssemestern erfolgen Schulungen durch die Anbieter, in denen die Studenten den Umgang mit den Suchmaschinen erlernen. Diese Bemühungen dienen der Rekrutierung potentieller späterer Kunden.

[46] Für kleinere Kanzleien besteht die Möglichkeit, nur bestimmte Datenquellen in Anspruch zu nehmen und einen Pauschalbetrag zu zahlen. Ansonsten folgen die Gebühren einer bestimmten Preisliste. Es ist möglich, eine Recherche nach Mandanten aufzuschlüsseln. Dann werden dem Klienten die Ausgaben in Rechnung gestellt. Bei contingent fees werden allerdings die Anwälte mit den Kosten belastet. Eine Auflistung weiterer, auch kostenloser, online-Anbieter findet sich bei *Ollig*, Einführung in die Recherche US-amerikanischen Rechts im Internet, IPRax 2001, 377 ff.

[47] Die Bezeichnung geht zurück auf den Shepard's Citator, oben Rn. 29.

2. Kapitel. Öffentliches Recht

A. Staats- und Verfassungsrecht

Literatur: *Brugger*, Einführung in das öffentliche Recht der USA, 2. Auflage, 2001; *ders.* Demokratie, Freiheit, Gleichheit: Studien zum Verfassungsrecht der USA, 2002; *Currie*, Die Verfassung der Vereinigten Staaten von Amerika, 2. Auflage, 2000; *Farnsworth*, Introduction to the Legal System of the United States, 3. Auflage 1996; *Fisher*, American Constitutional Law, 7. Auflage 2007; *Joswig*, Implied-powers-Lehre im amerikanischen Verfassungsrecht: eine Analyse anhand der Rechtsprechung des U.S.-Supreme Court, 1996; *MacCloskey/ Levinson*, The American Supreme Court, 5. Auflage 2010; *Mackeever*, Raise judicial power? The Supreme Court and American society, 2. Auflage 1996; *Nowak*, Constitutional Law, 8. Auflage 2009; *Rom*, Selbst entwickelte Grenzen in der Rechtsprechung des United States Supreme Court und des Bundesverfassungsgerichts, 1997; *Stelzenmüller*, Direkte Demokratie in den Vereinigten Staaten von Amerika, 1994.

I. Grundlagen

Die Vereinigten Staaten von Amerika sind eine präsidialdemokratische Republik mit bundesstaatlicher Verfassung. Tragende Verfassungsprinzipien sind Volkssouveränität unter der Herrschaft des Rechts (rule of law), Bindung an einen Grundrechtskatalog (**Bill of Rights**[1]), Föderalismus und Gewaltenteilung (seperation of powers). In der Praxis ist lediglich die Judikative von den übrigen Gewalten klar getrennt; ansonsten besteht Gewaltenverzahnung und gegenseitige Abhängigkeit (system of checks and balances). Alle Staatsgewalt geht vom Volk aus und wird von diesem in Wahlen, in einzelnen Staaten auch durch Abstimmungen über Sachfragen, im übrigen durch besondere Staatsorgane wahrgenommen. Oberste Norm ist die Bundesverfassung, deren Anwendung (und auch fallrechtliche Entwicklung) dem Supreme Court obliegt. Das Bundesverfassungsrecht (constitutional law), d. h. die Bundesverfassung und das dazu ergangene höchstrichterliche Fallrecht, spielt in den USA eine bedeutende Rolle im täglichen Rechtsleben. Das ergibt sich aus der prozeßrechtlichen Möglichkeit, sich in jedem Rechtsstreit auf Verfassungsrecht zu berufen: der U.S. Supreme Court ist oberstes Gericht, hat aber nur in wenigen Fällen andere Gerichte ausschließende Kompetenzen (unten Rn. 57). 37

Die **Bundesverfassung** (unten Anhang 2)[2] wurde im Jahr 1788 von den ursprünglich 13 Staaten ratifiziert und ist damit die älteste geltende Staatsverfassung der Welt. Obwohl nicht besonders umfangreich, besitzt sie eine gewisse Flexibilität. Ihre Aussagen können auf sich verändernde gesellschaftliche Bedingungen angepasst werden. In (nur) sieben Haupt- und 27 Zusatzartikeln (Amendments) bestimmt sie den bun- 38

---

[1] Als Bill of Rights ist in Europa das 1689 von Wilhelm III. von Oranien und Maria II angenommene und im gleichen Jahr von einem ordentlichen Parlament bestätigte Staatsgrundgesetz bekannt. Es umfaßte 13 Artikel und verbot u. a. die Steuererhebung, den Erlaß und die Aufhebung von Gesetzen durch die Krone und den Unterhalt eines stehenden Heeres im Frieden ohne Zustimmung des Parlaments. Auch forderte es regelmäßige Geschworenengerichte, gab das Petitionsrecht frei und sicherte die parlamentarische Rede-, Debattier- und Verfahrensfreiheit. – Im amerikanischen Verfassungsrecht aber bezeichnet Bill of Rights die 1791 in Kraft getretenen 10 ersten Zusatzartikel der U.S.-Verfassung, näher unten Rn. 65 ff.
[2] Eine deutsche Übersetzung findet sich bei *Currie* Verfassung, S. 101 ff.

desstaatlichen Staatsaufbau, die Beziehung zwischen Bund und Gliedstaaten und die Grundrechte amerikanischer Staatsbürger und anderer Personen, die der amerikanischen Staatsmacht unterliegen. Die Struktur der Verfassung im Überblick:[3]

39 Vorangestellt ist der Verfassung eine Präambel, die mit den Eingangsworten „We the People ...," den Demokratiegedanken betont und übergreifende Staatsziele benennt. In ihrem weiteren Aufbau folgt die Verfassung dem Gewaltenteilungsschema: in Art. I regelt sie die Legislative, in Art. II die Exekutive und in Art. III die Gerichtsbarkeit (judicial power) des Bundes. Diese drei Artikel errichten somit the Government of the United States, das **Regierungssystem**. Die Artt. IV und VI behandeln im wesentlichen Aspekte der föderalen Struktur: Art. IV normiert die Verhältnisse zwischen den Gliedstaaten und sieht die Möglichkeit der Errichtung neuer Staaten vor; Art. VI bestimmt, dass Bundesrecht Landesrecht bricht. Art. V regelt das Verfahren der Verfassungsänderung.[4] Die **Grundrechte** sind im wesentlichen in den ersten zehn Zusatzartikeln, der sog. Bill of Rights, festgelegt.

40 Hervorzuheben ist, dass die Verfassung in über 200 Jahren kaum verändert wurde.[5] Seit ihrem Inkrafttreten im Sommer 1788 und den ersten 10 Veränderungen (Amendments) im Zusammenhang mit der Bill of Rights aus dem Jahr 1791, hat sie lediglich 17 weitere Änderungen erfahren. Die wichtigsten hiervon sind die 13., 14. und 15. Amendments. Sie proklamierten und gewährleisteten nach dem amerikanischen Bürgerkrieg die Sklavenbefreiung (13. Amendment) und sichern die grundlegenden Freiheiten der allgemeinen Menschenrechte ab. In der jüngeren Rechtsprechung ist der 14. Zusatzartikel besonders wichtig, weil er die Staaten an die allgemeine Gleichheitsklausel bindet. Zudem wird aus diesem Artikel die Bindung der Gliedstaaten zur Gewährleistung der meisten den Bund verpflichtenden Grundrechte der Bill of Rights abgeleitet.

II. Bund

41 Die Vereinigten Staaten gliedern sich staatsrechtlich in den Bund (Bundesregierung) und seine fünfzig Gliedstaaten (mit ihren eigenen Regierungen). Hinzu kommen der District of Columbia (der einerseits eine eigene Regierung hat, andererseits der Bundesregierung untersteht) mit der Bundeshauptstadt Washington, einige einzelstaatlichen Territorien, die nicht Bundesstaaten sind (wie z. B. Puerto Rico[6]) und verschiedene abhängige überseeische Gebiete wie die Virgin Islands und Guam. Der Bund und die Einzelstaaten verfügen über eigene, nach Sachgebieten abgegrenzte Kompetenzen und stehen im Grundsatz innerstaatlich gleichrangig nebeneinander.

---

[3] Ausführlich *Currie* Verfassung, S. 9 ff.
[4] Art. VII setzt die Voraussetzungen für das Inkrafttreten der (ursprünglichen) Verfassung fest.
[5] Auf die Entstehungs- und Entwicklungsgeschichte kann im Rahmen der Einführung nicht näher eingegangen werden (dazu z. B. *Brugger* Einführung, S. 1 ff.). Hinzuweisen ist aber auf den Umstand, dass der größte Teil der amerikanischen Verfassung ein Produkt des ausgehenden 18. Jahrhunderts ist. Sicherlich prägen auch die Verfassungsänderung, die Rechtsprechung und die Praxis aus den vergangenen 200 Jahren das heutige amerikanische Verfassungsrecht maßgeblich. Dennoch muß man sich stets bewußt sein, dass hinter der heutigen Verfassung eben auch die Begriffe, Denkweisen, Ängste und Hoffnungen jener ursprünglich verfassunggebenden Generation stehen.
[6] So auch nach der jüngsten Volksabstimmung in Puerto Rico im Jahr 1998.

Bundesrecht bricht jedoch einzelstaatliches Recht und nur der Bund tritt nach außen, völkerrechtlich, als Staat auf.[7]

Die **Staatsgewalt des Bundes** liegt bei den beiden Häusern des Kongresses, Senat und Repräsentantenhaus, als Legislative, beim Präsidenten und der ihm untergeordneten Ämter und Beamten als Exekutive und bei dem Obersten Bundesgerichtshof und der untergeordneten Bundesgerichte als Judikative. 42

1. Legislative: Kongreß

Die Gesetzgebung des Bundes obliegt dem Kongreß (U.S.-Congress), der sich aus zwei Kammern, dem Senat (Senate) und dem Repräsentantenhaus (House of Representatives) zusammensetzt (Art. I § 1). Was Wahl und Zusammensetzung betrifft, gelten für die beiden Kammern unterschiedliche Regeln.[8] 43

Die Mitglieder des **Repräsentantenhauses** werden auf zwei Jahre gewählt. Aktives Wahlrecht besitzt, wer Staatsbürger der USA ist und das 18 Lebensjahr vollendet hat.[9] Das passive Wahlrecht setzt ein Alter von 25 Jahren, das mindestens siebenjährige Innehaben der amerikanischen Staatsbürgerschaft und einen Wohnsitz in den USA voraus. Wiederwahl ist unbeschränkt zulässig. Die Mitglieder des Senats werden auf sechs Jahre gewählt. Alle zwei Jahre wird ein Drittel der Senatoren neu gewählt. Wählbar ist, wer mindestens 30 Jahre alt ist, seit zumindest neun Jahren die Staatsbürgerschaft der USA innehat und seinen Wohnsitz im betreffenden Staat hat.[10] Auch hier ist die Wiederwahl unbeschränkt möglich. 44

Ursprünglich gab es im Repräsentantenhaus 65 Sitze. Aufgrund der Bevölkerungszunahme änderte sich die Zahl mehrfach, bis der Kongreß 1929 die Mitgliederzahl gesetzlich auf 435 festlegte. Representatives vertreten Wahlkreise (districts) innerhalb der jeweiligen Bundesstaaten. Die Sitze werden unter den Gliedstaaten nach Bevölkerungsanteilen – auf Grundlage einer alle zehn Jahre durchgeführten Volkszählung – verteilt[11]. Für die Festlegung der Wahlkreise gelten die in der bundesverfassungsgerichtlichen Rechtsprechung entwickelten Maßstäbe, die das Verfassungsprinzip des „one man-one vote" zu gewährleisten suchen. Das erfordert Wahlbezirke mit zumindest annähernd gleichen Bevölkerungszahlen.[12] Dennoch ist die Wahl des Repräsentantenhauses keine Verhältniswahl. Zum einen wird in jedem Wahlkreis nur ein Kandidat gewählt. Zum anderen gilt fast überall in den USA das winner-takes-all- 45

---

[7] Auch hier gibt es Ausnahmen. So sind einige Einzelstaaten Vereinbarungen mit ausländischen Behörden eingegangen, um die Anerkennung und Durchsetzung von Unterhaltsansprüchen und -entscheidungen zu gewährleisten. Vgl. *Hay/Borchers/Symeonides* Conflict of Laws, 5. Aufl. 2010, § 15.37 (nachfolgend „Conflicts").
[8] Einheitlich für alle Kongreßmitglieder gilt, dass sie kein weiteres öffentliches Amt bekleiden dürfen (Inkompatibilität als Gebot der Gewaltentrennung zwischen Exekutive und Legislative).
[9] Weitere in den jeweiligen Gliedstaaten geregelte Voraussetzungen des aktiven Wahlrechts betreffen den Wohnsitz.
[10] Senatoren können zudem aufgrund einzelstaatlichen Rechts zur Vollendung einer eingetretenen Vakanz vom einzelstaatlichen Governor ernannt werden (17. Zusatzartikel Abs. 2).
[11] Vgl. *Glavin v. Clinton*, 19 F. Supp. 2d 543 (E.D.Va. 1998).
[12] Die Neufestlegung der Wahlkreise in den Gliedstaaten führte immer wieder zu Versuchen der regierenden Parteien, den Zuschnitt der Wahlbezirke so festzulegen, dass möglichst viele Kandidaten der eigenen Partei sichere Sitze erwerben (gerrymandering).

Prinzip: Jeder Wähler gibt eine Stimme ab; der Kandidat mit den meisten Stimmen gewinnt den Sitz; die übrigen Stimmen verfallen. Dieses Mehrheitswahlsystem hat wesentlich zur Dominanz der zwei großen Parteien beigetragen, den Republikanern und den Demokraten.[13] Auch das Verfahren der Präsidentenwahl (Rn. 52 ff.) spiegelt dieses faktische Zwei-Parteien-System wider.

46 Der **Senat** besteht aus zwei Senatoren für jeden Staat, also insgesamt 100 Mitgliedern. Damit ist anders als im Repräsentantenhaus (Proportionalitätsprinzip) jeder Staat unabhängig von Größe und Bevölkerung gleich stark vertreten. Dieser Kompromiß zugunsten der kleineren Staaten war seinerzeit der Preis für ihre Zustimmung zur neuen Verfassung. Durch die im Vergleich mit dem Repräsentantenhaus längere Amtszeit[14] und die zeitlich gestufte Wahl seiner Mitglieder soll der Senat gegenüber den wahlkreisabhängigen representatives stabilisierend und mäßigend wirken. Das **Gesetzgebungsverfahren** läßt sich grob in drei Abschnitte einteilen, die Einbringung eines Gesetzesvorschlags, seine Annahme durch beide Kammern des Kongresses und die Zustimmung des Präsidenten. Jedermann kann Gesetze vorschlagen. Einen Gesetzesvorschlag (bill) einbringen können allein die Mitglieder des Kongresses.[15] Jeder Gesetzesvorschlag wird in der betreffenden Kammer zuerst von den zuständigen Ausschüssen geprüft und beraten (u. U. auch nach Anhörung von Experten oder Interessenvertretern), danach von der Kammer beschlossen und an die jeweils andere Kammer überwiesen, in der sich ein vergleichbares Verfahren anschließt. Wünscht die zweite Kammer erhebliche Änderungen, so kann ein Vermittlungsausschuß (conference committee) eingeschaltet werden. Ein durch ihn überarbeiteter Gesetzesvorschlag muß erneut von beiden Kammern gebilligt werden. Der schließlich vom Kongreß beschlossene Gesetzesentwurf bedarf noch der Zustimmung des Präsidenten. Mit seiner Zustimmung durch Unterzeichnung wird der Gesetzesvorschlag unmittelbar Gesetz. Bleibt der Präsident 10 Tage lang untätig, so wird seine Zustimmung unterstellt, falls der Kongreß noch tagt.[16] Legt der Präsident aber innerhalb dieser Zeit ein Veto ein, muß der Entwurf noch einmal von beiden Kammern beraten werden. Er wird nur Gesetz, wenn jedes Haus den Präsidenten mit Zweidrittelmehrheit überstimmt. Die Beteiligung beider Häuser und des Präsidenten an fast allen Aspekten der Gesetzgebung (außer z. B. beim Abschluß von Staatsverträgen) verdeutlicht, dass Gesetzesvorlagen meist nur aufgrund weitgehender Kompromißbereitschaft erfolgreich sein können.

---

[13] Im Jahr 2010 kehrte der Supreme Court seine frühere Rechtssprechung um und hob Einschränkungen für Wahlkampfspenden von Unternehmen und Gewerkschaften auf. Diese Entscheidung könnte wesentlichen Einfluss auf zukünftige Wahlen haben. Siehe auch Rn. 26.

[14] Tatsächlich können Abgeordnete sehr lange im Amt sein und durch Mitarbeit und Vorsitz in Ausschüssen äußerst einflußreich werden. Einzelne representatives amtierten 16 Wahlperioden!

[15] Das Repräsentantenhaus hat dabei das alleinige Haushaltsinitiative. Der Senat dagegen hat das alleinige Mitwirkungsrecht bei der Besetzung von Bundesämtern in Regierung, Verwaltung und Gerichtsbarkeit und beim Abschluß internationaler Verträge. Die Ratifikation eines Staatsvertrages durch den Präsidenten bedarf der Zustimmung des Senats mit Zweidrittelmehrheit.

[16] Fällt der Ablauf der 10-Tage-Frist in eine Zeit, in der der Kongreß schon vertagt ist, wird das Schweigen als Ablehnung gewertet, d. h. einem Veto gleichgesetzt. Man spricht von pocket veto: Der Präsident ließ den Gesetzesentwurf in seiner Tasche verschwinden. Während der Kongreß nicht tagt, kann der Präsident auch aktiv handeln, diese Handlungen kann der Senat dann nachträglich bestätigen oder rückgängig machen. Diese Möglichkeit soll den laufenden Fortgang der Regierungsgeschäfte sicherstellen, kann aber auch zur Erzielung politischer Vorteile genutzt werden. Ein Beispiel für letzteres ist die Bestellung von *John Bolton* zum Ständigen Vertreter der Vereinigten Staaten bei den Vereinten Nationen durch Präsident *Bush* im August 2005 (recess appointment).

Eine besondere Art von Gesetzgebung ist die **Verfassungsänderung** (Art. V). Grund- 47
sätzlich kann jeder Verfassungsartikel geändert werden, allerdings sind die Voraussetzungen sehr hoch. Regelmäßig[17] bedarf es einer Zweidrittelmehrheit in beiden Kammern, zusätzlich aber auch der Zustimmung von drei Vierteln aller Bundesstaaten. In dem über 220jährigen Bestehen der Verfassung ist es dazu nur 17mal gekommen.[18] Oftmals scheiterten Verfassungsänderungen an der fehlenden Zustimmung weniger Einzelstaaten, so auch bei der Ratifikation eines Zusatzartikels zur Gleichberechtigung von Mann und Frau 1982.[19]

Die **Gesetzgebungskompetenzen** des Kongresses regelt Art. I § 8 der Verfassung. 48
Der Kongreß kann Streitkräfte schaffen und unterhalten; er kann den Krieg erklären (Abs. 11), er regelt das Geldwesen und die Einbürgerung von Ausländern (unten Rn. 77) sowie den Handel mit fremden Nationen (Abs. 3), zwischen den Staaten (interstate commerce) und mit den Indianerstämmen. Er richtet Postämter ein und schafft das Patent- und Urheberrecht. Er erläßt Konkursgesetze und Gesetze für den Sitz der Bundesorgane, den District of Columbia. Er kann Steuern (Abs. 1) auferlegen und Kredite für Bundesausgaben aufnehmen (Abs. 2). Nicht zuletzt ist er befugt, alle Gesetze zu erlassen, die zur Ausübung der Bundeskompetenzen nötig und angemessen (necessary and proper) sind (Abs. 18). Diese Kompetenzen erscheinen zunächst als nicht sehr weitgehend. Von Kleinigkeiten abgesehen hat man zu den durch die Articles of Confederation erteilten Kompetenzen nur die Steuerkompetenz und die Befugnis zur Regelung des Handels hinzugefügt.

Die Materien, für die der Kongreß nicht gesetzgebungsbefugt ist, bleiben in der Zu- 49
ständigkeit der Bundesstaaten. Das ist im 10. Zusatzartikel ausdrücklich verankert (vgl. unten Anhang 2). Mit dieser Einschränkung der gesetzgebenden Gewalt des Bundes versuchte die Constitutional Convention, die Autorität der Gliedstaaten – als teilweise selbständigen Staaten – zu gewährleisten. Besondere Bedeutung kommt daher zwei Generalklauseln zu, der **interstate commerce clause** und der **necessary and proper clause**. Fast alles hat heute zwischenstaatliche Verflechtungen und, wenn auch nur entfernt mit wirtschaftlichen Aspekten verbunden, kann interstate commerce und damit der Bundesgesetzgebungskompetenz zugerechnet werden.[20] Das erste Gesetz zur Gleichstellung der Rassen erging nicht aufgrund der equal protection

---

[17] Alternativ und ohne die Zustimmung des Kongresses läßt sich die Verfassung auch ändern, wenn zwei Drittel der einzelstaatlichen Parlamente eigens für diesen Zweck eine Versammlung einberufen und wenn die von dieser Versammlung vorgeschlagene Änderung dann von drei Viertel der Staaten ratifiziert wird. Bei der Verfassungsgebung 1788 mag dies ein realistisches Alternativverfahren gewesen sein. Bei 50 Staaten ist es das heute nicht mehr.
[18] Die ersten zehn Zusatzartikel (Bill of Rights) wurden gemeinsam ratifiziert und traten 1791 in Kraft. Die Zusatzartikel 11–27 traten zwischen 1798 und 1992 in Kraft. Nur sechs Zusatzartikel stammen aus der Zeit nach 1933.
[19] Der 14. Zusatzartikel wird zwar so ausgelegt, daß er die Gleichberechtigung von Mann und Frau zumindest teilweise gewährleistet, viele hielten jedoch eine spezifische Änderung für erforderlich. (weiterführend *Quint*, Amerikanisches Verfassungsrecht – ein aktueller Überblick, JZ 1986, 619, 620); *Butler*, Two Paths to Equality, 2002.
[20] In einer neueren Entscheidung wies der Supreme Court allerdings das Argument zurück, daß der Congress aufgrund der commerce clause geschlechtsspezifische Gewalt regulieren könne. Das Gericht entschied, es handele sich nicht um „economic activity". *United States v. Morrisson*, 529 U.S. 598, 120 S.Ct. 1740, 146 L.Ed.2 d 658 (2000). Dazu *Schramm*, Federalism Lost – Federalism regained? Die neue Föderalismusrechtsprechung des US Supreme Court, ZfRV 2001, 136.

clause, sondern aufgrund der interstate commerce clause, konkret um schwarzen Bürgern gleiche Sitzrechte in Bussen im zwischenstaatlichen Verkehr einzuräumen.[21] Die necessary and proper clause ist und kann Quelle großen Zuwachses von Bundesgesetzgebungskompetenz sein. Bekanntes klassisches Beispiel ist folgendes. Es gibt keine ausdrückliche Bundesgesetzgebungskompetenz für das Strafrecht. Da der Kongreß aber Militär- und Streitkräfte errichten kann (Art. I § 8 Abs.12, 13), ist es necessary and proper (daher zulässig, d. h. es ist eine Folgekompetenz), daß es auch Verhaltensnormen und Sanktionen für deren Verletzung durch Mitglieder des Militärs, einschließlich einer darauf zugeschnittenen Gerichtsbarkeit gesetzlich erläßt. Damit war er kompetent, ein Militärgesetzbuch (Code of Military Justice[22]) zu verabschieden.

2. Exekutive: Präsident und Regierung

50   Die vollziehende Gewalt des Bundes liegt vornehmlich beim **Präsidenten**. Er vereinigt die Funktionen des Staatsoberhauptes und des Regierungschefs.[23] Er ist auch der Oberbefehlshaber (Commander-in-Chief) der Streitkräfte und der oberste Leiter der Verwaltung (Chief Executive). Seine Unabhängigkeit ergibt sich vor allem daraus, daß er hinsichtlich seiner politischen Handlungen keiner legislativen Kontrolle unterliegt. Ein Mißtrauensvotum, das ihn zum Rücktritt zwingen könnte, gibt es nicht. Die einzige legislative Kontrolle liegt in der Amtsenthebung durch das impeachment-Verfahren (dazu unten Rn. 53). Als **Staatsoberhaupt** vertritt der Präsident die USA im völkerrechtlichen Verkehr mit anderen Staaten (z. B. beim Abschluß von Staatsverträgen,[24] durch die Akkreditierung von Botschaftern,[25] die Anerkennung neuer ausländischer Staaten, die Ausfertigung von Gesetzen oder die Ausübung des Begnadigungsrechts[26]). Als **Regierungschef** trägt er die alleinige Verantwortung für die Leitung der Bundesregierung. Diese wird aus den – nicht in der Verfassung erwähnten – Ministerien (departments) gebildet, deren Errichtung ein Kongreßgesetz erfordert und deren Leiter (secretary) vom Präsidenten mit Zustimmung des Senats ernannt und jederzeit vom Präsidenten entlassen werden kann.[27] Zum Kabinett gehören neben dem Präsidenten, dem Vizepräsidenten und den Ressortchefs die vom Präsidenten hinzugezogenen persönlichen Berater und weitere hohe Beamte „mit Ka-

---

[21] Civil Rights Act of 1964 (Public Accommodation), 42 U.S.C. §§ 2000 a ff.(2004).
[22] 18 U.S.C. §§ 801 ff. (2003).
[23] Deshalb spricht man staatsrechtlich von einer Präsidialdemokratie. Da es in den USA einen dem Präsidenten untergeordneten Ministerpräsidenten nicht gibt, ist in den USA die Idee der Präsidialdemokratie noch stärker verwirklicht als etwa in Frankreich.
[24] Voraussetzung für die Ratifizierung eines Staatsvertrages durch den Präsidenten ist die Zustimmung des Senats mit Zweidrittelmehrheit (Art. II § 2 Abs. 2). Art. VI Abs. 2 der Bundesverfassung erklärt, daß Staatsverträge (mit der Verfassung und Bundesgesetzen) Vorrang vor einzelstaatlichem Recht haben.
[25] Grundlage: Art. II § 2 Abs. 2; vgl. auch Art. II § 3.
[26] Nach Art. II § 2 Abs. 1 steht dem Präsidenten ein Begnadigungsrecht zu (näher *Brugger* Einführung, S. 80 f.), soweit es sich um strafbare Handlungen gegen die Vereinigten Staaten handelt. Klagen gegen den Ausspruch einer Begnadigung haben kaum Aussichten auf Erfolg, weil der Präsident weitgehendes Ermessen hat. So etwa die von Präsident *Ford* gegenüber Ex-Präsident *Nixon* ausgesprochene Begnadigung gerichtlich akzeptiert worden, vgl. *Murphy v. Ford*, 390 F. Supp. 1372 (W.D.Mich. 1975).
[27] Die Stellung sogar der wichtigen Ministerien, etwa des Außenministerium (State Departement) oder des Verteidigungsministerium (Pentagon), ist in der Verfassung nicht geregelt.

binettsrang". Das Kabinett fällt als Kollegialorgan keine bindenden Entscheidungen, sondern hat allein beratenden Charakter.

Als Oberbefehlshaber (Commander-in-Chief) überwacht und kommandiert der Präsident die Streitkräfte. Konkret geschieht dies durch das Verteidigungsministerium, geführt vom Verteidigungsminister, und durch den Vereinten Generalstab (Joint Chiefs of Staff), bestehend aus den Befehlshabern der jeweiligen Teilstreitkräfte. Während die Verfassung vorsieht, dass das Recht Krieg zu führen allein beim Kongreß liegt,[28] leitet der Präsident die militärischen Einsätze. Zuweilen wurden militärische Handlungen auch vom Präsidenten ohne vorherige Zustimmung durch den Kongreß veranlasst – so traten die Vereinigten Staaten 1950 ohne formelle Erklärung in den Korea-Krieg ein. In jüngerer Zeit gewann die Frage an Bedeutung, ob der Präsident seine Funktion als Oberbefehlshaber ohne die übliche Kontrolle durch den Kongreß ausüben kann. Ein Beispiel dafür ist *Präsident George W. Bush's* Bezeichnung bestimmter Internierter im Nachlauf der Terroranschläge von 2001 und der Kriege im Irak und in Afghanistan als ungesetzliche feindliche Kombattanten denen dementsprechend keine Rechte nach dem Genfer Abkommen (III) über die Behandlung von Kriegsgefangenen zustehen sollten.[29] In verfahrensrechtlicher Hinsicht entschied der Supreme Court im Juni 2008, dass es den im Guantánamo Bay Internierungslager Inhaftierten verfassungsrechtlich zusteht, ihre Haft vor einem Gericht der Vereinigten Staaten überprüfen lassen zu können.[30] 50A

Zur Lenkung des Regierungs- und Verwaltungsapparats bedient sich der Präsident seiner Kanzlei (Executive Office of the President) mit ihren mehreren Tausend Mitarbeitern. Die wichtigsten Abteilungen hier sind das Büro des Weißen Hauses (White House Office), das u. a. die persönlichen Assistenten und Berater des Präsidenten und den Stabschef (Chief of Staff) umfaßt, das Haushaltsbüro (Office of Management and Budget), der Nationale Sicherheitsrat (National Security Council) und der Rat der Wirtschaftsberater (Council of Economic Advisers). 51

Der Präsident wie auch der Vizepräsident werden von Parteikongressen[31] als Kandidaten aufgestellt. Die Parteikongresse setzen sich zusammen aus Delegierten, die zu 52

---

[28] Bundesverfassung Art. I Sec. 8 Cl. 11, s. u., Anhang.
[29] Am 18. September 2001 verabschiedete der Kongreß eine Resolution (Authorization for the Use of Military Force (AUMF), public law, 107–40, 115 Stat. 224) auf deren Grundlage Präsident *George W. Bush* am 13. November 2001 eine Militärverfügung erließ (Detention, Treatment, and Trial of Certain Non-Citizens in the War Against Terrorism). Für die auf Grundlage der Militärverfügung Internierten (detainees) gebrauchte die U.S. Verwaltung in der Folge den Terminus illegal enemy combatants um die Rechtlosigkeit der Personen nach dem Genfer Abkommen (III) über die Behandlung von Kriegsgefangenen zu manifestieren.
[30] *Boumediene v. Bush*, 549 U.S.1328, 127 S.Ct. 1478 (2007); bis dahin gab es nur Militärtribunale vor denen der Gefangenen ihren Kombattantenstatus überprüfen lassen konnten (Combatant Status Review Tribunals).
[31] Politische Parteien sind in der Verfassung nicht erwähnt und genießen keine verfassungsrechtlich oder gesetzlich geregelte besondere Position. Erst in jüngster Zeit werden Bemühungen sichtbar, den vielen Mißständen, insbesondere im Rahmen der Wahlfinanzierung, durch gesetzliche Kontrolle Abhilfe zu schaffen. So wurde im Jahre 2002 ein Gesetz zur Beschränkung von Wahlspenden verabschiedet, welches unter anderem für größere Transparenz sorgt und Unternehmen und Gewerkschaften verbietet, Gelder zum Zwecke der Beeinflussung von Wahlen auszugeben. Siehe Bipartisan Campaign Reform Act of 2002, Pub. L. 107–155, Stat. 81 (2002). Die Verfassungsmäßigkeit dieses Gesetzes war Gegenstand eines Rechtsstreits, in dem der Supreme Court die wesentlichen Inhalte jedoch bestätigte,

diesem Zweck in Vorwahlen in den Einzelstaaten bestimmt worden sind, sowie aus einer Anzahl sogenannter Superdelegierter (Parteifunktionäre, Gouverneure, Kongreßabgeordnete der jeweiligen Partei).[32] Ihre **Wahl** erfolgt in einem von den Kongreßwahlen separaten Wahlgang. Die Wahl ist indirekt, weil (obgleich ihre Namen auf dem Wahlzettel erscheinen) es um die Wahl von Wahlmännern geht, deren Anzahl sich für jeden Staat aus der Summe der Senatoren und der Mitglieder des Repräsentantenhauses bestimmt. Im Wahlgang im electoral college pflegen die electors in der Regel ihre Stimmen für den Kandidaten abzugeben, der in ihrem Staat die einfache Mehrheit erreichte. Dieses System ermöglichte die Wahl eines Minderheits-Präsidenten, d. h. eines Präsidenten, der im electoral college obsiegt, obgleich sein Gegner in der Bevölkerung mehr Wahlstimmen auf sich vereinigte: *John Quincy Adams* (1824), *Rutherford B. Hayes* (1876), *Benjamin Harrison* (1888) und *George W. Bush Jr.* (2000).[33] Selbst bei Gleichlauf an Stimmen verzerrt das electoral college-System das Resultat. Im Jahre 1960 erzielte Präsident *Kennedy* 49,7 % der Wahlstimmen und *Nixon* 49,5 %. *Kennedy* wurde aber im electoral college mit 303 Stimmen zu 219 für *Nixon* und 15 für den Drittkandidaten *Byrd* gewählt. Bemühungen zur Einführung eines direkten Wahlsystems blieben bislang erfolglos. Daran wird sich auch in Zukunft wahrscheinlich nichts ändern. Das Wahlverfahren spiegelt die Idee des amerikanischen Föderalismus wider, dass der Präsident von den Einwohnern der einzelnen Staaten und nicht von der Nation als ganzer gewählt wird, was die Selbständigkeit und Bedeutung der Staaten unterstreicht. Das „winner-takes-all"-System im electoral college hat zwei weitere Folgen: Es sichert das Zwei-Parteien-System, da keine neue Partei jemals in einer ausreichenden Anzahl von Staaten eine Mehrheit erreichen wird. Zum anderen aber müssen die etablierten Parteien – um selbst die Mehrheit zu gewinnen – sensibel für die von neuen und kleinen Parteien vertretenen Themen sein und in ihren Programmen (campaign platforms) auf diese Themen eingehen.

McConnell v. FEC, 540 U.S. 93, 124 S.Ct. 619 (2003). In 2010 entschied der Supreme Court, dass es sich bei Unternehmen um "Personen" handle die sich auch auf die Meinungsfreiheit berufen können. Konsequenterweise sei es nicht mit der Verfassung in Einklang zu bringen, wenn ihnen Einschränkungen für Wahlkamfspenden auferlegt würden. Das Gericht kehrte damit seine frühere Rechtsprechung um, einschließlich McConnell. Die Entscheidung wurde 5:4 gefällt, gegen die stark abweichende Meinung von Richter Stevens, dem sich die Richter Breyer, Ginsburg und Sotomayor anschlossen. *Citizens United v. FEC*, __ U.S. __, __ 130 S.Ct. 876 (2010). Unbegrenzte Wahlkampfspenden von Unternehmen und Gewerkschaften könnten einen signifikanten Einfluss auf die Stimmabgabe der Mitglieder des Repräsentantenhauses haben, die sich alle zwei Jahre der Wiederwahl stellen müssen. Siehe Rn. 44-45.

[32] Personen, die die Nominierung als Präsidentschaftskandidat ihrer Partei anstreben, werben in Vorwahlen um Delegierte, die dann auf dem Parteikongreß für sie stimmen. Es gibt somit zwei Wahlkämpfe: einen ersten innerparteilichen, um ausreichend Vorwahlen zu gewinnen oder um sich auf andere Art und Weise genügend Delegierter zu versichern, um vom Parteikongreß als Kandidat seiner Partei nominiert zu werden, und einen zweiten gegen die weiteren Kandidaten um das Präsidentenamt in der Hauptwahl im November. Die Vorwahlkämpfe der Demokratischen Partei 2008 haben die Nominierung eines Kandidaten bisher am längsten hinausgezögert.

[33] *Bush's* Gegenkandidat *Al Gore* erhielt landesweit über 500.000 Stimmen mehr, verlor aber im electoral college mit 4 Stimmen (267–271). Diese Wahl war geprägt von Widersprüchen und Rechtsstreitigkeiten über die Gestaltung der Wahlzettel und das Verfahren ihrer Auszählung, die bis zum US Supreme Court gingen. *Bush v. Gore*, 531 U.S. 98, 121 S.Ct. 525, 148 L.Ed.2d 388 (2000). Siehe dazu auch *Dershowitz*, Supreme Injustice (2001).

Wahlberechtigt ist jeder Bürger, der das 18. Lebensjahr vollendet hat.[34] Wählbar 53
ist, wer gebürtiger Staatsbürger ist (natural born),[35] seit vierzehn Jahren in den
USA wohnhaft ist und zumindest das 35. Lebensjahr vollendet hat.[36] Der Präsident
wird auf vier Jahre gewählt. Ursprünglich gab es keine Regel über eine Wiederwahl,
was die Wahl von Franklin D. Roosevelt für vier Amtszeiten ermöglichte. 1951
wurde durch den 22. Zusatzartikel die nur einmalige Wiederwahlmöglichkeit
verfassungsrechtlich verankert.[37] Der Präsident ist unabhängig, er kann nur durch
impeachment-Verfahren abgesetzt werden. Eine Anklage darf nur wegen Hochverrats, Bestechung oder anderer schwerer Verbrechen erfolgen.[38] Was schwere Verbrechen sind, hat der Supreme Court bislang nicht konkretisiert. Eine Anklage
bedarf einer Mehrheit der Stimmen der Abgeordneten des Repräsentantenhauses.
Der Senat tagt dann als Gericht unter Vorsitz des Präsidenten des Supreme Court.
Er muß der Amtsenthebung (removal) des Präsidenten mit Zweidrittelmehrheit zustimmen. Sie führt zum Verlust des bislang besetzten Amtes sowie zur Disqualifizierung für andere öffentliche Ämter. Bislang wurde noch nie ein Präsident des Amtes
enthoben.[39]

Nach der Amtsenthebung oder nach Rücktritt des Präsidenten, im Todesfall oder 54
wegen seiner sonstigen Amtsunfähigkeit tritt zuerst der Vizepräsident an die Stelle
des Präsidenten,[40] nach ihm der Sprecher des Repräsentantenhauses, hiernach die
Kabinettsmitglieder, zunächst der Außenminister (Secretary of State). Voraussetzung
ist immer, dass sie gebürtige U.S.-Staatsbürger sind.[41]

Exekutive Funktionen werden außerhalb des Präsidialamtes und der Ministerien von 55
einer Vielzahl unabhängiger Ämter (**independent agencies**) ausgeübt. Dazu gehören
in erster Linie Aufsichtsbehörden (regulatory agencies), z. B. die Interstate Commerce Commission, die Federal Trade Commission, die Federal Securitites and Ex-

---

[34] Seit 1971 bundesverfassungsrechtlich im 26. Zusatzartikel verankert; vorher galt (unterschiedliches) einzelstaatliches Recht.
[35] Damit sind eingebürgerte Personen (naturalized citizens) ausgeschlossen. Diskussionen gab es um außerhalb der USA von amerikanischen Eltern geborene Staatsbürger. Sie sind aber wohl wählbar, wenn sie die sonstigen Voraussetzungen erfüllen. Der Präsidentschaftskandidat der Republikaner für die Wahl 2008, *John McCain*, wurde auf einem Militärstützpunkt in der Panamakanalzone geboren, die nicht als Teil der Vereinigten Staaten angesehen wurde. Den dort geboren Personen wurde aber, z. T. rückwirkend, durch Bundesgesetz unter bestimmten Bedingungen die amerikanische Staatsbürgerschaft mit Geburt zuerkannt, so auch *John McCain*.
[36] Art. II § 1 Abs. 5.
[37] Die Vollendung der Amtsperiode eines Vorgängers, sofern es sich um weniger als 2 Jahre handelt, wird nicht mitgezählt.
[38] Art. II § 4: „The President, Vice President and all civil Officers of the United States, shall be removed from Office on Impeachment for, and Conviction of, Treason, Bribery, or other high Crimes and Misdemeanors."
[39] Gegen zwei Präsidenten erhob das Repräsentantenhaus Anklage, sie wurden also impeached. Die Amtsenthebung von Präsident *Johnson* scheiterte 1868 an einer einzigen Stimme im Senat. Auch das impeachment von Präsident *Clinton* fand 1999 keine Zweidrittelmehrheit. Präsident *Nixon* trat 1974 vor Erhebung der Anklage durch das Repräsentantenhaus zurück.
[40] Aufgrund dieser Regel wurde *Gerald Ford* 1974 zum bisher einzigen ungewählten Präsidenten in der amerikanischen Geschichte. *Ford* war 1973 von Präsident *Nixon* zum Nachfolger des zurückgetretenen Vizepräsidenten *Agnew* ernannt worden. Als *Nixon* dann 1974 selbst zurücktrat, wurde *Ford* sein Nachfolger.
[41] So hätten beispielsweise die früheren Außenminister *Henry Kissinger* und *Madeleine Albright* als naturalized citizens das Präsidialamt nicht übernehmen können.

change Commission und die Federal Communications Commission (unten Rn. 84). Die Federal Trade Commission beispielsweise erfüllt wichtige Aufsichtsfunktionen im Wettbewerbsrecht und besitzt, wie andere regulatory agencies, die Befugnis, bindende Verwaltungsverordnungen und -entscheidungen zu erlassen. Diese Behörden sind nicht Verwaltungsbehörden im gewöhnlichen Sinn, denn sie unterstehen nicht der Aufsicht eines Ministeriums, sie sind eigenständig und unterliegen den Vorschriften ihrer Gründungsgesetze und des allgemeinen Verfassungs- und Verwaltungsrechts. Ihre Mitglieder (commissioners), in ihrer Zuständigkeit oft mit Bundesrichtern vergleichbar, werden vom Präsidenten mit Zustimmung des Senats auf Zeit ernannt und sind ihm verantwortlich.

56 Ebenfalls zur Exekutive zu rechnen sind zahlreiche unabhängige Körperschaften, die bestimmte wirtschaftliche Funktionen ausüben: z. B. die Federal Deposit Insurance Corporation,[42] die Export-Import Bank[43] und das Federal Reserve Bank System.[44] Andere haben Planungs- oder regulierende Kompetenzen wie z. B. die Tennessee Valley Authority.[45] Die Aufsichtsbeamten dieser Körperschaften werden gleichfalls vom Präsidenten ernannt.

3. Judikative: insbesondere Supreme Court

57 Art. III errichtet den obersten Gerichtshof des Bundes (Supreme Court) und erteilt dem Kongreß die Befugnis, andere Bundesgerichte zu errichten.[46] Aber die Verfassung sagt nichts über die Befugnis des Supreme Court aus, Gesetze oder Maßnahmen der Exekutive wegen Verfassungswidrigkeit für nichtig zu erklären. Der Text der Verfassung enthält keine ausdrückliche Befugnis für den Gerichtshof, als Verfassungsgericht tätig zu werden. Dem Wortlaut der Verfassungsbestimmung nach verkörpert er die Bundesjustizkompetenz (judicial power of the United States,

---

[42] 12 U.S.C. §§ 1811 ff. (2004). Dieses bundeseigene Unternehmen wurde 1933 ins Leben gerufen, um Einlagen in bestimmten Bundes- oder Staatsbanken zu versichern, gegenwärtig bis zu $ 100.000 für ein Konto. Die Federal Deposit Insurance Corporation begleicht u. a. Forderungen einer nicht leistenden, versicherten Bank; oder gibt in finanzielle Schwierigkeiten geratenen Banken Darlehen, um Verlust für sie selbst rechtzeitig abzufangen.

[43] 12 U.S.C. § 635 (2004): Dieses Amt (independent agency) trägt zur Finanzierung und Erleichterung des internationalen Güterverkehrs bei, unter anderem durch Versicherung beweglichen Vermögens gegen politisches und wirtschaftliches Verlustrisiko. Der Export-Import-Bank ist die Konkurrenz mit dem privaten Kapitalmarkt und dem Bankenapparat verwehrt.

[44] 12 U.S.C. §§ 221 ff. (2004): Das Nationalbanksystem in den Vereinigten Staaten erfüllt die Aufgaben der Geldpolitik. Es besteht aus einem Board of Governors und zwölf regionalen Zentralbanken. Die Banken halten Reserven für Mitgliedsbanken, geben Darlehen an amerikanische und ausländische Handelsbanken, beeinflussen die staatliche Geldpolitik durch Anpassung des Diskontsatzes und regeln die im Umlauf befindliche Geldmenge. Vgl. *Malloy*, Bank Regulation, 2.Aufl., § 1.11 (2003).

[45] Vom Kongreß 1933 gegründet, war sie die erste derartige Behörde, die für die Planung und Entwicklung einer Region verantwortlich ist.

[46] In der Constitutional Convention wollten einige Vertreter ein System von Bundesgerichten in der Verfassung selbst verankern, um die Macht des Bundes zu stärken. Andere wollten keine Bundesgerichte unterhalb der Ebene des Supreme Court. Der Verfassungstext ist daher ein Kompromiß, indem er keine abschließende Regelung über die Bundesgerichte – eben mit Ausnahme des Supreme Court – enthält. Später errichtete dann der Kongreß unterhalb des Supreme Court zwei Stufen von Bundesgerichten, nämlich die Federal District Courts (erstinstanzliche Gericht) und die Federal Courts of Appeals (Berufungsgerichte). Dazu unten Rn. 106 ff.

Art. III § 1). Art. III § 2 zählt einzelne Kompetenzen auf,[47] aber die Verfassungskontrollfunktion sucht man vergeblich. Der Supreme Court entwickelte sie fallrechtlich. Der Judiciary Act von 1789 übertrug ihm die Kontrolle einzelstaatlicher Gesetzgebung auf ihre Bundesverfassungsmäßigkeit. In der berühmten Entscheidung *Marbury v. Madison*[48] erstreckte er diese Kontrollbefugnis auch auf die Überprüfung der Bundesgesetzgebung. Diese grundlegende Entscheidung beruht auf einer politisch-philosophischen Verfassungstradition. Sie realisiert das Prinzip der Gewaltentrennung.

Richterliche Kontrolle über den Präsidenten ist folgerichtig aus derselben Verfassungstradition abzuleiten, wurde aber bis in die jüngste Zeit nicht ausdrücklich vorgenommen. Erst 1952 erklärte der Supreme Court Notstandmaßnahmen des Präsidenten *Truman* als eine verfassungswidrige Ausübung legislativer Kompetenzen. Eine Entscheidung über die Kontrolle der Exekutive selber erging 1974 im Zusammenhang mit den Tonbandaufnahmen des Präsidenten *Nixon*. Diese Entscheidung, *United States v. Nixon*,[49] unterstreicht das in *Marbury v. Madison* begonnene System der richterlichen Kontrolle über die Befolgung der rule of law und damit der Gewaltenteilung im Staatsaufbau.[50]

57A

III. Einzelstaaten

Der staatsrechtliche Aufbau der Einzelstaaten spiegelt den des Bundes wider. Die Staatsregierungen bestehen wiederum aus drei Trägern der Staatsgewalt mit den Ministerpräsidenten (Governor) an der Spitze. Er wird in von den Parlamentswahlen unabhängigen Wahlen, aber im Gegensatz zur Wahl des Präsidenten in einem direkten Wahlgang vom einzelstaatlichen Volk gewählt, dessen aktives und passives Wahlrecht sich unterschiedlich nach einzelstaatlichem Recht bestimmt. Der Aufbau der Exekutive, einschließlich weitgehender Einrichtungen unabhängiger Aufsichtsbehörden (z. B. Commerce Commissions), gleicht dem bundesstaatlichen. Das gilt auch für das Parlament, soweit es – wie in der Mehrzahl der Staaten – dem Zweikammersystem folgt.[51] Die Gerichtsbarkeit ist meist dreistufig ausgestaltet, mit einem staatlichen Obersten Gerichtshof als Revisionsgericht, einem Court of Appeal als Beru-

58

---

[47] Art. III § 2 Abs. 1: „The judicial Power shall extend to all Cases, in Law and Equity, arising under this Constitution, the Laws of the United States, and Treaties made, or which shall be made, under their Authority;-to all Cases affecting Ambassadors, other public Ministers and Consuls;-to all Cases of admiralty and maritime Jurisdiction;-to Controversies to which the United States shall be a Party;-to Controversies between two or more States;-between a State and Citizens of another State;-between Citizens of different States;-between Citizens of the same State claiming Lands under Grants of different States, and between a State, or the Citizens thereof, and foreign States, Citizens or Subjects."
[48] *Marbury v. Madison*, 5 U.S. 137, 1 Cranch 137, 2 L. Ed. 60 (1803). Zu dieser Entscheidung und ihrer Bedeutung *Brugger*, Kampf um die Verfassungsgerichtsbarkeit: 200 Jahre Marbury v. Madison, JuS 2003, 320 ff.
[49] *United States v. Nixon*, 418 U.S. 683, 94 S.Ct. 3090, 41 L.Ed.2 d 1039 (1974).
[50] Siehe zum Supreme Court im allgemeinen auch *Heller*, Der Supreme Court der Vereinigten Staaten von Amerika, EuGRZ 1985/685; *Kleinstuber*, Selbstinszenierung eines Gerichts: Der U.S. Supreme Court, in: Kritische Justiz 1994/506; *Shell*, Der Supreme Court als dritte Gewalt, in: USA: Grundrisse – Länderkunde, Politik, Geschichte, Gesellschaft, Wirtschaft, Hrsg. Hartmut Wasser, 4. Aufl. 2000, S. 167–188.
[51] Ausnahmen: Nebraska und die Territorien Virgin Islands und Guam mit nur einer Kammer.

fungsgericht und verschiedenen erstinstanzlichen Gerichten.[52] Besonders bei den erstinstanzlichen Gerichten gibt es zum Teil große Unterschiede zwischen den einzelnen Staaten. Beispielsweise existieren in einigen Staaten Untergerichte (inferior courts) die für bestimmte Angelegenheiten oder Bagatellfälle (Angelegenheiten deren Streitwert einen bestimmten Betrag nicht überschreitet) zuständig sind. Rechtsmittel gegen Urteile dieser Gerichte können vor den regulären erstinstanzlichen Gerichten eingelegt werden.

59 Das System der **Kommunalverwaltung** ist kompliziert, variiert stark von Staat zu Staat und kann daher nur in grober Übersicht beschrieben werden. Die Einteilung eines Staates in Kreise (counties), die Errichtung von Städten (cities) und anderen Ortschaften mit juristischer Persönlichkeit (z. B. villages) ist Aufgabe der einzelstaatlichen Legislative mit der in vielen Staaten bestehenden Ausnahme, dass Städte bestimmten Ranges (wie z. B. in Kalifornien) staatsverfassungsrechtlichen Ursprung und Status besitzen. Innerhalb der Kommunalverwaltung unterscheidet man wiederum zwischen der Kreisverwaltung (mit ihren gesonderten Polizei-, Gesundheits- und anderen Befugnissen) und der Stadt- und Ortsverwaltung mit den ihnen zugehörigen Befugnissen im Polizei-, Schul-, Straßenbau-, Gesundheitswesen etc. Neben den Organen der Kreis- und Stadtverwaltung existieren weitere Verwaltungsbehörden (meist mit Ursprung in der staatlichen Kommunalgesetzgebung), die den Funktionsbereich der Kreise wie auch der Städte tangieren können. Zu diesen Behörden zählen u. a. Schulbehörden (school districts),[53] Ämter für öffentliche Anlagen, Seen und Wälder (park districts) und Ämter für Entwässerung (sewage districts). Diese Verwaltungsbehörden setzen sich weitgehend aus gewählten Mitgliedern zusammen; ob das verfassungsrechtliche Prinzip des one man – one vote auch auf diese speziellen Wahlen generelle Anwendung findet, ist noch nicht endgültig geklärt.[54]

60 Alle kommunalen Gebietskörperschaften (Städte, Kreise) besitzen **Steuerhoheit**. Derartige Besteuerungen werden z. T. durch gesonderte städtische (zusätzlich zu staatlichen) Erhebungen zur Einkommensteuer durchgeführt, in der Regel werden sie jedoch als Teil der städtischen oder county-Grundstückssteuer eingezogen. Staats-, Kreis- und städtische Steuern sowie indirekte Steuern (z. B. Benzin- und Verkaufssteuern) sind bei der Bundeseinkommensteuererklärung absetzbar.[55]

61 Kreise und Städte gerieten während der letzten Jahrzehnte in eine wachsende Finanznotlage, die dadurch verschärft wurde, dass der wohlhabende Mittelstand zunehmend die Stadtbezirke verließ und die Städte dadurch ihre Besteuerungsgrundlage bei wachsenden Kosten für Polizeiwesen und städtische Rehabilitation verringert sahen. Der Kommunalhaushalt setzt sich daher heute aus Erträgen der lokalen Besteue-

---

[52] Zu diesen Gerichten und ihrer Besetzung (z. T. mit Laienrichtern, oft mit gewählten Berufsrichtern) unten, Rn. 117.

[53] Das öffentliche Schulwesen hat seine Grundlage in einzelstaatlicher Gesetzgebung (Schulpflicht, Alter, Lehrerlizenzierung), wird aber zum großen Teil örtlich finanziert (Grundstückssteuern) und verwaltet. Durch Gesetze aufgestellte und umrissene school districts bestehen aus gewählten Mitgliedern (unter Leitung eines vom gewählten School Board hauptamtlich bestellten superintendent). Das School Board ist verantwortlich für die Lehrereinstellung und Besoldung; der school district hat Steuerhoheit.

[54] Vgl. *Cipriano v. Houma*, 395 U.S. 701, 89 S.Ct. 1897, 23 L.Ed.2 d 647 (1969) und *Gordon v. Lance*, 403 U.S. 1, 91 S.Ct. 1889, 29 L.Ed.2 d 273 (1971); *Board of Estimate v. Morris*, 489 U.S. 688, 109 S.Ct. 1433, 103 L.Ed.2 d 707 (1989).

[55] Internal Revenue Code § 164.

rung, des revenue sharing und anderen bundesstaatlichen Zuwendungen (z. B. unter dem Housing and Community Development Act[56]) zusammen.

IV. Besondere Territorien

Besondere Regierungs- und Verwaltungsformen bestehen für den District of Columbia (Gebiet der Bundeshauptstadt Washington), für abhängige Territorien (Puerto Rico, U.S. Virgin Islands) und abhängige Gebiete (possessions), z. B. Guam.[57] Sie unterstehen der Gesetzgebungskompetenz der Bundesregierung und fallen unter das Rechtschutzsystem der bundesgerichtlichen Zuständigkeit. Sie genießen weitgehende Selbstverwaltungsrechte. Ihre Bürger haben in der Regel das U.S.-Staatsbürgerrecht, entsenden aber – da sie nicht Bürger von Einzelstaaten sind – keine Abgeordneten in den Kongreß. 62

Reservate der Indianerstämme, viele von ihnen durch alte Staatsverträge des Bundes mit den Stämmen begründet, sind verfassungsrechtlich Bundesterritorium und unterstehen der Abteilung für Indian Affairs des Bundesinnenministeriums (Department of the Interior). Komplizierte Probleme in Fragen der Zivil- und Strafgerichtsbarkeit[58] ergeben sich hinsichtlich der Zuständigkeit des Bundes und des Einzelstaates, in dessen Territorium sich die Reservation befindet. 63

B. Grundrechte

Literatur: Barron, Constitutional Law in a Nutshell, 7. Auflage 2009; *Nowak*, Constitutional Law, 8. Auflage 2009; *Tribe*, American Constitutional Law, 3. Auflage 1999.

Zwischen dem demokratischen Grundprinzip der Volks- bzw. der Mehrheitsherrschaft und den Menschenrechten, die den einzelnen oder eine Minderheit schützen sollen, besteht ein natürliches Spannungsverhältnis. Die amerikanische Verfassung basiert auf der Überzeugung, dass es unveräußerliche und von der Mehrheit nicht beeinflußbare Menschenrechte geben muß, wenn ein demokratisches Staatswesen sich auf Dauer erhalten will. Die Grundrechte (constitutional rights and liberties)[59] sind dabei neben den oben erörterten Bestimmungen zur Errichtung einer horizontalen und vertikalen Gewaltenteilung die wichtigste Beschränkung der staatlichen Gewalt. 64

---

[56] 42 U.S.C.A. §§ 5301 ff. (2004).
[57] Zusätzlich zu den im Text genannten Gebieten unterliegen auch die folgenden der amerikanischen Hoheitsgewalt: American Samoa; Howland, Baker und Jarvis Islands; Johnston Islands; Kingman Reef; Midway Islands; Navassa Island; Palmyra Island; Trust Territory of the Pacific Island; Wake Island.
[58] Vgl. 25 U.S.C.S. §§ 1302 f., 1321 ff.; *McClanahan v. Arizona State Tax Com.*, 411 U.S. 164, 93 S.Ct. 1257, 36 L. Ed.2 d 129 (1973); *Oklahoma Tax Commission v. Chickasaw Nation*, 515 U.S. 450, 115 S.Ct. 2214, 132 L.Ed.2 d 400 (1995); *Hay/Borchers/Symeonides* Conflicts § 11.17; vgl. auch oben Rn. 18.
[59] Dazu ausführlich *Brugger* Einführung, S. 92 ff., *Currie* Verfassung, S. 39 ff., *Monk*, The Bill of Rights: A User's Guide, 4. Aufl. 2004.

I. Ursprünge und Entwicklung

65 Die in der U.S.-Verfassung verankerten Grundrechte haben mehrere Ursprünge. Schon die Magna Carta von 1215 bestimmte, dass kein freier Mann verhaftet oder ins Gefängnis geworfen werden darf, es sei denn durch ein rechtmäßiges Urteil nach dem Gesetz des Landes.[60] Aus dieser Bestimmung hat sich die Rechtsverfahrensklausel (due process) der amerikanischen Verfassung entwickelt. Weitere Quelle der amerikanischen Grundrechte war das naturrechtliche Gedankengut des 18. Jahrhunderts. Die Unabhängigkeitserklärung von 1776 und die einzelstaatlichen Grundrechtsproklamationen, unmittelbare Vorbilder des Grundrechtskatalogs der Bundesverfassung, sind deutlich durch naturrechtliche Staatstheorien beeinflußt.

66 Hinzu kommen politische Gründe. Die Einzelstaaten hatten bei der Staatsgründung erhebliche Bedenken gegen eine starke Zentralregierung. Die Einwohner der Kolonien hatten unter der Herrschaft der britischen Krone schlechte Erfahrungen gemacht. Sie waren besorgt, dass die Bundesregierung oder der Bundesgesetzgeber übermäßige Eingriffe in die Rechtssphäre des einzelnen vornehmen könnten. So forderten mehrere Staaten bei der Ratifizierung des Verfassungsentwurfs von 1787 die sofortige Ergänzung der Verfassung durch einen Grundrechtskatalog. Heute gehören Grundrechte zu den wichtigsten Grundlagen nicht nur des amerikanischen Verfassungsrechts, sondern des amerikanischen Lebens überhaupt.

67 Überblickt man die in der amerikanischen Verfassung verankerten Grundrechte insgesamt, so kann man nach verschiedenen Gesichtspunkten unterscheiden. Zum einen gibt es Grundrechte, die in dem ursprünglichen Verfassungstext von 1787 enthalten sind, so vor allem das Verbot rückwirkender Strafgesetze (Art. I § 9), das Wahlrecht in Art. I. §§ 2–4 und die bundesstaatliche Gleichheitsgarantie in Art. IV § 2. Die meisten Grundrechte finden sich jedoch in den 1791 in Kraft getretenen ersten 10 Zusatzartikeln, der **Bill of Rights**. Wichtige Grundrechtsartikel enthalten auch die 1865–1870 ratifizierten drei Bürgerkriegszusatzartikel 13 bis 15 (Civil War Amendments) sowie die Zusatzartikel 19, 24 und 26. Neben diesen im Verfassungstext selbst verankerten Grundrechte treten fundamental rights, die der Supreme Court insbesondere aus der due process-Klausel und der equal protection-Klausel des 14. Zusatzartikels entwickelt hat.[61]

68 Eine andere Untergliederung ergibt sich daraus, dass ein Teil der Grundrechte nur die Bundesgewalt, also den Bundesgesetzgeber, die Bundesgerichte und die Bundesbehörden bindet, ein anderer Teil beschränkt die Befugnisse der einzelstaatlichen Hoheitsträger, während eine dritte Gruppe in gleicher Weise Bund und Einzelstaaten

---

[60] Magna Carta; akpt. 39: „Nullus liber homo capiatur vel imprisonetur ... nisi per legate judicium parium suorum vel per legem terrae."
[61] Auch die Bundesgesetzgebung ist Quelle von Grundrechten, obgleich auf nur indirektem Wege, weil diese oft nicht ausdrücklich als Ausführungsgesetz zu einer Grundrechtsnorm, sondern in Ausführung und Fortbildung anderer Bundesgesetzkompetenzen verabschiedet werden. So basieren z. B. Antidiskriminierungsbestimmungen im zwischenstaatlichen Personenverkehr nicht auf den Generalklauseln des 5. oder 14. Zusatzartikels, sondern auf der interstate commerce-Kompetenz des Kongresses (*Heart of Atlanta Motel, Inc. v. United States*, 379 U.S. 241, 85 S.Ct. 348, 13 L.Ed.2 d 258 (1964): Anwendung des Civil Rights Act von 1964, der aufgrund der commerce power verabschiedet worden war).

verpflichtet. Die Bill of Rights gehörte ursprünglich zur ersten Gruppe.[62] Die Einzelstaaten hatten in ihren eigenen Verfassungen Grundrechte und lehnten es ab, sich durch den Bund Vorgaben machen zu lassen. Dies änderte sich nach dem Sieg der Nordstaaten im Bürgerkrieg (1861–65). Eine Ergänzung des Grundrechtskatalogs sollte die Gleichberechtigung der schwarzen Bevölkerung sichern. Es entstanden die 13., 14. und 15. Zusatzartikel, die sich in erster Linie, z. T. sogar ausschließlich, an die Einzelstaaten richteten und ihnen gewisse Eingriffe in persönliche Freiheiten verboten.[63]

Die ursprüngliche Unterscheidung zwischen den Grundrechten nach ihrer unterschiedlichen Verbindlichkeit ist im Laufe der Entwicklung vornehmlich durch den Supreme Court verwischt worden.[64] Die Angleichung der sowohl den Bund als auch die Einzelstaaten verpflichtenden Grundrechte erfolgt über die gleichlautenden Generalklauseln des 5. und 14. Zusatzartikels. Sie enthalten das Gebot, dass niemandem Leben, Freiheit oder Eigentum ohne gehöriges Rechtsverfahren entzogen werden darf (… nor shall any State deprive any person of life, liberty, or property, without due process of law).[65] Diese Bestimmungen wurden gleichsam zur Zentralnorm, wechselseitig beziehen sie die meisten der jeweils den anderen Hoheitsträger verpflichtenden Grundrechte ein. So garantiert der 1. Zusatzartikel z. B. die Redefreiheit. Seinem Wortlaut nach gilt er nur auf der Bundesebene. Der Supreme Court entschied jedoch, die Redefreiheit sei ein so wesentliches Element jedes demokratischen Rechtsstaates, dass ihre Einschränkung einer Entziehung der Freiheit schlechthin gleichkomme und daher aufgrund der Generalklausel des 14. Zusatzartikels auch auf einzelstaatlicher Ebene unzulässig ist.[66]

69

---

[62] So beginnt der 1. Zusatzartikel mit den Worten: „Congress shall make no law respecting an establishment of religion, or prohibiting the free exercise thereof …"

[63] Der 14. Zusatzartikel § 1 Satz 2 beginnt: „No State shall make or enforce any law which shall abridge the privileges or immunities of citizens of the United States …" Im 15. Zusatzartikel § 1 heißt es: „The right of citizens of the United States to vote shall not be denied or abridged by the United States or by any State on account of race, color, or previous condition of servitude."

[64] Vgl. *Duncan v. Louisiana*, 391 U.S. 145, 88 S.Ct. 1444, 20 L.Ed.2 d 491 (1968) mit ausführlicher Erläuterung der Inkorporierungsdebatte. Dazu auch *Brugger* Einführung, S. 104 ff.

[65] Hervorzuheben ist, dass die Bestimmung nicht nur Bürgern (citizens), sondern allen Personen, damit auch Ausländern, den due process-Schutz garantiert, *Graham v. Richardson*, 403 U.S. 365, 371, 91 S. Ct. 1848, 29 L.Ed.2 d 534 (1971).

[66] *De Jonge v. Oregon*, 299 U.S. 353, 57 S.Ct. 255, 81 L.Ed. 278 (1937).
Der 2. Zusatzartikel war lange Zeit Gegenstand großen Streits. Ist sein Anwendungsbereich, das „Recht Waffen zu tragen", in kollektiver Hinsicht zu verstehen (dass Menschen nur gemeinschaftlich bewaffnet sein dürfen, d. h. als Gruppe wie beispielsweise die im Artikel genannte „Miliz") oder soll jeder individuell Waffen besitzen können, etwa Pistolen? Das letztere Verständnis stellt wohl die vorherrschende öffentliche Meinung dar und ist auch fortwährend von Interessengruppen vertreten worden, zum Bsp. von der National Rifle Association. 2008 schloß sich der Supreme Court diesem Standpunkt an, obleich nur in Grenzen und unter Beiziehung von Sicherheitserwägungen: *District of Columbia v. Heller*, 554 U.S. 570, 128 S.Ct. 2783, 2008. Im Fall bestätigte das Gericht einem Wachmann, der eine Pistole während seines Dienstes tragen durfte, dass er auch in seiner Freizeit dazu berechtigt war. Ein anderslautendes Gesetz des District of Columbia war daher verfassungswidrig. Das Gericht wies darauf hin, dass es sich in der Entscheidung nicht mit solchen Gesetzen beschäftigt hatte, die das Tragen versteckter Waffen verbieten oder den Besitz bestimmter Waffenarten (wie etwa Sturmwaffen) und auch nicht mit solchen Gesetzen, die es untersagen Waffen in besonders sensiblen Bereichen zu besitzen oder in diese Bereiche Waffen zu verbringen, beispielsweise Schulen. Der Supreme Court folgte *Heller* in *McDonald v. City of Chicago* und erklärte ein einzelstaatliches Gesetz, das Privatpersonen Waffenbesitz untersagte, für verfassungswidrig. __ U.S. ___, 130 S.Ct. 3020 (2010).

II. Einzelne Grundrechte

70 Neben der due process-Klausel haben die im 1. Zusatzartikel enthaltenen Grundrechte der Redefreiheit[67], der Pressefreiheit und der Versammlungsfreiheit wohl die größte Bedeutung erlangt. Auch die Religionsfreiheit ist in ihm verankert. Die Bestimmung verbietet die Einführung einer Staatsreligion sowie jegliche staatliche Eingriffe in die internen Angelegenheiten der Kirchen und Religionsgemeinschaften. Das Eigentum ist gleich in doppelter Weise geschützt. Zu nennen ist zunächst die due process-Klausel. Der letzte Satz des 5. Zusatzartikels befaßt sich außerdem mit der Frage der Enteignung. Nach Auslegung des Supreme Court darf hiernach Privateigentum nur für öffentliche Zwecke und auch dann nur gegen gerechte Entschädigung enteignet werden.

71 Mehrere Verfassungsbestimmungen befassen sich mit dem Gerichtsverfahren, insbesondere mit dem Strafprozeß: Schutz gegen willkürliche Verhaftung,[68] Schutz gegen willkürliche Durchsuchungen und Beschlagnahme (unreasonable searches and seizures) wurden im 4. Zusatzartikel garantiert. In enger Verbindung mit der Vorschrift über die Verhaftung steht die **habeas corpus-Klausel** des Art. I § 9 Abs. 2. Hiernach kann jeder Inhaftierte das zuständige Bundesgericht anrufen und mit der Begründung, dass die Verhaftung im Widerspruch zur Bundesverfassung oder zu einen Bundesgesetz stehe, seine Freilassung beantragen.[69] Der 6. Zusatzartikel befaßt sich mit der eigentlichen Strafverhandlung. Sie soll schnell stattfinden und öffentlich sein. Der Angeklagte hat das Recht, den Zeugen der Anklage persönlich gegenübergestellt zu werden. Die von ihm zu seiner Verteidigung genannten Zeugen müssen vom Gericht geladen werden. Er kann sich eines Anwalts zu seiner Verteidigung bedienen. Hat er selbst keinen Verteidiger, so kann er verlangen, dass das Gericht ihm einen Verteidiger stellt.[70] Die Feststellung der Schuld muß durch unparteiische Geschworene getroffen werden (trial by jury). Von großer Bedeutung ist hier auch der 3. Satz des 5. Zusatzartikels, wonach es dem Angeklagten freisteht, ob er zu der Anklage eine Aussage machen will (Schutz gegen Selbstinkriminierung). Macht er keine Aussage, dürfen aus seiner Weigerung keine Rückschlüsse gezogen werden. Schließlich enthält der 5. Zusatzartikel das Verbot der zweimaligen Anklageerhebung wegen desselben Vergehens.[71]

72 Im engen Zusammenhang mit den strafprozessualen Bestimmungen stehen solche, die das materielle Strafrecht betreffen: Der 8. Zusatzartikel verbietet grausame und ungewöhnliche Bestrafungen (cruel and unusual punishments) sowie übermäßig

---

[67] Wahlkampf ist Teil der „Redefreiheit". Begrenzungen von Wahlkampfspenden – auch solche von Unternehmen – beschränken die Redefreiheit in einer mit der Verfassung nicht zu vereinbarenden Weise.
[68] Der Supreme Court entschied in *Atwater v. City of Lago Vista*, 532 U.S. 318, 121 S.Ct. 1526, 149 L. Ed.2d. 549 (2001), dass es Polizeibeamten nicht verwehrt ist, Personen ohne Haftbefehl wegen geringfügiger krimineller Akte festzunehmen, soweit „probable cause" besteht.
[69] Von diesem Rechtsbehelf wurde Gebrauch gemacht, um die Rechtmäßigkeit der Internierungen im amerikanischen Militärgefangenenlager Guantánamo Bay zu überprüfen. Vgl. unten Rn. 735 und dazugehörige Fn.
[70] Wegen Unzulänglichkeiten im System der Pflichtverteidigung bekommen finanzschwache Angeklagte oft keinen oder nur unzureichenden Rechtsbeistand. Vgl. *Southern Center for Human Rights*, Promises to Keep: Achieving Fairness and Equal Justice for the Poor in Criminal Cases (2000); *Moorehead (Hrsg.)*, After Universalism: Reengineering Access to Justice, 2003. Informationen zu diesem Thema auch unter http://www.nlada.org.
[71] Der Grundsatz geht weiter als der ne bis in idem-Grundsatz des europäischen Strafrechts. Ne bis in idem verbietet die zweimalige Bestrafung, der amerikanische Rechtssatz verbietet schon die zweimalige Anklageerhebung.

hohe Geldstrafen. Aus europäischer Sicht unverständlich wird die (in einigen Staaten mit bemerkenswerter Regelmäßigkeit verhängte) Todesstrafe von diesem Verbot nicht erfaßt.[72] Nach Art. I § 9 sind Bestrafungen durch Einzelfallgesetze ohne gerichtliches Verfahren (bills of attainder) untersagt. Die gleiche Verfassungsbestimmung verbietet rückwirkende Gesetze.

Ähnlich wie die due process-Klausel ist auch der Gleichheitsschutz der **equal protection of the laws**-Klausel des Zusatzartikels 14 § 1 Quelle umfassenden Fallrechts, 73

---

[72] Siehe auch unten Rn. 701–703. Nach einer kurzen Zeitspanne während derer die Todesstrafe vom Supreme Court als „grausam und ungewöhnlich" und den 8. Zusatzartikel der Verfassung verletzend eingestuft worden war (in *Furman v. Georgia*, 408 U.S. 238 (1972) wurden 40 einzelstaatliche Todesstrafengesetze für nichtig erklärt und die Todesstrafe landesweit ausgesetzt) ließ sie wieder zu in *Gregg v. Georgia*, 428 U.S. 153, 96 S.Ct. 2909, 49 L.Ed.2 d 859 (1976). Zwischen 1976 und Mitte 2008 wurden bundesweit 1107 Todesurteile vollstreckt, 406 davon in Texas. 2007 fanden etwa zwei Drittel aller Hinrichtungen in Texas statt (landesweit 42). Die Vereinigten Staaten sind weltweit das Land mit den fünftmeisten Hinrichtungen: nach China, Iran, Saudi Arabien und Pakistan. Trotz des Gebots eines zügigen Verfahrens und des Verbots des cruel and unusual punishment entschied der Supreme Court, dass die Inhaftierung im Todestrakt von bis zu 29 Jahren in Erwartung der Vollstreckung des Todesurteils nicht gegen die Verfassung verstieß. Vgl. *Lackey v. Texas*, 514 U.S. 1045, 115 S.Ct. 1421, 131 L.Ed.2 d 304 (1995); *Knight v. Florida*, 528 U.S. 990, 120 S.Ct. 459, 145 L.Ed.2 d 370 (1999), und *Johnson v. Bredesen*, __ U.S. __, 130 S.Ct. 541 (2009) (in Einzelhaft für fast 29 Jahre). Neuere Rechtsprechung des Supreme Court hat die Fragen um die Exekution geistig zurückgebliebener und minderjähriger Täter geklärt. Das Gericht urteilte im Fall eines in Virginia zum Tode verurteilten geistig Zurückgebliebenen, dass die Hinrichtung geistig Zurückgebliebener gesellschaftlichen Anschauungen und Standards zuwiderläuft und damit das Verbot von cruel and unusual punishment des 8. Zusatzartikels verletzt. *Atkins v. Virginia*, 536 U.S. 304, 122 S.Ct. 2242, 153 L.Ed.2 d 335 (2002). Im Jahre 2005 kehrte der Supreme Court von seiner Entscheidung in *Stanford v. Kentucky*, 492 U.S. 361, 109 S.Ct. 2969, 106 L.Ed.2 d 306 (1989) ab und urteilte mit 5:4 Stimmen, dass die Vollstreckung der Todesstrafe an Tätern, die zur Tatzeit jünger als 18 Jahre alt waren, gegen den 8. Zusatzartikel verstoße und verfassungswidrig sei. *Roper v. Simmons*, 543 U.S. 551, 125 S. Ct. 1183, 161 L.Ed.2 d 1 (2005). Dazu auch unten, Rn. 702 a.
2007 ließ der U.S. Supreme Court eine Überprüfung der Hinrichtungsmethode zu, die von den meisten Staaten angewendet wird, die Todesstrafen verhängen: die Giftspritze. Es war vorgebracht worden, dass einer der drei, bei der Injektion angewendeten chemischen Stoffe, Lähmungen hervorruft und damit die möglicherweise extremen Schmerzen des Gefangenen verschleiert. Für die Zeit der Anhängigkeit des Falls bei Gericht wurden alle Hinrichtungen ausgesetzt. Anfang 2008 entschied der Supreme Court, dass die Hinrichtungsmethode der Giftspritze nicht gegen den 8. Zusatzartikel der Bundesverfassung verstößt und ermöglichte damit die Wiederaufnahme der Vollstreckungshandlungen. *Baze v. Rees*, 553 U.S. 35, 128 S.Ct. 1520, 170 L.Ed.2d 420 (2008). Im Jahr 2009 modifizierte der Staat Ohio die Hinrichtungsmethode dahingehend, dass nur noch eine einzige Substanz verabreicht wurde. In dem Verfahren zu der ersten Person, die mit dieser Methode hingerichtet werden sollte, lehnte der Supreme Court eine Nachprüfung ebenso ab (*Biros v. Houk*, __ U.S. __, 129 S.Ct. 203 (2009)) wie zwei Petitionen die darauf gerichtet waren die Hinrichtung auszusetzen, um die Durchführung medizinischer Untersuchungen zu ermöglichen, *Biros v. Strickland*, 130 S.Ct. 826 (2009). Auch die Hinrichtung von geistig zurückgebliebenen Personen bleibt trotz der Entscheidung in der Sache *Atkins* (siehe oben zu dieser Rn.) eine nicht vollkommen geklärte Frage, da die Gerichte der einzelnen Staaten jeweils festlegen, was unter einer geistigen Beeinträchtigung zu verstehen ist. Im Jahr 2009 wurde in Texas eine Person mit einem I.Q. „um die 70" nicht als geistig zurückgeblieben erachtet und hingerichtet. Der Supreme Court lehnte die Aussetzung der Hinrichtung ebenso ab wie eine Haftprüfung. *Woods v. Texas*, 2009 U.S. LEXIS 8742 (Dez. 3, 2009). Im Gegensatz dazu hat der Supreme Court festgestellt, dass die Verhängung der Todesstrafe für die Vergewaltigung eines Kindes gegen den 8. Zusatzartikel verstößt. *Kennedy v. Louisiana*, 554 U.S. 407, 128 S.Ct. 2641, (2008). Die Entscheidung weitet die Feststellungen aus, die über die Vergewaltigung einer erwachsenen Frau in *Coker v. Georgia*, 433 U.S. 584, 97 S.Ct. 2861 (1977) getroffen worden waren. Sechzehn Staaten und der District of Columbia haben die Todesstrafe ganz abgeschafft. Aktuelle Informationen und Statistiken dazu auch im Internet unter http://www.ojp.usdoj.gov/bjs/cp.htm.

z. B. zum Verbot der Rassendiskriminierung in öffentlichen Anstalten.[73] Der Gleichheitssatz hat kein Gegenstück in der die Bundesregierung verpflichtenden Bill of Rights. Wie viele ihrer Aspekte jedoch fallrechtlich in die die Einzelstaaten verpflichtende due process-Klausel des 14. Zusatzartikels übernommen wurden, so verpflichten umgekehrt viele Gebote und Verbote des Gleichheitssatzes den Bundesgesetzgeber durch fallrechtliche Übernahme in die due process-Klausel des 5. Zusatzartikels.[74]

C. Ausländerrecht

Literatur: *Aleinikoff*, Immigration and Citizenship: Process and Policy, 6. Auflage 2008; *Carrion*, USA Immigration Guide, 5. Auflage 2004; *Weissbrodt*, Immigration Law and Procedure in a Nutshell, 5. Auflage 2005.

I. Einreise und Aufenthalt

74 Ausländer, die nicht im Besitz einer unbegrenzten Aufenthaltserlaubnis („green card") sind, bedürfen grundsätzlich[75] eines Visums zur Einreise in die USA, das ihnen in ihrem Heimatland von der U.S.-Botschaft oder einem Konsulat erteilt wird. Die Voraussetzungen sind unterschiedlich für Einwanderer (immigrants) und Nichteinwanderer (nonimmigrants). Nonimmigrants sind ausländische Regierungsbeamte, Beamte internationaler Organisationen, Touristen, Studenten, Austausch-Personal (exchange visitors), durch Staatsverträge berechtigte Kaufleute (treaty traders and investors), Transitreisende, Saisonarbeiter und Seeleute. Die Erteilung eines nonimmigrant-Visums erfolgte in der Vergangenheit zumeist kurzfristig, seit den Terroranschlägen vom 11. September 2001 sind sie jedoch schwieriger zu erhalten.[76] Voraussetzung ist in der Regel der Nachweis genügender Geldmittel für Aufenthalt und Rückreise; die Visa sind zeitlich begrenzt, teils jedoch verlängerbar. Die Erteilung eines Visums garantiert nicht die Einreiseerlaubnis. Sie wird vielmehr durch den Citizenship and Immigration Service (USCIS)[77] am Einreiseort nach nochmali-

---

[73] Vgl. *Watson v. Memphis*, 373 U.S. 526, 83 S.Ct. 1314, 10 L.Ed.2 d 529 (1963). Zu Entwicklungen im Bereich der *affirmative action* (Bevorzugung historisch benachteiligter Minderheiten) *Empt*, Positive Diskriminierung ethnischer Minderheiten beim Hochschulzugang und der Gleichheitssatz im US-amerikanischen Verfassungsrecht, DÖV 2004, 239.

[74] Weitere Bestimmungen zum Gleichheitsschutz: Art. I § 9 Abs. 8 verbietet die Verleihung von Adelstiteln durch den Bund; der 13. Zusatzartikel schafft die Sklaverei ab und verbietet die Zwangsarbeit; die 15. und 19. Zusatzartikel untersagen jede Unterscheidung nach Rasse, Hautfarbe oder Geschlecht hinsichtlich des Wahlrechts.

[75] Für kurzfristige Aufenthalte (nicht für Erwerbszwecke) sind Staatsbürger bestimmter Länder von dem Visumserfordernis befreit, darunter auch Deutsche. Vgl. 8 U.S.C. § 1187 (2004).

[76] Viele der mit den Anschlägen in Verbindung gebrachten Personen waren legal mittels Studentenvisa in die USA eingereist, was zu Untersuchungen führte, inwieweit die existierenden Einreiseverfahren und Kontrollen der Reform bedürfen. Als Reaktion auf festgestellte Unzulänglichkeiten erließ der Kongreß den Enhanced Border Security and Visa Reform Act, Pub. L. No. 107–173, 116 Stat. 543 (2002), welcher eine verstärkte Überwachung von einreisenden Ausländern beabsichtigt.

[77] Der Homeland Security Act von 2002, Pub. L. 107–296, 116 Stat. 2135 (2002), führte zur Abschaffung des Immigration and Naturalization Service (INS) und zur Übertragung dessen Funktionen unter die Aufsicht des neugeschaffenen Department of Homeland Security. Unter dessen Aufsicht werden die früheren Aufgaben der INS nunmehr von verschiedenen Behörden wahrgenommen.

ger Prüfung des Visums und der sonstigen Voraussetzungen für die Einreise[78] erteilt. Wird die Einreisegenehmigung verweigert, so genießt der Ausländer Rechtsschutz.[79]

Die Erteilung eines Einwanderungsvisums erfolgt nach einem Quotensystem und bringt deshalb häufig längere Wartezeiten mit sich.[80] Voraussetzung ist fast immer die finanzielle Bürgschaft eines U.S.-Bürgers (sponsorship). Innerhalb des Quotensystems bestehen Präferenzen für bestimmte Personen, z. B. Personen mit gefragten beruflichen Qualifikationen (skills).[81] Visa erhalten beispielsweise nicht Geisteskranke, Vorbestrafte, gegenwärtige oder ehemalige Mitglieder bestimmter Organisationen und Parteien und Personen, die in anderer Weise ein finanzielles oder ein Sicherheitsrisiko darstellen.[82] Der als Reaktion auf die Terroranschläge von 2001 erlassene Patriot Act[83] sieht darüber hinaus vor, dass Ehepartner und Kinder von Terroristen, sowie Personen, die Verbindungen zu terroristischen Organisationen haben, generell nicht qualifiziert sind. Der unbestimmte Begriff der Verbindung zu terroristischen Organisationen („associated with terrorist organizations") könnte einen spürbaren Einfluß auf die Zahl der unter dieser Vorschrift abgewiesenen Personen haben. 75

Zugelassene Immigranten können unbeschränkt am gesellschaftlichen- und Wirtschaftsleben teilnehmen,[84] obgleich ältere Staatsverträge noch Einschränkungen hinsichtlich bestimmter Aktivitäten (z. B. Bankwesen, öffentlicher Transport, Trust-Verwaltung, Erschließung von Mineral- und Erzschätzen) zuließen.[85] Nichtimmigranten, die in den USA einer Arbeit nachgehen wollen, bedürfen einer Arbeitserlaubnis.[86] 75A

Jeder Ausländer muß dem U.S. Citizenship and Immigration Service einmal pro Jahr auf einem Formular seine Adresse, Staatsangehörigkeit, Geburtsdatum und andere 76

---

[78] Als Bestandteil verschärfter Einreisekontrolle müssen Ausländer beispielsweise bei der Einreise Fingerabdrücke abgeben und werden fotografiert. Siehe Executive Order No. 13 323, 69 Fed. Reg. 482, 5. Januar 2004.
[79] Vgl. *Brownell v. We Shung*, 352 U.S. 180, 77 S.Ct. 252, 1 L.Ed.2 d 225 (1956).
[80] Ausgenommen hiervon sind nur wenig Personengruppen, so z. B. Familienmitglieder von U.S.-Bürgern.
[81] Im Jahr 2008 wurden 1.107.126 Einwanderer in den Vereinigten Staaten zugelassen (davon lebten zuvor bereits 58% in den Vereinigten Staaten). Eine bevorzugte Behandlung erhielten nachziehende Angehörige: Kinder (101.342); Ehepartner (265.671); und Eltern (121.470). Daneben wurden 26.173 unverheiratete Kinder amerikanischer Bürger, 68.859 Geschwister amerikanischer Bürger und 637 Kinder von Ausländern mit Aufenthaltsgenehmigung bevorzugt behandelt. Siehe dazu: Jahrbuch der Immigrationsstatistik (2008) des *U.S. Department of Justice*, http://www.dhs.gov/ximgtn/statistics/publications/yearbook.shtm.
[82] 8 U.S.C. § 1182 (a) (1) – (4).
[83] Uniting and Strengthening America by Providing Appropriate Tools Required to Intercept and Obstruct Terrorism Act von 2001 (USA PATRIOT Act), Pub. L. No. 107–56, 115 Stat. 272 (2001).
[84] Die Bundesregierung hat Ausländer allerdings von Tätigkeiten im öffentlichen Dienst des Bundes ausgeschlossen. Dies schränkt die Beschäftigungsmöglichkeiten für Ausländer ein. Da der Aviation and Transportation Security Act, Publ. L. No. 107–71, 115 Stat. 597 (2001) die Flughafensicherheit dem Bund überträgt, können also beispielsweise bei der Flughafensicherheit nur U.S.-Staatsbürger beschäftigt sein.
[85] Vgl. Art. VII des Deutsch-Amerikanischen Freundschaftsvertrages von 1954. Der Supreme Court erklärte einzelstaatliche Regelungen für verfassungswidrig, die Ausländern das Ablegen der juristischen Staatsprüfung und damit die Ausübung des Anwaltsberufes untersagte oder sie nicht das Amt eines notary public (eine Person, die Dokumente und Unterschriften beglaubigt, aber nicht Jurist sein muß) ausüben ließ. *In re Griffiths*, 413 U.S. 717, 93 S.Ct. 2851, 37 L.Ed.2 d 910 (1973); *Bernal v. Fainter*, 467 U.S. 216, 104 S.Ct. 2312, 81 L.Ed.2 d 175 (1984).
[86] 8 U.S.C. § 1182 (a) (5).

Hintergrundinformationen mitteilen. Andere Kontrollen wie z. B. polizeiliche Anmeldung oder Aufenthaltserlaubnisse bestehen nicht.[87] Ausreisende Ausländer, die in den USA gearbeitet haben, bedürfen einer Ausreiseerlaubnis (sailing permit), die der Überprüfung der Erfüllung aller Steuerverpflichtungen dient. Ein ausreisender, aber zurückkehrender immigrant braucht zwecks Wiedereinreise ein reentry permit, für dessen Ausstellung ein sailing permit Voraussetzung ist.

II. Einbürgerung

77   Der 14. Zusatzartikel der Bundesverfassung macht grundsätzlich alle Personen zu amerikanischen Staatsbürgern, die in den Vereinigten Staaten geboren[88] oder eingebürgert wurden. Ein immigrant kann Einbürgerung (naturalization) nach fünfjährigem Aufenthalt beantragen, der durch kurze Abwesenheit unterbrochen sein kann.[89] Für bestimmte Personen, wie z.b. Ehepartner, gelten verkürzte Wartezeiten. Der Antrag wird vom U.S. Citizenship and Immigration Service geprüft, der Antragsteller (mit zwei Zeugen) zur Überprüfung des Bestehens gesetzlicher Voraussetzungen (Sprachkenntnis, Verständnis der amerikanischen Geschichte und Staatsform, lauterer Lebenswandel) vorgeladen. Der Service leitet den Antrag dem örtlich zuständigen Bundesgericht mit einer Stellungnahme weiter. Das Gericht spricht die Einbürgerung in öffentlicher Sitzung aus.

III. Ausbürgerung

78   Ausbürgerung (loss of citizenship) erfolgt aufgrund freiwilliger Willensäußerung oder entsprechender Handlungen. Dazu zählen entsprechende Erklärungen vor U.S.-Konsular- oder Botschaftsbeamten im Ausland, Bekleidung eines ausländischen öffentlichen Amtes, der freiwillige Dienst in ausländischen Streitkräften[90] und die freiwillige Annahme einer ausländischen Staatsbürgerschaft mit der Absicht, die US-amerikanische aufzugeben.[91] Die Ausbürgerung kann auch gerichtlich angeordnet werden, wenn Einreise oder Einbürgerung widerrechtlich erfolgt waren.[91a]

---

[87] Das Justizministerium hat jedoch angedeutet, ein Erfordernis durchzusetzen, nach dem Ausländer einen Adressenwechsel binnen 10 Tagen melden müssen, anderenfalls ihnen Ausweisung droht. Siehe 67 Fed. Reg. 48, 818 (26. Juli 2002).

[88] Ausgenommen sind nur diejenigen gebürtigen Bewohner, die der amerikanischen Hoheit nicht unterworfen sind, z. B. die Kinder fremder Diplomaten. Durch Gesetz sind auch im Ausland geborene Kinder amerikanischer Eltern amerikanische Staatsbürger. Das Gesetz wird sehr weit ausgelegt in *Scales v. Immigration and Naturalization Service*, 232 F.3 d 1159 (9th Cir. 2000).

[89] 8 U.S.C. § 1427 (2005).

[90] Der Dienst in ausländischen Streitkräften muß freiwillig erfolgen. Die Bestimmung findet daher keine Anwendung, wenn ein amerikanischer Staatsbürger z. B. aufgrund einer doppelten Staatsbürgerschaft zu ausländischem Militärdienst herangezogen wird. Eine doppelte Staatsbürgerschaft kann sich aus der abgeleiteten Staatsangehörigkeit eines ausländischen Elternteils ergeben, oder daraus, dass die Einbürgerung in den USA nicht zu dem Verlust der Staatsangehörigkeit des Herkunftsstaates führt.

[91] Mittlerweile erkennt das U.S.-amerikanische Recht doppelte Staatsbürgerschaft in vielen Fällen an. Obwohl der Erwerb der U.S.-Staatsbürgerschaft prinzipiell die Aufgabe der bisherigen erfordert, wird dieses Gebot in der Praxis kaum durchgesetzt. Damit kommt es allein darauf an, ob der Herkunftsstaat bei Erwerb der U.S.-Staatsbürgerschaft eine Ausbürgerung vornimmt. Verlieren kann die U.S.-Staatsbürgerschaft nur, wer dies tatsächlich beabsichtigt. siehe Pub. L. No. 99–653, § 18, 100 Stat. 3658 (1986); *Afroym v. Rusk*, 387 U.S. 253, 87 S.Ct. 1660, 18 L.Ed.2 d 757 (1967). Siehe auch *Spiro*, Dual Nationality and the Meaning of Citizenship, 46 Emory L.J. 1411 (1997). Die generelle Regel gilt nicht, wenn die doppelte Staatsbürgerschaft aufgrund Gesetzes entsteht, etwa wenn ein Kind auslän-

IV. Ausweisung

Ausländer können ausgewiesen werden wegen Umständen, welche die Visums- oder Einreiseerlaubniserteilung betreffen (z. B. falsche Angaben zur Erlangung einer günstigen Quotapräferenz) oder wegen späterer Handlungen wie z. B. Versäumnis der Meldepflicht, Verletzung der Bedingungen der Aufenthaltserlaubnis, Begehen von Straftaten.[92] Die Ausweisung (deportation) wird vom Citizenship and Immigration Service nach einem Verwaltungsverfahren angeordnet und, auf Einspruch, vom Board of Immigration Appeals überprüft. Der Bundesjustizminister hat allerdings weitgehende Ermessensfreiheit, diese Verwaltungsentscheidungen abzuändern.[93]

79

D. Verwaltungsrecht

Literatur: *Brugger*, Einführung in das öffentliche Recht der USA, 2. Auflage 2001; *Erath*, Förmliche Verwaltungsverfahren und gerichtliche Kontrolle – Eine rechtsvergleichende Studie unter Berücksichtigung Deutschlands und der USA, 1996; *Gellhorn/Levin*, Administrative Law and Process in a Nutshell, 5. Auflage 2006; *Pierce*, Administrative Law and Process, 4. Auflage 2004; *Reese*, Administrative Law: Principles

---

discher Eltern, unabhängig vom Ort der Geburt, deren Staatsbürgerschaft erhält, gleichzeitig aufgrund der Geburt in den USA die U.S.-Staatsbürgerschaft erlangt.

[91a] Vgl. *United States v. Demjanjuk*, 367 F.3d 623 (6th Cir. 2004), cort. denied 125 S.Ct. 429 (2004): Der gebürtige Ukrainer wurde ausgebürgert, nach Deutschland deportiert und dort 2011 wegen Kriegsverbrechen und Beteiligung am Holocaust zu einer Haftstrafe verurteilt.

[92] Beispiele für Straftaten, die eine Ausweisung rechtfertigen, sind etwa Spionage, moralisch verwerfliche Taten und schwere Verbrechen. Verfahrensrechtlich verlangt die Ausweisung, dass der Ausländer vom Verfahren in Kenntnis gesetzt wird, dass er einen Anwalt zuziehen kann, Beweise anbieten und die gegen ihn erhobenen Beweise prüfen kann, und dass die Ausweisungsentscheidung auf ausreichendem Beweis basiert. Vgl. *Weissbrodt*, Immigration Law and Procedure in a Nutshell, § 8, 5. Aufl. 2005. Während das Verfahren läuft, kann der Ausländer in Untersuchungshaft gehalten werden; die Behörden sind auch durch das verfassungsmäßige Gebot eines fairen Verfahrens nicht verpflichtet, bei der Durchsetzung der Einwanderungsvorschriften das jeweils mildeste Mittel zu wählen. Siehe *Demore v. Hyung Joon Kim*, 538 U.S. 510, 741, 123 S.Ct. 1708, 155 L.Ed.2 d 724 (2003). Siehe dazu auch *Schuster*, Bundeskompetenz, Kontrolldichte und Grundrechtsschutz bei Ausweisungen, Ein Vergleich des amerikanischen und des deutschen Verfassungsrecht, in: Jahrbuch des öffentlichen Rechts, 1995, 661–771. Obwohl der Schutz der Bundesverfassung auch für Ausländer gilt, die sich, legal oder illegal, in den USA aufhalten, kann er nicht von solchen Personen geltend gemacht werden, welche die Einreise zwar beantragt haben, sich aber noch nicht im Land befinden. Siehe *Benitez v. Wallis*, 337 F.3 d 1289 (11th Cir. 2003).

[93] Der Bundesjustizminister ist befugt, gewisse Verstöße nicht zu verfolgen und von einer Ausweisung abzusehen. Dabei handelt es sich u. a. um: Erfordernisse im Zusammenhang mit Dokumenten, sofern es sich um zurückkehrende Personen mit einer dauernden Aufenthaltsgenehmigung handelt; bestimmte Erfordernisse (z. B. medizinische) bei zurückkehrenden residents; im Falle von Verurteilung, Prostitution, Tuberkulose oder betrügerischer Einreise eines Verwandten eines amerikanischen Staatsbürgers; Erfordernisse im Zusammenhang mit Dokumenten im allgemeinen (zusammen mit dem Außenminister); und in anderen Fällen, sofern besondere Umstände vorliegen (in bestimmten Fällen ist ein detaillierter Bericht an den Kongreß erforderlich). – Vgl. *Gordon/Mailman/Yale-Loehr*, Immigration Law and Procedure, §§ 3.05 f., Bd. 1 (2004). In *INS v. Doherty*, 502 U.S. 314, 112 S.Ct. 719, 116 L. Ed.2 d 823 (1992) wurde dem Bundesjustizminister hingegen ein weites Ermessen bei der Wiederaufnahme des Ausweisungsverfahrens eingeräumt. Siehe auch *INS v. Yueh-Shaio Yang*, 519 U.S. 26, 117 S.Ct. 350, 136 L.Ed.2 d 288 (1996). Begrenzt ist das Ermessen allerdings dann, wenn gegen die Ausweisung ein Recht geltend gemacht wird, das entweder auf Bundesgesetz oder auf internationalen Verträgen beruht. Siehe *Cheema v. INS*, 350 F.3 d 1035 (9th Cir. 2003). Siehe aber *Bellout v. Ashcroft*, 363 F.3 d 975, (9th Cir. 2004).

and Practice, 2. Auflage 2003; *Riegert,* Das amerikanische Administrative Law: Eine Darstellung für deutsche Juristen, 1967; *Schwartz,* Administrative Law, 3. Auflage 1991; *Strauss,* Administrative Justice in the United States, 2. Auflage 2002.

I. Vorbemerkung

1. Begriff des Verwaltungsrechts

80 Das amerikanische Verwaltungsrecht (administrative law) unterscheidet sich vom deutschen in grundlegender Weise. In den USA fehlt die Unterteilung zwischen Privatrecht und öffentlichem Recht, und dem administrative law kommt ein vergleichsweise enger Anwendungsbereich zu. Man kann es vereinfacht als reines Verfahrensrecht bezeichnen, da das dem deutschen „Besonderen Verwaltungsrecht" entsprechende materielle Recht nicht als administrative law bezeichnet wird,[94] sondern in spezielleren Rechtsmaterien geregelt ist. Die Hauptrolle spielen Fragen bezüglich Zulässigkeit und Umfang der Ausübung von Exekutivbefugnissen durch die Verwaltungsbehörden (agencies) und deren gerichtliche Kontrolle. Wie auch schon im Zusammenhang mit anderen Rechtsgebieten besprochen, so fehlt auch hier ein besonderer Gerichtszug, und der Rechtsweg führt zu den ordentlichen Gerichten.

2. Geschichtliche Entwicklung und Rechtsquellen

81 Verwaltungsrecht ist ein verhältnismäßig junges Rechtsgebiet in den USA. In der frühen Geschichte des Landes gab es keinen großen Verwaltungsapparat. Die Regelung des Eisenbahnwesens durch administrative agencies und die zunehmende Industrialisierung in der zweiten Hälfte des 19. Jahrhunderts wird als der Anfang der Ära des administrative law angesehen.[95] Die anfänglichen Fragen waren, ob der Kongreß befugt sei, auch nur kleine Teile seiner gesetzgebenden Gewalt zum Erlaß von Rechtsverordnungen auf die Verwaltungsbehörden zu übertragen und weiterhin, ob die Entscheidung von Einzelfällen außerhalb eines Gerichtes überhaupt zulässig ist.[96] Diesen früheren verfassungsrechtlichen Bedenken kommt heute keine besondere Bedeutung mehr zu, sie haben aber ihre Spuren für den Ablauf des Verwaltungsverfahrens und seiner gerichtliche Kontrolle hinterlassen.[97]

82 Das erste Bundesrahmengesetz, der **Administrative Procedure Act**,[98] stammt aus dem Jahre 1946 und enthält in knapper Form rechtsstaatliche Mindestanforderun-

---

[94] *Riegert,* Administrative Law, S. 21; *Schwartz* Administrative Law § 1.1.
[95] Näher dazu *Schwartz,* Administrative Law, § 1.13.
[96] Vgl. *Marshall Field & Co. v. Clark,* 143 U.S. 649, 12 S.Ct. 495, 36 L.Ed. 294 (1892); *Panama Refining Co. v. Ryan,* 293 U.S. 388, 55 S.Ct. 241, 79 L.Ed. 446 (1935); *A. L. A. Schechter Poultry Corp. v. United States,* 295 U.S. 495, 55 S.Ct. 837, 79 L.Ed. 1570 (1935). Die beiden letztgenannten Entscheidungen waren die Reaktion eines sehr konservativ konstituierten Supreme Court auf weitreichende Sanierungsmaßnahmen der Legislative unter der Führung des Präsidenten *Roosevelt* während der Wirtschafskrise der dreißiger Jahre.
[97] Siehe dazu *Breyer et al.,* Administrative Law and Regulatory Policy 13-29 (6th ed. 2006). Einen Überblick über Geschichte und Entwicklung des Verwaltungsrechts in den USA gibt *Stewart,* Administrative Law in the Twenty-First Century, 78 N.Y.U.L.Rev. 437 (2003).
[98] 5 U.S.C. §§ 551 ff. (2005). Dazu *Rubin,* It's Time to Make the Administrative Procedure Act Administrative, 89 Cornell L. Rev. 95 (2003).

gen für Verwaltungsverfahren. Daneben existieren zahlreiche Spezialgesetze, die meist nur eine bestimmte agency betreffen. Schließlich sind als Rechtsquellen noch Gerichtsentscheidungen und Verordnungen (rules) der Verwaltungsbehörden selber zu nennen. Im folgenden soll ein kurzer Überblick über das Verwaltungsrecht des Bundes gegeben werden, an dem sich das danebenstehende Verwaltungsrecht der Einzelstaaten trotz einiger Abweichungen in seinen Grundzügen orientiert.[99]

II. Verwaltungsbehörden

1. Ministerial- und unabhängige Behörden

Verwaltungsfunktionen werden von **administrative agencies** ausgeübt, die für einen bestimmten Tätigkeitsbereich eingerichtet wurden und sehr unterschiedliche innere Strukturen aufweisen. Man unterscheidet zwischen Verwaltungsorganen, die innerhalb eines Ministeriums (department) bestehen und unabhängigen Verwaltungsbehörden (independent agencies). Stets ist ein Gesetz erforderlich, das Umfang und Art der Behördentätigkeit regelt sowie den finanziellen Rahmen festlegt.[100] Die Ministerialbehörden unterstehen der Aufsicht eines Ministers (secretary), ihre Personalspitze wird mit Zustimmung des Senats vom Präsidenten ernannt. Independent agencies werden von einem (auf gleiche Weise bestellten) Kollegialorgan (commission oder board) geleitet und besitzen durch die fehlende Verantwortlichkeit gegenüber einem Ministerium einen größeren Freiraum. Sie werden hauptsächlich dann eingerichtet, wenn eine gewisse politische Distanz zur Regierung gewünscht wird.

83

Independent agencies haben oft die Befugnis, durch Verordnungsgebung bestimmte Aspekte des Wirtschaftslebens zu regeln, dann werden sie auch regulatory agencies genannt. Für das administrative law sind diese Behörden besonders interessant, weil in der Praxis vor allem sie Privatpersonen gegenübertreten. Musterbeispiel ist die Interstate Commerce Commission, die älteste der independent agencies, die u. a. die Tarife im Transportwesen im zwischenstaatlichen Verkehr festsetzt. Von Bedeutung sind weiterhin die Federal Trade Commission, die sich mit Fragen des unlauteren Wettbewerbs und Konsumentenproblemen befaßt; die Federal Communication Commision, der die Regelung des Telefon- und Funkwesens obliegt sowie die Security Exchange Commission, die den Handel mit Wertpapieren beaufsichtigt.[101] Die Zahl der unabhängigen Behörden wächst mit dem Auftreten neuer Problemkreise, wie z. B. die Einrichtung einer Umweltschutzbehörde (Environmental Protection Agency) im Jahre 1970 zeigt.

84

---

[99] Zur allgemeinen Kompetenzverteilung für die Gesetzgebung siehe oben Rn. 48 f. Das Verwaltungsrecht der Einzelstaaten ist mit dem des Bundes vor allem durch das gemeinsame Verfahrenserfordernis der due process-Klausel verbunden, oben Rn. 67 ff.
[100] Eine Grafik mit den wichtigsten ministeriellen und unabhängigen Verwaltungsbehörden findet sich bei *Brugger* Einführung, S. 209.
[101] Vgl. *Riegert*, Administrative Law, S. 34 ff. zu einem Überblick über die wichtigsten agencies und ihre Aufgabenfelder. Für eine detaillierte Darstellung siehe *Hill*, Encyclopedia of Federal Agencies and Commissions, 2004.

2. Verwaltungsbehörden und Gewaltenteilung

85 In den USA ist viel über die Frage diskutiert worden, inwieweit die Verwaltung legislative und judikative Aufgaben durch Delegation ausüben darf. Die Problemstellung, die an Grundfragen der Gewaltenteilung rührt, ist durch gefestigte Rechtsprechung des Supreme Court allerdings weitgehend gelöst.[102]

86 Der Grundsatz der strikten Gewaltenteilung ist in der amerikanischen Verfassung nicht uneingeschränkt durchgeführt, vielmehr wird das Verhältnis der Gewalten zueinander durch zahlreiche Verschränkungen, die aber untereinander ausgewogen sein müssen, abgestimmt (**checks and balances**).[103] Daraus folgt, dass lediglich die völlige Unterwerfung einer der Gewalten unter eine andere gegen die Verfassung verstößt.

87 Damit die Übertragung legislativer Kompetenzen an Verwaltungsbehörden zulässig ist, muß der Kongreß die Befugnisse der Behörde genau festlegen sowie eine gerichtliche Nachprüfung vorschreiben.[104] Hinsichtlich der Delegation judikativer Befugnisse erlaubt Art. I § 8 Abs. 9 der Verfassung dem Kongreß, Gerichte mit besonderen Zuständigkeiten einzurichten. Beschränkungen ergeben sich indessen aus dem due process-Gebot, das ebenfalls Verfassungsrang hat. Wieweit die Befugnis zur Übertragung gerichtsähnlicher Kompetenzen genau geht, ist nicht vollständig geklärt.[105] So soll die verbindliche Feststellung von Rechtsbeziehungen durch Verwaltungsbehörden im Bereich vom Staat verliehener public rights nur möglich sein, sofern eine unabhängige gerichtliche Kontrolle dieser Entscheidung gewährleistet ist.[106]

88 In jüngster Zeit hat die U.S.-Regierung damit begonnen, einzelne traditionelle Regierungsaufgaben und -dienste abzugeben,[107] mit dem Ergebnis, dass den administrative agencies anvertraute Aufgaben und Verantwortungen erweitert wurden. Diese übernehmen zunehmend die Rolle, Regeln und Vorschriften zur Durchsetzung politischer Ziele auf den Weg zu bringen. Obwohl die Verwaltungsbehörden damit Verwaltungs-, Gesetzgebungs- und Rechtsprechungsfunktionen ausüben, sind sie nicht dem Wähler direkt verantwortlich. Dadurch wirft die wachsende Rolle der Verwaltung Fragen der verfassungsrechtlich vorgeschriebenen Gewaltenteilung auf und erfordert Maßnahmen zur Sicherstellung der Legitimität des Tätigwerdens. Zusätzlich zu den existierenden förmlichen Kontrollmechanismen wächst die Bedeutung nichtförmlicher Kontrolle des privatrechtlichen Sektors modernen Verwaltungshandelns –

---

[102] Vgl. *Permian Basin Area Rate Cases*, 390 U.S. 747, 88 S.Ct. 1344, 20 L.Ed.2 d 312 (1963); *United States v. Johnson*, 682 F.Supp. 1033 (W.D.Mo. 1988), cert. denied 490 U.S. 1073, 109 S.Ct. 2083, 104 L.Ed.2 d 646 (1989).
[103] *Youngstown Sheet & Tube Co. v. Sawyer*, 343 U.S. 579, 72 S.Ct. 863, 96 L. Ed. 1153 (1952).
[104] *Amalgamated Meat Cutters & Butcher Workmen v. Connally*, 337 F.Supp. 737 (D.D.C. 1971).
[105] *Riegert*, Administrative Law, S. 56.
[106] *Crowell v. Benson*, 285 U.S. 22, 52 S.Ct. 285, 76 L.Ed. 598 (1932). Der Prüfungsumfang kann aber u. U. eingeschränkt sein, unten Rn. 94 ff.
[107] Hierzu ist anzumerken, dass diese Entwicklung in Richtung zunehmender Privatisierung, wonach Private im Auftrag der öffentlichen Hand Regierungsaufgaben erfüllen, dahingehend verfassungsrechtliche Fragen aufwerfen kann, dass Private damit Kontrolle über den Zugang Dritter zu öffentlichen Leistungen und Ressourcen erhalten. Siehe *Metzger*, Privatization as Delegation, 103 Colum. L. Rev. 1367 (2003), mit dem Hinweis auf die bedeutende Unterscheidung zwischen den Fällen, in denen die Regierung sich lediglich privater Dienstleister bedient (verfassungsrechtlich unproblematisch) und den Fällen, in denen Private Regierungsaufgaben übernehmen (verfassungsrechtlich bedenklich). Siehe auch *Freeman*, Extending Public Law Norms Through Privatization, 116 Harv. L. Rev. 1285 (2003).

etwa durch private Verträge.¹⁰⁸ Ergebnis ist ein komplexes System, in dem die Grenze zwischen Privatrecht und öffentlichem Recht verwischt und in welchem Privatpersonen und -gesellschaften an der Wahrnehmung öffentlich-rechtlicher Aufgaben beteiligt werden.¹⁰⁹

III. Verwaltungsverfahren

1. Handlungsformen der Verwaltung

Der Aufgabenbereich einer Verwaltungsbehörde wird durch das jeweilige ermächtigende Gesetz festgelegt und läßt sich schwer verallgemeinern. Er umfaßt in der Regel Verordnungsgebung (**rulemaking**)¹¹⁰ und Einzelfallentscheidung (**adjudication**).¹¹¹ Neben diesen beiden Formen handeln die Behörden auch noch durch informelles Verwaltungshandeln, vergeben Beihilfen, erteilen Informationen und schließen Vergleiche. Rules sind allgemeingültige Rechtssätze, deren Wirkungen in der Zukunft eintreten und die nicht nur abstrakte, sondern auch konkrete Geltung haben können. Rulemaking kann in einem formellen als auch in einem informellen Verfahren erfolgen. Beide unterscheiden sich im Grad der Mitwirkungsmöglichkeit der von der Regelung Betroffenen.¹¹² 89

Nach Aufklärung eines Sachverhalts durch investigation kann eine Verwaltungsbehörde eine verbindliche Entscheidung eines Einzelfalles durch adjudication treffen. Diese unterliegt verfassungsrechtlichen Geboten und Beschränkungen. Die Abgrenzung zwischen rulemaking und adjudication ist wegen des weiterreichenden Rechtsschutzes bei letzterer von Bedeutung.¹¹³ Es fragt sich, welcher Handlungsform sich die Verwaltung zu bedienen hat bzw. inwieweit sie zwischen ihnen wählen kann. Der Administrative Procedure Act enthält dazu keine Aussage. Sofern das ermächtigende Gesetz daher keine Vorgaben enthält, kann die Behörde sich für eine der beiden Formen entscheiden,¹¹⁴ sofern sie die Folgen ihrer Entscheidung für die Mitwirkungsrechte der Betroffenen angemessen berücksichtigt.¹¹⁵ So hat der Supreme 90

---

¹⁰⁸ Ausführlich diskutiert bei *Freeman*, The Private Role in Public Governance, 75 N.Y.U.L. Rev. 543 (2000).
¹⁰⁹ Der Endangered Species Act von 1973, beispielsweise, zielt auf die Beteiligung von Behörden, Planern, Umweltschützern und anderen Interessengruppen an Planung und Entwicklung von Programmen, den Einfluß von Stadtplanung und Entwicklung auf gefährdete Arten zu verringern. Der Fish and Wildlife Service, eine Verwaltungsbehörde, ist in den Verhandlungsprozeß mit privaten Parteien involviert, trifft aber letztlich die Entscheidung über die Angemessenheit von Vorhaben. Siehe 16 U.S.C. § 1531 ff. (2005).
¹¹⁰ Zur Verordnungsgebung siehe *Orlowski*, Der Erlass von Rechtsverordnungen nach amerikanischem Recht, DÖV 2005, 133.
¹¹¹ 5 U.S.C. § 551 Abs. 4 bis 6.
¹¹² Ausführlich hierzu *Schwartz*, Administrative Law § 4.
¹¹³ Vgl. *Londoner v. Denver*, 210 U.S. 373, 385, 28 S.Ct. 708, 52 L.Ed. 1103 (1908) und *Bi-Metallic Investment Co. v. Colorado*, 239 U.S. 441, 445, 36 S.Ct. 141, 60 L.Ed. 372 (1915), bestätigt durch den Supreme Court in *United States v. Florida E. Coast Ry.*, 410 U.S. 224, 244–245, 93 S.Ct. 810, 35 L.Ed.2 d 223 (1973).
¹¹⁴ *SEC v. Chenery*, 332 U.S. 194, 203, 67 S.Ct. 1575, 91 L.Ed. 1995 (1947).
¹¹⁵ Vgl. *National Labor Relations Board v. Wyman-Gordon Co.*, 394 U.S. 759, 89 S.Ct. 1426, 22 L. Ed.2 d 709 (1969); *First Bancorporation v. Board of Governors of Federal Reserve System*, 728 F.2 d 434 (10th Cir. 1984).

Court z. B. bejaht, dass der allgemeine Anspruch auf Lizenzvergabe durch rulemaking bestimmt werden kann.[116]

2. Verfahrensrechte und -leitung

91 Mit wenigen Ausnahmen ist jede Behörde verpflichtet, ihre Regelungen, Stellungnahmen, Beschlüsse, Akten und Verfahren der Öffentlichkeit zugänglich zu machen.[117] Bevor eine Behörde durch rulemaking tätig wird, muß sie dies ankündigen (notice), was gewöhnlich im Federal Register (einer Art Bundesanzeiger) erfolgt. Anschließend können die Betroffenen im Rahmen eines gerichtsähnlichen Verfahrens (das – anders als bei Einzelfallentscheidungen – nicht unbedingt mündlich sein muß) Stellungnahmen abgeben (hearing[118]). Ein Nachteil besteht in der oft recht langen Verfahrensdauer. Der Regelerlaß ist wenigstens 30 Tage vor ihrem Inkrafttreten bekanntzugeben.[119] In Kraft getretene Verordnungen werden im Code of Federal Regulations (CFR) gesammelt.[120]

92 Auch für eine adjudication ist eine Ankündigung erforderlich. Über die Verfahrensrechte im rulemaking-Verfahren hinaus ist hier auch das due process-Gebot einschlägig,[121] das die persönliche Benachrichtigung der Betroffenen über das anstehende Verfahren und dessen faktischen und rechtlichen Hintergrund garantiert.[122] Weiterhin muß eine rechtliche Würdigung des Vorbringens der Verfahrensbeteiligten erfolgen und auf Verlangen rechtlicher Beistand gewährt werden. Welche Verfahrensrechte im einzelnen gewährt werden, ist vom konkreten Fall abhängig. Der Supreme Court hat in begrenztem Umfang auch Belange der Verwaltung mit einbezogen: danach spielen neben der Intensität des Eingriffs für den einzelnen auch administrative Zweckmäßigkeitsgesichtspunkte eine Rolle.[123]

93 Das behördliche Verfahren wird in der Regel von einem oder mehreren **administrative law judges** geleitet, die ein weisungsfreier und unabhängiger Teil des Verwaltungsträgers sind.[124] Ihnen obliegt die Leitung des gesamten Verfahrens, insbesondere

---

[116] *United States v. Storer Broadcasting Co.*, 351 U.S. 192, 76 S.Ct. 763, 100 L.Ed. 1081 (1956); *Federal Power Commission v. Texaco, Inc.*, 377 U.S. 33, 84 S.Ct. 1105, 12 L.Ed.2 d 112 (1964). Vgl. auch *American Airlines, Inc. v. Civil Aeronautics Board*, 123 U.S. App. D.C. 310, 359 F.2 d 624 (1966), cert. denied, 385 U.S. 843, 87 S.Ct. 73, 17 L.Ed.2 d 75 (1966); *Associated Gas Distributors v. FERC*, 263 U.S. App. D.C. 1, 824 F.2 d 981 (1987).
[117] Siehe Freedom of Information Act, 5 U.S.C. § 552.
[118] Eingehend hierzu *Schwartz*, Administrative Law, Kapitel 5.
[119] 5 U.S.C. § 553 (d) (2005).
[120] Siehe zum ganzen auch *Brugger* Einführung, S. 233 ff., insbesondere zu den Unterschieden zwischen formellem und informellem rulemaking.
[121] Siehe *Londoner v. Denver*, 210 U.S. 373, 28 S.Ct. 708, 52 L.Ed. 1103 (1908); *Withrow v. Larkin*, 421 U.S. 35, 95 S.Ct. 1456, 43 L.Ed.2 d 712 (1975); sowie *Minnesota State Board for Community Colleges v. Knight*, 465 U.S. 271, 104 S.Ct. 1958, 79 L.Ed.2 d 299 (1984).
[122] Vgl. *Mullane v. Central Hanover Bank & Trust Co.*, 339 U.S. 306, 70 S.Ct. 652, 94 L. Ed. 865 (1950): in dieser Entscheidung (in einer zivilrechtlichen Sache) stellt der Supreme Court das allgemeingültige Erfordernis auf, dass notice durch Veröffentlichung nur dann zulässig ist, wenn „it is not reasonably possible or practicable to give more adequate warning", z. B. durch persönliche Zustellung.
[123] *Mathews v. Eldridge*, 424 U.S. 319, 335, 96 S.Ct. 893, 47 L.Ed.2 d 18 (1976); *Schwartz*, Administrative Law, § 5.24.
[124] 5 U.S.C. §§ 3105, 5372, 7521 (2005). Anstelle der offiziellen Bezeichnung administrative law judge findet sich oft nur die Abkürzung ALJ hinter dem Namen der Person.

die Ladung von Zeugen und die Beweisaufnahme.[125] Am Ende des Verwaltungsverfahrens unterbreitet der administrative law judge der Behördenspitze seine Entscheidungsempfehlung. Sie ist nicht daran gebunden, übernimmt die Empfehlung aber in den meisten Fällen. Die unabhängige Stellung dieser „Verwaltungsrichter" ist stark geschützt: sie sind unabhängig von den Weisungen der eigenen Behörde und können nur bei Vorliegen bestimmter gesetzlicher Gründe diszipliniert oder entlassen werden, Verfahren werden ihnen nach dem Rotationsprinzip zugewiesen.[126] Eine Entscheidung durch adjudication muß die ihr zugrundeliegenden Tatsachen und Umstände wiedergeben sowie eine ausführliche rechtliche Begründung enthalten, um ihre etwaige Überprüfung in einem gerichtlichen Verfahren zu ermöglichen.[127]

IV. Rechtsschutz gegen Verwaltungshandeln

Von wenigen Ausnahmen abgesehen, werden Verwaltungsentscheidungen rechtskräftig, wenn die Betroffenen nicht innerhalb von 60 Tagen ein Rechtsmittel einlegen. Welches Rechtsmittel einschlägig und welches Gericht örtlich zuständig ist, wird meist durch das ermächtigende Gesetz bestimmt.[128] Eine eigene Verwaltungsgerichtsbarkeit existiert, wie erwähnt, nicht. Die Rechtmäßigkeit einer Verwaltungsentscheidung kann auch noch im Rahmen von Vollstreckungsmaßnahmen geprüft werden.[129] Generell sind alle Handlungen der Verwaltung durch die Gerichte überprüfbar.[130] Ausnahmen können aber vom Kongreß bestimmt werden,[131] wenn dadurch nicht andere verfassungsmäßig verbürgte Rechte[132] verletzt werden. Allerdings ist diese Überprüfbarkeit auf das *Handeln durch Behörden* beschränkt.[133] Da Behörden aber, solange nicht vom Gesetzgeber ausdrücklich verboten, Verwaltungsaufgaben an Private übertragen können, ist es diesen Privaten möglich, der gerichtlichen Überprüfung der von ihnen wahrgenommenen öffentlich-rechtlichen Tätigkeit zu entgehen. 94

Voraussetzung für eine Klage ist locus standi (standing) des Klägers. Der Supreme Court hat den Begriff des standing in jüngster Zeit derart ausgeweitet, daß dieses Erfordernis immer dann erfüllt ist, wenn jemand in seinen wirtschaftlichen Interessen (auch nur indirekt[134]) durch eine Verwaltungsentscheidung betroffen wird (unten Rn. 114). Außerdem muß die Klage entscheidungsreif (ripe) sein, was Klarheit über die Art des Verwaltungshandelns und die dadurch betroffenen Interessen voraussetzt.[135] Die 95

---

[125] 5 U.S.C. § 556 (c) (2005).
[126] 5 U.S.C. §§ 1305, 3105, 3344, 5372, 7521 (2005).
[127] 5 U.S.C. 557 (c) (2005); vgl. *Citizens to Preserve Overton Park, Inc. v. Volpe*, 401 U.S. 402, 91 S.Ct. 814, 28 L.Ed.2 d 136 (1971), cert. denied 421 U.S. 991, 95 S.Ct. 1997, 44 L.Ed.2 d 481 (1975).
[128] 5 U.S.C. § 703 (2005). Der Administrative Procedure Act selbst begründet keine Zuständigkeit der Bundesgerichte, es bleibt daher bei den allgemeinen Gesetzen, z. B. 28 U.S.C. § 1331 (Generalzuständigkeit der district courts in federal question cases, siehe unten Rn. 109 ff). Siehe dazu auch *Brugger* Einführung, S. 246 f.
[129] Vgl. *United States v. Nova Scotia Food Products Corp.*, 568 F.2 d 240 (2 d Cir. 1977).
[130] 5 U.S.C. §§ 703, 704 (2005).
[131] Art. III § 2 Abs. 2 der Verfassung.
[132] Vgl. *Bowen v. Michigan Academy of Family Physicians*, 476 U.S. 667, 106 S.Ct. 2133, 90 L.Ed.2 d 623 (1986) zum Ausschluß gerichtlicher Kontrolle in einem Diskriminierungsfall.
[133] 5 U.S.C. § 702 (2005).
[134] Siehe *Friends of the Earth, Inc. v. Laidlaw Envtl. Svcs.*, 528 U.S. 167, 120 S.Ct. 693, 145 L.Ed.2 d 610 (2000).
[135] *Brugger* Einführung, S. 251 f.

Rechtsprechung tendiert zu einer großzügigen Auslegung. In *Abbott Laboratories v. Gardner*[136] bejahte der Supreme Court Entscheidungsreife, obgleich die fragliche Verordnung der Federal Drug Administration noch nicht auf einen konkreten Fall angewandt worden war, aber über 90 % der Pharmahersteller sich einer Beschwerde angeschlossen hatten.

96 Die Nachprüfung behördlicher Handlungen kann auf verschiedene Weise erfolgen. Das Gericht kann bei der Überprüfung von behördlichen Handlungen völlig neu entscheiden (de novo review),[137] aber auch alle von der Behörde vorgebrachten Fakten übernehmen. In der Praxis bewegt sich der Prüfungsspielraum der Gerichte meist dazwischen. Die beiden wichtigsten Maßstäbe sind der Willkürtest und der substantial evidence test.[138] Die Überprüfung von Tatsachenermittlungen kann auf drei verschiedenen Wegen erfolgen.[139] Eine Neuermittlung durch das Gericht erfolgt, wenn es gesetzlich vorgesehen ist oder gerichtlich entwickelt wurde. Im Bereich des formellen Verwaltungshandelns muß die behördliche Entscheidung auf gewichtigem Tatsachenmaterial (substantial evidence) beruhen.[140] In allen anderen Fällen, d. h. im informellen Bereich, darf das Verwaltungshandeln nicht willkürlich gewesen sein. Ermessensentscheidungen, wenn sie gesetzlich vorgesehen sind, dürfen nicht willkürlich oder mißbräuchlich sein,[141] sofern das einschlägige Gesetz einen Maßstab dafür liefert. In jedem Fall muß reasoned decisionmaking[142] vorliegen. Auch die Rechtsauslegung der Verwaltungsbehörden ist voll überprüfbar, wenn das ermächtigende Gesetz eine klare Zielsetzung enthält, sonst beschränkt sich die Kontrolle wiederum auf eine reine Willkürprüfung.[143] Diese Lehre von der Chevron deference (auch administrative deference), wonach das Gericht den behördlichen Auslegungsspielraum nicht prüfen kann, hat in den letzten Jahren Einschränkungen erfahren. Sie ist nicht anwendbar, wenn der Kongreß der Behörde nicht die allgemeine Kompetenz verliehen hat, der Rechtskraft fähige Akte zu erlassen und wenn die Behörde ihre Akte nicht auf Grundlage der eingeräumten Entscheidungs- und Handlungskompetenz vorgenommen hat.[144] In der Praxis folgen die Gerichte häufig der aufgrund großer Erfahrung gewonnenen Rechtsauffassung der Behörde,[145] es sei denn die Chevron defernce kommt zur Anwendung. Dann sind die Auffassungen der Behörde für das Gericht nur insoweit bindend als sie überzeugend begründet sind.[146]

---

[136] *Abbott Laboratories v. Gardner*, 387 U.S. 136, 149, 87 S.Ct. 1507, 18 L.Ed.2 d 681 (1967). Vgl. dagegen *American Civil Liberties Union v. FCC*, 262 U.S. App. D.C. 244, 823 F.2 d 1554 (1987), cert. denied 485 U.S. 959, 108 S.Ct. 1220, 99 L.Ed.2 d 421 (1988).
[137] 5 U.S.C. § 706 Abs. 2 (F) (2005). Dies ist selten gesetzlich vorgeschrieben, resultiert vielmehr aus der verfassungsrechtlichen Gewalten(ver)teilung, vgl. *Crowell v. Benson*, 285 U.S. 22, 76 L.Ed. 598, 52 S. Ct. 285 (1932), *United States v. Raddatz*, 447 U.S. 667, 100 S.Ct. 2406, 65 L.Ed.2 d 424 (1980).
[138] 5 U.S.C. § 706 Abs. 2 (A) und (E) (2005).
[139] 5 U.S.C. § 706 Abs. 2 (A), (E), (F) (2005).
[140] Vgl. auch *Consolidated Edison Co. v. National Labor Relations Board*, 305 U.S. 197, 229, 59 S.Ct. 206, 83 L.Ed. 126 (1938).
[141] 5 U.S.C. § 706 Abs.2 (A) (2005).
[142] *Greater Boston Television Corp. v. FCC*, 444 F.2 d 841, 851 (D.C. Cir. 1970).
[143] *Chevron U.S.A., Inc. v. NRDC*, 467 U.S. 837, 842, 104 S.Ct. 2778, 81 L.Ed.2 d 694 (1984).
[144] *United States v. Mead Corp.*, 533 U.S. 218, 226–227, 121 S.Ct. 2164, 2170, 150 L.Ed.2d 292, 303 (2001).
[145] Vgl. *O'Keefe v. Smith, Hinchman, Grylls, Assoc.*, 380 U.S. 359, 85 S.Ct. 1012, 13 L.Ed.2 d 895 (1965).
[146] Vgl. *Gonzales v. Oregon*, 546 U.S. 243, 126 S.Ct. 904, 163 L.Ed.2d 748 (2006): „power to persuade".

3. Kapitel. Gerichtsorganisation und Zivilprozeß

Literatur: *Baumbach/Lauterbach/Albers/Hartmann*, Zivilprozessordnung, 69. Auflage 2011; *Freer/Perdue*, Civil Procedure: Cases, Materials, 4. Aufl. 2008; *Hay*, Zivilprozeßrecht, in Assmann/Bungert (Hrsg.), Handbuch des U.S.-amerikanischen Handels-, Gesellschafts- und Wirtschaftsrechts, Band 1, Kapitel 8, 2000; *Hay/Weintraub/Borchers*, Conflict of Laws, 13. Auflage 2009; *W. Lüke/Arens*, Zivilprozeßrecht: Erkenntnisverfahren, Zwangsvollstreckung, 9. Auflage 2006; *Schack*, Einführung in das US-amerikanische Zivilprozeßrecht, 3. Auflage 2003; *Hay/Borchers/Symeonides*, Conflict of Laws, 5. Auflage 2010; *Wright*, Law of Federal Courts, 6. Auflage 2002 (Hornbook Series); *Zöller*, Zivilprozessordnung, 28. Auflage 2010.

A. Einführung

I. Begriff des Zivilprozesses

Das folgende Kapitel soll Aufbau und Organisation der U.S.-amerikanischen Gerichtsbarkeit sowie die Grundlagen des Zivilprozeßrechts vorstellen. Das Bundesprozeßrecht steht dabei im Vordergrund. **97**

Civil procedure, wie dieser Begriff im Folgenden gebraucht wird, umfaßt mehr als nach dem Verständnis des deutschen Rechts. Das U.S.-amerikanische Rechtssystem, insbesondere im Bundesrecht, kennt praktisch keine gesonderten Gerichtszüge,[1] sondern lediglich zwei Prozeßarten: den Zivil- und den Strafprozeß. Öffentlich-rechtliche und arbeitsrechtliche Streitigkeiten werden vor Zivilgerichten verhandelt, ebenso die Materien, die im deutschen Recht zur „freiwilligen Gerichtsbarkeit" zählen. Der amerikanische Richter fungiert damit als Universalrichter. **98**

In vielen Fällen geht jedoch dem gerichtlichen Verfahren ein Verwaltungsverfahren voraus.[2] Dann gehört es zur Aufgabe des Gerichts auch das Verwaltungshandeln zu überprüfen. Die Grundzüge des Zivilprozeßrechts erstrecken sich daher auf alle Rechtsstreite, klammern dabei lediglich den Strafprozeß (unten Rn. 704 ff.) und Streite unter der Oberaufsicht des Court of Appeal for the Federal Circuit aus. Verfahren zur außergerichtlichen Streitbeilegung (arbitration, alternative dispute resolution) sind nicht civil procedure im engeren Sinne, jedoch verwandt und wichtig und werden daher am Ende dieses Kapitels ebenfalls angesprochen. **99**

Der U.S.-amerikanische Zivilprozeß gliedert sich in eine Hauptverhandlung und die überaus wichtige Vorhauptverhandlungsphase. Deren herausragende Bedeutung zeigt sich schon darin, dass es in nur ca. 10 % der Zivilklagen überhaupt zu einer Hauptverhandlung kommt.[3] Der U.S.-amerikanische Zivilprozeß wird weitgehend von den **100**

---

[1] Ausnahmen sind z. B. der Court of Claims und der Federal Circuit Court of Appeals. Im einzelstaatlichen Gerichtszug gibt es oft besondere Untergerichte (z. B. small claims courts oder family courts). Auch diese sind jedoch für Rechtsbehelfe den ordentlichen Gerichten eingegliedert. Siehe unten Rn. 117.
[2] Z. B. hinsichtlich aller federal independent oder regulatory agencies. Sie entscheiden als Verwaltungs- und erstgerichtliche Instanz, Rechtsmittelinstanz in diesen bundesrechtlichen Materien ist der (Bundes-) Court of Appeal.
[3] In den Bundesgerichten waren es 1990 nur 4,3 % der Fälle. Vgl. *Bureau of Justice Statistics*, U.S. Dep't of Justice, Civil Jury and Verdicts in Large Countries, 302 f. (1995); *Clermont-Eisenberg*, Litigation

Parteien (durch deren Anwälte) gestaltet und ist, ausgehend vom Fallrechtssystem, wettkampfähnlicher Natur (adversary).[4] Der Sachverhalt wird nicht vom Richter geklärt, Beweise und Stellungnahmen der Parteien werden von ihm nicht angefordert, er bestimmt nur beschränkt den Verfahrensablauf. In einem Verfahren, in dem eine jury über Tatsachenfragen einschließlich des zu ersetzenden Schadens entscheidet, beschränkt sich die Rolle des Richters darauf, über die Einhaltung der zivilprozeßrechtlichen Spielregeln durch die Parteien zu wachen. Er bleibt weitgehend passiv. Vor dem Hintergrund eines dergestalt entscheidend von den Parteien gesteuerten Verfahrens haben prozeßrechtliche Erwägungen einen ganz erheblichen Einfluß auf die Gestaltung materiellrechtlicher Rechtsverhältnisse. Ein U.S.-amerikanischer Jurist stellt keine materiellrechtlichen Überlegungen an, ohne zuerst die zivilprozeßrechtliche Komponente zu bedenken.

II. Quellen

101   Regelungen des U.S.-amerikanischen Zivilprozeßrechts sind der Bundesverfassung, dem Judicial Code (Bundesgesetz), den einzelstaatlichen Prozeßrechten sowie im ungeregelten Bereich dem Fallrecht zu entnehmen.

102   Die Bundesverfassung bestimmt, für welche Streitarten die Bundesgerichte sachlich zuständig sind (subject matter jurisdiction), sie gebietet die bundesweite Anerkennung von zuständigen (Bundes- oder einzelstaatlichen) Gerichten erlassener Urteile (full faith and credit clause) und enthält Regelungen zum jury trial. Sie verbietet zivilprozeß- und materiellrechtliche Ungleichbehandlung (equal protection clause, privileges and immunities clause) sowie die Verletzung des due process,[5] also ein nicht den Grundsätzen der Rechtsstaatlichkeit entsprechendes Verfahren.

103   Für **bundesgerichtliche Verfahren**, d. h. solche, in denen Bundesgerichte aufgrund ihrer federal question jurisdiction oder diversity jurisdiction tätig werden (dazu unten Rn. 110 f.), entnimmt man das einschlägige Zivilprozeßrecht dem Judicial Code, im einzelnen den Federal Rules of Civil Procedure, den Federal Rules of Appelate Procedure, für beide auch den Federal Rules of Evidence und weiteren sachspezifischen Regelungen.

104   Im übrigen ist das Prozeßrecht einzelstaatliches Recht; einzelstaatliche Gerichte wenden daher ihr eigenes Zivilprozeßrecht an. Dies gilt auch dann, wenn sie aufgrund konkurrierender sachlicher Zuständigkeit über einen auf Bundesrecht gegründeten Anspruch zu entscheiden haben.

105   Das **einzelstaatliche Zivilprozeßrecht** ist für viele Fragen kodifiziert, vor allem im Bereich des Zuständigkeitsrechts, für alle Formalitäten hinsichtlich der klageeinlei-

---

Realities, 88 Cornell L. Rev. 119 (2002); *Moskowitz*, Rediscovering Discovery, 54 Rutgers L.Rev. 595 (2002); *Trubek et al.*, The Costs of Ordinary Litigation, 31 UCLA L. Rev. 72 (1983).

[4] Gleiches gilt übrigens für den Strafprozeß, in dem der Staatsanwalt praktisch als gegnerische „Partei" auftritt. Im Gegensatz zu zivilrechtlichen Systemen ist die Staatsanwaltschaft nur beauftragt, Straftaten zu verfolgen. Ihr Auftrag ist es nicht objektive Tatsachen zu finden, die den Täter sowohl entlasten wie belasten können.

[5] U.S.Const., 5. und 14. Zusatzartikel, unten Anhang 2.

tenden und erwidernden Dokumente, für Fristen, Kosten und dergleichen. Zum Beweisrecht haben viele Einzelstaaten Gesetze erlassen, die auf den bundesrechtlichen Regeln basieren.

B. Gerichtssystem und sachliche Zuständigkeit

I. Bundesgerichte

1. Aufbau

Die Bundesgerichte stellen einen kompletten eigenständigen Gerichtszug dar, sie sind also nicht etwa der einzelstaatlichen Gerichtsbarkeit als Rechtsmittelgerichte übergeordnet. Erstinstanzliches Bundesgericht ist der **District Court**. Es gibt mindestens einen in jedem Bundesstaat. Bevölkerungsreiche Bundesstaaten werden in regionale districts unterteilt. Regelmäßig gehören einem District Court, abhängig vom Arbeitsanfall, mehrere Richter (district judges) an, verhandelt wird jedoch immer vor dem Einzelrichter.[6] Konkurssachen[7] werden meistens durch Konkursrichter, bankruptcy judges oder referees in bankruptcy, entschieden. Diese sind den District Courts vorgeschaltet, unterliegen aber wegen des bundesverfassungsrechtlichen Anspruchs einer Partei auf einen Article III Judge[8] deren Aufsicht. Dem vergleichbar können Richter an den District Courts auch magistrate judges ernennen, denen sie dann Aufgaben übertragen.[9] In Zivilsachen sind dies regelmäßig die der mündlichen Verhandlung vorgelagerten discovery- und pretrial-Angelegenheiten.[10] Alle Handlungen und Entscheidung eines magistrate judge unterliegen wiederrum der Aufsicht durch einen Richter des berufenden District Courts; solange nicht die Parteien in Zivilsachen ihr Einverständnis damit erklären, dass der magistrate judge die Gerichtsgewalt des district judge ausübt.

106

Berufungsinstanz ist der **Court of Appeals**. Das Bundesgebiet ist in 12 Regionen (circuits) unterteilt, für deren District Courts jeweils ein Court of Appeals zuständig ist (siehe die Karte in Anhang 4).[11] Ein weiterer, 13. Court of Appeals (for the Fede-

107

---

[6] Zu Ausnahmen vgl. 28 U.S.C. § 2284.
[7] Diese unterliegen der ausschließlichen Bundeskompetenz.
[8] Article III Judges sind die nach Art. III der Bundesverfassung auf Lebenszeit ernannten Richter. Zusätzlich kann der Kongreß aufgrund seiner legislativen Kompetenz nach Art. I weitere Gerichte und Richterstellen schaffen. Da Art. I Judges nicht die verfassungsmäßige Unabhängigkeit eines Article III Judge haben, muß der Rechtsweg immer den Zugang zu einem Article III Judge bereithalten. Vgl. *Northern Pipeline Co. v. Marathon Pipe Line Co.*, 458 U.S. 50, 102 S.Ct. 2858, 73 L.Ed.2 d 598 (1982). Zusätzlich zum oben gesagten, können Gerichte auch durch den Präsidenten in seiner Rolle als militärischer Oberbefehlshaber gemäß Artikel II der Verfassung eingerichtet werden. Auch hier muss ein Rechtsmittel gegen Entscheidungen von Artikel III Richtern möglich sein. Für eine detailliertere Diskussion zu Executive Courts, siehe *Bederman*, Article II Courts, 44 Mercer L. Rev. 825 (1993).
[9] Rechtsgrundlage sind 28 U.S.C. § 631 ff.; Ernennung erfolgt zunächst für 8 Jahre mit der Möglichkeit erneuter Berufung; vgl. auch unten Rn. 715, 717 f.
[10] Vgl. unten Rn. 184 ff.
[11] Im Sprachgebrauch amerikanischer Juristen wird die Entscheidung eines Court of Appeals nach der Nummer des jeweiligen circuit zitiert: „Der Second Circuit …".

ral Circuit) besteht für sachlich abgegrenzte Zuständigkeitsbereiche. Er ist Rechtsmittelinstanz für den Claims Court (mit Zuständigkeit für Klagen gegen den Bund) und den Court of International Trade sowie für Patentsachen. Ein Berufungsgericht verhandelt und entscheidet mit einer Besetzung von drei Richtern. In besonderen Fällen[12] kann die gesamte Richterschaft des Gerichts verhandeln (oder ggf. neu verhandeln). Das Gericht tagt dann *"en banc."*

108 Das Berufungsgericht entscheidet regelmäßig in der Besetzung von drei Richtern, in besonderen Fällen[13] en banc. Die Bezeichnung „Berufung" ist allerdings vor dem Hintergrund des deutschen Terminus irreführend. Die Berufungsgerichte, ob einzel- oder bundesstaatlich, entscheiden nur noch über Rechtsfragen, nicht mehr zum Sachverhalt.

109 Revisionsgericht im System der Bundesgerichte ist der **Supreme Court**. Er besteht aus neun vom Präsidenten mit Zustimmung des Senats auf Lebenszeit ernannten Richtern und tagt immer in voller Besetzung.

2. Sachliche Zuständigkeit

110 Bundesgerichte sind nur in wenigen Bereichen ausschließlich sachlich zuständig. Dies betrifft vor allem Fragen des See- und Konkursrechts. Eine konkurrierende Zuständigkeit kann in federal question cases und diversity cases gegeben sein.

111 **Federal question cases** liegen vor, wenn der Anspruch auf Bundesrecht beruht. Für eine Zuständigkeit in anderen Fällen aufgrund von **diversity jurisdiction** ist Voraussetzung, dass die Parteien unterschiedliche (verschiedener Bundesstaaten oder ausländische) Staatsangehörigkeit besitzen,[14] der Streitwert $ 75.000 übersteigt[15] und der Fall nicht in die ausschließliche Zuständigkeit einzelstaatlicher Gerichte gehört.[16]

112 Eine Erweiterung der sachlichen Zuständigkeit (subject matter jurisdiction) der Bundesgerichte wird durch supplemental jurisdiction bewirkt. Danach können einzelstaatliche Ansprüche einem auf Bundesrecht beruhenden Anspruch angehängt werden (unten Rn. 161).

113 Auf federal question cases wenden die Bundesgerichte einschlägiges materielles Bundesrecht an. Fällt die Materie des Sachverhaltes in den Regelungsbereich einzelstaatlichen Rechts, so sind die Bundesgerichte nicht befugt, bundesrechtliches common law anzuwenden oder zu schöpfen (**Erie-Doktrin**).[17] In diversity-Fällen wendet ein Bundesgericht daher regelmäßig das Recht (einschließlich des Kollisionsrechtes) des

---

[12] 28 U.S.C. § 46 (c) (2003).
[13] 28 U.S.C. § 46 (c).
[14] Die einzelstaatliche Staatsbürgerschaft richtet sich nach dem Domizil (s. Rn. 245 ff.). Gesellschaften werden ihrem Gründungssitz sowie dem Staat des principal place of business zugeordnet. Siehe dazu auch *Hay* Zivilprozeßrecht, Rn 76 f.
[15] 28 U.S.C. § 1332.
[16] Etwa Scheidungs-, Unterhalts- und Sorgerechtsstreitigkeiten, siehe dazu unten Rn. 119. Vgl. auch *Schack* Einführung, S. 19 f. m. w. N; Siehe auch *Ankenbrandt v. Richards*, 504 U.S. 689, 112 S.Ct. 2206, 119 L.Ed.2d 268 (1992).
[17] *Erie Railroad Co. v. Tompkins*, 304 U.S. 64, 58 S.Ct. 817, 82 L.Ed. 1188 (1938); siehe dazu auch unten Rn. 235 ff. und *Hay* Zivilprozeßrecht, Rn 338 ff.

Staates an, in welchem sein Gerichtsbezirk liegt. Damit ist es an Gesetzgebung und höchstrichterliche Rechtsprechung dieses Staates gebunden. Rechtspolitischer Gedanke dieser Regelung ist es, Entscheidungsharmonie zwischen einzelstaatlichen und Bundesgerichten in demselben Bundesstaat zu erzielen.

In Auslegung der Verfassung (Art. III) ist die Zuständigkeit der Bundesgerichte durch das Erfordernis eines **case or controversy** beschränkt; es muß sich also um einen wirklichen und nicht nur hypothetischen Rechtsstreit handeln.[18] Teil dieses Erfordernisses ist, dass die Rechtsfrage in federal question-Fällen entscheidungsreif (ripe)[19] und der Kläger direkt in seinem persönlichen Bereich betroffen ist und dadurch locus standi (standing) besitzt.[20] Anderenfalls liegt nur eine abstrakte Rechtsfrage vor, für die keine bundesgerichtliche Zuständigkeit gegeben ist.[21] 114

Eine weitere Zuständigkeitsbeschränkung stellt die **political question doctrine** dar. Danach lehnen es die Gerichte im Hinblick auf die Verfassungstradition zur Gewaltenteilung ab, sich mit politischen Fragen zu befassen. Die Begriffsbestimmung einer political question ist jedoch nicht einfach und hat sich, wie die Auslegung der Verfassung selbst, mit der Zeit und neuen Umständen Rechnung tragend geändert. So wird die Rechtmäßigkeit des Ausschlusses eines Abgeordneten, die früher als interne Angelegenheit der Legislative galt, jetzt nicht mehr als eine political question gewertet.[22] Zulässig ist nun ebenfalls die gerichtliche Überwachung von Wahlkreisfestsetzungen, die das „one man – one vote" gewährleisten soll,[23] sowie die Überprüfung exekutiv-interner Entscheidungen zur Klassifizierung von Dokumenten und Informationen als „vertraulich" oder „geheim".[24] Auch die Überprüfung des Wahlablaufes in Florida bei der Präsidentenwahl 2000 ließ der Supreme Court nicht an der political question doctrine scheitern.[25] 115

Im Verfahren vor den Bundesgerichten geht Bundesprozeßrecht dem einzelstaatlichen Prozeßrecht vor, soweit die Verfahrensregel ausschließliche Geltung beansprucht.[26] Bei fehlender bundesrechtlicher Vorschrift oder größerem Regelungsbedarf[27] des einzelstaatlichen Rechts kann auch dieses Anwendung finden. 116

---

[18] Vgl. die concurring opinion des Richters *Frankfurter* in *Joint Anti-Fascist Refugee Committee v. McGrath*, 341 U.S.123, 149, 71 S.Ct. 624, 637 (1951).

[19] Siehe *Poe v. Ullman*, 367 U.S.497, 81 S.Ct. 1752, 6 L.Ed.2 d 989 (1961) und *Epperson v. Arkansas*, 393 U.S. 97, 89 S.Ct. 266, 21 L.Ed.2 d 228 (1968).

[20] Dies ist der Fall, wenn der Kläger glaubhaft machen kann, dass er tatsächlich von dem in Frage stehenden Gesetz oder Verwaltungsakt betroffen ist und dass sein Anspruch innerhalb der Interessensphäre liegt, die Verfassungs- oder Gesetzesschutz genießt.

[21] Im Rahmen eines aktuellen Rechtsstreits können Bundesgerichte allerdings auch Urteile mit Feststellungswirkung erlassen, die die Rechtsansicht des Gerichts wiedergeben oder Rechte der Parteien beschreiben, ohne vollstreckbare Anordnungen zu enthalten. Siehe 28 U.S.C. §§ 2201, 2202 (2003). Siehe auch *Wright*, Law of Federal Courts § 100 (6th ed. 2002).

[22] *Powell v. McCormack*, 395 U.S. 486, 89 S.Ct. 1944, 23 L.Ed.2 d 491 (1969).

[23] *Mahan v. Howell*, 410 U.S. 315, 93 S.Ct. 979, 35 L.Ed.2 d 320 (1973); *Salyer Land Co. v. Tulare Water District*, 410 U.S. 719, 93 S.Ct. 1224, 35 L.Ed.2 d 659 (1973).

[24] *United States v. Nixon*, 418 U.S. 683, 94 S.Ct. 3090, 41 L.Ed.2 d 1039 (1974).

[25] Siehe dazu *Chemerinsky, Bush v. Gore* (was not justiciable), 76 Notre Dame L. Rev. 1093 (2001).

[26] Vgl. *Hanna v. Plumer*, 380 U.S. 460, 85 S.Ct. 1136, 14 L.Ed.2 d 8 (1965) und *Walker v. Armco Steel Corp.*, 446 U.S. 740, 100 S.Ct. 1978, 64 L.Ed.2 d 659 (1980). Siehe dazu *Hay/Borchers/Symeonides* Conflicts, §§ 3.38 f. und *Hay/Weintraub/Borchers* Conflicts, Kap. 9 (1).

[27] Vgl. *Walker* (vorige Fn.); *Johnson v. Hugo's Skateway*, 974 F.2 d 1408 (4th Cir. 1992, en banc); *Gasperini v. Center for Humanities, Inc.*, 518 U.S. 415, 116 S.Ct. 2211, 135 L.Ed.2 d 659 (1996).

II. Einzelstaatliche Gerichte

1. Aufbau

117 Auch der einzelstaatliche Gerichtszug ist zumeist dreistufig. In vielen Fällen sind der ersten Instanz jedoch **Spezialgerichte** vorgeschaltet, so z. B. ein Traffic Court für Verkehrsdelikte, ein Small Claims Court für Rechtsstreitigkeiten mit geringem Streitwert (etwa bis $ 2.500,-) oder ein Family Court für Familiensachen. Deren Bestehen dient der Entlastung der erstinstanzlichen Gerichte; das Verfahren ist zumeist formlos. Der Rechtsbehelf gegen dort ergangene Entscheidungen führt zum Gericht erster Instanz, das die Sache neu verhandelt. Von diesen inferior courts abgesehen gibt es, ebensowenig wie bei den Bundesgerichten, keine nach Sachgebieten gesonderten Gerichtszüge, vielmehr besitzt die erste Instanz eine generelle Zuständigkeit. Die Gerichte entscheiden sowohl über Zivil- als auch Straf-, Handels-, Sozial-, Arbeits- und Finanzsachen.[28]

118 Die Bezeichnung der Gerichte variiert von Bundesstaat zu Bundesstaat. Verbreitet sind aber, wie auch bei den Bundesgerichten, District Court für das erstinstanzliche Gericht, Court of Appeals für die Berufungsinstanz und Supreme Court für das oberste einzelstaatliche Gericht.[29]

2. Sachliche Zuständigkeit

119 Die Gerichte der Einzelstaaten besitzen eine allgemeine, auf alle Sachgebiete, Personen und Rechtsgebiete erstreckte Zuständigkeit, mit Ausnahme der (wenigen) Fälle ausschließlicher Bundeszuständigkeit (oben Rn. 110). Daher können auch bundesrechtliche Begehren – einschließlich bundesverfassungsrechtlicher Fragen – vor ein einzelstaatliches Gericht gebracht und von diesem entschieden werden. Allerdings ist es dem U.S. Supreme Court vorbehalten, bundesrechtliche Fragen in letzter Instanz mit verbindlicher Wirkung (Präjudiz) zu entscheiden.[30]

120 Ausschließliche Zuständigkeit der einzelstaatlichen Gerichte besteht im Bereich des Erb- und Familienrechts.[31] Darüber hinaus ist das jeweilige einzelstaatliche Gericht am Belegenheitsort unbeweglichen Vermögens hinsichtlich des Eigentumstitels an diesem ausschließlich zuständig.[32]

---

[28] Zu den Ausnahmen siehe *Hay* Zivilprozeßrecht, Fn. 65.
[29] Wie erwähnt, sind die Bezeichnungen nicht einheitlich. In New York beispielsweise ist das unterste Gericht der „Supreme Court", die zweite Instanz die „Appellate Division" und das höchste Gericht der „Court of Appeals".
[30] Die Gerichte der Einzellstaaten sind gebunden an die Entscheidungen des Supreme Court über Anwendung und Auslegung von Bundesnormen. Wenn kein Supreme Court Präjudiz vorliegt, folgen die Staatengerichte regelmäßig der Rechtsansicht der Court of Appeals.
[31] Der Bundesgesetzgeber ist jedoch in neuerer Zeit im Bereich des Kindessorge- und Unterhaltsrechts tätig geworden (Federal Parental Kidnapping Prevention Act, Uniform Child Custody Jurisdiction Act, Full Faith and Credit for Child Support Orders Act).
[32] Siehe dazu auch *Hay* Zivilprozeßrecht, Fn. 70.

III. Zusammenfassung

Stützt sich der Anspruch auf Bundesrecht, sind sowohl die Bundesgerichte (federal question case) als auch die einzelstaatlichen Gerichte zuständig. Etwas anderes ergibt sich lediglich dann, wenn die Materie in die ausschließliche Zuständigkeit des Bundes fällt. Bildet einzelstaatliches oder ausländisches Recht die Anspruchsgrundlage, sind die einzelstaatlichen Gerichte grundsätzlich zuständig. Eine konkurrierende Zuständigkeit der Bundesgerichte ist eröffnet, wenn kein Fall der ausschließlichen einzelstaatlichen Zuständigkeit vorliegt und die Voraussetzungen der diversity jurisdiction gegeben sind. 121

IV. Zuständigkeits„wechsel"

In den Fällen konkurrierender Zuständigkeit, bietet sich den Parteien die Möglichkeit, einen anhängigen Rechtsstreit durch **removal** zu verlagern. Removal erlaubt die Verlagerung eines Falles von einem einzelstaatlichen auf ein Bundesgericht.[33] Voraussetzung hierfür ist, dass der Fall von Anfang an auch bei einem Bundesgericht hätte anhängig gemacht werden können, also complete diversity[34] hinsichtlich der Beteiligten am Verfahren besteht und das Streitwerterfordernis erfüllt ist. Die Möglichkeit des removal kann vom Kläger also dadurch umgangen werden, dass er ursprünglich eine Person (mit-)verklagt, hinsichtlich derer keine diversity besteht.[35] 122

Innerhalb der Bundesgerichte kann ein Fall im Wege des **federal transfer** an ein Bundesgericht in einem anderen Staat verwiesen werden.[36] Für den Fall von Schadensereignissen, die sich an vielen Orten auswirken (etwa Flugzeugkatastrophen mit Opfern aus mehreren Staaten, Produkthaftungsfälle und dergleichen), sog. mass torts, sieht das Bundesrecht aus prozeßökonomischen Gründen die Möglichkeit der Zusammenlegung mehrerer Klagen vor (consolidation of multidistrict litigation[37]). Das mit der Entscheidung der zusammengelegten Fälle beauftragte Gericht ist aber gehalten, in jedem der Fälle so zu entscheiden, wie es das verweisende Gericht getan 123

---

[33] Eine solche Verlagerung mag sinnvoll sein etwa in jury trials – Geschworene in einer federal court jury werden aus einem geographisch größeren Gebiet rekrutiert – oder wegen vorteilhafter bundesprozeßrechtlicher Regelungen, etwa der „100-mile bulge-rule" für die Zustellung außerhalb des Forumstaates. Dazu unten, Fn. 92.

[34] *Strawbridge v. Curtiss*, 7 U.S. (3 Cranch) 267, 2 L.Ed. 435 (1806): „There is no diversity jurisdiction when any party on one side of the dispute is a citizen of the same state as any party of the other side." Allerdings ist diversity nicht dadurch „zerstört", dass auf beiden Seiten des Rechtsstreits Parteien aus demselben ausländischen Staat beteiligt sind, solange die beteiligten US-Parteien das diversity-Erfordernis erfüllen, vgl. *Tango Music, LLC v. Deadquick Music, Inc.*, 348 F.3 d 244 (7th Cir. 2003).

[35] Ein anschauliches Beispiel für die Verhinderung von *removal* bietet die für das Zuständigkeitsrecht bedeutsame Entscheidung *World-Wide Volkswagen Corp. v. Woodson*, 444 U.S. 286, 100 S.Ct. 559, 62 L.Ed.2 d 490 (1980). In diesem Fall verklagte der Kläger vor einem für das Zusprechen hoher Schadensersatzsummen bekannten einzelstaatlichen Gericht in Oklahoma neben der deutschen Gesellschaft auch den Einzelhändler, der ihm das Auto verkauft hatte. Dieser hatte dieselbe (U.S.-amerikanische) Staatsbürgerschaft wie der Kläger. Zwischen ihnen bestand damit keine diversity of citizenship, weshalb der Fall nicht durch *removal* an ein eventuell weniger klägerfreundliches Bundesgericht übertragen werden konnte. Siehe zu dieser Entscheidung auch *Hay* Zivilprozeßrecht, Rn. 53, 85.

[36] 28 U.S.C. § 1404 (2004). Siehe dazu auch *Hay* Zivilprozeßrecht, Rn. 108.

[37] 28 U.S.C. § 1407 (2004).

hätte.³⁸ Dies kann wegen der unterschiedlichen Kollisionsregeln der verweisenden Gerichte zur Folge haben, dass verschiedene materielle Rechte zur Anwendung gelangen. Der Vorteil der Zusammenlegung reduziert sich dann auf die Bestimmung gemeinsamer Sachverhaltselemente.

124 Zudem steht es im Ermessen jedes an sich zuständigen Gerichtes, eine Klage mit der Begründung abzuweisen, dass es sich weniger zur Klärung des Rechtsstreits eignet als ein anderes Gericht. Eine derartige Abweisung als „forum non conveniens" ist unter anderem denkbar, wenn sich Zeugen und sonstige Beweismittel ausschließlich oder mehrheitlich am Ort eines anderen Gerichtes befinden. Im Verhältnis der Bundesgerichte zueinander gilt anstelle der common law Doktrin des forum non conveniens das Institut des federal transfer.³⁹

C. Internationale Zuständigkeit

I. Allgemeines

125 Während subject matter jurisdiction sich mit der Abgrenzung von Bundes- und einzelstaatlicher Gerichtsbarkeit befaßt, wird im folgenden der Frage nachgegangen, welches Gericht innerhalb eines Gerichtssystems zuständig ist, eine die Parteien bindende Entscheidung zu erlassen (jurisdiction to adjudicate⁴⁰). Dabei muß zunächst untersucht werden, ob die Parteien sich wirksam auf einen Gerichtsstand geeinigt haben oder eine rügelose Einlassung stattgefunden hat. Erst dann ist das Vorliegen allgemeiner oder besonderer Gerichtsstände zu prüfen. Die Voraussetzungen in bundes- und einzelstaatlicher Praxis decken sich weitgehend, besondere Abweichungen werden aufgezeigt.

II. Gerichtsstandsvereinbarungen

126 Durch Prorogation können die Parteien eines Rechtsstreites diesen einem Gericht unterwerfen, bei dem nach den allgemeinen Regeln keine Zuständigkeit eröffnet wäre. Allerdings ist es nicht möglich, ein sachlich unzuständiges Gericht zu prorogieren. Strittig ist, ob bei vereinbartem Gerichtsstand Raum für forum non conveniens-Überlegungen bleibt, da diese sowohl Partei- als auch öffentlichen Interessen dienen.⁴¹

127 Inwiefern eine Gerichtsstandsvereinbarung alle anderen gesetzlichen Gerichtsstände derogiert, ist Auslegungsfrage. Im Zweifel ist, auch aus praktischen Gründen, Ausschließlichkeit anzunehmen.⁴² Der Ausschluß wird wirksam, wenn das derogierte

---

[38] Vgl. *Ferens v. John Deere Co.*, 494 U.S. 516, 110 S.Ct. 1274, 108 L.Ed.2 d 443 (1990). Zu Sammelklagen (class actions) siehe unten, Rn. 179 ff.
[39] Dazu ausführlich unten Rn 145 f. und bei *Hay*, Zivilprozeßrecht, Rn. 102 ff., in: Assmann/Bungert (eds.), 1 Handbuch des US-amerikanischen Handels-, Gesellschafts- und Wirtschaftsrechts 535–638, 2001.
[40] Siehe *Restatement (Third) Foreign Relations Law of the United States* § 421 (1987).
[41] *Blanco v. Blanco Industrial de Venezuela, S.A.*, 997 F.2 d 974, 980 (2 d Cir. 1993).
[42] So ausdrücklich innerhalb der EU, Art. 23 (1) der EU-Verordnung Nr. 44/2001, hier ist die Wahl allerdings in Versicherungs-, Verbraucher- und Arbeitsrechtssachen begrenzt. Siehe dazu *Hay*, Forum

Gericht ihn im Falle, dass es vertragswidrig angerufen wird, akzeptiert. Die Gerichte einiger weniger Bundesstaaten verweigern es den Parteien, örtlich gegebene gesetzliche oder fallrechtliche Zuständigkeit durch Vereinbarung abzuwählen.[43]

III. Rügelose Einlassung

Die Einlassung zu Sachfragen begründet die Zuständigkeit des Gerichtes, wenn diese nicht im Rahmen des Parteivortrages[44] gerügt worden ist. Nach Federal Rule 12 (h) (1) geht die Rüge der Unzuständigkeit verloren (waiver), wenn sie nicht Teil des ersten Parteiantrages ist. Die Klageerhebung kann als generelle appearance des Klägers gewertet werden,[45] so dass sie zuständigkeitsbegründend für eine Gegenklage (cross action) sein kann.

128

IV. Belegenheitszuständigkeit

Für Entscheidungen über das Eigentum (title) an Sachen ist das Gericht am Belegenheitsort ausschließlich zuständig **(in rem jurisdiction)**. Eine frühere quasi in rem-Zuständigkeitsregel ließ am Belegenheitsort auch Klagen wegen schuldrechtlicher Ansprüche gegen den Eigentümer oder Besitzer der Sache zu. Die Zuständigkeit war jedoch auf den Wert der Sache beschränkt. Seit einer Grundsatzentscheidung des U.S. Supreme Court[46] wird in diesen Fällen wegen des due process-Erfordernisses ein Bezug des Beklagten oder des streitigen Anspruchs zum Forum verlangt (dazu sogleich unten), der nicht allein durch die Belegenheit einer ihm gehörenden Sache begründet wird.

129

Selection and Choice-of-Law Clauses in American Conflicts Law, in *S. Hutter* und andere, Gedächtnisschrift für Michael Gruson, 195 (2009); *Hay, Borchers, Symeonides*, Conflict of Laws § 11.2 et seq. (5th ed. 2010); *GITA Sports Ltd. v. SG Sensortechnik GmbH & Co. KG*, 560 F.Supp.2d 432 (W.D.N.C. 2008).

[43] Vgl. z. B. *Redwing Carriers, Inc. v. Foster*, 382 So.2 d 554, 556 (Ala. 1980); *Keelean v. Central Bank*, 544 So.2 d 153 (Ala. 1989).

[44] F.R.C.P. 12 (b); vgl. *Hay/Borchers/Symeonides* Conflicts, § 6.5.

[45] *Adam v. Saenger*, 303 U.S. 59, 58 S.Ct. 454, 82 L.Ed. 649 (1938).

[46] *Shaffer v. Heitner*, 433 U.S. 186, 97 S.Ct. 2569, 53 L.Ed.2 d 683 (1977); vgl. auch die Folgeentscheidung *Rush v. Savchuk*, 444 U.S. 320, 100 S.Ct. 571, 62 L.Ed.2 d 516 (1980). Der 1999 erlassene „Anticybersquatting Consumer Protection Act", 15 U.S.C.A. § 1125 (d), hat eine neue Variante der in rem jurisdiction eingeführt. Mit „Cybersquatting" ist die Anmeldung eines internet Domain-Namens gemeint, der unter Umständen fremde Markenschutzrechte verletzen kann. Statt in personam jurisdiction über den Beklagten zu eröffnen, hat der Eigentümer der Marke nunmehr die Möglichkeit, eine in rem Klage in dem Gerichtsbezirk zu erheben, in dem die jeweilige Registrierungsbehörde für Domain-Namen ihren Sitz hat. Dazu ausführlich *Nguyen*, A Troubling New Extraterritorial Reach of United States Law, 81 N.C.L. Rev. 483 (2003); *Sadasivan*, Jurisprudence under the in Rem Provision of the Anticybersquatting Consumer Protection Act, 18 Berkeley Tech. L.J. 237 (2003). Ferner *Heathmouth A. E. Corp. v. Technodome.com*, 106 F.Supp.2 d 860 (E.D.Va. 2000).

V. Personal Jurisdiction

1. Allgemeine Gerichtsstände

130 Ausgangspunkt des amerikanischen Zuständigkeitsrechtes ist das dem common law entstammende strikte **Territorialprinzip**. Ursprünglich wurde Zuständigkeit über Personen allein durch die Anwesenheit (physical presence) des Beklagten begründet. Die Klageschrift und Vorladung mußten ihm im Gerichtsstaat persönlich ausgehändigt werden. Die Zustellung der klageeinleitenden Dokumente auf dem Territorium eines Staates gilt auch heute noch als Hoheitsakt dieses Staates und begründet allein dadurch Zuständigkeit der dortigen Gerichte. Es spielt dabei keine Rolle, ob sich der Beklagte ständig oder nur vorübergehend während der Zeit der Zustellung auf dem Staatsterritorium aufhält.[47] Die auf diese Art begründete Zuständigkeit verliert ihre Grundlage nicht dadurch wieder, dass der Beklagte den Staat verläßt, wird daher zutreffend als „Zuständigkeit über Durchreisende" (transient jurisdiction) bezeichnet. Sie bedarf auch keines weiteren Forumsbezuges des Beklagten oder des Anspruches.[48]

131 Alle weiteren Gerichtsstände stellen eine **Auflockerung** dieser territorial begründeten Zuständigkeitsregel dar und verlangen einen am due process-Gebot orientierten Forumsbezug des Beklagten. Ein solcher besteht, unabhängig vom konkreten Anspruch, am domicile und am Ort wirtschaftlicher Betätigung.

132 Das **domicile** ist weder mit dem deutschrechtlichen Wohnsitzbegriff, noch mit „Aufenthalt" oder „gewöhnlichem Aufenthalt" vergleichbar. Natürliche Personen haben jeweils nur ein domicile, das durch Geburt begründet (domicile of origin), von einer anderen Person abgeleitet (derivative domicile) oder als Wahldomizil (domicile of choice) erworben wird. Ein Wahldomizil entsteht mit der Aufgabe des alten domicile, der Ankunft am neuen domicile und dem Vorliegen eines animus manendi (bzw. eines animus non revertendi).[49] Das domicile stellt den Lebensmittelpunkt einer Person dar, weshalb es mit dem due process-Gebot vereinbar ist, sie an diesem Ort wegen aller Ansprüche verklagen zu können.[50] Dem vergleichbar ist für juristische Personen ein allgemeiner Gerichtsstand im Gründungsstaat eröffnet. Im Bundesrecht werden sie zusätzlich auch dem Staat ihres **principal place of business** zugeordnet.[51] Diese Regel dient der Einschränkung der diversity jurisdiction. Sie will verhindern, dass eine in einem anderen Staat gegründete Gesellschaft, die aber hier ihren princi-

---

[47] Siehe Restatement (Second) of Conflict of Laws, § 28: „A state has power to exercise judicial jurisdiction over an individual who is present within its territory, whether permanently or temporarily." Siehe auch *Grace v. MacArthur*, 170 F.Supp. 442 (E.D.Ark. 1959).

[48] Obgleich große Teile der amerikanischen Literatur diesem Gerichtsstand sehr kritisch gegenüberstehen, hat der U.S. Supreme Court seine Verfassungsmäßigkeit 1990 in *Burnham v. Superior Court*, 495 U.S. 604, 110 S.Ct. 2105, 109 L.Ed.2 d 631 (1990), mit kritischer Anm. *Hay*, 1990 U.Ill.L.Rev. 593, ausdrücklich bejaht. Ähnliche Gerichtsstände kennen auch die englischen und irischen Rechtssysteme. Allerdings ist die Anwendung gegenüber Beklagten mit Wohnsitz innerhalb der EU durch Art. 3 der VO (EG) 44/2001 ausgeschlossen.

[49] Die Verbindung faktischer und subjektiver Elemente erschwert die domicile-Bestimmung und kann, bei demselben Sachverhalt, zu widersprüchlichen gerichtlichen Entscheidungen führen. Vgl. *In re Estate of Dorrance*, 309 Pa. 151, 161, 163 A, 303, 311 (1932) mit *In re Dorrance's Estate*, 115 N.J.Eq. 268, 170 A. 601(1934), aff'd 176 A. 902 (N.Y.App. 1935).

[50] *Milliken v. Meyer*, 311 U.S. 457, 61 S.Ct. 339, 85 L.Ed. 278 (1940).

[51] 28 U.S.C. § 1332 (c) (1) (2003).

pal place of business hat, das diversity-Erfordernis erfüllt und daher Zugang zu den Bundesgerichten hat, wenn es eine einheimische Gesellschaft nicht haben würde.[52]

Für Unternehmen besteht jurisdiction des weiteren am Ort des **(doing) continuous and systematic business**.[53] Dafür muß die wirtschaftliche Tätigkeit in Art und Umfang hinreichend mit dem Forumstaat verbunden sein. Bloße Anwesenheit (z. B. des Geschäftsführers oder Vorstandsmitglieds) zur Zeit der Zustellung der klageeinleitenden Dokumente (transient jurisdiction), wie im Falle der natürlichen Person (oben Rn. 130), reicht nicht aus. Schwierigkeiten entstehen im Hinblick auf moderne Formen des doing business: Bedeutet das Unterhalten interaktiver oder nur informierender websites schon continuous and systematic business, oder genügt dies nur für eine rein anspruchsbezogene Zuständigkeit (dazu sogleich)?[54]

133

2. Besondere Gerichtsstände

Neben den genannten, vom Inhalt des konkreten Anspruchs unabhängigen Gerichtsständen kann auch die Forumsbezogenheit des Anspruches selbst zuständigkeitsbegründend sein. Ein derartiger besonderer Gerichtsstand muß gesetzlich normiert sein und darf das bundesverfassungsrechtliche due process-Gebot nicht verletzen.[55]

134

Am Beginn der Etablierung besonderer Gerichtsstände stand die Ausdehnung des Anwesenheitsbegriffes bzw. die Fiktion einer Einwilligung des Beklagten in eine (stillschweigende) Gerichtsstandsvereinbarung. So sollten Autofahrer wegen deliktsrechtlicher Ansprüche im Staat des Unfallortes verklagt werden können, da ihr Be-

135

---

[52] In diesem Punkt gibt es Überschneidung mit der europäischen Sitztheorie, deren Fortbestand allerdings in Frage gestellt ist, vgl. *Kamer van Koophandel v. Inspire Art Ltd.*, C-167/01, 2003 E.C.R. I-10 155.
[53] *Goodyear Tires Operations, S.A. v. Brown*, 2011 U.S. LEXIS 4801 (2011): Anwesenheit der Muttergesellschaft und wirtschaftliche Tätigkeit der ausländischen Tochtergesellschaften begründen noch nicht eine Zuständigkeit über letztere. Vgl. *Helicopteros Nacionales de Columbia, S.A. v. Hall*, 466 U.S. 408, 414, 104 S.Ct. 1868, 1875, 80 L.Ed.2 d 404, 414 (1984); *Perkins v. Benguet Consolidated Mining Co.*, 342 U.S. 437, 72 S.Ct. 413, 96 L.Ed. 485 (1952); *Metropolitan Life Ins. Co. v. Robertson-Ceco Corp.*, 84 F.3d 560 (2 d Cir. 1996), cert. denied 519 U.S. 1006, 117 S.Ct. 508, 136 L.Ed.2 d 398 (1996); *Chaiken v. VV Publishing Corp.*, 119 F.3d 1018 (2 d Cir. 1997), cert. denied 522 U.S. 1149, 118 S.Ct. 1169, 140 L.Ed.2 d 179 (1998); *LSI Industries Inc. v. Hubbell Lighting, Inc.*, 232 F.3 d 1669 (Fed. Cir. 2000). Siehe dazu auch *Hay*, Zivilprozeßrecht, Rn. 78 und *Müller*, Die Gerichtspflichtigkeit wegen „doing business": ein Vergleich zwischen dem US-amerikanischen und dem deutschen Zuständigkeitssystem, Diss. 1992. Der Entwurf eines Haager Zuständigkeits- und Anerkennungsübereinkommens schließt einen solchen Gerichtsstand aus.
[54] Die Entscheidungen *Heathmouth A. E. Corp. v. Technodome.com*, 106 F.Supp.2 d 860 (E.D.Va. 2000) und *Millenium Enterprises, Inc. v. Millenium Music*, 33 F.Supp.2d. 907, 915–16 (D. Ore, 1999) unterscheiden mehrere Stufen der Internetpräsenz (vom zuständigkeitsbegründenden „conducting business" bis zum bloßen Unterhalten einer passiven website zu Informationszwecken, das keine Zuständigkeit begründet). Eine neuere Entscheidung bejaht allgemeine Zuständigkeit, *Lakin v. Prudential Secs.*, 348 F.3 d 704 (8th Cir. 2003). Siehe auch *Mehta*, Pavlovich v. Superior Court of Santa Clara County, 17 Berkeley Tech. L.J. 337 (2002); *Steuer*, The Continuing Utility of International Shoe and the Misuse and Ineffectiveness of Zippo, 74 Colo. L. Rev 319 (2003).
[55] In einigen Bundesstaaten beschränkt sich die gesetzliche Regelung dann auch auf die Ermächtigung der Gerichte, Zuständigkeit „to the limits of due process" auszuüben. Dazu unten, Rn. 136 und Fn. 55. Zur Bedeutung der US-amerikanischen Zuständigkeitsregeln im deutschen Exequaturverfahren *Wazlawik*, Persönliche Zuständigkeit im US-amerikanischen Prozessrecht und ihre Bedeutung im deutschen Exequaturverfahren, RIW 2002, 691 ff.

nutzen der öffentlichen Straßen des Bundesstaates eine Einwilligung in die Zuständigkeit der dortigen Gerichte für derartige Klagen beinhalte.[56]

136 In Anlehnung an das *International Shoe*-Urteil des U.S. Supreme Court,[57] in dem er für eine Zuständigkeitseröffnung **minimum contacts** des Anspruches zum Forumstaat vorschrieb, entstanden in vielen Staaten die sogenannten **long-arm statutes**.[58] Sie enthalten einen Katalog zuständigkeitsbegründender Umstände oder beziehen sich mittels einer Generalklausel direkt auf den bundesverfassungsrechtlichen Standard des due process, der die äußere Schranke für die Ausübung einzelstaatlicher Zuständigkeit darstellt.[59] Beispiele für einen ausreichenden Forumskontakt sind das Begehen eines Delikts im Forumstaat, der Abschluß eines im Forumstaat zu erfüllenden Vertrages oder die Versicherung eines im Forumstaat belegenen Risikos.

137 In der Entscheidung *World-Wide Volkswagen Corp. v. Woodson*[60] hatte sich der U.S. Supreme Court mit der Frage auseinanderzusetzen, inwieweit die bloße Auswirkung eines Handelns im Forumstaat einen ausreichenden minimum contact darstellt. Das Gericht schränkte die Ausübung der Zuständigkeit am Erfolgsort insofern ein, dass es darauf abstellte, ob die Handlungen des Beklagten zum Forumstaat der Gestalt waren, dass er vernünftigerweise erwarten konnte, dort verklagt zu werden. Damit erhob der U.S. Supreme Court die Vorhersehbarkeit der Klage (nicht: Vorhersehbarkeit der Verletzung) zum Maßstab.

138 Diese Entscheidung läßt offen, ob das bewußte Inverkehrbringen eines Produkts immer dann zur Zuständigkeit am Erfolgsort führt, wenn der Hersteller oder Vertreiber wußte, dass der Erfolgsort ein mögliches Bestimmungsland sein könnte. Eine solche **stream of commerce-Zuständigkeit** wurde in der *Asahi*-Entscheidung[61] zwar angesprochen, ist aber bis heute nicht höchstrichterlich entschieden. Untergerichtliche Entscheidungen sehen diese jedoch vor.[62] Die Entscheidung des Supreme Courts in *Nicastro* (2011) beantwortet die Frage immer noch nicht abschließend.[62a] Probleme bereitet auch die Beantwortung der Frage, inwieweit Kontakte, die im Zusammenhang mit dem Anspruch stehen (relate to the claim), aber nicht direkt aus ihm erwachsen (arise out of), als zuständigkeitsbegründend angesehen werden können.[63]

---

[56] *Hess v. Pawlowski*, 274 U.S. 352, 47 S.Ct. 632, 71 L.Ed. 1091 (1927); *Olberding v. Illinois C. R. Co.*, 346 U.S. 338, 74 S.Ct. 83, 98 L.Ed. 39 (1953).

[57] *International Shoe v. State of Washington*, 326 U.S. 310, 66 S.Ct. 154, 90 L.Ed. 95 (1945).

[58] Siehe zu den long-arm statutes *Hay*, Zivilprozeßrecht, Rn. 81 ff.

[59] Z. B. Cal.Civ.Pro.Code § 410.10 (2003): „A court of this state may exercise jurisdiction on any basis not inconsistent with the Constitution of this state or of the United States."

[60] *World-Wide Volkswagen Corp. v. Woodson*, 444 U.S. 286, 100 S.Ct. 559, 62 L.Ed.2 d 490 (1980).

[61] *Asahi Metal Industry Co. Ltd. v. Superior Court of California*, 480 U.S. 102, 107 S.Ct. 1026, 94 L. Ed.2 d 92 (1987). In *Asahi* ergab sich ein Stimmenverhältnis von 4:4 zur stream of commerce-Frage (als obiter dictum).

[62] *Hay/Borchers/Symeonides*, Conflicts, § 10.15; *Hay/Weintraub/Borchers*, Conflicts, Kap. 3 (2)(B). Siehe etwa *Stanton v. St. Jude Med., Inc.*, 340 F.3 d 690 (8th Cir. 2003); *Nuovo Pignone v. Storman M/V*, 310 F.3 d 374 (5th Cir. 2002).

[62a] *J. McIntyre Machinery Ltd. v. Nicastro*, 2011 U.S. LEXIS 4800 (2011): engere Zuständigkeit für Produkthaftung als im europäischen Recht; Verletzung durch ein rechtmäßig im Gerichtsstaat vertriebenes Produkt begründet keine Zuständigkeit.

[63] Trotz der weiten Auslegung in *Helicopteros Nacionales de Columbia, S.A. v. Hall*, 466 U.S. 408, 414, 104 S.Ct. 1868, 1875, 80 L.Ed.2 d 404, 414 (1984) (*Brennan*, J. dissenting) ist eine engere Auslegung vorzuziehen, da sonst kaum eine Unterscheidung zwischen „general" und „specific" jurisdiction verbliebe. Siehe dazu auch *Hay*, Zivilprozeßrecht, Rn. 89 ff.

3. Besonderheiten für die Zuständigkeit der Bundesgerichte

In Fällen der diversity jurisdiction, also bei Ansprüchen aus einzelstaatlichem oder ausländischem Recht, folgt die Zuständigkeit der Bundesgerichte der jeweiligen einzelstaatlichen Regelung am Gerichtsort. In federal question cases dagegen ist bundesgerichtliche Zuständigkeit auch dann gegeben, wenn der Beklagte zwar nicht der Zuständigkeit der einzelstaatlichen Gerichte unterliegt, die Ausübung der Zuständigkeit aber mit der Bundesverfassung vereinbar ist, also minimum contacts des Anspruches zum Bundesgebiet bestehen.[64] 139

VI. Örtliche Zuständigkeit

Die örtliche Zuständigkeit (**venue**) eines Bundesgerichts bestimmt sich in den Fällen der federal question und der diversity gleich.[65] Sind alle Beklagten in einem Staat wohnhaft, so ist das Bundesgericht am Wohnsitz eines jeden zuständig. Ansonsten ist das Bundesgericht am Ort des Verhaltens oder des dem Anspruch zugrundeliegenden Vermögens zuständig. Vermag auch diese Regelung die örtliche Zuständigkeit nicht zu begründen, so ist das Gericht zuständig, wo der Beklagte angetroffen wird („may be found"). Ein Ausländer kann in jedem district verklagt werden. 140

Die einzelstaatlichen Regelungen halten eine Fülle zuständigkeitsbegründender Kriterien bereit, die sich am persönlichen Bezug zum Beklagten oder dem jeweiligen Klageinhalt orientieren und an Zweckmäßigkeitsgesichtspunkte anknüpfen. 141

VII. Regeldurchbrechungen

1. Forum Non Conveniens

Die Lehre vom forum non conveniens bietet einem zuständigen Gericht die Möglichkeit, freiwillig zugunsten eines anderen, für die Sachentscheidung berufeneren Gerichtes auf die Ausübung bestehender jurisdiction zu verzichten. Die ausgedehnten Zuständigkeitsregeln der long arm statutes können damit nach dem Ermessen des Gerichtes zur Vermeidung von Nachteilen für den Beklagten korrigiert werden. Dieser muß darlegen, dass ein anderes, ebenfalls zuständiges Forum zur Verfügung steht, dass ein Rechtsstreit vor dem jetzigen Forum ihn unzumutbar belastet (seriously and burdensomely inconvenient) und dass das alternative Gericht wegen größerer Sachnähe (z. B. Zugang zum Beweismaterial, Anwesenheit von Zeugen etc.[66]) mehr convenient sei.[67] Dabei unterscheidet die Rechtsprechung bei internationalen Sach- 142

---

[64] *Chew v. Dietrich*, 143 F.3 d 24, 28 n.4 (2 d Cir. 1998). Siehe auch *Pinker v. Roche Holdings, Ltd.*, 292 F.3 d 361 (3 d Cir. 2002). Zur Frage der Behandlung der USA als Gesamtstaat im Rahmen der Urteilsanerkennung in Deutschland *Wazlawik*, Anerkennung von U.S.-amerikanischen Urteilen: Bundes- oder Gesamtstaat – wer ist Urteilsstaat im Rahmen von § 328 I Nr. 1 ZPO?, IPRax 2002, 273 ff.
[65] 28 U.S.C. § 1391 (2004).
[66] Vgl. *Hay/Hampe*, Nichtermittelbarkeit ausländischen Rechts und Forum Non Conveniens, RIW 1998, 760, 764.
[67] *Hay*, Zivilprozeßrecht, Rn. 102 ff. Vgl. dazu die Kombination von inconvenience und größerer convenience in der Rechtsprechung des kanadischen Supreme Court in *Amchem Products Inc. v. British Columbia (Workers' Compensation Board)*, 1 S.C.R. 897 (1993).

verhalten zwischen in- und ausländischen Klägern,⁶⁸ deren Wahl eines amerikanischen Forums weniger Gewicht beigemessen wird.⁶⁹

143 Das Institut des forum non conveniens wurde 1947 vom U.S. Supreme Court in einer Leitentscheidung⁷⁰ anerkannt, ebenso in den Prozeßrechten der meisten Einzelstaaten. In der Praxis der Bundesgerichte ist eine Klageabweisung wegen forum non conveniens durch das Institut des federal transfer (sogleich unten) ersetzt worden, das die Verweisung des Rechtsstreits an ein anderes Bundesgericht gewährt. International und in der zwischenstaatlichen Praxis der einzelstaatlichen Gerichte bleibt sie jedoch möglich.

144 Folge einer Klageabweisung wegen forum non conveniens ist, dass der Fall zu einem Rechtsstreit des neuen Forums wird, also dessen Prozeßregeln und auch dessen IPR unterliegt. Dass sich diese von den Regeln des abweisenden Forums unterscheiden können, hindert die Abweisung nicht. Jedoch kann das abweisende Gericht in solchen Fällen dem Beklagten Bedingungen, wie etwa den Verzicht auf prozessuale Einreden vor dem alternativen Forum, auferlegen.

2. Federal Transfer

145 Ein Bundesgericht kann einen bei ihm anhängig gemachten Rechtsstreit durch federal transfer auf ein anderes Bundesgericht übertragen. Das Gesetz erlaubt dies „in the interest of justice and for the convenience of parties and witnesses".⁷¹ Praktisch sind damit dieselben Gründe entscheidend wie für eine Klageabweisung wegen forum non conveniens. Im Unterschied zu letzterem handelt es sich beim federal transfer aber nicht um Abweisung, sondern um **Verweisung** der Klage. Das hat zur Folge, dass das zweitbefaßte Gericht stellvertretend für das verweisende Gericht entscheidet. Der Fall wird nicht zum Rechtsstreit des zweiten Gerichtes und wird daher nicht dessen Kollisions- und materiellem Recht unterstellt. Vielmehr muß das zweite Gericht das im Erstgericht anzuwendende Kollisions- und materielle Recht der Entscheidung

---

⁶⁸ Vgl. *Piper Aircraft Co. v. Reyno*, 454 U.S. 235, 102 S.Ct. 252, 70 L.Ed.2 d 419 (1981); *In re Union Carbide Corp. Gas Plant Disaster at Bhopal*, 809 F.2 d 195 (2 d Cir. 1987); *Iragorri v. United Technologies Corp.*, 274 F.3 d 65 (2 d Cir. 2001); *Pollux Holding, Ltd. v. Chase Manhattan Bank*, 329 F. 3 d 64 (2 d Cir. 2003).

⁶⁹ Ziel ist es, der Attraktivität eines amerikanischen Gerichtsstandes aufgrund des vorteilhaften Prozeß- und Deliktsrechtes entgegenzuwirken. Den Entscheidungen liegen damit sowohl Partei- als auch öffentliche Interessen zugrunde. Siehe dazu etwa auch *Guidi v. Inter-Continental Hotels Corp.*, 224 F.3 d 142 (2 d Cir. 2000). Eine englische Entscheidung gab ihr nachdrücklich den Parteiinteressen statt: In *Lubbe v. Kap-*, SPS, [2000] 1 W.L.R. 1545 (HL), weigerte sich das House of Lords eine gemeinsame Klage von fast 4.000 südafrikanischen Klägern zugunsten eines südafrikanischen Forums abzulehnen, wenn am auswärtigen Gericht in Südafrika für die Kläger keine Prozesskostenhilfe ist und eine Klage auf der Basis eines Erfolgshonorars ebenfalls nicht möglich ist. Beide Umstände erschweren den Zugang zur Justiz: Erschwerter Zugang zu den Gerichten (z.B. durch Verweigerung von Prozesskostenhilfe oder die fehlende Möglichkeit mit Rechtsbeiständen ein Erfolgshonorar zu vereinbaren) verhindern einen effektiven Rechtsschutz. Ähnliche Bedenken bestehen auch anderswo. Unter anderem im Bereich der Beschränkung des Gerichtsstandes durch die forum non conveniens, wenn die Wirkung der Beschränkung einer Menschenrechtsverletzung gleich kommt. Siehe aber unten Fn. 73 am Ende.

⁷⁰ *Gulf Oil Corp. v. Gilbert*, 330 U.S. 501, 67 S.Ct. 839, 91 L.Ed. 1055 (1947).

⁷¹ 28 U.S.C. § 1404 (a) (2004).

zugrunde legen. Durch den federal transfer ändert sich mithin am anzuwendenden Recht nichts. Lediglich der Gerichtssaal wird zum Zwecke der Verhandlung des konkreten Falles verlagert.[72]

Transfer kann von jeder der Parteien beantragt werden. Dies eröffnet dem Kläger die Möglichkeit des forum shopping,[73] der Verbindung eines ihm günstigen (aber fernen) Rechts mit einem ihm günstigen (weil nahem) Forum. Anschauliches Beispiel ist die Entscheidung in *Ferens v. John Deere Co.*[74] 146

3. Lis Pendens

Das U.S.-amerikanische Prozeßrecht enthält keine konkreten Regelungen über den Einwand der anderweitigen Rechtshängigkeit (Einrede aus lis alibi pendens). Erst mit dem Urteil und dem Anspruch auf dessen Anerkennung in allen Bundesstaaten aufgrund der Full Faith and Credit Clause kann eine anderswo anhängige Klage blockiert werden. Bis dahin ist es denkbar, einen Prozeß gleichen Inhaltes in verschiedenen Staaten zu führen. Zur Einschränkung dieser Folge existiert in der Praxis der Bundesgerichte die **first filed rule**. Nach dieser soll das zweite angerufene Gericht das Verfahren bis zur Entscheidung des zuerst angerufenen Gerichts aussetzen. Dabei wird teilweise verlangt, dass es sich bei der Anrufung des Erstgerichtes um ein tatsächlich ernstgemeintes Klagebegehren (effective first filing) und nicht um eine Verfahrenstaktik (first strike) handelt, was von dem zur Klageaussetzung angerufenen 147

---

[72] Vgl. *Van Dusen v. Barrack*, 376 U.S. 612, 84 S.Ct. 805, 11 L.Ed.2 d 945 (1964).
[73] Auch ausländische Kläger machen von der Möglichkeit des forum shoppings in den USA Gebrauch, um die Vorteile des amerikanischen Verfahrensrechts, wie etwa das ausgedehnte Vorverfahren zur Tatsachenermittlung (pre-trial discovery) zu nutzen, und um höhere Schadensersatzsummen zu erzielen. Gegensteuern kann dem aber die „forum-non-conveniens doctrine", oben, Rn. 142 ff. Siehe auch *De Perez v. AT&T Co.*, 139 F.3 d 1368 (11th Cir. 1998), reversed *AT&T Corp. v. Sigala*, 274 Ga. 137, 549 S.E.2 d 373 (2001). Um ihrerseits U.S.-amerikanischen Klageabweisungen entgegenzuwirken, haben einige lateinamerikanische Staaten ihre Gerichte für unzuständig erklärt, sobald ein Kläger eine Klage anderweitig anhängig gemacht hat. Damit soll erreicht werden, dass ein U.S.-amerikanisches Gericht feststellen muß, dass kein anderes Forum zur Verfügung steht und daher nicht abweisen kann. S. dazu z.B. *Johnson v. Multidata Sys. Int'l Corp.*, 523 F.3d 602, 606 (5th Cir. 2008) (Panama); *Heiser*, Forum Non Conveniens and Retaliatory Legislation, 56 U. Kan. L. Rev. 609 (2008). Einige U.S.-amerikanische Gerichte zeigen sich von dieser Gesetzgebung unbeeindruckt und weisen dennoch ab. S. *Hay* in FS von Hoffmann ___ (2012).
[74] Ein Beispiel dafür ist *Ferens v. John Deere Co*, 494 U.S. 516, 110 S.Ct. 1274, 108 L.Ed.2 d 443 (1990): Ein Kläger aus Pennsylvania verklagte den Hersteller einer Maschine, durch die er verletzt worden war, im Bundesstaat Mississippi. Aufgrund der dortigen langen Verjährungsfrist (welche das amerikanische IPR als prozeßrechtlich qualifiziert und demnach der lex fori unterstellt) war dies der einzige Staat, in dem der Anspruch noch nicht verjährt war. Zuständigkeit über den in Michigan ansässigen Hersteller war wegen systematic and continuous business in allen U.S.-Bundesstaaten eröffnet. Nach Rechtshängigkeit und Anwendbarkeit der Mississippi-Verjährungsregel beantragte der Kläger federal transfer in seinen zum Zwecke der Prozeßführung günstigeren Heimatstaat Pennsylvania. Trotzdem die Maschine dort gekauft, der Unfall sich dort ereignet und der Anspruch nach dortigem Recht verjährt gewesen wäre, mußte das Gericht in Pennsylvania die Klage aufgrund der noch nicht abgelaufenen Verjährungsfrist des Rechtes von Mississippi zulassen. Vgl. dagegen *In re TMI*, 89 F.3 d 1106 (3 d Cir. Pa. 1996), cert. denied 519 U.S. 1077, 117 S.Ct. 739, 136 L.Ed.2 d 678 (1997): ein einschlägiges Bundesgesetz bestimmte die Anwendung des Sachrechts des Unfallstaates. Das Mississippi-Bundesgericht erstreckte diese Bestimmung auf die Verjährungsvorschriften des Unfallstaates (materiellrechtliche Qualifikation) und wandte dementsprechend die kürzere Verjährungsfrist von Pennsylvania an.

Zweitgericht zu beurteilen ist. Der damit eröffnete Ermessensspielraum relativiert die first filed rule erheblich.[75]

148 Eine weitere Möglichkeit, doppelte Rechtshängigkeit trotz fehlender lis pendens-Regeln zu vermeiden, bietet der Erlaß einer **anti-suit injunction**. Mit dieser versucht der Kläger, die Exklusivität des von ihm angerufenen Gerichtsstandes zu erhalten. Eine anti-suit injunction untersagt dem Beklagten das Anrufen eines anderen Gerichtes. Insofern wirkt sie aber nur zwischen den Prozeßbeteiligten. Gerichte eines anderen Staates sind durch die injunction nicht gebunden.[76]

D. Zivilprozeß

149 Die folgenden Ausführungen behandeln den Zivilprozeß, beschränken sich jedoch auf die Darstellung der **bundesrechtlichen Prozeßvorschriften**. Diese finden sich im wesentlichen in den Federal Rules of Civil Procedure (F.R.C.P.). Einzelstaatliche Verfahrensregelungen werden hingegen nur am Rande angesprochen. Sie sind jedoch zugrunde zu legen, wenn ein Rechtsstreit vor einem einzelstaatlichen Gericht entschieden werden soll. Bundesprozeßrecht hat dann keine verdrängende Wirkung (preemptive effect).

I. Zivilklage und Verfahrensgang

1. Vorüberlegungen

a) Klageinhalt

150 Die im U.S.-amerikanischen Recht geltende Regel gegen splitting of the cause of action besagt, dass es keine Teilklage geben kann. In der Entscheidung über einen eingeklagten Anspruch (claim) geht der gesamte materiellrechtliche Anspruch auf. Aus diesem „Aufgehen" (merger) folgt, dass der Kläger mit dem zu seinen Gunsten ergangenen Urteil den Anspruch verliert. Im Falle des Unterliegens des Klägers wirkt das Urteil als Schranke (bar), welche ein erneutes Geltendmachen des Anspruchs verhindert.

151 Der den Umfang der Wirkungen von merger und bar bestimmende Anspruchsbegriff umfaßt neben dem tatsächlich Vorgebrachten auch jeden Anspruch der aufgrund des Sachverhaltes hätte vorgebracht werden können. Nach Ergehen eines anspruchsentscheidenden Urteils ist die erneute Geltendmachung ausgeschlossen. Eine Teilklage scheidet daher aus. Allerdings bedarf es eines solchen Vorgehens auch nicht, da das die Teilklage im deutschen Recht begründende Kostenargument im U.S.-amerikani-

---

[75] Im Staat New York beispielsweise besagt eine Regel, dass Gerichte im Falle einer bereits anderswo anhängigen Klage zwischen denselben Parteien, die Klage nicht abweisen müssen, aber abweisen können, wenn Gerechtigkeitserwägungen dies erfordern. N.Y.C.P.L.R. 3211(a)(4) (2004). Siehe dazu auch *Hay* Zivilprozeßrecht, Rn. 106.
[76] Grundlegend dazu *James v. Grand Trunk Western Railroad Co.*, 14 Ill.2 d 356 (1958). Siehe auch *Baker v. General Motors Corp.*, 522 U.S. 222, 118 S.Ct. 657, 139 L.Ed.2 d 580 (1998) und *New York v. Exxon Corp.*, 932 F.2 d 1020 (2 d Cir. 1991).

schen Recht nicht greift. Gebühren und Kosten richten sich hier nicht nach dem Streitwert (dazu sogleich Rn. 154).[77]

Im U.S.-amerikanischen Recht sind Klagen auf Erfüllung (specific performance) die Ausnahme. Ebenso wie einstweilige Verfügungen (injunctions) entstammen sie der korrigierenden equity-Rechtsprechung, stellen also extraordinary remedies dar. Die Entscheidung eines U.S.-amerikanischen Zivilprozesses ist in aller Regel eine Verurteilung zur Zahlung einer Geldsumme, die sich aus den verschiedenen Schadenskomponenten zusammensetzt. Schadensersatz umfaßt zum einen compensatory damages, die materielle und immaterielle Schäden beinhalten. Der Ausgleich letzterer erfolgt in der Praxis der U.S.-Gerichte großzügiger als etwa im deutschen Recht. Dies kann jedoch auch vor dem Hintergrund der Tatsache gesehen werden, dass die Parteien im U.S.-amerikanischen Prozeßrecht ihre Prozeß- und Anwaltskosten meist selbst zu tragen haben, so dass die Entscheidung über den Ersatz immaterieller Schäden möglicherweise indirekt eine Zuweisung der Kosten an den Beklagten beinhaltet. **152**

Des weiteren kann die Entscheidung auf punitive damages erkennen. Bis vor kurzem war die Idee von punitive damages (Strafschadensersatz) in civil law-Systemen unbekannt[78] und wurde von den Gerichten abgelehnt, was auch zur – jedenfalls teilweisen – Nichtanerkennung von Urteilen mit derartigen Zusprüchen führte. Tatsächlich ist die Bestrafung des Täters im Zivilprozeß Zweck der punitive damages;[79] neben der Befriedigung des Opfers, generalpräventiven Überlegungen[80] und Kostenausgleichsfunktion.[81] Mit der Zunahme privater Rechtsbehelfe in öffentlich-rechtlichen Angelegenheiten, etwa bei Verletzung von Umweltauflagen,[82] gewinnt auch die Idee des „private attorney general" an Bedeutung. Sie besagt, dass der Privatkläger gleichzeitig auch als Anwalt öffentlicher Interessen auftritt, und ein Teil der punitive damages soll auch diese Funktion entlohnen. **153**

---

[77] Zum Ganzen *Hay*, On Merger and Preclusion (Res Judicata) in U.S. Foreign Judgments Recognition – Unresolved Doctrinal Problems, in: *Schütze u. a.* (Hrsg.), FS für Reinhold Geimer, 2002, S. 325.

[78] *Hay*, Entschädigung und andere Zwecke, in: *G. Hohloch, R. Frank, P. Schlechtriem* (Hrsg.), Festschrift für Hans Stoll, 2001, S. 521 ff.

[79] Dazu *Colby*, Punitive Damages as Punishment for Individual, Private Wrongs, 87 Minn. L. Rev. 583 (2003); *Sebok*, Why Misunderstanding the History of Punitive Damages Matters Today, 78 Chi.-Kent L. Rev. 163 (2003); *Viscusi*, The Blockbuster Punitive Damages Awards, 53 Emory L.J. 1405 (2004). Rechtsvergleichend *Behr*, Punitive Damages in American and German Law – Tendencies Towards Approximation of Apparently Irreconcilable Concepts, 78 Chi.-Kent L. Rev. 105 (2003); *Gotanda*, Punitive Damages: A Comparative Analysis, 42 Colum. J. Transnat'l L. 391 (2004); *Mesulam*, Collective Rewards and Limited Punishment: Solving the Punitive Damages Dilemma with Class, 104 Colum. L. Rev. 1114 (2004); *Redish/Mathews*, Why Punitive Damages Are Unconstitutional, 53 Emory L.J. 1 (2004).

[80] Dies erkannte der BGH auch für das deutsche Recht im *Prinzessin Caroline*-Urteil an: Urteil vom 5. 12. 1995 in NJW 1996, 984 und Urteil vom 12. 12. 1995 in NJW 1996, 985, mit Anmerkung *Prinz* NJW 1996, 953.

[81] Diese Möglichkeit erkannte der BGH in seinem Urteil vom 4. 6. 1992, BGHZ 118, S. 328. Er verlangte für eine Anerkennung aber, dass der kostenausgleichende Teil des (ansonsten nicht anerkennungsfähigen) punitive damages-Zuspruches als solcher ausgewiesen sein müßte. Nach amerikanischer Prozeßpraxis dürfen punitive damages jedoch nur pauschal zugesprochen werden, die vom BGH verlangte Aufschlüsselung ist nicht möglich.

[82] *Hay*, Environmental Protection and Civil Liability in the United States, in: *C. v. Bar* (Hrsg.), Internationales Umwelthaftungsrecht I, 1995, S. 129–168 (in: 48 Osnabrücker Rechtswissenschaftliche Abhandlungen); *May*, Trends in Environmental Citizen Suits at 30, 10 Wid. L. Symp. J. 1 (2003). *Zinn*, Cooperations, Capture, and Citizen Suits, 21 Stan. Envtl. L.J. 81 (2002).

Auf der anderen Seite steht die Belastung, die punitive damages für die Beklagten, meist Unternehmen, darstellt. Immer mehr Staaten führen daher Obergrenzen für Strafschadensersatzzusprüche ein, oder sehen punitive damages nur für den ersten Kläger in einem Sachverhalt mit mehreren Geschädigten vor.[83]

b) Kosten eines Zivilprozesses

154 Nach der im U.S.-amerikanischen Verfahrensrecht grundsätzlich geltenden **American rule** hat jede Partei ihre eigenen Prozeß- und Anwaltskosten zu tragen. Die Prozeßkosten sind dabei relativ gering. Mit Einreichen einer Klage beim erstinstanzlichen Bundesgericht etwa wird eine Gerichtsgebühr in Höhe von $ 250 fällig.[84] Anders ist die Situation hinsichtlich der Anwaltskosten. Eine allgemeine gesetzliche Regelung fehlt hier. Üblicherweise rechnen Anwälte ihr Honorar in Zeitsätzen ab. Die Höhe ist davon abhängig, ob ein jüngerer Anwalt (associate), ein erfahreneres Kanzleimitglied oder ein senior partner mit der Fallbearbeitung beauftragt wird. Die Stundensätze eines senior partner können $ 500 und mehr erreichen. Neuere Entwicklungen in Gesetzgebung und Rechtspraxis[85] lassen jedoch Ausnahmen von der American rule zu. Sie begründen eine Kostenpflichtigkeit für die unterlegene Partei oder stellen die Kostenentscheidung in das Ermessen des Gerichts. Das ist z. B. bei Klagen wegen Umweltrechtsverletzungen[86] oder bei Klagen von Aktionären zur Geltendmachung von Ansprüchen der Gesellschaft (shareholder's derivative suit)[87] der Fall.

155 Der Kläger selbst kann das Kostenrisiko durch Vereinbarung eines **Erfolgshonorars** (contingent fee) verringern. Ein solches ersetzt oder ergänzt den Honoraranspruch des Anwaltes durch Beteiligung an der zugesprochenen Summe. Der Anwalt finanziert die Klage (mit). In der Praxis führt dies dazu, dass der Kläger das Erfolgshonorar durch hohe Ansprüche auf Ersatz immaterieller Schäden und punitive damages berücksichtigt. Wird ihm die entsprechend hohe Summe zugesprochen, verbleibt ihm auch nach Abzug des Erfolgshonorars (das mögen 25, 30 oder mehr Prozent des Zugesprochenen sein) ein den tatsächlichen Schaden ausgleichender Wert.

2. Verfahrenseinleitung

156 Die Einleitung des Verfahrens erfolgt nach F.R.C.P. 3 zum Zeitpunkt der Einreichung der Klage (complaint). Rule 4 (m) verlangt, dass complaint und Vorladung (summons) dem Beklagten innerhalb von 120 Tagen auch wirklich zugestellt wer-

---

[83] Zur Übersicht über die einzelstaatliche Gesetzgebung siehe *American Tort Reform Association*, Tort Reform Record (2004) unter http://www.atra.org.
[84] Vgl. 28 U.S.C. § 1914 (a) (2004).
[85] Zu einem Fall, in welchem Anwaltskosten als Teil des Schadensersatzes unter Artt. 74, 78 CISG zugesprochen wurden, siehe *Schlechtriem*, Anwaltskosten als Teil des ersatzfähigen Schadens, IPRax 2002, 226 f. Der *Speech Act of 2010*, unten Rn. 221, spricht der Partei ihre Anwaltskosten zu, die sich erfolgreich gegen die Anerkennung eines ausländischen Urteils auf Schadensersatz wegen Persönlichkeitsrechtsverletzung durchgesetzt hat.
[86] *Babich*, The Voilator-Pays Rule for Environmental Citizen Suits, 10 Wid. L. Symp. J. 219 (2003); *Kerry D. Florio*, Attorney's Fees in Environmental Citizen Suits: Should Prevailing Defendants Recover? 27 B.C.Envtl.Aff.L.Rev. 707 (2000).
[87] *Mills v. Electric Auto-Lite Co.*, 396 U.S. 375, 90 S.Ct. 616, 24 L.Ed.2 d 593 (1970) dazu auch *Mykkeltvedt*, Eliminating Artificial Barriers to Attorney-Fee Awards, 36 Ga. L. Rev. 1149 (2002).

den.⁸⁸ Der Zustellungszeitpunkt bestimmt, ob neben der sachlichen Zuständigkeit des Gerichtes auch personal jurisdiction über den Beklagten gegeben ist. Die Klageschrift braucht nur kurze Angaben zum Sachverhalt und zum begehrten Rechtsbehelf, Name und Anschrift der Parteien sowie gegebenenfalls die diversity jurisdiction begründenden Tatsachen (unterschiedliche Staatsbürgerschaft und Streitwert über $ 75.000) enthalten. Darüber hinausgehende detaillierte, den Anspruch begründende Tatsachen waren bisher nicht erforderlich.⁸⁹ In einer (umstrittenen) Entscheidung von 2007 zum Kartellrecht⁹⁰ hat der Supreme Court einen erhöhten Maßstab an die Klageschrift angelegt. Sie muß nun diejenigen Tatsachen vortragen, die den Antrag aus Gerichtssicht plausibel machen (und nicht nur denkbar).⁹¹

Die Zustellung erfüllt zwei Funktionen, die sich aus der due process-Klausel ableiten: Ausübung der Gerichtsbarkeit (jurisdiction) und Inkenntnissetzung (notice) des Beklagten von der Klageeinleitung. Für die Zustellung fordert der U.S. Supreme Court, dass diejenige Zustellungsmodalität⁹² angewandt werden müsse, die unter den gegebenen Umständen am besten geeignet ist, dem Beklagten wirkliche Kenntnis zu verschaffen.⁹³ Sollte keine Möglichkeit der Zustellung an den Beklagten per Post bestehen, so kann die Zustellung auch durch öffentliche **Bekanntmachung** erfolgen. 157

3. Erweiterung des Verfahrensgegenstandes

a) Klagehäufung und Grenzen der Rechtskraft

Aufgrund der Federal Rules sind die Parteien – und hier vor allem die klagende – und ihre Vertreter in der Lage, vielgestaltig auf Beteiligtenstruktur und Streitgegenstand innerhalb eines Zivilprozesses einzuwirken. Leitgedanken dabei sind die mit dem Prozeß erstrebten Urteilswirkungen. Streitgegenstand und Rechtskraft einerseits sowie Klagehäufung und Widerklage andererseits stehen in unmittelbarem Zusammenhang. Diese Überlegungen stellen sich dann, wenn einem dem Rechtsstreit zugrundeliegenden Sachverhalt mehrere Ansprüche zwischen mehreren Beteiligten erwachsen, so dass es möglich ist, dass das Ergebnis eines Prozesses auf die Rechtspositionen am Verfahren nicht beteiligter Personen einwirkt. Im folgenden werden die Möglichkeiten vorgestellt, unter denen der Anwalt im Hinblick auf möglichst umfassende Bindungswirkung zusprechender Entscheidungen bzw. Begrenzung der Bindungswirkung abweisender Urteile wählen kann. Bei den aufgeführten Rechts- 158

---

⁸⁸ Beruht der Anspruch auf einzelstaatlichem (und nicht Bundes-) Recht, so sind zusätzlich etwaige Erfordernisse des einzelstaatlichen Verfahrensrechts zu beachten, damit z. B. das Bundesverfahren nicht zu einer Verlängerung der Verjährungsfristen führt. Siehe *Ragan v. Merchants Transfer Warehouse Co.*, 337 U.S. 530, 69 S.Ct. 1233, 93 L.Ed. 1520 (1949); *Walker v. Armco Steel Co.*, 446 U.S. 740, 100 S.Ct. 1978, 64 L.Ed.2 d 659 (1980).
⁸⁹ Vgl. zuletzt dahingehend: *Swierkiewicz v. Sorema N. A.*, 534 U. S. 506, 515 (2002); *Leatherman v. Tarrant County Narcotics Intelligence and Coordination Unit*, 507 U. S. 163, 168 (1993).
⁹⁰ *Bell Atlantic Corp. v. Twombly*, 550 U.S. 544, 127 S. Ct. 1955 (2007).
⁹¹ Vgl. vorige Fn.: „nudge … claims across the line from conceivable to plausible".
⁹² F.R.C.P. 4 (e) und (h) halten verschiedene Möglichkeiten der Zustellung an natürliche und juristische Personen bereit.
⁹³ *Mullane v. Central Hanover Bank and Trust Company*, 339 U.S. 306, 70 S. Ct. 652, 94 L. Ed. 865 (1950).

instituten stellt sich zunächst die Frage der Zulässigkeit: Sehen die Federal Rules eine solche Prozeßgestaltung vor? Zum Zweiten muß man fragen, ob hinsichtlich der Erweiterung des Prozeßstoffes bzw. der Parteien noch die Zuständigkeit des angerufenen Gerichtes begründet ist. Durch diesen „Vorbehalt" bestehender jurisdiction werden die großzügigen Klage- und Parteierweiterungsmöglichkeiten der Federal Rules in der Praxis wieder erheblich eingeschränkt.

b) Claim joinder

159 Die Federal Rules[94] erlauben eine nahezu grenzenlose objektive Klagehäufung. In einem Verfahren kann eine Vielzahl von Ansprüchen geltend gemacht werden, ohne dass ein sachlicher Zusammenhang dieser Ansprüche erforderlich wäre. Neben der Klage gilt dies auch für die Widerklage sowie für Ansprüche von oder gegen Streitgenossen und streitbeteiligte Dritte. Einem zulässig erhobenen Gegenanspruch kann der Beklagte weitere Ansprüche hinzufügen. Eingeschränkt werden diese ausufernden Klageerweiterungsmöglichkeiten durch das Erfordernis der Zuständigkeit.

160 Für jeden geltend gemachten Anspruch muß die personelle Zuständigkeit über den Beklagten (personal jurisdiction), sachliche (subject matter jurisdiction) und örtliche (venue) Zuständigkeit bestehen. Bestand eine besondere anspruchsbezogene Zuständigkeit (oben Rn. 133 ff.) hinsichtlich des ursprünglichen Anspruchs, ist sie auf diesen Anspruch begrenzt. Aus einer solchen specific jurisdiction kann keine generelle personal jurisdiction hergeleitet werden. Das Erfordernis der personal jurisdiction beschränkt die Anspruchshäufung demnach auf die Fälle allgemeiner Gerichtszuständigkeit (oben Rn. 130 ff.). Eine Erweiterung mit Ansprüchen, deren zugrundeliegende Tatsachen die Zuständigkeit des Gerichtes nicht begründen, ist ausgeschlossen.

161 Bundesgerichte sind sachlich zuständig entweder in federal question cases oder bei diversity (oben Rn. 110 f.). Soll bei Fehlen der diversity-Voraussetzungen neben einem bundesrechtlichen zusätzlich ein auf einzelstaatlichem Recht gegründeter Anspruch geltend gemacht werden, so kann das Bundesgericht über diesen nur aufgrund von supplemental jurisdiction nach 28 U.S.C. § 1367(a)[95] entscheiden. Danach ist zur Begründung der sachlichen Zuständigkeit erforderlich, dass der auf einzelstaatlichem Recht beruhende Anspruch in engem sachlichem Zusammenhang mit dem bundesrechtlichen Anspruch steht, für den das Bundesgericht originär zuständig ist. Dieser Zusammenhang besteht, wenn beide Ansprüche einen gemeinsamen Kern prägender Tatsachen teilen.[96] Bei bestehender diversity jurisdiction stellt sich die Frage nach supplemental jurisdiction nicht. Zur Bestimmung des Streitgegenstandes werden nach 28 U.S.C. § 1332 alle geltend gemachten Ansprüche ad-

---

[94] F.R.C.P. 18 (a).
[95] 28 U.S.C. § 1367(a) (2004): „Except as provided in subsections (b) and (c) or as expressly provided otherwise by Federal statute, in any action of which the district courts have original jurisdiction, the district courts shall have supplemental jurisdiction over all other claims that are so related to claims in the action within such original jurisdiction that they form part of the same case or controversy under Article III of the United States Constitution. Such supplemental jurisdiction shall include claims that involve the joinder or intervention of additional parties."
[96] „... share a common nucleus of operative facts", *United Mine Workers v. Gibbs*, 383 U.S. 715, 86 S. Ct. 1130, 16 L.Ed.2 d 218 (1966).

diert. Erfüllt schon der ursprünglich geltend gemachte Anspruch die Voraussetzungen für diversity, so sind davon auch alle weiteren Ansprüche erfaßt.

Die örtliche Zuständigkeit (venue) knüpft regelmäßig nicht an den geltend gemachten Anspruch, sondern an Zweckmäßigkeitserwägungen an, so dass sich bei objektiver Klagehäufung keine Probleme ergeben. 162

c) Counterclaim

Als counterclaim bezeichnet das U.S.-amerikanische Prozeßrecht jeden im Prozeß erhobenen Anspruch, der sich gegen einen gegenüberstehenden Beteiligten[97] richtet. Man unterscheidet zwischen zwei Formen des mit der Widerklage des deutschen Rechts vergleichbaren counterclaim: compulsory und permissive counterclaims. **Compulsory counterclaims** beruhen auf demselben Ereignis wie der Klageanspruch, sind also mit diesem im Zusammenhang stehende Gegenansprüche. Diese Ansprüche müssen, um nicht verlorenzugehen, im Prozeß geltend gemacht werden. Nach einem über den Klageanspruch entscheidenden Urteil ist der Klagegegner mit einem solchen Anspruch aufgrund des res judicata-Effektes präkludiert.[98] Alle anderen Gegenansprüche können ohne Einschränkung der prozessualen Zulässigkeit geltend gemacht werden. 163

Personal jurisdiction des Gerichtes ist regelmäßig gegeben, da der Anspruchsgegner des counterclaim durch Geltendmachen des ursprünglichen Anspruchs, dem der Gegenanspruch gegenübersteht, sich der Gerichtsbarkeit unterworfen hat. 164

Die sachliche Zuständigkeit muß für den Gegenanspruch wiederum besonders bestimmt werden. Neben diversity und federal question cases kann sie wiederum aufgrund tatsächlichen Zusammenhangs nach 28 U.S.C. § 1367(a) bestehen. Einen solchen weist allerdings nur der compulsory counterclaim auf, so dass für einen permissive counterclaim stets die originäre Zuständigkeit der Bundesgerichte gegeben sein muß. Die örtliche Zuständigkeit ist gegeben, da bereits Klage vor dem zuständigen Gericht erhoben ist. 165

d) Party Joinder

Auch bei der Streitgenossenschaft (party joinder) unterscheidet man compulsory joinder und permissive joinder, entsprechend der Trennung von notwendiger und einfacher Streitgenossenschaft im deutschen Recht. Im Falle eines **compulsory joinder** müssen nach Rule 19 alle Personen als Streitgenossen klagen oder verklagt werden, ohne die eine Klage nicht vollständig entschieden werden kann, bzw. die ein Interesse am Streitgegenstand geltend machen, wenn dieses Interesse nicht ohne ihre Verfahrensbeteiligung geschützt werden könnte oder wenn eine bereits beteiligte Prozeßpartei widersprüchlichen Entscheidungen oder mehrfacher Haftung ausgesetzt würde. Einfache Streitgenossen nach Rule 20 (permissive joinder) können dagegen alle Personen sein, die ein Recht geltend machen, welches auf demselben Sachverhalt beruht, wenn mindestens eine Rechts- oder Tatfrage für alle Streitgenossen relevant ist. 166

---

[97] „… against any opposing party …", Rule 13 (a).
[98] *Hay*, On Merger and Preclusion (Res Judicata) in U.S. Foreign Judgments Recognition – Unresolved Doctrinal Problems, in: *Schütze u. a.* (Hrsg.), FS für Reinhold Geimer, 2002, S. 325.

167 Trotz teilweiser Lockerung der Regeln über die zuständigkeitsbegründende Klagezustellung[99] scheitert ein party joinder häufig an fehlender personal jurisdiction des Gerichtes über den Beklagten.[100] Ferner muß jeder geltend gemachte Anspruch in die sachliche Zuständigkeit der Bundesgerichte fallen. Im Unterschied zu den bisher erwähnten Streitgegenstandserweiterungen gibt es beim party joinder jedoch keine supplemental jurisdiction in diversity-Fällen. 28 U.S.C. § 1367(b) verlangt complete diversity,[101] d. h. dass die Voraussetzungen für diversity jurisdiction (zu diesen oben Rn. 110 f.) auch hinsichtlich des Streitgenossen vorliegen. Im Ergebnis haben Bundesgerichte supplemental jurisdiction nur bei originärer federal question jurisdiction. Das Gericht muß zudem für jede hinzukommende Partei die örtliche Zuständigkeit besitzen.

e) Crossclaim

168 Crossclaim bezeichnet einen Anspruch, den eine Partei gegen ihren Streitgenossen geltend macht. Er setzt einen sachlichen Zusammenhang des Anspruches mit der Hauptsache des jeweiligen Prozesses im Sinne der *Gibbs*-Formel[102] voraus. Im Unterschied zum compulsory counterclaim besteht aber keine Verpflichtung, den Anspruch geltend zu machen. Die Rechtskraft des Urteils über die Hauptsache erfaßt diesen Anspruch nicht.[103]

169 Während personal jurisdiction und venue unproblematisch sind, kann die Prüfung der subject matter jurisdiction mit gewissen Schwierigkeiten verbunden sein. Auch für den crossclaim gilt die Einschränkung der Zuständigkeit aufgrund supplemental jurisdiction in diversity-Fällen durch das Erfordernis von complete diversity. Allerdings verlangt 28 U.S.C. § 1367(b) dies nur für den Fall, dass ein Kläger (plaintiff) gegen eine nach Rule 19 oder 20 verbundene Partei einen Anspruch erhebt. Für einen Anspruch zwischen Streitgenossen auf Beklagtenseite müssen dagegen die Voraussetzungen der diversity nicht vorliegen.[104]

f) Impleader

170 Der impleader nach Rule 14 gibt dem Beklagten (auch dem widerbeklagten Kläger) die Möglichkeit, als third-party plaintiff einen Dritten, der ihm gegenüber freistellungs- oder regreßpflichtig ist, als third-party defendant in das anhängige Verfahren einzubeziehen. Voraussetzung dieser mit der Streitverkündung des deutschen Pro-

---

[99] Nach Rule 4 (k) (1) (B) darf zuständigkeitsbegründende Klagezustellung unabhängig von einzelstaatlichen Gebietsgrenzen in einem Umkreis von 100 Meilen um das Gerichtsgebäude stattfinden (100-mile bulge rule).
[100] Vgl. *Lüke*, Beteiligung Dritter im Zivilprozeß, S. 257.
[101] *Strawbridge v. Curtiss*, 7 U.S. 267, 2 L.Ed. 435 (1806).
[102] „... share a common nucleus of operative facts", *United Mine Workers v. Gibbs*, 383 U.S. 715, 86 S. Ct. 1130, 16 L.Ed.2 d 218 (1966).
[103] Jedenfalls nicht nach den Federal Rules. Dagegen kennt das einzelstaatliche Recht einiger Staaten (z. B. Kansas, Georgia) einen solchen sog. compulsory crossclaim.
[104] Diese Unterscheidung sieht sich massiver Kritik ausgesetzt. Vgl. *Arthur/Freer*, Grasping at Burnt Straws: The Disaster of the Supplemental Jurisdiction Statute, 40 Emory L.J. 963 (1991); *Freer*, The Cauldron Boils: Supplemental Jurisdiction, Amount in Controversy, and Diversity of Citizenship Class Actions, 53 Emory L. J. 55 (2004). Zur rechtspolitischen Diskussion auch *Lüke*, Beteiligung Dritter im Zivilprozeß, S. 271.

zeßrechts vergleichbaren Handlung ist ein eigener Anspruch des third-party plaintiff gegen den Dritten. Der third-party defendant erhält durch Rule 14 alle prozessualen Rechte eines Beklagten.[105] Das Gericht muß personal jurisdiction über den Dritten haben. Auch hier gilt die 100-mile bulge rule (siehe Fn. 92).

Beim impleader ist die durch supplemental jurisdiction des 28 U.S.C. § 1367(a) begründete sachliche Zuständigkeit ebenfalls durch 28 U.S.C. § 1367(b) beschränkt. Auch hier gilt das Erfordernis der diversity-Voraussetzungen des 28 U.S.C. § 1332 (a) nur für Ansprüche des Klägers, nicht dagegen für diejenigen des Beklagten gegen den Dritten oder des Dritten gegen den Kläger oder den Beklagten.[106] Das Vorliegen der örtlichen Zuständigkeit wird allgemein angenommen. 171

g) Intervention

Ähnlich der im deutschen Recht bestehenden Unterscheidung zwischen Haupt- und Nebenintervention kennt das U.S.-amerikanische Prozeßrecht in Rule 24 (intervention of right und permissive intervention). In beiden Fällen wird der Intervenient Beteiligter am bisherigen Verfahren. 172

Intervention of right verlangt, dass der Intervenient ein Interesse am Streitgegenstand geltend macht, welches ohne seine Beteiligung am Verfahren keinen Schutz hätte, eine faktische Beeinträchtigung durch die instanzbeendende Entscheidung genügt insoweit. Die Anforderungen an ein solches Interesse sind gering. Die drohende Bindungswirkung des Urteils in einer bestimmten Rechtsfrage soll bereits ausreichen.[107] Zudem dürfen die Interessen des Intervenienten nicht schon durch eine der am Prozeß beteiligten Parteien adäquat vertreten werden, wobei zu diesem Erfordernis noch keine festen Kriterien existieren. Der Intervenient muß schließlich rechtzeitig intervenieren. 173

Permissive intervention läßt das Gericht nach Ermessen zu, wobei es das Interesse des Intervenienten an der Prozeßbeteiligung, das Interesse der Parteien an einer Verhandlung ohne den Intervenienten und die Verzögerung des Rechtsstreits gegeneinander abzuwägen hat. Der Anspruch des Intervenienten muß außerdem mit dem Gegenstand der Hauptsache eine Rechts- oder Tatfrage gemeinsam haben. 174

Personal jurisdiction und venue werfen keine Probleme auf. Für die Frage der subject matter jurisdiction der Bundesgerichte gilt bei der intervention folgendes: 28 U.S.C. § 1367 gewährt supplemental jurisdiction in federal question-cases. Beruht die Bundeszuständigkeit auf diversity zwischen Kläger und Beklagtem, muß auch für die Ansprüche des klägerseitigen Intervenienten gegen den Beklagten sowie des Klägers gegen den Intervenienten diversity bestehen, nicht hingegen für Ansprüche des Beklagten gegen einen Intervenienten und für die Ansprüche des beklagtenseitigen Intervenienten. 175

---

[105] Er kann also seinerseits auch Ansprüche gegenüber dem Kläger geltend machen und sieht sich dessen möglichen Ansprüchen ausgesetzt.
[106] Zur Entstehungsgeschichte des 28 U.S.C. § 1367 vgl. *Hay*, Zivilprozeßrecht, Rn. 168.
[107] *Atlantis Development Corp. v. United States*, 379 F.2 d 818 (5th Cir. 1967); *Bethune Plaza Inc. v. Lumpkin*, 863 F.2 d 525 (7th Cir. 1988).

h) Interpleader

176 Das Instrument des interpleader gibt einem Schuldner die Möglichkeit, sich gegen mehrfache Inanspruchnahme zu schützen. Das Bundesprozeßrecht unterscheidet zwischen dem true interpleader und dem proceeding in the nature of interpleader. Im ersten Fall steht der Schutz vor mehrfacher Inanspruchnahme im Vordergrund. Beim zweiten macht der Kläger ein eigenes Recht am Verfahrensgegenstand geltend.[108] Der Schuldner verklagt zunächst alle Anspruchsteller und hinterlegt gleichzeitig das Geschuldete. Das Gericht entscheidet nun über die Zulässigkeit und kann die Anspruchsteller an anderweitiger gerichtlicher Geltendmachung derselben hindern. Im folgenden Verfahren wird dann um das Hinterlegte gestritten, im Falle eines true interpleader ohne Beteiligung des Schuldners. Am Verfahren sind dann nur noch die Gläubiger beteiligt.

177 Regelungen des interpleader-Verfahrens finden sich sowohl in den Federal Rules (rule interpleader, Rule 22) als auch im Judicial Code (statutory interpleader, 28 U.S.C. §§ 1335, 1397, 2361). Für den rule interpleader muß bei auf einzelstaatlichem Recht beruhenden Ansprüchen complete diversity bestehen und die Streitwertgrenze von $ 75.000 überschritten sein. Beim statutory interpleader dagegen wird nur minimum diversity unter den Anspruchstellern verlangt. Wenigstens einer von ihnen muß einem anderen Staat angehören als die anderen und der Streitwert muß mindestens $ 500 betragen.[109] Da Rule 22 auf 28 U.S.C. § 1335 verweist, kommt es auf den höheren Streitwert beim rule interpleader nur dann an, wenn alle Anspruchsteller demselben Staat angehören.

178 Für interpleader-Verfahren vor einzelstaatlichen Gerichten bedarf es der personal jurisdiction über alle Anspruchsteller.[110] Diese Voraussetzung ist oft schwer oder gar nicht zu erfüllen. Deshalb erlaubt heute der Federal Interpleader Act die Begründung der personal jurisdiction in bundesgerichtlichen interpleader-Verfahren durch bundesweite Klagezustellung.[111] Für die örtliche Zuständigkeit des Gerichtes genügt, dass einer der Anspruchsteller im Gerichtsbezirk seinen ständigen Aufenthalt hat.

j) Class Action

179 Das prozeßrechtliche Institut der class action[112] ist in jüngster Zeit vor allem durch die anhängig gemachten Verfahren ehemaliger Zwangsarbeiter in deutschen Unter-

---

[108] Etwa, wenn ein Versicherer seine Zahlungspflicht überhaupt bestreitet, vgl. *State Farm Fire & Casualty Co. v. Tashire*, 386 U.S. 523, 87 S. Ct. 1199, 18 L. Ed.2 d 270 (1967).
[109] 28 U.S.C. § 1335 (2004).
[110] *New York Life Insurance Co. v. Dunlevy*, 241 U.S. 518, 36 S. Ct. 613, 60 L. Ed. 1140 (1916).
[111] 28 U.S.C. § 2361 (2004).
[112] Siehe *Hensler u. a.*, Class Action Dilemmas: Pursuing Public Goals for Private Gain (2000). Zu class actions in Zwangsarbeiterklagen: *Bayzler*, The Holocaust Restitution Movement in Comparative Perspective, 20 Berkeley J. Int'l L. 11 (2002); *Brown*, Litigating the Holocaust: A Consistent Theory in Tort for the Private Enforcement of Human Rights Violations, 27 Pepp. L. Rev. 553 (2000); Zur class action auch *Greiner*, Die „Class action" im amerikanischen Recht und deutscher „Ordre public", 1997.Bis 1995 konnten Sammelklagen auch vor einzelstaatliche Gerichte gebracht werden (soweit jurisdiction bestand). Dies wurde, wegen unterschiedlicher Haftungsvoraussetzungen und der Bekanntheit mancher Gerichte für den Zuspruch großzügiger Schadensersatzsummen, als Einladung zum forum shopping gesehen. Durch neuere Bundesgesetzgebung wurden daher class actions in besonders bedeutsamen Fallgruppen an die Bundesgerichte verwiesen. Siehe Class Action Fairness Act

nehmen zur Zeit des Dritten Reiches auch in Europa in den Blickpunkt des öffentlichen Interesses gelangt.[113] In den USA sind sie seit langem ein wichtiges Instrument für Gruppenklagen, z. B. bei Produkthaftung oder Großunfällen (mass disasters). Bei der class action werden potentielle Streitgenossen auf Kläger- oder Beklagtenseite, die class, von Repräsentanten vertreten. Eine class umfaßt Personen, die ein gleichartiges Recht oder Rechte aus einem gleichartigen Sachverhalt geltend machen bzw. gegen die solche geltend gemacht werden.

Es gibt grundsätzlich zwei Arten der class action. In Klagen, die unter Rule 23 (b) (1) und (2) fallen, kann man sich nicht von der Teilnahme ausschließen, in class actions nach (b) (3) aber wohl. Ein Verfahren nach (b) (1) ist zum Beispiel dann angezeigt, wenn den Klägeransprüchen nur ein begrenzter Fonds gegenübersteht, so dass eine faire Befriedigung der Ansprüche die Beteiligung aller erfordert. Ein (b) (3)-Verfahren dagegen dient der Effizienz, gleichgelagerte Ansprüche in einem einzigen Verfahren zu behandeln. Einzelne Kläger könnten hier jedoch ein Interesse haben, eigene Prozesse zu führen. Daher gibt ihnen (b) (3) der Rule 23 die Möglichkeit, sich auszuschließen (**opting out**).[114] 180

Prozeßbeteiligt sind nur die **Repräsentanten**, von denen – laut Rule 23 (a) – mindestens einer Mitglied der class sein muß. Das Urteil ist jedoch für die ganze class bindend, außer für Mitglieder, die sich der opt out-Möglichkeit bedienen durften und diese auch wahrnahmen. Die durch das Urteil gebundenen Mitglieder sind aus ihm berechtigt und auch verpflichtet und können den Gegenstand des Verfahrens nicht noch einmal gerichtlich geltend machen (res judicata-Wirkung). Die Bindungswirkung einer class action hinsichtlich aller Mitglieder einer class, die nicht von der Möglichkeit des opting out Gebrauch gemacht haben, erfordert eine besondere verfahrensrechtliche Ausgestaltung, um den Anforderungen des due process gerecht zu werden.[115] Die Klage bedarf der ausdrücklichen Zulassung durch das Gericht. Der Kläger muß das Vorliegen der Voraussetzungen der Rule 23(a) und die Existenz einer identifizierbaren class darlegen. Dem letzteren Kriterium ist Genüge getan, wenn die Merkmale der class so fest umrissen sind, dass nach Abschluß des Verfahrens die Reichweite der Bindung klar ist. Rule 23 (a) setzt voraus, dass (1) die class so groß 181

---

of 2005, Pub. L. No. 109–2, 119 Stat. 4 (2005). Die nachfolgenden Ausführungen beschreiben daher class actions vor Bundesgerichten.

[113] Überlegungen zur Übernahme des Instituts ins deutsche Recht bei *Ebbing*, Die Gruppenklage – Ein Vorbild für das deutsche Recht?, ZvglRWiss 103 (2004), 31.

[114] Rule 23 (b): „… if the prerequisites of subdivision (a) are satisfied, and in addition:(1) the prosecution of separate actions … would create a risk of (A) inconsistent or varying adjudications … or (B) adjudications with respect to individual members would as a practical matter be dispositive of the interests of other members … or substantially impair their ability to protect their interests; or(2) the party opposing the class has acted or refused to act on grounds generally applicable to the class, thereby making appropriate final … relief with respect to the class as a whole; or(3) the court finds that common questions of law and fact … predominate over … questions affecting only individual members, and that a class action is superior to other available methods for the fair and efficient adjudication of the controversy." [Der Unterabschnitt führt beispielhaft für die Entscheidung über die Zulässigkeit der class action zu berücksichtigende Kriterien auf.]

[115] Zu Fragen von due process und Zuständigkeit im Zusammenhang mit ausländischen Mitgliedern einer class siehe *Bassett*, U.S. Class Actions Go Global: Transnational Class Actions and Personal Jurisdiction, 72 Fordham L. Rev. 41 (2003).

ist, dass ein party joinder unpraktikabel wäre,[116] (2) der class Rechts- oder Tatsachenfragen gemeinsam sind,[117] (3) die Ansprüche der Repräsentanten typisch für die class sind und (4) die Repräsentanten die Interessen der class fair und angemessen vertreten.[117a]

182 In Verfahren nach Rule 23 (b) (3) können sich, wie oben erwähnt, class-Mitglieder von der Klage ausschließen. Um ihnen das opting-out zu ermöglichen, müssen die Repräsentanten alle Mitgliedern der class auf eigene Kosten[118] per Post von der Anhängigkeit informieren,[119] was angesichts des damit verbundenen Aufwands manche class action von vornherein verhindert. In Verfahren nach (b) (1) und (2) der Rule 23 ist eine Benachrichtigung wegen der fehlenden opting-out-Möglichkeit an sich entbehrlich. Rule 23 (d) (2) stellt ein Benachrichtigungserfordernis in das Ermessen des Gerichts.

183 Das Institut der class action ist auch in Amerika teilweise umstritten. Zwar kann sie für sich Effizienz in Anspruch nehmen, indem sie eine Vielzahl möglicher Klagen in einem Verfahren bündelt. Gleichzeitig führt sie jedoch zu Klagen, die ohne sie wegen der geringen Schäden für den einzelnen gar nicht stattfänden. Die Förderung solcher kostenintensiven Großverhandlungen, die letztlich nur den beteiligten Anwälten zugute kommen, stellt einen wesentlichen Kritikpunkt dar.[120] In zwei neueren Entscheidungen wurde die Zulässigkeit von class actions vor Bundesgerichten weiter eingeschränkt, z. B. wenn die class nicht hinreichend homogen ist und in einem Verfahren nach Rule 23 (b) (3) die gewünschte Feststellung eines Sachverhaltes auch auf anderen Wegen, darunter der Anwendung von estoppel-Prinzipien erreicht werden könnte.[121]

---

[116] Die erforderliche Anzahl wird von den Gerichten jedoch unterschiedlich festgelegt, vgl. *Philadelphia Elec. Co. v. Anaconda American Brass*, 43 F.R.D. 452 (E.D. Pa. 1968) und *Utah v. American Pipe & Constr. Co.*, 49 F.R.D. 17 (C.D. Cal. 1969). In *New Castle v. Yonkers Contracting Co.*, 131 F.R.D. 38, 40 (D.N.J. 1990) genügten 36 Mitglieder für eine class.

[117] Identität ist nicht erforderlich; ausreichend ist oft, wenn den Ansprüchen ein prägendes Element gemeinsam ist. Das Kriterium gemeinsamer Rechtsfragen kann die Möglichkeit der class action bei Beteiligten aus verschiedenen Ländern und – etwa in Produkthaftungsfällen – bei Schadenseintritt in verschiedenen Ländern, begrenzen. Die mögliche Anwendung mehrerer ausländischer Rechte mag die „gemeinsamen Rechtsfragen" verhindern. Zudem kann eine class mit mehreren ausländischen Klägern wegen „unmanageability" abgelehnt werden. Geschieht dies, können Kläger etweder in mehreren limitierten sub-classes (etwa: alle deutschen Kläger) oder individuell klagen. Dann jedoch kann der Beklagte, insbesondere bei Schadenseintritt im Ausland, mit guten Gründen eine Abweisung aus *forum non conveniens* beantragen. Siehe dazu Rn. 142 ff.

[117a] In *Wal-Mart Stores, Inc. v. Dukes*, 2011 U.S. LEXIS 4567 (June 20, 2011) ließ der Supreme Court eine *class action* von ungefähr 1,5 Millionen Klägerinnen nicht zu, weil bei einer derart großen Zahl von Klägern nicht von „common questions of law and fact" ausgegangen werden könne.

[118] *Eisen v. Carlisle & Jaquelin*, 417 U.S. 156, 94 S.Ct. 2140, 40 L.Ed.2 d 732 (1974).

[119] Rule 23 (c) (2): In any class action maintained under subdivision (b) (3), the court shall direct to the members of the class the best notice practicable under the circumstances, including individual notice to all members who can be identified through reasonable effort. [...]"

[120] Der Meinungsstand ist dargestellt bei *Wright*, Law of Federal Courts, S. 507 und *Freer/Perdue*, Civil Procedure, S. 721. Vgl. auch *Scott*, Don't Forget Me! The Client in a Class Action Lawsuit, 15 Geo. L. Legal Ethics 561 (2002); vergleichend auch *Rowe Jr.*, Shift Happens: Pressure on Foreign Attorney-Fee Paradigms from Class Actions, 13 Duke J. Comp. & Int'l L. 125 (2003).

[121] *In the Matter of Rhone-Poulenc Rorer, Inc.*, 51 F.3d 1293 (7th Cir. 1995); *Georgine v. Amchem Products, Inc.*, 83 F.3 d 610 (3 d Cir. 1996); siehe dazu auch *Hay* Zivilprozeßrecht, Rn. 195.

4. Discovery

a) Allgemeines

Discovery bezeichnet eine Mehrzahl von Möglichkeiten, einer Prozeßpartei Beweismaterial zugänglich zu machen, welches sich im Besitz der anderen Partei oder eines Dritten befindet. Sie umfaßt das Auffinden und Auswerten von Dokumenten, die Vorlage schriftlicher Fragen (interrogatories) mit der Aufforderung zur Beantwortung, die außergerichtliche Partei- und Zeugenvernehmung (depositions) sowie den Beweis durch Augenschein. 184

Im U.S.-amerikanischen Zivilprozeß müssen die Parteien dem Richter oder der Jury den Sachverhalt vortragen und die Tatsachen beweisen. Dazu bedarf es der Informationsbeschaffung mittels des Instituts der discovery. Diese muß großzügig gewährt werden, da nach der Vorverhandlungsphase die Hauptverhandlung „in einem Stück" stattfindet und Informationen dann nicht nachträglich eingeholt und vorgetragen werden können. 185

Die umfangreiche Gewährung von discovery ist auch geeignetes Druckmittel zur Herbeiführung von vergleichsweisen Streitentscheidungen, denn beiden Parteien werden alle entscheidungserheblichen Umstände bekannt, die dann den Vergleichsverhandlungen zugrunde gelegt werden können. Ihre Begrenzung findet discovery an den Interessen der jeweiligen Gegenpartei auf Vertraulichkeit, Schutz von Unternehmensgeheimnissen, Mandanteninformationen und dergleichen (sogleich unten).[122] 186

b) Zuständigkeit

Discovery folgt den üblichen Zuständigkeitsregeln. So statuiert etwa 28 U.S.C. § 1782 den allgemeinen Anwesenheitsgerichtsstand einer Person, in deren Besitz sich begehrtes Beweismaterial befindet. Die Anwendung der minimum contacts-Doktrin (oben Rn. 136 f.) kann zu einer sehr weit gefaßten, nur durch das due process-Gebot eingeschränkten discovery-Zuständigkeit gegenüber einer juristischen Person führen. Forum non conveniens-Überlegungen schränken die discovery-Zuständigkeit nicht ein. Solche führen zu Nichtausübung der eigenen Zuständigkeit zur Sache zugunsten eines anderen Gerichtes, discovery dagegen wird das angerufene Gericht auch zur Unterstützung eines anderswo durchzuführenden Verfahrens anordnen. 187

Discovery kann auch zum **forum shopping** führen, da der discovery-Anspruch der lex fori unterliegt. Denkbar ist, dass die Parteien eines ausländischen Rechtsstreits Informationsbeschaffung beantragen, die ihnen im Recht des Verfahrensstaates nicht zur Verfügung steht.[123] Bestehende Unterschiede in den discovery-Regeln der Einzel- 188

---

[122] Zu Geschichte, Gegenstand und Zweck der discovery-Regeln siehe *Frost*, The Sound and the Fury or the Sound of Silence, 37 Ga. L. Rev. 1039 (2003); *Stempel*, Politics and Sociology of Federal Civil Rulemaking: Errors of Scope, 62 Ala. L. Rev. 529 (2002).

[123] Vgl. *Malév Hungarian Airlines v. United Technologies International, Inc.*, 964 F.2 d 97 (2 d Cir. 1992); *Metallgesellschaft v. Holdapp*, 121 F.3 d 77 (2 d Cir. 1997); *In re Application Pursuant to 28 U.S.C. 1782*, 146 F.3 d 188 (3 d Cir. 1998).
Discovery im Rahmen ausländischer Verfahren unter 28 U.S.C. § 1782(a) war Gegenstand ausführlicher Prüfung durch den Supreme Court in *Intel v. Advanced Micro Devices, Inc.*, 542 U.S. 241, 124 S.Ct. 2466, 159 L.Ed.2 d 355 (2004). Für ein dicovery request muß danach das Verfahren im Ausland noch nicht anhängig sein, noch muß das angeforderte Beweismaterial unter den Regeln des aus-

staaten und des Bundesrechtes, sowohl hinsichtlich der Informationsbeschaffung als auch der Abwehr derselben durch protective orders können auch forum shopping innerhalb der Bundesgebietes auslösen.

c) Discovery – Begehren

189 Im Vordergrund der 1993 neu gefaßten discovery-Bestimmungen der Federal Rules stehen **Informations- und Kooperationspflichten** der Parteien, die zur Einschränkung exzessiver discovery beitragen sollen. Die Parteien müssen danach schon am Beginn des Verfahrens alle in ihrem Besitz befindlichen Beweismittel, soweit sie „relevant to disputed facts alleged with particularity in the pleadings"[124] sind, benennen. Wegen der Möglichkeit, anfänglich allgemein gehaltener pleadings, die zunächst nicht erkennen lassen, was die disputed facts sein können, und wegen des weitgefaßten Begriffes der Relevanz bedeutet die Regel kaum eine Einschränkung der discovery. So genügt es nach Rule 26 (b) (1), dass das geforderte Beweismittel „appears reasonably calculated to lead to the discovery of admissible evidence". Das angeforderte Material muß also keineswegs selbst zum Beweis geeignet sein, sondern lediglich zur Entdeckung von Beweismitteln führen können. Diesem Umstand verdankt die discovery ihre kritische Bezeichnung als „fishing expedition". Den Interessen der Gegenpartei kann aber durch den Erlaß von protective orders Rechnung getragen werden, F.R.C.P. 26 (c). Ihre Gewährung liegt im Ermessen der Gerichte. Diesem Schutz, der schon sehr eng gefaßt ist, steht eine Bestrebung nach weiterer Einschränkung entgegen. Access to information soll danach umfassend gewährt werden, um insbesondere Verbraucher- und Medieninteressen gerecht zu werden. Diesen Tendenzen wird erhebliche Kritik entgegengebracht.[125]

5. Einstweiliger Rechtsschutz

a) Allgemeines

190 Das U.S.-amerikanische Zivilprozeßrecht kennt eine Reihe von Maßnahmen des einstweiligen Rechtsschutzes **(provisional remedies)**. Sie dienen zum einen der Sicherung von Vermögen zum Zweck der Befriedigung eines Zahlungsanspruches, zum anderen zur Sicherung eines bestehenden Zustandes, um den Eintritt irreparabler Schäden zu verhindern. Einstweilige Verfügungen (preliminary injunctions und temporary restraining orders) können von allen Federal District Courts aufgrund der Federal Rules erlassen werden,[126] einstweilige Maßnahmen zur Sicherung späterer Vollstreckung hingegen nur nach Maßgabe des jeweiligen einzelstaatlichen Rechts am Sitz des Gerichts.[127]

---

ländischen Rechts beizubringen sein. Das US-Gericht soll jedoch berücksichtigen, ob das ausländische Gericht das Beweismaterial beachten wird, ob der Antrag der Umgehung ausländischer Beweisregeln dient und ob der Antrag einen unverhältnismäßigen Eingriff oder Belastung darstellt.

[124] F.R.C.P. 26 (a).
[125] Vgl. *Baran*, „Good Cause" Wins the Battle, But Will Protective Orders Survive the Product Liability War? 53 Mercer L. Rev. 1675 (2002); *Miller*, Confidentiality, Protective Orders, and Public Access to the Courts, 105 Harv.L.Rev. 427 (1991). Siehe auch *Wright*, Law of Federal Courts § 83.
[126] F.R.C.P. 65 (a), (b).
[127] Vgl. F.R.C.P. 64: „… all remedies providing for the seizure of a person or property in order to satisfy the judgement ultimately obtained are available in the manner provided by the laws of the state in which the district court is located."

b) Preliminary Injunctions

Derartige Verfügungen werden zum Schutz von Eigentums- und Vermögensrechten getroffen, wenn irreparable Schäden drohen und Schadensersatz in Geld unzureichend wäre. Sie ergehen als Verbotsverfügungen (prohibitory injunctions) oder als Verpflichtungen zu positivem Tun (mandatory injunctions). Preliminary injunctions sind ein **equity-Rechtsmittel**. Das heißt für den Antragsteller, dass er darlegen muß, dass ein Rechtsmittel des common law seinem Begehren nicht abhelfen kann.[128] Das Bundesrecht[129] macht den Erlaß der Verfügung von der Benachrichtigung (notice) und Anhörung (opportunity to be heard) des Antragsgegners abhängig. Der Antragsteller muß die Gründe für seinen Antrag darlegen und glaubhaft machen. Die Entscheidung über den Erlaß der Verfügung steht im Ermessen des Gerichtes, wobei die Bewertung hinsichtlich des Vorliegens der Voraussetzungen keineswegs vereinheitlicht ist. Insbesondere bei der Frage des drohenden irreparablen Schadens differieren die Auffassungen.[130]

191

c) Temporary Restraining Order

Eine temporary restraining order kann im Gegensatz zur preliminary injunction auch ohne Anhörung des Antragsgegners (ex parte) ergehen[131] und setzt eine besondere Dringlichkeit voraus. Der Antragsgegner ist allerdings erst dann an die order gebunden, wenn er Kenntnis ihres Inhalts hat. Die order ist zunächst auf 10 Tage beschränkt, kann aber einmal verlängert werden. In dieser Zeit soll eine Anhörung des Gegners für den Erlaß einer injunction stattfinden.

192

d) Attachment

Als common law-Rechtsmittel kennt das U.S.-amerikanische Zivilprozeßrecht den dinglichen Arrest zur Sicherung der Vollstreckung aus einem zukünftigen Urteil (prejudgment attachment).[132] Er darf im Gegensatz zum equity-Rechtsmittel nur bei vorhandener gesetzlicher Grundlage ergehen, anderenfalls ist er unwirksam (void).[133] Ein Arrestantrag kann auch ohne Benachrichtigung des Antragsgegners erfolgen, seine Anhörung ist aber alsbald nachzuholen. Zuständigkeit ist am Gerichtsstand

193

---

[128] *Dobbs*, Law of Remedies, § 6.1 (5); *EBSCO Industries, Inc. v. Lilly*, 840 F.2 d 333 (6th Cir. 1988), cert. denied 488 U.S. 825, 109 S.Ct. 73, 102 L.Ed.2 d 50 (1988).
[129] F.R.C.P. 65 (a) 1.
[130] Dazu im einzelnen *Hay* Zivilprozeßrecht, Rn. 220 ff.; *Moore*, Manual: Federal Practice and Procedure § 10A.22 (2003). So genügen beispielsweise wirtschaftliche Verluste oder die Entlassung aus einem Beschäftigungsverhältnis in der Regel nicht aus um diesen Standard zu erfüllen. Anders jedoch bei Verlusten die nur schwer zu quantifizieren sind, z.B. der Verlust von immateriellen Werten (Goodwill).
[131] F.R.C.P. 65 (b).
[132] F.R.C.P. 64.
[133] *Cecrle v. Jeffries*, 12 Ohio Misc. 25, 229 N.E.2 d 477 (1967). Liegen des Schuldners Vermögenswerte außerhalb der USA, steht prejudgment attachment nicht zur Verfügung, das Gericht muß dann auf den equity-Rechtsbehelf der preliminary injunction zurückgreifen. In *Grupo Mexicano de Desarrollo S.A. v. Alliance Bond Fund, Inc.*, 527 U.S.308, 119 S.Ct. 1961, 144 L.Ed.2 d 319 (1999) entschied der US-Supreme Court, dass Bundesgerichte keine derartigen injunctions anordnen dürfen. Das in England als „Mareva injunction" oder „freezing order" bekannte Rechtsinstitut steht damit, jedenfalls im Bundesprozeßrecht, nicht zur Verfügung. Vgl. *Buxbaum*, Asset Freezes in United States Federal Courts, IPRax 2000, S. 39 f.

des Belegenheitsortes der Sache begründet. Sie eröffnet dabei aber keinen weitergehenden Gerichtsstand, d. h. für Klagen aus nicht forums- oder sachbezogenen Ansprüchen.[134] Der Antragsteller muß das Vorliegen eines Arrestgrundes[135] sowie die Wahrscheinlichkeit seines Obsiegens in der Hauptsache darlegen. Die meisten Staaten verlangen darüber hinaus vom Antragsteller eine Sicherheitsleistung zugunsten des Antragsgegners bei unberechtigter Arrestanordnung.

6. Summary Judgment

194 Summary judgments sind Urteile, die auf Antrag ohne Beteiligung einer jury ergehen.[136] Nach Rule 56 ist erforderlich, dass Tatsachen zwischen den Parteien nicht streitig sind oder das Vorliegen der von einer Partei vorgetragenen Tatsachen in Anbetracht der angebotenen Beweise so unwahrscheinlich ist, dass eine jury bei angemessener Beweiswürdigung nicht für diese Partei entscheiden könnte. Die Beurteilung wird begrenzt durch das in der Verfassung verbürgte Recht auf eine jury. Sowohl Kläger als auch Beklagter können einen entsprechenden Antrag stellen. Durch summary judgment kann auch über Teilfragen entschieden werden.

7. Hauptverhandlung

a) Ablauf der Hauptverhandlung

195 Dem Beibringen der Beweismittel im Rahmen der pretrial discovery folgt die mündliche Hauptverhandlung (trial). Verhandelt wird in erster Instanz vor dem Einzelrichter, gegebenenfalls vor einer jury. Dabei übernimmt es der Richter lediglich, auf die Einhaltung der Verfahrensregeln zu achten. Im übrigen liegt das Geschehen der Verhandlung in den Händen der Anwälte (adversary system). Dem Richter steht es frei, unparteiische Hinweise zu geben, eine Pflicht wie die des § 139 ZPO kennt das U.S.-amerikanische Prozeßrecht dagegen nicht.[137]

196 Die Verhandlung beginnt mit dem Vortrag der Eröffnungsplädoyers (**opening statements**) durch die Anwälte beider Seiten. Diese beinhalten eine Einführung in den Gegenstand des Verfahrens und die beabsichtigte Beweisführung. Sodann folgen Vortrag und Beweisantritt des Klägers. Als **Beweismittel** sehen die Federal Rules of Evidence Zeugenaussagen (fact witnesses),[138] Sachverständigenaussagen (expert witnesses)[139] und Urkundenbeweis (documentary evidence)[140] vor. Letzterer erstreckt

---

[134] *Shaffer v. Heitner*, 433 U.S. 186, 97 S.Ct. 2569, 53 L.Ed.2 d 683 (1977).
[135] Das können etwa sein: Fehlen eines Wohnsitzes des Antragsgegners im jeweiligen Bundesstaat, Unmöglichkeit persönlicher Klagezustellung, mißbräuchliches Verbringen von Vermögenswerten in einen anderen Staat durch den Antragsgegner. Dazu mit Nachweisen *Hay* Zivilprozeßrecht, Rn. 231; *Moore*, Manual: Federal Practice and Procedure § 10.04 (2003).
[136] Von einem directed verdict unterscheiden sie sich nur durch den Zeitpunkt ihrer Geltendmachung. Siehe dazu unten Rn. 198. Siehe auch F.R.C.P. 56; *Wright*, Law of Federal Courts § 99.
[137] Vgl. *Schack* Einführung, S. 62.
[138] F.R.Ev. 601 ff.
[139] F.R.Ev. 701 ff.
[140] F.R.Ev. 1001 ff.

sich auch auf Urkunden aus der pretrial discovery, so etwa Auszüge aus Zeugenvernehmungen. Der Klägervortrag muß schlüssig sein (establishing a prima facie case).[141]

Auf den Klägervortrag folgt die Verteidigung des Beklagten, auf die wiederum der Kläger replizieren kann. Die Vernehmung von Zeugen und Sachverständigen erfolgt zuerst in direct examination durch den Anwalt der benennenden Partei, sodann in **cross examination** (Kreuzverhör) durch den Anwalt der gegnerischen Partei. Alle Beweise unterliegen strengen Formregeln, welche die jury vor unsachlicher Beeinflussung durch indirekte Beweise („hearsay") oder Spekulation schützen sollen. Dem Richter obliegt es, über von den Anwälten vorgebrachte Rügen der Verfahrensregeln (objections) zu entscheiden. Diese Entscheidungen sind mit Rechtsmitteln angreifbar. Die mündliche Verhandlung endet mit den Schlußplädoyers (closing arguments) der Anwälte. 197

b) Beteiligung einer jury

Ist eine jury beteiligt, beginnt das Verfahren mit ihrer Bestellung.[142] Dabei haben die Anwälte das Recht, eine beschränkte Anzahl von Kandidaten ohne Angabe eines Grundes (peremptory challenge)[143] und beliebig viele weitere wegen Befangenheit (challenge for cause, vom Richter zu entscheiden) abzulehnen.[144] Zudem kann der Beklagte nach Abschluß der Beweisführung einen Antrag auf Entscheidung durch den Richter stellen (**directed verdict**).[145] In Fällen eindeutiger Beweislage kann der Richter der jury dann bindende Weisungen für ihren Urteilsspruch erteilen, womit ihr quasi das Verfahren entzogen wird. 198

Anderenfalls folgt auf die Schlußplädoyers die Belehrung (instruction) der jury.[146] Sie entscheidet über alle streitigen Tatfragen (matters of fact), etwa auch die Höhe geltend gemachter Schäden. Reine Rechtsfragen (matters of law) werden hingegen vom Richter entschieden. Die **Entscheidung der jury** muß in der Regel einstimmig ergehen.[147] Sie erfolgt ohne Begründung (general verdict), es sei denn, der Richter 199

---

[141] Siehe F.R.C.P. 41 (b), 50 (a). Dazu auch *Hay* Zivilprozeßrecht, Fn. 438.
[142] Kandidaten für die jury werden per Zufall aus Wähler- oder Steuerzahlerregistern ausgewählt. Die Beteiligung an einer jury ist eine Bürgerpflicht: Arbeitgeber müssen berufene Arbeitnehmer freistellen. Juroren enthalten für ihre Tätigkeit eine Entschädigung, die aber weit unter dem Mindestarbeitslohn liegt.
[143] Die Verfassung setzt der Ablehnung von Juroren allerdings Grenzen: Der Supreme Court entschied, dass Ablehnungen allein aufgrund Rassenzugehörigkeit das Gleichbehandlungsgebot verletzen und diese Verletzung von der Gegenpartei im Namen des abgelehnten Jurors geltend gemacht werden kann. *Powers v. Ohio*, 499 U.S. 400, 111 S.Ct. 1364, 113 L.Ed.2 d 411 (1991); *Batson v. Kentucky*, 476 U.S. 79, 106 S.Ct. 1712, 90 L.Ed.2 d 69 (1986). Auch Ablehnungen allein aufgrund des Geschlechts sind diskriminierend und daher verfassungswidrig. *J.E.B. v. Alabama*, 511 U.S. 127, 114 S. Ct. 1419, 128 L.Ed.2 d 89 (1994).
[144] 28 U.S.C. § 1870 (2004).
[145] F.R.C.P. 50(a).
[146] Der Inhalt dieser Belehrungen wird oft von Vorschlägen der Anwälte bestimmt. Es handelt sich hiebei um rechtliche Hinweise, die als solche auch rechtsmittelfähig sind.
[147] Anderenfalls wird ein mistrial erklärt, ein neues Verfahren wird notwendig. Viele Bundesstaaten haben allerdings das Einstimmigkeitserfordernis abgeschafft, vgl. etwa New York C.P.L.R. § 4113: fünf von sechs jury-Mitgliedern können entscheiden. Nach Bundesverfahrensrecht können sich beide Parteien mit einem Mehrheitsspruch einverstanden erklären, F.R.C.P. 48.

hat durch einen entsprechenden Fragenkatalog (den die Parteien auch beantragen können) einen Spruch zu Einzelfragen (special verdict) herbeigeführt. Wird das verdict angenommen und damit Grundlage des Urteils, so ist es nicht mehr revisibel. Die Entscheidung zum Tatbestand und grundsätzlich auch die Festsetzung der Schadenshöhe[148] sind endgültig entschieden.

8. Behandlung ausländischen Rechts

200 Im Gegensatz zum Recht des Forums gilt ausländisches Recht im common law lediglich als Tatsache (fact). Folglich muß derjenige, der sich darauf beruft, es benennen und gegebenenfalls beweisen. Ursprünglich galt das im einzelstaatlichen Zivilprozeßrecht auch für das Recht anderer Einzelstaaten. Inzwischen existieren in zahlreichen Bundesstaaten gesetzliche Regelungen zur Ermittlung des Rechts anderer Einzelstaaten von Amts wegen (judicial notice).[149] Die bundesrechtliche Regelung der Frage enthält die dem Uniform Interstate and International Procedure Act nachgebildete F.R.C.P. 44.1.[150] Die Partei muß sich auf das ausländische Recht berufen und dieses der Gegenseite zur Kenntnis geben. Kann ausländisches Recht nicht angewendet werden, sei es, dass die Partei sich nicht darauf beruft, ihrer Beweislast nicht genügt[151] oder sich dessen Inhalt nicht ermitteln läßt, so ging das common law von der Vermutung der Identität mit dem eigenen Recht aus. Half diese Vermutung nicht weiter (z. B. weil das ausländische Recht ganz offensichtlich einer völlig andere Rechtskultur zuzuordnen war), so unterlag die beweispflichtige Partei. Heute wird in der Regel ersatzweise die lex fori angewandt. Dies geschieht, soweit sich keine Partei auf die Anwendbarkeit ausländischen Rechts beruft, durch die Annahme der konkludenten Parteiwahl der lex fori.[152]

9. Urteilswirkungen

201 Im U.S.-amerikanischen zwischenstaatlichen Verkehr bewirkt ein Urteil den Ausschluß erneuter Auseinandersetzung über den geltend gemachten Anspruch sowie über die streitigen Tatsachen. Die Ausschlußwirkung hinsichtlich des Anspruchs

---

[148] Der Richter kann unter bestimmten Voraussetzungen eine Korrektur verlangen. Zu additur und remittitur siehe unten Rn. 418 f.
[149] In einigen Staaten erstreckt sich die Bestimmung auch auf ausländisches Recht. Vgl. zum Ganzen *Hay/Borchers/Symeonides* Conflicts, § 12.17.
[150] "*Determination of Foreign Law.* A party who intends to raise an issue concerning the law of a foreign country shall give notice by pleadings or other reasonable written notice. The court, in determining foreign law, may consider any relevant material or source, including testimony, whether or not submitted by a party or admissible under the Federal Rules of Evidence. The court's determination shall be treated as a ruling on a question of law." (Added 1966; as amended 1975, 1987.).
[151] Diese Beweislast existiert nur vor einzelstaatlichen Gerichten. In bundesgerichtlichen Verfahren ermittelt das Gericht das ausländische Recht mit Unterstützung der Parteien (s. vorige Fn.). Allerdings sind die Parteien zur Unterstützung des Gerichts verpflichtet. Kommt eine Partei der ihr obliegenden Mitwirkungspflicht nicht nach, kann sich dies zu ihrem Nachteil auswirken.
[152] Zum Ganzen, mit Beispielen aus der Rechtsprechung, *Hay*, Zivilprozeßrecht, Rn. 240. Siehe auch *Hay/Hampe*, Nichtermittelbarkeit ausländischen Rechts und Forum Non Conveniens, RIW 1998, 760.

wird claim preclusion,[153] die hinsichtlich der Tatsachenfeststellungen issue preclusion[154] genannt.

a) Claim Preclusion

Ein Anspruch, der Gegenstand eines abgeschlossenen Zivilprozesses war, kann nicht erneut geltend gemacht werden. Vielmehr geht er in dem klagestattgebenden Urteil auf (merger), er besteht nicht weiter. Ein neues Verfahren scheitert insoweit am Fehlen eines Anspruches. Ein klageabweisendes Urteil bildet eine Sperre (bar) gegen die erneute Geltendmachung des Anspruchs. Diese Urteilswirkungen sind von den Gerichten aller Einzelstaaten und den Bundesgerichten untereinander anzuerkennen (bundesverfassungsrechtliches full faith and credit-Gebot). 202

Claim preclusion setzt Identität des Anspruches mit dem in einem früheren Sachurteil[155] entschiedenen voraus. Um diese Identität festzustellen, muß der **Streitgegenstand** definiert werden. Dies erfolgt jedoch, selbst innerhalb einzelner Bundesstaaten,[156] nach unterschiedlichen Kriterien, eine eindeutige Definition ist nicht möglich.[157] Die engste Umschreibung des Streitgegenstandsbegriffes stellt auf das verletzte Rechtsgut ab **(primary rights test)**. Körperverletzung und Sachschaden aus demselben Unfallereignis sind danach verschiedene Ansprüche, die in aufeinanderfolgenden Prozessen eingeklagt werden können. Im Gegensatz dazu steht der tatbezogene Streitgegenstandsbegriff **(single wrongful act test)**, nach welchem alle Ansprüche, die einem Unfallereignis erwachsen, nur in einem Prozeß geltend gemacht werden können. Eine weitere Definition **(sameness of the evidence test)** erklärt die Übereinstimmung der Beweismittel für maßgeblich. Hierbei bleibt allerdings fraglich, inwieweit die Beweismittel identisch sein müssen, da eine völlige Übereinstimmung, schon wegen verschiedener geschädigter Güter, nicht zu erreichen sein wird. 203

Das Restatement (Second) of Judgments § 24 (1982) stellt, den Federal Rules über die Klagehäufung folgend, auf einen den Ansprüchen gemeinsamen Tatsachenkern ab.[158] Dies verhindert die in Deutschland mögliche (und gebräuchliche) Teilklage, die mit geringem Kostenaufwand zunächst die Erfolgsaussichten des Anspruchs ausloten soll. 204

---

[153] Früher als res judicata bezeichnet, wird dieser Begriff zunehmend als Oberbegriff für alle Rechtskraftwirkungen gebraucht, vgl. *Hay* Zivilprozeßrecht, Rn. 270.
[154] Früher estoppel in judgment oder collateral estoppel, die Begrifflichkeit ist freilich uneinheitlich; allgemein dazu *Hay*, On Merger and Preclusion (Res Judicata) in U.S. Foreign Judgments Recognition – Unresolved Doctrinal Problems, in: *Schütze u. a.* (Hrsg.), FS für Reinhold Geimer, 2002, S. 325.
[155] Ein die Klage als unzulässig abweisendes Urteil steht einer erneuten Klageerhebung daher nicht entgegen. Die anspruchausschließende Wirkung des Urteils setzt personal jurisdiction und subject matter jurisdiction des Erstgerichtes voraus.
[156] Z. B. Virginia: *Carter v. Hinkle*, 52 S.E.2 d 135 (1949) – primary rights; *Flora, Flora & Montague, Inc. v. Saunders*, 367 S.E.2 d 493 (1988) – sameness of evidence; *Brown v. Haley*, 355 S.E.2 d 563 (1987) – transactional test.
[157] So auch der Supreme Court von Pennsylvania, der sich auf keine Definition festlegte „... for the excellent reason that no such definition exists." *Kuisis v. Baldwin-Lima-Hamilton Corp.*, 319 A.2 d 914, 918 (1974).
[158] „... all rights to relief ... with respect to all or any part of the transaction, or series of connected transactions, out of which the action arose." Restatement (Second) of Judgments, § 24.

205 Die Mehrzahl der Gerichte legt einen **weiten Streitgegenstandsbegriff** zugrunde. Als Folge müssen regelmäßig alle einem Lebenssachverhalt erwachsenden Ansprüche in einer Klage zusammengefaßt werden, sollen sie nicht verlorengehen. Insbesondere ist eine spätere weitere Klage auch hinsichtlich der Ansprüche ausgeschlossen, die zum Zeitpunkt der ersten Klage nicht bezifferbar oder noch gar nicht bekannt waren, etwa gesundheitliche Spätfolgen einer Körperverletzung. Dies wiederum führt dazu, dass alle nur denkbaren Ansprüche eingeklagt und gegebenenfalls zugesprochen werden, was die aus deutschem Verständnis oft überhöhten Schadensersatzsummen erklärt.

206 Der **Anspruchsausschluß** wirkt nur im Verhältnis zwischen den streitbeteiligten Parteien. Er erfaßt allerdings auch den Kreis der Personen, denen gegenüber die Bindung an das Prozeßergebnis wegen ihrer Beziehung zu einer der Prozeßparteien gerechtfertigt erscheint (persons in privity). Dies sind etwa Prozeßstandschafter, Rechtsnachfolger oder auch die Mitglieder einer class im Falle einer class action. Urteile, die Sachenrechte betreffen, entfalten die gleiche Wirkung auch auf mittelbare Besitzer, Treuhänder sowie Erb- und Nachlassverwalter.

b) Issue Preclusion

207 Unter bestimmten Voraussetzungen erwachsen auch die Feststellungen über die entscheidungserheblichen Tatsachen in Rechtskraft. In einem weiteren Verfahren stehen diese Tatsachen dann als gegeben fest; auch Parteien, die am Erstverfahren nicht beteiligt gewesen sind, können sich auf solche Tatsachen berufen. Auch die Feststellung der Zuständigkeit über den Beklagten kann diese Bindungswirkung erzeugen. Unabhängig davon, ob die Tatsachenfeststellung in einem instanzbeendenden Urteil erfolgt, tritt issue preclusion ein, wenn den Feststellungen einer Entscheidung Tatsachen zugrunde liegen, über die im vorangegangenen Verfahren so ausführlich gestritten wurde, dass es keinen Grund gibt, diese noch einmal in Frage zu stellen.[159]

208 Hinsichtlich der subjektiven Bindung der issue preclusion gilt das zur claim preclusion Gesagte. Letztlich bestimmt die due process-Clause die Begrenzung. Die Berechtigung eines Unbeteiligten, sich auf festgestellte Tatsachen zu berufen, tangiert das Recht auf due process allerdings nicht. So hat der Supreme Court gebilligt, dass ein Kläger sich Feststellungen zunutze machen kann, aufgrund derer die Klage eines anderen gegen den Beklagten zuvor erfolgreich war (nonmutual offensive use of collateral estoppel), wenn der Kläger sich dem Beklagten gegenüber damit nicht unfair verhält oder er sich problemlos hätte am Erstverfahren beteiligen können.[160]

c) Kollisionsrechtliche Fragen der Preclusion

209 Ist das zweitangerufene Gericht das eines anderen Staates, ob einzelstaatliches oder Bundesgericht, so stellt sich die Frage, wie der Streitgegenstand für Zwecke der Präklusionswirkung zu bestimmen ist. Aus dem full faith and credit-Gebot der Bundesverfassung wird geschlossen, dass der Streitgegenstandsbegriff des Erstgerichtes maß-

---

[159] *Lummus Co. v. Commonwealth Oil Refining Co.*, 297 F.2 d 80 (2 d Cir. 1961).
[160] Zum Ganzen *Hay* Zivilprozeßrecht, Rn. 289 f.

geblich ist.[161] Einige Gerichte sehen sich aber dennoch nicht gehindert, einem Urteil einen über den des Erstgerichtes hinausgehenden Präklusionseffekt zu verleihen.[162] Fraglich ist daneben auch, inwiefern ein Bundesgericht in diversity-Fällen[163] einen eigenen oder den jeweiligen Streitgegenstandsbegriff seines Sitzstaates zugrunde legen muß (Erie-Doktrin). Dagegen spricht die Existenz besonderer bundesrechtlicher Verfahrensregeln. Mehrheitlich wird daher die Bestimmung des Streitgegenstandes in diesem Zusammenhang als Verfahrensfrage qualifiziert.[164] Neuere Supreme Court-Entscheidungen rechtfertigen diese Ansicht.[165]

10. Wiederaufnahme und Rechtsmittel

Die Verfassung verlangt es nicht, fast alle Staaten erkennen aber das Recht auf wenigstens eine Rechtsmittelinstanz an. Ausnahmen sind Virginia und West Virginia, wo die Zulassung zur nächsthöheren Instanz Ermessensentscheidung ist.[166] Eine Unterscheidung in Berufung und Revision kennt das U.S.-amerikanische Zivilprozeßrecht nicht, Rechtsmittel werden allgemein als appeal bezeichnet und beschränken sich auf Rechtsfragen.[167]   210

Gegenstand eines appeal sind nach 28 U.S.C. § 1291 allein Endurteile (sog. **final judgment rule**). Ausnahmen statuiert 28 U.S.C. § 1292 nur für einige ausdrücklich benannte vorläufige Entscheidungen (interlocutory orders). Grundlage des Rechtsmittelverfahrens sind die Federal Rules of Appelate Procedure. Sie regeln etwa auch die Rechtsmittelfrist, die 30 Tage ab Eintragung des erstinstanzlichen Urteils (entry of judgment) beträgt.[168] In der Rechtsmittelinstanz wird das Urteil in rechtlicher Hinsicht voll überprüft, über die Rechtsfragen wird neu entschieden. Die tatsächli-   211

---

[161] Vgl. 28 U.S.C. § 1738 Abs. 3: „Such judicial proceedings ... shall have the same full faith and credit ... as they have by law or usage in the courts of such state ... from which they are taken."
[162] Vgl. *Hart v. American Airlines*, 304 N.Y.S.2 d 810 (S.Ct. 1969). Kritisch dazu *Hay/Weintraub/Borchers*, Conflicts, Kap. 5 (3)(B). Siehe auch *Erichson*, Interjurisdictional Preclusion, 95 Mich. L. Rev. 945 (1998).
[163] In federal question cases stellt sich diese Frage nicht, da hier ohnehin Bundesrecht anzuwenden ist.
[164] Vgl. *Friedenthal/Kane/Miller*, Civil Procedure, S. 697; *Wright*, Law of Federal Courts, S. 737 f.; *Degnan*, Federalized Res Judicata, 85 Yale L.J. 741 (1976); a. A. *Burbank*, Interjurisdictional Preclusion, Full Faith and Credit and Federal Common Law: A General Approach, 71 Cornell L.Rev. 733 (1986).
[165] *Semtek Int'l Inc. v. Lockheed Martin Corp.*, 531 U.S. 497, 149 L.Ed.2 d 32, 121 S.Ct. 1021 (2001). Der U.S. Supreme Court führte eine komplizierte Unterscheidung hinsichtlich der Anwendung von Bundes- bzw. einzelstaatlichem Verfahrensrecht ein; In *Shady Grove Orthopedic Associates, P.A. v. Allstate Insurance Co.*, – U.S. –, 130 S.Ct. 1431, 176 L.Ed. 2d 311 (2010), qualifizierte der Supreme Court Rule 23 der Federal Rules of Civil Procedure als verfahrensrechtlich; die Rule hatte daher Vorrang in einem New Yorker bundesgerichtlichen Verfahren vor einer Bestimmung New Yorker Rechts, die keine class action fuer punitive oder gesetzliche Schadensansprueche zuliess. S. dazu Anm. in *Freer* und *Arthur*, The Irrepressible Influence of Byrd, 44 Creighton L. Rev. 61 (2010), und *Hay, Weintraub, Borchers*, Conflict of Laws (13th ed. 2009), Anm. zu S. 708 (Supp. 2011).Grundsätzlich dazu: *Friedenthal/Kane/Miller*, Civil Procedure 697; *Wright*, Law of Federal Courts 737–738; *Degnan*, Federalized Res Judicata, 85 Yale L.J. 741 (1976); *Burbank*, Interjurisdictional Preclusion, Full Faith and Credit and Federal Common Law: A General Approach, 71 Cornell L. Rev. 733 (1986).
[166] Vgl. Rules of Virginia Courts, Va.R.Ann., R.2A:1 (2003); W.Va.R.Civ.Pro. 81(a) (2003).
[167] Vgl. *Freer/Perdue*, Civil Procedure, S. 858 ff.
[168] Fed.R.App.P. 4.

chen Feststellungen des erstinstanzlichen Gerichtes dagegen sind bindend (vgl. schon oben Rn. 108). Die Möglichkeit des appeal eröffnet also keine weitere Tatsacheninstanz.[169] Lediglich offensichtlich fehlerhafte (clearly erroneous) Tatsachenfeststellungen[170] rechtfertigen eine Aufhebung des Urteils: das Rechtsmittelgericht muß von der Fehlerhaftigkeit überzeugt sein (definite and firm conviction that a mistake has been committed).[171]

212 Der **Vollstreckung** steht die Einlegung eines Rechtsmittels nicht entgegen. Ein auf Geldzahlung gerichtetes Urteil kann grundsätzlich zehn Tage nach Erlaß vollstreckt werden.[172] Die Vollstreckung kann vom Rechtsmittelführer allerdings durch Sicherheitsleistung abgewendet werden.[173]

II. Anerkennung und Vollstreckung

1. Begriff der Urteilsanerkennung

213 Vollstreckung setzt ein inländisches Urteil voraus. Es erfolgt also keine Anerkennung und Vollstreckbarerklärung eines ausländischen Urteils bzw. eines Urteils aus einem anderen Bundesstaat. Dieses Urteil ist vielmehr Anspruchsgrundlage für die Erlangung eines inländischen Titels im Forumstaat. Im zwischenstaatlichen Rechtsverkehr ist dabei zu beachten, dass nach der **merger-Doktrin** der dem Ersturteil zugrundeliegende Anspruch in diesem aufgegangen ist. Allein das Ersturteil selbst ist Grundlage des Anspruchs auf das zur Vollstreckung benötigte inländische (zweite) Urteil. Im Verhältnis zum Ausland wird dies von der herrschenden Meinung anders betrachtet. Der zugrundeliegende Anspruch geht in einem ausländischen Urteil nicht auf, er besteht vielmehr neben dem Urteil weiter.[174] Das ausländische Ersturteil ist insoweit auch kein bar gegen ein weiteres Klagebegehren; das kann sich auf den ursprünglichen Anspruch und das erste Urteil stützen.

214 Das Verfahren auf Erlaß eines Urteils im zweiten (Anerkennungs-) Einzelstaat zum Zwecke der Vollstreckung ist ein streitiges Verfahren. Daher muß das Gericht auch über personal jurisdiction verfügen. Neben dem herkömmlichen streitigen Verfahren gibt es Möglichkeiten gesetzlicher Schnellverfahren (summary proceedings) und der Registrierung (sogleich unten).

2. Anerkennung im zwischenstaatlichen Verkehr

215 Das **full faith and credit**-Gebot der Bundesverfassung, konkretisiert durch 28 U.S. C. § 1738, bedeutet, dass einem U.S.-amerikanischen Urteil in jedem anderen Bun-

---

[169] Eine nochmalige Prüfung der Tatsachen ist in der Rechtsmittelinstanz nicht mehr möglich. Vgl. *Friedenthal/Kane/Miller*, Civil Procedure, § 13.4.
[170] F.R.C.P. 52 (a); *Freer/Perdue*, Civil Procedure, S. 858.
[171] *Anderson v. Bessemer City*, 470 U.S. 564, 573, 105 S.Ct. 1504, 1511, 84 L.Ed.2 d 518, 528 (1985).
[172] Vgl. *Lange/Black*, Der Zivilprozeß, S. 108.
[173] Siehe Fed. R. App. P. 8(b); *Restatement (Second) Judgments* § 13 (1982).
[174] Dazu kritisch *Hay/Borchers/Symeonides*, Conflicts, § 24.3; *Hay*, On Merger and Preclusion (Res Judicata) in U.S. Foreign Judgments Recognition – Unresolved Doctrinal Problems, in: *Schütze u. a.* (Hrsg.), FS für Reinhold Geimer, 2002, S. 325.

desstaat die Wirkungen zu verleihen sind, die es in dem Staat hat, wo es erlassen wurde. Dabei muß es sich um ein Endurteil (final judgment) handeln.[175]

Neben dem streitigen Anerkennungsverfahren aufgrund des full faith and credit-Gebotes bietet 28 U.S.C. § 1963 die Möglichkeit, bundesgerichtliche Urteile in anderen Staaten registrieren zu lassen; allerdings nur, wenn sie auf Geld oder bewegliche Sachen erkennen (recovery of money or property). Auch mit der **Registrierung** entsteht ein neues, zweites Urteil. 216

Im einzel-/zwischenstaatlichen Verkehr gibt es auch ein Registrierungsverfahren nach dem Uniform Enforcement of Foreign Judgements Act. Dabei ist zu beachten, dass Urteile des ersten Gerichts möglicherweise allen Vorschriften dieses Staates hinsichtlich Wiedereröffnung des Verfahrens, Aussetzen der Vollstreckung, Anhängigmachen weiterer Einreden und Verteidigungsmittel unterworfen sein können. Damit geht die Möglichkeit gerichtlicher Überprüfung des Ersturteils im Zweitstaat weiter als bei dem alternativ zur Verfügung stehenden bundesrechtlichen Anerkennungsverfahren aufgrund des full faith and credit-Gebotes. Der Urteilsgläubiger muß also entscheiden zwischen spiegelbildlicher Anerkennung aufgrund von full faith and credit (möglicherweise langsam, weil eine Anerkennungsklage notwendig ist) oder schnellerem, aber einredeoffenem Registrierungsverfahren. 217

3. Anerkennung ausländischer Urteile

Die Anerkennung ausländischer Urteile bestimmt sich nach ganz herrschender Meinung und Rechtsprechung nach einzelstaatlichem Recht. Im Gegensatz zu Urteilen aus anderen Bundesstaaten unterfallen ausländische Urteile nicht dem full faith and credit-Gebot. Daher kann die internationale Zuständigkeit des ausländischen Gerichtes als Anerkennungsvoraussetzung immer überprüft werden, während sie in der zwischenstaatlichen Praxis zur res judicata erwachsen kann. 218

Die Prüfung der internationalen Entscheidungszuständigkeit des Erstgerichtes folgt spiegelbildlich den weiten U.S.-amerikanischen Zuständigkeitsregeln. Mit Ausnahme weniger, als exorbitant empfundener Gerichtsstände wird die internationale Zuständigkeit regelmäßig angenommen, da auch die Zuständigkeit der U.S.-amerikanischen Gerichte sehr weit gefaßt ist. Von der Zuständigkeitsprüfung umfaßt ist auch die Frage, ob procedural due process gewahrt wurde, ob z.B. der Beklagte ausreichend Gelegenheit zur Verteidigung besaß. Mit Ausnahme von wenigen Bundesstaaten, in denen es zudem großzügig praktiziert wird, besteht kein Erfordernis der Gegenseitigkeit.[176] 219

Auch die Anerkennung ausländischer Urteile kann in einem Schnellverfahren erfolgen. Ein solches sieht der Uniform Foreign Money-Judgments Recognition Act vor. Sachlich ist dieses Verfahren auf Geldurteile ausländischer Gerichte beschränkt. 220

---

[175] Dieses Erfordernis wird insbesondere bei modifizierbaren Unterhaltsurteilen problematisch. Hier hat moderne Gesetzgebung aber die final judgment rule modifiziert. Dazu auch m. w. N. *Hay* Zivilprozeßrecht, Rn. 302.
[176] Nachweise bei *Hay/Weintraub/Borchers*, Conflicts Kap. 5 (1); *Hay*, On Comity, Reciprocity, and Public Policy in U.S. and German Judgments Recognition Practice, in: Basedow u. a. (Hrsg.), Private Law in the International Arena – Liber Amicorum Kurt Siehr, S. 237 ff. (2000).

Voraussetzung ist, dass das ausländische Urteil den U.S.-amerikanischen due process-Erfordernissen entspricht und nicht im Widerspruch zum ordre public des Anerkennungsstaates steht.[177]

220A Staaten behalten sich im allgemeinen natürlich das Recht vor, ausländischen Entscheidungen die Anerkennung zu versagen, wenn diese gegen ihren ordre public verstoßen. Um sicherzustellen, dass der ordre public Vorbehalt nicht zu einem Instrument genutzt wird, die ausländische Entscheidung in der Sache zu überprüfen, räumt ihm der Europäische Gesetzgeber nur einen sehr begrenzten Anwendungsbereich ein.[178] In der Praxis zwischen den Einzelstaaten der Vereinigten Staaten führt die merger-Doktrin[179] für Zahlungstitel zu einem vergleichbaren Ergebnis: die Forderung geht im Urteil auf, letzteres lautet auf eine Geldsumme (abgetrennt vom Zahlungsgrund) und Geld verstößt nicht gegen den ordre public.

Auf internationale Sachverhalte ist die merger-Doktrin allerdings nicht anwendbar. Die zu Grunde liegende Forderung, das angewendete Recht oder Verfahren sind Teil der Agenda des zur Anerkennung berufenen Gerichts und können gegen dessen ordre public verstoßen. Auf diese Weise haben es einige amerikanische Entscheidungen versagt, ausländische Urteile anzuerkennen und zu vollstrecken, wenn das Klagebegehren oder das Verfahren des ausländische Gerichts einen Verstoß gegen das Rechtsstaatsprinzip (due process) dargestellt hätte, sofern das amerikanische Gericht auch das erkennende Gericht gewesen wäre (siehe dazu auch folgende Rn.).[180]

4. Vollstreckung

221 Die Vollstreckung (execution) in Vermögenswerte erfolgt durch Beschlagnahme und öffentliche Versteigerung (forced sale, public sale). Grundlage der Vollstreckung ist das auf das Anerkennungsverfahren hin ergehende inländische (Zweit-)Urteil. Da dieses ein eigenständiges Urteil ist, macht es für die Frage der Vollstreckung keinen Unterschied, ob das ursprüngliche Urteil ein in- oder ausländisches gewesen ist.

Besonders kontrovers waren in jüngerer Zeit englische Urteile, die auf Schadensersatz wegen Persönlickkeitsrechtsverletzungen erkannten. Dies deshalb, weil englisches materielles Recht den Persönlichkeitsrechtsschutz sehr weit faßt und englisches Verfahrensrecht die Beweislast umkehrt. Englische Gerichte wurden dadurch zum Magnet für derartige Klagen gegen U.S. Beklagte, und erfolgreiche Kläger erstrebten dann Anerkennung und Vollstreckung ihrer Urteile in den USA. Die Praxis wurde als „*libel tourism*" bezeichnet. Einzelstaatliche Gesetze, z.B. in New York, versagten

---

[177] Im zwischenstaatlichen Anerkennungsverfahren stellt sich die Frage einer ordre public-Verletzung wegen der merger-rule nicht. Nach dieser geht der Anspruch im (Erst-)Urteil auf. Das Urteil selbst lautet allein auf Geldzahlung. Diese kann den ordre public nicht verletzen, auf die möglicherweise verletzende dahinterstehende Begründung wird seitens des anerkennenden Gerichtes nicht gesehen. Eingehend zum Ganzen *Hay* Zivilprozeßrecht, Rn. 316.

[178] Siehe Art. 33-36, 41, 44-45, Verordnung (EG) Nr. 44/2001 (auch als "Brüssel I Verordnung" oder EuGVVO bezeichnet) vom 22. Dezember 2000, in der Fassung vom 06. 04. 2009, ABl. L 12 vom 16. 1. 2001, S. 1.

[179] *Fauntleroy v. Lum*, 210 U.S. 230, 28 S.Ct. 641, 52 L.Ed. 1039 (1908).

[180] Vgl. *Matusevitch v. Telnikoff*, 877 F. Supp. 1 (D.D.C. 1995);.Allgemein dazu siehe *Hay*, Rn. 162; *Hay*, Comments on Public Policy in Current American Conflicts Law, in: Baetge and von Hein (eds.), Die richtige Ordnung – Festschrift für Jan Kropholler 89 (2008).

dann ausländischen (gemeint: englischen) Urteilen die Anerkennung, wenn diese das Grundrecht der Redefreiheit (First Amendment der Bundesverfassung) verletzten. Im Jahre 2010 erliess der Kongress ein Bundesgesetz gleichen Inhalts (SPEECH Act of 2010), das die vereinzelten einzelstaatlichen Gesetze ersetzt.[181] Da kaum eine andere Rechtsordnung einen mit dem *First Amendment* vergleichbaren Persönlichkeitsrechtschutz bietet, könnte diese Gesetzgebung die Nichtanerkennung aller ausländischen Urteile aus diesen Ansprüchen zur Folge haben. Gegenseitigkeitserfordernisse anderer Rechtsordnungen wären demnach für die Anerkennung derartiger U.S.-amerikanischer Urteile nicht erfüllt.

E. Außergerichtliche Streitbeilegung

I. Allgemeines

Der traditionelle Weg einer gerichtlichen Auseinandersetzung ist mit erheblichen Kosten und einem enormen Zeitaufwand verbunden. Zudem kann das wettkampfähnliche Verfahren gerade in den Fällen, in denen die Parteien an einer Aufrechterhaltung ihrer Beziehungen interessiert sind, zu unliebsamen Folgen führen. Daher haben sich alternative Techniken der Streitbeilegung und -vermeidung entwickelt, um den Parteiinteressen besser gerecht zu werden. Die verschiedenen Formen[182] werden unter dem Stichwort **alternative dispute resolution** (ADR) zusammengefaßt, wobei das Schiedsverfahren (arbitration) und das Institut der mediation am bekanntesten sind. Ganz im Gegensatz zu der nur sporadischen, wenn auch wachsenden Kenntnisnahme außergerichtlicher Streitbeilegungsformen in Deutschland[183] und anderen kontinentaleuropäischen Ländern, ist dieses Gebiet im U.S.-amerikanischen Recht von großer praktischer Bedeutung.[184]

222

---

[181] 28 U.S.C. § 4101-4105 (2010). S. *Barbour*, The SPEECH Act: The Federal Response to "Libel Tourism," U.S. Congressional Research Service No. 7-5700 (2010). Ein englischer Gesetzesentwurf aus dem Frühjahr 2011 verschärft die Voraussetzungen für Ansprüche aus Persönlichkeitsverletzung und beschränkt die Zuständigkeit englischer Gerichte bei Klagen aus derartigen Ansprüchen, für die englische Gerichte das geeignetste Forum sind. Ob diese oder ähnliche Gesetzesänderungen die Voraussetzungen des SPEECH Act genügen, darf als fraglich angesehen werden. Kritisch zum Speech Act *Hay*, Reviewing Foreign Judgments, in *Geimer/Schütze* (Hrsg.), Festschrift für Kaissis (2012).
[182] Dazu *Hay*, Zur konsensualen Streitbeendigung in Zivil- und Handelssachen in den USA, in: Breidenbach, Coester-Waltjen, Heß, Nelle, Wolf (Hrsg.), Konsensuale Streitbeilegung – Akademisches Symposium zu Ehren von Peter F. Schlosser (Bd. 13 der Veröffentlichungen der Wissenschaftlichen Vereinigung für Internationales Verfahrensrecht e. V., Giesing 2001), S. 101–110. Eine Materialsammlung zu verschiedenen ADR-Programmen der Bundesgerichte findet sich bei http://www.usdoj.gov/odr/index.html. Weitere Informationen zur Außergerichtlichen Streitbeilegung auch unter www.mediate.com und http://adrr.com.
[183] Vgl. *Giles*, ADR from a German Point of View, International Symposium On Civil Justice in the Era of Globalization, Tokyo 1992, der mit Verweis auf das im Grundgesetz verankerte Justizmonopol keine Zukunft für ADR in Deutschland sieht.
[184] Siehe dazu *Goodman*, The Pros and Cons of Online Dispute Resolution, 2003 Duke L. & Tech. Rev. 4 (2003); *Hensler*, How the Alternative Dispute Resolution Movement is Re-Shaping Our Legal System, 108 Penn St. L. Rev. 165 (2003); *Sanchez*, Back to the Future of ADR: Negotiating Justice and Human Needs, 18 Ohio St. J. on Disp. Resol. 669 (2003). Aus deutscher Sicht: *Breidenbach*, Medition – Struktur, Chancen und Risiken von Vermittlung im Konflikt, 1995; *Hay*, a. a. O. (Fn. 170); *Schmidt*, Wirtschaftsmediation – die nicht gesehene Chance, in: Mediation & Recht Be-

II. Formen der Alternativen Streitbeilegung

223 Außergerichtliche Streitbeilegung bietet verschiedene Gestaltungsmöglichkeiten: die Einschaltung eines Dritten, die Ausgestaltung des Verfahrens, die Grundlage der Entscheidung und die Frage der Bindungswirkung. Die wichtigsten Formen werden kurz dargestellt.[185]

1. Arbitration

224 Das Schiedsverfahren bildet die bekannteste Form einer außergerichtlichen Streitbeilegung. Auf Grundlage einer Schiedsgerichtsvereinbarung entscheidet ein Schiedsgericht verbindlich. Das Verfahren ist weniger förmlich und komplex, in der Regel auch schneller als ein gerichtliches Verfahren. Als Schiedsrichter fungieren Personen, die über Erfahrung und Übung im betreffenden Gebiet verfügen. Sie werden von den Parteien oder von Institutionen (wie etwa der American Arbitration Association oder der Internationalen Handelskammer in Paris) benannt. Hauptquelle der einzelstaatlichen Regelung in den USA ist der Uniform Arbitration Act.[186] Er enthält Bestimmungen für innerstaatliche Schiedsverfahren, regelt jedoch nicht die Anerkennung auswärtiger Schiedssprüche. Sie bedürfen mithin eines innerstaatlichen Urteils, das dann mit Hilfe des full faith and credit-Gebots bundesweit anerkannt werden muß.

225 Der Federal Arbitration Act[187] erklärt Schiedsklauseln für durchsetzbar und gebietet die Anerkennung von Schiedssprüchen in seerechtlichen Streitigkeiten und für Verträge involving commerce. Damit wird auf die Bundeskompetenz für den zwischenstaatlichen und internationalen Handelsverkehr Bezug genommen. Berührt die Schiedsvereinbarung jedoch die Zuständigkeit der Bundesgerichte aufgrund von diversity, so richten sich Wirksamkeit und Reichweite der Klausel nach einzelstaatlichem Recht.

2. Andere Formen

226 Vor der gerichtlichen Geltendmachung eines Anspruchs muß möglicherweise ein Schiedsverfahren durchlaufen werden **(court-annexed arbitration)**. Diese Variante empfiehlt sich zum einen bei kleinen Streitsummen. Im Vorverfahren können die Regeln zur discovery und zum Beweisrecht eingeschränkt sein. Ist eine Partei mit dem Schiedsspruch nicht einverstanden, bleibt ihr der Weg zu den Gerichten. Die Regelungen können so ausgestaltet sein, daß sie im Falle des Nichterreichens eines

---

triebsberater für Konfliktmanagement, Beilage 10 zu Heft 40/1998, at 6–9; *Prütting*, Mediation und gerichtliches Verfahren – ein nur scheinbar überraschender Vergleich, in: Mediation & Recht Betriebsberater für Konfliktmanagment, Beilage 9 zu Heft 27/1999, at 7–12.

[185] Verschiedene Formen der ADR und ihre Vor- und Nachteile werden dargestellt bei *Hay*, Fn. 170; *Frey*, Alternative Methods of Dispute Resolution, 2. Aufl. 2002; *Mayer*, Beyond Neutrality: Confronting the Crisis in Conflict Resolution, 2004.

[186] 7 U.L.A. § 1 (Master Ed. 1997, mit Supplements). Die National Conference of Commissioners on Uniform States Laws (NCCUSL) erarbeitete das ursprüngliche Gesetz im Jahre 1955. Eine Überarbeitung aus dem Jahre 2000 ist bisher von 10 Staaten angenommen worden.

[187] 9 U.S.C. §§ 1 f. (2003).

für sie günstigeren Ergebnisses alle Kosten zu tragen hat. Zum anderen können fachspezifische Ansprüche, z. B. wegen medizinischer Fehlleistungen, vorab durch Fachkommissionen begutachtet werden.

Rent a judge ist der Verweis des Rechtsstreits an einen privaten Richter. Dieser (etwa ein Richter im Ruhestand) bietet, wie ein Schiedsrichter, seine Dienste gegen Entrichtung einer Gebühr an. Das Verfahren ist einfacher ausgestaltet. Die Entscheidung wird wie eine normale gerichtliche Entscheidung behandelt, ein appeal ist mithin möglich. Beim **negotiated settlement** handeln die Parteien ohne die Einschaltung eines Dritten einen Kompromiß aus. Einer besonderen Feststellung der Tatsachen oder des Entscheidungsmaßstabs bedarf es daher nicht. Es wird eine Lösung gefunden, die sich nicht vornehmlich an juristischen Maßstäben orientiert, sondern die Interessen beider Parteien berücksichtigt. 227

Bei der **Mediation** werden unter Einschaltung eines Mittlers Verhandlungen zur Beilegung der Streitigkeiten geführt. Die Entscheidung selbst wird nicht durch den mediator vorgegeben, sondern von den Parteien getroffen. Die Rolle des mediators kann unterschiedlich ausgestaltet sein. Sie kann sich in der Verständigung der Parteien erschöpfen, oder aber eigene Vorschlags- und Überzeugungstätigkeit umfassen. Im letzten Falle ähnelt sie dann dem Schiedsverfahren, freilich ohne dessen bindende Wirkung. Die Sitzungen erfolgen mit allen Beteiligten oder mit jeweils einer Partei. In ihnen werden die Interessen und Positionen der Parteien offengelegt und eine gemeinsame Grundlage erarbeitet. 228

4. Kapitel. Internationales Privatrecht

Literatur: *Dicey/Morris/Collins*, Conflict of Laws, 14. Auflage 2007; *Hay*, Environmental Protection and Civil Liability in the United States, in: v. Bar, Internationales Umwelthaftungsrecht I (1995), S. 129; *ders.*, Flexibility versus Predictability and Uniformity in Choice of Law, Rec. des cours 226 (1991-I); *ders.*, Die Anwendung US-amerikanischer juristischer Regeln als Verweisungsnorm bei Scheidung von in Deutschland wohnhaften Amerikanern, IPRax 1988, S. 265; *ders.*, The Situs Rule in European and American Conflicts Law, Essays in Honor of John E. Cribbet, Hay & Hoeflich, Hrsg., 1988; *ders.*, International and Interstate Conflicts Law in the United States, RabelsZ 35 (1971), S. 429; *ders.*, Zivilprozeßrecht (mit Anhang IPR), in: Assmann/Bungert, Handbuch des U.S.-amerikanischen Handels-, Gesellschafts- und Wirtschaftsrechts, Band 1, Kapitel 8, 2001; *Hay/Weintraub/Borchers*, Conflict of Laws – Cases and Materials, 13. Auflage 2009; *Juenger*, Choice of Law and Multistate Justice, 2005; *Kay*, A Defense of Currie's Governmental Interest Analysis, Rec. des cours 215 (1989-III); *Hay/Borchers/Symeonides*, Conflict of Laws, 5. Auflage 2010; *Weintraub*, Commentary on the Conflict of Laws, 6. Auflage 2010; *White/Summers*, Uniform Commercial Code, 6. Auflage 2010.

A. Einleitung

229 Conflict of laws (im allgemeinen Sprachgebrauch auch „**Conflicts**") regelt Sachverhalte mit Bezug zu verschiedenen Rechtsordnungen. Es geht der Frage nach, welches Gericht zur Entscheidung über den Fall berufen ist, welches Recht anwendbar ist und welche Wirkungen dem Urteil zukommen. Conflict of laws erfaßt damit neben dem Internationalen Privatrecht auch das Internationale Zivilverfahrensrecht.[1] Der Bereich des Internationalen Privatrechts im deutschen Sinne wird unter dem Begriff choice of law behandelt.

230 Conflict of laws ist nicht nur dann zu beachten, wenn ein Bezug zu einem ausländischen Rechtssystem besteht. Auch in zwischenstaatlichen Sachverhalten kommt es zu einer Kollision unabhängiger Rechtsordnungen.[2] Überlegungen zu Verfahrensregeln und zum anwendbaren Recht sind daher in vielen alltäglichen amerikanischen Rechtsvorgängen relevant und selbstverständlich. Conflict of laws differenziert, mit Ausnahme von Fragen der Urteilsanerkennung (oben Rn. 213 ff.) und der Ermittlung und Behandlung ausländischen Rechts (oben Rn. 200), nicht zwischen interstaatlichen und internationalen Fällen. Staatsvertragliche Regelungen besonderer Materien gelten freilich nur auf internationaler Ebene. Das IPR ist, mit wenigen Ausnahmen, einzelstaatliches Recht. Ein kollisionsrechtlicher Gesamtverweis auf das U.S.-amerikanische Recht bedarf also weiterer Konkretisierung.

---

[1] Das Internationale Zivilverfahrensrecht ist im Rahmen des 3. Kapitels eingehend dargestellt.
[2] Privatrecht ist überwiegend einzelstaatliches Recht.

B. Quellen

I. Staatsverträge

Der Abschluß von Staatsverträgen fällt in die Kompetenz des Bundes. Nach der Verfassung haben Staatsverträge den Rang von Bundesrecht.[3] Damit gehen sie einzelstaatlichem Recht vor, können aber auch von nachfolgendem gesetzten Bundesrecht verdrängt werden.[4] 231

Auf multilateraler Ebene nehmen die USA an der Arbeit von UNIDROIT und der Haager Konferenz für Internationales Privatrecht teil. Tatsächlich ratifiziert wurden aber nur wenige der dort ausgearbeiteten Verträge.[5] Neben diversen verfahrensrechtlichen Abkommen[6] wurde auf materiellem Gebiet 1988 das **UN-Kaufrecht (CISG)** ratifiziert, welches in seinem Anwendungsbereich das einzelstaatliche (Kauf-) Vertragsrecht einschließlich des Uniform Commercial Code verdrängt. 232

Auch auf bilateraler Ebene existieren Verträge zu verfahrens- und kollisionsrechtlichen Fragen, beispielsweise der deutsch-amerikanische Freundschafts-, Handels- und Schiffahrtsvertrag von 1954.[7] Dieser enthält Regelungen zur Gleichbehandlung natürlicher und juristischer Personen des jeweils anderen Vertragsstaates, etwa über die Erbberechtigung betreffend inländische Immobilien, gleichen Zugang zu Gerichten und die Anerkennung der in einem Vertragsstaat wirksam gegründeten juristischen Personen durch den anderen. Allgemeine kollisionsrechtliche Probleme und Fragen der Urteilsanerkennung behandeln die Vertragsbestimmungen dagegen nicht. 233

II. Bundes- und einzelstaatliches Recht

In den Fällen, in denen eine Materie in die ausschließliche Kompetenz des Bundes fällt oder durch Staatsverträge geregelt ist, können die Einzelstaaten nicht aktiv werden. Auf den Gebieten konkurrierender Regelungskompetenz des Bundes ist der jeweiligen Materie und der dazu ergangenen Bundesrechtsprechung zu entnehmen, inwieweit einzelstaatliches Recht verdrängt ist.[8] In privatrechtlichen Materien ist der 234

---

[3] U.S. Constitution Art. VI Abs. 2.
[4] Im Wege der Auslegung wird man versuchen, dies zu vermeiden. Ansonsten würde späteres Bundesrecht zwar national gelten, die internationale (völkerrechtliche) Verpflichtung der USA aber unberührt bleiben. Vgl. z.Bsp. *Texas v. Medellín*, besprochen oben Rn. 18, Fn. 21.
[5] BGBl. 1956 II, S. 488.
[6] Etwa das Haager Zustellungsabkommen, das Haager Beweisaufnahmeabkommen und das Haager Abkommen über zivilrechtliche Aspekte internationaler Kindesentführung. Die Arbeit an einem weltweiten Abkommen über Zuständigkeit und Anerkennung von Urteilen in Zivil- und Handelssachen ist im Jahre 2003 zunächst eingestellt worden. Der letzte Entwurf ist unter ftp://ftp.hcch.net/doc/workdoc49e.pdf abrufbar. Dazu *Wagner*, Die Bemühungen der Haager Konferenz für Internationales Privatrecht um ein Übereinkommen über die gerichtliche Zuständigkeit und ausländische Entscheidungen in Zivil- und Handelssachen, IPRax 2001, S. 533. Derzeitige Projekte sind Abkommen zum electronic commerce und zur Insolvenz. Die Konventionen und Entwürfe sind veröffentlicht unter http://www.hcch.net/index_en.php.
[7] Siehe *Walker, Jr.*, Modern Treaties of Friendship, Commerce and Navigation, 42 Minn. L. Rev. 805 (1958).
[8] Siehe dazu *Hay* Zivilprozeßrecht, Rn. 336 f.; *Barnett Bank of Marion County, N.A. v. Nelson*, 517 U.S. 25, 116 S.Ct. 1103, 134 L.Ed.2 d 237 (1996); *English v. General Electric Corp.*, 496 U.S. 72, 110

Bund jedoch sehr verhalten mit seinen Kompetenzen umgegangen, weshalb conflict of laws wesentlich von den Bundesstaaten und dem dortigen case law geprägt wird. Die Kompetenz der Bundesstaaten findet ihre Grenze weiterhin in vefassungsrechtlichen Vorgaben wie der due process clause oder der full faith and credit clause[9].

III. Die Erie-Doktrin

235 In diesem Zusammenhang soll nochmals auf das Problem des anwendbaren Rechts aufmerksam gemacht werden, wenn privatrechtliche Fragen von Bundesgerichten aufgrund deren konkurrierender sachlicher Zuständigkeit in diversity-Fällen nach einzelstaatlichem Recht zu entscheiden sind (oben Rn. 110 f.) wenn die Parteien aus verschiedenen Bundesstaaten oder Ländern stammen und der Streitwert $ 75,000 übersteigt; sog. inter alia.

236 Die Grundsatzentscheidung des Supreme Court,[10] heute als Erie-Doktrin bezeichnet, erging 1938 und betrifft das Verhältnis von Bundes- und einzelstaatlichem Recht. Aus der beschränkten Regelungskompetenz des Bundes (siehe oben, Rn. 113 f.) folgt zwingend, dass Bundesgerichte kein neben oder über dem einzelstaatlichen Recht stehendes Richterrecht schöpfen dürfen, soweit die Sache nicht in die Gesetzgebungskompetenz des Bundesgesetzgebers fällt. Neben diesen verfassungsrechtlichen Erwägungen führte der Supreme Court auch rechtspolitische Gründe an. Die in einem Staat tätigen Bundes- und einzelstaatlichen Gerichte sollen das Recht einheitlich anwenden und forum shopping vermeiden.[11] Die Bundesgerichte haben bei ihrer Entscheidung das Sachrecht des jeweiligen Bundesstaates anzuwenden. Dies gilt nach einer Folgeentscheidung auch für das Kollisionsrecht,[12] obwohl die verfassungsrechtlichen und rechtspolitischen Erwägungen der Erie-Doktrin dies nicht direkt vorschreiben: es ist durchaus vertretbar, dass Bundesrechtsprechung die

---

S.Ct. 2270, 110 L.Ed.2 d 65 (1990); siehe auch *Clark*, The Supremacy Clause as a Constraint on Federal Power, 71 Geo. Wash. L. Rev. 91 (2003); *Davis*, Unmasking the Presumption in Favor of Preemption, 53 S.C. L. Rev. 967 (2002); *Nelson*, Preemption, 86 Va. L. Rev. 225 (2000).

[9] Der Supreme Court stellte die due-process Beschränkung wie folgt dar: „Um das materielle Recht eines Staates in einer verfassungsgemäßen Weise anzuwenden, muss der Staat einen bedeutenden Bezug oder eine Ansammlung verschiedener Bezüge [zum Streitgegenstand] aufweisen, die sein Interesse rechtfertigen. So dass die Wahl und Anwendung dieses Rechts weder willkürlich noch unfair ist". *Allstate Insurance Co. v. Hague*, 449 U.S. 302, 101 S.Ct. 633, 66 L.Ed.2d 521 (1981) (mit einem für die Anwendung der *lex fori* ausreichenden Bezug). In *Phillips Petroleum Co. v. Shutts*, 472 U.S. 797, 105 S.Ct. 2965, 89 L.Ed.2d 628 (1985), nach Anwendung des Tests wurde der Rückgriff auf lokales Recht für unverfassungsmäßig befunden. Im Gegensatz zur in der Verfassung verankerten due-process Klausel, scheinen die Full Faith Klausel und Credit Klausel bei der Rechtswahl keine Rolle mehr zu spielen. Siehe *Franchise Tax Board of California v. Hyatt*, 538 U.S. 488, 123 S.Ct. 1683, 155 L.Ed.2d 702 (2003). Für eine Diskussion siehe *Hay/Borchers/Symeonides*, Conflicts § 3.23ff.

[10] *Erie Railroad v. Tomkins*, 304 U.S. 64, 58 S.Ct. 817, 82 L.Ed. 1188 (1938): Der Kläger war durch einen Zug der beklagten Eisenbahngesellschaft verletzt worden. Nach dem common law von Pennsylvania stand ihm kein Anspruch zu, wohl aber nach federal common law.

[11] Damit gab der Supreme Court die bis dahin geltende Regelung auf, wonach nur das einzelstaatliche statutory law Vorrang beanspruchen kann, wenn ein diversity-Fall vor Bundesgerichten verhandelt wird. Diese Beschränkung des 28 U.S.C.A. § 1652 war in der Entscheidung *Swift v. Tyson*, 41 U.S. 1, 10 L.Ed. 865 (1842) vorgenommen worden.

[12] *Klaxon Co. v. Stentor Electric Manufacturing Co.*, 313 U.S. 487, 61 S.Ct. 1020, 85 L.Ed. 1477 (1941); bestätigt in *Day & Zimmermann, Inc. v. Challoner*, 423 U.S. 3, 96 S.Ct. 167, 46 L.Ed.2 d 3 (1975).

einzelstaatliche Regelungskompetenz durch bundesrechtliche Kollisionsregeln definieren, ihr damit auch Grenzen setzen kann und darf. Im geltenden Recht kann nur das reine Verfahrensrecht vom Bundesgesetzgeber und den Bundesgerichten gestaltet werden.[13]

Die Abgrenzung von substantive law und procedural law wirft eine der schwierigsten Qualifikationsfragen auf. Sie ist nach dem **outcome-determinative test** vorzunehmen, der die Zuordnung davon abhängig macht, ob die Anwendung des einzelstaatlichen Rechts das Resultat der Entscheidung beeinflussen könnte. Dieser weitreichende Maßstab wurde von der Rechtsprechung durch zahlreiche Kriterien zur bundes- oder einzelstaatsrechtlichen Qualifikation ausgefüllt. Bundesrecht ist jedoch immer dann anzuwenden, wenn es sich um eine in den Federal Rules of Civil Procedure geregelte Materie handelt,[14] dann aber auch nur, wenn sich der Konflikt nicht durch Auslegung zugunsten der einzelstaatlichen Regelung lösen läßt.[15] In vielen anderen Fällen gestaltet sich die Abgrenzung schwieriger.[16] Von großer aktueller Bedeutung ist die bislang nicht höchstrichterlich entschiedene Frage, ob die Derogation einer Zuständigkeit durch Gerichtsstandsvereinbarung nach bundesgerichtlicher Praxis wirksam oder nach gegebenenfalls entgegenstehender einzelstaatlicher Rechtsprechung unwirksam sein soll. 237

C. Entwicklung und Stand der Theoriendebatte

Den internationalen oder interstaatlichen Sachverhalt einer Rechtsordnung zu unterwerfen verlangt, die dahinterstehenden Interessen der beteiligten Personen und Rechtsordnungen abzuwägen. Dies kann entweder durch die Formulierung abstrakter Regeln, eventuell mit Ausnahmetatbeständen bzw. Ausweichmöglichkeiten geschehen, oder aber durch gesonderte Anknüpfung eines jeden Einzelfalles. Insbesondere für die kollisionsrechtliche Abwägung im Einzelfall wiederum ist es notwendig, die theoretische Grundorientierung der Rechtsordnung zu untersuchen, die den Maßstab für diese Einzelfallanknüpfung vorgibt. Die den Allgemeinen Teil des IPR im deutschen Verständnis ausmachenden Fragen von Qualifikation, renvoi und ordre public stellen sich ebenso bei der fallorientierten Interessenabwägung des U.S.-amerikanischen Rechts. 238

Das Restatement (First) of Conflict of Laws (1932) war im Ansatz territorial. Es stand unter dem Einfluß der Lehre von den wohlerworbenen Rechten (**vested rights**), es statuierte ein regelorientiertes Kollisionsrecht. Im Einzelfall auftretende Härten wurden durch den ordre public-Vorbehalt oder die Möglichkeit einer re-characterization (unten Rn. 254) ausgeglichen. 239

---

[13] Siehe zum Beispiel *Hanna v. Plumer*, 380 U.S. 460, 85 S.Ct. 1136, 14 L.Ed.2 d 8 (1965).
[14] Der Erlaß der Federal Rules beruht auf einer Bundeskompetenz, so dass sich die verfassungsrechtliche Frage der Erie-Entscheidung erst gar nicht stellt. Vgl. *Hanna v. Plumer*, 380 U.S. 460, 85 S.Ct. 1136, 14 L.Ed.2 d 8 (1965).
[15] *Walker v. Armco Steel Corp.*, 446 U.S. 740, 100 S.Ct. 1978, 64 L.Ed.2 d 659 (1980).
[16] Siehe z. B. *Gasperini v. Center for Humanities*, 518 U.S. 415, 116 S.Ct. 2211, 135 L.Ed.2 d 659 (1996).

240 Neuere kollisionsrechtliche Ansätze lassen sich von verschiedenen Faktoren leiten. Sie haben Parteierwartungen und die Interessen („interest", an sich: rechtspolitische Wertungen) der betroffenen Staaten zum Inhalt. Bedeutung hat vor allem die **interest analysis** (oder governmental interest analysis) erlangt, die sich von rechtpolitischen Wertungen leiten läßt. Die von Currie begründete Lehre unterteilt in false conflicts, in denen keine Gegensätze bestehen,[17] und true conflicts, in denen die Rechtsordnungen der beteiligten Staaten sich nicht im Einklang befinden. In letzterem Fall muß der lex fori zur Durchsetzung verholfen werden, wenn Interessen des Forumsstaates in Frage stehen. Ansonsten wird eine Analyse der betroffenen Interessen vorgenommen, um das anzuwendende Recht zu bestimmen. Diese Grundsätze haben eine gewisse Abschwächung erfahren, doch verkörpert diese Theorie eine deutliche Bevorzugung der lex fori.

241 Ein weiterer moderner Ansatz ist die Lehre vom günstigeren Recht (**better law approach**). Die Überlegungen ähneln auch hier der interest analysis. Stehen sich Interessen verschiedener Staaten gegenüber, soll dem besseren Recht der Vorzug eingeräumt werden.[18] Es überrascht nicht, dass das bessere Recht vorwiegend daheim gefunden wird.[19] Die Berufung auf das bessere Recht erinnert an das Günstigkeitsprinzip im deutschen internationalen Deliktsrecht.[20]

---

[17] Wann liegt ein „false conflict" vor? Vornehmlich natürlich dann, wenn sich A- und B-Recht einig sind. Sind sie es nicht, fragt B (das Forum), ob A-Recht überhaupt Anwendung auf einen wie den vorliegenden Fall beansprucht (wenn z. B. nur B-Parteien am Rechtsstreit beteiligt sind). Wenn nein, dann liegt kein Konflikt vor, es handelt sich um einen „false conflict", B kann getrost eigenes Recht anwenden. Wie sieht es aber aus, wenn A (Deliktsort) dem deliktischen Schuldner aus B, für ein in B begangenes Delikt (z. B. Autounfall), eine Schadensersatzbegrenzung zugestehen würde, der Klagegerichtsstand B seinem B-Gläubiger nach B-Recht aber keine Grenze auferlegen würde. Kann/sollte man sagen: die A-Begrenzung soll nicht B-Parteien untereinander schützen, sie ist für diesen Fall nicht einschlägig, ein „false conflict" liegt vor? B-Recht findet dann Anwendung. In der Tat würde der Fall wohl so gelöst. Siehe *Neumeier*-Entscheidung, unten Rn. 262. Das deutsche Recht kam zum selben Ergebnis, Art. 40 (2) EGBGB. Was aber, wenn im Beispiel B-Recht eine Schadensbegrenzung vorsieht, A-Recht aber nicht und der Kläger klagt in Staat A? Sollten hier andere Überlegungen (A's policy) zur Anwendung von A-Recht führen? Siehe z. B. *Downing v. Abercrombie & Fitch*, 256 F.3 d 994 (9th Cir. 2001).

[18] Siehe zu governmental interest analysis und better law approach *Hay/Borchers/Symeonides* Conflicts, § 2.9 und § 2.13 sowie *Juenger*, Choice of Law, S. 98 ff. (2005) m. w. N.

[19] Der Ansatz des besseren Rechts erinnert an die Anwendung des für den Kläger günstigsten Rechts, dass das deutsche Kollisionsdeliktsrecht vor seiner Kodifizierung im Jahr 1999 charakterisierte und dann in modifizierter Form in Art. 40 § 1 EGBGB bis zu dessen Neufassung durch die Rom II-Verordnung fortbestand. Nach aktueller Rechtslage wird der Kläger nur noch bei Ansprüchen aus bestimmten Umweltdelikten begünstigt. Art. 7, Verordnung (EG) Nr. 864/2007, [2007] Amtsblatt Nr. L 199/40. Für Kommentare, siehe *Thorn*, in: Palandt, 7 Bürgerliches Gesetzbuch. Anlage zu Art. 38-42 EGBGB, „Rom II" Art. 4 Nr. 1, Art. 7 Nr. 8 (69. Ed. 2010). Eine allgemeine Bestimmung für die Anwendung des für den Kläger substanziell günstigeren Rechts kann noch in einer Reihe von nationalen Gesetzen gefunden werden. Die Kodifikation des Staates Oregon setzten die Tradition einer allgemeinen den Kläger begünstigenden Wahl des inhaltlich vorteilhafter Recht fort: Art. 8 (3) (c), 2009 Ore Ch. 451 (S.B. 561). Für eine Analyse, siehe *Symeonides*, Oregon's New Choice-of-Law Codification for Tort Conflicts: An Exegesis, 88 Ore L. Rev 963 (2010).

[20] Der Unterschied, gleichwohl, ist, dass die Regelung des dt. Rechts eine neutrale Wertung beinhaltet hat, während der U.S.-amerikanische Ansatz, jedenfalls in der Praxis, die lex fori bevorzugt. Nach der Kodifikation durch das IPR-Gesetz 1999, BGBl. 1999 I, S. 1026, ist das Günstigkeitsprinzip nur noch als (eingeschränktes) Wahlrecht des Geschädigten ausgestattet. Die Rom II-Verordnung (EG) hat die allgemeine, den Kläger bevorzugende Regel abgeschafft. Die VO führte diese Regel lediglich für den Spezialfall der Umweltdelikte ein (bzw. behielt sie aus dt. Sicht bei). Verordnung (EG) 864/2007 über das auf außervertragliche Schuldverhältnisse anzuwendende Recht, [2007] ABl. L 199/40, Art. 7.

Das **Restatement (Second) of Conflict of Laws** (1971) bekennt sich zu einer An- 242
knüpfung an das Recht des Staates mit der engsten Verbindung (most significant
relationship) zum Sachverhalt oder den Parteien. Diese bestimmt sich nach allgemein
gehaltenen Regeln – etwa § 145 für Delikt oder § 188 für vertragliche Schuldverhältnisse – mit benannten Anknüpfungskriterien für die zur Entscheidung stehenden
Einzelfragen (issues). Entgegen der deutschen Praxis, einen Fall einem Recht zu unterstellen, kann es somit zu einer Spaltung (dépeçage) des Fragenkomplexes kommen.

Allgemeine Prinzipien und beispielhaft aufgeführte Anknüpfungskriterien ergänzen 243
die „Regeln". So verweisen etwa die Anknüpfungsregeln in §§ 145 und 188 auf § 6,
dessen principles[21] damit für die Bestimmung der most significant relationship be-
deutend sind. Diese Handhabung erlaubt es auch, Erwägungen der interest analysis
oder des günstigeren Rechts einfließen zu lassen.

Die Rechtsprechung folgt zum Teil noch dem territorialen Ansatz des Restatement 244
(First), die Mehrzahl ist jedoch zu einer Anwendung der neueren Methoden, hierbei
in contracts und torts Fällen vor allem zum Restatement (Second), übergegangen.[22]
In den einzelnen Staaten herrschen jedoch erhebliche Unterschiede.[23]

D. Allgemeine Lehren

I. Domicile

Wichtigster Anknüpfungspunkt im U.S.-amerikanischen Kollisionsrecht ist, wie im 245
gesamten common law, der Wohnsitz (domicile). Das Recht am Ort des domicile
einer natürlichen Person entscheidet über alle Fragen des Personenstandes, des
Erbrechtes und über den allgemeinen Gerichtsstand (oben Rn. 130). Der Begriff
des domicile ist dabei sowohl von den deutschen Begriffen des Wohnsitzes und des
(gewöhnlichen) Aufenthaltes als auch vom englischen Domizilbegriff zu unterscheiden.

Im U.S.-amerikanischen Recht drückt der Domizilbegriff die ausschließliche Ver- 246
bundenheit der Person mit einem Ort, d. h. den Lebensmittelpunkt aus. Das mit der
Geburt erworbene „domicile of origin" kann durch ein „domicil of choice" ersetzt

---

[21] Restatement (Second) of Conflict of Laws, § 6:(1) A court, subject to constitutional restrictions, will follow a statutory directive of its own state on choice of law.(2) When there is no such directive, the factors relevant to the choice of the applicable rule of law include(a) the needs of the interstate and international systems,(b) the relevant policies of the forum,(c) the relevant policies of other interested states and the relative interests of those states in the determination of the particular issue,(d) the protection of justified expectations,(e) the basic policies underlying the particular field of law,(f) certainty, predictability and uniformity of result, and(g) ease in the determination and application of the law to be applied.
[22] Im American Journal of Comparativ Law ist jährlich eine Übersicht über die von den Bundesstaaten in contract und tort conflicts angewandte Methode veröffentlicht.
[23] Das *American Journal of Comparative Law* veröffentlicht jährlich eine vergleichende Übersicht; Vgl. für die jüngste Zusammenstellung, *Symeonides*, Choice of Law in American Courts, 59 Am.J.Comp.L. _ (2011) für die Übersicht zum Jahr 2010.

werden. Dessen Begründung setzt Aufgabe des bisherigen und Ankunft am neuen Domizil sowie animus manendi voraus.[24]

247 Anstelle des domicile erfolgt die Anknüpfung bei juristischen Personen an deren Gründungsstaat,[25] nicht Sitzstaatsrecht, wie nach deutschem Recht. Allgemeine Gerichtszuständigkeit ist zudem nach bundesprozeßrechtlichen Regeln auch in dem Staat eröffnet, in dem eine juristische Person ihren principal place of business unterhält.[26]

II. Qualifikation

248 Qualifikation (characterization) bezeichnet im U.S.-amerikanischen IPR neben der Zuordnung eines Sachverhaltes zu einer Rechtsmaterie auch die Entscheidung, ob es sich um eine prozeß- oder materiellrechtliche Frage handelt. Nach dem Restatement (First) folgte der Qualifikation hinsichtlich der Rechtsmaterie die Anwendung der diese Materie regelnden Kollisionsnorm. Um materiellrechtlich unerwünschte Ergebnisse zu vermeiden, konnte mittels einer zweiten Qualifikation (re-characterization) die kollisionsrechtliche Folge der ursprünglichen Qualifikation ersetzt werden. Die Entwicklung hin zur Auflockerung kollisionsrechtlicher Regeln erübrigt diese zweite Qualifikation. Mittels generalklauselartiger Anknüpfungsmomente, etwa der most significant relationship des Restatement (Second), kann auf der Ebene der objektiven Anknüpfung die Interessenlage des Einzelfalles Berücksichtigung finden. Ob der Sachverhalt etwa vertrags- oder deliktsrechtlich zu qualifizieren wäre, ist dann oft unerheblich.

249 Die Zuordnung einer Frage zum materiellen oder zum Prozeßrecht entscheidet darüber, ob ihre Lösung der lex fori oder dem kollisionsrechtlich zur Anwendung berufenen Recht eines anderen Staates zu entnehmen ist. Schwierigkeiten bereitet vor allem die Qualifikation von Verjährung, Schriftformerfordernissen und Zeugnisverweigerungsrechten. Während Verjährungsfragen herkömmlich prozeßrechtlich qualifiziert wurden,[27] ist dieses durch die Neufassung des § 142 des Restatement (Second) eingeschränkt worden. Danach soll sich die Verjährung ausnahmsweise nach dem Recht des Staates mit der engsten Beziehung richten.[28] Eine grundsätzliche Abkehr von der prozeßrechtlichen Qualifikation der Verjährung konnte sich jedoch nicht durchsetzen, ein entsprechender Uniform Conflict of Laws Limitations Act wurde bisher nur vereinzelt angenommen.[29]

---

[24] Vgl. Restatement (Second) of Conflict of Laws, § 11.
[25] *CTS Corp. v. Dynamics Corp. of America*, 481 U.S. 69, 107 S.Ct. 1637, 95 L.Ed.2 d 67 (1987); s. auch unten Rn. 279 Fn. 80.
[26] 28 U.S.C. § 1332 (c) (1). Siehe dazu auch oben Rn. 132.
[27] Restatement (Second) of Conflict of Laws, § 142 (Fassung 1971). Zu Ausnahmen vgl. *Hay/Borchers/Symeonides*, Conflicts, § 3.10.
[28] Restatement (Second) of Conflict of Laws, § 142 (Fassung 1988):Whether a claim will be maintained against the defense of the statute of limitations is determined under the principles stated in s 6. In general, unless the exceptional circumstances of the case make such a result unreasonable:(1) The forum will apply its own statute of limitations barring the claim.(2) The forum will apply its own statute of limitations permitting the claim unless(a) maintenance of the claim would serve no substantial interest of the forum; and(b) the claim would be barred under the statute of limitations of a state having a more significant relationship to the parties and the occurrence.
[29] Er gilt bislang nur in Colorado, Minnesota, Montana, North Dakota, Oregon und Washington. Siehe dazu auch *Hay/Borchers/Symeonides*, Conflicts, § 3.9 m. w. N.

III. Dépeçage

Lebenssachverhalte, die zum Gegenstand rechtlicher Streitigkeiten werden, können 250
komplexer Natur sein und aus mehreren Einzelsachverhalten bestehen, für die sich
selbständig Interessenlagen feststellen lassen. Auf kollisionsrechtlicher Ebene ist zu
entscheiden, ob der gesamte Komplex einheitlich nach dem Interessenschwerpunkt
des Gesamtverhältnisses beurteilt werden soll oder ob man einzelne, selbständige Teile des Sachverhaltes gesondert an deren Interessenschwerpunkt anknüpft (dépeçage).

Das deutsche IPR bedient sich der dépeçage nur ausnahmsweise.[30] Im U.S.-amerika- 251
nischen IPR dagegen ist sie natürliche Folge der neueren kollisionsrechtlichen Ansätze und ausdrückliche Zielsetzung der most significant relationship-Bestimmung
des Restatement (Second). Danach sind die beispielhaft aufgeführten contacts „… to
be evaluated according to their relative importance with respect to the particular
issue".[31] Im Ergebnis kann ein Auslandssachverhalt durch die Anwendung von Regeln und Wertungen verschiedener Rechtsordnungen anders entschieden werden, als
wenn er insgesamt nach einem der beteiligten Rechte beurteilt worden wäre.

IV. Renvoi

Kollisionsregeln etlicher europäischer Rechtsordnungen sprechen regelmäßig, mit 252
Ausnahme des Vertragsrechts,[32] einen Gesamtverweis aus, in deren Folge vor einer
Sachentscheidung zunächst das ausländische Kollisionsrecht zu beachten ist.[33] Zunehmend sehen Rechtsordnungen - vor allem im Bereich des Vertrags- und Deliktsrechts – vor, dass sich die Verweise auf Kollisionsnormen ausländischen Rechts nur
auf die Bestimmungen des materiellen Rechts beziehen und damit das fremde Kollisionsrecht ausnehmen. Dadurch wird die Möglichkeit eines renvoi verhindert.[34] Die
Folge eines kollisionsrechtlichen Gesamtverweises kann ein Weiterverweis des ausländischen Kollisionsrechtes auf eine dritte Rechtsordnung, aber auch ein Rückverweis auf den Erststaat sein. Beide Fälle werden unter dem Begriff renvoi behandelt.

Rück- und Weiterverweisung bleiben im U.S.-amerikanischen Kollisionsrecht Aus- 253
nahmen. Die herkömmliche Lehre lehnt die Beachtung ausländischer Kollisionsnormen ab. Im Rahmen der Interessenabwägung der neueren Lehren findet der renvoi

---

[30] Vgl. Art. 28 Abs. 1 S. 2 EGBGB. Auch bei der Rechtswahl haben die Parteien eines internationalen Vertrages die Möglichkeit, das Vertragsstatut zu spalten, Art. 27 Abs. 1 S. 2 EGBGB.
[31] Restatement (Second) of Conflict of Laws, § 188 (2), Abs. 2. Gleiches gilt nach § 145 für das internationale Deliktsrecht.
[32] Siehe zum Beispiel Art. 20 der Verordnung (EG) Nr. 593/2008 des Europäischen Parlaments und des Rates vom 17. Juni 2008 über das auf vertragliche Schuldverhältnisse anzuwendende Recht (Rom I) und Art. 3(1)3 des Rom Übereinkommens über das auf vertragliche Schuldverhältnisse anwendbare Recht (1980 O.J. L 226). Siehe auch *McGuinness*, Article 7(1) of the European Contracts Convention: Codifying the Practice of Applying Foreign Mandatory Rules, 114 Harv. L. Rev. 2462 (2001); *McGuinness*, The Rome Convention: The Contracting Parties' Choice, 1 San Diego Int'l L.J. 127 (2000).
[33] Vgl. zum deutschen IPR Art. 4 Abs. 1 EGBGB.
[34] Vgl. Art. 20 der Verordnung (EG) 593/2008 über das auf vertragliche Schuldverhältnisse anzuwendende Recht [2008] ABl. L 177/6, und Art 24 der Rom II Verordnung über außervertragliche Schuldverhältnisse, (EG) 864/2007, [2007] ABl. 199/40, schließen ein Renvoi für diese Verpflichtungen nun aus (Vorbehalte wurden von Dänemark und Großbritannien erklärt).

praktische Anwendung. Restatement (Second) § 8 empfiehlt, das ausländische Kollisionsrecht dann zu beachten, wenn dies zu Entscheidungsharmonie führen würde. Denkbar ist das etwa bei Befolgung eines Verweises auf ein auf sich selbst verweisendes Recht. Die Beachtung einer rückverweisenden ausländischen Kollisionsnorm belegt im Sinne der interest analysis-Lehre das Desinteresse der fremden Rechtsordnung an der Anwendung ihres eigenen Rechts. Dies führt zu einem false conflict, wodurch die lex fori zur Anwendung berufen würde.[35]

V. Ordre public

254 Auch im amerikanischen Recht finden sich Überlegungen zum ordre public. In den neueren kollisionsrechtlichen Ansätzen fließen diese rechtspolitischen Wertungen jedoch bereits in die Eingangsfrage nach dem anzuwendenden Recht ein. Für einen derartigen Vorbehalt bleibt daher nur dann Raum, wenn man diesen Strömungen nicht folgt oder wenn die Anwendung ausländischen Rechts[36] oder die Anerkennung ausländischer Entscheidungen in Frage steht (zu letzterem oben Rn. 218 ff.).

E. Besondere Materien

I. Vertragsrecht

255 Im Vertragsrecht stehen die Erwartungen der Parteien an erster Stelle. Ihr Schutz ist ein grundlegender Faktor bei der Bestimmung des anwendbaren Rechts. Im Vertragsrecht gilt die Privatautonomie. Herkömmlicherweise muß das gewählte Recht einen Bezug zu dem Rechtsgeschäft haben. Diese Voraussetzung wird im Restatement (Second) § 187 (2)[37] sowie in älteren Versionen des Uniform Commercial Code[38] statuiert. Bezüglich letzterem hat die Rechtsprechung Parteivereinbarungen zum anwendbaren Recht üblicherweise als gültig erachtet. Ein Versuch, die UCC Norm zu überarbeiten und den Parteien die Bestimmung des anwendbaren Rechts

---

[35] Vgl. *Hay/Borchers/Symeonides*, Conflicts, § 3.14. So nun auch die Entscheidung *American Motorists Insurance Co. v. ARTRA Group, Inc.*, 338 Md. 560, 659 A.2 d 1295 (1995): Die herkömmliche Anknüpfung an die lex loci contractus wird nicht aufgegeben, aber die Anknüpfung der fremden Kollisionsnorm an das Recht des Staates der most significant relationship wird als eine (Rück-) Verweisung auf die lex fori verstanden und diese angenommen.

[36] Amerikanische Gerichte wenden grundsätzlich kein ausländisches Steuer- oder Strafrecht an. Dies wurde in einem Verfahren unter dem Racketeer Influenced and Corrupt Organizations Act (RICO), 18 U.S.C. §§ 1961 ff. (2005) in Frage gestellt, in dem es um die Rückforderung von Steuerausfällen als Schadensersatz ging. Obwohl der Anspruch auf Bundesrecht beruhte, wurde die Klage abgelehnt. Siehe *Attorney General of Canada v. R.J. Reynolds Tobacco Holdings, Inc.*, 268 F.3 d 103 (2 d Cir., 2001), cert. denied 537 U.S. 1000, 123 S.Ct. 513, 154 L.Ed.2 d 394 (2002); vgl. auch *Hay*, oben Rn. 220A, Fn. 184.

[37] Nach dem Restatement (Second) of Conflict of Laws, § 187 (1) gilt das gewählte Recht uneingeschränkt für die Bereiche, die die Parteien auch mit einer ausdrücklichen Bestimmung im Vertrag hätten behandeln können. Dann inkorporieren sie das Recht nur durch einen entsprechenden Verweis. Für die Bereiche, die sie nicht selbst hätten regeln können, ist nach § 187 (2) eine entsprechende Verbindung notwendig.

[38] Siehe UCC § 1-105(1), mit minimalen redaktionellen Änderungen als § 1-301 des neu gefassten Art.1.

unabhängig von einer Beziehung zum Rechtsgeschäft zu erlauben, scheiterte jedoch: nachdem die Neufassung (§ 1–301) im Januar 2008 nur von einer Rechtsordnung (den Jungferninseln) angenommen worden war, zogen die Unterstützer der Norm – die Uniform Law Commission und das American Law Institute – ihren Vorschlag zurück.[39] Die ursprüngliche UCC Bestimmung (§ 1–105) bleibt demnach in Kraft. Die **Rechtswahl** kann auch aus dem Vertragsverhältnis resultierende deliktische Ansprüche umfassen und sich konkludent aus einem entsprechenden prozessualen Verhalten der Parteien ergeben. Eine Rechtswahlklausel wird nicht als eigenständiger Vertrag angesehen. Die Wirksamkeit wird aber eher als Zulässigkeitsfrage behandelt und daher der lex fori unterstellt. Die objektive Anknüpfung unterscheidet sich bei den jeweiligen Ansätzen.

Haben die Parteien keine Rechtswahl getroffen, ist traditionell das Recht am Ort des Vertragsschlusses für Fragen des Zustandekommens und der Wirksamkeit maßgeblich.[40] Erfüllung, Leistungsstörungen und ihre Folgen regelt das Recht am Erfüllungsort. Bei der interest analysis ist zu untersuchen, ob ein true oder false conflict besteht. False conflict bedarf keiner Entscheidung zwischen mehreren Rechten, weil nur eines Anwendung fordert. True conflicts erfordern Interessenabwägung zwischen den beteiligten Staaten. Die lex fori wird dabei naturgemäß bevorzugt. 256

Die Regelung im Restatement (Second) ist eine Reaktion auf die klaren, aber einseitigen Bestimmungen des Restatement (First).[41] Die starre Anknüpfung an den Ort des Vertragsschlusses bzw. der Erfüllung ist nicht geeignet, eine Vielzahl von Fallgestaltungen und Interessenlagen angemessen zu berücksichtigen. Es wählt daher in § 188 einen anderen Ansatz.[42] § 188 (1) beruft über die allgemeinen Prinzipien des § 6 das Recht 257

---

[39] Vgl. American Law Institute, 85th Annual Meeting Program 10–12 (May 21, 2008). Der UCC-Änderungsvorschlag sah vor, dass eine Rechtswahl der Parteien zugunsten des Rechtes eines der Bundesstaaten wirksam ist, gleich ob das Rechtsgeschäft eine Verbindung zu diesem Staat aufwies. Parteien eines internationalen Rechtsgeschäftes hatten darüber hinaus auch die Möglichkeit, das Recht eines ausländischen Staates zu wählen. Eine Ausnahme galt bei Beteiligung eines Verbrauchers: die Rechtswahl durfte ihm nicht den Schutz der Vorschriften seines Wohnsitzstaates entziehen. Siehe UCC § 1-301(d)(2001).Für das Ehegüterrecht wurde eine Rechtswahlvereinbarung für ungültig erachtet in: *Coleman v. Robinson*, 778 So.2 d 1105 (La. 2001). In Oregon trat 2001 ein IPR-Gesetz für Verträge in Kraft, das sich am Entwurf einer Kodifikation für Puerto Rico orientiert. Zu letzterem siehe *Symeonides*, Contracts, in: Law and Justice in a Multistate World – A Tribute to Arthur T. Von Mehren (2002). Das Oregon-Gesetz erlaubt Rechtswahl (O.R.S. ch. 81), sieht aber Ausnahmen vor für: Verträge mit dem Staat Oregon; in Oregon zu erfüllende Bauverträge; in Oregon zu erfüllende Dienstverträge; Verträge über nach Oregon zu liefernde Waren; von residents of Oregon in Oregon zu erfüllende Arbeitsverträge; Verträge mit Verbrauchern aus Oregon. Siehe O.R.S. § 81.105 (2001).
[40] Vgl. *Miliken v. Pratt*, 125 Mass. 374 (1878); *Pritchard v. Norton*, 106 U.S. 124, 1 S.Ct. 102, 27 L.Ed. 104 (1882) und *Emery v. Burbank*, 163 Mass. 326, 39 N.E. 1026 (1895). Diese drei klassischen Entscheidungen verdeutlichen die Anknüpfungsregeln im Internationalen Vertragsrecht und die Ausnahmen, die sich aus ordre public-Erwägungen ergeben.
[41] Restatement (First) of Conflict of Laws, § 332.
[42] Siehe Rn. 242. Restatement (Second) of Conflict of Laws, § 188: (1) The rights and duties of the parties with respect to an issue in contract are determined by the local law of the state which, with respect to that issue, has the most significant relationship to the transaction and the parties under the principles stated in s 6. (2) In the absence of an effective choice of law by the parties (siehe s 187) the contacts to be taken into account in applying the principles of s 6 to determine the law to an issue include: (a) the place of contracting, (b) the place of negotiation of the contract, (c) the place of performance, (d) the location of the subject matter of the contract, and (e) the domicile, residence, nationality, place of incorporation and place of business of the parties. These contacts are to be evaluated according to

des Staates mit der **most significant relationship**. In § 188 (2) werden Hinweise auf die engste Verbindung benannt. § 188 (3) enthält eine Sonderregelung für den Fall, dass Verhandlungs- und Erfüllungsort des Vertrages in einem Staat liegen. Dieser Staat hat gewöhnlich das größte Interesse, den Sachverhalt zu regeln. Sein Recht kommt dann vorbehaltlich der Bestimmungen der nachfolgenden Artikel zur Anwendung.

258 Die nachfolgenden Regelungen im Restatement (Second) und auch das Fallrecht sehen konkrete Anknüpfungen für eine Reihe von Verträgen vor. Verträge über die Übertragung von Rechten an einem Grundstück werden regelmäßig nach der lex rei sitae behandelt (§ 189). Der Belegenheitsstaat hat ein natürliches Interesse, derartige Übertragungen seinem Recht zu unterstellen. Auch Rechtssicherheit, Vorhersehbarkeit und Einheitlichkeit der Ergebnisse sprechen für diese Anknüpfung.[43] Für Warenkaufverträge kommt, sofern sie nicht dem UN-Kaufrecht unterliegen, nach UCC § 1–301, das durch die Kollisionsregeln des entsprechenden Staates berufene Recht zur Anwendung. Entgegen den Vorläufern verlangt die jüngste Fassung des UCC nicht mehr, dass das Geschäft eine angemessene (appropriate) Beziehung zum von den Parteien gewählten Recht hat. § 191 des Restatement (Second), welches in Kaufrechtsfällen durch den Verweis des UCC auf einzelstaatliches Recht oft anwendbar sein wird, sieht vor, dass bei der Bestimmung des anwendbaren Rechts das größte Gewicht auf dem Recht am Lieferort liegt und dann eine Korrektur zugunsten des sachnäheren Rechts vorgenommen werden kann.

II. Unerlaubte Handlungen

259 Die „IPR-Revolution" (die Abkehr vom Restatement (First) und Suche nach neuen Anknüpfungsmethoden) begann im internationalen Deliktsrecht. Die traditionelle Regelung im Restatement (First) wendet das Recht am **place of wrong**, d. h. am Ort, wo das schädigende Ereignis stattfand, an. Der place of wrong befindet sich dort, wo sich der letzte Akt ereignete, der für die Begründung eines deliktischen Anspruchs notwendig ist. Das ist regelmäßig der Ort, an dem die Verletzung eintritt (place of injury).[44]

260 Die traditionelle Regelung wurde als mechanisch und unbillig empfunden. Modernere Ansätze versuchen, vernünftige und gerechte Lösungen zu finden, die sowohl die Interessen der Parteien als auch gesellschaftliche Aspekte (Abschreckung, Entschädigung durch Private und nicht durch den Staat) berücksichtigen. Interest oder policy analysis, schon gar der better law approach führten vorwiegend und zunehmend zur Anwendung der lex fori.[45] Die Gerichte, die den traditionellen Ansatz nicht mehr

---

their relative importance with respect to the particular issue. (3) If the place of negotiating the contract and the place of performance are in the same state, the local law of this state will usually be applied, except as otherwise provided in ss 189–199 and 203.

[43] In Einzelfällen kann jedoch ein anderer Staat eine engere Beziehung zu dem Vertrag haben. *Hay*, The Situs Rule in European and American Conflicts Law, in: Hay/Hoeflich (Hrsg.), Property Law and Legal Education – Legal Essays in Honor of John E. Cribbet (1988), S. 109.

[44] Vgl. *Alabama Great Southern Railroad Co. v. Carroll*, 97 Ala. 126, 11 So. 803 (1892).

[45] Ausführlich: *Hay/Borchers/Symeonides*, Conflicts § 17. Das U.S.-amerikanische Recht hat sich zur Frage der Parteiautonomie im Deliktsrecht/der Wahl eines Deliktsrechts durch die Parteien bislang zurückhaltend, wenn nicht sogar ablehnend gezeigt. Neueres Fallrecht neigt dazu, den Parteien ein entsprechendes Wahlrecht einzuräumen. *Hay/Borchers/Symeonides*, supra, § 18.1.

verfolgen, haben sich allerdings nicht ausschließlich zu einer der modernen Lehren bekannt. Die Entscheidungen bedienen sich vielmehr oft einer Reihe unterschiedlicher Erwägungen, d. h. einer Mischung aus den verschiedenen Ansätzen.

Das Restatement (Second) sieht in § 145 eine Anknüpfung an das Recht des Staates mit der engsten Verbindung (**most significant relationship**) vor. Ähnlich der Bestimmung zur Vertragsanknüpfung werden Anhaltspunkte vorgegeben, die bei der Bestimmung des Rechts zu beachten sind. Neben dem Ort der Verletzungshandlung und des Verletzungserfolges sind die persönlichen Bezüge der Parteien zu einem Staat und der Staat, in dem eine mögliche Verbindung zwischen den Parteien besteht, zu berücksichtigen. Die engste Verbindung wird nach § 146 in Fällen der Körperverletzung am place of injury widerlegbar vermutet.[46] Eine umfassende Abwägung aller Aspekte ist unerläßlich, da die Gerichte in ihre Überlegungen die Elemente verschiedener Ansätze einfließen lassen und eine strenge Abgrenzung von most significant relationship, better law und interest analysis nicht möglich ist. Eine wichtige Besonderheit gegenüber dem deutschen Recht besteht in der prozessualen Qualifikation des Schadensrechts. Inhalt und Umfang bemessen sich nach der lex fori. Damit wird ein Anreiz zum forum shopping gegeben.[47] **261**

New York hatte seit 1963 mit neuen kollisionsrechtlichen Ansätzen im Deliktsrecht experimentiert. Widersprüchliche Entscheidungen brachten Rechtsunsicherheit. In der Entscheidung *Neumeier v. Kuehner*[48] entschloß sich der Court of Appeals, New Yorks höchstes Gericht, zu neuen Regeln, die Parteiinteressen und -erwartungen Rechnung tragen sollen, gleichzeitig dadurch auch zur Vorhersehbarkeit beitragen. Vorformulierte policies sollten ad hoc-Entscheidungen ersetzen.[49] Die spätere Entscheidung in *Schultz*[50] relativiert etwas: „the significant contacts are, almost exclusively, the parties' domiciles and the locus of the tort." Das Gericht unterschied „conduct regulations" von „loss allocating" Sachregeln. Verhaltensnormen seien von „predominant, if not exclusive concern" des Tatorts. Damit werden die **Neumeier-Rules** zum großen Teil auf loss-allocating-Normen beschränkt, im vorliegenden Fall auf die Frage, ob dem Kläger ein persönlicher Schadensersatzanspruch zusteht. **262**

Auch in anderen Staaten gibt es gelegentlich Einschränkungen der Individualbestimmung des anwendbaren Rechts. So erarbeitete auch das oberste Gericht Nevadas **263**

---

[46] Die Vermutung wird durch die most significant relationship zu einem anderen Staat verdrängt. Bemüht werden wieder die allgemeinen „Prinzipien" des § 6.
[47] Siehe *Hay*, Zivilprozeßrecht, Rn. 102ff. in: *Assmann/Bungert* (eds.), 1 Handbuch des US-amerikanischen Handels-, Gesellschafts- und Wirtschaftsrechts 535–638 (2001).
[48] 31 N.Y.2 d 121, 335 N.Y.S.2 d 64, 286 N.E.2 d 454 (1972).
[49] Die sog. „Neumeier-Rules": 1) Anwendbar ist an erster Stelle das gemeinsame Domizil-Recht der Parteien (vergleichbar mit Art. 40(2) EGBGB), 2) handelt der Beklagte in seinem Staat, nach dessen Recht er nicht haftet, dann haftet er nicht; umgekehrt haftet er, wenn er am Klägerdomizil handelt und nach dessen Recht haftet; 3) in anderen Situation gilt Tatortrecht, es sei denn, ein anderes Recht „will advance the relevant substantive purposes [of another state] without impairing the smooth working of the multi-state system or producing great uncertainty for litigants". Neumeier-Rule Nr. 1 wurde fallrechtlich auch in anderen Staaten übernommen (vgl. *Hay/Ellis*, 27 International Lawyer 369 (1993)), während die Ausweichklausel der Rule 3 erstaunlicher-, aber erfreulicherweise nicht in allzu vielen Fällen zum Tragen kam.
[50] *Schultz v. Boy Scouts of America, Inc.,* 65 N.Y.2 d 189, 491 N.Y.S.2 d 90, 95, 480 N.E.2 d 679, 684 (1985).

einen Anknüpfungskatalog. Liegen zwei der vier Anknüpfungsmöglichkeiten vor, so ergibt sich daraus das anwendbare Recht (vorbehaltlich einer Ausweichklausel). Da zwei der vier territoriale Anküpfungen sind, heißt es in dem Minderheitsvotum ironisch, das Urteil sei „little more than the vested rights doctrine with a twist of lime".[51] Von diesen wenigen vorformulierten Anknüpfungen abgesehen, bleibt es jedoch überwiegend bei der policy-orientierten Einzelfallbestimmung des anwendbaren Rechts.

264 Bei Produkthaftungsfällen kann sich das Problem der **mass torts**, d. h. der vielfachen und gehäuften Inanspruchnahme von Schädigern stellen, wenn ein Produkt in mehreren Staaten Schäden verursacht. Werden diese Fälle gebündelt und einem einzigen Bundesgericht zur Verhandlung übertragen (consolidation, oben Rn. 122), muß dieses Gericht das Kollisionsrecht jedes abgebenden Staates auf das betreffende Verfahren anwenden. Ein Vorschlag des American Law Institute sieht vor, ein einzelstaatliches Recht nach den Gesichtspunkten der most significant relationship auszuwählen und auf alle Fälle zu erstrecken.[52] Ähnliche Probleme treten bei **Persönlichkeitsrechtsverletzungen** auf, wenn diffamierende Äußerungen in mehreren Staaten veröffentlicht werden. Hier stellt sich die Frage, wie viele Klagemöglichkeiten der Geschädigte hat. Der Uniform Single Publications Act, der in einer Reihe von Staaten gilt oder durch Fallrecht übernommen wurde, sieht eine einzige Klage vor. Mit ihr muß der Geschädigte alle Schäden geltend machen. Der Act schweigt sich aber darüber aus, welches Recht Anwendung finden soll. Die Rechtsprechung schlägt eine Vielzahl von Anknüpfungen vor. Jüngere Entscheidungen tendieren zu einem klägerfreundlichen Recht, das regelmäßig am domicile besteht.[53]

III. Sachenrecht

265 Das Immobiliarsachenrecht unterliegt nach ganz einhelliger Ansicht der lex rei sitae.[54] Sie erfaßt nicht nur die Übertragung des Grundstücks, sondern auch andere Interessen wie leaseholds, dingliche Belastungen und Nutzungsrechte. Die Regelung rechtfertigt sich durch das Interesse Dritter, die auf der Anwendung dieses Rechts vertrauen.[55]

266 Die allgemeine Kollisionsregel des UCC § 1-301 (d) findet Anwendung auf die meisten Fragen hinsichtlich des beweglichen Vermögens: Fehlt eine Rechtswahl durch die Parteien, gilt die lex fori, d. h. die im Gerichtsstaat geltende Fassung des UCC, unabhängig davon, ob der Vorgang einen angemessenen (appropriate) Bezug zu diesem Staat hat. Das Restatement (Second) wendet in § 244 (1) wiederum den Maßstab der most significant relationship an, in § 244 (2) wird dabei dem Belegenheitsrecht zur Zeit der Verfügung das meiste Gewicht eingeräumt. In der Praxis werden

---

[51] *Motenko v. MGM Dist., Inc.*, 112 Nev. 1038, 921 P.2 d 933 (Nev. 1996).
[52] Siehe American Law Institute, Complex Litigation Project, Chapter 6, „Choice of Law" (1994).
[53] Siehe dazu die Nachweise bei *Hay/Borchers/Symeonides*, Conflicts, § 17.55; Restatement (Second) of Conflict of Laws § 150. Siehe auch *Zoll v. Ruder Finn, Inc.*, 2003 U.S.Dist. LEXIS 17 514 (S.D.N.Y. 2003).
[54] Vgl. Restatement (Second) of Conflict of Laws § 223; *Hay*, The Situs Rule in European and American Conflicts Law, in: Hay/Hoeflich (Hrsg.), Property Law and Legal Education – Legal Essays in Honor of John E. Cribbet (1988), S. 109.
[55] Vgl. *Fall v. Eastin*, 215 U.S. 1, 30 S.Ct. 3, 54 L.Ed. 65 (1909).

beide Anknüpfungen gleichgesetzt. Danach findet das Recht des Forums nach dem UCC ebenfalls nur dann Anwendung, wenn dieses auch die engste Verbindung zu der Transaktion aufweist.

Für **Sicherungsrechte** hält UCC Art. 9 besondere Regeln bereit. Eine Neufassung, seit 1. Juli 2001 in Kraft,[56] bringt beachtliche Änderungen, gerade auch im Hinblick auf das Kollisionsrecht. Der neue Art. 9 verzichtet auf den „last event" test für Standardprodukte/-güter, der unter der alten Fassung galt.[57] Art. 9–301 sieht nun vor, dass auf die Wirksamkeit (perfection) von Sicherungsrechten an beweglichen und unbeweglichen Sachen das Recht am Sitz („location") des Schuldners anzuwenden ist.[58] Andere kollisionsrechtliche Fragen sind außerhalb des Art. 9 zu suchen, etwa in UCC § 1–305, der es den Parteien gestattet, das anwendbare Recht zu wählen. 267

Der UCC enthält auch materielle und kollisionsrechtliche Bestimmungen über **leases**. Hier ist wichtig, dass § 2A–106, ähnlich wie das europäische Recht, Verbraucher durch eine Einschränkung der Rechtswahlfreiheit und der Bestimmung von Gerichtsständen bei consumer leases schützt. UCC Art. 8 enthält, neben Sachnormen, auch kollisionsrechtliche Bestimmungen zu investment securities (Wertpapiere). 268

IV. Familienrecht

Ganz allgemein spricht die Vermutung für das wirksame Zustandekommen einer **Ehe**. Meist führt die Anwendung der lex celebrationis zu diesem Ziel, der ordre public steht ihr nur in den wenigsten Fällen entgegen.[59] Für letzteres kommt es wohl entscheidend darauf an, weshalb man die Frage stellt. Zum Beispiel: Dürfen zwei Ehefrauen eines Inders ihn in Kalifornien, das die Doppelehe untersagt, als seine „Witwen" beerben? Kalifornien bejahte die Frage.[60] Letztlich wohl, weil nicht die Doppelehe selbst in Frage stand, sondern ob die überlebenden Partner nicht eher das Erbe teilen sollten, statt der öffentlichen Hand zur Last zu fallen. Die Vermutung bedeutet auch, dass eine Zweitehe „stärker" wirkt: eine frühere wird als aufgehoben vermutet. 269

Die **Ehescheidung** wirft keine kollisionsrechtlichen Probleme auf. Das für sie zuständige Gericht (unten Rn. 506 ff.) wendet stets die lex fori an. Das kann u. U. zu Anerkennungsproblemen im Ausland führen, wenn der Anerkennungsstaat die Beachtung des Heimatrechts der Parteien verlangt. 270

Die Nichtigkeitserklärung folgt den Regeln der Ehescheidung (= Zuständigkeit aufgrund des Domizils des Antragstellers und Anwendung der lex fori), wenn sie ex 271

---

[56] Die Neufassung ist inzwischen in allen Staaten in Kraft getreten. Sie erweitert den Anwendungsbereich von Artikel 9 auf Rechtsgeschäfte und Vermögenswerte, die vorher nicht erfaßt wurden, und definiert zentrale Begriffe der Norm neu. Der Text ist abrufbar unter http://www.law.cornell.edu/ucc/.
[57] *Burns*, New Article 9 of the UCC: The Good, the Bad, and the Ugly, 2002 U. Ill. L. Rev. 29 (2002); *Federal Energy Bar Association*, Report of Finance and Transactions Committee, 23 Energy L.J. 541 (2002).
[58] Der Sitz des Schuldners ergibt sich aus einem Verweis auf U.C.C. § 9–307.
[59] *In re May's Estate*, 305 N.Y. 486, 114 N.E.2 d 4 (1953) (Anerkennung einer nach New Yorker Recht verbotenen, von New Yorkern in Rhode Island eingegangenen Onkel-Nichte-Ehe).
[60] *In re Dalip Singh Bir's Estate*, 83 Cal.App.2 d 256, 188 P.2 d 499 (1948).

parte, also ohne Zuständigkeit über die Gegenpartei, ergeht: Zuständigkeit aufgrund des Domizils des Antragstellers und Anwendung der lex fori. Sie kann aber auch ergehen aufgrund personal jurisdiction über beide Parteien, also ihrer allgemeinen Gerichtspflichtigkeit. Weil in diesem Fall der besondere Bezug (durch Domizil) zum Gerichtsstaat fehlt, erfolgt die Nichtigkeitserklärung nun nach Maßgabe der lex celebrationis.[61]

272 **Scheidungsfolgen** (Vermögenstrennung, Unterhalt, Kindersorgerecht) richten sich – soweit vermögensrechtliche Fragen nicht schon durch ein community property-Ehegüterstatut (unten Rn. 499 ff.) vorbestimmt sind – auch nach der lex fori. Da eine ex parte-Scheidung nicht über Scheidungsfolgen mitbestimmen darf,[62] muß für diese Entscheidung Zuständigkeit über beide Parteien gegeben sein. Uniform Laws erleichtern heute das Erwirken (und die Modifizierung) von Unterhalts- und Kindersorgerechtsentscheidungen und zwei Bundesgesetze gebieten ihre bundesweite Anerkennung und Durchsetzung (dazu unten Rn. 512, 528).

272A Gleichgeschlechtliche Beziehungen (Ehen in Connecticut, District of Columbia, Iowa, Kalifornien, Massachusetts, New Hampshire, New York und Vermont), eingetragene Partnerschaften (civil union bzw. domestic partnership) in Hawaii, Illinois, Maine, New Jersey, Nevada, Oregon, Washington und Wisconsin) werfen spezielle Probleme auf, seitdem ein Bundesgesetz (der **Defense of Marriage Act** – DOMA[63]) die Einzelstaaten ermächtigt, solchen Entscheidungen und Urteilen die Anerkennung versagen zu können, die über einen gleichgeschlechtlichen Beziehungsstatus befinden oder über Umstände, die aus solchem Status folgen. Die Mehrheit der Staaten hat mit der Verabschiedung entsprechender Gesetze oder Verfassungszusätze reagiert.[64] Neben der einfachen Anerkennung der Gültigkeit der Beziehung (gültig an dem Ort wo sie eingegangen wurde), gibt es zahlreiche Fragen: u.a. im Erbrecht, zur Gesundheitsversorgung und Hinterbliebenenrente sowie zum Adoptions- und Sorgerecht.[65] In den kommenden Jahren kann auf diesem Gebiet mit einer hohen Aktivität von Gesetzgebung und Rechtsprechung gerechnet werden. Verbunden mit diesem Thema sind auch internationalprivatrechtliche Sachverhalte und Probleme.[66]

273 **Nichteheliche Kinder** sind erbberechtigt. Das erfordert der Gleichheitssatz der Bundesverfassung.[67] Allerdings dürfen die Einzelstaaten dafür eine gerichtliche Feststel-

---

[61] *Whealton v. Whealton*, 67 Cal.2 d 656, 63 Cal.Rptr. 291, 432 P.2 d 979 (1967).
[62] *Estin v. Estin*, 334 U.S. 541, 68 S.Ct. 1213, 92 L.Ed. 1561 (1909), 1 A.L.R.2 d 1412 (1948) (divisible divorce concept).
[63] 28 U.S.C. § 1738C (2003). Im Jahre 2011 empfahl Präsident Obama dem Kongress, dieses Gesetz aufzuheben.
[64] Dazu ausführlich unten Rn. 516–517.
[65] Zum aktuellen Stand zu dieser Problematik, siehe *Hay, Borchers, Symeonides*, Conflict of Laws ch. 13-15 (5th ed. 2010). Für eine frühere Darstellung, siehe *Hay*, Recognition of Same-Sex Legal Relationships in the United States, in: Reitz & Davis (eds.), American Law in the Twenty-First Century: U.S. National Reports to the XVIIth International Congress of Comparative Law, 54 Am.J.Comp.L. 257 (Supp. 2006).
[66] Vgl. *Hay*, Recognition of Same-Sex Legal Relationships in the United States, in: *Reitz & Davis* (Hrsg.), American Law in the Twenty-First Century: U.S. National Reports to the XVIIth International Congress of Compartive Law, 54 Am.J.Comp.L. 257 (Supp. 2006).
[67] *Trimble v. Gordon*, 430 U.S. 762, 97 S.Ct. 1459, 52 L.Ed.2 d 31 (1977).

lung der Abstammung zur Voraussetzung machen[68] und ihre Praxis ist recht uneinheitlich.[69]

Auch bei der **Adoption** geht es nur um die gerichtliche Zuständigkeit: das zuständige 274 Gericht (alternativ am Domizil des Annehmenden oder des Anzunehmenden) wendet das eigene Recht an. Anders aber bei der Frage, ob der Angenommene seine Adoptiveltern oder seine natürlichen Eltern beerbt: sie wird durch das internationale Erbrecht beantwortet.[70]

V. Erbrecht

Das Internationale Erbrecht unterscheidet streng zwischen unbeweglichem und beweglichem Vermögen. Die lex rei sitae regelt die Vererbung unbeweglichen Vermögens,[71] die Vererbung beweglichen Vermögens richtet sich nach dem Recht am domicile des Erblassers. 275

Diese Spaltung des estate (als Bezeichnung für die gesamte Hinterlassenschaft) und auch die Belegenheit unbeweglichen Vermögens in verschiedenen Staaten kann zur Folge haben, dass die **Formvorschriften** verschiedener Staaten beachtet werden müssen, um ein Testament wirksam zu errichten. Diesen Schwierigkeiten ist man durch die Statuierung alternativer Formvorschriften entgegengetreten, um dadurch letztwilligen Verfügungen zur Geltung zu verhelfen. So wurde die Situsregel beispielsweise von vielen Staaten dahingehend modifiziert, dass Formwirksamkeit dann gegeben ist, wenn die letztwillige Verfügung den Anforderungen des Situsstaates, dem Recht am Ort der Errichtung, dem Recht am Ort des letzten Domizils des Erblassers oder dem Recht des Staates, dem er angehörte, genügt.[72] Ähnliches gilt auch für Verfügungen von Todes wegen, die sich auf bewegliches Vermögen beziehen.[73] 276

Das **Pflichtteilsrecht** des überlebenden Ehegatten richtet sich nach dem Situsrecht für das unbewegliche Vermögen und nach dem Domizilrecht für das bewegliche Vermögen.[74] In community property-Staaten erhält der überlebende Ehegatte keinen Pflichtteil. Seine Absicherung erfolgt über das Ehegüterrecht (unten Rn. 495 ff.). Dem überlebenden Ehegatten und den Kindern des Erblassers kann darüber hinaus ein Unterhalt für eine gewisse Zeit nach dem Todesfall zustehen. Dieser Anspruch kann grundsätzlich nur im Domizilstaat und unter seinem Recht geltend gemacht werden.[75] 277

---

[68] *Lalli v. Lalli*, 439 U.S. 259, 99 S.Ct. 518, 58 L.Ed.2 d 503 (1979).
[69] Der Uniform Parentage Act of 1973 wurde im Jahre 2000 umfänglich geändert und 2002 erneut ergänzt. Diese Änderungen betreffen hauptsächlich technologische Fortschritte bei der Vaterschaftsbestimmung, künstlichen Befruchtung und ähnlichem. Zu Beginn des Jahres 2005 war die jüngste Version des Gesetzes in 4 Staaten in Kraft und in 6 weiteren vorgeschlagen. http://www.nccusl.org/nccusl/uniformacts-alphabetically.asp?p.
[70] Vgl. *Pazzi v. Taylor*, 342 N.W.2 d 481 (Iowa 1984). Vereinzelte ältere Entscheidungen berufen das Recht des Staates, in dem die Adoption ausgesprochen wurde: *Slattery v. Hartford-Connecticut Trust Co.*, 115 Conn. 163, 161 A. 79 (1932).
[71] Vgl. *Clarke v. Clarke*, 178 U.S. 186, 20 S.Ct. 873, 44 L.Ed. 1028 (1900).
[72] Vgl. UPC § 2–506.
[73] Siehe dazu *Hay/Borchers/Symeonides*, Conflicts, § 20.9 m. w. N.
[74] Vgl. *Colvin v. Hutchison*, 338 Mo. 576, 92 S.W.2 d 667 (1936) und *In re Estate of Clarke*, 21 N.Y.2 d 478, 288 N.Y.S.2 d 993, 236 N.E.2 d 152 (1968).
[75] Vgl. *Jaeglin v. Moakley*, 236 Mo.App. 254, 151 S.W.2 d 524 (1941).

VI. Trusts

278 Für testamentary trusts (unten Rn. 558) gelten die Regeln des Internationalen Erbrechts. Die Gültigkeit bestimmt sich also in der Regel nach der lex rei sitae bei unbeweglichem trust-Vermögen und nach dem Recht des Domizilstaates des settlor bei beweglichem Vermögen.[76] Auch hier können alternative Formvorschriften eingreifen. Inter vivos trusts, welche die Übertragung unbeweglichen Vermögens betreffen, richten sich wie testamentary trusts grundsätzlich nach der Situsregel. Ist bewegliches Vermögen Gegenstand der Trusterrichtung, richtet sich die Gültigkeit nach dem Recht am Ort des Transfers. Außerdem kommt der Bestimmung des anwendbaren Rechts durch den settlor eine große Bedeutung zu.[77] Die kollisionsrechtliche Frage kann noch schwieriger werden, beispielsweise wenn sich der settlor Rechte (wie die Bestimmung von Nachfolgern schon benannter Begünstigter) vorbehalten hat. Dann steht neben den oben genannten Rechtsordnungen noch das inzwischen möglicherweise neue Domizil des settlor oder der jetzige Situs des trust-Vermögens zur Auswahl.[78] Kollisionsrechtliche Probleme gibt es auch mit der Verwaltung des trust und den Rechten des trustee.[79]

VII. Gesellschaftsrecht

279 Die Entstehung und Auflösung einer Gesellschaft richtet sich nach dem Recht des **Gründungsstaates**. Das gleiche Recht gilt auch für die meisten Probleme im Zusammenhang mit den Rechten oder der Haftung der Gesellschafter und für die internen Vorgänge der Gesellschaft.[80] Die allgemeine Anknüpfung an das Gründungsstatut wird in einigen Bereichen zugunsten zusätzlicher Regelungen aufgelockert. So wird z.B. bei der Bestimmung der diversity-Zuständigkeit die Gesellschaft sowohl dem Gründungsstaat als auch dem Staat, in dem sie ihren principal place of business hat, zugeordnet.[81] Das Verhältnis zu Dritten folgt den allgemeinen Bestimmungen.[82]

280 Viele Staaten haben qualification statutes. Eine auswärtig gegründete Gesellschaft muß eine Kopie ihres Gründungsvertrages vorlegen und einen Vertreter, üblicherweise den secretary of state des jeweiligen Staates, benennen. Hauptzweck dieser statutes besteht darin, die gerichtliche Zuständigkeit über diese Gesellschaften und die Zustellung von Dokumenten zu erleichtern. Dieses Ziel wird heute auch über longarm statutes erreicht, weshalb der Nutzen dieser Vorschriften in Frage gestellt wird.[83] Bei der Nichtbeachtung drohen allerdings verschiedene Sanktionen, z. B. den Gesellschaften den Zugang zu den Gerichten des Staates zu verwehren.

---

[76] Siehe dazu auch *Hay/Borchers/Symeonides*, Conflicts, § 21.2.
[77] Vgl. *Hutchinson v. Ross*, 262 N.Y. 381, 187 N.E. 65 (1933) und *Shannon v. Irving Trust Co.*, 246 App.Div. 280, 285 N.Y.S. 478 (1936), affirmed 275 N.Y. 95, 9 N.E.2 d 792 (1937). Siehe dazu auch *Hay/Borchers/Symeonides*, Conflicts, § 21.3.
[78] Siehe zu power of appointment und den damit verbundenen Problemen *Hay/Borchers/Symeonides*, Conflicts, §§ 21.8 ff.
[79] Siehe dazu *Hay/Borchers/Symeonides*, Conflicts, §§ 21.4 ff.
[80] Vgl. *CTS Corp. v. Dynamics Corp. of America*, 481 U.S. 69, 107 S.Ct. 1637, 95 L.Ed.2 d 67 (1987).
[81] 28 U.S.C.A. § 1332 (c); siehe auch oben Rn. 132.
[82] Restatement (Second) of Conflict of Laws, §§ 301, 302.
[83] Siehe dazu *Hay/Borchers/Symeonides*, Conflicts, § 23.7 m. w. N.

Pseudo-foreign corporation statutes unterwerfen auswärtige Gesellschaften der lex **281** fori, wenn sie ihren Hauptgeschäftssitz in dem Staat haben bzw. ein Aktienanteil in bestimmter Höhe dort wohnhaften Aktionären gehört. Sie werden dann wie eine inländische Gesellschaft behandelt. Kalifornien beispielsweise hat eine entsprechende Regelung getroffen.[84] Die Gültigkeit derartiger Regelungen ist verfassungsrechtlich bedenklich.[85]

---

[84] *Western v. Sobieski*, 12 Cal. Rptr. 719 (Ct. App. 1961); *Kruss v. Booth*, 185 Cal.App. 4th 699, 111 Cal.Rpto. 3d56 (2010), as modified, 2010 Cal.App. LEXIS 1119 (Cal.App. 4th Dist. 2010).
[85] Vgl. *CTS Corp. v. Dynamics Corp. of America*, 481 U.S. 69, 107 S.Ct. 1637, 95 L.Ed.2 d 67 (1987); *Kruss*, vorherige Fn., 185 Cal.App. 4th, 699, 714 N. 16.

5. Kapitel. Zivilrecht

A. Vertragsrecht

Literatur: *Burnham*, Introduction to the Law and Legal System of the United States, 4. Auflage 2006; *Burton*, Principles of Contract Law, 3. Auflage 2006; *Calamari/Perillo*, Contracts, 6. Auflage 2004; *Crandall/Whaley*, Cases, Problems, and Materials on Contracts, 5. Auflage 2009; *Farnsworth/Young/Sanger*, Cases and Materials on Contracts, 7. Auflage 2008;*Fuller/Eisenberg*, Basic Contract Law, 8. Auflage 2006; *Knapp/Crystal/Prince*, Problems in Contract Law: Cases and Materials, 6. Auflage 2007; *Murray*, Murray on Contracts, 4. Auflage 2001; *Murphy/Speidel/Ayres*, Studies in Contract Law, 7. Auflage 2008; *Rosett/Bussel*, Contract Law and Its Application, 7. Auflage 2006; *Scott/Leslie*, Contract Law and Theory, 2. Auflage 1993; *Stone*, Uniform Commercial Code, 6. Auflage 2005; *Summers/Hillman*, Contract and Related Obligation: Theory, Doctrine, and Practice, 5. Auflage 2006.

I. Einführung

282 Das amerikanische Vertragsrecht (law of contracts) ist umfassender zu verstehen als im deutschen Recht, denn es beinhaltet nicht nur Rechtsbehelfe bei nachweisbarem Vertragsschluß. Es erstreckt sich auch auf quasi contract oder restitution, die der ungerechtfertigten Bereicherung im deutschen Recht vergleichbar ist. (Das Bereicherungsrecht wird gesondert dargestellt, unten Rn. 346 ff.) Allerdings umfaßt es nicht das gesamte Schuldrecht. Deliktsrecht (torts) ist ein eigenes Rechtsgebiet.

283 Das amerikanische Vertragsrecht ist stark wirtschaftlich geprägt. Diese Orientierung spiegelt sich in der doctrine of consideration und dem Ausnahmecharakter der specific performance wieder. Diese Rechtsinstitute, die noch eingehend behandelt werden, stellen den größten Unterschied zum Rechtssystem des civil law dar. Sie betonen die Freiheit des Marktes, die durch die abgeschwächte Durchsetzbarkeit eines Erfüllungsanspruchs gefördert wird.

284 Das Vertragsrecht hat seinen Ursprung im englischen common law und unterliegt grundsätzlich den common law-Regeln der einzelnen Bundesstaaten. Seit Ende des letzten Jahrhunderts wurde jedoch aufgrund der praktischen Schwierigkeiten, die gerade im Wirtschaftsleben durch diese Rechtszersplitterung ausgelöst wurden, der Ruf nach einheitlichen Gesetzen für den US-amerikanischen Rechtsraum laut. Vertreter der Einzelstaaten gründeten die „National Conference of Commissioners on Uniform State Laws" (NCCUSL), die selbst zwar keine Gesetzgebungskompetenz besitzt, aber Modellgesetze zur Rechtsvereinheitlichung erarbeitet (Uniform Acts) und den Einzelstaaten zur Annahme vorschlägt. Eines der ersten Einheitsgesetze war der 1906 erarbeitete Uniform Sales Act, der jedoch nicht überall Zustimmung erfuhr und bis 1930 nur von 30 Staaten umgesetzt worden war. Ende der 30er Jahre mehrten sich die Rufe nach einem einheitlichen Kaufrecht und so begann die National Conference 1942 zusammen mit dem American Law Institute die Vorbereitung eines **Uniform Commercial Code (UCC)**. Pennsylvania war der erste Staat, der den UCC übernahm. Für einen der praktisch wichtigsten Vertragstypen, den Kaufvertrag über bewegliche Waren, gelten die Regelungen des UCC Art. 2 derzeit in allen Bundesstaaten mit der Ausnahme

Louisianas.¹ Dieser Code findet auf alle Warenkäufe, nicht nur auf Handelskäufe Anwendung. Für Kaufleute gelten aber zum Teil Spezialregelungen innerhalb des Gesetzes. Der UCC Art. 2 war lange der einzige erfolgreiche Versuch, das Vertragsrecht systematisch gesetzlich zu erfassen. Aktuelle Reformvorhaben zielen auf die Anpassung an neue Anforderungen der Wirtschaft.² Der jüngere Art. 2A des UCC betrifft Leasingverträge und wird an Bedeutung gewinnen. Ferner setzte sich die Rechtsprechung zunehmend mit Software-Kaufverträgen und -lizenzen und Verträgen per Internet auseinander.³ Auch die National Conference of Commissioners on Uniform State Laws (NCCUSL), jetzt bekannt als Uniform Law Commission (ULC), und das American Law Institute befassen sich mit computer information transactions und electronic transactions.⁴

Das Wiener UN-Übereinkommen über Verträge über den internationalen Warenkauf (**CISG**) ist in den USA seit dem 1. 1. 1988 in Kraft und verdrängt als Bundesrecht abweichendes einzelstaatliches Recht einschließlich des UCC Art. 2. Dieser hat dann lediglich eine lückenfüllende Funktion. Ergänzend ist in internationalen Handelsverträgen auch auf die UNIDROIT-Principles zu achten.⁵ Daneben haben ein- **285**

---

[1] Im Jahr 2001 wurden umfangreiche Änderungen zu Artikel 1 beschlossen und in einigen Staaten dem Gesetzgeber zur Umsetzung vorgeschlagen. Bis Ende 2010 sind diese Änderungen in 37 Staaten und den US Virgin Islands in Kraft getreten. In zwei Staaten war das Verfahren noch in der Schwebe. Weitere Änderungen erleichtern elektronische Fernabsatzgeschäfte und enthalten kleinere Anpassungen gegenüber der vorangegangenen Version von Art. 2 ohne aber größere Änderungen vorzunehmen. Diese Änderungen wurden 2003 auf der Jahrestagung des American Law Institute anerkannt. Dennoch hat bis Ende 2009 kein Staat die vorgeschlagenen Änderungen an Art. 2 umgesetzt. Daher berücksichtigt auch die vorliegende Darstellung diese Änderungen nicht und orientiert sich an der Version aus dem Jahr 2002. Einen Überblick bietet *Reimann*, Die Revision des US-amerikanischen Kaufrechts, IPRax 2004, 146 ff. Neueste Informationen unter http://www.nccusl.org.

[2] Siehe dazu *Maggs*, The Waning Importance of Revisions to U.C.C. Article 2, 78 Notre Dame L. Rev. 595 (2003); *Edwards*, Article 2 of the Uniform Commercial Code and Consumer Protection: The Refusal to Experiment, 78 St. John's L. Rev. 663 (2004).

[3] Ausführlich zu dieser Thematik *Kopf*, Did you hear something? What is really happening to licensing on the Internet, 533 PLI/Pat 233 (1998); *Delaney/Lichstein*, The Law of the Internet: A Summary of U.S. Internet Case Law and Legal Developments, 505 PLI/Pat 79 (1997).

[4] Uniform Commercial Code, Foreword to 1999 Official Text and Comments vi (1999). Der frühere Vorschlag eines Art. 2B über Lizenzverträge, einschließlich solcher über Computersoftware, wurde 1999 zurückgezogen. Die National Conference unterbreitete diesen Vorschlag später als Modellgesetz (Uniform Computer Information Transactions Act), der bisher in 4 Staaten in Kraft getreten ist. 1989 empfahl die NCCUSL die Aufhebung des Artikel 6 UCC über bulk sales. Staaten, die ihn beibehalten wollten, wurden alternative Fassungen vorgeschlagen. Zum Januar 2004 hatten 43 Staaten und die US Virgin Islands Artikel 6 aufgehoben, 5 Staaten und der District of Columbia hatten die vorgeschlagene Neufassung angenommen. Siehe auch *Hillman/Rachlinski*, Standard-Form Contracting in the Electronic Age, 77 N.Y.U. L.Rev. 429 (2002); *Razook*, The Politics and Promise of UVITA, 36 Creighton L. Rev. 643 (2003). Vergleichend *Maxeiner*, Standard Terms Contracting in the Global Electronic Age, 28 Yale J. Int'l L. 109 (2003). Für einen aktuellen Überblick über Entwürfe und Entwicklungen zu Modellgesetzen siehe: http://www.nccusl.org.

[5] Siehe zum Beispiel *Fitzgerald*, The International Contracting Practices Survey Project: An Empirical Study of Value and Utility in the United Nations Convention On the International Sale of Goods (CISG) and the UNIDROIT Principles of International Commercial Contracts to Practitioners, Jurists, and Legal Academics in the United States; 25 J.L. & Com. 1 (2008); *Gabriel*, Symposium: Ruling the World: Generating International Legal Norms: Article: The Advantages of Soft Law in International Commercial Law: The Role of UNIDROIT, UNCITRAL, and the Hague Convention; 34 Brooklyn J. Int'l L. 655 (2009); *Kronke*, The UN Sales Convention, the UNIDROIT Principles and the Way Beyond, 25 J.L. & Com. 451 (2005); *Reitz*, UNIDROIT Symposium: Globalization, Inter-

zelstaatliche und der Bundesgesetzgeber in jüngerer Zeit insbesondere im Bereich des Verbraucherschutzes regelnd eingegriffen.[6] Beispiele sind der Consumer Credit Protection Act 1968[7] und der Uniform Consumer Credit Code.[8] Daneben existieren verschiedene bankruptcy laws, insurance regulations,[9] antitrust laws, state consumer protection statutes und credit disclosure laws,[10] die die Gestaltung bestimmter Vertragstypen und die Durchsetzbarkeit von Verträgen beeinflussen.

286 Das amerikanische Vertragsrecht unterscheidet wie das deutsche ausdrückliche (express) und stillschweigende bzw. konkludente (implied in fact) Verträge. Daneben existieren quasi contracts, die auch als contracts implied in law beschrieben werden. Sie lösen eine bereicherungsrechtliche Haftung aus (dazu unten Rn. 347). Wichtig ist zudem die Unterscheidung in bilateral und unilateral contracts. Bilateral contracts begründen wechselseitige Verpflichtungen der Parteien. Ein Angebot auf Abschluß eines solchen Vertrages kann ausdrücklich oder konkludent durch Vornahme der vertragsgemäßen Leistung angenommen werden kann. In unilateral contracts gibt nur eine Partei ein auf Leistung gerichtetes Versprechen ab. Angebote können daher allein durch Vornahme der vertragsmäßigen Leistung angenommen werden (unten Rn. 295).

---

national Legal Developments, and Uniform State Laws, 51 Loy. L. Rev. 301 (2005); *Marrella*, Choice of Law in Third-Millenium Arbitrations: The Relevance of the UNIDROIT Principles of International Commercial Contracts, 36 Vand. J. Transnat'l L. 1137 (2003); *Rosett*, The UNIDROIT Principles of International Commercial Contracts: A New Approach to International Commercial Contracts, 46 Am. J. Comp. L. 347 (1998); *Zaremba*, International Electronic Transaction Contracts Between U.S. and EU Companies and Customers, 18 Conn. J. Int'l L. 479 (2003).

[6] Siehe *Berger*, Adding Insult to Injury: How *In Re Venture Mortgage Fund* Exposes the Inequitable Results of New York's Usury Remedies, 29 Fordham Urb. L.J. 2193 (2002); *Bunditz*, The Federalization and Privatization of Public Consumer Protection Law in the United States: Their Effect on Litigation and Enforcement, 24 Ga. St. U. L. Rev. 663 (2008); *Martin*, The Litigation Financing Industry: The Wild West of Finance Should be Tames Not Outlawed, 10 Fordham J. Corp. & Fin. 55 (2004); *Putney*, Rules, Standards, and Suitability: Finding the Correct Approach to Predatory Lending, 71 Fordham L. Rev. 2101 (2003); *Rowland*, Comment, Defending the American Dream: Legislative Attempts to Combat Predatory Lending, 50 S. Tex. L. Rev. 343 (2008); *Shields*, Annotation, Practices Forbidden by State Deceptive Trade Practice and Consumer Protection Acts – Pyramid or Ponzi or Referral Sales Schemes, 48 A.L.R.6th 511 (2010); *Zollers/Shears/Hurd*, Fighting Internet Fraud: Old Scams, Old Laws, New Context, 20 Temp. Envtl. L. & Tech. J. 169 (2002). Siehe für eine allgemeine Diskussion, *Zupanec*, Annotation, Practices Forbidden by State Deceptive Trade Practice and Consumer Protection Acts, 89 A.L.R.3d 449 (aktualisiert 2009).

[7] U.S.C. App. 12 C.F.R. §226.1 TO 15 U.S.C. §§ 1601 et. seq. (2006), supplemented by the Truth in Lending law (Regulation Z). Siehe *Peterson*, Truth, Understanding, and High-Cost Consumer Credit: The Historical Context of the Truth in Lending Act, 55 Fla. L. Rev. 807 (2003); *Renuart/Thompson*, The Truth, The Whole Truth, and Nothing but the Truth: Fulfilling the Promise of Truth in Lending, 25 Yale J. on Reg. 181 (2008).

[8] 7 U.L.A. 475.

[9] Siehe dazu *Waterfield*, Insurers Jump on Train for Federal Insurance Regulation: Is it Really What They Want or Need?, 9 Conn. Ins. L. J. 283 (2002/2003).

[10] Z. B. in Florida, Fla. St. Ann. § 501.204 (2003) und Illinois, 815 ILCS 505/2 (2003).

II. Vertragsschluß

1. Angebot und Annahme

a) Angebot

Grundvoraussetzungen eines wirksamen Vertragsschlusses sind wie im deutschen Recht zwei übereinstimmende Willenserklärungen in Form von Angebot und Annahme. Mit dem Angebot (**offer**) gibt der Erklärende seinen Willen zu erkennen, vertragliche Bindungen eingehen zu wollen. Abzustellen ist hierbei auf einen objektiven Empfängerhorizont: Würde eine reasonable person in der Lage des Erklärungsempfängers annehmen, dass seine Annahme einen wirksamen Vertragsschluß herbeiführt? Werbeerklärungen stellen auch im amerikanischen Recht grundsätzlich kein Vertragsangebot, sondern eine bloße invitatio ad offerendum dar.[11] Gleiches gilt für Postwurfsendungen (trade circulars).[12] 287

Das Angebot muß hinreichend klar und bestimmt sein und die wesentlichen Punkte regeln. Der notwendige Inhalt richtet sich nach der Art des Vertrages. Grundstückskaufverträge erfordern eine Angabe des Kaufpreises und eine genaue Beschreibung des Grundstücks, für Kaufverträge über bewegliche Güter verlangt Art. 2 UCC dagegen keine Preisangabe,[13] die Gegenstände müssen aber in Art und Anzahl bestimmt oder zumindest bestimmbar sein. Verträge sind nach Möglichkeit aufrechtzuerhalten und etwaige Lücken durch Auslegung zu schließen.[14] So bestimmt es auch UCC § 2–204.[15] 288

Vertragsangebote können auf verschiedene Weise **erlöschen** und dann folglich nicht mehr wirksam angenommen werden. Zu den wichtigsten Gründen gehören Zeitablauf (lapse of time), Widerruf (revocation) und Ablehnung des Angebots (rejection) durch den Erklärungsempfänger. Vertragsangebote sind mit ihrem Empfang für den angegebenen bzw. bei Fehlen einer entsprechenden Bestimmung für einen angemessenen Zeitraum wirksam. Mündliche Angebote müssen sofort angenommen werden. 289

Ein Angebot kann grundsätzlich vor wirksamer Annahme frei **widerrufen** werden.[16] Dies erklärt sich daraus, dass einem Angebot keine Gegenleistung gegenübersteht, die eine Bindungswirkung rechtfertigen würde.[17] Für unilateral contracts gilt allerdings eine Besonderheit. Das Vertragsangebot ist in vielen Einzelstaaten mit Beginn der Gegenleistung nicht mehr frei widerrufbar, um den Annehmenden zu schützen. Es läßt sich auch dadurch rechtfertigen, dass ein Teil der consideration erbracht ist.[18] 290

---

[11] Ein Vertragsangebot kann nur angenommen werden, wenn der Vertragsgegenstand bestimmt wurde und die Person des Annahmeberechtigten identifizierbar ist. *Murray*, Contracts § 34 (a).
[12] *Murray*, Contracts § 34 (a).
[13] Vgl. UCC § 2–305.
[14] *Murray*, Contracts § 90. Siehe im Gegensatz dazu die alte Ansicht von Richter Cardozo in *Sun Printing & Publishing Association v. Remington Paper & Power Co.*, 235 N.Y. 338, 139 N.E. 470 (1923).
[15] UCC § 2A–204 ist nahezu identisch.
[16] *Peerless Casuality Co. v. Housing Authority of the City of Hazelhurst*, 228 F.2 d 376 (5th Cir. 1955); *Kuhnhoffer v. Naperville Community School District 203*, 758 F.Supp. 468 (N. D. Ill. 1991); *Beard Implement Co. v. Krusa*, 208 Ill.App.3 d 953, 567 N.E.2 d 345 (1991), appeal denied 139 Ill.2 d 593, 575 N.E.2 d 911 (1991).
[17] Die consideration-Lehre ist Gegenstand gesonderter Ausführungen (unten Rn. 300 ff.).
[18] Diese part performance-Regel wurde in einigen Bundesstaaten abgeändert.

Erhält der Anbietende für das Offenhalten des Angebots zusätzlich consideration, so handelt es sich um einen option contract. Ein Widerruf des Vertragsangebots ist innerhalb des zugesicherten Zeitraums ausgeschlossen.[19] Nach UCC § 2–205 gilt eine Besonderheit für Kaufverträge über bewegliche Güter. Ist der Verkäufer Kaufmann und erklärt er schriftlich, dass er sein Angebot für einen bestimmten Zeitraum (sonst für einen reasonable Zeitraum) nicht widerrufen wird (firm offer), kann der Erklärungsempfänger auch ohne consideration darauf vertrauen.[20] Dabei ist zu beachten, dass der Kaufmannsbegriff ein anderer ist als im deutschen Recht. Kaufmann (merchant) ist nach der Definition des UCC § 2-104(1) jeder, der mit beweglichen Gütern handelt oder vorgibt, besondere Kenntnisse oder Befähigungen hinsichtlich derartiger Waren zu haben.

291 Ein Vertragsangebot kann infolge von **equity-Erwägungen** auch dann nicht mehr widerrufen werden, wenn der Erklärungsempfänger im Vertrauen darauf seine Vermögenssituation nachteilig veränderte und dies für den Erklärenden voraussehbar sein mußte.[21] Die von der Rechtsprechung entwickelte promissory estoppel theory sucht die Härten der doctrine of consideration (unten Rn. 304) zu vermeiden.

292 Ist der Widerruf zulässig, kann er durch eine ausdrückliche Erklärung erfolgen. Die Wirksamkeit tritt dann mit Zugang beim Erklärungsempfänger ein. Ein Angebot wird auch widerrufen, wenn der Erklärende sich offensichtlich unvereinbar mit diesem verhält und dies dem Empfänger bekannt ist.

293 Ein Vertragsangebot **erlischt**, wenn der Erklärungsempfänger es ablehnt. Neben einer ausdrücklichen Erklärung bewirkt auch ein inhaltliches Abweichen oder eine bedingte Annahme die Ablehnung des Angebots. Die Annahmeerklärung muß inhaltlich dem Angebot in allen Einzelheiten entsprechen (mirror image rule[22]), sonst kommt kein wirksamer Vertrag zustande. Nach common law handelt es sich bei Abweichungen um ein Gegenangebot und damit konkludent um eine Ablehnung des ursprünglichen Angebots. Widersprechen sich die Erklärungen der Vertragsparteien und kommt es trotzdem zu einer Lieferung des Vertragsgegenstandes und seiner Annahme durch die andere Partei, so ist ein Vertrag zustande gekommen. Für den Inhalt des Vertrages ist die letzte Erklärung ausschlaggebend. Die Theorie des letzten Wortes, wie sie im deutschen Recht bekannt war, findet Niederschlag in den battle of forms[23] und ist vor allem für Allgemeine Geschäftsbedingungen wichtig. Eine Besonderheit gilt auch hier für Kaufverträge. Nach UCC § 2-207(1) hindert das Hinzu-

---

[19] *Murray*, Contracts § 43 (b).
[20] Siehe zur Illustration etwa *Mid-South Packers, Inc. v. Shoney's Inc.*, 761 F.2 d 1117 (5th Cir. 1985).
[21] In der amerikanischen Rechtsprechung besonders ausführlich diskutiert in Verbindung mit Subunternehmer-Verträgen; vgl. etwa *James Baird Co. v. Gimbel. Bros., Inc.*, 64 F.2 d 344 (2 d Cir. 1933); *Drennan v. Star Paving Co.*, 51 Cal.2 d 409, 333 P.2 d 757 (1958); *Southern Cal. Acoustics Co. v. CV Holder, Inc.*, 71 Cal.2 d 719, 79 Cal. Rptr. 319, 456 P.2 d 975 (1969); *Coyote Corporation v. Chipman Construction, Inc.*, 1999 WL 155 938, 1999 Wash. App. LEXIS 516 (1999); *Diamond Electric, Inc. v. Delaware Solid Waste Authority*, 1999 WL 160 161, 1999 Del. Ch. LEXIS 45 (1999); *Day & Associates, Inc. v. Cowman, Inc.*, 1998 WL 756 521, 1998 Md. App. LEXIS 184 (1998).
[22] *Reed v. Wehrmann*, 159 F. Supp. 2 d 700 (S.D. Ohio 2001); *Vesta Investa, Inc. v. Harris*, 1999 WL 55 649, 1999 Minn. App. LEXIS 123 (1999); *I.C.C. Protective Coatings, Inc., v. Staley Manufacturing Company*, 695 N.E.2 d 1030 (Ind. 1998); *Morrison v. Trust Company Bank*, 229 Ga. App. 145, 493 S.E.2 d 566 (1997).
[23] *Murray*, Contracts § 49. Siehe auch *Reilly Foam Corp. v. Rubbermaid Corp.*, 206 F. Supp. 2 d 643 (E.D.Pa 2002).

fügen zusätzlicher Inhalte die Annahme eines Vertrages grundsätzlich nicht. Der Vertrag wird unter den Bedingungen des Angebots wirksam.[24] Wenn beide Parteien Kaufleute sind, das Angebot nicht ausdrücklich auf seinen Inhalt beschränkt wurde und die Änderung keinen wesentlichen Vertragsbestandteil betrifft, so werden die Zusätze ebenfalls Vertragsbestandteil, wenn der Empfänger nicht innerhalb angemessener Frist widerspricht.[25]

Schließlich erlischt ein Vertragsangebot, anders als im deutschen Recht, auch mit dem Tod oder dem Eintritt der Geschäftsunfähigkeit des Erklärenden oder des Erklärungsempfängers vor wirksamer Annahme. 294

b) Annahme

Wirksame Annahme (**acceptance**) eines Vertragsangebots setzt voraus, daß der Erklärende von dem Angebot wußte und es an ihn gerichtet war.[26] Es gibt verschiedene Möglichkeiten einer wirksamen Vertragsannahme. Für unilateral contracts ist die Erfüllung der gesamten Vertragsleistung notwendig.[27] Bilateral contracts werden angenommen durch die Abgabe eines Gegenversprechens in Form der Zusage des vom Anbietenden Geforderten. Dies kann ausdrücklich oder konkludent mit Beginn der vertragsgemäßen Leistung erfolgen.[28] Schweigen stellt grundsätzlich keine Annahmeerklärung dar.[29] Etwas anderes kann sich jedoch aus einer Vereinbarung oder den Gepflogenheiten der Parteien ergeben. Hat der Anbietende die Art und Weise der Annahmeerklärung festgelegt, so muß sich der Annehmende danach richten.[30] Wurde nichts bestimmt, muß der Annehmende eine wenigstens gleich schnelle Sendeart wie der Anbietende benutzen, sonst erlischt das Angebot.[31] 295

Falschlieferung stellt beim Warenkauf, wie im Wiener Kaufrecht, eine Annahme des Vertrages dar, begründet aber einen Schadensersatzanspruch wegen Vertragsbruchs. Eine Ausnahme gilt, wenn die Parteien Kaufleute sind und der Verkäufer der Lieferung ein neues Vertragsangebot beilegt. Der Besteller kann dieses Angebot annehmen oder es zurückweisen, ohne vertragsbrüchig zu werden. 296

Grundsätzlich setzt das wirksame Zustandekommen eines Vertrages voraus, daß die Annahme dem Anbietenden zugeht oder er Kenntnis vom Beginn der Leistung er- 297

---

[24] Herrschende Rechtsprechung; vgl. etwa *Dorton v. Collins & Aikman Corp.*, 453 F.2 d 1161 (Tenn. 1972), *St. Charles Cable TV v. Eagle Comtronics*, 687 F.Supp. 820 (S. D. N. Y. 1988), affirmed without opinion 895 F.2 d 1410 (N.Y. 1989); *Superior Boiler Works, Inc. v. Sanders, Inc.*, 711 A.2 d 628 (R. I. 1998). Der abweichenden Entscheidung *Roto-Lith, Ltd. v. FP Bartlett & Co.*, 297 F.2 d 497 (Mass. 1962), wird kaum gefolgt.
[25] Siehe UCC § 2-207(2). Siehe auch *JOM, Inc. v. Adell Plastics, Inc.*, 193 F.3 d 47 (1st Cir. 1999).
[26] In re *Fasano/Harriss Pie Co.*, 43 B.R. 864 (Bankr. W. D. Mich. 1984), affirmed by *Fasano/Harriss Pie Co. v. Food Marketing Associates, Ltd.*, 70 B.R. 285 (W. Mich. 1987).
[27] Mit Beginn der Erfüllungshandlung erlischt jedoch die Widerrufsmöglichkeit des Anbietenden, oben Rn. 288.
[28] Restatement (Second) of Contracts, § 32. Siehe auch UCC § 2–206.
[29] *Radioptics, Inc. v. United States*, 621 F.2 d 1113, (Ct. Cl. 1980); *Eimco Div. v. United Pac. Ins. Co.*, 710 P.2 d 672 (Idaho Ct. App. 1985); *Rosenberg v. Townsend, Rosenberg & Young, Inc.*, 376 N.W.2 d 434 (Minn. Ct. App. 1985).
[30] In re *Flagstaff Foodservice Corp.*, 25 B.R. 844 (Bankr. S. D. N. Y. 1982).
[31] Restatement (Second) of Contracts, § 65.

langt.³² Wird die Annahme allerdings auf dem Postwege erklärt, ist sie wirksam ab dem Zeitpunkt, in dem sie in die Post gegeben wird (**mailbox rule**³³). Anders als im deutschen Recht ist der tatsächliche Zugang beim Empfänger damit nicht entscheidend. Die Annahmeerklärung wird selbst dann wirksam, wenn sie verlorengeht oder mit erheblichen Verzögerungen eintrifft. Die Parteien können die Geltung der mailbox rule abbedingen. Sie ist auch in den Fällen eines option contract nicht anwendbar: Hält der Anbietende sein Vertragsangebot gegen consideration bis zu einem bestimmten Zeitpunkt offen, so ist die Annahme erst mit Zugang bei ihm wirksam.³⁴

298 Die mailbox rule bereitet Schwierigkeiten im Falle paralleler Annahme- und Widerrufserklärungen des Angebotsempfängers. Wird ein Widerruf zuerst abgesandt, erreicht die Annahmeerklärung den Empfänger jedoch eher, so ist ein Vertrag zustande gekommen. Da der Widerruf erst mit Zugang beim Erklärungsempfänger wirksam wird, erfolgte schon früher eine wirksame vertragliche Bindung. Die Geltung der mailbox rule beschränkt sich auf Annahmeerklärungen, sie gilt nicht für Angebote und Widerrufe.

299 Ein Vertrag kommt selbst dann zustande, wenn zuerst die Annahmeerklärung abgesandt wird, der Widerruf jedoch schneller eintrifft. Denn hier trat eine Bindung bereits mit dem Absenden der Annahmeerklärung ein. Der Widerruf bleibt daher ohne Bedeutung. Allerdings verdient der Anbietende Schutz, insbesondere wenn er sich aufgrund des Widerrufs, den er als Ablehnung werten mußte, anderweitig vertraglich gebunden hat. Wenn derartige Umstände vorliegen, wird er aus equity-Überlegungen frei.

2. Consideration

300 Im amerikanischen Recht bedarf es einer consideration, um ein promise bindend zu machen.³⁵ Nach einer älteren Auffassung erforderte consideration, dass die eigene Leistung einen Nachteil (detriment) und die erwartete Leistung einen Vorteil (benefit) brachte. Eine consideration ergibt sich aus dem Inhalt des Versprechens³⁶ bei einem bilateral contract oder dem Verhalten des Versprechensempfängers³⁷ beim unilateral contract. Ein Vertrag ohne consideration ist illusory und verpflichtet nicht. Hinter dieser Regelung verbirgt sich der Grundgedanke eines bargain, eines Geschäfts, bei dem Leistung und Gegenleistung ausgehandelt wurden. Dieser Handel ist das charakteristische Merkmal. Das Vertragsrecht stellt sich somit als Recht des

---

[32] *Mintzberg v. Golestaneh*, 390 So.2 d 759 (Fla. Dist. Ct. App. 3 d Dist. 1980); *Lamb v. Morderosian*, 36 Or. App. 505, 584 P.2 d 796 (1978); *Ardente v. Horan*, 117 R.I. 254, 366 A.2 d 162 (1976).

[33] Basierend auf der alten englischen Entscheidung *Adams v. Lindsell*, 1 Barnewall & Alderson 681, 106 Eng. Rep. 250 (1818), nahezu unbestritten in der amerikanischen Rechtsprechung. Lediglich einzelne Entscheidungen haben versucht, von dieser Regel abzuweichen und die Annahme erst mit Zugang für wirksam zu erklären; vgl. etwa *Rhode Island Tool Co. v. United States*, 130 Ct. Cl. 698, 128 F.Supp. 417 (1955).

[34] Restatement (Second) of Contracts, § 63 (b). Siehe auch *Southern Region Indus. Realty v. Chattanooga Warehouse & Cold Storage Co.*, 612 S.W.2 d 162 (Tenn. App. 1980); *Livesey v. Copps Corp.*, 90 Wis.2 d 577, 280 N.W.2 d 339 (1979).

[35] Restatement (Second) of Contracts, § 71.

[36] Restatement (Second) of Contracts, § 75.

[37] Restatement (Second) of Contracts, § 72.

Austausches zweier Leistungen dar. So hat nun auch im modernen Recht der Bezug auf bargain und bargained-for-consideration die ältere Betrachtungsweise abgelöst.[38] Bargain ist dabei weit zu verstehen. Auf Umfang bzw. wirtschaftliche Gleichwertigkeit der Gegenleistung kommt es dabei nicht an (sog. „peppercorn theory").[39]

Das weitgefaßte common law-Erfordernis einer consideration ist heute aus einem zusätzlichen Grund von eingeschränkter praktischer Bedeutung. Größere Verträge werden aus Beweissicherungsgründen in der Regel schriftlich verfaßt, nach dem Recht einiger Einzelstaaten ein ausreichender Ersatz für consideration.[40] 301

Für die Beurteilung des Vorliegens einer consideration ist der Zeitpunkt des Vertragsschlusses entscheidend.[41] Moralische Verpflichtungen (moral obligation) allein reichen nicht.[42] Eine in der Vergangenheit liegende Leistung oder Unterlassung (past consideration) kann schon begrifflich nicht consideration sein, denn es fehlt an dem bargain.[43] Auch die Erfüllung einer schon vorab existierenden vertraglichen oder gesetzlichen Verpflichtung (preexisting duty rule) scheidet begrifflich als consideration aus.[44] Wichtig ist dies für Vertragsmodifikationen, die deshalb für ihre Wirksamkeit nach common law einer gesonderten consideration bedürfen. 302

Eine **Ausnahme** kann dann vorliegen, wenn ein unvorhergesehenes Ereignis die Nichterfüllung des Vertrages zu den ursprünglichen Konditionen entschuldigt hätte. Eine wichtige Ausnahmeregelung enthält auch der UCC: Vertragsänderungen setzen keine gesonderte consideration voraus, entscheidend ist allein der good faith der Partei, welche die Vertragsanpassung möchte.[45] Auch der Erlaß einer fälligen und durchsetzbaren Schuld ist nur bei gesonderter consideration bindend.[46] Dagegen verpflichtet ein Versprechen, eine bereits verjährte oder im Konkursverfahren aufgehobene Schuld (discharged) zu begleichen ohne consideration.[47] Verjährung und Konkurs 303

---

[38] Auch das Restatement (Second) of Contracts, §§ 3, 17 (1) greift dieses Kriterium auf.
[39] *Murray*, Contracts § 59 (a); *Whitney v. Stearns*, 16 Maine 294, 297 (1839); *Miller v. Bank of Holly Springs*, 131 Miss. 55, 85 So. 129, 130 (1923); *Blubaugh v. Merril, Lynch, Pierce, Fenner & Smith, Inc. v. Century Surety Company*, 1985 WL 8260, 1985 Ohio App. LEXIS 8371 (1985); *Lloyd's Credit Corporation v. Marlin Management Services*, 158 Vt. 594, 614 A.2 d 812 (1992). Consideration muss nicht angemessen im ökonomischen Sinne sein, sondern nur rechtlich "ausreichend".
[40] Auch das Restatement (Second) of Contracts, § 95 erkennt diese Möglichkeit an.
[41] *Bayshore Royal Company v. Jason Company of Tampa, Inc.*, 480 So.2 d 651 (Fla. Ct. App. 1985).
[42] *Dementas v. The Estates of Jack Tallas*, 764 P.2 d 628 (Utah App. 1988). Die alte entgegengesetzte Lord Mansfield's Rule wurde schon durch *Eastwood v. Kenyon*, 113 Eng. Rep. 482 (1840) aufgehoben.
[43] Allerdings gibt es Ausnahmen in der Rechtsprechung, insbesondere in Fällen der moral consideration.
[44] *Reinhardt v. Passaic-Clifton National Bank & Trust Co.*, 16 N.J.Supp.439, 84 A.2 d 741 (1951); affirmend 9 N.J. 607, 89 A.2 d 242 (1952), *Citibank, Nat'l Asso. v. London*, 526 F.Supp. 793 (S. D. Tex. 1981); *Hurd v. Wildman, Harrold, Allen & Dixon*, 303 Ill.App.3 d 84, 707 N.E.2 d 609, 236 Ill.Dec. 482 (1999); *Jaynes v. Strong-Thorne Mortuary, Inc.*, 124 N.M. 613, 954 P.2 d 45 (1997).
[45] UCC § 2–209 (1).
[46] *Johnson v. Maki and Associates, Inc.*, 289 Ill.App.3 d 1023, 682 N.E.2 d 1196, 225 Ill. Dec. 119 (1997); *Gavery v. McMahon & Elliott*, 283 Ill.App.3 d 484, 670 N.E.2 d 822, 219 Ill. Dec. 144 (1996).
[47] *Herrington v. Davitt*, 220 N.Y. 162, 167, 115 N.E. 476, 477 (1917); *Beneficial Fin. Co. v. Lalumia*, 223 So.2 d 202 (La. 1969); *Estate of Wolf v. Comm'r*, 264 F.2 d 82 (3 d Cir. 1959); *Waters v. Lanier*, 116 Ga. App. 471, 157 S.E.2 d 796 (1967); *Brunhoeber v. Brunhoeber*, 180 Kan. 396, 304 P.2 d 521 (1956); *Pascali v. Hempstead*, 8 N.J.Super. 40, 73 A.2 d 201 (1950); *International Aircraft Sales, Inc. v. Betancourt*, 582 S.W.2 d 632 (Tex. 1979). Siehe auch Restatement (Second) of Contracts, § 82.

werden hier nicht materiellrechtlich gesehen, sondern als Hemmung der Durchsetzung.

304 Das Fehlen einer bargained-for-consideration kann Verträge verhindern, in denen der Versprechensempfänger gleichwohl schutzwürdig erscheint. Eine Vertragshaftung kann hier durch **promissory estoppel** begründet werden.[48] Estoppel kommt aus dem equity-Recht und hat seine sprachlichen Wurzeln in dem Wort „stop".[49] Jemand wird „estopped", d. h. ihm wird das Recht genommen, sich auf eine Einrede zu berufen. Im promissory estoppel ist es das abgegebene Versprechen, das es dem Versprechenden unter den gegebenen Umständen nicht mehr erlaubt, die Bindungswirkung des Versprechens dadurch in Frage zu stellen, dass er sich auf fehlende consideration auf der Gegenseite beruft. Promissory estoppel diente zunächst dazu, Schenkungsversprechen und intrafamiliären Versprechen, denen altruistische Motive zugrunde liegen, Bindungswirkung zu verleihen. Heute wird promissory estoppel auch auf Verträge angewandt, die den Charakter eines bargain aufweisen, jedoch aufgrund anderer Mängel nicht durchsetzbar sind. Die Voraussetzungen für die Anwendung der promissory estoppel theory als Ersatz für fehlende consideration sind gegeben, wenn ein Versprechen abgegeben wurde, der Versprechensempfänger im Vertrauen darauf tätig wurde, was der Versprechende wissen und vorhersehen mußte, und Unbilligkeiten durch ein Durchsetzen des Versprechens (jedenfalls, soweit es Gerechtigkeitserwägungen erfordern) vermeidbar sind.

3. Form

305 Bestimmte Verträge bedürfen der Schriftform. Sie unterfallen dem **Statute of Frauds**.[50] Dazu gehören nach common law-Regeln Versprechen in Gegenleistung zur Eingehung der Ehe, Versprechen eines Testamentsvollstreckers zur Begleichung von Schulden der Erbmasse aus eigenen Mitteln, Garantie- und Bürgschaftsversprechen. Die drei bedeutendsten vom Statute of Frauds erfassten Vertragstypen sind Verträge über die Übertragung von Rechten an Grundstücken für länger als ein Jahr, der Kauf beweglicher Sachen mit einem Wert von $ 500 oder mehr und ganz allgemein Verträge, die nicht innerhalb eines Jahres erfüllt werden können. Ist keine Zeit bestimmt, so wird vermutet, dass Erfüllung innerhalb eines Jahres möglich ist, auch wenn dies höchst unwahrscheinlich erscheint.[51] Eine Vollmacht zum Abschluß eines Vertrages, welcher dem Statute of Frauds unterliegt, muß zu ihrer Wirksamkeit ebenfalls schriftlich erteilt werden (rule of equal dignity). Bei Vertragsänderungen

---

[48] Diese Rechtsfigur wurde auch im Restatement (Second) of Contracts, § 90 (1) aufgegriffen. Als Rechtsfolge ist neben einer Vertragshaftung auch eine limited remedy möglich, ein beschränkter Schadensersatz- oder Bereicherungsanspruch, dessen Höhe sich nach Billigkeitserwägungen bestimmt.

[49] *Hay*, On Merger and Preclusion (Res Judicata) in U.S. Foreign Judgments Recognition – Unresolved Doctrinal Problems, in: Schütze u. a. (Hrsg.), FS für Reinhold Geimer, 2002, S. 325, Fn. 13.

[50] 1677 vom englischen Parlament erlassener Act for the Prevention of Fraud and Perjuries, noch in allen U.S.-Bundesstaaten in Kraft, obwohl 1954 in England aufgehoben. Siehe Restatement (Second) of Contracts, § 110.

[51] Einen Vertrag über die Erbringung „lebenslanger Dienstleistungen" durch einen Vierzigjährigen erfaßt das Statut nicht, den Fünf-Jahres-Arbeitsvertrag eines Hundertjährigen allerdings schon. Letzterer kann sein Arbeitsversprechen unmöglich innerhalb eines Jahres erfüllen. Im Falle „lebenslanger Dienstleistungen" ist Vertragserfüllung innerhalb eines Jahres durch Ableben des Dienstverpflichteten denkbar. Weitere Beispiele in Restatement (Second) of Contracts § 130.

bestimmt die Natur des zukünftigen Vertrages, ob sie formbedürftig sind. Fällt ein Vertrag unter das Statute of Frauds und sind dessen Anforderungen nicht erfüllt, so unterscheiden sich die Rechtsfolgen von Bundesstaat zu Bundesstaat. In einigen Bundesstaaten ist der Vertrag anfechtbar durch die in Anspruch genommene Partei,[52] in anderen ist er nichtig und damit von keiner der Parteien durchsetzbar.[53]

Damit der Vertrag dem Statute of Frauds genügt, ist es nicht notwendig, dass ein Schriftstück existiert, das seinen Inhalt wiedergibt. Auch braucht das Schriftstück nicht von beiden Parteien unterschrieben zu sein. Es muß sich lediglich aus einem von der in Anspruch genommenen Partei unterschriebenen Schriftstück ergeben, dass ein Vertrag geschlossen wurde.[54] Ein Schreiben, das den Rücktritt vom Vertrag erklärt, läßt den Adressaten also aus dem Vertrag klagen (und dessen Inhalt durch Zeugen oder andere Mittel beweisen), obgleich er mangels eines von ihm unterzeichneten Schriftstücks selbst nicht verklagt werden könnte. 306

Es gibt allerdings eine Reihe von Ausnahmen zum Statute of Frauds. An erster Stelle steht die ordnungsgemäße Erfüllung des Vertrages. Der zur Heilung notwendige Umfang der Erfüllungsleistung hängt dabei allerdings von der Art des Vertrages ab. Dienstverträge für länger als ein Jahr sind ohne Einhaltung der Schriftform durchsetzbar, wenn eine der Parteien ihrer Leistungspflicht nachgekommen ist. Vollständige Vertragsleistung ist hier allerdings nötig. Kaufverträge über bewegliche Güter mit einem Wert von $ 500 und mehr unterliegen dagegen auch schon bei teilweiser Vertragserfüllung nicht mehr dem Statute of Frauds, allerdings nur bis zur Höhe der erbrachten Leistung, UCC § 2-201(3)(c).[55] Wurden die Waren speziell für den Käufer hergestellt, so kann sich dieser nach Beginn der Herstellung nicht mehr auf die Nichterfüllung des Statute of Frauds berufen, § 2-201(3)(a). Anerkennung des Vertragsschlusses im Prozeß heilt ebenfalls, § 2-201(3)(b). Die Übertragung von Grundstücksrechten scheitert dann nicht mehr an dem Formerfordernis, wenn der Verkäufer seiner Leistungspflicht nachgekommen ist und das dingliche Recht an den Käufer übertragen hat. Die Zahlung des vollständigen Kaufpreises durch den Käufer stellt dagegen allein keinen Heilungstatbestand dar. Hinzukommen muß die Inbesitznahme des Grundstücks durch den Käufer oder Verbesserungen auf dem Grundstück durch ihn im Vertrauen auf den Vertrag. 307

4. Nichtigkeit und Anfechtbarkeit

a) Geschäftsfähigkeit

Unter common law war eine Person unter 21 Jahren nicht fähig, sich vertraglich zu binden.[56] In den meisten Staaten wurde dieses Alter jedoch mittlerweile auf 18 Jahre herabgesetzt.[57] Geschäftsunfähig sind auch mental zurückgebliebene Personen. Dies 308

---

[52] Z. B. *McIntosh v. Magna Sys., Inc.*, 539 F.Supp. 1185 (N. D. Ill. 1982).
[53] Z. B. Ala. Code § 8-9-2 (2003).
[54] *Eastern Dental Corp. v. Isaac Masel Co.*, 502 F.Supp. 1354 (E. D. Pa. 1980).
[55] Die vorgeschlagene Neufassung soll die Grenze auf $ 5.000 anheben.
[56] *Murray*, Contracts § 24.
[57] Es bestehen aber zum Teil noch abweichenden Regelungen. So ist in Mississippi die Geschäftsfähigkeit an die 21-Jahre-Grenze gebunden; vgl. Miss. Code Ann. § 1-3-27 (2004). In anderen Staaten liegt die Grenze bei 19 Jahren; vgl. Ala. Code § 26-1-1 (2003). In den verbleibenden Staaten ist die Grenze

wird jedoch nur im Ausnahmefall angenommen. Eine volljährige Person gilt grundsätzlich als geschäftsfähig, und die Beweislast für den Nachweis einer Geschäftunfähigkeit wegen psychischer Störungen liegt beim Vertragspartner.[58] Auch intoxierten Personen fehlt die Geschäftsfähigkeit, wenn dem Vertragspartner dies erkennbar war bzw. gewesen sein mußte. Folge der Geschäftsunfähigkeit ist nicht wie im deutschen Recht die Nichtigkeit, sondern die Anfechtbarkeit (power of avoidance) durch den Geschäftsunfähigen oder seinen gesetzlichen Vertreter. Eine Anfechtung durch die andere Vertragspartei ist nicht möglich. Mit Erlangung der Volljährigkeit kann der Vertrag durch den vorab Minderjährigen ratifiziert werden.[59] Dies kann ausdrücklich oder konkludent geschehen. Verträge des täglichen Bedarfs (necessities) können auch von Geschäftsunfähigen wirksam geschlossen werden.[60]

b) Illegale Verträge

309 Verträge illegalen Inhalts sind nichtig. Soll ein inhaltlich legaler Vertrag illegale Zwecke verfolgen, so ist er nur durchsetzbar, wenn die andere Partei die illegalen Zwecke nicht kannte. Als Rechtsfolge gilt, dass die Parteien in der Position belassen werden, in der sie sich gegenwärtig befinden. Eine Rückabwicklung aus Bereicherungsgesichtspunkten ist daher ausgeschlossen. Ausnahmen können jedoch dann gelten, wenn eine Partei besonders schutzwürdig ist.

c) Täuschung und Zwang

310 Wurde eine Erklärung durch Gewalt oder Drohung mit Gewalt veranlaßt (duress), ist die Erklärung regelmäßig anfechtbar. Die Androhung wirtschaftlicher Zwänge allein ist nicht ausreichend. Undue influence erfaßt Konstellationen, in denen eine Partei ihren Einfluß auf die andere Partei zum Vertragsschluß nutzt. Das Verhalten ist als unfair einzustufen, wenn eine Vertrauens- oder Herrschaftsstellung ausgenutzt wird. Es berechtigt ebenso zur Anfechtung. Hat eine Täuschung (misrepresentation) einen Irrtum bei der anderen Partei hervorgerufen, ist hinsichtlich der Folgen zu differenzieren: Hätte die Partei ohne die Täuschung keine rechtsverbindliche Willenserklärung abgegeben, so ist der Vertrag nichtig. Eine Täuschung über den Vertragsinhalt macht den Vertrag anfechtbar. Die Täuschung muß sich auf Tatsachen beziehen. Grundsätzlich besteht keine Aufklärungspflicht über bestimmte, für die andere Partei wichtige Informationen. Ausnahmen bestehen bei gesetzlichen Aufklärungspflichten, wenn Fakten bewußt verborgen werden oder eine teilweise Aufdeckung erkennbar irreführend war.

d) Mistake of Fact

311 Unter dem Begriff mistake of fact werden nicht veranlaßte Irrtümer erfaßt. Sie müssen einen Irrtum über Tatsachen zum Inhalt haben. Mistakes in judgment hindern einen wirksamen Vertragsschluß nicht. Sind beide Parteien im Irrtum über einen we-

---

[57] 18 Jahre; vgl. z. B. § 755 ILCS 5/11-1 (2003), Wyo. Stat. § 14-1-101 (a) (2003). In einigen Staaten ist mit der Heirat das Erreichen der Geschäftsfähigkeit verbunden vgl. Iowa Code 633.3 (18) (2003); Nebraska Rev.Stat. § 43-2101 (2010).
[58] *In re Estate of Hendrickson*, 248 Kan. 72, 805 P.2 d 20 (1991).
[59] *Yancey v. O'Kelly*, 208 Ga. 600, 68 S.E.2 d 574 (1952).
[60] *Murray*, Contracts § 25.

sentlichen Vertragsbestandteil, ist die Vereinbarung anfechtbar.[61] Etwas anderes gilt, wenn das Risiko vertraglich einer Partei zugewiesen war. Abzugrenzen sind diese Irrtümer von den Fällen eines Mißverständnisses über einen wesentlichen Vertragsbestandteil (dissens), in denen kein Vertragsschluß erfolgt. Voraussetzung ist, dass die entsprechende Formulierung objektiv in unterschiedlicher Weise ausgelegt werden kann, jede Partei eine unterschiedliche Vorstellung darüber hatte, welche Auslegung gemeint ist, und keine Partei wußte bzw. wissen mußte, dass der Vertragspartner die Wendung anders verstehen würde. Ein einseitiger Irrtum über einen wesentlichen Vertragsbestandteil hindert einen Vertragsschluß grundsätzlich nicht.[62] Der Vertrag ist nur unwirksam, wenn der Irrtum für den Vertragspartner offensichtlich war oder hätte sein müssen.[63]

e) Fairneßerwägungen

Selbst bei einem wirksamen Vertragsschluß verweigern die Gerichte unter Umständen aus equity-Erwägungen die Durchsetzung des Vertrages oder bestimmter Vertragsbestandteile. Es handelt sich um Ausnahmen. Die in Frage stehenden Vertragsinhalte müssen für den anderen Teil überraschend und grob unbillig sein.[64] Entscheidend für diese Beurteilung ist der Zeitpunkt des Vertragsschlusses. Die Undurchsetzbarkeit stellt ein wichtiges Korrektiv in Verbraucherschutzentscheidungen dar und findet auch bei Freizeichnungsklauseln Anwendung.[65]

312

III. Vertragsbestandteile

1. Vertragsinhalt

Neben den ausdrücklichen Willenserklärungen der Vertragsparteien sind für die Auslegung des genauen Vertragsinhalts auch Gebräuche des entsprechenden Wirtschaftszweiges und frühere Geschäftsbeziehungen der jetzigen Vertragspartner zu beachten. Bei Kaufverträgen über bewegliche Sachen ist stets UCC Art. 2 bzw. das Wiener Kaufrecht heranzuziehen. Hinzuweisen ist auch auf das allgemein geltende Gebot von good faith in allen Verträgen.[66]

313

Der Inhalt eines Vertrages mag in einem Dokument niedergelegt sein, oder aber sich aus Schriftstücken und mündlichen Abreden ergeben. In solchen Fällen begrenzt die **parol evidence rule** die Möglichkeit, den Vertragsinhalt zu beweisen. Früher als rule of evidence angesehen, ist sie heute für den materiellen Inhalt eines

314

---

[61] *Sherwood v. Walker*, 66 Mich. 568, 33 N.W. 919 (1887). Restatement (Second) of Contracts, § 294.
[62] Siehe *Murray*, Contracts § 91 (e).
[63] Siehe etwa *STS Transp. Serv., Inc. v. Volvo White Truck Corp.*, 766 F.2 d 1089 (7th Cir. 1985).
[64] Z. B. wenn eine Vertragspartei ihre Wirtschaftsmacht dazu ausgenutzt hat, nicht vertretbare Bedingungen zu verlangen; vgl. *Campbell Soup Co. v. Wentz*, 172 F.2 d 80 (3 d Cir. 1948). UCC § 2–302; *Kinney v. United Healthcare Services, Inc.*, 70 Cal.App.4th 1322, 83 Cal.Rptr. 2 d 348 (1999). Eigentlich erfordern diese Fälle keine Sonderreglungen, weil die herkömmlichen Lehren von „fraud" und „duress" (dazu Rn. 310) ebenso geeignet sind.
[65] *Henningsen v. Bloomfield Motors, Inc.*, 32 N.J. 358, 161 A.2 d 69 (1960).
[66] Basierend auf der Entscheidung von Richter *Cardozo* in *Wood v. Lucy, Lady Duff-Gordon*, 222 N.Y. 88, 118 N.E. 214 (1917). Siehe dazu auch *Gorin*, Looking for Law in All the Wrong Places: Problems in Applying the Implied Covenant of Good Faith Performance, 37 U.S.F.L. Rev. 257 (2003).

Vertrages ausschlaggebend. Damit wird die Entscheidung darüber, ob eine bestimmte mündliche Abrede ergänzend zum schriftlich Vereinbarten in den Prozeß eingeführt werden kann, oder dem die parol evidence rule entgegensteht, als Rechtsfrage durch den Richter und nicht die jury getroffen.[67] Sind sich die Vertragspartner darüber einig, dass ein schriftlicher Vertrag abschließender (final) und vollständiger (complete) Ausdruck ihrer Vereinbarung sein soll, so können keine vorab oder gleichzeitig getroffenen mündlichen Abreden für die Auslegung des Vertrages berücksichtigt werden. Der Inhalt des Vertrages ist auf diese schriftlichen Erklärungen beschränkt.[68] Zur Begründung wird angeführt, das Schriftstück stelle sich als eine Verkörperung des Parteiwillens dar. Dementsprechend kann man mündliche Zusatzvereinbarungen als Inhalt eines schriftlichen Vertrages nur auf zwei Wegen geltend machen. Zum einen kann die Partei vorbringen, die schriftliche Vereinbarung sei nicht als abschließende Vertragserklärung gedacht. Des weiteren können zusätzliche Vereinbarungen herangezogen werden, wenn diese im Normalfall nicht in einen derartigen Vertrag aufgenommen werden. Letzteres ist aber naturgemäß schwierig nachzuweisen. Unabhängig von der parol evidence rule können mündliche Vereinbarungen dann ergänzend herangezogen werden, wenn sie dem Nachweis eines Irrtums in der schriftlichen Abfassung des Vertrages oder der ergänzenden Vertragsauslegung dienen oder einen anderen Unwirksamkeitsgrund des Vertrages nachweisen sollen. Herauszuheben bleibt, dass die parol evidence rule anders als das Statute of Frauds nicht ein Problem des Vertragsschlusses, sondern der Festlegung des genauen Vertragsinhaltes ist.

2. UCC Art. 2: Sale of Goods[69]

a) Vertragspflichten

315 Hinsichtlich der Erfüllungsverpflichtung des Verkäufers und damit auch für die Kosten der Beförderung der Ware zum Käufer unterscheidet der UCC Art. 2 nach der Art der Lieferverpflichtung. Handelt es sich um einen Versendungskauf, so ist der Verkäufer gem. UCC § 2–504 verpflichtet, die Güter (in der vorgeschlagenen Neufassung ist „goods" durch „conforming goods" ersetzt[70]) an einen Kurier zu übergeben, mit diesem einen Liefervertrag abzuschließen und den Käufer über die Übergabe der Ware an das Lieferunternehmen zu unterrichten. Handelt es sich dagegen um eine Bringschuld, so hat der Verkäufer die Ware auf eigenes Risiko und eigene Kosten zum Käufer zu befördern. Eine Vermutung spricht grundsätzlich für eine Schickschuld, vgl. UCC § 2–308, 509. Zur Vertragsauslegung sind aber auch ergänzend Handelsbräuche und natürlich insbesondere die Vereinbarungen der Vertragsparteien heranzuziehen. Zu achten ist hierbei auf international übliche Formulierungen wie FOB (free on board, Verkäuferniederlassung oder Geschäftssitz des Käufers), FAS (free along side, Name des Schiffes oder des Hafens), CIF (costs, insurance,

---

[67] *Jackson v. Salvesen Holdings, Inc.*, 978 S.W.2 d 377 (Mo. 1998).
[68] *Murray*, Contracts § 83. Zu den praktischen Folgen vgl. *Lundmark*, Common Law-Vereinbarungen – Wortreiche Verträge, RIW 2001, S. 187.
[69] Soweit nicht ausdrücklich erwähnt, liegt den nachfolgenden Ausführungen die Version des UCC Artikel 2 zugrunde, wie sie vor den Änderungsvorschlägen aus dem Jahre 2002 galt. Zur Erläuterung siehe oben, Fn. 1.
[70] Siehe vorgeschlagene Neufassung von § 2–504 UCC.

freight) und C & F (costs and freight). Alle Verträge bis auf den FOB (Sitz des Käufers) sind Versendungskäufe.[71]

b) Übergang der Leistungsgefahr

Nach der Erfüllungsverpflichtung des Verkäufers richtet sich auch der Übergang der Leistungsgefahr auf den Käufer, d. h. die Frage, welche Partei das Risiko des unverschuldeten Untergangs des Kaufgegenstandes trägt. Grundsätzlich ist die Parteivereinbarung ausschlaggebend. Darüber hinaus gilt, dass die Partei, welche sich zur Zeit des Untergangs der Ware im Vertragsbruch befindet, das Risiko trägt, auch wenn die Ursache des Untergangs unabhängig vom Vertragsbruch ist, UCC § 2–510. Wird die Ware durch ein Lieferunternehmen überbracht, so richtet sich der Übergang der Gefahr auf den Käufer nach dem Zeitpunkt, in dem der Verkäufer seiner Vertragspflicht nachgekommen ist, UCC § 2–509. Wurde vertraglich FOB (Verkäufersitz) vereinbart, so geht die Gefahr mit Abschluß des Liefervertrages, Übergabe der Ware an den Kurierdienst und Information des Käufers (vgl. UCC § 2–504) auf den Käufer über. Liegt weder eine ausdrückliche Parteivereinbarung noch ein Vertragsbruch oder eine Vereinbarung über Lieferung durch ein Kurierunternehmen vor, so richtet sich der Gefahrübergang danach, ob der Verkäufer Kaufmann ist.[72] Ist das der Fall, so geht die Gefahr mit Entgegennahme der Ware durch den Käufer auf diesen über. Ist er nicht Kaufmann, geht die Gefahr mit vertragsgemäßem Angebot der Ware über. 316

c) Garantievereinbarungen/Zusicherungen des Verkäufers

Die Vorschriften des UCC Art. 2 enthalten für Kaufverträge über bewegliche Sachen Vermutungen über ausdrückliche oder konkludente Garantieerklärungen. Sie werden Teil des Vertrages, soweit der Verkäufer sie nicht wirksam ausschließt.[73] Überträgt der Verkäufer Eigentum an einer Sache, so liegt darin konkludent die Zusicherung, dass er dazu berechtigt war und das Eigentum frei von Rechten Dritter oder sonstigen Belastungen ist, von denen der Käufer zum Zeitpunkt des Kaufes keine Kenntnis hatte, UCC § 2–312 (**warranty of titel**). Jede Zusicherung des Verkäufers hinsichtlich bestimmter Eigenschaften des Verkaufsgegenstandes, die Teil der Vertragsverhandlungen war, gilt als Garantieerklärung bezüglich dieser Eigenschaft, UCC § 2-313(1) (a) (**express warranty**). Darüber hinaus wird allein durch jede Beschreibung der Verkaufssache eine ausdrückliche Zusicherung dieser Eigenschaft ausgelöst, UCC § 2-313(1) (b). Stellt ein Verkäufer während der Vertragsverhandlungen ein Modell zur Verfügung, so wird eine Zusicherung vermutet, dass alle Güter in der Qualität diesem Beispiel entsprechen, UCC § 2-313(1 (c). 317

Die **implied warranty of merchantability** ist die konkludente Zusicherung eines Kaufmanns, dass der Vertragsgegenstand den Anforderungen entspricht, denen Sachen dieser Art naturgemäß unterliegen, UCC § 2–314. Abgestellt wird auf diese 318

---

[71] Die Definition dieser Begriffe kann im nationalen Recht von der international gebräuchlichen Definition abweichen. Daher ist der Bezug auf INCOTERM Klauseln, unter Angabe der jeweils gewünschten Ausgabe, besonders bei Geschäften mit internationalem Bezug zu empfehlen.
[72] Der Kaufmannsbegriff des UCC § 2–104 ist weiter als der des deutschen Rechts, siehe schon oben, Rn. 290.
[73] Vergleichbare Regelungen mit kleinen Abweichungen auch in UCC Art. 2A für equipment leases.

spezielle Gattung von Sachen. Sie müssen durchschnittlichen Qualitätsanforderungen entsprechen und ihrem naturgemäßen Gebrauchszweck genügen.

319 In bestimmten Fällen wird darüber hinaus eine stillschweigende Zusicherung auf der Verkäuferseite vermutet, dass die Sache für den speziellen, vom Käufer verfolgten Zweck geeignet ist (**implied warranty of fitness for the particular purpose**). Voraussetzungen dafür sind, dass der Käufer einen solchen speziellen Zweck mit dem Kauf verfolgte, daher auf das besondere Fachwissen des Verkäufers vertraute und der Verkäufer beides wußte bzw. wissen mußte, UCC § 2–315. Im Gegensatz zur vorgenannten Garantie ist es nicht notwendig, dass der Verkäufer Kaufmann ist.

320 Die Garantievermutungen unter UCC Art. 2 sind in unterschiedlichem Umfang abdingbar. Ausdrückliche Zusicherungen sind nur schwer durch ein gegenteiliges Verhalten oder widersprechende Erklärungen auszuräumen. Sie greifen beispielsweise dann nicht, wenn sie unreasonable sind, den Käufer also zu sehr benachteiligen, UCC § 2-316(1). Die konkludente Zusicherung der handelsüblichen Brauchbarkeit ist dann wirksam abbedungen, wenn das Wort merchantibility ausdrücklich erwähnt wurde und im Fall eines schriftlichen Vertrages der Ausschluß besonders im Vertrag hervorgehoben wurde, UCC § 2-316(2). Die vorgeschlagene Neufassung verzichtet darauf und läßt „as is", „with all faults" oder ähnliche Formulierungen[74] genügen, welche die Aufmerksamkeit des Käufers darauf lenken, dass der Verkäufer keine konkludenten Zusicherungen hinsichtlich des Verkaufsgegenstandes abgeben will, UCC § 2-316(3).

321 Es ist auch möglich, die Haftung des Verkäufers bei Nichtvorhandensein zugesicherter Eigenschaften auf bestimmte Schäden oder Schadenshöhen zu beschränken, UCC § 2–718, 719. Dies ist auch für ausdrückliche Zusicherungen möglich. Good faith setzt jeder vertraglichen Haftungsbeschränkung Grenzen, UCC § 2-719(3). Nach dieser Vorschrift sind Haftungsbeschränkungen bei Personenschäden durch Konsumgüter generell unwirksam wegen Verstoßes gegen Treu und Glauben.

3. Bedingungen

322 Eine Bedingung (condition) ist im amerikanischen wie im deutschen Recht ein Ereignis, dessen Eintritt Voraussetzung der Entstehung oder des Erlöschens einer vertraglichen Verpflichtung ist. Sie kann ausdrücklich oder konkludent Vertragsinhalt geworden sein. True conditions liegen außerhalb des Einflußbereiches beider Vertragspartner. Wie im deutschen Recht unterscheidet man in auflösende und aufschiebende Bedingungen.[75] Eine condition coupled with a covenant erzeugt eine Verpflichtung, auf den Eintritt der Bedingung nach Treu und Glauben hinzuwirken. Ist in diesen Fällen nicht wenigstens ein Versuch dieses Vertragspartners nachweisbar, die Bedingung eintreten zu lassen, so begeht er Vertragsbruch. Die Verpflichtung kann im Falle einer solchen Vereinbarung durch eine entsprechende Vertragsänderung oder ein Verhalten der anderen Partei (waiver) erlöschen. Veränderte Umstände können die Anwendung des Instituts der impracticability bewirken. Auch das Gericht kann aus equity-Erwägungen korrigierend eingreifen.[76]

---

[74] Vgl. vorgeschlagene Neufassung zu § 2-316 UCC;Siehe auch oben Fn. 1.
[75] Dazu *Murray*, Contracts § 99 (d).
[76] *Murphy/Speidel/Ayres*, Studies in Contract Law, S. 695-696.

Die Erfüllung einer vereinbarten Vorleistung ist ebenfalls eine Bedingung für die Gegenleistung (constructive condition). Sie liegt dem Vertrag auch ohne eine entsprechende Vereinbarung zugrunde. Die Verpflichtung zur Gegenleistung entsteht hierbei mit der Erfüllung des Hauptteils der Vorleistungspflicht (substantial performance). 323

IV. Vertragserfüllung

1. Common Law

Grundsätzlich verlangt das common law die Erbringung der gesamten vertragsmäßig bestimmten Leistung für die Vertragserfüllung. Die Pflicht zur strikten Erfüllung wurde jedoch gemildert. Eine wesentliche Vertragserfüllung (substantial perfomance) wird als ausreichend angesehen.[77] So ist der Schuldner trotz geringfügiger Abweichungen von der Vertragsleistung zum Fordern der Gegenleistung berechtigt.[78] 324

2. UCC Art. 2: Sale of Goods

Grundprinzip des UCC Art. 2 ist die **perfect tender rule**. Danach ist der Verkäufer grundsätzlich verpflichtet, Güter ohne jeden Mangel zu liefern. Jede kleinste Abweichung von der vertraglich vereinbarten Leistung stellt einen Vertragsbruch dar, berechtigt den Käufer, nach Gewährleistungsvorschriften Schadensersatz zu verlangen. Erfüllung ist nicht mehr möglich. Unter bestimmten Umständen wird dem Verkäufer jedoch die Möglichkeit eingeräumt, den Mangel zu beheben, UCC § 2–508. Hierbei wird danach unterschieden, ob die Zeit zur Vertragserfüllung bereits abgelaufen ist oder nicht. Ist dies nicht der Fall, so hat der Verkäufer nach Information des Käufers die Möglichkeit eines zweiten, vertragskonformen Erfüllungsversuchs, UCC § 2-508(1). Ist die Zeit abgelaufen, so ist Erfüllung nur noch in dem Ausnahmefall möglich, dass der Verkäufer berechtigterweise annehmen konnte, dass diese verspätete Lieferung akzeptiert würde. Hierfür sind insbesondere auch vorangegangene Geschäftsbeziehungen zwischen Käufer und Verkäufer in Betracht zu ziehen. 325

3. Verweigerung der Annahme der Ware

Unter bestimmten Voraussetzungen darf der Käufer die Lieferung des Verkäufers zurückweisen, ohne selbst der Gefahr eines Vertragsbruches ausgesetzt zu sein. Formell wird eine unverzügliche Information des Verkäufers über die Verweigerung der Annahme **(rejection)** unter genauer Angabe der Gründe erfordert, UCC § 2-602(1). Eine Annahme darf noch nicht erfolgt sein, auch nicht durch konkludentes Verhalten. Unter der perfect tender rule (vorige Rn.) ist der Käufer bei jeder Abweichung von der vertraglich vereinbarten Leistung zur Annahmeverweigerung berechtigt. Eine 326

---

[77] Anfänglich zum Teil als waiver der vollständigen Vertragserfüllung konstruiert, vgl. *Avery v. Willson*, 81 N.Y. 341 (1880); später generelle Rechtsprechung geworden, siehe grundlegend *Jacob & Young, Inc. v. Kent*, 230 N.Y. 239, 129 N.E. 889 (1921), reargument denied 230 N.Y. 656, 130 N.E. 933 (1921).
[78] Restatement (Second) of Contracts, §§ 35 ff.

Ausnahme besteht lediglich für Ratenlieferungsverträge. Hier ist Annahmeverweigerung für eine Teillieferung nur dann berechtigt, wenn ein wesentlicher Mangel in dieser Lieferung vorliegt. Zukünftige Teillieferungen können nur dann zurückgewiesen werden, wenn der Mangel der Teillieferung den Wert zukünftiger Lieferungen ernsthaft mindert.

4. Annahme der Güter und spätere Rückgabe

327 Die Annahme kann auf verschiedene Weise erfolgen. Sie kann ausdrücklich geschehen. Eine Annahme wird auch vermutet, wenn der Käufer die Güter nach Kontrolle in seinem Einflußbereich behält. Bezahlung der Ware, ohne vorab die Möglichkeit einer Kontrolle gehabt zu haben, ist dagegen nicht alleinentscheidend für Annahme. Ob eine Annahme der Güter erfolgt ist, ist entscheidend dafür, ob und unter welchen Voraussetzungen der Käufer sie noch zurückweisen kann, ohne selbst vertragsbrüchig zu werden. Nur in wenigen Ausnahmefällen darf der Käufer die Abnahme der Ware widerrufen (**revocation of acceptance**), diese zurückgeben und Kaufpreiszahlung verweigern. Der Mangel, den er geltend macht, muß den Wert der Sachen wesentlich beeinflussen, er muß gute Gründe für Unterlassung der Zurückweisung vorbringen oder auf ausdrückliche Zusicherungen des Verkäufers hinsichtlich der Mangelfreiheit der Ware nachweislich vertraut haben, und die Rückgabe muß innerhalb angemessener Zeit nach Entdeckung des Mangels erfolgen, § 2-608(1), (2).

328 In den Fällen einer Annahmeverweigerung wie auch eines wirksamen Widerrufs der Annahme hat der Käufer den Verkäufer rechtzeitig über seine Absicht zu informieren. Er hat die Ware danach bis zur Abholung durch den Verkäufer in seinem Besitz unter Einhaltung eigenüblicher Sorgfalt zu behalten.[79] Ist der Käufer Kaufmann, hat er u. U. darüber hinaus allen angemessenen Instruktionen des Verkäufers hinsichtlich der Rücksendung oder des Verkaufs der Güter Folge zu leisten und bei fehlenden Instruktionen selbst den Weiterverkauf anzustrengen.[80] Für diese Anstrengungen ist er vom Verkäufer zu kompensieren.[81] Eine wirksame Annahmeverweigerung oder ein wirksamer Annahmewiderruf verhindert das Entstehen der Zahlungsverpflichtung des Käufers nach UCC § 2-607(1).

V. Erlöschen der Vertragsverpflichtung

1. Vertragsbruch der anderen Partei

329 Nach common law wird die Vertragsleistung einer Partei mit Erbringung des Hauptteils der Vertragsleistung durch den anderen Teil fällig. Unwesentliche Mängel berechtigen die Partei nicht zur Zurückhaltung der eigenen Vertragsleistung. Ob ein wesentlicher Mangel vorliegt oder nicht, ist im Einzelfall festzustellen. Nach UCC Art. 2 ist Grundsatz der Erfüllung der Vertragspflichten des Verkäufers die perfect tender rule (oben Rn. 325). Jeder Mangel der Ware berechtigt daher den Käufer zur

---

[79] Siehe UCC § 2-602(2) i. V. m. § 2-608(3).
[80] UCC § 2-603(1) i. V. m. § 2-608(3).
[81] UCC § 2-603(2) i. V. m. § 2-608(3).

Zurückweisung der Ware und Zurückbehaltung des Kaufpreises. Der Kaufpreises ist also nur bei Lieferung mangelfreier Ware fällig. Allerdings kann man nach common law und wohl auch nach dem UCC die eigene Leistung wegen der anticipatory repudiation durch den Vertragspartner verweigern und seinerseits Schadensersatz verlangen.[82] Eine solche liegt vor, wenn die andere Partei vor Eintritt der Fälligkeit ihrer Vertragsleistung eindeutig zum Ausdruck bringt, dass sie nicht erfüllen wird (anticipatory repudiation).

2. Nachträgliche Absprachen

Vertragspflichten können auch durch nachträgliche Vereinbarungen der Vertragspartner erlöschen. Eine Vertragsaufhebung oder Vertragsänderung (**modification**) ist nach common law grundsätzlich nur möglich, solange noch keine Vertragspflichten erfüllt wurden. Wegen fehlender consideration (hier: gegenseitige Aufgabe des Leistungsversprechens) wäre die Aufhebung oder Abänderung sonst nicht bindend. Einzelstaatliches Recht läßt sie zum Teil auch in diesen Fällen wirksam sein, wenn sie schriftlich erfolgten. Die Parteien können auch vereinbaren, dass auch eine andere Leistung als Erfüllung gelten soll. Eine solche Vereinbarung nennt man **accord**, die Erfüllung der neuen Verpflichtung **satisfaction**. Die Leistung muß innerhalb der vereinbarten, sonst in einer angemessenen Zeit erfüllt werden. Danach kann der Gläubiger wahlweise auf Erfüllung einer der beiden Verpflichtungen klagen.[83]

330

Eine Vertragspflicht kann auch dadurch erlöschen, dass die ursprünglichen Vertragspartner vereinbaren, dass an die Stelle einer Partei eine neue tritt, die die vertragliche Verpflichtung der ursprünglichen Partei übernimmt (**novation**). Die Vertragspflicht des Altschuldners ist dann erloschen, der Gläubiger kann Erfüllung nur noch von der neuen Vertragspartei verlangen. Davon zu trennen ist die Erfüllung der eigenen Vertragspflicht durch einen Erfüllungsgehilfen. Dieser tritt nicht in das ursprüngliche Vertragsverhältnis ein, der Gläubiger kann Erfüllung immer noch von seinem Vertragspartner verlangen.

331

3. Unmöglichkeit und Wegfall der Geschäftsgrundlage

a) Überblick

Auch das amerikanische Recht erkennt an, dass Vertragspflichten wegen Unmöglichkeit oder Wegfall der Geschäftsgrundlage erlöschen können oder angepaßt werden müssen. Gebräuchliche Begriffe sind impossibility, impracticability und frustration of purpose, wobei die Abgrenzung untereinander zum Teil schwer fällt und mit der Einteilung im deutschen Recht nicht vergleichbar ist. Gemeinsam ist allen diesen Situationen, dass ein bei Vertragsschluß unvorhergesehenes Ereignis vor Erfüllung eintritt, das einer Partei die Erfüllung unmöglich macht oder den Wert der Erfüllungsleistung für die andere Partei in hohem Maße verringert. Wie im deutschen Recht

332

---

[82] Siehe dazu etwa *Murray*, Contracts § 109. Grundlegend *Hochster v. De La Tour*, 118 Eng.Rep. 922 (1853). Aus der neueren Rechtsprechung siehe etwa *Breuer-Harrison, Inc. v. Combe*, 799 P.2 d 716 (Utah 1990); *Minidoka Irrigation Dist. v. DOI*, 154 F.3 d 924 (9th Cir. 1998).
[83] *In re Kellet Aircraft Corp.* 77 F.Supp. 959, 962 (D. Pa. 1948), affirmed 173 F.2 d 689 (3 d Cir. 1949).

unterscheidet man zwischen objektiver (impossibility) und subjektiver (impracticability) Unmöglichkeit.

b) Unmöglichkeit

333 Eine Vertragspflicht erlischt, wenn der Untergang des Vertragsgegenstandes eine Erfüllung unmöglich macht.[84] UCC § 2–613 fordert darüber hinaus, dass die Leistungsgefahr noch nicht auf den Käufer übergegangen ist und die Ware bereits für den Käufer identifiziert worden war. Nur dann erlischt die Lieferverpflichtung des Verkäufers. Gründe für eine objektive Unmöglichkeit können neben dem Untergang des Vertragsgegenstandes auch Probleme mit Zulieferern, Streik der Arbeitnehmer, Tod oder Krankheit bei persönlichen Dienstleistungen oder gesetzliche Verbote sein.[85] Die subjektive Unmöglichkeit führt dagegen grundsätzlich nicht zum Erlöschen der Vertragspflicht.

c) Frustration of Purpose

334 Ein unvorhergesehenes Ereignis nach Vertragsschluß kann zum Wegfall des Vertragszwecks führen. Die Erfüllung der vertraglichen Leistungsverpflichtung ist zwar noch möglich, sie macht für eine Partei jedoch (wirtschaftlich) keinen Sinn mehr. Der Zweck muß der anderen Partei bei Vertragsschluß erkennbar gewesen sein. Die Gerichte befreien die Vertragsparteien nur in Ausnahmefällen von ihren Leistungspflichten.[86] Dabei unterstellen sie eine stillschweigende Bedingung (implied term), die den Vertrag auflöst oder die Partei zum Rücktritt ex nunc berechtigt. Eine Aufrechterhaltung und Anpassung des Vertrages an die veränderten Umstände wird abgelehnt, da das Gericht keinen Vertrag „für und anstelle der Parteien" schaffen kann. Der UCC enthält eine grundsätzliche Vermutung zugunsten von Treu und Glauben und Unmöglichkeitsbestimmungen,[87] die so weit gefaßt sind, dass sie leicht auch frustration of purpose-Fälle umfassen können. Die höchstrichterliche Rechtsprechung hat sie aber nicht zum Anlaß genommen, weiterreichende Abhilfe für frustration of purpose zu schaffen.

VI. Vertragsbruch

1. Anspruch auf Schadensersatz

335 Kommt eine Partei ihrer Leistungsverpflichtung nicht nach, kann die andere Partei Schadensersatz wegen Vertragsbruch **(breach of contract)** verlangen. Der Anspruch ist anwendbar bei Nicht- und Schlechtlieferung sowie in den Fällen der anticipatory repudiation (oben Rn. 329). Die verletzte Partei ist so zu stellen, als ob der Vertrag ordnungsgemäß erfüllt worden wäre.[88] Der Anspruch umfaßt den tatsächlichen

---

[84] *Murray*, Contracts § 113 (c). Vgl. im Gegensatz dazu auf strikter Vertragserfüllung bestehend *Paradine v. Jane*, 82 Eng.Rep. 897 (1647).
[85] *Murray*, Contracts § 113.
[86] Grundlegend in England *Krell v. Henry*, 2 K.B. 740 (1903). Die amerikanische Rechtsprechung wurde dadurch jedoch nur unwesentlich beeinflußt.
[87] UCC §§ 2–613 bis 2–616.
[88] Dazu *Murray*, Contracts § 117 (a).

Schaden, der die üblichen mit dem Vertragsbruch verbundenen Schäden (general damages) und weitergehende Schäden (special oder consequential damages) einschließt, wenn diese beim Abschluß des Vertrages vorhersehbar waren.[89] Bis vor kurzem war der Zuspruch von punitive damages auf Deliktsfälle beschränkt. Neuerdings werden jedoch zunehmend auch in Klagen aus kommerziellen Verträgen punitive damages zugesprochen, wenn sich der Klagegrund im Grenzbereich zwischen Vertragsbruch und Delikt befindet.[90] Auf seiten des Klägers besteht jedoch eine Schadensminderungspflicht (duty to mitigate). Ihre Verletzung begründet keinen Anspruch des Beklagten: Vermeidbare Schäden (avoidable damages) werden dem Kläger nicht ersetzt. Nominal damages beinhalten eine kleine Summe eher symbolischen Charakters (z. B. „one cent"), wenn kein wirtschaftlicher Schaden entstanden oder nachweisbar ist.

Der UCC Art. 2 enthält genaue Regelungen, welche speziellen **Schadenspositionen** in den unterschiedlichen Situationen eingeschlossen sind. Unterschieden wird in den Ausgangssituationen danach, wer den Vertragsbruch begangen hat und wo sich die Ware befindet. Begeht der Verkäufer Vertragsbruch und möchte der Käufer die mangelhafte Ware behalten, so bekommt er Schadensersatz in Höhe der Differenz zwischen dem Wert der mangelhaften und dem vereinbarten Kaufpreis für die mangelfreie Ware.[91] Er kann die Ware auch zurückweisen und statt dessen Schadensersatz in Höhe der Differenz zwischen dem Vertragspreis und dem Marktpreis oder den Mehrkosten eines Deckungsgeschäfts verlangen. Aus dieser Regelung wird ersichtlich, dass der UCC Ersatzgeschäfte fördert. Ist der Käufer bereits im Besitz der Ware, so hat er den Kaufpreis zu zahlen.[92] 336

Befinden sich die Waren noch beim Verkäufer, so kann dieser wählen. Er kann die Ware anderweitig verkaufen und dann die Differenz zwischen Vertragspreis und erzieltem Erlös verlangen. Er kann aber auch ohne Ersatzgeschäft die Differenz zwischen dem Vertragspreis und dem Marktpreis der Ware zur Zeit und am Ort seines Übergabeangebotes verlangen.[93] Unabhängig davon kann er Folgeschäden wie den entgangenen Gewinn geltend machen. Geht der Verkäufer ein Ersatzgeschäft ein, hätte er dieses aber im Falle ordnungsgemäßer Vertragserfüllung nachweisbar zusätzlich abschließen können, bekommt er den durch den Vertragsbruch entgangenen Gewinn zusätzlich ersetzt (lost volume seller[94]). Der Verkäufer kann auch auf den Kaufpreis klagen, wenn die Güter angenommen wurden, nach Gefahrübergang auf den Käufer verlorengingen oder bereits identifiziert wurden und nicht ersatzweise verkauft werden können, UCC § 2–709. 337

---

[89] Grundlegend in England *Hadley v. Baxendale*, 9 Ex. 341, 156 Eng.Rep. 145 (1854). Auf diese Entscheidung wurde auch im amerikanischen Recht zurückgegriffen, vgl. *Kerr S.S. Co. v. Radio Corp. Of America*, 245 N.Y. 284, 157 N.E. 140 (1927), cert. denied 275 U.S. 557, 48 S.Ct. 118, 72 L.Ed. 424 (1927); *Kenford Co. v. County of Erie*, 73 N.Y.2 d 312 (1989); *MLK, Inc. v. University of Kansas*, 23 Kan. App. 2 d 876, 940 P.2 d 1158 (1997).

[90] *Bridgeman*, Corrective Justice in Contract Law: Is There a Case for Punitive Damages?, 56 Vand. L. Rev. 237 (2003); *Linzer*, Rough Justice: A Theory of Restitution and Reliance, Contracts and Torts, 2001 Wis. L. Rev. 695 (2001); *Weinrib*, Punishment and Disgorgement as Contract Remedies, 78 Chi.-Kent L. Rev. 55 (2003).

[91] UCC § 3-714.

[92] UCC § 2-711ff.

[93] UCC § 2-703ff.

[94] UCC § 2-708(2).

338 Die Parteien können beim Abschluß des Vertrages eine Vereinbarung über Schadenshöchstgrenzen oder über feste Schadensersatzsummen (**liquidated damages**) treffen. Die Vereinbarung ist stets an Treu und Glauben zu messen, um eine Knebelung der schwächeren Vertragspartei zu verhindern. Eine Leistung kann daher nicht durch vertraglich vereinbarte Strafgelder (penalties) erzwungen werden.[95] Die Abgrenzung zwischen liquidated damages und unzulässigen Strafgeldern ist im Einzelfall schwierig.[96] Grundsätzlich wird eine Vereinbarung über den Schadensersatz bei Vertragsbruch dann anerkannt, wenn beim Abschluß des Vertrages die mögliche Schadenshöhe schwer vorherzusehen war und die festgelegte Summe eine angemessene Schätzung des möglichen Schadens darstellt. Vereinbarungen, die verschiedene Zukunftssituationen ansprechen, u. a. auch eine Formel zur Schadensberechnung vorgeben, sind eher anerkennungsfähig als pauschale Beträge.[97]

2. Leistungsklagen

339 Bei Vertragsverletzungen ist im amerikanischen Recht grundsätzlich nur ein Schadensersatzanspruch möglich. Man geht davon aus, dass eine Entschädigung in Geld für den Gläubiger ausreichend ist, wenn er sich den Vertragsgegenstand anderweitig beschaffen kann. Die Klage auf Erfüllung einer Leistungspflicht (**specific performance**) ist eine equity-Klage, die nur dann zulässig ist, wenn der Vertragsgegenstand nicht ersetzbar (unique) ist. Zum equity-Ursprung der begrenzten Klage auf specific performance kommt aus moderner Sicht die Überlegung dazu, dass ein efficient breach eines Vertrages erlaubt sein soll: während die vertragstreue Partei zum Ersatz ihres erlittenen Schadens berechtigt bleibt, wird die vertragsbrüchige Partei nicht durch Verurteilung zu specific performance für eine ökonomisch sinnvolle Entscheidung bestraft.[98]

340 Hinsichtlich der Ersetzbarkeit des Schadens werden die einzelnen Vertragstypen unterschiedlich behandelt. Verträge über die Übertragung von Rechten an einem Grundstück sind grundsätzlich auch mit einer Leistungsklage durchsetzbar, weil jedes Grundstück als unique angesehen wird.[99] Bei Kaufverträgen ist im Regelfall eine Ersatzbeschaffung möglich. Nur ausnahmsweise nimmt man Einzigartigkeit an, z. B. bei Gemälden, antiken Kunstwerken und speziell für den Käufer gefertigten Waren. Dienstverträge (personal service contracts) sind nicht mit einer Leistungsklage durchsetzbar. Schließlich wäre das eine Versklavung des Vertragspartners. Man kann aber

---

[95] *Sun Printing & Publishing Association v. Moore*, 183 U.S. 642, 22 S.Ct. 240, 46 L.Ed. 366 (1902); *Kothe v. R. C. Taylor Trust*, 280 U.S. 224, 50 S.Ct. 142 (1930), 74 L.Ed. 382; UCC § 2-718(1). In Ausnahmefällen besteht die Möglichkeit der Gewährung von Strafschadensersatz durch das Gericht: siehe Rn. 335ff.
[96] Siehe z. B. *DiMatteo*, A Theory of Efficient Penalty: Eliminating the Law of Liquidated Damages, 38 Am. Bus. L. J. 633 (2001).
[97] Siehe auch *Calamari/Perillo* Contracts, S. 291. Die grundlegende Entscheidung ist *Quaile & Co. v. William Kelly Milling Co.*, 184 Ark. 717, 43 S.W.2 d 369 (1931).
[98] Siehe auch *Murray*, Contracts § 117 (c). Ausführlich zum „efficient breach" *Posner*, Economic Analysis of Law, 6. Auflage 2002, § 4.1 ff.; *Menetrez*, Consequentialism, Promissory Obligation, and the Theory of Efficient Breach, 47 UCLA L.Rev. 859 (2000); *Posner*, Economic Analysis of Contract Law After Three Decades: Success or Failure?, 112 Yale L.J. 829 (2003).
[99] Siehe dazu *Richman/Romance*, Specific Performance of Real Estate Contracts: Legal Blackmail, 72 Fla. B. J. 54 (1998).

die Leistung indirekt mittels einer Unterlassungsklage erzwingen, sollte der Schuldner die Leistung für eine andere Person erbringen wollen.[100] Vorab getroffene Unterlassungsvereinbarungen sind allgemein typisch für Arbeitsverträge und Unternehmensverkäufe. Hier geht es in der Regel um Wettbewerbsabreden. Solche Vereinbarungen werden als wirksam anerkannt und auch durchgesetzt, wenn ein wirtschaftlich bedeutender Grund vorlag und die Wettbewerbsbeschränkung räumlich und zeitlich begrenzt ist. Ein Erfüllungsanspruch ist ferner dann möglich, wenn sich der Schaden nicht beziffern läßt und nur eine Vermutung wäre. Das betrifft vor allem Lieferverträge, die über einen längeren Zeitraum geschlossen werden.

VII. Verträge zugunsten Dritter

Die Doktrin der privity of contract gab nach herkömmlichen common law nur den Vertragsparteien (und ihren Rechtsnachfolgern) ein Forderungsrecht gegeneinander. Mit der grundlegenden Entscheidung des Obersten Gerichtshofes von New York in *Lawrence v. Fox* aus dem Jahr 1859[101] und ihrer bundesweiten Akzeptanz sind Verträge zugunsten dritter Personen im amerikanischen Recht anerkannt. Echte Verträge zugunsten Dritter geben dem Begünstigten neben dem Vertragsgläubiger einen eigenen Leistungsanspruch gegen den Schuldner (intended third party beneficiary). Man kennt jedoch auch einen unechten Vertrag zugunsten einer dritten Person, der dem Dritten zwar keinen eigenen Leistungsanspruch einräumt, den Schuldner aber verpflichtet, an ihn zu leisten (incidental third party beneficiary).[102]

341

Intended third party beneficiaries werden herkömmlicherweise nach der Art des begünstigten Dritten unterschieden. Creditor beneficiaries sind Gläubiger des Versprechensempfängers. Donee beneficiaries sind unentgeltlich Begünstigte. Die Unterscheidung war früher für die Frage wichtig, wann der Anspruch in der Person des Dritten begründet wird (vesting) und nicht mehr von den Vertragsparteien zu seinem Nachteil abgeändert werden kann.[103] Die Gerichte und das Restatement behandeln heute beide Begünstigten gleich und bejahen eine Schutzwürdigkeit, wenn Dispositionen im Vertrauen darauf getätigt wurden oder der Dritte Klage erhoben hat.[104] Die Ten-

342

---

[100] Vgl. *DeRivafinoli v. Corsetti*, 4 Paige 264 (N. Y. 1833); *New York Football Giants v. Los Angeles Chargers Football Club*, 291 F.2 d 471 (5th Cir. 1961).

[101] *Lawrence v. Fox*, 20 N.Y. 268 (1859).

[102] Zur Abgrenzung siehe *Thomas Learning Center, Inc., v. McGuirk*, 1998 WL 854 839, 1998 Ala. Civ. App. LEXIS 802 (1998).

[103] Nach alter Rechtslage stand der Anspruch einem donee beneficiary sofort zu, weil er als Leistungsempfänger ohne consideration keinen Anspruch gegen den Versprechenden hatte. Im Gegensatz dazu entstand der Anspruch eines creditor beneficiary erst, wenn dieser schutzwürdig darauf vertraute, da er ohne ein solches Vertrauen keines zusätzlichen Schutzes gegenüber dem Schuldner bedurfte (siehe Restatement (First) of Contracts § 345). Diese Unterscheidung macht allerdings wenig Sinn, weil offenbleibt, warum ein donee einen Anspruch haben sollte, ohne jemals consideration geleistet zu haben. Dieses Ergebnis läßt sich dogmatisch nur dadurch rechtfertigen, dass der Versprechensempfänger seinen Anspruch gegen den Versprechenden schenkungshalber auf den Dritten übertragen hat. Das würde allerdings darauf hinauslaufen, dass der Versprechensempfänger seinen Anspruch nicht mehr (weil abgetreten) gegen den Versprechenden durchsetzen kann, was unter der traditionellen Herangehensweise nicht der Fall war.

[104] Das Restatement (Second) Contracts, § 311 (3) stellt nur auf intended beneficiaries ab, unterscheidet aber nicht mehr unter ihnen. Die Unterscheidung besteht teilweise noch im Fallrecht, insbesondere natürlich im älteren, und ist auch dogmatisch wichtig.

denz geht dahin, den Zeitpunkt maßgeblich erscheinen zu lassen, in dem der Begünstigte Kenntnis über den Vertragsinhalt erlangt und ihm zustimmt. Der Schuldner kann grundsätzlich gegenüber dem Anspruch des Begünstigten alle Einwendungen aus dem Grundvertrag geltend machen.[105]

VIII. Abtretung von Rechten und Pflichten aus einem Vertrag

1. Abtretung von vertraglichen Ansprüchen

343 Die Abtretung vertraglicher Ansprüche (assignment) durch den Gläubiger/Zedenten (assignor) an eine dritte Partei/Zessionar (assignee) ist zulässig, wenn sich aus dem Vertrag nichts anderes ergibt. Mißachtet der Gläubiger ein vertraglich vereinbartes Abtretungsverbot, so haftet er wegen Vertragsbruches, die Abtretung ist aber im Außenverhältnis trotzdem wirksam und der neue Gläubiger Inhaber der vertraglichen Rechte. Werden dagegen im Vertrag selbst alle Abtretungen vorab für nichtig erklärt, so sind sie auch im Außenverhältnis unwirksam, Kenntnis des assignee vorausgesetzt. Das ist wohl in der Regel der Fall, da der assignee den Vertragsinhalt kennen sollte. Nach common law ist eine Abtretung nicht zulässig, wenn sich dadurch vertragliche Leistungsverpflichtungen des Schuldners grundlegend ändern. Ein Anspruch auf Zahlung einer Geldsumme kann aber stets abgetreten werden, es verändert inhaltlich nichts. Eine Abtretung ist auch nicht möglich, wenn vertragliche Risiken erheblich verändert werden, die Abtretung im Zusammenhang mit der Übertragung höchstpersönlicher vertraglicher Pflichten erfolgt oder öffentlichen Interessen zuwiderläuft. Formell ist eine ausdrückliche Abtretungserklärung notwendig.[106] Sie kann grundsätzlich auch mündlich abgegeben werden. Sie muß schriftlich erfolgen, wenn der zugrundeliegende Vertrag der Schriftform bedarf oder wenn gesetzliche Regelungen bestimmte Formerfordernisse vorsehen. Consideration ist grundsätzlich nicht erforderlich. Der Schuldner hat dem neuen Gläubiger gegenüber alle Einwendungen aus dem Grundverhältnis.[107] Leistet er an den Altgläubiger ohne Kenntnis der Abtretung, so erfüllt er seine Vertragspflicht. Ebenso ist jede nachträgliche Vertragsmodifikation zwischen Schuldner und Altgläubiger wirksam, wenn der Schuldner nichts von der Abtretung wußte.

344 Fraglich ist die Stellung der einzelnen Gläubiger, wenn derselbe Anspruch **mehrfach abgetreten** wurde. Eine Abtretungserklärung, die ohne Gegenleistung (consideration) schenkungsweise erfolgte (gratuitous assignment), kann jederzeit frei widerrufen werden. Ein solcher Widerruf erfolgt auch konkludent durch eine zeitlich nachfolgende zweite Abtretung an eine andere Person. Damit ist grundsätzlich der letzte Abtretungsempfänger Inhaber der vertraglichen Ansprüche. Equity-Überlegungen führen zu einem anderen Ergebnis, wenn der Empfänger irgendeine Verkörperung der Inhaberschaft, wie ein Schriftstück, bekommen hat oder im Vertrauen auf die Wirksamkeit der Abtretung seine Rechtslage nachteilig veränderte und dies auch vor-

---

[105] Vgl. Restatement (Second) of Contracts, § 140.
[106] Besonderer Wert wird hierbei darauf gelegt, dass sie im Präsens gebildet ist: „I assign" und nicht „I will assign" oder „I promise to assign".
[107] Restatement (Second) of Contracts, § 336. Vgl. auch *Allis-Chalmers Credit Corp. v. McCormick*, 30 Ill.App.3 d 423, 331 N.E.2 d 832 (1975).

hersehbar war (promissory estoppel). In einigen Bundesstaaten sind darüber hinaus schriftliche Abtretungserklärungen nicht widerruflich. Überträgt ein Gläubiger seinen Anspruch mehrmals gegen consideration an verschiedene Personen, so ist die erste Abtretung wirksam und unwiderruflich. Den nachfolgenden assignees gegenüber macht er sich wegen Vertragsbruch haftbar (breach of warranty).

2. Abtretung von Vertragspflichten

Die Abtretung von vertraglichen Pflichten (delegation) ist grundsätzlich möglich. Grenzen bestehen, wenn Abtretungen vertraglich ausdrücklich abbedungen wurden, die Vertragsleistung besondere Fähigkeiten des Altschuldners verlangt oder dieser ein besonderes Vertrauen des Gläubigers besitzt, es sich also um höchstpersönliche Verpflichtungen handelt. Consideration ist nicht erforderlich. Der Gläubiger (obligee) muß auch nicht einwilligen. Der Vertrag kann durch den Dritten (delegatee) erfüllt werden.[108] Der Altschuldner (delegator) bleibt vertraglich zur Leistung verpflichtet. Er wird nur durch Erfüllung oder ausdrückliche Befreiung (novation, oben Rn. 331) entlassen.

345

B. Restitution und Unjust Enrichment

Literatur: *Birks*, Unjust Enrichment, 2. Auflage 2005; *Dobbs*, Law of Remedies: Damages – Equity – Restitution (Hornbook Series), 2. Auflage 1993; *Johnston/Zimmerman* (Hrsg.), Unjustified Enrichment: Key Issues in Comparative Perspective, 2002; *Palmer*, The Law of Restitution, 2. Auflage 1995 (Ergänzungsband 2007); *Schrage*, Unjust Enrichment and the Law of Contract, 2001.

I. Einordnung

Restitution wird allgemein als remedy verstanden. Es handelt sich nicht um eine Anspruchsgrundlage, sondern um deren Rechtsfolge.[109] Ihren Ursprung hat restitution in der action of assumpsit, die im Laufe der Zeit auf verschiedene bereicherungsrechtliche Fallgruppen ausgeweitet wurde. Das Restatement of Restitution faßte sie im Jahre 1937 unter dem Gesichtspunkt des unjust enrichment zusammen und gab ihnen die Bezeichnung restitution.[110] Eine Neufassung des Restatement ist in Bearbeitung.[111]

346

---

[108] Der Gläubiger hat grundsätzlich keinen Erfüllungsanspruch gegen den Dritten. Denkbar ist aber eine Klagebefugnis des Gläubigers gegen den Dritten als Begünstigter aus einem Vertrag zugunsten Dritter.

[109] Vgl. aber gelegentliche Unsicherheiten bei der Einordnung, so z. B. als partial substantial and partial remedial bei *Smith*, The Structure of Unjust Enrichment Law: Is Restitution a Right or a Remedy?, 36 Loy. L.A. L.Rev. 1037 (2003); *Murphy*, Misclassifying Monetary Restitution, 55 SMU L.Rev. 1577 (2002); *Partlett/Weaver*, Restitution: Ancient Wisdom, 36 Loy. L.A. L. Rev. 975 (2003).

[110] Restatement of Restitution, § 1: A person who has been unjustly enriched at the expense of another is required to make restitution to the other.

[111] *Restatement of Restitution* § 1: Eine Person, die sich zu Unrecht auf Kosten einer anderen Person bereichert hat, muss dem anderen die Bereicherung erstatten. Die Arbeiten an einer Revision des Restatement sind abgeschlossen. *Restatement (Third) of Restitution and Unjust Enrichment* Final Draft, approved 2010, Veröffentlichung des *Official Text* im Sommer 2011: siehe http://www.ali.org.

347 Bereicherungsfälle werden allgemein unter dem Begriff **quasi-contract** zusammengefaßt. Diese Rechtsfigur liegt zwischen vertraglicher und deliktischer Haftung und ist die Anspruchsgrundlage für eine restitution. Quasi-contract wird auch als contract implied in law bezeichnet, womit klargestellt wird, dass Gerechtigkeitserwägungen zur Rückabwicklung verpflichten.[112] Ein am Vertrag angelehntes Schuldverhältnis wird als Anspruchsgrundlage fingiert, unabhängig von Erfordernissen wie promise, consideration oder privity of contract, die bei express contracts oder contracts implied in fact[113] vorliegen müssen. Obgleich kein echtes Vertragsverhältnis vorliegt, hat sich diese Bezeichnung durchgesetzt. Sie hat ihren Ursprung im römischen Recht und wurde in einer Entscheidung von Lord *Mansfield* aus dem Jahre 1760 erstmals erwähnt.[114] Heute werden restitution, unjust enrichment und quasi-contract zunehmend synonym verwandt.

348 Die **Pflicht zur Rückerstattung** entsteht, wenn der Beklagte ungerechtfertigt bereichert ist. Jeder Vorteil kann eine solche Bereicherung darstellen. Erfaßt werden die Fälle, in denen der Kläger Sachen oder Rechte überträgt, Dienstleistungen ausführt, Schulden begleicht oder Pflichten des anderen erfüllt oder in anderer Weise tätig wird. Die Rückerstattung wird angeordnet, wenn es ungerecht erscheinen würde, dem Beklagten die Vorteile zu belassen und dem Kläger keine Kompensation zu geben.

II. Fallgestaltungen

349 Die Fälle lassen sich in zwei Hauptgruppen einteilen:[115] Der Vermögensvorteil kann durch eine **Handlung des Klägers** hervorgerufen worden sein,[116] beispielsweise im Zusammenhang mit einer vertraglichen Vereinbarung, die sich als unwirksam herausstellt oder wegen total breach of contract aufgelöst wurde. In letzterem Fall hat der Kläger ein Wahlrecht, am Vertrag festzuhalten und Schadensersatzansprüche geltend zu machen oder vom Vertrag Abstand zu nehmen und restitution zu fordern. Sobald die Leistung vollständig erbracht wurde, ist der Kläger auf Schadensersatzansprüche beschränkt. Der Anspruch auf restitution steht auch dem vertragsbrüchigen Teil zu, der bereits teilweise geleistet hat. Restitution ist aber auch dann möglich, wenn die Parteien nie in Vertragsverhandlungen eingetreten waren und auch eine deliktische Inanspruchnahme ausscheidet, beispielsweise wenn ein Arzt einem Unfallopfer zu Hilfe eilt und dieses dafür in Anspruch genommen werden soll.[117] Bank-

---

[112] *Callano v. Oakwood Park Homes Corp.*, 90 N.Y.Super. 105, 219 A.2 d 332 (1966).
[113] Das Common Law differenziert nicht so streng zwischen vertraglicher und gesetzlicher Verpflichtung wie das Civil Law. Da es eher zu einer Vertragsanalogie tendiert, gibt es entsprechende Probleme mit Forderungen die auf Geschäftsführung ohne Auftrag (negotiorum gestio) oder vorvertraglicher Verantwortlichkeit (culpa in contrahendo) beruhen und bei denen Vertragsbestandteile offensichtlich fehlen.
[114] *Moses v. Macferlan*, 2 Burr. 1005, 97 Eng. Rep. 676 (1760): „If the defendant be under an obligation from the ties of natural justice to refund, the law implies a debt and gives the action founded in the equity of the plaintiff's case, as it were, upon a contract (,quasi ex contractu' as the Roman law expresses it)."
[115] Vgl. *Hay*, Ungerechtfertigte Bereicherung im Internationalen Privatrecht: Ein Vergleich zwischen dem deutschen Recht und dem amerikanischen Restatement Second, 1978.
[116] *Burnham* Introduction, S. 396 f.; *Calamari/Perillo* Contracts, S. 294 ff.
[117] *Cotnam v. Wisdom*, 83 Ark. 601, 104 S.W. 164 (1907).

anweisungsfälle sind ein weiterer wichtiger Anwendungsbereich, z. B. wenn Mittel irrtümlich an einen Dritten ausgezahlt wurden. Der Beklagte ist vor einer aufgedrängten Bereicherung zu schützen. Leistungen eines volunteer bzw. officious intermeddler werden nicht entschädigt. Die Abgrenzung ist oft schwierig und erfolgt nach den Umständen im Einzelfall.

Ein ungerechtfertigter Vermögensvorteil kann auch durch die **Handlung des Beklagten** eingetreten sein. Im Deliktsrecht besteht demnach für den Kläger das Wahlrecht zwischen der Geltendmachung von deliktischen damages oder restitution. Er kann „waive the tort and sue in assumpsit" (auf die deliktische Klage verzichten und aus Vertrag klagen). Der Kläger, der das Opfer einer conversion oder von trespass[118] wurde, kann den Beklagten auf Herausgabe statt auf Schadensersatz verklagen. Die Literatur vernachlässigt diese Fallgestaltung der restitution und behandelt restitution regelmäßig im Kontext vertraglicher Rechtsbehelfe. 350

III. Inhalt

Geschuldet wird **Wertersatz**. Maßgeblich ist der Vorteil, den der Beklagte erlangt hat. Die Notwendigkeit einer Bereicherung auf Seiten des Beklagten wird allerdings teilweise verneint,[119] rechtfertigt sich jedoch aus dem Prinzip der unjust enrichment. Specific restitution wird, im Einklang mit der besonderen Stellung von specific performance im U.S.-amerikanischen Recht, nur in Ausnahmefällen gewährt, wenn equity-Überlegungen dazu führen, dass ein bloßer Wertersatz unzureichend erscheint.[120] Dies ist zum einen der Fall, wenn Eigentum übertragen wird und die Gegenleistung sich nicht als Geldleistung darstellt. Zum anderen werden Fallgestaltungen erfaßt, in denen ein trust- oder Vertrauensverhältnis verletzt wird. 351

C. Unerlaubte Handlungen

Literatur: *American Law Institute*, Restatement (Second) of Torts;[121] Restatement (Third) Products Liability; *Burnham*, Introduction to the Law and Legal System of the United States, 4. Auflage 2006; *Dobbs*, The Law of Torts, 2009; *Franklin/Rabin*, Tort Law and Alternatives, 8. Auflage 2006, *Glannon*, The Law of Torts: Examples and Explanations, 3. Auflage 2005; *Prosser/Keeton*, The Law of Torts, 5. Auflage 1984; *Prosser/Wade/Schwartz*, Cases on Torts, 11. Auflage 2005; *Salmond/Heuston*, The Law of Torts, 21. Auflage 1996; *Shapo*, Basic Principles of Tort Law, 3. Auflage 2010; *Vandall/Wertheimer/Rahdert*, Torts: Cases and Problems, 2. Auflage 2003; *Weaver*, Torts Law: Cases and Materials, 2. Auflage 2005.

---

[118] Siehe unten, Rn. 359 ff.
[119] *Calamari/Perillo* Contracts, § 15.2; *Dawson*, Restitution without Enrichment, 61 B.U.L. Rev. 563 (1981); *Friedman*, Restitution for Wrongs: The Measure of Recovery, 79 Tex. L. Rev. 1879 (2001); *Rendleman*, When is Enrichment Unjust? Restitution Visits an Onyx Bathroom, 36 Loy. L.A. L.Rev. 991 (2003). Siehe auch *Hay*, Unjust Enrichment in the Conflict of Laws: A Comparative View of German Law and the American Restatement Second, 26 Am. J. Comp. L. 1 (1977).
[120] *Calamari/Perillo* Contracts, § 15.5.
[121] Das American Law Institute beschäftigt sich aktuell mit Vorschlägen für ein Restatement (Third) of Torts. Der Abschnitt „Physical and Emotional Harm" erschien als Vol. des new Restatement (2010). Ein vorläufiger Entwurf über die Pflichten von Grundbesitzern wurde im Jahr 2009 genehmigt und wird als Teil des Bands 2 erscheinen, dessen Veröffentlichung in 2011 geplant ist. Für aktuelle Informationen zum Projekt siehe http://www.ali.org.

I. Einführung

352 Deliktsfälle (tort cases[122]) bilden einen Großteil der zivilrechtlichen Klagen, mit oft sehr hohen Schadensersatzan- und -zusprüchen. Die Ursachen sind vielschichtig. Zum einen ermöglicht das amerikanische Zivilprozeßrecht dem Kläger, seine Forderungen in einem jury trial geltend zu machen. Die Jury ist i. d. R. klägerfreundlich eingestellt, ihre Entscheidungen werden neben rechtlichen auch von menschlichen Erwägungen bestimmt (schließlich besteht die jury aus Laien). Zum anderen existiert eine plaintiffs' bar, d. h. eine auf tort actions spezialisierte Anwaltschaft. Mit dem Kläger kann eine Gewinnbeteiligung (contingent fee) vereinbart werden. Sie beträgt bis zu 30 % oder mehr des „Erfolgs", d. h. der zukünftig zugesprochenen Schadensersatzsumme.[123] Der Jury darf nichts über die konkrete Vereinbarung vorgelegt werden, aber Überlegungen, wer die Honorarbelastung letztlich tragen soll, spielen sicherlich bei ihren Zusprüchen von Schadensersatz, insbesondere auch Strafschadensersatz, eine bedeutende Rolle.[124]

353 Das Deliktsrecht (law of torts) besteht aus einer Vielzahl einzelner Deliktstypen. Das hat seinen Ursprung in dem früheren writ-System (dazu oben Rn. 4). Nach den Haftungsgrundlagen unterscheidet man zwischen der Verschuldenshaftung (liability based on fault), die aus den Vorsatzdelikten (intentional torts) und den Fahrlässigkeitsdelikten (negligent torts) besteht, und der verschuldensunabhängigen Haftung (strict liability). Deliktsrecht ist state law und wesentlich vom Fallrecht geprägt. Es bestehen jedoch auch zahlreiche statutes, die Einzelbereiche eigenständig regeln oder Haftungsbeschränkungen vorsehen.

II. Vorsatzdelikte

354 Die Vorsatzdelikte (intentional torts) gehen auf den writ of trespass[125] zurück, der die Verletzung von Person und Eigentum beinhaltete. Nunmehr existiert ein umfangreicher Haftungskatalog, der zwischen Delikten gegen die Person und gegen Sachen unterscheidet.

---

[122] Vgl. auch oben Rn. 347, Fn. 109 a.
[123] Zur „American rule" und attorney's fees einschließlich contingent fee Vereinbarungen, oben, Rn. 155. Viele Rechtssysteme verbieten derartige contingent fee Vereinbarungen, unter anderem bis vor kurzem das deutsche (vgl..jedoch § 4a RVG, 2008 BGBl. I, 1000, das derartige Vereinbarungen jetzt unter Bedingungen zuläßt). Interessanterweise läßt das englische Recht Gebührenvereinbarungen, die vom Ergebnis im Fall abhängen, nach jahrhundertelanger Ablehnung mittlerweile zu. Siehe *Zander*, Will the Revolution in the Funding of Civil Litigation in England Eventually Lead to Contingency Fees?, 52 DePaul L.Rev. 259 (2002).
[124] Viele Rechtssysteme verbieten derartige contingent fee Vereinbarungen, unter anderem das Deutsche (siehe aber oben Fn. 123). Interessanterweise läßt das englische Recht Gebührenvereinbarungen, die vom Ergebnis im Fall abhängen, nach jahrhundertelanger Ablehnung mittlerweile zu. Siehe *Zander*, Will the Revolution in the Funding of Civil Litigation in England Eventually Lead to Contingency Fees?, 52 DePaul L.Rev. 259 (2002).
[125] Selbst ein faszinierendes Rechtsinstitut: das sehr enge writ „trespass" wurde (wiederum fallrechtlich) zum „trespass upon the case" ausgeweitet und, über Zeit und den Ursprung entfernt, Grundlage des Deliktsrechts. Siehe dazu *Fifoot*, History and Sources of the Common Law, 1949, S. 66–79.

1. Delikte gegen Personen

a) Battery

Battery ist jeder vorsätzliche Angriff gegen eine Person durch körperliche Verletzungen (harmful contact) oder bloße unangenehme Berührungen (offensive contact).[126] Unerheblich ist, ob die Handlung mit einer Verbesserung des körperlichen Wohlbefindens verbunden ist, weshalb auch ärztliche Heileingriffe eine Haftung auslösen können. Ein direktes Einwirken auf die Person des Verletzten ist nicht erforderlich; es genügt, wenn der Beklagte das Geschehen in Gang gesetzt hat. Dies wurde in den DES-Fällen[127] betont, wo es um die Verabreichung von Medikamenten zur Vermeidung von Komplikationen während der Schwangerschaft ging. Diese enthielten krebserregende Substanzen. Die Verschreibung wurde als Grundlage für eine deliktische Haftung als ausreichend erachtet. Die Einnahme durch den Patienten selbst war unbeachtlich und führte nicht zu einer Ablehnung der Haftung. Das Opfer braucht sich ferner des Angriffs nicht bewußt zu sein, Schlaf oder Anästhesie „schaden" demnach nicht.[128] Der Vorsatz des Angreifers muß sich allein auf die Verletzungshandlung erstrecken, nicht jedoch auf die Schadenszufügung.[129] Er entfällt also auch nicht bei guten Absichten.[130]

355

b) Assault

Im Gegensatz zu battery erfaßt assault mentale Schädigungen. Geschützt wird nicht vor Verletzungen, sondern schon vor Bedrohungen der körperlichen Unversehrtheit.[131] Ein Kontakt mit dem Körper ist nicht Voraussetzung.[132] Die Bedrohung muß aus Sicht eines vernünftigen Beobachters geeignet sein, bei dem Opfer die Befürchtung eines unmittelbar bevorstehenden Angriffs hervorzurufen.[133] Der Geschädigte muß sich also der Drohung bewußt sein.[134] Angst und Schrecken braucht er nicht zu haben, denn sein Mut soll ihm nicht zum Nachteil gereichen.[135] Nach dem Restatement (Second) of Torts ist es unerheblich, ob der Täter die Fähigkeit zur sofortigen Umsetzung seiner Drohung besaß oder zu besitzen glaubte.[136] In der Mehrzahl der Fälle liegt in der Körperverletzung zugleich eine Bedrohung. Deshalb beruft sich die Rechtsprechung auf battery und assault in einem.

356

---

[126] Restatement (Second) of Torts, § 13 und § 18.
[127] *Mink v. University of Chicago*, 460 F. Supp. 713 (N.D.Ill.1978).
[128] *Mohr v. Williams*, 95 Minn. 261, 104 N.W. 12 (1905), overruled on other grounds in *Genzel v. Halvorson*, 248 Minn. 527 (1957); *Vosburg v. Putney*, 80 Wis. 523, 50 N.W. 403 (1891).
[129] *Peterson v. Haffner*, 59 Ind. 130 (1877); *Singer v. Marx*, 301 P.2 d 440 (Cal.App. 1956); *Keel v. Hainline*, 331 P.2 d 397 (Okla. 1958); *White v. University of Idaho*, 797 P. 2 d 108 (Idaho 1990); *Wallace v. Rosen*, 765 N.E.2 d 192 (Ind.Ct.App. 2002); *Craft v. Wal-Mart Stores, Inc.*, 856 So.2 d 214 (La.App. 2003).
[130] *Burnham* Introduction, S. 404.
[131] Restatement (Second) of Torts, § 21 (1) (b).
[132] *Burnham* Introduction, S. 427.
[133] *Bouton v. Allstate Insurance Co.*, 491 So.2 d 56 (1st Cir. 1986).
[134] Restatement (Second) of Torts, § 22.
[135] *Prosser/Keeton* Torts, § 10; *Burnham* Introduction, S. 427.
[136] Restatement (Second) of Torts, § 33.

c) False Imprisonment

357 False imprisonment ist die Einschränkung der Bewegungsfreiheit. Eine solche liegt auch vor, wenn zumutbare Ausweichmöglichkeiten bestehen, diese aber dem Opfer nicht bekannt sind.[137] Festhalten muß durch physische Hindernisse oder Drohungen erfolgen,[138] moralische Zwänge allein sind nicht ausreichend.[139] Die Haftung setzt voraus, dass sich das Opfer der Beschränkung bewußt ist oder ein Schaden eingetreten ist.[140] Erfolgt die Freiheitsberaubung in Ausübung amtlicher Befugnisse, spricht man von false arrest.

d) Infliction of Mental Distress

358 Infliction of mental distress (auch emotional distress oder mental suffering) heißt die Zufügung seelischer Schmerzen. Ursprünglich nur im Rahmen des Schadensumfangs einer der oben genannten torts gewährt, ist sie nun eigenständige cause of action. Gegen eine derartige Haftung wurden erhebliche Bedenken wegen der Unsicherheiten bei der Schadensbemessung, der Sorge über mögliche Überflutung der Gerichte mit Bagatellfällen und wegen der Subjektivität des Tatbestands erhoben.[141] Diese Kritik hat sich jedoch nicht durchgesetzt, vielmehr wurde das Bedürfnis der Opfer nach Ausgleich anerkannt. Um aber geringfügige Beeinträchtigungen auszuschließen und einen angemessenen Ausgleich zur Redefreiheit sicherzustellen, kommt es nur dann zu einer Haftung, wenn die Äußerungen so unerhört und unerträglich sind (extreme and outrageous conduct),[142] dass ein vernünftiger Mensch sie nicht mehr hinnehmen muß. Dabei sind auch die Begleitumstände zu beachten. Die ausgelösten seelischen Schmerzen müssen auch erheblich sein. Teilweise fordern die Gerichte deshalb, dass sie sich in physischen Schäden niederschlagen.[143]

2. Delikte gegen Sachen

a) Trespass

359 **Trespass to land** ist die Störung des Besitzes an unbeweglichen Sachen. Geschützt wird das Recht zum exklusiven Besitz. Es wird beeinträchtigt, sobald Personen eindringen oder Sachen auf das Grundstück gelangen oder unberechtigt dort verbleiben.[144] Heute dient diese Anspruchsgrundlage auch für den Ersatz von Schäden durch Umweltverschmutzung. Anspruchsinhaber ist der Besitzer, auch wenn er den Besitz unrechtmäßig ausübt. Der Täter muß vorsätzlich und freiwillig handeln. Es ist

---

[137] Restatement (Second) of Torts, § 36 (2): The confinement is complete although there is a reasonable means of escape unless the other knows of it.
[138] Restatement (Second) of Torts, § 40 comment a.
[139] *Hunter v. Laurent*, 158 La. 874, 104 So. 747 (1925); *James v. MacDougall & Southwick Co.*, 134 Wash. 314, 235 P. 812 (1925); *Fitscher v. Rollman & Sons Co.*, 31 Ohio App. 340, 167 N.E. 469 (1929); *Pounders v. Trinity Nursing Home, Inc.*, 265 Ark. 1, 576 S.W.2 d 934 (1979).
[140] Restatement (Second) of Torts, § 42.
[141] *Prosser/Keeton* Torts, § 12, S. 55 f.
[142] Restatement (Second) of Torts, § 46. Für eine moderne Betrachtung zur Ausdehnung deliktischer Haftung auf online-Handlungen siehe *Smith*, Intentional Infliction of Emotional Distress: An Old Arrow Targets the New Head of the Hate Hydra, 80 Denv. U. L.Rev. 1 (2002).
[143] Vgl. aber Restatement (Second) of Torts, § 46 comment k.
[144] Restatement (Second) of Torts, § 158.

aber unerheblich, ob er dachte, es handele sich um eigenen Grund und Boden oder er sei anderweitig zum Betreten berechtigt.¹⁴⁵

Trespass to chattels bezeichnet die Besitzstörung bei beweglichen Sachen. Auch hier ist Anspruchsinhaber der Besitzer. Die Besitzstörung kann sich in Beschädigungen oder anderen Beeinträchtigungen äußern. 360

b) Conversion

Die Rechtsverletzung bei conversion liegt in der Behandlung beweglicher Sachen eines anderen als eigene.¹⁴⁶ Die Beeinträchtigungen müssen schwerer wiegen als bei trespass.¹⁴⁷ Zu berücksichtigen sind insbesondere Maß und Dauer der Kontrolle über die Sache, der beabsichtigte Zweck der Beeinträchtigung, Schadensumfang und die dem Kläger entstandenen Unannehmlichkeiten und Kosten.¹⁴⁸ Je nach Grad der Erheblichkeit können z. B. die unberechtigte Übertragung oder Verwertung, die Verweigerung der Herausgabe, Besitzerlangung, Zerstörung oder Beschädigung einer Sache conversion darstellen. Nur Vorsatz zur Ausübung der Herrschaft über die Sache ist notwendig. Es ist dabei unerheblich, ob der Täter von der Rechtmäßigkeit seines Handelns ausging. 361

Der Kläger kann den vollen Wert des Gegenstandes geltend machen. Dahinter verbirgt sich der Gedanke, dass der Eigentümer aufgrund der Schwere der Beeinträchtigung vom Beklagten den Abkauf verlangen kann, weil sie für ihn keinen Wert mehr besitzt.¹⁴⁹ So warnen z. B. Schildchen neben ausgestellter zerbrechlicher Ware den neugierigen Kunden: „You break it, you bought it". 362

3. Privileges

Im Prozeß muß der Kläger die vorsätzliche Beeinträchtigung seiner Interessen nachweisen. Der Beklagte dagegen trägt die Beweislast für das Vorliegen von Haftungsausschlußgründen. Haftung könnte z. B. durch ausdrückliche oder konkludente Einwilligung (**expressed** oder **implied consent**) ausgeschlossen sein. Letztere ergibt sich aus dem Verhalten des Opfers, wozu auch Schweigen gehört, sofern eine vernünftige Person sich entsprechend geäußert hätte.¹⁵⁰ Die Einwilligung ist unwirksam, wenn Einwilligungsfähigkeit fehlt, wenn sie erzwungen wurde oder ein Irrtum über die Natur bzw. die Qualität der Beeinträchtigung vorlag. 363

Besondere Probleme stellen sich in Arzthaftungsfällen, in denen Patienten unzureichend aufgeklärt wurden. Wiederholt taucht hier die Frage auf, wie Haftung aus battery gegenüber Fahrlässigkeitshaftung wegen der Verletzung von Aufklärungspflichten abzugrenzen ist.¹⁵¹ Battery ist gegeben, wenn eine abgegebene Einwilligung nicht 364

---

[145] *Prosser/Keeton* Torts, § 13, S. 74 f.; *Burnham* Introduction, S. 428.
[146] *Pearson v. Dodd*, 410 F.2 d 701, 133 U.S.App.D.C. 279 (1969).
[147] *United States v. Arora*, 860 F. Supp. 1091 (D.Md. 1994); *Burnham* Introduction, S. 407.
[148] Restatement (Second) of Torts, § 222A (2) (a)–(f).
[149] *Pearson v. Dodd*, 410 F.2 d 701, 133 U.S.App.D.C. 279 (1969); aufgegriffen in Restatement (Second) of Torts, § 222A (1).
[150] *Prosser/Keeton* Torts, § 18, S. 113.
[151] *Cobbs v. Grant*, 502 P.2 d 1 (Cal. 1972); *Mink v. University of Chicago*, 460 F.Supp. 713 (N.D.Ill. 1978); *McGeshick v. Choucair*, 9 F.3 d 1229 (7th Cir. 1993); *Sanborn v. Zollman*, 40 Fed.Appx. 916

als solche zu werten ist, z. B. weil sie sich nicht auf die konkret vorgenommene Behandlung bezog, oder wenn keinerlei Aufklärung erfolgte. Fahrlässigkeit i. S. d. **doctrine of informed consent** liegt vor, wenn eine Einwilligung in die Behandlung zwar gegeben wurde, der Arzt jedoch nicht alle für die Einwilligung notwendigen Informationen weitergegeben hat.

365 Das Recht der Selbstverteidigung (**self-defense**) dient der Abwehr von Angriffen auf die Person. Es ist auch dann anwendbar, wenn keine Gefahr vorlag, der Verteidiger dies aber verständlicherweise nicht erkennen konnte.[152] Self-defense ist beschränkt auf die Anwendung der zur Abwehr notwendigen Gewalt. Tötung oder schwere Verletzungen sind nur dann gerechtfertigt, wenn schwerwiegende Gefahr vorliegen und andere Verteidigungsmöglichkeiten nicht in Betracht kommen.[153] Teilweise wird auch gefordert, der Angegriffene müsse ausweichen, er habe eine **duty to retreat**, sofern dies gefahrlos möglich ist und das Bleiben unvernünftig erscheint.[154] Die Verteidigungshandlung muß zum Zeitpunkt des Angriffs erfolgen, also nicht erst, wenn der Angreifer entwaffnet wurde oder die Gefahr bereits vorüber ist.

366 Auch Besitz darf man verteidigen (**defense of property**), allerdings in noch engeren Grenzen. Der Angreifer muß i. d. R. zunächst zum Unterlassen der Beeinträchtigung aufgefordert werden.[155] Erst dann können Maßnahmen ergriffen werden, die unbedingt notwendig sind. Nicht gerechtfertigt sind Tötung oder schwere Körperverletzungen, es sei denn, die eigene Sicherheit ist aus Sicht des Angegriffenen ebenfalls stark gefährdet.[156]

367 Zum Schutz vor Angriffen installierte Vorrichtungen geben immer wieder Anlaß zu Rechtsstreiten. Insbesondere sollen Anlagen nicht gerechtfertigt sein, die geeignet sind, den Eindringling zu töten oder ernsthaft zu verletzen. Gründe sind die Möglichkeit des Versicherungsschutzes sowie das mit derartigen Anlagen verbundene hohe Risiko für Dritte.[157] Eine Haftung wird aber teilweise dann verneint, wenn dem Angegriffenen erhebliche Gefahren für Leib oder Leben drohten, ein persönliches Eingreifen also auch gerechtfertigt gewesen wäre.[158]

368 Unrechtmäßig entzogenen Besitz kann man sich auch wiederverschaffen (**recapture**). Die Maßnahme muß unmittelbar im Anschluß an die Besitzentziehung oder deren Entdeckung[159] erfolgen und darf nur mit angemessener Gewalt[160] angewendet werden. Der Beklagte mag fremden Besitz oder fremdes Eigentum beeinträchtigt haben, um Gefahren von der Öffentlichkeit, Dritten oder sich selbst abzuwenden. Er recht-

---

(6th Cir. 2002); *Jaskowiak v. Gruver*, 638 N.W.2 d 1 (N.D. 2002); *Duncan v. Scottsdale Med. Imaging*, 70 P.3 d 435 (Ariz. 2003).

[152] Restatement (Second) of Torts, §§ 63 (1), 65 (1).
[153] *Prosser/Keeton* Torts, § 19, S. 127, Restatement (Second) of Torts, § 65 (1) (b).
[154] Vgl. Restatement (Second) of Torts, § 63 (2) (a) und § 65 (3) (a). Nach der „*castle doctrine*" des common law muß nicht zurückweichen, wer in der eigenen Wohnung angegriffen wird. Siehe dazu *Carpenter*, Of the Enemy Within, the Castle Doctrin, and Self Defense, 86 Marq. L.Rev. 653 (2003).
[155] Restatement (Second) of Torts, § 77 (c).
[156] Restatement (Second) of Torts, § 79.
[157] *Prosser/Keeton* Torts, § 21, S. 135.
[158] *Katko v. Briney*, 183 N.W.2 d 657 (Iowa 1971); Restatement (Second) of Torts, § 85.
[159] Restatement (Second) of Torts, § 91.
[160] Restatement (Second) of Torts, § 94 und § 92 (zu dem Erfordernis einer vorherigen Aufforderung durch das Opfer).

fertigt sich aufgrund dieser Notlage (**necessity**).¹⁶¹ Die Ursachen der Gefahr liegen dann nicht in der Sphäre des Klägers, weshalb der Haftungsausschluß hohe Anforderungen stellt. Die betroffenen Interessen müssen abgewogen werden, wobei oftmals politische oder rein pragmatische Erwägungen einfließen. Der Beklagte muß so gehandelt haben, wie es ein vernünftiger Mensch in der gleichen Lage getan hätte.

Sind Gemeinwohlinteressen betroffen (**public necessity**) haftet der Beklagte nicht. Werden dagegen private Interessen geschützt (**private necessity**), soll der Beklagte für den tatsächlichen Schaden aufkommen.¹⁶² Die Wirkung des Verteidigungsmittels ist also nicht absolut. Verschiedene Begründungsmodelle versuchen diesen scheinbaren Widerspruch aufzulösen. Überzeugend ist eine Kompensation in den Fällen, in denen der Beklagte von der Handlung selbst profitieren konnte.¹⁶³ In der Literatur mehren sich die Stimmen, die eine Ausweitung des Kompensationsgedankens auf den Bereich der public necessity befürworten. Eine Entschädigung durch den Staat soll dann erfolgen, wenn das Eigentum des Klägers nicht an der Entstehung der Gefahr beteiligt war und es auch ohne das Eingreifen des Beklagten nicht beschädigt oder zerstört worden wäre.¹⁶⁴ 369

4. Umfang der Haftung

Die meisten intentional torts lösen eine Haftung unabhängig vom Vorliegen tatsächlicher Schäden aus.¹⁶⁵ Allein die Verletzung fremder Interessen reicht aus. Der Beklagte haftet für alle Folgen seiner Handlung. Die Haftung ist, anders als bei Fahrlässigkeit, nicht auf vorhersehbare Schäden begrenzt.¹⁶⁶ 370

III. Fahrlässigkeitsdelikte

Eine Haftung wegen Fahrlässigkeit (negligence) setzt die Verletzung einer Sorgfaltspflicht, einen Schaden und Kausalität voraus. 371

---

[161] Necessity wird teilweise auch auf Beeinträchtigungen von Körper und Gesundheit erstreckt. Siehe dazu Restatement (Second) of Torts § 212 (1) (a) und (b), der dieses Verteidigungsmittel erweitert auf die Anwendung von Gewalt gegenüber Personen im Zusammenhang mit dem Betreten eines fremden Grundstücks.
[162] *Burnham* Introduction, S. 430.
[163] Siehe *Christie*, The Defense of Necessity Considered from the Legal and Moral Points of View, 48 Duke L.J. 975 (1999); *Finan/Ritson*, Tortious Necessity; The Privileged Defense, 26 Akron L. Rev. 1 (1992).
[164] *Prosser/Keeton* Torts, § 24, S. 147.
[165] *Vandall/Wertheimer* Torts, S. 31.
[166] *Vandall/Wertheimer* Torts, S. 15. Anschaulich ist in diesem Zusammenhang die Bezeichnung „thin-skull rule": Der Beklagte ist auch für die Folgen verantwortlich, die bei einem Schlag auf den Kopf infolge der dünnen Schädeldecke des Opfers eintreten. Aufgrund der vorsätzlichen Beeinträchtigung fremder Rechtsgüter trägt der Beklagte das volle Risiko. Er hat keinen Anspruch auf ein „normales" Opfer. Siehe zum Beispiel *Thompson v. Lupone*, 62 A.2 d 861 (Conn. 1948); *Bartolone v. Jeckovich*, 103 A.D.2 d 632 (N.Y. 1984).

1. Sorgfaltspflicht

a) Allgemeine Anforderungen

372 Für Sorgfaltspflichten (duty of care) gibt es keine eigenen, klaren Regeln. Sie ergeben sich oftmals aus politischen und sozialen Erwägungen. In vielen Fällen liegt die duty of care auf der Hand. Probleme entstehen bei besonderen Umständen. So kann das Verhältnis der Parteien zueinander, etwa die besondere Beziehung zwischen Fahrer und Beifahrer, geringere Sorgfaltsmaßstäbe begründen.[167] Die Art des Verhaltens ist wichtig,[168] wo es um die Haftung für Unterlassen geht. Es besteht keine allgemeine Pflicht zum Hilfeleisten. Sie kann sich aber daraus ergeben, dass der Beklagte Gefahrenquellen geschaffen[169] oder die Verantwortung übernommen hat[170] oder eine Sonderbeziehung zum Kläger besteht.[171] Stark ausgeweitet wurde auch die Haftung gegenüber Dritten.[172] In den Urteilen wird duty of care im allgemeinen nicht angesprochen. Es geschieht nur, wenn die Haftung aufgrund besonderer Umstände verneint wird. Die Grenzen zu Kausalitätserwägungen sind dabei fließend.[173]

b) Owners and Occupiers of Land

373 Ein komplexer Sonderfall der duty of care ist die Haftung des Grundstücksinhabers. Ursprünglich maß man seinen Interessen erhebliche Bedeutung bei. Personen, die das Land betraten, hatten nur wenige Rechte. Dieses historische Verständnis ist einer modernen Auffassung gewichen, die dem Grundstücksinhaber neben seinen Rechten auch Pflichten auferlegt.

374 Die Rechtsprechung hat drei abgestufte Fallgruppen entwickelt, mit denen der Grad der duty of care ermittelt wird: Einer Person, die sich ohne Einverständnis auf dem Grundstück aufhält (**trespasser**),[174] schuldet der Grundstücksinhaber keinerlei Rücksicht. Der trespasser handelt auf eigene Verantwortung. Weil er fremde Eigentumsinteressen mißachtet, genießt er keinen Schutz.[175] Ausnahmen gibt es zugunsten der Rechtsgüter Leben und Gesundheit.[176] Der niedrige Standard gilt auch nicht bei Kindern,[177] die nicht fähig sind, das ganze Ausmaß der Gefahren richtig abzuschätzen. Zudem ist die Sicherheit und Gesundheit von Kindern ein soziales und gesellschaftliches Anliegen.

---

[167] Zu den Automobile Guest Statutes siehe *Prosser/Keeton* Torts, § 34, S. 215 ff.
[168] *Prosser/Keeton* Torts, § 56, S. 373 ff.
[169] Restatement (Second) of Torts, §§ 322 f.
[170] Restatement (Second) of Torts, §§ 323 f.
[171] Restatement (Second) of Torts, §§ 315 ff.
[172] Bezeichnend dafür ist der Fall, in dem ein Psychotherapeut haftbar dafür gemacht wurde, dass er die späteren Opfer nicht vor der Bedrohung durch seine Patienten gewarnt hatte; *Tarasoff v. The Regents of the University of California*, 17 Cal.3 d 425, 551 P.2 d 334, 131 Cal.Rptr. 14 (1976). In dem Zusammenhang ist auch auf die dram shop liability hinzuweisen, in denen der Wirt dem Unfallopfer dafür haftet, dass er seinem Gast zuviel Alkohol ausgeschenkt hat.
[173] Siehe dazu *Palsgraf v. The Long Island Railroad Co.*, 248 N.Y. 339, 162 N.E. 99 (1928).
[174] Restatement (Second) of Torts, § 329.
[175] Restatement (Second) of Torts, § 333.
[176] *Prosser/Keeton* Torts, § 58, S. 395 ff.; Restatement (Second) of Torts, § 334.
[177] *Prosser/Keeton* Torts, § 59, S. 399 ff.; Restatement (Second) of Torts, § 339; *Burnham* Introduction, S. 411; begründet mit der doctrine of attractive nuisance.

Die nächste Stufe bilden die **licensees**. Sie sind mit Einverständnis des Inhabers auf   375
dem Grundstück anwesend.[178] Licensees sind Personen, die vor dem Wetter Unterschlupf suchen, Touristen, aber auch persönliche Gäste. Sie befinden sich im eigenen Interesse auf dem Grundstück und dürfen es nutzen, können aber keine besonderen Sicherheitsvorkehrungen erwarten.[179] Der Inhaber schuldet nur eine geringe duty of care, i. d. R. die Warnung vor bekannten Gefahren.[180] Auf Gefahrenquellen untersuchen muß er das Land nicht.

Die größte duty of care besteht gegenüber den **invitees**,[181] geschäftlichen Besuchern,   376
die mit Einverständnis und zum Nutzen des Grundstücksinhabers anwesend sind. Typische Beispiele sind der Kunde in einem Geschäft, Restaurant oder einer Bank oder der Theaterbesucher. Sie können erwarten, dass das Haus bzw. das Land sicher ist. Sorgfaltsanforderungen bestehen in vollem Umfang. Der Grundstücksinhaber muß vor bekannten Gefahren warnen und Inspektionen vornehmen, um mögliche Gefahrenquellen aufzudecken.[182] Die Unterscheidung in trespassers, licencees und invitees wird teilweise als zu technisch und komplex kritisiert und eine Anwendung der allgemeinen Prinzipien „reasonable care" und „proximate cause" befürwortet.[183] Eine Tendenz zur Abschaffung der Fallgruppen kann bislang aber nicht festgestellt werden.[184]

2. Sorgfaltspflichtverletzung

a) Allgemeine Anforderungen

Maßstab für eine Sorgfaltspflichtverletzung (breach of duty) ist, wie ein vernünftiger   377
Mensch in der gleichen Lage gehandelt hätte. In die objektive Bewertung fließen aber auch besondere Kenntnisse oder Fähigkeiten des Beklagten ein.[185] Körperliche Behinderungen führen zu einem geringeren Sorgfaltsmaßstab, bei geistigen Störungen ist das umstritten. Eine Gleichbehandlung bietet sich an, da auch der geistig Behinderte nur verminderte Sorgfaltsanforderungen erfüllen kann. Die Gerichte lehnen das, wohl mit Blick auf das Entschädigungsbedürfnis des Opfers, jedoch (noch) ab.[186] Bei Minderjährigen wird die Sorgfalt, die ein Kind gleichen Alters, gleicher geistiger Reife und Erfahrung angewandt hätte, verlangt. Die allgemeinen Anforderungen greifen aber ein, wenn Minderjährige an adult activities teilgenommen haben.[187]

---

[178] Restatement (Second) of Torts, § 330; in Abgrenzung zu invitees werden sie social guests genannt.
[179] Restatement (Second) of Torts, § 343 comment b.
[180] *Prosser/Keeton* Torts, § 60, S. 416; Restatement (Second) of Torts, § 342 (b) und comment l.
[181] Restatement (Second) of Torts, § 332; in Abgrenzung zu licencees werden sie als business visitors oder public invitees bezeichnet.
[182] Restatement (Second) of Torts, § 343 comment b.
[183] *Rowland v. Christian*, 443 P.2 d 561, 69 Cal.2 d 108 (1968); *Prosser/Keeton* Torts, § 62, S. 432 ff.
[184] Neuere Fälle zu dieser Unterscheidung: *Alexander v. Med. Assocs. Clinic*, 646 N.W.2 d 74 (Iowa 2002); *Carter v. U.S.*, 2003 Dist. LEXIS 11 614 (W.D.Mich. 2003); *Chernoff v. Tosco Corp.*, 2003 U.S. Dist. LEXIS 19 522 (E.D.Pa. 2003).
[185] Restatement (Second) of Torts, § 289 (a) und (b).
[186] Siehe dazu auch *Prosser/Keeton* Torts, § 32, S. 176 ff.
[187] *Robinson v. Lindsay*, 92 Wash.2 d 410, 598 P.2 d 392 (1979); *Stevens v. Calumet Public Schools*, 573 N.W.2 d 341 (Mich. App. 1997); *J.R. v. State*, 62 P.3 d 114 (Alaska Ct.App. 2003).

378 Berühmtheit hat die **„Learned Hand formula"** erlangt, die nach ihrem Begründer, Richter *Learned Hand*, benannt ist. Er hat in einer Entscheidung aus dem Jahre 1947[188] einen Versuch zur Konkretisierung der Sorgfaltsanforderungen unternommen und dabei eine an wirtschaftlichen Erwägungen orientierte Formel aufgestellt: Was vernünftig ist, ergibt sich aus einer Abwägung zwischen dem Risiko, das sich aus der Wahrscheinlichkeit (probability P) und der Größe des Verlustes (liability L) zusammensetzt, und dem Aufwand der adäquaten Vorsichtsmaßnahmen (burden B). Eine Haftung ist danach zu bejahen, wenn B PL.

379 Eine Haftung kann sich auch aus der Verletzung von statutes ergeben. Voraussetzung ist, dass der Schutzzweck den Kläger und seinen Schaden erfaßt. Ein Verstoß gegen statutes kann als negligence per se, als prima facie-Fall oder als Beweis für die Fahrlässigkeit[189] eingestuft werden.

b) Behandlung im Prozeß

380 Die Voraussetzungen der Fahrlässigkeitshaftung enthalten eine Mixtur aus questions of fact und questions of law. Erstere bleiben der jury überlassen, letztere werden vom Gericht beantwortet.[190] Ob Fahrlässigkeit vorliegt, entscheidet damit die jury. Aufgrund menschlicher Erwägungen kann sie auch unzureichende Beweise zur Grundlage ihrer Entscheidung machen. Jedoch müssen die Gerichte die Klage zurückweisen, wenn Beweise nicht ausreichen.[191]

381 Wegen der Beweisschwierigkeiten des Klägers wurde die Doktrin der **res ipsa loquitur**[192] entwickelt. Sie kommt zur Anwendung, wenn das Schadensereignis gewöhnlich nur bei Fahrlässigkeit eintritt und der Beklagte Auslöser des Geschehens ist.[193] Res ipsa loquitur führt ohne Feststellung einer duty of care zu der Schlußfolgerung, dass der Beklagte nicht die erforderliche Sorgfalt angewandt hat. Prozessual wird die res ipsa loquitur als Umkehr der Beweislast oder als widerlegbare Annahme der negligence eingeordnet. Jedenfalls gibt sie der jury die Möglichkeit, eine Schlußfolgerung aus den Umständen zu ziehen.[194] Bedeutung hat die Doktrin insbesondere in Fällen unzureichender medizinischer Betreuung in Krankenhäusern erlangt. Dort kommen die Patienten mit unterschiedlichen Personen und Behandlungen in Berührung und stehen oft unter Narkose, was den Nachweis deliktischer Haftung für vorsätzliches oder fahrlässiges Handeln erheblich erschwert.[195]

---

[188] *United States v. Carroll Towing Co.*, 159 F.2 d 169 (1947).
[189] *Vandall/Wertheimer* Torts, S. 228; *Prosser/Keeton* Torts, § 36, S. 229 ff. Das Restatement (Second) of Torts § 288B (1) ordnet die Verletzung von statutes als negligence per se ein.
[190] Vgl. oben Rn. 199.
[191] *Prosser/Keeton* Torts, § 37, S. 236.
[192] Erstmals erwähnt in *Byrne v. Boadle*, 159 Eng.Rep. 299 (1863).
[193] *Prosser/Keeton* Torts, § 39, S. 244; *Burnham* Introduction, S. 410; *Escola v. Coca-Cola Bottling Co.*, 24. Cal.2 d 453, 150 P.2 d 436 (1944); *Snook v. Delaware Turnpike Administration*, 1998 Del. Super. LEXIS 428 (Del. Super. 1998);Restatement (Second) of Torts § 328D (1).
[194] *Vandall/Wertheimer* Torts, S. 258 f.; *Prosser/Keeton* Torts, § 40. Das Restatement (Second) of Torts spricht in § 328D (1) davon, dass „It may be inferred that harm … is caused by negligence."
[195] *Danville Community Hospital, Inc. v. Thompson*, 186 Va. 746, 43 S.E.2d 882 (1947); *Schmidt v. Gibbs*, 305 Ark. 383, 807 S.W.2d 928 (1991); *Ybarra v. Spangard*, 25 Cal.2 d 486, 154 P.2 d 687 (1944).

3. Kausalität und Schaden

Das Verhalten des Beklagten muß kausal gewesen sein. Dies wird mit Hilfe der **but for-rule** ermittelt, die der sine qua non-Formel entspricht: Ursächlichkeit ist gegeben, wenn das Ereignis nicht eingetreten wäre „but for the conduct of the defendant". Für Fälle konkurrierender oder überholender Kausalität wurde die **substantial factor-rule** entwickelt: Ursächlichkeit ist gegeben, wenn sich das Verhalten als ein substantial factor bei der Beeinträchtigung der Interessen des Klägers darstellt.[196]   382

Ein besonderes Problem stellt sich, wenn mehrere Schädiger als Beklagte in Betracht kommen.[197] Hier helfen die Gerichte dem Kläger mit einer Umkehr der Beweislast. Der Beklagte haftet für den gesamten Schaden. Zwischen den Schädigern ist dann zu klären, wer die Kosten letztlich zu tragen hat. Begründet wird dies mit der besseren Beweissituation der Beklagten und mit Gerechtigkeitserwägungen.   383

Diese **alternative liability** erklärte man in Klagen gegen Arzneimittelhersteller für unanwendbar.[198] Es ging um Fälle, in denen Tabletten verschrieben wurden, die sich im nachhinein als schädlich herausstellten. Aufgrund der langen Zeit bis zum Ausbruch der Krankheit entstanden Beweisprobleme durch Erinnerungsdefizite, verstorbene Zeugen oder fehlende Beweismittel. Es konnte nicht geklärt werden, von welchem Hersteller die eingenommenen Medikamente stammten. Jedoch wiesen die Produkte aller Hersteller die gleiche Zusammensetzung auf. Zur Lösung des Falles wurde die **market share liability** entwickelt: Jeder Beklagte ist entsprechend seinem Marktanteil haftbar.[199]   384

Auch Schädigungen, die die Überlebenschancen des Klägers verringern, stellen die Gerichte vor Kausalitätsprobleme.[200] Der Kläger muß die Verschlechterung nachweisen können. Eine Ablehnung der Haftung würde zu einem Freibrief für schlimmste Behandlungsfehler führen. Inwieweit eine Begrenzung auf eine bestimmte Prozentzahl erfolgen soll, ist noch nicht abschließend geklärt.[201]   385

Das schädigende Verhalten muß mit dem Schaden zusammenhängen (**proximate cause**). Der Schadenseintritt muß wahrscheinlich und vorhersehbar sein.[202] Rechtspolitische Erwägungen bestimmen die Prüfung, weshalb die Zurechnung in der Re-   386

---

[196] *Vandall/Wertheimer* Torts, S. 261. Das Restatement (Second) of Torts § 431 (a) wendet nur die substantial factor rule an.
[197] *Summers v. Tice*, 33 Cal.2 d 80, 199 P.2 d 1 (1948).
[198] *Hymowitz v. Eli Lilly & Co.*, 73 N.Y.2 d 487, 539 N.E.2 d 1069, 541 N.Y.S.2 d 941 (1989), cert. denied 943 U.S. 944, 110 S. Ct. 350, 107 L.Ed.2 d 338 (1989); *Wood v. Eli Lilly & Co.*, 38 F 3 d 510 (10th Cir. 1994).
[199] Siehe *Schonfeld*, Establishing the Casual Link in Asbestos Litigation: An Alternative Approach, 68 Brooklyn L.Rev. 379 (2002).
[200] *Falcon v. Memorial Hospital*, 436 Mich. 443, 462 N.W.2 d 44 (1990).
[201] Siehe zu dieser Diskussion *Saroyan*, The Current Injustice of the Loss of Chance Doctrine: An Argument for a New Approach to Damages, 33 Cumb. L. Rev. 15 (2002–2003).
[202] Richter *Andrews* in der dissenting vote in *Palsgraf v. The Long Island Railroad Co.*, 248 N.Y. 339, 162 N.E. 99 (1928). Dieser Fall und die Begründung der Meinungen verdeutlichen die Abgrenzungsschwierigkeiten zwischen proximate cause und duty of care.

gel sehr weit gefaßt ist.[203] Auch bei Fahrlässigkeitshaftung gilt die thin-skull rule.[204] Den tatsächlichen Schaden muß der Kläger nachweisen.

4. Privileges

387 Auch im Bereich der Fahrlässigkeitshaftung kann sich der Beklagte durch privileges entlasten. So kann er etwa geltend machen, der Kläger habe durch eigenes fahrlässiges Verhalten zum Entstehen der Verletzung beigetragen. Die Doktrin der **contributory negligence** schloß die Haftung bei einem Mitverschulden des Klägers aus. Abgeschwächt wurde dieses Ergebnis durch die last clear chance rule: Hatte der Beklagte noch die Möglichkeit, die Folgen des Verhaltens des Klägers abzuwenden, so blieb es bei seiner Haftung.[205]

388 Durchgesetzt hat sich die Doktrin der **comparative negligence**. Danach wird der Anspruch nur anteilig gekürzt.[206] In einigen Staaten wird allerdings eine Mischform praktiziert. Es gilt grundsätzlich das Prinzip der comparative negligence. Ab einem Eigenanteil des Klägers in Höhe von 50 % kommt jedoch wieder contributory negligence zur Anwendung mit der Folge, dass der Kläger seinen Anspruch verliert.[207]

389 Erkennt der Kläger das Risiko und nimmt er es freiwillig auf sich, spricht man von **assumption of risk**.[208] Dies ist der Einwilligung bei Vorsatzdelikten vergleichbar.[209] Die eigenständige Bedeutung der assumption auf risk neben duty of care und contributory negligence wurde wiederholt in Frage gestellt. Angesichts der Abgrenzungsschwierigkeiten sprechen sich viele Gerichte für eine Abschaffung der assumption of risk aus.[210]

IV. Nuisance

390 Die Haftung wegen nuisance erfaßt verschiedene Fallgestaltungen. Eine genaue Definition ist nicht möglich, aufgrund des historischen Ursprungs existieren vielmehr begriffliche Ungenauigkeiten. Man unterscheidet herkömmlicherweise **private nuisance** und **public nuisance**. Private nuisance ist die erhebliche und unvernünftige Beeinträchtigung von use or enjoyment of land.[211] Die weiteren Voraussetzungen und die rechtliche Einordnung in das Haftungssystem sind nicht eindeutig

---

[203] Vgl. die Haftung beim Dazwischentreten Dritter in Restatement (Second) of Torts §§ 441 ff.
[204] *Bartolone v. Jeckovich*, 103 A.D.2 d 632, 481 N.Y.S.2 d 545 (1984); so auch Restatement (Second) of Torts § 461. Vgl. auch Fn. 160.
[205] *Vandall/Wertheimer* Torts, S. 596; *Prosser/Keeton* Torts, § 66, S. 462 ff.; so auch Restatement (Second) of Torts, § 467.
[206] *Li v. Yellow Cab Co. of California*, 532 P.2 d 1226, 13 Cal.3 d 804 (1975); *Prestenbach v. Rains*, 4 F.3 d 358 (5th Cir. 1993); *Joseph v. City of New Orleans*, 842 So.2 d 420 (La.Ct.App. 2003).
[207] *Lee v. United States*, 81 f. 3 d 169 (9th Cir. 1996); *Turcq v. Shanahan*, 950 P. 2 d 47 (Wyo. 1997).
[208] Restatement (Second) of Torts, § 496D und § 496E.
[209] *Burnham* Introduction, S. 413.
[210] *Blackburn v. Dorta*, 348 So.2 d 287 (Fla. 1977); *Li v. Yellow Cab Co. of California*, 532 P.2 d 1226, 13 Cal.3 d 804 (1975); dissenting vote von Richter *Mosk* in *Knight v. Jewett*, 834 P.2 d 696, 3 Cal.4th 296 (1992).
[211] Restatement (Second) of Torts, § 821D.

geklärt.²¹² Trespass und nuisance schließen sich aus. Die Abgrenzung zu trespass folgt der historischen Entwicklung. Entsprechend dem früheren Verständnis gab es die action of trespass bei einer direkten Beeinträchtigung, während nuisance bei einer indirekten Störung zur Anwendung kam. Heute unterscheidet man danach, ob use or enjoyment of land (dann nuisance) oder das Interesse an einem exklusiven Besitz (dann trespass) betroffen sind.²¹³

Public nuisance ist die Störung oder Verletzung öffentlicher Interessen,²¹⁴ wie z. B. der öffentlichen Gesundheit, Sicherheit oder Ordnung. Sie ist strafrechtlich sanktioniert. Nach dem Restatement ergeben sich daraus aber ebenfalls zivilrechtliche Ansprüche.²¹⁵ 391

V. Strict Liability

Auch das amerikanische Recht kennt eine verschuldensunabhängige Haftung. Typische Beispiele sind die **Tierhalterhaftung** und die Haftung für abnormally dangerous activities. Für wilde Tiere haftet der Halter uneingeschränkt.²¹⁶ Sie gelten als gefährlich und eine Gefahr ist offensichtlich. Haustiere können grundsätzlich nicht als gefährlich eingestuft werden. Erhebliche Verletzungen oder ernsthafte Schäden sind an sich nicht zu erwarten. Eine Haftung tritt deshalb nur dann ein, wenn der Halter eine entsprechende Veranlagung seines Tieres kannte bzw. kennen mußte.²¹⁷ Viele Staaten schreiben aber eine unbeschränkte Haftung für Hunde gesetzlich vor.²¹⁸ 392

Die Haftung für **abnormally dangerous activities** wurde erstmals in einer englischen Entscheidung aus dem Jahre 1868 angesprochen.²¹⁹ Aufgrund des Charakters, des Ortes und der Art der Handlung sowie des Verhältnisses zu seiner Umgebung wurde ein Verhalten als ungewöhnlich gefährlich eingestuft und eine Haftung bejaht. Ist also eine Tätigkeit wirtschaftlich sinnvoll, jedoch mit erheblichen Risiken verbunden, soll der Unternehmer zumindest für die Risiken einstehen. Diese Entscheidung wurde von den amerikanischen Gerichten übernommen und ist nunmehr in den meisten Staaten anerkannt. Das Restatement (Second) of Torts hat einen eigenen, an der Rechtsprechung orientierten Katalog von Kriterien erstellt. Solche sind: der Grad der Gefahr, die Wahrscheinlichkeit eines hohen Schadens, die Allgemeinüblichkeit, die Möglichkeit zur Ausschaltung der Risiken, die Ortsüblichkeit sowie der Nutzen für die Allgemeinheit.²²⁰ 393

---

[212] Das Restatement (Second) of Torts sieht in § 822 eine Haftung vor, wenn sich das Verhalten darstellt als „… (a) intentional and unreasonable or (b) unintentional and otherwise actionable under the rules controlling liability for negligent or reckless conduct, or for abnormally dangerous conditions or activities."
[213] *Prosser/Keeton* Torts, § 87, S. 622. Diese Entwicklung ist dargestellt in *J.H. Borland, Sr. v. Sanders Lead Co.*, 369 So.2 d 523 (Ala. 1979).
[214] Restatement (Second) of Torts, § 821B.
[215] Restatement (Second) of Torts, § 821C.
[216] Restatement (Second) of Torts, § 507.
[217] Restatement (Second) of Torts, § 509.
[218] Nachweise bei *Prosser/Keeton* Torts, § 76, S. 539 Fn. 20.
[219] *Rylands v. Fletcher*, L.R. 3 H. L. 330 (1868).
[220] Restatement (Second) of Torts, § 520 (a)–(f).

VI. Produkthaftung

394 Das Produkthaftungsrecht (**products liability**)[221] hat seinen Ursprung in der Entscheidung *Winterbottom v. Wright*.[222] Dort wurde festgestellt, dass die Pflicht zur Herstellung fehlerfreier Produkte vertraglich ausgestaltet ist und nur dem unmittelbaren Abnehmer geschuldet wird. Die meisten Fälle scheiterten daher an der doctrine of privity (oben Rn. 341). Ein halbes Jahrhundert später wurde diese Regel verdrängt. In der Entscheidung *MacPherson v. Buick Motor Co.*[223] bejahte Richter *Cardozo* die Möglichkeit einer deliktischen Haftung. Den Herstellern oblag eine allgemeine Sorgfaltspflicht gegenüber allen vorhersehbaren Nutzern des Produkts, unabhängig von privity-Einschränkungen. Die Haftung konnte nun auf negligence oder auf **breach of warranty** gestützt werden. Trotz der Anwendung der doctrine of res ipsa loquitur[224] stand der Verbraucher vor erheblichen Beweisschwierigkeiten. Einer vertraglichen Haftung stand meist das Erfordernis der privity entgegen. Einer Ausdehnung der warranty auf Dritte, die von den Gerichten entwickelt wurde,[225] waren Grenzen gesetzt.

395 So wuchs der Gedanke einer strikten Haftung. Den Grundstein für diese Entwicklung legte Richter *Traynor* in seiner legendären dissenting vote in der Entscheidung *Escola v. Coca-Cola Bottling Co.*[226] Er befürwortete eine absolute Haftung aufgrund mehrerer Aspekte: Das Verletzungsrisiko könne von dem Hersteller durch Versicherungen abgedeckt und die Kosten auf den Preis umgelegt werden. Der Schutz würde am besten durch den Hersteller gewährleistet. Auch öffentliche Interessen und rechtspolitische Erwägungen sprächen für eine Verantwortung des Herstellers, der das Produkt auf den Markt gebracht hat. Zudem sei auch in den Entscheidungen, in denen eine Haftung auf negligence basierte, aufgrund der Anwendung der doctrine of res ipsa loquitur im Grunde eine strikte Haftung bejaht worden. Diese dissenting vote führte zur Geburt der **doctrine of strict liability**. Die Argumentation wurde von Richter *Traynor* auch in der Entscheidung *Greenman v. Yuba Power Products Inc.*[227] wieder aufgegriffen und von anderen Gerichten übernommen. Das Restatement (Second) sah ebenfalls eine strikte Haftung vor.[228]

---

[221] Einen guten Überblick über die Entwicklung des Produkthaftungsrechts bieten *Symposium*, The Restatement (Third) of Torts and the Future of Tort Law: Overview by the ALI Reporters, 10 Kan. J. L. & Pub. Pol'y 2 et seq. (2000); *Vandall*, Constructing Products Liability: Reforms in Theory and Procedure, 48 Vill. L.Rev. 843 (2003) und *Schotland*, Overview of U.S. Product Liability Regime, 20 Ariz. J. Int'l & Comp. L. 135 (2003). Zu einer Zusammenstellung der wichtigsten Bereiche aus deutscher Sicht siehe *Zekoll*, Umkehr im US-amerikanischen Produkthaftpflichtrecht und internationaler Schadensersatzprozeß, IPRax 1997, 198. Rechtsvergleichend auch *Howells*, The Relationship between Product Liability and Product Safety – Understanding a Necessary Element in European Product Liability Through a Comparison with the U.S. Position, 39 Washburn L.J. 305 (2000).
[222] *Winterbottom v. Wright*, 10 M&W 109, 152 Eng.Rep. 402 (1842).
[223] *MacPherson v. Buick Motor Co.*, 217 N.Y. 382, 111 N.E. 1050 (1916), abgedruckt als Anhang 1.
[224] Vgl. oben Rn. 381. Zur Anwendung der Doktrin im Rahmen von strict liability siehe *De Villiers*, Virus Ex Machina: Res Ipsa Loquitur, 2003 Stan. Tech. L. Rev. 1 (2003); *Johnson*, Rolling the „Barrel" a Little Further: Allowing Res Ipsa Loquitur to Assist in Proving Strict Liability in Tort Manufacturing Defects, 38 Wm. & Mary L. Rev. 1197 (1997).
[225] *Henningsen v. Bloomfield Motors, Inc.*, 161 A.2 d 69, 32 N.J. 358 (1960).
[226] *Escola v. Coca-Cola Bottling Co.*, 24 Cal.2 d 453, 150 P.2 d 436 (1944).
[227] *Greenman v. Yuba Power Products, Inc.*, 377 P.2 d 897, 59 Cal.2 d 57 (1963).
[228] Restatement (Second) of Torts § 402A: (1) One who sells any product in a defective condition unreasonably dangerous to the user or consumer or to his property is subject to liability for physical

Wegen der Vielfalt der Produkthaftungsfälle begannen die Gerichte zu differenzieren. **396** Die Rechtsprechung entwickelte drei verschiedene Fehlertypen. **Manufacturing defects** sind Abweichungen von der Produktionslinie,[229] im deutschen Recht als Ausreißer bezeichnet. Bei **design defects** wird das Produkt den allgemeinen Qualitätsanforderungen nicht gerecht. Betroffen ist im Gegensatz zu manufacturing defects die gesamte Produktionslinie. Die dritte Gruppe bilden die Fälle von **inadequate warnings or instructions**.

Design defects werden nach Maßgabe von consumer expectations oder eines risk- **397** benefit test bzw. einer Kombination aus beiden beurteilt.[230] Nach dem **consumer expectations test** ist ein Produkt fehlerhaft, wenn es nicht den vernünftigen Sicherheitserwartungen eines gewöhnlichen Verbrauchers entspricht. Beim **risk-benefit test** werden die mit dem Produkt verbundenen Gefahren gegen die Vorteile für die Gesellschaft abgewogen. Verschiedene Faktoren fließen in die Beurteilung ein. So der Nutzen für den einzelnen Verbraucher und die Gesellschaft, die Wahrscheinlichkeit eines Schadens und dessen mögliche Ausmaße, die Existenz eines vergleichbaren aber weniger gefährlichen Produkts, die Möglichkeit einer kostengünstigen Nachbesserung, die Kenntnis des Verbrauchers von der allgemeinen Gefährlichkeit des Produkts und die Vermeidung finanzieller Verluste durch Preiserhöhung oder den Abschluß von Versicherungen. Der **combination test** vereinigt sowohl den Aspekt der Verbrauchererwartungen als auch die Risiko-Nutzen-Analyse.

Das Restatement (Second) kannte die Unterscheidung zwischen den einzelnen Feh- **398** lerarten nicht und entsprach damit nicht mehr der geänderten Entscheidungspraxis. Es wurde 1998 abgelöst von dem Restatement (Third). Dieses hält an dem Gedanken der strict liability fest, begrenzt ihn jedoch auf manufacturing defects. Für design defects und Fehler aufgrund unzureichender Warnungen und Instruktionen gilt ein **reasonableness standard**. Der Hersteller haftet, wenn vorhersehbare Risiken durch ein vernünftiges alternatives Design bzw. vernünftige Warnungen und Instruktionen hätten verringert oder vermieden werden können.[231]

---

harm thereby caused to the ultimate user or consumer, or to his property, if (a) the seller is engaged in the business of selling a product, and (b) it is expected to and does reach the user or consumer without substantial change in the condition in which it is sold. (2) The rule stated in Sub § (1) applies although (a) the seller has exercised all possible care in the preparation and sale of his product, and (b) the user or consumer has not bought the product from or entered into any contractual relation with the seller.

[229] Siehe *Owen*, Manufacturing Defects, 53 S.C.L. Rev. 851 (2002).
[230] Vgl. *Phillips v. Kimwood Machine Co.*, 525 P.2 d 1033, 269 Or. 485 (1974); *Barker v. Lull Engineering Co.*, 573 P.2 d 443, 20 Cal.3 d 413 (1978); Restatement (Second) of Torts, § 402A comment i. Siehe auch *Kysar*, The Expectations of Consumers, 103 Colum. L. Rev. 1700 (2003).
[231] Restatement (Third) of Torts: Products Liability § 2: „A product is defective when, at the time of sale or distribution, it contains a manufacturing defect, is defective in design, or is defective because of inadequate instructions or warnings. A product: (a) contains a manufacturing defect when the product departs from its intended design even though all possible care was exercised in the preparation and marketing of the product; (b) is defective in design when the foreseeable risks of harm posed by the product could have been reduced or avoided by the adoption of a reasonable alternative design by the seller or other distributor, or a predecessor in the commercial chain of distribution, and the omission of the alternative design renders the product not reasonably safe; (c) is defective because of inadequate instructions or warnings when the foreseeable risks of harm posed by the product could have been reduced or avoided by the provision of reasonable instructions or warnings by the seller or other

VII. Reputation and Privacy

1. Defamation

399 Defamation[232] erfaßt geringschätzige und rufschädigende Äußerungen gegenüber Dritten. Äußerungen nur dem Kläger gegenüber können eine Klage wegen mental suffering oder eine strafrechtliche Verantwortlichkeit auslösen. Es existiert eine umfangreiche Rechtsprechung zu diesem Deliktstyp. Die Ergebnisse lassen sich oft nur mit historischen und rechtspolitischen Erwägungen begründen.

400 Geschädigt werden kann jede lebende Person.[233] In vielen Staaten wird der fehlende zivilrechtliche Schutz bei Ehrverletzung von Toten[234] aber durch die Einordnung als Straftat kompensiert. Außerdem können die Angehörigen eine eigene Klage erheben, falls sie selbst von der Äußerung betroffen sind. Gesellschaften können das Opfer einer defamation sein, wenn das Prestige oder die Stellung im Geschäftsleben verletzt werden.[235] Eine Kollektivbeleidigung kann im Regelfall nicht einem Einzelnen zugewiesen werden. Die Sensibilität gegenüber Rassen-, ethnischer und religiöser Diskriminierung/denigration führt aber zunehmend zu einem Ausgleich der vom Einzelnen erlittenen Verletzungen und dem Schutz der gesamten Gruppe.[236] Sind Gruppenbeleidigungen zivilrechtlich nicht erfaßt, werden sie jedenfalls strafrechtlich sanktioniert.

401 Man unterscheidet zwischen mündlicher (**slander**) und schriftlicher (**libel**) Äußerung. Die Abgrenzung ist historisch bedingt und bereitet im Zeitalter moderner Kommunikationsmittel Schwierigkeiten.[237] Unterschiedlich entschieden wurden

---

distributor, or a predecessor in the commercial chain of distribution, and the omission of the instructions or warnings renders the product not reasonably safe." Aktuelle Entscheidungen: *Lecy v. Bayliner Marine Corp.*, 973 P.2 d 1110 (Wash.Ct.App. 1999); *Lewis v. American Cynamid Co.*, 715 A.2 d 967 (N.J.1998). Allgemein dazu *Conk*, Is There a Design Defect in the Restatement (Third) of Torts, 109 Yale L.J. 1087 (2000); *Shifton*, The ALI's Cure for Prescription Drug Design Liability, 29 Fordham Urb. L.J. 2343 (2002). Produkthaftungsklagen sind oft Sammelklagen (class actions) und müssen als solche gemeinsame Tatsachen- und Rechtsfragen aufwerfen (siehe dazu schon oben, Rn. 179 ff.). Bei Klägern aus verschiedenen Bundesstaaten könnten unterschiedliche Rechte zur Anwendung berufen sein. In solchen Fällen kann das Gericht (soweit genügend Verbindung des Falles zum Gerichtsstaat, etwa als Herstellungsort des Produktes, besteht) aus eigenem Regulierungsinteresse die lex fori auf alle Ansprüche anwenden. Siehe etwa *Bunting v. Progressive Corp. et al.*, 348 Ill. App.3 d 575, 809 N.E.2 d 225 (1st Dist. 2004). Weniger wahrscheinlich ist ein derartiges lokales Regulierungsinteresse bei ausländischen Klägern, vor allem bei abweichenden Voraussetzungen des ausländischen Rechts für Haftung und Entschädigung. Zum Restatement (Third) of Torts, s. oben von Rn. 352 Fn. 121.

[232] Einen guten Überblick bietet *Smith*, Of Malice and Men: The Law of Defamation, 27 Val. U. L. Rev. 39 (1992).

[233] *Prosser/Keeton* Torts, § 111, S. 778 ff.

[234] Restatement (Second) of Torts, § 560. Allerdings kann ein Anspruch des Verstorbenen bei Existenz eines entsprechenden survival statute auf die Erben übergehen.

[235] Restatement (Second) of Torts, § 561.

[236] Siehe *Anyanwu v. CBS*, 887 F.Supp. 690 (S.D.N.Y. 1995). Siehe auch *Pollele*, Racial and Ethnic Group Defamation: A Speech-Friendly Proposal, 23 C. Third World L.J. 213 (2003); *Landis*, Annotation, Defamation of Class or Group as Actionable by Individual Member, 52. A.L.R.4th 618 (1998).

[237] *Prosser/Keeton* Torts, § 112, S. 786 ff.; Restatement (Second) of Torts, § 568 comment b.

zum Beispiel Äußerungen in Radio- oder Fernsehsendungen.[238] Auch das Internet wirft Probleme auf, mit denen sich die Literatur intensiv beschäftigt.[239]

Slander führt nur dann zur Haftung, wenn ein tatsächlicher Schaden nachgewiesen werden kann. Die Grundregel wird nicht angewendet, wenn der Kläger einer Straftat beschuldigt wird, wenn ihm eine Krankheit angedichtet wird, die zu einer Isolation von der Gesellschaft führt (loathsome disease), wenn die Äußerung das Geschäft oder den Beruf des Klägers betrifft oder wenn die fehlende Tugendhaftigkeit einer Frau behauptet wird.[240] Libel dagegen ist actionable per se. Ein Schaden bedarf hier keines Nachweises.[241] 402

Die Haftung für libel und slander trat ursprünglich ein, ohne dass dem Beklagten die Unwahrheit der Äußerung hätte bekannt sein müssen. Eine Vielzahl von absolute und conditional privileges[242] soll aber den verschiedenen betroffenen Interessen Rechnung tragen. Darüber hinaus hat sich in den letzten Jahren für öffentliche Meinungsäußerungen ein **constitutional privilege** herausgebildet, das sich auf das im ersten Zusatzartikel niedergelegte Recht der freien Presse und der freien Rede stützt.[243] 403

Ihren Anfang nahm diese Entwicklung mit der Entscheidung *New York Times v. Sullivan*.[244] Danach beschränkt das Verfassungsprivileg die Inanspruchnahme auf Fälle, in denen der Kläger die Unwahrheit der Äußerung und das Vorliegen von **malice** auf seiten des Beklagten nachweist. Malice verlangt, dass dem Beklagten die Unwahrheit seiner Äußerung bekannt oder gleichgültig war. Ursprünglich auf Beleidigungen gegenüber public officials bezogen, wurde dieses Erfordernis in der Folgezeit ausgeweitet auf Personen des öffentlichen Lebens (public figures).[245] In der Entscheidung *Gertz v. Welch*[246] betonte der Supreme Court das Interesse des Staates an einer Haftung, wenn die ehrverletzenden Äußerungen Privatpersonen betreffen. Die verfassungsrechtlichen Vorgaben sind bereits dann erfüllt, wenn die Haftung verschuldensabhängig ausgestaltet ist. Privatpersonen seien wegen ihres fehlenden Einflusses auf die Medien besonders schutzbedürftig. Der Beklagte haftet dann aber nur für diejenigen Schäden, die der Kläger nachgewiesen hat. Ein solcher Nachweis ist allerdings nicht notwendig, wenn dem Beklagten malice vorzuwerfen ist. Auch punitive damages können in einem solchen Fall gewährt werden. Die Entscheidung *Dun & Bradstreet,* 404

---

[238] Das Restatement (Second) of Torts ordnet diese Übertragungen in § 568A als libel ein, unabhängig davon, ob es von einem Manuskript abgelesen wurde.
[239] *Pielemeier*, The State of Affairs as Internet Defamation Beckons, 35 Ariz St. L.J. 55 (2003); *Kumar*, Website Libel and the Single Publication Rule, 70 U. Chi. L.Rev. 639 (2003).
[240] Restatement (Second) of Torts, § 570 (a) – (d). Siehe auch *Pruitt*, On the Chastity of Women All Property in the World Depends, 78 Ind. L.J. 965 (2003).
[241] Restatement (Second) of Torts, § 569.
[242] *Prosser/Keeton* Torts, §§ 114 f., S. 815 ff.
[243] Siehe First Amendment der U.S. Verfassung, abgedruckt im Anhang 2. Siehe auch *Burnham*, Introduction, S. 426 ff.; *King, Jr.*, Defining the Internal Context for Communications Containing Allegedly Defamatory Headline Language, 71 U. Cin. L. Rev. 863 (2003); *Stern*, Private Concerns of Private Plaintiffs: Revisiting a Problematic Defamation Category, 65 Mo. L. Rev. 597 (2000).
[244] New York Times v. Sullivan, 376 U.S. 254, 84 S.Ct. 710, 11 L.Ed.2 d 686 (1964).
[245] *Gulf Oil Corp. v. Copp. Paving Co.*, 419 U.S. 186 (1974). Siehe auch Restatement (Second) of Torts, § 580A.
[246] *Gertz v. Robert Welch, Inc.*, 418 U.S. 323, 94 S.Ct. 2997, 41 L.Ed.2 d 789 (1974).

Inc. v. Greenmoss Builders, Inc.[247] brachte eine weitere Differenzierung. Wenn sich die Äußerungen nicht auf Belange von öffentlichem Interesse beziehen, kann ein Schadensersatz auch ohne einen besonderen Verschuldensnachweis zugesprochen werden.

2. Invasion of Privacy

405 Akademische Veröffentlichungen haben nicht die gleiche Bedeutung für das U.S.-case law wie für die Rechtsentwicklung in civil law-Ländern. Obwohl die Rechtsliteratur die Entwicklung gesetzten Rechts durch Teilnahme in legislativen Kommissionen beeinflußt und das Fallrecht im Laufe der Zeit in eine bestimmte Richtung leiten mag, führt eine Lehrmeinung nur ausnahmsweise zu einem Wechsel in der Rechtsprechung. Das bekannteste Beispiel eines solchen Falles ist eine Veröffentlichung von *Warren* und *Brandeis* aus dem Jahre 1890 zum „right to privacy".[248] Eine spätere Entscheidung griff die Argumentation auf und begründete damit einen weiteren Deliktstypus.[249] Invasion of privacy kann durch das Eindringen in die Privatsphäre, die unbefugte Benutzung eines fremden Namens oder Bildes, die Veröffentlichung privater Tatsachen oder durch Veröffentlichungen, die den Kläger in einem falschen Licht in der Öffentlichkeit erscheinen lassen, erfolgen.[250] Letzteres kann gleichzeitig eine Haftung wegen defamation auslösen. Beide Delikte unterscheiden sich jedoch in Bezug auf ihre Schutzrichtung: während defamation das Interesse an einem guten Ruf schützt, erfaßt invasion of privacy den Schutz der Privatsphäre.[251] Dieselben privileges, die bei defamation eingreifen, gelten auch bei der Verletzung der Privatsphäre.

3. Malicious Prosecution und Abuse of Process

406 Malicious prosecution und abuse of process sanktionieren den Mißbrauch gerichtlicher Verfahren. Um jedoch einen gerechten Ausgleich zu dem Recht zu schaffen, Klage zu erheben oder Straftäter anzuzeigen, ist die Haftung von strengen Anforderungen abhängig. Malicious prosecution erfaßt grundlose Klagen. Hat der Beklagte grundlos und mit unlauterer Absicht einen Prozeß angestrengt, der zugunsten des Klägers entschieden wurde, ist er haftbar.[252] Ursprünglich bezog sich die Haftung nur auf Strafprozesse. Sie wurde jedoch auf Zivilprozesse ausgedehnt und ist darüber hinaus auch

---

[247] *Dun & Bradstreet, Inc. v. Greenmoss Builders, Inc.*, 472 U.S. 749, 105 S.Ct. 2939, 86 L.Ed.2 d 593 (1985). Siehe auch *Whitten*, The Economics of Actual Malice: A Proposal for Legislative Change to the Rule of *New York Times v. Sullivan*, 32 Cumb. L. Rev. 519 (2001–2002). Rechtsvergleichend *Fischer*, Rethinking Sullivan: New Approaches in Australia, New Zealand, and England, 34 Geo. Wash. Int'l L. Rev. 101 (2002).

[248] *Warren/Brandeis*, The Right to Privacy, 4 Harv.L.Rev. 193 (1890).

[249] *Pavesich v. New England Life Insurance Co.*, 122 Ga. 190, 50 S.E. 68 (1905). Zum Ganzen *Bratman*, Brandeis and Warren's The Right to Privacy and the Birth of the Right to Privacy, 69 Tenn. L. Rev. 623 (2002).

[250] Restatement (Second) of Torts, § 652A (2) (a)–(d). Zum right to privacy im Zusammenhang mit Internet-Kommunikation *Carlton*, The Right to Privacy in Internet Commerce: A Call for New Federal Guidelines and the Creation of an Independent Privacy Commission, 16 St. John's J.L. Comm. 393 (2002).

[251] Siehe etwa *Karas*, Privacy, Identity, Databases, 52 Am. U.L. Rev. 393 (2002).

[252] Restatement (Second) of Torts, § 653; *Prosser/Keeton* Torts, § 119, S. 870 ff.

anerkannt bei der Inanspruchnahme von Verwaltungsprozessen.[253] Abuse of prosecution ist gegeben, wenn der Beklagte die Möglichkeit einer Klage mißbraucht, um einen zusätzlichen Vorteil zu erlangen, der über die Klage hinausgeht.[254] Er muß also Zwecke, die von dem Prozeß nicht gedeckt sind, oder illegitime Ziele verfolgt haben.

VIII. Weitere Haftungsfragen

1. Joint and Several Liability

Mehrere Beklagte können allein oder gemeinsam für die gesamte Schadenssumme in Anspruch genommen werden. Ursprünglich war joint and several liability[255] nur anwendbar, wenn die Beklagten gemeinsam gehandelt oder eine gemeinsame Sorgfaltspflicht verletzt hatten. Später wurde die Doktrin auch auf Fälle ausgedehnt, in denen mehrere Beklagte einen unteilbaren Schaden verursachen.[256] Die Regelung soll den unschuldigen Kläger vor dem Risiko eines insolventen oder unerreichbaren Beklagten schützen. Die Anwendung kann jedoch dazu führen, dass ein Beklagter trotz minimaler Verantwortlichkeit den ganzen Schaden zu tragen hat, weil er als einziger in Anspruch genommen wird. Dieses Ergebnis wird wegen des Mißverhältnisses zwischen dem Grad des Verschuldens und dem Umfang der Haftung kritisiert. Andererseits trägt der Kläger das Insolvenzrisiko auch bei nur einem Schädiger. Mit der Einführung der comparative negligence (oben Rn. 386) wurde die Doktrin der joint and several liability in den meisten Staaten ganz aufgehoben oder stark eingeschränkt.[257]

407

2. Vicarious Liability

Bei vicarious liability haftet ein Beklagter für das schuldhafte Verhalten eines anderen, ohne dass ihn selbst ein Verschuldensvorwurf trifft. Diese **übergeleitete Haftung** liegt im Grenzbereich zwischen Verschuldenshaftung und strikter Haftung. Sie begründet eine Einstandspflicht des Arbeitgebers für den Arbeitnehmer.[258] Vicarious liability wird in gerichtlichen Entscheidungen und der akademischen Literatur als selbstverständlich angesehen und gar nicht bzw. nur am Rande behandelt.

408

---

[253] Restatement (Second) of Torts, § 653, § 674 und § 680. Siehe zu Verwaltungsverfahren auch *O'Brien*, Misuse of Administrative Process Provides Grounds for Malicious Prosecution and Abuse of Process – Hillside Associates v. Stravato, 642 A.2 d 644 (R. I. 1994), 29 Suffolk U. L. Rev. 541 (1995).

[254] Restatement (Second) of Torts, § 682; *Prosser/Keeton*, Torts, § 121, S. 897 ff. Zur Anwendung des Deliktes gegen Haftpflichtversicherer: *Mootz*, Holding Liability Insurers Accountable for Bad Faith Litigation Tactics with the Tort of Abuse of Process, 9 Conn. Ins. L.J. 467 (2002–2003).

[255] Einen guten Überblick über diese Materie bietet *Bargren*, Joint and Several Liability: Protection for Plaintiffs, 1994 Wis. L. Rev. 453 (1994).

[256] *Burnham*, Introduction, S. 415. Diese Doktrin wurde in jüngster Zeit auf die Verteilung von Haftung bei mehreren Verantwortlichen unter Umwelt- und Naturschutzgesetzen angewandt. Siehe *Padilla*, Cost Recovery for „Substantially Innocent PRPs" under CERCLA?, 80 Denv. U.L. Rev. 687 (2003); *Rasband*, Priority, Probability, and Proximate Cause: Lessons from Tort Law about Imposing ESA Responsibility for Wildlife Harm on Water Users and Other Joint Habitat Modifiers, 33 Envtl. L. 595 (2003).

[257] Siehe dazu *Bublick*, The End Game of Tort Reform: Comparative Apportionment and Intentional Torts, 78 Notre Dame L. Rev. 355 (2003).

[258] Zur Ausweitung auf independent contractors siehe *Prosser/Keeton*, Torts, § 71.

409 Es gibt viele Begründungsansätze für eine Haftungsüberleitung.[259] Der Arbeitgeber kann die Arbeitnehmer kontrollieren. Er hat das Geschehen erst in Gang gesetzt bzw. handelt durch den Arbeitnehmer. Zudem verfügt der Arbeitgeber über ausreichend finanzielle Mittel, um den Kläger zu entschädigen. Die Vermeidung von Beweisschwierigkeiten auf Seiten des Klägers bilden einen weiteren Aspekt.

410 Eine Haftung tritt nur ein, wenn das Delikt **within the scope of the employment** begangen wurde. Maßgeblich ist der Grad der Verbundenheit mit der Tätigkeit. Faktoren sind dabei Zeit, Ort und Zweck der Handlung, die Vergleichbarkeit und der Zusammenhang mit der gestatteten Tätigkeit sowie die Frage, ob der Arbeitgeber Grund hatte anzunehmen, dass der Arbeitnehmer schuldhaft handeln werde.[260] Die Anforderungen variieren zwischen den einzelnen Bundesstaaten. Selbst Vorsatzdelikte eines Arbeitnehmers können die Haftung des Arbeitgebers auslösen.[261]

411 Uneinigkeit bestand bei der Frage, unter welchen Voraussetzungen sexuelle Belästigungen dem Arbeitgeber angelastet werden können. Nach Ansicht des U.S. Supreme Court, der sich 1998 mit der Frage beschäftigte,[262] erfüllen sexuelle Belästigungen zwar nicht das Erfordernis des scope of employment, unter Zugrundelegung der agency principles[263] kann aber dennoch eine Haftung gegeben sein. Das Gericht gibt dem Arbeitgeber aber die Möglichkeit einer defense: Wenn er nachweist, dass er die erforderliche Sorgfalt angewandt hat, um derartige Belästigungen zu verhindern und zu kontrollieren, und der Kläger diese bzw. andere Möglichkeiten der Schadensabwendung nicht genutzt hat, entfällt die Haftung.[264]

3. Immunität

412 Die Immunität[265] des Staates unter Geltung des common law ist durch verschiedene Entschädigungsmöglichkeiten eingeschränkt. Die wichtigste ist der Federal Tort Claims Act (FTCA).[266]

---

[259] *Schwartz*, The Hidden and Fundamental Issue of Employer Vicarious Liability, 69 S. Cal. L. Rev. 1739 (1996).

[260] Zur potentiellen Haftung für Internet-Delikte von Arbeitnehmern siehe *Davis*, The Doctrin of Respondeat Superior: An Application to Employer's Liability for the Computer or Internet Crimes Committed by their Employees, 12 Alb. L.J. Sci. & Tech 683 (2002).

[261] *Malinowski*, A Matter of Trust: Imposing Employer Vicarious Liability for the Intentional Torts of Employees, 3 D. C. L. Rev. 167 (1995).

[262] *Burlington Industries, Inc. v. Ellerth*, 524 U.S. 742, 118 S.Ct. 2257, 141 L.Ed.2 d 633 (1998); *Faragher v. City of Boca Raton*, 524 U.S. 775, 118 S.Ct. 2275, 141 L.Ed.2 d 662 (1998).

[263] Restatement (Second) of Agency, § 219 (1957).

[264] Siehe dazu auch *Dalley*, Employers' Vicarious Liability for Sexual Harassment, 104 W. Va.L. Rev. 517 (2002); *Grossman*, The Culture of Compliance: The Final Triumph of Form over Substance in Sexual Harassment Law, 26 Harv. Women's L.J. 3 (2003); *Marks*, Smoke, Mirrors, and the Disappearance of „Vicarious" Liability: The Emergence of a Dubious Summary-Judgment Safe Harbor for Employers Whose Supervisory Personnel Commit Hostile Environment Workplace Harassment, 38 Hous. L. Rev. 1401 (2002).

[265] Restatement (Second) of Torts, § 895A (1); *Harvard Law Review Association*, Government Tort Liability, 111 Harv. L. Rev. 2009 (1998); *Jackson*, Suing the Federal Government: Sovereignty, Immunity, and Judicial Independence, 35 Geo. Wash. Int'l L. Rev. 521 (2003); *Randall*, Sovereign Immunity and the Uses of History, 81 Neb. L. Rev. 1 (2002).

[266] 28 U.S.C. § 1346 (b) mit Verweis auf §§ 2671 ff. Siehe auch *Andrews*, So the Army Hired an Ax-Murderer: The Assault and Battery Exception to the Federal Tort Claims Act Does Not Bar Suits for

Immunität wurde für karitative Einrichtungen und ihre Mitarbeiter eingeführt, damit Spendengelder nicht entgegen der Intention des Spenders für Schadensersatzleistungen verwendet werden. Diese Art von Immunität ist heute durch statutes oder gerichtliche Entscheidungen weitgehend aufgehoben.[267]

Kinder genießen keine Immunität.[268] Die geistige Reife ist aber für die Frage von Bedeutung, ob überhaupt eine unerlaubte Handlung begangen wurde. Eine Haftung kann bereits entfallen, weil das Kind ohne den entsprechenden Vorsatz gehandelt hat oder (bei Fahrlässigkeitsdelikten) keine Sorgfaltspflichtverletzung feststellbar ist.[269] Immunität zwischen Familienmitgliedern[270] sollte dem Familienfrieden dienen und die Autorität der Eltern schützen. Sie wurde jedoch in den meisten Staaten ganz abgeschafft bzw. mit einer Vielzahl von Ausnahmen versehen.[271]

Die Einordnung geistig behinderter Beklagter ist umstritten.[272] Die Haftung wird von den Gerichten mit Hinweis auf das Entschädigungsbedürfnis des Opfers befürwortet. Ihren Ursprung hat die Haftung in einer Entscheidung aus dem Jahre 1616.[273] Gegen eine Verantwortlichkeit sprechen jedoch die mangelnde Verschuldensfähigkeit (bzw. in Fahrlässigkeitsfällen die mangelnde Fähigkeit, Sorgfaltspflichten zu erfüllen) sowie die nicht gerechtfertigte Ungleichbehandlung gegenüber körperlich Behinderten.[274]

IX. Schaden

Das amerikanische Schadensrecht[275] kennt drei Arten von Schäden: nominal damages, compensatory damages und punitive oder exemplary damages. Vorherrschend ist das **Kompensationsprinzip**: Der Kläger soll so gestellt werden, wie er stünde, wenn das schädigende Ereignis nicht eingetreten wäre. Die Wiedergutmachung erfolgt auf

---

Negligent Hiring, Retention, and Supervision, 78 Wash. L. Rev. 161 (2003); *Rosky*, Respondeat Inferior: Determining the United States' Liability for the Intentional Torts of Federal Law Enforcement Officials, 36 U.C. Davis L. Rev. 895 (2003).

[267] So auch Restatement (Second) of Torts, § 895E.
[268] Restatement (Second) of Torts, § 895I; *Prosser/Keeton*, Torts, § 134, S. 1071 f.
[269] Siehe dazu Restatement (Second) of Torts, § 895I comment b.
[270] Das Restatement (Second) of Torts befaßt sich damit in § 895F (Ehegatten), § 895G (Eltern – Kind) und § 895H (Geschwister untereinander) und verneint in allen Fällen eine auf dieses Verhältnis gestützte Immunität.
[271] Siehe etwa *Basgier*, Children's Rights: A Renewed Call for the End of Parental Immunity in Alabama and Arguments for Further Expansion of a Child's Right to Sue, 26 Law & Psychol. Rev. 123 (2002); *Wriggins*, Interspousal Tort Immunity and Insurance „Family Member Exclusions": Shared Assumptions, Relational, and Liberal Feminist Challenges, 17 Wis. Women's L.J. 251 (2002).
[272] *Prosser/Keeton*, Torts, § 135, S. 1072 ff.; *Korrell*, The Liability of Mentally Disabled Tort Defendants, 19 Law & Psychol. Rev. 1 (1995). Das Restatement (Second) of Torts verneint in § 895J eine Immunität, verweist jedoch in comment c auf die Möglichkeit einer Berücksichtigung dieser Faktoren bei der Frage, ob überhaupt eine unerlaubte Handlung begangen wurde.
[273] *Weaver v. Ward*, Hob. 134, 80 Eng. Rep. 284 (1616).
[274] Dazu *Kelley*, Infancy, Insanity, and Infirmity in the Law of Torts, 48 Am. J. Juris. 179 (2003). Siehe auch Rn. 377.
[275] Siehe dazu auch *Ram*, Elements of Damages, Proof of Damages in Personal Injury Litigation, 465 PLI/Lit 23 (1993); *Sierle*, Keeping the „Civil" in Civil Litigation: The Need for a Punitive Damage-Actual Damage Link in Title VII Cases, 51 Duke L.J. 1683 (2002).

finanzieller Ebene. Nur im Rahmen der punitive damages kommt dieser Gedanke nicht zum Tragen. Hier verfolgt das Schadensrecht Straf- und Abschreckungszwecke.

1. Nominal Damages

417 Kann der Kläger zwar eine action geltend machen, hat er jedoch keinen tatsächlichen Schaden erlitten oder kann er diesen nicht nachweisen, so wird ihm eine kleine Geldsumme zugesprochen. Diese hat rein symbolischen Charakter und trägt der Verletzung seiner Interessen Rechnung.[276] Nominal damages können nur gewährt werden, wenn es sich um eine action per se handelt, d. h. wenn eine Ersatzpflicht unabhängig vom Nachweis tatsächlicher Schäden eintritt. Das ist beispielsweise nicht der Fall, wenn die Haftung auf fahrlässigem Verhalten basiert. Dort bildet der Schaden einen Bestandteil der cause of action.

2. Compensatory Damages

418 Compensatory damages sollen tatsächlich erlittene Schäden kompensieren. Man unterscheidet special damages und general damages.[277] **General damages** sind Schäden, die eine natürliche und notwendige Folge der unerlaubten Handlung sind. Sie müssen nicht benannt und bewiesen werden, sie werden vermutet. Erfaßt werden vor allem immaterielle Schäden (non-pecuniary loss), so Beeinträchtigungen der Lebensqualität wie pain and suffering, cosmetic deformity, inconvenience oder loss of enjoyment of life. Ihre Festsetzung obliegt der jury, doch bestehen seitens der Gerichte Kontrollmöglichkeiten in Form von remittitur und additur. **Remittitur** verlangt von der jury eine Herabsetzung der zugesprochenen Summe. Folgt die jury dem nicht, entscheidet nicht der Vorschlag des Richters, sondern das Verfahren wird neu aufgerollt.[278]

419 **Additur** bewirkt eine Korrektur nach oben, wird aber von manchen Gerichten mit Hinweis auf die Bedeutung des jury trial für verfassungswidrig erklärt. Im Zuge einer Reform der Deliktsrechts wurden teilweise Höchstgrenzen (caps) eingeführt. Auch diese wurden von einigen Gerichten als verfassungswidrig eingestuft.[279]

---

[276] Restatement (Second) of Torts, § 907.
[277] Restatement (Second) of Torts, § 904.
[278] Siehe dazu *Thomas*, Re-Examining the Constitutionality of Remittitur Under the Seventh Amendment, 64 Ohio St. L. J. 731 (2003). Die von manchen einzelstaatlichen Rechten vorgesehene Überprüfung einer Jury-Entscheidung auf Angemessenheit bereitet dann Schwierigkeiten, wenn sie aufgrund von *diversity jurisdiction* bei einem Bundesgericht anhängig ist, da der 7. Zusatzartikel der Bundesverfassung die Kontrolle einer Jury-Entscheidung im Rechtsmittelverfahren verbietet. Zur Lösung der Problematik im Zusammenhang mit dem Recht von New York siehe *Gasperini v. Center for Humanities*, 518 U.S. 415, 116 S.Ct. 2211, 135 L.Ed.2 d 659 (1996).
[279] Vgl. *Lakin v. Senco Prods., Inc.*, 329 Or. 62, 987 P.2 d 463 (1999): Verfassungswidrigkeit einer Kappungsregelung für noneconomic damages; *State ex rel. Ohio Academy of Trial Lawyers v. Sheward*, 86 OhioSt.3 d 451, 715 N.E.2 d 1062 (1999): Kappung von noneconomic und punitive damages sowie strikte Verjährungsregeln verfassungswidrig; *Best v. Taylor Mach. Works*, 179 Ill. 2 d 367, 689 N. E.2 d 1057 (1997): Schmerzensgeldkappung verfassungswidrig. Eine umfassende Liste vergleichbarer Fälle landesweit findet sich bei *Schwartz/Lorber*, Restore the Right Balance: Tort Reform Laws held Unconstitutional by State Courts after January 1983, 32 Rutgers L.J. 939 (2001). Siehe auch die weiteren Nachweise in DAJV-Newsletter 1999, 131 f. Kritik am jüngsten Trend in diesem Gebiet übt *Lind*, The End of Trial on Damages? Intangible Losses and Comparability Review 51 Buffalo L. Rev. 251 (2003).

Special damages sind Schäden, die aus den besonderen Umständen des Falles resultieren und sich nicht als notwendige Folge des Handelns darstellen. Sie müssen vom Kläger dargelegt und bewiesen werden. Dazu zählen regelmäßig materielle Schäden (pecuniary loss), die durch die Verletzung aufgetreten sind; wie Verdienstverlust, Kosten für die medizinische Behandlung und andere Ausgaben. Der Schadensersatz wird in einer Gesamtsumme (lump sum) gewährt. Problematisch sind dabei zukünftige Schäden. Um diese abzuschätzen, werden oft Sachverständige hinzugezogen. 420

3. Punitive Damages

Punitive damages sollen den Beklagten für sein empörendes Verhalten bestrafen und Dritte abschrecken. Sie werden nach dem Charakter der Handlung, der Art der Verletzung und den Vermögensverhältnissen des Beklagten bemessen.[280] Die Doktrin der punitive damages hat ihren Ursprung in England,[281] eine erhebliche Bedeutung kommt ihr jedoch nur im amerikanischen Recht zu. 421

Punitive damages haben nicht nur im Ausland für Diskussionen gesorgt, auch in den USA sind sie Gegenstand rechtspolitischer Dispute.[282] Die Befürworter betonen das Abschreckungsbedürfnis für die Fälle, in denen die compensatory damages die dem Beklagten erwachsenen Vorteile nicht abschöpfen. Zudem fördern sie den Abschluß von Vergleichen. Punitive damages kann auch eine gewisse Ausgleichsfunktion in den Fällen zukommen, in denen der erlittene Schaden höher ist als die zugesprochene Schadensersatzsumme, etwa wegen der Verfahrens- und Anwaltskosten.[283] Die Gegner verweisen auf die Vermischung von Zivil- und Strafrecht. Das Zivilrecht soll allein einen Ausgleich schaffen für die Verluste, die dem Kläger entstanden sind; der Strafcharakter bleibt dem Strafrecht vorbehalten. Die in den letzten Jahren zum Teil enormen Schadensersatzsummen widersprechen den ursprünglichen Zielen und können zu gesellschaftspolitisch verfehlten Folgen wie dem Konkurs von Unternehmen führen. Zudem werden damit Innovation und Konkurrenzfähigkeit amerikanischer Gesellschaften auf dem internationalen Markt behindert. Der Verstoß gegen die due process clause durch die bestehende Rechtsunsicherheit aufgrund fehlender Bemessungsvorgaben bildet einen weiteren Angriffspunkt. 422

Auch in der Rechtspraxis ist eine Tendenz zur **Begrenzung** der punitive damages zu erkennen.[284] So hat der Supreme Court im Jahre 1996[285] ein Urteil auf Gewährung 423

---

[280] Restatement (Second) of Torts, § 908.
[281] *Huckle v. Money*, 2 Wils.K.B.205, 95 Eng.Rep. 768 (1763).
[282] Siehe dazu den Überblick bei *Cordewener*, Strafschadensersatz („Punitive Damages") im US-amerikanischen Law of Torts, JA 1998, 168, 172 f.
[283] Diese hat der Kläger aufgrund der American Rule auch im Fall des Obsiegens zu tragen; vgl. Rn. 154.
[284] Aus deutscher Sicht zu diesem Thema: *Schwarze*, „Das Ende des Schreckens?" – Beschränkung der punitive damages durch den US-Supreme Court, NZG 2003, 804 ff.; *Göthel*, Verfassungsmäßigkeit von punitive damages: Der U.S. Supreme Court spricht ein Machtwort, RIW 2003, 610 ff.; *Buchner*, Die Grenzen zulässiger Strafschadensersatzurteile nach der neuesten Rechtsprechung des US Supreme Court, VersR 2003, 1203 ff.
[285] *BMW of North America, Inc. v. Gore*, 517 U.S. 559, 116 S.Ct. 1589, 134 L.Ed.2 d 809 (1996). Das Gericht entschied, dass der Zuspruch von Strafschadensersatz unter anderem unter Berücksichtigung

von Strafschadensersatz zurückverwiesen. Danach hatte das Ausgangsgericht nicht ausreichend berücksichtigt, ob der Betrag der punitive damages dem Maß der Schuld des Beklagten entspreche. Im Jahre 2001 erweiterte das Gericht diese Regel und entschied, dass ein Bundesberufungsgericht die Entscheidung eines District Court zum punitive damages-Zuspruch der jury einem *de novo review*, einer vollständig eigenen Neuprüfung, unterwerfen müsse.[286] Im Ergebnis muß das Berufungsgericht also den schon vom erstinstanzlichen Gericht vorgenommenen Test erneut durchführen, so als wäre es selbst die Tatsacheninstanz. Die genannten Supreme Court-Entscheidungen waren Anlaß zu einer Vielzahl von Kommentaren zur Berechtigung und Wirkung von punitive damages. Die Debatte in Rechtsprechung und Schrifttum dreht sich um die Frage, ob das erstinstanzliche oder Berufungsgericht überhaupt eine Kontrollfunktion hinsichtlich des Strafschadenszuspruches der jury ausüben soll.[287] Die weitere Frage ist dann, wie weit und nach welchen Richtlinien diese Kontrollfunktion auszuüben ist.[288] 2007 entschied der Supreme Court endlich, dass punitive damages nicht für Schäden unbeteiligter Personen zugesprochen werden können: das Verfahren kann entsprechend nicht instrumentalisiert werden, um einen Beklagten landesweit und grundsätzlich zu bestrafen.[289]

---

folgender Faktoren erfolgen müsse: dem Grad der Verwerflichkeit des Beklagtenverhaltens, dem Verhältnis der punitive damages zum Umfang des meßbaren Schadens des Klägers (compensatory damages) und einem Vergleich des von der jury zugesprochenen Betrages mit angedrohten Geldbußen unter anwendbarem Zivil- und Strafrecht. In *State Farm Mut. Auto. Ins. Co. v. Campbell*, 123 S.Ct. 1513, 155 L.Ed.2 d 585 (2003) wandte das Gericht diese Faktoren an und entschied, dass ein punitive damages-Zuspruch von 145 Millionen Dollar bei compensatory damages von 1 Million Dollar überhöht sei und die Due-Process-Klausel des 14. Amendment der Bundesverfassung verletze. Siehe dazu auch *Welker/Wilske*, Keine Entwarnung bei Punitive Damages, RIW 2004, 439; *Hogg*, Alabama Adopts De Novo Review for Punitive Damage Appeals: Another Landmark Decision or Much Ado About Nothing?, 54 Ala. L. Rev. 223 (2002); *Hines*, Due Process Limitations on Punitive Damages: Why *State Farm* Won't Be the Last Word, 37 Akron L.Rev. 779 (2004).

[286] *Cooper Indus. v. Leatherman Tool Group*, 532 U.S. 424, 121 S.Ct. 1678, 149 L.Ed.2 d 674 (2001).

[287] Siehe etwa *Eisenberg u. a.*, Juries, Judges and Punitive Damages: An Empirical Study, 87 Cornell L. Rev. 743 (2002); *Robbennolt*, Determining Punitive Damages: Empirical Insights and Implications for Reform, 50 Buffalo L. Rev. 103 (2002).

[288] Einen Überblick über die verschiedenen Ansichten bieten *Allen/Pardo*, The Myth of the Law-Fact Distinction, 97 Nw. U.L. Rev. 1769 (2003); *DeCamp*, Beyond State Farm: Due Process Constraints on Noneconomic Compensatory Damages, 27 Harv. J.L. & Pub. Pol'y 231 (2003); *Litwiler*, Re-Examining Gasperini: Damages Assessments and Standards of Review, 28 Ohio N.U.L. Rev. 381 (2002); *Litwiller*, Has the Supreme Court Sounded the Death Knell for Jury Assessed Punitive Damages? A Critical Re-Examination of the American Jury, 36 U.S.F.L. Rev. 411 (2002); *McManus*, Analyzing Excessive Punitive Damages Under Massachusetts Law, 36 Suffolk U. L. Rev. 559 (2003); *Schwarz/Behrens/Tedesco*, Selective Due Process: The Supreme Court Has Said That Punitive Damages Awards Must Be Reviewed for Excessiveness, but Many Courts Are Failing to Follow the Letter and Spirit of the Law, 82 Or. L. Rev. 33 (2003); *Sharkey*, Punitive Damages as Societal Damages, 113 Yale L.J. 347 (2003); *Wintersheimer*, Does Cooper Industries v. Leatherman Tool Group, Inc. Require De Novo Review by State Appellate Courts?, 59 N.Y.U. Ann. Surv. Am. L. 357 (2003), *Furtak*, Application of Foreign Law to Determine Punitive Damages, in: *Gottschalk, Michaels, Rühl, von Hein*, Conflict of Laws in a Globalized World 267 (2007).

[289] *Philip Morris USA v. Williams*, 549 U.S. 346, 127 S.Ct. 1057 (2007), zurück verwiesen 176 P.3d 1255 (Ore. 2008), cert. dismissed 129 S,Ct. 1436 (2009). Das Gericht verwies andere Verfahren, die es zugelassen hatte, zur Überprüfung im Lichte von *Philip Morris* zurück, darunter u.a. *Exxon Mobil Corp. v. Grefer et al.*, 549 U.S. 1249, 127 S.Ct. 1371 (2007), on remand 965 So.2d 511 (La. App. 2007), writ denied 967 So.2d 523, cert. denied 128 S.Ct. 2054 (2008).

Einzelne Bundesstaaten haben ebenfalls Maßnahmen zur Eindämmung von punitive 424
damages getroffen.²⁹⁰ So wurden etwa Haftungshöchstgrenzen eingeführt, die aber
teilweise von den Supreme Courts des jeweiligen Staates wieder verworfen wurden.²⁹¹
Andere Regelungen sehen eine Teilhabe des Staates an den zugesprochenen Summen
vor. Einige Staaten schreiben ein getrenntes Verfahren (bifurcated trial) vor. In einem
ersten Prozeß wird die Frage der Haftung beantwortet, in einem zweiten Verfahren
die Höhe der punitive damages bestimmt.²⁹² Trotz dieser Bemühungen, den Zweck
der punitive damages im Zivilverfahren zu überdenken, bleibt es bei extrem hohen
Schadenszusprüchen,²⁹³ die wiederum deutlichen Einfluß auf Versicherungsbeiträge,
etwa für medizinische Kunstfehler, haben.²⁹⁴

4. Wrongful Death and Survival Statutes

Ursprünglich sah das common law vor, dass sowohl mit dem Tod des Täters als auch 425
mit dem Tod des Opfers die deliktischen Ansprüche erlöschen und die Hinterbliebenen auch keine eigenen Ansprüche geltend machen können. Diese Regelung

---

²⁹⁰ *Vandall/Wertheimer*, Torts, S. 438, *Cordewener*, Strafschadensersatz („Punitive Damages") im US-
amerikanischen Law of Torts, JA 1998, 168, 174 f.; *Schlegel*, Is A Federal Cap on Punitive Damages
in Our Best Interest?: A Consideration of H.R. 956 in Light of Tennessee's Experience, 69 Tenn. L.
Rev. 677 (2003).
²⁹¹ Vgl. *State ex rel. Ohio Academy of Trial Lawyers v. Sheward*, 86 Ohio St. 3 d 451, 715 N.E.2 d 1062
(1999). Siehe auch *Light*, Who's the Boss?: Statutory Damage Caps, Courts, and State Constitutional
Law, 58 Wash & Lee L.Rev. 315 (2001); *Peck*, Tort Reform's Threat to an Independent Judiciary,
33 Rutgers L. J. 835 (2002). Siehe auch *Schwartz/Lorber*, supra N. 269. Beispiele auch in DAJV-
Newsletter 1999, 131 f.
²⁹² Siehe *Gensler*, Communicating with Juries: Prejudice, Confusion, and the Bifurcated Jury Trial, 67
Tenn. L. Rev. 653 (2000); *Harvard Law Review Association*, Developments in the Law – The Paths
of Civil Litigation III. Problems and Proposals in Punitive Damages Reform, 113 Harv. L. Rev.
1783 (2000).
²⁹³ Siehe z. B. *Swinton v. Potomac Corp.* 270 F.rd 794 (9th Cir. 2001) (Verpflichtung des Arbeitgebers
zur Zahlung von punitive damages in Höhe von $ 1 Mio. wegen Rassendiskriminierung); *Tronzo v.
Biomet, Inc.*, 236 F.3 d 1342 (Fed. Cir. 2001) (Zuspruch von punitive damages in Höhe von $ 20
Mio. wegen Patentrechtsverletzung). So bezeichnet etwa *Viscusi*, The Blockbuster Punitive Damages
Awards, 53 Emory L.J. 1405 (2004) punitive damages als das sichtbarste Symptom der Krankheiten
des US Deliktsrechts.
²⁹⁴ Zur Vertiefung siehe *Shaw*, Punitive Damages in Medical Malpractice: An Economic Evaluation, 81
N.C.L. Rev. 2371 (2003). US-amerikanische punitive damages-Zusprüche sind im Ausland kaum
anerkennungsfähig. Siehe etwa das BGH Urteil vom 4. Juni 1992, BGHZ 118, 312. Auf der Ebene
des Kollisionsrechts sieht die Verordnung Rom II über das auf außervertragliche Schuldverhältnisse
anzuwendende Recht, Verordnung (EG) 864/2007, [2007] ABl. 199/40, lediglich vor, dass die Anwendung des sonst berufenen Rechts aus ordre public Gründen verweigert werden kann, Art. 26.
Der Vorschlag aus dem Entwurf von 2003 wurde nicht übernommen; er hätte punitive damages als
mit dem ordre public der Gemeinschaft unvereinbar erklärt. Vgl. *Hay*, Contemporary Approaches to
Non-Contractual Obligations in Private International Law (Conflict of Laws) and the European
Community's „Rome II" Regulation, 7 European Legal Forum I-137, I-150 (4–2007). Stattdessen
stellt der Erwägungsgrund (32) klar, dass ein nationales Gericht sich innerhalb der Grenzen von
Art. 26 bewegt, wenn es punitive damages als gegen den nationalen ordre public verstoßend einstuft.
Amerikanische Vermögenswerte eines deutschen Schuldners unterliegen freilich weiterhin dem Voll-
streckungsrisiko. Zur Frage, ob ein deutscher Urteilsschuldner, gegen dessen US-Vermögen ein punitive damages-Urteil vollstreckt wird, in Deutschland Entschädigung verlangen kann, *Geimer*, in: Gei-
mer/Schütze, EuZVR, 3. Auflage 2010, A1-Art. 34 EuGVVO, Rn. 201.

ist durch die Survival Statutes und die Wrongful Death Statutes abgelöst worden.[295] Survival Statutes sehen den Übergang des Anspruchs des Opfers auf die Erben vor. Wrongful Death Statutes gewähren den Hinterbliebenen einen eigenen Anspruch für Schäden im Zusammenhang mit dem Tod des Opfers. Die meisten Bundesstaaten haben beide statutes erlassen; die Inhalte variieren jedoch im Hinblick auf Voraussetzungen und Umfang der Haftung.

X. Reformen des Deliktsrechts

426 Verschiedene gesetzliche Änderungen haben das amerikanische Deliktsrecht erheblich verändert. Beispiele finden sich bei den workers' compensation statutes und den no-fault insurance statutes. Die Haftung des Arbeitgebers gegenüber dem Arbeitnehmer war ursprünglich aufgrund der Verteidigungsmöglichkeiten contributory negligence und assumption of risk eingeschränkt. Die „fellow servant rule" besagte, dass der Arbeitgeber nicht für die Schäden eines Arbeitnehmers aufkommen muß, die durch Fahrlässigkeit eines Kollegen entstanden. Mit Hilfe der **workers' compensation statutes** kann der Arbeitnehmer bei Arbeitsunfällen Verdienstausfall und Heilungskosten unverzüglich erstattet bekommen, ohne dass er Verschulden nachweisen und ein gerichtliches Verfahren durchlaufen muß. Der Ersatz ist allerdings auf materielle Schäden beschränkt und der Arbeitnehmer kann keine weiteren deliktischen Ansprüche geltend machen. Damit werden die Kosten auch für den Arbeitgeber vorhersehbar.

427 Ein weiteres Beispiel sind Verkehrsunfälle. Sie nahmen einen weiten Raum in der gerichtlichen Praxis ein. Dem entgegenzuwirken, wurden die Ansprüche eigenständig geregelt. **No-fault statutes** sehen eine Entschädigung des Versicherten durch die eigene Versicherung vor, weshalb eine gerichtliche Geltendmachung hinfällig wird. Auch hier standen die Ziele einer schnellen und einfachen Kompensation, die volle Abdeckung materieller Schäden für einen größeren Prozentsatz von Unfallbeteiligten und die Senkung von Versicherungskosten im Vordergrund. Die Ausgestaltung der Regelung variiert jedoch erheblich, was Voraussetzungen und Umfang anbelangt.

D. Sachenrecht

Literatur: *Andersen,* Understanding Trusts and Estates, 4. Auflage 2009; *Bailey/Hagedorn,* Secured Transactions, 5. Auflage 2007; *Bernhardt/Burkhart,* Real Property, 5. Auflage 2005; *Burke/Snoe,* Property: Examples and Explanations, 3. Aufl. 2008; *Burke,* Personal Property in a Nutshell, 3. Auflage 2003; *Dukeminier/Krier,* Property, 6. Auflage 2006; *Edwards,* Estates and Future Interests, 2. Aufl. 2005; *Hovenkamp* u. a., The Law of Property, 6. Auflage 2005; *Moynihan* u. a., Introduction to the Law of Real Property, 4. Auflage 2005; *Stoebuck/Whitman,* The Law of Property, 3. Auflage 2000; *Waggoner/Gallanis,* Estates in Land and Future Interests, 3. Auflage 2005; *Wendel,* Possessory Estates and Future Interests Primer, 3. Auflage 2007.

---

[295] *Vandall/Wertheimer,* Torts, S. 467 f.

I. Einführung

Das Sachenrecht gehört zu den kompliziertesten Gebieten des amerikanischen Rechts. Hier treffen historisch verwurzelte Traditionen und Institute mit moderner Gesetzgebung und fallrechtlichen Lösungsversuchen aufeinander. Die nachfolgenden Ausführungen geben daher nur einen groben Überblick über dieses Gebiet. Zunächst zur Terminologie: Das Sachenrecht trennt wie auch im deutschen Recht zwischen beweglichen (personal property) und unbeweglichen Sachen (real property). Das Mobiliarsachenrecht teilt sich darüber hinaus in tangible property und intangible property. 428

Die Trennung geht auf das englische Aktionenrecht zurück, das eine sachenrechtliche Klageform und eine auf Schadensersatz gerichtete Klageform für bewegliches Vermögen kannte. Der Begriff real estate wird synonym mit dem Begriff real property verwendet. Im technischen Sinne versteht man unter diesem common law-Terminus ein interest einer Person an einem Grundstück. 429

II. Rechte mehrerer Personen

Das Recht an einer Sache kann mehreren Personen zustehen. Zur Übersichtlichkeit wird zunächst das Recht des unbeweglichen Vermögens dargestellt, Mobiliarsachenrecht folgt danach, unter IV. 430

Das common law unterscheidet drei verschiedene Formen des gemeinsamen Eigentums: die joint tenancy, die tenancy in common und die tenancy by the entirety. Bei der **joint tenancy** steht das Eigentum zwei oder mehr Personen gemeinsam zu.[296] Sie werden als eine Einheit angesehen. Die Rechte müssen in vierfacher Weise übereinstimmen: hinsichtlich des Entstehungsgrundes, der Art, der Zeit und des Besitzrechts.[297] Ist ein right of survivorship bestimmt, fällt der Anteil des Eigentümers im Todesfall nicht seinem Nachlaß, sondern dem überlebenden Miteigentümer zu. Mit dem Tod erlischt dann auch das Zugriffsrecht der Gläubiger.[298] Ist ein right of survivorship nicht ausdrücklich vereinbart worden, gilt eine Vermutung zugunsten der tenancy in common (dazu sogleich). Zu Lebzeiten kann jeder Miteigentümer über sein Recht frei verfügen. Mit der Veräußerung wird der Erwerber zum tenant in common. Die joint tenancy erlischt, weil nicht mehr alle 4 Voraussetzungen vorliegen. Gibt es mehr als zwei Miteigentümer, bleibt hinsichtlich der verbleibenden Teile die joint tenancy bestehen.[299] Der Rest gilt als tenancy in common. 431

---

[296] Siehe zur joint tenancy 20 Am Jur 2 d Cotenancy and Joint Ownership §§ 3 ff.
[297] Zu diesen four unities (interest, title, time and possession) siehe auch *Helmholz*, Realism and Formalism in the Severance of Joint Tenancies, 77 Neb. L. Rev. 1 (1998); *Bernhardt/Burkhart*, Real Property, S. 101 ff. und 20 Am Jur 2 d Cotenancy and Joint Ownership § 4 m. w. N.
[298] Zu den Problemen in community property-Staaten siehe *Harms*, Surveys: Joint Tenancy, Transmutation and the Supremacy of the Community Property Presumption: Swink v. Fingando, 30 Idaho L. Rev. 893 (1994); *Ratner*, Community Property, Right of Survivorship, and Separate Property Contributions to Marital Assets: An Interplay, 41 Ariz. L. Rev. 993 (1999).
[299] Siehe dazu auch *Bernhardt/Burkhart*, Real Property, S. 103 f.

432 Im common law bestimmte die **tenancy by the entirety** das Güterrecht zwischen Ehegatten.[300] Sie werden als eine Person angesehen. Mit dem Tod eines Ehegatten geht das Recht deshalb auf den überlebenden Ehegatten über. Über das Grundstück kann nur gemeinsam verfügt werden. Die Übertragung des eigenen Teils auf einen Dritten ist unwirksam. Gläubiger eines Ehegatten hatten unter dem common law keinen Zugriff auf die tenancy.[301]

433 Die **tenancy in common** gibt jedem Beteiligten ein eigenes Besitzrecht an der Sache.[302] Dieser Teil ist übertragbar, frei vererblich und geht mit dem Tod auf die jeweiligen Erben über. Die anderen Beteiligten haben kein right of survivorship wie im Falle der joint tenancy.

434 Durch eine Vermutung zugunsten der tenancy in common, die nur durch eine ausdrückliche entgegenstehende Vereinbarung zugunsten der joint tenancy widerlegt werden kann, wird diese Form rechtlich begünstigt.

435 Auch das **community property** kann man als eine besondere Form des Miteigentums ansehen. Es wird im Familienrecht (unten Rn. 499 ff.) näher behandelt. Eine moderne Form des Miteigentums ist auch das **condominium**, eine Mischung aus den herkömmlichen Eigentumsformen. Der Inhaber hat das Alleineigentum an der Wohnung und eine tenancy in common mit anderen Wohnungseigentümern der Anlage an den gemeinsamen Bereichen.[303]

III. Immobiliarsachenrecht

1. Typisierung dinglicher Rechte an Grundstücken

436 Das amerikanische Sachenrecht unterscheidet zwischen der Sache selbst und den Rechten (interests) daran. Man hat ein interest an einer Sache, aber deshalb nicht notwendigerweise die Sache selbst. Ein interest kann zeitlich begrenzt und unter verschiedenen Personen aufgeteilt werden. Verschiedene dingliche Rechte können also gleichzeitig an einen Grundstück bestehen. Die Interessen können unterschiedlich eingestuft werden.

---

[300] 30 Staaten und der District of Columbia erkennen diese Form gemeinsamen Eigentums an, unterscheiden sich aber hinsichtlich der Zugriffsrechte von Gläubigern auf derart gehaltenes Eigentum. In drei Staaten – Massachusetts, Michigan und North Carolina – ist diese Eigentumsform gesetzlich verankert. Siehe dazu Mass. Ann. Laws ch. 209 § 1 (2005); MCLS § 557.71 (2004); N.C. Gen. Stat. § 39-13.3 (2004).

[301] Im Jahre 2002 hat der Supreme Court diesen Aspekt der tenancy by the entirety teilweise abgeschafft, indem er urteilte, dass wegen Steuerforderungen des Bundes in das gemeinsame Eigentum vollstreckt werden kann. Siehe *United States v. Craft*, 535 U.S. 274, 122 S.Ct. 1414, 152 L.Ed.2 d 437 (2002). Siehe auch *Feeney*, Lien on Me: After Craft a Federal Tax Lien Can Attach to Tenancy-by-the-Entirety Property, 34 Loy. U. Chi. L.J. 245 (2002).

[302] Siehe zur tenancy in common 20 Am Jur 2 d Cotenancy and Joint Ownership §§ 31 ff.

[303] Siehe auch *Bernhardt/Burkhart*, Real Property, S. 111 ff. Zu Geschichte und Entwicklung des Condominiums siehe *Krasnowiecki*, The Pennsylvania Uniform Planned Community Act, 106 Dick. L. Rev. 463 (2002). Siehe auch *Bush*, Beware the Associations: How Homeowners' Associations Control You and Infringe Upon Your Inalienable Rights!!, 30 W. St. U.L. Rev. 1 (2003); *Grassmick*, Minding the Neighbor's Business: Just How Far Can Condominium Owners' Associations Go in Deciding Who Can Move into the Building?, 2002 U. Ill. L. Rev. 185 (2002).

Am Ende des 13. Jahrhunderts bildete sich in England das System der **estates** heraus. Die Bezeichnung hat einen feudalen Ursprung und geht auf das lateinische Wort status zurück, weil der Landbesitz früher an den politischen und persönlichen Status geknüpft war. Die Theorie der estates basiert auf der Einteilung der Rechte in zeitlicher Hinsicht. Man unterscheidet auch heute noch zwischen gegenwärtigen (possessory estate) und zukünftigen Besitzrechten (future interest). Erstere werden wiederum unterteilt in freehold estates, die kein fest bestimmtes Ende haben, und nonfreehold estates, d. h. befristeten Rechten. Diese Unterscheidung betrifft den Rechtstitel (legal title). 437

Eigentumsrechte können noch in anderer Weise aufgespalten werden. Das englische Recht entwickelte auch Eigentumsrechte und -ansprüche in equity, die in das amerikanische Recht übernommen wurden. Zur Unterscheidung spricht man daher von legal title und equitable title. Der Inhaber des equitable interest hat den Anspruch auf den Nutzen (use) am Eigentum. Prominentestes Beispiel dieser Spaltung ist der trust, der im Zusammenhang mit dem Erbrecht näher behandelt wird (unten Rn. 554 ff.). Alle Formen können miteinander kombiniert werden, d. h. an einem Grundstück können zur gleichen Zeit mehrere und unterschiedliche legal und equitable Rechte bestehen. 438

2. Freehold Estates

Es gibt verschiedene freehold estates. Das **fee simple absolute** ist das umfassendste. Es ist das maximal mögliche dingliche Recht. Es gilt auf unbestimmte Zeit und geht mit dem Tod auf die Erben des Inhabers über.[304] Ursprünglich mußte die Übertragung, formelmäßig ausgedrückt, an den Erwerber und dessen Erben erfolgen („to A and his heirs"). Darin sollte der Wille zum Ausdruck kommen, ein Besitzrecht einzuräumen, das über den Tod des Begünstigten hinaus für immer weiterbesteht. Fehlte eine solche Formulierung, wurde nur ein life estate gewährt. Dieser Wortlaut ist heute nicht mehr Voraussetzung.[305] Es reicht, wenn der Erwerber bezeichnet wird („to A").[306] Das fee gibt eine absolute Eigentümerstellung. Es ist frei übertragbar und unterliegt keinen erbrechtlichen Beschränkungen. 439

Das **fee tail** geht direkt an den Bedachten und im Falle seines Todes an seine Leiberben über („to A and the heirs of his body"). Es ist daher nicht frei vererblich. Sofern es keine Erben (mehr) gibt, fällt es an den Veräußerer zurück oder geht an einen Dritten, wenn dies bestimmt ist. Früher diente es dazu, die Rechte an einem Grundstück in der Familie zu behalten. In den meisten Staaten gilt es heute nicht mehr, sondern wird statt dessen wie ein fee simple absolute eingeordnet.[307] Dieses Recht ist wegen der gesellschaftlichen Entwicklung auch in der Praxis nicht mehr gebräuchlich. 440

---

[304] *Moynihan*, Introduction 26: "An estate in fee simple was, and still is, the largest estate known to the law: it denotes the maximum of legal ownership, the greatest possible aggregate of rights, powers, privileges and immunities which a person may have in land."
[305] Allerdings kann diese Regelung immer noch relevant werden, wenn es um ältere Übertragungen geht. Vgl. *Burk v. State*, 607 N.E.2 d 911 (Ohio Ct. App. 1992), appeal dismissed 600 N.E.2d. 675 (Ohio 1992).
[306] Siehe dazu *Bernhardt/Burkhart*, Real Property, S. 43 f.
[307] Siehe beispielsweise Cal. Civ. Code § 763 (2005).

441 Beim **life estate** vereinbart der Veräußerer mit dem Erwerber ein Eigentumsrecht auf Lebenszeit an dem Grundstück („to A for his life"). Mit dem Tod des Erwerbers erlangt der Veräußerer wieder das Eigentumsrecht. Das life estate des A kann sich auch nach der Lebenszeit eines Dritten richten („to A for the life of B"). Dann spricht man von einem life estate pur autre vie. Natürlich kann auch hier vereinbart werden, dass nach Ende eines life estate das Eigentum nicht an den Veräußerer zurückfällt, sondern in ein fee simple eines weiteren Dritten mündet. Auch Kraft objektiven Rechts ist ein life estate möglich. Nach common law wurden beispielsweise curtesy und dower (unten Rn. 535) als life estates eingeordnet.[308]

442 Alle Besitzrechte können von bestimmten Bedingungen abhängig gemacht werden (defeasible oder qualified estates).[309] Man unterscheidet drei Arten. Das **determinable estate**[310] gibt dem Erwerber ein Besitzrecht, das automatisch mit dem Eintritt eines bestimmten Ereignisses endet, welches vom Veräußerer eindeutig bestimmt sein muß. Es unterliegt grundsätzlich keinen Beschränkungen. Beim Eintritt des Ereignisses erlöscht es und fällt an den ursprünglichen Veräußerer zurück.

443 Beim **estate subject to a condition subsequent**[311] erhält der Erwerber das Recht an dem Grundstück. Tritt ein bestimmtes Ereignis ein, so endet das Recht nicht automatisch.[312] Die Vereinbarung enthält eine ausdrückliche Bestimmung, wonach das Eigentum an den Besteller zurückfallen kann, wenn ein bestimmtes Ereignis eintritt. Er hat die Option, von diesem Zurücknahmerecht Gebrauch zu machen. Die Abgrenzung zwischen einem fee simple determinable und einem fee simple on condition subsequent kann schwierig sein. Letztlich ist der Wille der Parteien ausschlaggebend, wobei verschiedene Formulierungen als Indikatoren für die eine oder andere Form gelten. Beim **estate subject to executory limitation** fällt das Recht beim Eintritt eines bestimmten Ereignisses an einen Dritten.

3. Nonfreehold Estates

444 Der Eigentümer kann ein estate auch für eine begrenzte Zeit auf eine andere Person übertragen und diesen Zeitraum genau festlegen. Das amerikanische Recht kennt vier verschiedene Formen dieser nonfreehold estates.[313] Eine **tenancy for years** gibt für einen genau bestimmten Zeitraum ein Besitzrecht. Nach Ablauf der Zeitspanne endet das Recht automatisch, es bedarf also keiner Benachrichtigung des tenant. Entgegen seiner Bezeichnung muß der Zeitraum nicht in Jahren ausgedrückt werden.

---

[308] Siehe dazu *Bernhardt/Burkhart*, Real Property, S. 43 f.
[309] Siehe dazu *Korngold*, For Unifying Servitudes and Defeasible Fees: Property Law's Functional Equivalents, 66 Tex. L. Rev. 533 (1988).
[310] Auch als fee on limitation bezeichnet. Für das Vorliegen sprechen Formulierungen wie „so long as", „while" und „until". Die Vereinbarung kann beispielsweise lauten: „to A and the heirs of his body so long as the land is farmed." Dann erlischt das estate, sobald das Land nicht länger bewirtschaftet wird oder die Verwandten der geraden Linie aussterben.
[311] Auch als fee on condition bezeichnet.
[312] Die Vereinbarung enthält die Formulierung „but if", „provided, however" oder „on the condition that". Zur Illustration: Wenn vereinbart wurde „to A for life but if the land is used for a farm, then the grantor may re-enter and repossess", erlischt das life estate, wenn A stirbt oder der Veräußerer sein Zurücknahmerecht geltend macht, weil das Land als Farm genutzt wird.
[313] *Bernhardt/Burkhart*, Real Property, S. 43.

Jede andere Zeitspanne ist ebenso zulässig. Entsprechend der statute of frauds (oben Rn. 305 ff.) kann Schriftform erforderlich sein. Das ist in den Einzelstaaten unterschiedlich geregelt.[314]

Die **periodic tenancy** gilt für bestimmte Intervalle und erneuert sich immer wieder, allerdings nur so lange, bis eine Beendigung erklärt wird. Regelmäßig handelt es sich um einen Monats- oder Jahreszeitraum. Die Vereinbarung kann ausdrücklich erfolgen oder sich aus den Umständen ergeben. Das wichtigste Beispiel ist die Vermietung von Wohnraum und die monatliche Mietzahlung. Bei der Benachrichtigung von der Beendigung muß eine bestimmte Frist eingehalten werden, die nach common law grundsätzlich dem jeweiligen Intervall entspricht. Viele Einzelstaaten regeln den notwendigen Benachrichtigungszeitraum per statute. 445

Die **tenancy at will** gilt für unbestimmte Zeit. In der Praxis ist sie selten anzutreffen, da bei regelmäßiger Zahlung in bestimmten Abständen ja eine periodic tenancy angenommen wird. Die tenancy at will kann aber ausdrücklich vereinbart werden. Sie kann jederzeit beendet werden. Im Gegensatz zur periodic tenancy ist nach common law keine formelle Benachrichtigung unter Einhaltung bestimmter Fristen notwendig. Teilweise sehen die Einzelstaaten aber eine gewisse Wartefrist vor. 446

Die **tenancy at sufferance** ist gegeben, wenn sich eine Person, die ein estate an dem Land hatte, nach Ablauf dieses estate gegen den Willen des landlord weiterhin auf dem Grundstück aufhält. 447

4. Future Interests

Wie bereits festgestellt, kann ein dingliches Recht und ein equitable interest an einem Grundstück in verschiedene einzelne Rechte zerlegt werden, von denen nur eins ein gegenwärtiges Besitzrecht gibt. Future interests sind Rechte, die bereits jetzt bestehen, aber nur einen Besitzanspruch in der Zukunft geben.[315] Future interests ist als Bezeichnung daher nicht ganz zutreffend. Diese Rechte sind vererblich und veräußerlich. 448

Reversion bezeichnet das Interesse, das beim Besteller verbleibt. Voraussetzung ist also immer, dass der Besteller nicht seine gesamte Rechtsposition übertragen hat. Wenn A beispielsweise sein fee simple auf B überträgt, hat er kein future interest, weil B die absolute Eigentümerstellung inne hat. Überträgt A dagegen nur ein life estate, hat er ein (Rest-)future interest in bezug auf sein fee simple.[316] Auch bei ge- 449

---

[314] Siehe *Bernhardt/Burkhart*, Real Property, S. 44ff.
[315] Siehe dazu *Andersen*, Present and Future Interests: A Graphic Explanation, 19 Seattle Univ. L. Rev. 101 (1995) und *Bernhardt/Burkhart*, Real Property, S. 52 ff. Zur Komplexität von future interests und Reformvorschlägen *Gallanis*, The Future of Future Interests, 60 Wash & Lee L. Rev. 513 (2003).
[316] Selbst wenn A als Inhaber eines fee simple, das Grundstück „to B for life, then to C for life, then to D and the heirs of his body" überträgt, hat A immer noch ein future interest in Form einer reversion, weil seine Rechtsposition die stärkste ist und auch eine Vielzahl von geringeren Rechten nichts daran ändern kann. Zu einer reversion auf A, seine Erben oder seine transferees kommt es entweder, wenn weder C noch D das life estate von B überleben, oder wenn D keine „heirs of his body" (leibliche Erben) hat, womit adoptierte Kinder begrifflich ausgeschlossen werden sollen. Siehe dazu *Bernhardt/Burkhart*, Real Property, S. 55.

ringeren Rechten als einem fee simple ist eine reversion denkbar, beispielsweise wenn A als Inhaber eines life estate dem B eine tenancy for years einräumt. Eine **possibility of reverter** besteht, wenn ein Bedingungseintritt automatisch zum Rückfall führt. Das ist der Fall beim determinable estate.[317] Ein **right of entry** liegt vor, wenn der Besteller ein Wiedereintrittsrecht hat. Das gilt beim estate subject to a condition subsequent. Es gibt dem Inhaber die Macht, das Recht des anderen zu beenden, wenn eine Bedingung nicht eingehalten wurde. Solange er einen entsprechenden Willen allerdings nicht manifestiert, bleibt dieses Recht bestehen. Aus diesem Grund wird das Interesse des Bestellers auch als power of termination bezeichnet.[318]

450 Dritte können ein future interest in Form eines remainder oder executory interest haben. Ein **remainder** besteht, wenn der zu einer reversion Berechtigte sein interest schon weiter auf einen Dritten übertragen hat.[319] Der Zahl der remainder, die bestellt werden können, sind keine Grenzen gesetzt.[320] Sie können in zwei Formen auftreten: vested und contingent.[321] Die Unterscheidung stammt aus dem common law, spielt heute aber heute kaum noch eine Rolle. Ein Interesse ist gefestigt, wenn ein Dritter genau bestimmt werden kann und das Entstehen dieses Rechts nicht an bestimmte andere Bedingungen als das Enden des vorigen estate geknüpft ist. In allen anderen Fällen ist ein Recht nur contingent.[322] Vested remainders werden nochmals unterteilt. Vested remainders subject to condition subsequent sind solche Rechte, die entfallen können, wenn bestimmte Bedingungen eintreten. Ein vested remainder subject to open ist gegeben, wenn das Recht einer Gruppe von Personen (einer class) zukommen soll, deren Größe und Zusammensetzung sich noch ändern kann.[323] Indefeasible vested remainders sind in allen anderen Fällen gegeben.

451 In allen Fällen, in denen kein remainder gegeben ist, spricht man von **executory interests**. Sollen Rechte beim Eintritt eines bestimmten Ereignisses zugunsten eines Dritten enden (estate subject to an executory limitation), erwirbt der Dritte beispielsweise ein future interest in Form eines executory interest.[324]

---

[317] Überträgt A, der ein fee simple hat, das Grundstück „to B and his heirs so long as the land is used as a farm", hat B ein fee simple determinable und A ein possibility of reverter. A oder seine Erben erhalten das Recht am Grundstück automatisch zurück, wenn das Land nicht mehr bewirtschaftet wird.

[318] Lautet die Vereinbarung „to B and his heirs but if liquor is ever sold on the land, the grantor may re-enter and repossess", dann hat B ein life estate subject to condition subsequent und A ein power of termination.

[319] Es wäre also eine reversion, wenn das Grundstück statt an den Dritten zurück an den Veräußerer fallen würde. Hat A, der ein fee simple an dem Grundstück inne hat, das Grundstück „to B for life and than to C for life, then to D for life, then to E and the heirs of his body and then to F and his heirs" übertragen, haben C, D, E und F ein future interest in Form eines remainder.

[320] Aber siehe Rn. 452, 561 zur „Rule against perpetuities".

[321] Siehe dazu auch *Bernhardt/Burkhart*, Real Property, S. 56 ff.

[322] Lautet die Vereinbarung „to B for life, then to C and her heirs if she reaches the age of 21 before B dies", hat C ein contingent remainder, weil eine Voraussetzung (das Erreichen des entsprechenden Alters) daran geknüpft ist. Sobald sie dieses Alter erreicht hat, ist ihr Recht gefestigt, d. h. vested.

[323] A überträgt das Grundstück „to B for life, remainder to his children". B hat eine Tochter. Da diese Person bestimmt ist und auch keine Bedingung vorgeschaltet ist, hat die Tochter ein vested remainder. Sobald aber weitere Kinder geboren werden, muß sie es mit ihnen teilen. Sie hat daher ein vested remainder subject to open.

[324] Siehe dazu auch *Bernhardt/Burkhart*, Real Poperty, S. 60.

Bei future interests ist die **rule against perpetuities**[325] zu beachten. Sie soll verhindern, dass zu lange Ungewißheit (remoteness) über künftige Rechte besteht. 21 Jahre nach dem Tod eines zur Zeit der Entstehung des Rechts lebenden Menschen muß dieses Recht gefestigt sein. Besteht die Möglichkeit, dass dieser Zeitraum nicht eingehalten wird, ist die Bestellung von vornherein unwirksam. Der Regel müssen also alle künftigen Rechte genügen, die noch nicht gefestigt (vested) sind.[326] Viele Staaten haben die herkömmliche Regelung durch eine moderne und weniger strenge Formulierung ersetzt. Maßgeblich ist nicht, ob eine Ungewißheit nach Ablauf dieser Zeit bestehen könnte, sondern ob sie tatsächlich besteht. Die Beurteilung, ob ein future interest wirksam ist, wird also auf später verschoben.[327] Bedeutung hat die rule against perpetuities auch beim Auseinanderfallen von legal und equitable title, also beim trust (unten Rn. 561). 452

5. Landlord and Tenant

Die Beziehung zwischen landlord und tenant basiert in der Regel auf einer Vereinbarung zwischen den Parteien.[328] Sie kann aber auch kraft objektiven Rechts entstehen. Beispielsweise liegt eine tenancy at will vor, wenn der tenant sich mit der Erlaubnis des landlord auf dem Grundstück aufhält, auch wenn keine entsprechende Vereinbarung getroffen wurde. Die Begriffe landlord und tenant sowie lessor und lessee werden regelmäßig synonym gebraucht, weil die Rechte und Pflichten beider Parteien einen unmittelbaren Bezug zu der zugrundeliegenden Vereinbarung haben.[329] 453

Der landlord muß dem tenant den tatsächlichen Besitz einräumen. Ursprünglich wurde das Verhältnis zwischen landlord und tenant nur als eine tatsächliche Besitzübertragung angesehen. Der landlord übertrug dem tenant den Besitz und dieser zahlte im Gegenzug eine entsprechende Geldsumme. Die Pflichten existierten aber völlig unabhängig voneinander: Miete stellte nur zeitlich beschränkte Eigentumsübertragung dar, das Vertragsrecht fand daher bei leases keine Anwendung. D. h., wenn der landlord seinen Pflichten nicht nachkam, mußte der tenant trotzdem den Mietzins zahlen.[330] Nach der in Amerika übernommenen **caveat emptor-Doktrin** des englischen Rechts traf den landlord nach Überlassung des Grundstücks keinerlei 454

---

[325] „No interest is good unless it must vest, if at all, not later than 21 years after some life in being at the creation of the interest." Siehe dazu auch *Bernhardt/Burkhart*, Real Property, S. 68 ff. und unten Rn. 561.
[326] Siehe *Bernhardt/Burkhart*, Real Property, S. 69 ff. mit einer Untersuchung der jeweiligen future interests. Die rule against perpetuities gilt bei contingent remainders und executory interests. Bei vested remainders subject to open muß das Recht hinsichtlich jeder Person aus dieser Gruppe den Anforderungen genügen.
[327] Diese Form des „wait and see" soll an einem Beispiel verdeutlicht werden. Wird das Grundstück „to B and his heirs, but if liquor is ever sold on the land then to C and his heirs" übertragen, wäre das executory interest von C nach der herkömmlichen Regelung nicht wirksam. Denn auch 21 Jahre nach dem Tod von B oder C könnte immer noch kein Alkohol verkauft worden sein. Nach dem modernen Verständnis erlischt es erst, wenn Alkohol wirklich nicht bis 21 Jahre nach dem Tod von B oder C verkauft wurde. Siehe dazu *Bernhardt/Burkhart*, Real Property, S. 72 f.
[328] Im Gegensatz zum oben Besprochenen Recht der Übertragung von dinglichen Rechten ist das landlord – tenant-Verhältnis vertraglicher Natur. Zu dieser Unterscheidung *Madison*, The Real Properties of Contract Law, 82 B.U.L.Rev. 405 (2002).
[329] 49 Am Jur 2 d Landlord and Tenant § 1.
[330] Siehe *Dukeminier/Krier*, Property, S. 432 ff., *Moynihan*, Introduction 85.

weitere Verantwortung mehr. Denn der tenant hatte das Grundstück so übernommen, wie es war, und war daher auch für mögliche Mängel verantwortlich. Der landlord haftete also nicht mehr, er hatte schließlich keine Kontrolle mehr über das Grundstück. Ausnahmen entwickelten sich, um Härten etwas abzufangen.

455 Die Gerichte entwarfen eine **implied covenant of quiet enjoyment**.[331] Zunächst ging es allein um Fälle, in denen der tenant sein Besitzrecht überhaupt nicht ausüben kann (actual eviction). Diese Störung kann das ganze Grundstück oder einen Teil betreffen. Im ersten Fall erlischt die Zahlungspflicht. Gleiches gilt, wenn die die partielle Behinderung auf den landlord zurückzuführen ist. Ist ein Dritter dafür verantwortlich, kann der tenant den Mietzins anteilig kürzen.[332] Die Gerichte bejahen bald auch bei einer erheblichen Beeinträchtigung des Besitzrechts (constructive eviction) eine Auswirkung auf die Zahlungspflicht des tenant. Der landlord muß diese Störungen nach einer entsprechenden Aufforderung beseitigen. Kommt er dem nicht innerhalb einer angemessenen Frist nach, kann der tenant ausziehen und seine Zahlungen einstellen.

456 Auch zur caveat emptor-Doktrin entwickelten sich Ausnahmen, um zu einer Haftung des landlord für Mängel des Grundstückes zu kommen: Der landlord muß den tenant über ihm bekannte oder erkennbare Mängel aufklären. Er haftet für Schäden bei allgemein zugänglichen Grundstücken. Er ist für Defekte in seiner Kontrolle unterstehenden Bereichen verantwortlich. Er haftet für die ordnungsgemäße Ausführung von vertraglich zugesagten oder freiwillig übernommenen Reparaturen. Auch bei kurzer Mietdauer trifft den landlord eine Verantwortung.

457 Diese Ausnahmen reichen nicht aus, um den sozialen und wirtschaftlichen Veränderungen gerecht zu werden. Die Gerichte entwickelten deshalb eine **implied warranty of habitability**: der landlord steht für die Sicherheit und Bewohnbarkeit von Wohnräumen ein. Kommt er dieser Pflicht nicht nach, kann der tenant ausziehen, notwendige Reparaturen vornehmen und dem landlord in Rechnung stellen, die Miete mindern oder den entstandenen Schaden geltend machen.[333] Für gewerbliche Räumlichkeiten hat sich ein solcher weitgehender Mieterschutz noch nicht durchgesetzt. Eine implied warranty of fitness für diesen Bereich zeichnet sich jedoch ab.[334]

458 Der tenant kann für die Dauer des Vertragsverhältnisses das Grundstück nutzen. Er hat ein exklusives Besitzrecht, nach altem common law sogar ein zeitlich beschränktes Eigentumsrecht. Es erstreckt sich aber nicht auf solche Handlungen, die Interessen des landlord beeinträchtigen.[335] Der tenant hat also dafür zu sorgen, dass das Objekt in einem ordentlichen Zustand bleibt, und muß die dafür notwendigen Reparaturen

---

[331] Zu covenants allgemein siehe unten Rn. 466.
[332] Siehe *Moynihan*, Introduction 99.
[333] Siehe zu dieser Entwicklung *Gaudio*, Wyoming's Residential Rental Property Act – A Critical Review, 35 Land & Water L. Rev. 455 (2000); *Noonan/Preator*, Implied Warranty of Habitability: It is Time to Bury the Beast Known as Caveat Emptor, 33 Land & Water L. Rev. 329 (1998); *Kelly*, South Dakota Supreme Court Opens the Door to Landlord Liability for Criminal Attacks Committed by Third Parties on the Premises, 48 S.D. L.Rev. 365 (2003).
[334] Siehe dazu *Goldman*, Uniform Commercial Landlord and Tenant Act – A Proposal to Reform „Law Out of Context", 19 T.M. Cooley L. Rev. 175 (2002); *Murray*, The Evolution of Implied Warranties in Commercial Real Estate Leases, 28 U. Rich. L. Rev. 145 (1994); *Vlatas*, An Economic Analysis of Implied Warranties of Fitness in Commercial Leases, 94 Colum L. Rev. 658 (1994).
[335] 49 Am Jur 2 d Landlord and Tenant § 484.

durchführen. Der landlord hat gegen den tenant einen Anspruch auf den Mietzins. Er kann den tenant auf Zahlung verklagen oder ihn des Grundstücks verweisen (eviction). Er darf jedoch nicht zur Selbsthilfe greifen und den tenant eigenmächtig vom Grundstück vertreiben. Er muß vielmehr gerichtliche Schritte unternehmen. Kommt der tenant seinen finanziellen Pflichten nicht nach, hält sich aber auch nicht auf dem Grundstück auf, kann der landlord die Besitzaufgabe als Angebot zum Verzicht auffassen und einvernehmlich das Verhältnis auflösen. Ignoriert er die Besitzaufgabe, kann er in einigen Staaten vom tenant weiterhin Zahlung verlangen.

Der tenant kann sein Recht vollständig durch Abtretung (assignment) oder teilweise durch Untervermietung (**sublease**) auf einen Dritten übertragen, sofern es keine vertraglichen oder gesetzlichen Beschränkungen gibt.[336] Bei der Abtretung entsteht zwischen landlord und Drittem eine privity of estate, d. h. zwischen ihnen gelten nun die Rechte und Pflichten, wie sie gerade besprochen wurden. Im Verhältnis zwischen landlord und ursprünglichem tenant existiert jedoch weiterhin die lease. Aus diesem Vertrag bleibt der tenant neben dem Dritten zur Zahlung des Mietzinses verpflichtet.[337] Bei der sublease entstehen nur neue Rechte und Pflichten zwischen tenant und Untermieter.

459

6. Dingliche Beschränkungen und Nutzungsrechte

Servitudes sind Rechte an einem Grundstück, die nicht auf den Besitz am Grundstück gerichtet sind, sondern auf Duldung, Unterlassung oder eine bestimmte Nutzungsart. Das stärkste Recht in dieser Hinsicht ist das **easement**. Es berechtigt zu einem bestimmten Gebrauch des Grundstücks eines anderen. Die meisten easements sind positiv ausgestaltet, indem sie Rechte beinhalten, das Land zu betreten und bestimmte Tätigkeiten vorzunehmen. Dieses Privileg befreit den Inhaber von einer deliktischen Haftung wegen trespass (oben Rn. 359 f.) oder nuisance (oben Rn. 390 f.) gegenüber dem Grundstücksinhaber. Negative easements sind relativ selten. Sie geben dem Inhaber ein Recht, den Grundstücksinhaber von verschiedenen Dingen abzuhalten.[338]

460

Ein easement kann mit einem Grundstück verbunden sein (easement appurtenant) oder nur an einen bestimmten Inhaber geknüpft sein (easement in gross). Ein easement ist grundstücksbezogen, wenn es den Inhaber in seinem eigenen Recht auf use

461

---

[336] Siehe dazu auch 49 Am Jur 2 d Landlord and Tenant §§ 1076 ff. Beim assignment hat der ursprüngliche tenant kein future interest, weil er seine Rechtsposition vollständig auf einen Dritten übertragen hat. Bei der sublease verbleibt ihm dagegen ein Teil, weil die Untervermietung nicht für die gesamte Zeit gilt. Hier hat der ursprüngliche tenant ein future interest in Form einer reversion.

[337] Einen Überblick über das Recht der Untermiete bietet *Kaiser*, Giving Up on Voluntary Surrender: The Rights of a Sublessee When the Tenant and Landlord Cancel the Main Lease, 24 Cardozo L. Rev. 2149 (2003).

[338] Aus historischen Gründen ist der Inhalt dieser easements auf wenige Fallgruppen beschränkt. Sie betreffen Aktivitäten des Grundstücksnachbarn, unter denen beispielsweise die Licht-, Luft- oder Wasserverhältnisse auf dem eigenen Grundstück leiden würden. Neuerlich unter Landschaftsschützern populär gewordene „Conservation easements", die auf die Erhaltung des Grundstücks in seinem ursprünglichen Zustand gerichtet sind, sind schwierig in eine der bestehenden Kategorien einzuordnen. Sie sind aber den negativen easements dahin gehend vergleichbar, dass sie dem Eigentümer Beschränkungen hinsichtlich möglicher Veränderungen am Grundstück auferlegen. Siehe dazu *Tapick*, Threats to the Continued Existence of Conservation Easements, 27 Colum J. Envtl. L. 257 (2002).

or enjoyment of property begünstigt. Es müssen also zwei Grundstücke beteiligt sein, von denen das begünstigte gegenüber dem belasteten Grundstück dominiert.[339] Dann geht das Recht bei einer Veräußerung des dominierenden Grundstückes automatisch auf den Erwerber über. Auch die Belastung des betroffenen Grundstücks bleibt bei einer Übertragung bestehen, es sei denn, der Erwerber dieses Grundstückes war gutgläubig.[340]

462 Wenn das easement dem Inhaber dagegen nur einen persönlichen oder finanziellen Vorteil bringt, der sich nicht auf use or enjoyment of land bezieht, handelt es sich nur um ein easement in gross. Hier gibt es kein begünstigtes und dominantes Grundstück, sondern nur eine begünstigte Person.[341] Das easement ist daher auch grundsätzlich nicht übertragbar, es sei denn, die Übertragbarkeit ergibt sich aus der Vereinbarung, so wenn das easement wirtschaftlichen Zwecken dient.[342]

463 Während ein negatives easement nur ausdrücklich und schriftlich begründet wird, kann ein positives easement auf verschiedene Weise entstehen. Es kann ausdrücklich vereinbart oder sich aus den Umständen ergeben, durch „Ersitzung" oder kraft objektiven Rechts (z. B. als Notwegerecht) entstehen.[343] Das Erlöschen eines easement ist zunächst abhängig von einer entsprechenden Vereinbarung. Es endet auch, wenn der Begünstigte das Recht nicht mehr geltend macht und der Grundstücksinhaber im Vertrauen auf diese Versicherung Dispositionen vorgenommen hat.[344] Notwegerechte kraft objektiven Rechts enden, wenn die Voraussetzungen nicht mehr gegeben sind. Ein easement erlischt auch, wenn das Grundstück beschlagnahmt wurde (condemnation), wenn Grundstücksinhaber und Rechtsinhaber in einer Person zusammenfallen (merger) oder wenn der Rechtsinhaber darauf verzichtet und diesen Verzicht durch entsprechende Aktivitäten kenntlich macht. Es endet auch, wenn der Grundstücksinhaber den Rechtsinhaber dauerhaft an der Geltendmachung gehindert hat und das Recht damit wie bei Ersitzung (unten Rn. 467) zum Erlöschen gebracht hat.

464 Die **license** ist kein dingliches Recht, nur ein Privileg. Der Grundstücksinhaber gestattet dem Begünstigten lediglich, das Land in einer bestimmten Weise zu nutzen.[345] Daher ist eine license nicht übertragbar. Auch das Statute of Frauds findet keine Anwendung. Eine license entsteht beispielsweise, wenn bestimmte Rechte mündlich vereinbart werden. Der Grundstücksinhaber kann sie grundsätzlich jederzeit widerrufen.

465 **Profits** geben dem Inhaber das Recht, das Grundstück zu betreten und verschiedene Substanzen oder Erzeugnisse zu entnehmen. Der Berechtigte kann beispielsweise Holz fällen, seine Tiere auf dem Grundstück weiden lassen, jagen oder fischen.[346] Es

---

[339] 25 Am Jur 2 d Easements and Licenses in Real Property § 10; *Bernhardt/Burkhart*, Real Property, S. 174 f.
[340] 25 Am Jur 2 d Easements and Licenses in Real Property § 106.
[341] 25 Am Jur 2 d Easements and Licenses in Real Property § 11.
[342] 25 Am Jur 2 d Easements and Licenses in Real Property § 102. Siehe auch *Bernhardt/Burkhart*, Real Property, S. 192.
[343] *Bernhardt/Burkhart*, Real Property, S. 177 ff.
[344] Es handelt sich also um einen Fall von estoppel.
[345] 25 Am Jur 2 d Easements and Licenses in Real Property § 3.
[346] *Bernhardt/Burkhart*, Real Property, S. 172.

ähnelt einem easement, weil es ein dingliches Recht ist. Daher gelten auch dieselben Einteilungen wie beim easement. Ein profit unterscheidet sich auf der anderen Seite aber vom easement, indem es das Recht gibt, den Nutzen aus einem Grundstück zu ziehen.[347]

Ein **covenant** ist ein bloßes schuldrechtliches Versprechen, etwas zu tun oder zu unterlassen. Wie bei den easements, kann ein covenant demnach positiv oder negativ ausgestaltet sein. Anders als bei den easements gibt es aber bei den negativen covenants keine Einschränkungen. Der Übergang eines covenant auf den Erwerber des belasteten oder begünstigten Grundstücks ist von strengen Voraussetzungen abhängig, insbesondere von einer bestimmten Nähebeziehung der Beteiligten.[348] **Equitable servitudes** kommen zur Anwendung, wenn die Voraussetzungen der anderen dinglichen Rechte nicht vorliegen, wenn also beispielsweise ein covenant an den erforderlichen Nähebeziehungen scheitert. Sie geben ein equitable relief. 466

7. Erwerb dinglicher Rechte an Grundstücken

a) Ersitzung

Der originäre Erwerb von Rechten an einem Grundstück (adverse possession) ist von verschiedenen Voraussetzungen abhängig: Der Besitz muß ununterbrochen während eines bestimmten, in den Einzelstaaten zwischen 5 und 20 Jahren variierenden Zeitraums bestanden haben.[349] Teilweise fordert man ein bestimmtes Verhalten des Besitzers, so muß er beispielsweise das Land bestellen oder auf dem Grundstück wohnen. Der Besitz muß offenkundig (open and notorious) sein und tatsächlich (actual) bestehen; der Betreffende muß das Land aus objektiver Sicht als eigenes behandeln (claim of right) und es feindlich (hostile) ausüben, d. h. ohne vom Eigentümer zum Besitz berechtigt zu sein. 467

b) Rechtsgeschäftlicher Erwerb vom Berechtigten

Der rechtsgeschäftliche Erwerb von Grundeigentum erfolgt in zwei Schritten: Kaufvertrag und closing.[350] Der Vertrag zur Übertragung des Grundstückes muß dem Statute of Frauds (oben Rn. 305 ff.) genügen. Teilweise Erfüllung kann auch ausreichen. Durch Besitznahme und Zahlung eines wesentlichen Teiles des Betrages bzw. Vornahme wesentlicher Verbesserungen an dem Grundstück werden die Formerfordernisse unbeachtlich. 468

Mit dem Vertrag verpflichtet sich der Verkäufer gleichzeitig, einen **marketable title** zu verschaffen, d. h. ein Recht frei von Belastungen und jeden Zweifeln.[351] Ist dies 469

---

[347] 25 Am Jur 2 d Easements and Licenses in Real Property § 4.
[348] Siehe *Bernhardt/Burkhart*, Real Property, S. 210 ff.
[349] Der vorgegebene Zeitraum kann in besonders gelagerten Fällen noch größer sein. Darüber hinaus differenziert man selbst in den Einzelstaaten zwischen verschiedenen Konstellationen, die unterschiedliche Ersitzungsperioden auslösen. Die Ersitzungszeit des Vorgängers kann dem jetzigen Besitzer angerechnet werden (tacking), wenn zwischen beiden privity besteht. Vgl. zum Ganzen *Bernhardt/Burkhart*, Real Property, S. 22 ff.
[350] *Bernhardt/Burkhart*, Real Property, S. 247.
[351] *Bernhardt/Burkhart*, Real Property, S. 249 ff. Eine Zusammenstellung der verschiedenen Schutzmöglichkeiten des Grundstückskäufers in bezug auf das Eigentumsrecht bietet *Sheppard*, Assurances of

nicht der Fall und hat der Verkäufer den Defekt bis zum closing nicht behoben, kann der Käufer von dem Vertrag Abstand nehmen. Der Verkäufer ist dann zur Rückzahlung des Kaufpreises und zum Schadensersatz verpflichtet. Der Kauf selbst führt noch nicht zum Übergang des legal title, der Käufer bekommt aber den equitable title. Das heißt, er trägt das Risiko des zufälligen Untergangs, hat Ansprüche gegen mögliche Schädiger, das Grundstück unterliegt bereits dem Zugriff seiner Gläubiger, und er hat auch einen Anspruch auf Übertragung des dinglichen Titels gegenüber dem Verkäufer. In einigen Staaten führt die Unterzeichnung des Vertrages dagegen noch nicht zum Übergang der Leistungsgefahr. Vielmehr bleibt das Risiko bis zum closing beim Verkäufer, nach dem Uniform Vendor and Purchaser Risk Act jedoch nur, solange dem Käufer noch kein Besitz eingeräumt wurde. Den Parteien steht es selbstverständlich frei, eine eigene Vereinbarung zu treffen.[352]

470 Die Erfüllung erfolgt durch **closing**. Der Eigentumstitel wird mit einer deed übertragen. Diese Urkunde bedarf der Schriftform. Consideration ist nicht erforderlich. Das betreffende Grundstück und die beteiligten Parteien müssen genannt werden. Das Land muß eindeutig beschrieben werden, so dass eine Identifizierung möglich ist. Die Urkunde muß an den Käufer übergeben werden (delivery). Das ist nicht im Sinne einer tatsächlichen Aushändigung zu verstehen. Vielmehr muß durch Worte oder Taten der Wille des Veräußerers zum Ausdruck kommen, endgültig und bindend einen Eigentümerwechsel zu vollziehen.[353]

471 Es gibt drei Arten von Urkunden. Die general warranty deed enthält eine umfassende Einstandspflicht. Der Veräußerer garantiert damit beispielsweise, dass er Eigentümer der Immobilie ist, sie besitzt und zur Veräußerung berechtigt ist sowie dass das Grundstück frei von Rechten Dritter in Form von Nutzungsrechten oder Hypothekenbelastungen ist. Die statutory special warranty deed sichert nur zu, dass zur Zeit der Inhaberschaft des Veräußerers keine Veräußerung an einen Dritten oder Belastung stattgefunden hat. Mit der quitclaim deed überträgt der Veräußerer nur die Rechte, die er selbst hat, was einem Ausschluß der Gewährleistung gleichkommt und damit am wenigsten Schutz bietet.

472 Es gibt keine dem deutschen Grundbuch vergleichbare Veröffentlichung. **Land records** sind ein bloßes Register, in das die deeds eingestellt werden. Der öffentliche Glaube ist weitaus geringer als im deutschen Recht. Dennoch fehlt er nicht, denn Eintragung schützt vor einem gutgläubigen Erwerb durch den Nacherwerber (dazu gleich).

c) Gutgläubiger Erwerb

473 Einen gutgläubigen Erwerb gibt es unter bestimmten Voraussetzungen. Erforderlich sind ein entgeltlicher Vertrag, eine gültige deed und der gute Glaube des Erwerbers. Dieser entfällt bei tatsächlicher Kenntnis (actual notice) oder fahrlässiger Unkenntnis (inquiry notice). Auch die Eintragung einer vorherigen Transaktion in das Register

---

Titles to Real Property Available in the United States: Is a Person Who Assures a Quality of Title to Real Property Liable for a Defect in the Title Caused by Conduct of the Assured?, 79 N. Dak. L. Rev. 311 (2003).
[352] *Bernhardt/Burkhart*, Real Property, S. 261.
[353] *Bernhardt/Burkhart*, Real Property, S. 274 ff.

zerstört den guten Glauben (record notice). Inwieweit für den Gutglaubenserwerb noch eine Eintragung in ein land register notwendig ist, wird unterschiedlich gehandhabt.[354] Notice statutes machen den Erwerb nicht noch von einer Eintragung der späteren Veräußerung abhängig. Race notice statutes fordern neben dem guten Glauben noch eine Eintragung des Erwerbs. Sie muß vor der Eintragung der ersten Veräußerung geschehen, da sonst der gute Glaube durch record notice zerstört wird. Damit gewinnt der Erwerber, der den Wettlauf um die Eintragung für sich entscheiden konnte. In beiden Systemen scheitert jedenfalls ein Gutglaubenserwerb, wenn die erste Veräußerung bereits in das Register eingetragen worden ist. Ebenso in reinen race systems, wo es nur darauf ankommt, wer seinen Erwerb zuerst hat registrieren lassen. Das gilt sogar zugunsten des Nacherwerbers, der von dem ersten Vertrag Kenntnis hatte.[355]

8. Mortgages

Die mortgage ist das bekannteste Sicherungsrecht.[356] In einigen Staaten hat die Bestellung zur Folge, dass das Eigentumsrecht an der Immobilie auf den Gläubiger übergeht (title theory). Der Besteller hat dann ein Recht auf Rückübertragung. In den meisten Staaten hat der Gläubiger nur ein Sicherungsrecht, es bleibt also bei der Eigentümerstellung des Sicherungsgebers (lien theory). Bei einer Veräußerung des Grundstücks wird der Schuldner nicht frei. Er haftet weiter mit seinem eigenen Vermögen. Der Gläubiger behält sein Recht an dem Grundstück und kann das auch gegenüber einem Käufer geltend machen, es sei denn, dieser erwirbt das Grundstück gutgläubig lastenfrei. Die Voraussetzungen dafür sind die gleichen wie beim Erwerb des Grundstücks vom Nichtberechtigten. Hinsichtlich der persönlichen Schuld ist die Abrede zwischen Veräußerer und Käufer maßgebend: überträgt der Veräußerer das Grundstück subject to the mortgage, haftet der Käufer nicht für die persönliche Schuld; übernimmt der Käufer dagegen auch die persönliche Verpflichtung zur Tilgung der Schuld, so spricht man von einer assumption of the mortgage. Der Käufer haftet dem Gläubiger dann persönlich, neben dem Veräußerer.[357]

474

Die Befriedigung aus dem Grundstück erfolgt durch **foreclosure**. Ist der erzielte Erlös nicht ausreichend, haftet der Schuldner persönlich für den Rest. Ein etwaiger Überschuß geht an den Schuldner zurück. Sicherungsrechte werden in der Reihenfolge ihrer Priorität, d. h. in der Reihenfolge ihrer Registrierung[358] befriedigt. Hat der Gläubiger einer mortgage Befriedigung angeordnet, erlöschen mit der Veräußerung

475

---

[354] Siehe zu den verschiedenen recording systems auch *Bernhardt/Burkhart*, Real Property, S. 299 ff.

[355] Zur den Grundlagen der Entwicklung der verschiedenen record statutes und deren Unterscheidung siehe *Scheid*, Down Labyrinthine Ways: A Recording Acts Guide for First Year Law Students, 80 U. Det. Mercy L. Rev. 91 (2002). Allgemein auch *Bernhardt/Burkhart*, Real Property, S. 299 ff.

[356] Einige wenige Staaten nutzen zur Sicherung einer Schuld statt dessen eine deed of trust. Der wesentliche Unterschied zu einer mortgage besteht darin, dass hier ein Dreipersonenverhältnis entsteht. Der Sicherungsgeber überträgt das Grundstück auf einen trustee, der es zugunsten des Gläubigers verwaltet. Siehe allgemein zu trusts unten Rn. 554 ff.

[357] Der Gläubiger kann den Veräußerer aber durch novation (oben Rn. 331) von dieser Haftung befreien.

[358] Ausnahme nur bei der purchase money mortgage, die gegenüber allen Priorität hat. Sie dient der Sicherung einer Geldsumme, die zum Erwerb eines Grundstücks dient.

auch alle nachfolgenden Sicherungsrechte. Ältere Rechte bleiben jedoch bestehen. Sie gehen mit der Veräußerung auf den Erwerber über. Er haftet aber nicht persönlich.[359] Der Schuldner hat jederzeit die Möglichkeit, das Grundstück auszulösen (**redemption**) durch Zahlung seiner Schulden. Das gilt uneingeschränkt bis zum foreclosing und wird bis dahin als redemption in equity bezeichnet. In vielen Staaten ist auch eine Auslösung nach der Vollstreckung in das Grundstück möglich. Innerhalb einer bestimmten Frist ist dann eine statuory redemption möglich.

IV. Mobiliarsachenrecht

1. Bailment

476   Ein besonderes Institut des common law ist das bailment. Es ist der berechtigte Besitz einer Sache durch eine Person, die nicht der Inhaber des Eigentumstitels ist. Sachenrechtliche und vertragliche Elemente bestimmen dieses Institut, wobei die Einzelstaaten unterschiedliche Schwerpunkte setzen.[360] Der bailor überträgt dem bailee den unmittelbaren Besitz an der Sache, die der bailee ihm oder einem Dritten wieder herausgeben muß. Insofern unterscheidet sich das bailment vom trust. Der bailee muß die Sache zwar auch zugunsten des bailor für einen bestimmten Zweck verwalten. Das trust-Verhältnis ist jedoch nicht mit der Übertragung des Besitzes verbunden, sondern mit dem Übergang des legal title auf den trustee (unten Rn. 554).[361] Ein bailment besteht auch nicht im Verhältnis Arbeitgeber-Arbeitnehmer. Der bailee erlangt den wirklichen Besitz, während ein Arbeitnehmer nur die Aufsicht über die Sache hat, zudem vom Arbeitgeber kontrolliert wird und abhängig ist.[362] Das bailment wird meist vertraglich begründet, kann aber auch kraft objektiven Rechts entstehen, z. B. zwischen dem Finder und dem Eigentümer einer verlorenen Sache. Dann spricht man von constructive bailment.

477   Die Sorgfalt, die der bailee schuldet, bemißt sich nach common law danach, wem das Rechtsverhältnis dient. Profitiert nur der bailor, haftet der bailee allein für grobe Fahrlässigkeit. Ist es im Interesse beider Parteien, gilt ein allgemeiner Fahrlässigkeitsmaßstab. Dagegen ist der bailee selbst für leichteste Fahrlässigkeit verantwortlich, wenn er allein den Nutzen trägt. Teilweise wenden die Gerichte jedoch einen einheitlichen Maßstab an, um die Unsicherheiten im Zusammenhang mit dieser Differenzierung zu vermeiden. Die Sorgfaltsanforderungen bestimmen sich dann nach den Umständen, wobei insbesondere der Zweck des bailment, die Art der Übertragung und der Sache bedeutsam sind.[363] Spezielle Regeln gelten für besondere Risiken, etwa die in Art. 9 UCC benannten. Art. 2 A UCC ist eine Sondervorschrift für leases, da diese weder in den Anwendungsbereich der übrigen Vertragsregeln fallen noch von den bailment-Regeln erfaßt werden. Gleiches gilt für elektronische Formen des Vertragsschlusses. Für bestimmte Bereiche, wie die Aufbewahrung in

---

[359] Siehe dazu auch *Bernhardt/Burkhart*, Real Property, S. 3745 f.
[360] Siehe dazu *Burke*, Personal Property, S. 196 ff.
[361] 8 a AmJur 2 d Bailments § 18.
[362] 8 a AmJur 2 d Bailments § 17.
[363] Siehe zum ganzen *Burke*, Personal Property, S. 221 ff. Unterschiedlich beantwortet wird auch die Frage, wer die Beweislast zu tragen hat. Vgl. dazu *Knight v. H & H Chevrolet*, 215 Neb. 166, 337 N.W.2 d 742 (1983).

D. Sachenrecht

Lagerhäusern, die Haftung von Transportunternehmen und Gastwirte gelten Besonderheiten.[364]

Die Miete beweglicher Sachen (lease) ist heute in UCC Art. 2A umfassend geregelt. 478
Er folgt im wesentlichen der Konzeption des UCC Art. 2. In § 2 A-103 (1) (j) wird der Anwendungsbereich beschränkt auf die zeitweise Übertragung des Besitz- und Gebrauchsrechts an einer Ware für eine Gegenleistung. Im Anschluß an die allgemeinen Bestimmungen des ersten Teils folgen die Regelungen zum Vertragsschluß, die Wirkungen des Vertrages, Vorschriften zur Erfüllung und zum Leistungsstörungsrecht.

2. Gutgläubiger Erwerb

Ein gutgläubiger Erwerb ist grundsätzlich nicht möglich. Eine Ausnahme besteht 479 nach common law nur, wenn der Veräußerer einen anfechtbaren Titel (voidable title) hat. Denn der ursprüngliche Eigentümer wollte das Eigentum übertragen, auch wenn er beispielsweise durch Täuschung dazu veranlaßt wurde. Ein Gutglaubenserwerb schneidet ihm damit die Möglichkeit ab, diesen Titel wieder zu vernichten. Die Anfechtung des Eigentümers wirkt nur im Verhältnis zum Veräußerer, nicht aber gegenüber dem Dritten. Der UCC § 2–403 greift dies in Abs. 1 auf und erweitert den gutgläubigen Erwerb in Abs. 2 um eine weitere Möglichkeit. Wenn der Dritte die Sache im normalen Geschäftsbetrieb von einem Kaufmann erwirbt, dem sie vom Eigentümer anvertraut wurde, ist ein Gutglaubenserwerb ebenfalls möglich. Der Eigentümer verliert sein Eigentum an einen Dritten demnach nur, wenn er die Sache wirklich veräußert oder einem Dritten anvertraut hat. Der bloße Besitz reicht als Rechtsschein nicht aus.

3. Sicherungsrechte

Das common law kannte verschiedene Sicherungsrechte an beweglichen Sachen.[365] 480
Das einfachste war ein Mobiliarpfandrecht (pledge). Der Gläubiger behält den Besitz an der Sache zur Sicherheit für eine Forderung. Ein weiteres Mittel zur Kreditbeschaffung war die Mobiliarhypothek (chattel mortgage), die dem Schuldner Besitz und Eigentum beließ. Der Gläubiger konnte Befriedigung durch foreclosure (Rn. 475, 483) verlangen. Daneben existierten Eigentumsvorbehalte (conditional sales contracts), trust agreements und andere Möglichkeiten. UCC Art. 9 regelt heute einheitlich und umfassend die Sicherungsrechte an beweglichen Sachen.[366] Die herkömmlichen Institute werden unter dem Begriff **security interests** zusammengefaßt. Das sind alle vertraglich bestellten dinglichen Rechte an einer Sache zur

---

[364] Siehe dazu *Burke*, Personal Property, S. 231 ff.
[365] Siehe dazu *Burke*, Personal Property, S. 279 ff.
[366] *Burke*, Personal Property, S. 281 ff. und allgemein *Bailey/Hagedorn*, Secured Transactions. Die Neufassung von Art. 9, in Kraft seit 2001, ist inzwischen von allen Staaten angenommen worden. Sie definiert bestimmte Begriffe neu, erweitert den Begriff von Sicherungsgut (collateral) und Rechtsgeschäften gegenüber der alten Fassung, modernisiert das filing-System, vereinfacht die Entstehungsvoraussetzungen von Sicherungsrechten und schafft gewisse Richtlinien für den Rechtsverkehr im e-commerce.

Sicherung einer Forderung. Die Bezeichnung durch die Parteien ist unerheblich, allein die Intention ist maßgeblich. Oftmals wird ein security interest eine Kaufpreisforderung sichern (purchase money security interest). Denkbar sind jedoch auch sonstige Forderungen, die mit dem Sicherungsgut (collateral) nichts zu tun haben müssen.

481 Das Sicherungsrecht wirkt gegenüber dem Schuldner, wenn die Voraussetzungen für ein **attachment** erfüllt sind. Erforderlich ist eine Vereinbarung zwischen Gläubiger und Schuldner, die dem Statute of Frauds genügen muß, falls nicht der Gläubiger im Besitz des Sicherungsgutes ist. Der Gläubiger muß dem Schuldner etwas (value) zugewendet haben. Schließlich muß der Schuldner auch ein Recht am Sicherungsgut haben, was nicht notwendig Eigentum voraussetzt.[367]

482 Gegenüber Dritten wirkt das Sicherungsrecht nur bei **perfection**.[368] In der Regel ist eine Registrierung (filing) notwendig, es sei denn, der Gläubiger ist bereits im Besitz der Sache oder es handelt sich um eine purchase money security interest an Konsumgütern.[369] Für bestimmte Sicherungsgüter ist eine Übergangsfrist von 21 Tagen ab dem attachment vorgesehen, in der die Sicherheit bereits gegenüber Dritten wirkt.[370] In dieser Zeit muß der Gläubiger entsprechende Schritte unternehmen, damit die Wirkungen fortbestehen. Registriert werden muß nicht die Sicherungsvereinbarung zwischen Gläubiger und Schuldner. Ausreichend ist, wenn der Gläubiger ein financing statement eintragen läßt. Es muß vom Schuldner unterzeichnet sein sowie die Parteien und das Sicherungsgut benennen.[371] Wo die Registrierung zu erfolgen hat, regelt UCC § 9–501 (innerstaatlich). UCC § 9–301 enthält eine Kollisionsregel für die Registrierung in interstaatlichen Fällen.[372] Mit perfection genießt das Sicherungsrecht grundsätzlich Vorrang vor allen ungesicherten Gläubigern und solchen Rechten, die nur attached sind oder später registriert wurden.[373] Es bleibt auch bestehen, wenn das Sicherungsgut unberechtigt an einen Dritten weiterveräußert wird, es sei denn, dieser erwirbt die Sache unter engen Voraussetzungen lastenfrei, UCC § 9–320.[374]

483 Die Rechte und Pflichten der Parteien richten sich vornehmlich nach der Vereinbarung. Der Gläubiger kann im Falle des Verzugs des Schuldner das Sicherungsgut verwerten **(foreclose)**. Art und Weise stehen in seinem Ermessen, er muß allerdings nach vernünftigen Geschäftsgrundsätzen handeln, UCC §§ 9–625, 9–627. Ein etwaiger Überschuß nach der Verwertung steht dem Sicherungsgeber zu, UCC § 9–615. Befindet sich die Sache nicht in seinem Besitz, kann sich der Gläubiger es auch zum Zwecke der Verwertung verschaffen. Dafür steht ihm neben den gerichtlichen Möglichkeiten auch die Selbsthilfe zur Verfügung, UCC § 9–609. Die Neufassung des UCC § 9 erweitert gegenüber seinem Vorgänger den Anwendungsbereich um pay-

---

[367] UCC § 9–203 und *Bailey/Hagedorn*, Secured Transactions, S. 95 ff.
[368] UCC § 9–303 und *Bailey/Hagedorn*, Secured Transactions, S. 123 ff.
[369] UCC § 9-302(1), 9–305.
[370] UCC § 9–304.
[371] *Bailey/Hagedorn*, Secured Transactions, S. 160 ff. Ein Muster ist dort abgedruckt auf S. 164 f.
[372] Siehe dazu *Bailey/Hagedorn*, Secured Transactions, S. 193 ff. und *Hay/Borchers/Symeonides*, Conflicts, §§ 19.16 ff.
[373] Siehe zu Problemen in der Insolvenz des Schuldners *Bailey/Hagedorn*, Secured Transactions, S. 211 ff.
[374] *Bailey/Hagedorn*, Secured Transactions, S. 219 ff.

ment intangibles und promissory notes, modifiziert und erneuert einige Definitionen, modernisiert das System der Registrierung, sieht zusätzliche Möglichkeiten für perfection und Vorrangregelungen vor und formuliert klarere Regeln zur Durchsetzung von Sicherungsrechten.[375]

E. Familienrecht

Literatur: *Gregory* u. a., Understanding Family Law, 3. Auflage 2005; *Harris/Teitelbaum*, Family Law, 4. Auflage 2005; *Kandel*, Familiy Law: Essential Terms and Concepts, 2000; *Krause/Meyer*, Family Law in a Nutshell, 5. Auflage 2007; *Hay/Borchers/Symeonides*, Conflict of Laws, 5. Auflage 2010; *Statsky*, Family Law, 5. Auflage 2001; *Wadlington/O'Brien*, Family Law Statutes, International Conventions and Uniform Laws, 3. Auflage 2007; *Weisberg*, Modern Family Law, 2. Auflage 2001 (Ergänzungsband 2008); *Westfall*, Documents and Statutes in Family Law, 1994.

I. Einführung

Das Familienrecht regelt die traditionellen Bereiche des Ehe- und Kindschaftsrechts. Mit einbezogen werden darüber hinaus auch neuere gesellschaftliche Entwicklungen, wie zum Beispiel Leihmutterschaften, Probleme nichtehelicher Lebensgemeinschaften oder die Anerkennung gleichgeschlechtlicher Ehen. Familienrecht ist state law. Es ist weitgehend gesetzlich geregelt, doch hat das Fallrecht noch immer große Bedeutung. Verschiedene Uniform Laws bewirken eine gewisse Vereinheitlichung.[376] Das American Law Institute, Verfasser der Restatements (siehe oben, Rn. 31 f.), hat Restatement-ähnliche „Prinzipien des Scheidungsrechts" vorgeschlagen.[377] Bundesrecht beeinflußt das Familienrecht erheblich. Bundesgesetze regeln zwischenstaatliche Angelegenheiten, wie die Durchsetzung von Sorgerechtsansprüchen, oder machen Vorgaben für das einzelstaatliche Recht, wie z. B. im Rahmen des Kindesunterhalts.

484

---

[375] Zur Vertiefung: *Burns*, New Article 9 of the UCC: The Good, the Bad, and the Ugly, 2002 U. Ill. L. Rev. 29 (2002); *Smith*, Overview of Revised Article 9, 73 Am. Bankr. L.J. 1 (1999); *Sigman*, Twenty Questions About Filing Under Revised Article 9: The Rules of the Game Under New Part 5, 74 Chi.-Kent L. Rev. 861(1999); *Rapson*, Default and Enforcement of Security Interests Under Revised Article 9, 74 Chi.-Kent L. Rev. 893 (1999); *Welle*, An Introduction to Revised Article 9 of the Uniform Commercial Code, 1 Wyo. L. Rev. 555 (2001).

[376] Besonders zu nennen sind der Uniform Custody Jurisdiction and Enforcement Act (dazu unten Rn. 526) und der Uniform Interstate Family Support Act (dazu unten Rn. 512). Beide sind in allen Staaten in Kraft. Der Uniform Marriage and Divorce Act, 9A U.L.A. 159 (1998), wurde zwar nur von wenigen Staaten übernommen, beeinflußte aber die Gesetzgebung in vielen.

[377] Die Principles of the Law of Family Dissolution: Analysis and Recommendations (2002) sind verfügbar unter http://www.ali.org. Kommentierung der Principles bei *Bartlett*, U.S. Custody Law and Trands in the Context of the ALI Principles of the Law of Family Dissolution, 10 Va. J. Soc. Pol'y & L. 5 (2002); *Dallon*, The Likely Impact of the ALI Principles of the Law of Family Dissolution on Property Division, 2001 B. Y. U. L.Rev. 891 (2001); *Resettenstein*, The ALI Proposals and the Distribution of Stock Options and Restricted Stock on Divorce: The Risks of Theory Meet the Theory of Risk, 8 Wm. & Mary J. of Women & L. 243 (2002).

II. Eherecht

1. Verlöbnis und Ehe

485 Der Eheschließung kann ein Verlöbnis (engagement) vorausgehen. Es ist nicht formbedürftig, muß aber von geschäftsfähigen Partnern abgeschlossen werden. Aus dem Verlöbnis kann man nicht auf Eingehung der Ehe klagen.[378] Bei Scheitern des Verlöbnisses verhalf die Klage wegen breach of promise früher zu Schadensersatz. Sie bezog sich zunächst allein auf finanzielle Verluste, erstreckte sich aber später auch auf immaterielle Schäden. Ein verändertes Verständnis von Ehe und Verlöbnis sowie Erkenntnis der Mißbrauchsmöglichkeiten dieser Klageart führten zu ihrer Einschränkung und schließlich teilweisen Abschaffung. Heute wertet man z. B. Geschenke als conditional gifts, die bei Nichteintritt der Bedingung zurückzugeben sind.[379] Das Geschenk wurde also unter „Eigentumsvorbehalt" gemacht. Die Beweislast dafür, dass das Geschenk durch die Erwartung der Ehe bedingt war, liegt beim Kläger, Verschulden spielt grundsätzlich keine Rolle. Unter besonderen Umständen kann ein verwerfliches Verhalten des Schenkenden, das zur Auflösung des Verlöbnisses geführt hat, jedoch Berücksichtigung finden.[380]

486 Für die Heirat ist in allen Staaten eine Heiratserlaubnis (**marriage licence**) notwendig, die von den örtlichen Behörden erteilt wird. Voraussetzungen für ihre Erteilung sind von Staat zu Staat verschieden. Allgemein muß ein Altersnachweis erbracht werden. Keine Ehehindernisse dürfen vorliegen. Eine Blutuntersuchung (serological testing) zum Nachweis der Freiheit von bestimmten Erb- und Geschlechtskrankheiten wird nur noch in wenigen Staaten verlangt. Nach der Erteilung der licence ist meist eine kurze Wartefrist einzuhalten, z. B. 3 Tage. Eilt es sehr, sucht man sich einen Staat mit wenigen Beschränkungen aus, wie z. B. Nevada (wo man noch am selben Tag heiraten kann), da der Ort der Trauung frei wählbar und nicht etwa auf das domicile beschränkt ist. Eine in einem Staat rechtswirksam eingegangene Ehe wird in der Regel von den anderen Staaten anerkannt.[381]

487 Das Erfordernis einer Zivilehe wie in Deutschland besteht nicht. Die Eheschließung kann sowohl von bestimmten öffentlichen Amtsträgern (Richter, Gemeindebedienstete), wie auch von Vertretern jeder anerkannten Religionsgemeinschaft (z. B. Pfarrer, Rabbi, Medizinmann) vorgenommen werden. Der die Trauung Vollziehende bescheinigt die Eheschließung und stellt die ausgefüllte Heiratsurkunde der zuständigen Behörde zu. Die Ehegatten können einen gemeinsamen Familiennamen führen oder ihren jeweils eigenen Namen behalten.

---

[378] *Tushnet*, Rules of Engagement, 107 Yale L.J. 2583 (1998).
[379] Siehe etwa *Frazier*, „But I Can't Marry You:" Who is Entitled to the Engagement Ring When the Conditional Performance Falls Short of the Altar?, 17 J. Am. Acad. Matrimonial Law 419 (2001). Für neuere Rechtsprechung dazu vergleiche *Albinger v. Harris*, 48 P.3 d 711 (Mont. 2002) mit *Cooper v. Smith*, 2003 Ohio 6083 (Ohio App. 2003) und *Curtis v. Anderson*, 106 S.W.3 d 251 (Tex. App. 2003).
[380] *Tomko*, Rights in Respect of Engagement and Courtship Presents when Marriage Does Not Ensue, 44 A.L.R. 5th 1; *Kruckenberg*, „I don't": Determining Ownership of the Engagement Ring when the Engagement Terminates, 37 Washburn L.J. 425 (1998); *Note*, Property Law – Pennsylvania Supreme Court Holds That Engagement Rings Must Be Returned Regardless of Who Broke the Engagement, 113 Harv. L. Rev. 1876 (2000).
[381] Diese Anerkennung wird heute für in vereinzelten Staaten mögliche gleichgeschlechtliche Ehen in Frage gestellt. Dazu unten Rn. 517.

Neben dieser „formellen" Ehe gibt es die **common law marriage**. Sie ist ohne die gesetzlich vorgeschriebene Form der Eheschließung gültig.[382] Ein Paar gilt als verheiratet, wenn (1) die Parteien sich einig sind, als Mann und Frau zusammenzuleben, (2) sie tatsächlich zusammenleben, (3) sich ihrer Umwelt gegenüber als Mann und Frau ausgeben und (4) wenn ihre Beziehung von anderen als Eheverhältnis angesehen wird. Die allgemeinen Ehevoraussetzungen (wie z.B. die Rechtsfähigkeit der Eheschließenden) müssen vorliegen.

488

Diese common law marriage hat ihren Ursprung in dem historischen Verständnis der Ehe als ein Privatvertrag ohne staatliche Formzwänge. Sie hat sich bis heute in einigen Staaten erhalten.[383] In den meisten Staaten wurde sie gesetzlich abgeschafft. Gründe dafür sind, dass sie dem modernen Verständnis nicht mehr entspricht, das öffentliche Ansehen der Ehe schwächt, Anreiz für falsche Behauptungen liefert und erbrechtliche Unsicherheiten mit sich bringen kann. Ihr Weiterbestehen in einigen Staaten ist aber im Kollisionsrecht wichtig, denn eine in einem Staat rechtswirksam geschlossene common law marriage wird auch in anderen anerkannt.[384]

489

Eine durch neuere Gesetzgebung geschaffene Eheform ist die **covenant marriage**.[385] Dabei unterzeichnen die Partner, nach Beratung durch einen marriage counselor, einen Vertrag (declaration of intent). Dieser verpflichtet sie, bei Problemen auf ein Weiterbestehen der Ehe hinzuwirken. Das geschieht gegebenenfalls wieder unter Einschaltung des marriage counselor. Im Unterschied zur „normalen" Ehe werden höhere Anforderungen an die Scheidung einer covenant marriage gestellt. So ist etwa die Wartezeit bei einseitigem Scheidungswunsch von 6 auf 24 Monate ausgedehnt. Diskutiert wird im Zusammenhang mit der covenant marriage vor allem, ob sie in anderen Bundesstaaten unter deren erleichterten Voraussetzungen oder nur unter denen des Eingehungsstaates wirksam geschieden werden kann. Jedenfalls müßten covnenant-marriage-Staaten eine out of state-Scheidung unter den erleichterten Voraussetzungen des Gerichtsstaates/Forumstaates anerkennen.[386]

490

---

[382] *Bowman*, A Feminist Proposal to Bring Back Common Law Marriage, 75 Or. L. Rev. 709 (1996).

[383] Sie gilt noch in neun Staaten und D.C. Siehe dazu die Nachweise bei *Dubler*, Wifely Behavior: A Legal History of Acting Married, 100 Colum. L. Rev. 957 (2000); *Milot*, Restitching the American Marital Quilt: Untangling Marriage From the Nuclear Family, 87 Va. L. Rev. 701 (2001). Zur modernen Anwendung, siehe *In re Landolfi*, 283 A.D.2 d 497, 724 N.Y.S.2 d 470 (N.Y. App. Div. 2001): Zwischen einem New York domiciliary und der verstorbenen Person, ebenfalls ein New York domiciliary, bestand keine common law marriage wegen der zwar kurzen aber häufigen Aufenthalte in Pennsylvania.

[384] So erkennt z. B. Kalifornien in anderen Staaten geschlossene common law marriages nach der allgemeinen Bestimmung des § 308 Cal.Fam.Code (2003) an, obwohl eine common law marriage in Kalifornien selbst nicht mehr eingegangen werden kann. Für gleichgeschlechtliche Ehen siehe Rn. 516ff.

[385] Die covenant marriage ist gesetzlich geregelt in Arizona, Ariz.R.S. §§ 25–901 ff. (2003), Arkansas, A. C.A. § 9-11-803 (2003) und Louisiana, La.R.S. 9:273 (2003). Zur weiteren Diskussion siehe *Brummer*, The Shackles of Covenant Marriage: Who Holds the Keys to Wedlock?, 25 U. Ark. Little Rock L. Rev. 261 (2003); *Nock u. a.*, Covenant Marriage Turns Five Years Old, 10 Mich. J. Gender & L. 169 (2003).

[386] Siehe *Hay*, The American „Covenant Marriage" in the Conflict of Laws, 64 La. L. Rev. 43 (2003), abgedruckt bei *Witte/Broyde* (Hrsg.), Covenant Marriage and Comparative Perspective, 2004; *Buckley/Ribstein*, Calling a Truce in the Marriage Wars, 2001 U. Ill. L. Rev. 561 (2001).

491 Die Art der **Ehehindernisse** und die Folgen ihrer Umgehung sind unterschiedlich geregelt. Die Hindernisse können rechtlicher oder tatsächlicher Natur sein, wie z. B. Bigamie, die zu enge Verwandtschaft zwischen den Gatten, Minderjährigkeit, Betrug und Zwang, Geisteskrankheit sowie Impotenz. Grundsätzlich sind zwei Folgen der Umgehung denkbar: Die Ehe kann von Anfang an nichtig sein (void) oder ist auf eine entsprechende Klage hin vernichtbar (voidable). Bei Bigamie und zu enger Verwandtschaft ist sie i. d. R. von Anfang an nichtig.[387] Der verbotene Verwandtschaftsgrad variiert von Staat zu Staat, mancherorts ist schon die Verschwägerung ein absolutes Ehehindernis. Wegen Minderjährigkeit, Geisteskrankheit, Täuschung und Drohung sowie bereits bei Eheschließung vorhandener Impotenz ist die Ehe regelmäßig anfechtbar. Sie wird dann aufgehoben.

492 Ist eine Ehe mangelhaft, findet die **putative spouse doctrine**[388] Anwendung. Danach gelten die allgemeinen Wirkungen der Ehe, wenn eine Partei von der Wirksamkeit der Ehe ausging und sie in der vorgeschriebenen Form geschlossen worden war.[389] Die gemeinsamen Kinder gelten als legitim.[390] Unterhaltsansprüche und deliktische Ansprüche im Zusammenhang mit Wrongful Death Statutes (oben Rn. 425) werden z. T. gewährt. Auch Vermögensrechte stehen der gutgläubigen Partei zu. Allerdings kommt es hier zu nicht unerheblichen Schwierigkeiten, wenn z. B. in Fällen der Bigamie die güterrechtlichen Ansprüche von vermeintlichem und existierendem Ehepartner aufeinanderprallen. Hier können allein equity-Überlegungen einen angemessenen Ausgleich bringen (Familiensachen gehörten ursprünglich zur equity-Rechtsprechung). Für Ehehindernisse gilt das schon zu Wartefristen Gesagte: sie können u. U. durch Heirat in einem anderen Staat vermieden werden. Allerdings kann der Heimatstaat die Anerkennung einer Ehe verweigern, wenn sie seinem ordre public widerspricht, etwa bei gleichgeschlechtlichen Ehen.[391]

2. Allgemeine Wirkungen der Ehe

493 Nach früherer Betrachtungsweise waren Mann und Frau eine Einheit, für die der Mann allein die rechtlichen Befugnisse besaß. Er hatte die Verfügungsmacht über das Familienvermögen. Die Frau konnte weder Rechte begründen und Verbindlichkeiten eingehen noch klagen oder verklagt werden; sie war auf die Vertretung durch ihren Mann angewiesen. Diese Beschränkungen sind heute durch die Gleichberechtigung ausnahmslos aufgehoben.

---

[387] Vgl. § 207 UMDA; §§ 2200, 2201 Cal.Fam.Code (2003); § 2–202 Md.Fam.Law Code Ann. (2003).

[388] *Blakesley*, The Putative Marriage Doctrine, 60 Tul. L. Rev. 1 (1985); *Carlson*, Putative Spouses in Texas Courts, 7 Tex. Wesleyan L. Rev. 1 (2000).

[389] Von letzterem Erfordernis wird vor allem in den Staaten abgewichen, die noch an der common law marriage festhalten.

[390] Diese Folgen wurde auch in §§ 207 (c), 208 (d) UMDA übernommen.

[391] Restatement (Second) of Conflicts, § 283 (2): A marriage which satisfies the requirements of the state where the marriage was contracted will everywhere be recognized as valid unless it violates the strong public policy of another state which had the most significant relationship to the spouses and the marriage at the time of the marriage. Der Uniform Marriage Evasion Act, 9 U.L.A. 480 (1942), konkretisiert diesen allgemeinen ordre public-Gedanken. Er wurde aber nur von wenigen Staaten übernommen. Vgl. *Hay/Borchers/Symeonides*, Conflicts, § 15.16. Für gleichgeschlechtliche Ehen siehe Rn. 516.

Aufgrund des früheren Verständnisses der Einheit der Eheleute war es rechtlich nicht 494
möglich, sich gegenseitig zu verklagen (**interspousal immunity**). Daneben wurden
auch moralische Gründe wie der Erhalt der Harmonie in der ehelichen Beziehung
und die gegenseitigen Rechte und Pflichten angeführt. Heute hat die doctrine of interspousal immunity nur noch im Deliktsrecht eine (zudem geringe) Bedeutung.
Viele Staaten haben sie auf einige bestimmte Delikte beschränkt oder bereits ganz abgeschafft.[392]

3. Unterhalt und eheliches Güterrecht

Beide Eheleute sollen zum Unterhalt der Familie beitragen. Traditionell ging man 495
nur von einer Unterhaltspflicht des Mannes für die Frau aus; Aufgabe der Frau war
die Führung des ehelichen Haushaltes. In einer Entscheidung des Supreme Court[393]
wurden Gesetze, die eine geschlechtsspezifische Unterhaltsregelung enthielten, für
verfassungswidrig erklärt und die unterhaltsrechtliche Gleichberechtigung hat sich
heute durchgesetzt.[394]

Die **doctrine of necessities** war ursprünglich ein Gegengewicht zu der schwachen 496
wirtschaftlichen Stellung der Ehefrau. Kam der Ehemann seinen Unterhaltsverpflichtungen nicht nach, konnte Zahlung für necessities direkt gegen ihn geltend gemacht
werden. Der Anspruch des Verkäufers wurde über einen contract implied in law
bzw. agency principles konstruiert und bezog sich zunächst auf Zahlung für lebensnotwendige Güter wie Essen und Kleidung. Er wurde später ausgedehnt und orientierte sich dann auch an der wirtschaftlichen Position des Ehemanns, seinem Rang
und Lebensstandard. Die Verbesserung der Stellung der Frau und veränderte wirtschaftliche und soziale Verhältnisse stellten Inhalt und Umfang der Doktrin in Frage.
Einige Staaten entschieden sich gegen ihre Beibehaltung. Die meisten erweiterten die
Einstandspflicht auf die Ehefrau, wobei jedoch die rechtlichen Konstruktionen variieren. Teilweise haften die Ehegatten gesamtschuldnerisch, in anderen Staaten haftet
zunächst der die Verbindlichkeit begründende Ehegatte.[395] Bei **Getrenntleben** haben die Ehepartner gegenseitig Anspruch auf Unterhalt (support). Seine Höhe richtet
sich vor allem nach den ehelichen Lebensverhältnissen und der Bedürftigkeit. Auch
Billigkeitsfaktoren spielen eine Rolle. Nichtzahlung von Unterhaltsansprüchen eröffnet den Rechtsweg, teilweise mit vereinfachten Verfahren. Nichtbefolgen von Urteilen kann als Mißachtung des Gerichts (contempt of court) bestraft werden. Die
Durchsetzung von Unterhaltsansprüchen über einzelstaatliche Grenzen hinweg wird
heute durch spezielle Gesetze erheblich erleichtert.[396]

---

[392] *Foster*, Modern Status of Interspousal Tort Immunity in Personal Injury and Wrongful Death Actions, 92 A.L.R. 3 d 901 (2001); *Tobias*, The Imminent Demise of Interspousal Tort Immunity, 60 Mont. L. Rev. 101 (1999); *Wriggins*, Interspousal Tort Immunity and Insurance „Family Member Exclusions": Shared Assumptions, Relational and Liberal Feminist Challenges, 17 Wisc. Women's L. J. 251 (2002).
[393] *Orr v. Orr*, 440 U.S. 268, 99 S.Ct. 1102, 59 L.Ed.2 d 306 (1979).
[394] Vgl. § 4300 Cal.Fam.Code (2003): Subject to this division, a person shall support the person's spouse.
[395] Vertiefend *Perry*, The „Essentials of Marriage": Reconsidering the Duty of Support and Services, 15 Yale J.L. & Feminism 1 (2003).
[396] Siehe zum Uniform Interstate Family Support Act (UIFSA) unten Rn. 512.

497 Im Bereich des Ehegüterrechts folgt die überwiegende Zahl der Staaten dem Prinzip des common law property. In den anderen gilt dagegen das System des community property.[397] In **common law property**-Staaten ist jeder Ehegatte Alleineigentümer seines vor oder während der Ehe erworbenen Vermögens und ist grundsätzlich unbeschränkt verfügungsberechtigt. Die Ehegatten können einander Miteigentum an gewissen Sachen einräumen (joint tenancy, tenancy in common, oder tenancy by the entirety) oder Sachen in Miteigentum übertragen bekommen. Bedeutung erlangt das Güterrecht meist erst bei Auflösung der Ehe, sei es durch Tod eines Teils oder durch Scheidung.[398]

498 Beim Tod eines Ehepartners steht dem Überlebenden ein erheblicher Teil des Nachlasses zu, entweder als Pflichtteil oder als gesetzlicher Erbteil (dazu unten Rn. 535 f., 545 ff.). Die eigentlich bestehende Gütertrennung verliert im Falle der Scheidung ihre Bedeutung. Denn das Vermögen beider Ehegatten wird grundsätzlich nicht nach dem rechtlichen Titel (legal title), sondern nach Billigkeitsgesichtspunkten verteilt (equitable distribution).[399] Den Gegenstand der Verteilung bildet i. d. R. das gesamte während der Ehe erworbene Vermögen, außer es ist durch Vereinbarung der Ehegatten oder aufgrund einer Schenkung oder Erbschaft einem Ehegatten allein zugewiesen.

499 Das Konzept des **community property** entstammt der romanischen Rechtstradition. Es gilt in acht westlichen Staaten und ist im Uniform Marital Property Act[400] übernommen worden, der aber bisher nur in Wisconsin Gesetz ist.[401] Alles ist Gesamtgut (community property), was nicht Sondervermögen (separate property) ist. Letzteres ist das Vermögen, das ein Ehegatte vor der Ehe besaß, während der Ehe durch Schenkung oder von Todes wegen erwarb, sowie die Früchte aus separate property (wie z.B. Mieteinnahmen oder Zinsen).

500 Die Zuordnung zum separate property kann sich auch aus einer Parteivereinbarung ergeben. Am Gesamtgut ist jeder Ehepartner gleich beteiligt.[402] Jeder kann über sein Sondervermögen frei verfügen.[403] Die Verfügungsbefugnis über Vermögensgegenstände des Gesamtguts ist unterschiedlich geregelt. In einigen Staaten ist jeder Ehegatte allein verfügungsberechtigt, in anderen können die Eheleute nur gemeinsam verfügen oder die Zustimmung des nicht verfügenden Ehepartners ist ab einem bestimmten Wert erforderlich. Beim Tod eines Ehepartners verbleibt dem anderen – neben dem Sondervermögen – in jedem Fall die Hälfte des Gesamtgutes, ein Pflichtteilsanspruch besteht folgerichtig nicht. Desgleichen behält jeder Ehegatte sein Son-

---

[397] Arizona, California, Idaho, Louisiana, New Mexico, Texas, Washington, Wisconsin und Puerto Rico. Die Regelungen variieren jedoch erheblich. Siehe auch Rn. 499.
[398] Seltenere Ausnahme: Insolvenz.
[399] Vgl. § 307 (a) UMDA (1. Alternative).
[400] 9 A U.L.A. 19 (2003). Einen umfassenden Überblick zum Uniform Marital Property Act bietet *Graham*, The Uniform Marital Property Act: A Solution for Common Law Property Systems?, 48 S. D. L.Rev. 455 (2003).
[401] Wis. Stat. §§ 766.31 ff. (2005). Siehe dazu *Erlanger/Weisberger*, From Common Law Property to Community Property: Wisconsin's Marital Property Act Four Years Later, 1990 Wis. L. Rev. 769 (1990).
[402] § 751 Cal.Fam.Code (2005) und § 766.31 (3) Wis. Stat. (2005).
[403] Vgl. § 770 (b) Cal.Fam.Code (2005).

dervermögen im Falle einer Scheidung. Das Gesamtgut wird verteilt.[404] Zum verteilbaren Vermögen gehören regelmäßig auch Versorgungsanrechte und -anwartschaften. Dies gilt insbesondere für private Rentenansprüche und im zunehmenden Maße auch für öffentliche Versorgungsanrechte.[405] Die Ergebnisse dieser Aufteilung kommen dem Versorgungsausgleich des deutschen Rechtes nahe, ohne den Richter allerdings zu komplizierten Berechnungen zu zwingen. Verschiedene Gerichte haben sogar den Wert der Ausbildung, eines akademischen Grades oder Karrierechancen als aufteilbares Vermögen betrachtet und mit in Rechnung gestellt,[406] während andere dies ablehnen.[407] Hier ist noch vieles umstritten und in der Entwicklung begriffen.

501 Unterschiedliche gesetzliche Güterstände führen in der Praxis zu erheblichen Problemen, wenn ein Ehepaar von einen common law property-Staat in einen community property-Staat umzieht und umgekehrt.[408] Beispiel: Die Eheleute kommen aus Illinois, einem common law property-Staat. Dort war der Mann Alleinverdiener, sein nach der Eheschließung erworbenes Vermögen ist deshalb sein Alleineigentum. Die Eheleute ziehen später, z. B. im Ruhestandsalter, nach Kalifornien, einem community property-Staat, und begründen dort ihr Domizil. Der Mann stirbt, ohne seine Frau testamentarisch bedacht zu haben (also „intestate"). Die Erbfolge an beweglichem Vermögen bestimmt sich nach dem Recht am letzten Domizil des Erblassers. Das kalifornische Recht kennt aufgrund des community property-Güterstandes keinen Pflichtteilsanspruch. Da für die Zuordnung des Vermögens der Zeitpunkt maßgebend ist, in dem es erworben wurde, erhält die Ehefrau auch keinen Anteil am in Illinois erworbenen Vermögen (separate property) ihres Mannes. Sie geht somit leer aus.[409] Um solche Härten zu vermeiden, haben einige community property-Staaten die Rechtsfigur des **„quasi community property"** eingeführt: Auch in einem common law property-Staat erworbenes Vermögen gilt dann als community property, wenn es bei Erwerb im community property-Staat als Gesamtgut gegolten hätte. Die Ehefrau hat somit im Beispiel einen Anspruch auf die Hälfte dessen, was bei Erwerb in Kalifornien Gesamtgut geworden wäre. Einige Staaten wenden diese Regel sowohl in Scheidungs- als auch in Erbfällen an. Andere Staaten erstrecken sie nur auf Scheidungs- bzw. nur auf Erbangelegenheiten.

---

[404] Vgl. § 2550 Cal.Fam.Code (2003); Tex.Fam.Code § 7.001 (2000); § 766.75 Wis.Stat. (2000); *Barth v. Barth*, 2001 Tex. App. LEXIS 4994 (Tex. App. 2001); *Toth v. Toth*, 946 P. 2 d 900 (Ariz. 1997).

[405] So wurden z. B. die Pensionsansprüche von Mitgliedern der Streitkräfte im Uniform Services Former Spouses Act, 10 U.S.C. § 1408 (2003), unter bestimmten Voraussetzungen für aufteilbar erklärt.

[406] So bei Karrierechancen: *Golub v. Golub*, 527 N.Y.S.2 d 946 (N.Y. Sup. Ct. 1988); akademischer Grad: *O'Brien v. O'Brien*, 489 N.E.2 d 712 (Ark. 1985).

[407] *Becker v. Perkins-Becker*, 669 A.2 d 524 (R.I. 1996); *Roberts v. Roberts*, 670 N.E.2 d 72 (Ind. App. 1996); *Simmons v. Simmons*, 708 A. 2 d 949 (Conn. 1998). Allgemein dazu *Kelly*, The Marital Partnership Pretense and Career Assets: The Ascendancy of Self Over the Marital Community, 81 B. U. L. Rev. 59 (2001); *Weiss*, Preventing Inequities in Divorce and Education: The Equitable Distribution of a Career Absent an Advance Degree or License, 9 Cardozo Women's L.J. (2002); *Wicks*, Professional Degree Divorces: Of Equity Positions, Equitable Distributions, and Clean Breaks, 45 Wayne L. Rev. 1975 (2000).

[408] Zum ganzen *Hay/Borchers/Symeonides*, Conflicts, § 14.4. Siehe auch *Reppy*, Choice of Law Problems Arising When Unmarried Cohabitants Change Domicile, 55 SMU L. Rev. 273 (2002).

[409] Ursache dieses Resultats ist die, wenn gleich sehr umstrittene Annahme, dass es verfassungswidrig wäre, das Ehegüterrechtsstatut durch Domizilwechsel als verändert zu betrachten, vgl. *In re Thornton's Estate*, 1 Cal. 2 d 1 (1934).

502 Vermögensrechtliche Fragen können durch **Vereinbarung** abgeklärt werden. Premarital (oder antenuptial) agreements sind voreheliche Vereinbarungen, die mit der Ehe wirksam werden. Marital (oder postnuptial) agreements werden während der Ehe geschlossen. Sie betreffen die bestehende Ehe. Separation agreements werden für den Fall einer Scheidung oder Auflösung der Ehe vereinbart. Premarital agreements können nur schriftlich geschlossen und geändert werden, weil sie dem statute of frauds (oben Rn. 305) unterliegen. Auch der Uniform Premarital Agreement Act (UPAA) sieht ein solches Formerfordernis vor.[410]

503 Schwierig zu beurteilen sind voreheliche Vereinbarungen mit Hinsicht auf Scheidung. Früher nahm man Nichtigkeit wegen Verstoßes gegen das Konzept der Ehe an, auch weil sie den wirtschaftlich schwächeren Teil übervorteilen und ihn seiner finanziellen Sicherheit im Falle einer Trennung berauben. Seit der Entscheidung *Posner v. Posner*[411] entwickelte sich eine differenzierte Rechtsprechung. Solche Vereinbarungen sind wirksam, wenn sie unter Aufdeckung der finanziellen Verhältnisse erfolgten. Ferner müssen sie inhaltlich ausgewogen sein. Nach § 6 UPAA sind sie nur dann unwirksam, wenn sie beiden Aspekten nicht gerecht werden. Andere Gerichte wenden dagegen nur allgemeine defenses wie duress, unconscionability oder misrepresentation an.[412] Gleiches gilt grundsätzlich für während der Ehe geschlossene Verträge.

504 Vermögensvereinbarungen im Hinblick auf eine unmittelbar bevorstehende Trennung oder Scheidung werden von den Gerichten wohlwollender betrachtet und als Instrument der Streitvermeidung und -schlichtung gesehen. Haben beide Seiten ihre Vermögensverhältnisse offenbart und faire Abmachungen getroffen, steht der Anerkennung durch die Gerichte meist nichts entgegen.[413] Gesetzlich zugelassen sind auch weitere Vereinbarungen, etwa über den Unterhalt der Frau und Kinder;[414] sie sind jedoch nicht bindend, sondern gelten allein als Orientierungshilfe bei der Bemessung.

4. Ehescheidung

505 Wie in Europa, hat sich die Einstellung der Gesellschaft zur Ehescheidung und damit das Ehescheidungsrecht in den letzten Jahrzehnten in den USA stark geändert.[415] Heute geht es nicht mehr um das „Ob" einer Scheidung,[416] sondern um deren Fol-

---

[410] 9B U.L.A. 369 (1987). Zum Sommer 2011 war das Gesetz von 26 Staaten und dem District of Columbia angenommen.
[411] *Posner v. Posner*, 233 So.2 d 381 (Fla. 1970).
[412] *Bix*, Premarital Agreements in the ALI Principles of Family Dissolution, 8 Duke J. Gender L. & Pol'y 231 (2001); *Roy*, Modern Status of Views as to Validity of Premarital Agreements Contemplating Divorce or Separation, 53 A.L.R. 4th 22. Siehe auch *Developments in the Law*, Marriage as Contract and Marriage as Partnership: The Future of Antenuptial Agreement Law, 116 Harv. L. Rev. 2075 (2003).
[413] § 306 UMDA.
[414] Vgl. § 3580 Cal.Fam.Code (2003).
[415] Einen Überblick über Entwicklungen im Ehe- und Familienrecht bietet *Bell*, Family Law at the Turn of the Century, 71 Miss. L.J. 781 (2002).
[416] Heute gilt in allen Staaten das Zerrüttungsprinzip. Der Verschuldensgrundsatz kommt bei Scheidungen (wenn überhaupt) nur noch alternativ zur Anwendung. Vgl. § 750 ILCS 5/401 (a) (1) (2003). Nach § 302 (a) (2) UMDA ist ein Scheitern der Ehe anzunehmen, wenn die Parteien mehr als 180

gen (Vermögens-, Unterhalts- und Sorgerechtsfragen). Zunehmend wichtig wird dabei die außergerichtliche Streitbeilegung (dazu oben Rn. 222 ff.).[417]

Die Bestimmung der gerichtlichen **Zuständigkeit** (jurisdiction) ist von besonderer Bedeutung, da der amerikanische Scheidungsrichter immer die lex fori anwendet. Das einzelstaatliche Recht kann hinsichtlich Scheidungsgründen (heute: kaum noch), Wartezeiten, Vermögens- und Unterhaltsansprüchen unterschiedlich sein und erklärt das heute noch übliche forum shopping. 506

Eine Scheidung war ursprünglich nur im Staat des Ehedomizils möglich. Dies erklärt sich aus einer Verdinglichung der Ehe in dem Sinne, dass die Ehescheidung als Prozeß um eine Sache, nämlich um die der Ehe, angesehen wird. Das **Ehedomizil** war zu der Zeit identisch mit dem Domizil des Mannes, da die Eheleute nach common law eine Einheit darstellten, ein separates Domizil konnte es nicht geben. Mit eigenständiger Domizil-Begründungsfähigkeit beider Ehegatten ergibt sich heute eine doppelte Scheidungszuständigkeit, nämlich: am jeweiligen Wohnsitz. Daraus ergibt sich die Besonderheit des amerikanischen Scheidungsrechts, der **ex parte divorce**: das Scheidungsverlangen, das nur von einem Teil und in Abwesenheit des anderen Ehegatten betrieben wird. Diese Möglichkeit führte zu einem „Scheidungstourismus", weil das Scheidungsrecht in einigen Staaten (wie etwa in Nevada) besonders liberal bezüglich des im Forumsstaat begründeten Domizils (etwa durch 6wöchentliche Anwesenheit) war. 507

Problematisch war dann die Anerkennung im ursprünglichen Domizilstaat. Der Supreme Court beschäftigte sich in zwei grundlegenden Entscheidungen mit der zwischenstaatlichen Anerkennung von Scheidungen. Ihnen lag derselbe Sachverhalt zugrunde: *„Williams (I)"* und *„Williams (II)"*. Ein Mann und eine Frau aus North Carolina, beide anderweitig verheiratet, waren nach Nevada gereist, ließen sich dort in Abwesenheit ihrer jeweiligen Ehegatten von diesen scheiden und gingen dann die Ehe miteinander ein. Nach North Carolina zurückgekehrt, wurden sie wegen Bigamie zu hohen Haftstrafen verurteilt. In *Williams (I)*[418] betonte der Supreme Court das Anerkennungsgebot zwischenstaatlicher Urteile durch die full faith and credit clause. Das Regelungsinteresse eines Staates im Hinblick auf Ehe und Scheidung in seinem Gebiet wohnhafter Personen (domiciled) ist zu beachten, selbst wenn der andere Ehegatte nicht anwesend ist. Die prozessuale Fairneß (due process) erfordere allerdings, dass die abwesende Partei von dem Verfahren in Kenntnis gesetzt wird und man ihr die Möglichkeit zur Anhörung einräumt. Damit wurde erstmals explizit das Prinzip der ex parte divorce anerkannt. In der Entscheidung *Williams (II)*[419] mußte sich der Supreme Court mit der Frage auseinandersetzen, ob die Anerken- 508

Tage getrennt leben oder schwerwiegende Zerwürfnisse bestehen und eine Versöhnung nicht erwartet werden kann. Allerdings kann das Verschulden in anderen Bereichen, wie beim Unterhaltsanspruch oder der Aufteilung des Vermögens, eine Rolle spielen. Vgl. *Swisher*, The ALI Principles: A Farewell to Fault – But What Remedy for the Egregious Marital Misconduct of an Abusive Spouse?, 8 Duke J. Gender L. & Pol'y 213 (2001); *Karnezis*, Fault as Consideration in Alimony, Spousal Support, or Property Division Awards Pursuant to No-Fault Divorce, 86 A.L.R. 3 d 1116.

[417] Zur Diskussion in diesem Zusammenhang auftretender Probleme *Ver Steegh*, Yes, No, and Maybe: Informed Decision Making about Divorce Mediation in the Presence of Domestic Violence, 9 Wm. & Mary J. of Women & L. 145 (2003).
[418] *Williams v. North Carolina (I)*, 317 U.S. 287, 63 S.Ct. 207, 87 L.Ed. 279 (1942).
[419] *Williams v. North Carolina (II)*, 325 U.S. 226, 65 S.Ct. 1092, 89 L.Ed. 1577 (1945).

nung mangels Zuständigkeit des erkennenden Gerichts versagt werden dürfe. Der Supreme Court bejahte dieses und stellte fest, dass das anerkennende Gericht bei der Prüfung des domicile nicht an die Ausführungen des Gerichts im Erststaat gebunden ist, sondern eine eigene Bewertung anhand seines Domizilbegriffes vornehmen könne.[420] Heute sind ex parte divorces durch das Erfordernis einer gewissen Aufenthaltsdauer zusätzlich zum domicile (welcher theoretisch sofort bei Ankunft im Staat begründet werden kann, siehe oben Rn. 132) erschwert. Die Begründung des domicile ist an eine gewisse Dauer geknüpft, wobei die Wartezeiten stark variieren und von einigen Wochen bis zu mehreren Monaten bzw. einem Jahr reichen können. Da das Domizil eines Ehegatten in Fällen einer ex parte divorce darüber hinaus nur einen dinglichen Gerichtsstand begründet, müssen Vermögens- und Kindschaftsansprüche, die eine persönlichen Zuständigkeit über den Beklagten voraussetzen, in einem getrennten Verfahren geltend gemacht werden. Diese Spaltung nennt man divisible divorce.

509   Bei **inter partes divorces** sind beide Ehegatten persönlich oder durch Anwälte an dem Scheidungsverfahren beteiligt. Zuständigkeitsfragen über das Domizil stellen sich nicht. Wurde das möglicherweise fehlende Klägerdomizil von dem beklagten Ehegatten nicht gerügt, so reift diese Frage mit dem Eintritt der Rechtskraft im Urteilsstaat zur res judicata und unterliegt nicht der Überprüfung im Zweitstaat.[421] Anfechtungsklagen Dritter sind in diesem Fall ebenfalls ausgeschlossen.[422] Da beide Parteien am Verfahren teilnehmen und die persönliche Zuständigkeit des Gerichtes somit gegeben ist, kann dieses sowohl über die Scheidung als auch über alle relevanten Folgefragen, wie Unterhalt und Sorgerecht, entscheiden.

510   Für **deutsch-amerikanische Scheidungsfälle** ergibt sich folgendes: Aus der Verdinglichung der Ehe für Scheidungszwecke folgt, dass amerikanische Gerichte immer ihr eigenes Recht (die lex fori) anwenden. Eine Bestimmung wie die des § 606 a Abs.1 Nr. 4 a. E. ZPO, die dem erkennenden Gericht gebietet, die Anerkennungsfähigkeit seines Urteils im Ausland im Zusammenhang mit seiner Zuständigkeit zu prüfen, ist wegen der Anerkennungspflicht aufgrund der full faith and credit clause im inneramerikanischen Verkehr nicht nötig und daher allgemein unbekannt. Ihr Fehlen kann sich aber unter Umständen zum Nachteil von Parteien auswirken, die an einem internationalen Scheidungsverfahren beteiligt sind. Zwar erkennen deutsche Gerichte in der Regel eine in den USA nach amerikanischem Recht erfolgte Scheidung zweier

---

[420] Die Anwendung des eigenen Domizilbegriffs durch den Zweitstaat erscheint unrichtig. Domizilbegriffe variieren und können somit zu unterschiedlichen Resultaten führen: *In re Dorrance's Estate*, 309 Pa. 151, 163 A. 303 (1932) und *In re Estate of Dorrance*, 115 N.J.Eq. 268, 170 A. 601 (N.J. 1934) kommen zwei Gerichte zu gegenteiligen Ergebnissen hinsichtlich des Domizils eines Erblassers. Vgl. *Worcester County Trust Co. v. Riley*, 302 U.S. 292, 299, 58 S.Ct. 185, 82 L.Ed. 268 (1937); *Texas v. Florida*, 306 U.S. 398, 432, 59 S.Ct. 563, 83 L.Ed. 817 (1939) (dissenting opinion des Richters *Frankfurter*). In dem vorliegenden Fall bezweckt die Domizilbestimmung die Beurteilung, ob der Zweitstaat das Verfassungsgebot der Anerkennung zwischenstaatlicher Urteile (full faith and credit clause) befolgt oder verletzt hat. Die Domizilbestimmung wird daher zum Bestandteil der verfassungsrechtlichen Frage und erfordert eine bundesrechtliche Beurteilung und sollte deshalb nicht der Bestimmung durch einzelstaatliche standards überlassen bleiben, deren Verfassungskonformität ja Gegenstand der Verfassungsklage ist. So auch *Hay/Borchers/Symeonides*, Conflicts, § 15.6.
[421] *Sherrer v. Sherrer*, 334 U.S. 343, 68 S.Ct. 1087, 92 L.Ed. 1429 (1948).
[422] *Johnson v. Muelberger*, 340 U.S. 581, 71 S.Ct. 474, 95 L.Ed. 552 (1951) (Anfechtung durch Tochter ausgeschlossen); vgl. auch *Hay/Borchers/Symeonides*, Conflicts, § 15.11.

Deutscher an,[423] doch ist der umgekehrte Fall einer Scheidung zweier Amerikaner in Deutschland problematisch. Das amerikanische Gericht könnte einer solchen Scheidung die Anerkennung verweigern, weil es die Zuständigkeit des deutschen Gerichtes unter amerikanischen Gesichtspunkten beurteilen und diese bei fehlendem deutschen Domizil der Parteien (im amerikanischen Sinne) verneinen würde. Um eine Anerkennung der Scheidung in den USA zu gewährleisten, wird sich ein deutsches Gericht nur bei einem deutschen domicile zumindest einer Partei international zuständig erklären, § 606 a Abs.1 Nr.4 a. E. ZPO. Das anwendbare materielle Recht bestimmt sich dann nach Art. 17 I 1 EGBGB i. V. m. Art. 14 I Nr. 1 EGBGB, wonach das amerikanische Recht als Staatsangehörigkeitsrecht maßgeblich ist. Dessen Zuständigkeitsbestimmung enthält eine versteckte Rückverweisung auf das deutsche Recht als Wohnsitzrecht. Jedenfalls kann das deutsche Gericht durch die Anwendung des § 606 a I Nr.4 a. E. ZPO verhindern, dass „hinkende Ehen" entstehen, d. h. dass die Ehe in einem Staat schon als geschieden gilt, während sie im anderen Staat wegen der Nichtanerkennung des Scheidungsurteils noch besteht. Das amerikanische Recht verhindert sie durch seine Zuständigkeitsregeln und Anwendung der lex fori für die Scheidungsvoraussetzungen leider nicht.

Der Scheidungsrichter kann einer Partei **Unterhalt** (alimony oder maintenance) zusprechen. Höhe und Dauer des Anspruches liegen auch in seinem Ermessen. Ursprünglich hatte nur die Frau Anspruch auf Unterhalt, seit einiger Zeit wird er auch dem bedürftigen Mann gewährt.[424] Kriterien für die Bemessung des Unterhalts sind Leistungsfähigkeit, Bedürftigkeit, Dauer der Ehe, Alter, frühere Erwerbstätigkeit, Einkommensmöglichkeiten, der Beitrag zur ehelichen Gemeinschaft und eigene finanzielle Ressourcen.[425] Schuldgesichtspunkte, die früher von großer Bedeutung waren, treten immer mehr zurück.[426] Die in vielen Staaten geltenden Regeln zu einer no-fault divorce schließen eine Berücksichtigung schuldhaften Verhaltens aus. Fehlt eine solche Regelung, ist die Behandlung umstritten. Einige Gerichte vertreten eine Kürzung oder den Ausschluß von Unterhaltsansprüchen, andere sehen in der Berücksichtigung eine Unvereinbarkeit mit dem Grundsatz der no-fault divorce. Die Unterhaltsansprüche enden bei Wiederverheiratung des Berechtigten. Das Eingehen einer neuen eheähnlichen Beziehung wird bislang noch uneinheitlich bewertet. Die Nichtzahlung von Unterhalt durch den Verpflichteten kann als contempt of court mit strafrechtlichen Sanktionen belegt sein (vgl. schon oben, Rn. 496). 511

Die Durchsetzung von Unterhaltsansprüchen über zwischenstaatliche Grenzen hinweg war ursprünglich schwierig, mangelte es doch oft an der gerichtlichen Zuständigkeit nach Wegziehen des Schuldners. Der Uniform Reciprocal Enforcement of Support Act (URESA) ermöglichte die Zusammenarbeit der Gerichte in den jeweiligen Wohnsitzstaaten des Gläubigers und des Schuldners. Er wurde abgelöst vom Uniform Interstate Family Support Act,[427] der seit 1999 in allen Staaten in Kraft ist. Für 512

---

[423] § 328 Abs. 1 Nr. 4 ZPO enthält lediglich einen ordre public-Vorbehalt, der nur in Ausnahmefällen zu einer Nichtanerkennung führt.
[424] *Orr v. Orr*, 440 U.S. 268, 99 S.Ct. 1102, 59 L.Ed.2 d 306 (1979).
[425] Vgl. § 8.003 Tex.Fam.Code (2003); §§ 4320 ff. Cal.Fam.Code (2003).
[426] Vgl. § 308 (b) UMDA; siehe auch Rn. 527ff.
[427] Zum Text des Act, in der Fassung von 2001, sowie für einen Überblick über dessen Entwicklung und aktuelle Informationen zum Inkrafttreten in einzelnen Staaten siehe http://www.nccusl.org/nccusl/uniformacts-alphabetically.asp.

ehelichen Unterhalt[428] bestimmt der Act, dass das ursprüngliche Gericht zuständig bleibt (continuing exclusive jurisdiction).

5. Gleichgeschlechtliche Ehen und Außereheliche Lebensgemeinschaften (Domestic Partnerships)

513 Nichteheliche Lebensgemeinschaften (nonmarital cohabition) sind, sofern nicht die Institute der common law marriage oder der putative spouse doctrine eingreifen, erheblichen juristischen Problemen ausgesetzt, vor allem hinsichtlich der Vermögensaufteilung im Falle einer Trennung, der erbrechtlichen Stellung des Lebenspartners, der Entscheidungs- und Besuchsrechte im Falle von Krankheit und der Gewährung von employment benefits.[429] Auf die **Auflösung** der Partnerschaft finden gesetzliche Regelungen zur Vermögensaufteilung keine Anwendung. Eine private Vereinbarung muß also getroffen werden. Derartige Verträge waren früher sittenwidrig, der Prostitution gleichgestellt. Die Entscheidung *Marvin v. Marvin*[430] läutete 1976 den Anfang eines modernen Rechts auf diesem Gebiet ein. Der Supreme Court of California entschied, dass ausdrückliche Verträge rechtlich durchsetzbar sind, soweit sie sich nicht allein auf die Gewährung sexueller Leistungen beziehen.[431] Daneben können auch konkludente Verträge, bereicherungsrechtliche Ansprüche oder andere equitable remedies eine Einstandspflicht auslösen. Voraussetzung ist jedoch der Nachweis eines Vertrages oder der Anwendbarkeit von equity-Erwägungen.[432] Heute sind diese Entscheidungen weitgehend ein Anachronismus. Die aktuelle Debatte dreht sich um die offizielle Anerkennung gleichgeschlechtlicher Beziehungen (siehe dazu unten Rn. 516) und deren Folgen. In heterosexuell nichtehelichen Lebensgemeinschaften genießen die Partner heute einen eheähnlichen Status in Bezug auf viele, auch wenn nicht alle Fragen, wie - zum Beispiel - das Recht in die Krankenversicherung des Partners aufgenommen zu werden. Siehe auch unten Rn. 515.

514 Im **Erbrecht** können die Lebenspartner die testamentarischen Möglichkeiten ausschöpfen. Sie stoßen dabei jedoch an die Grenzen der gesetzlich normierten Erbfolge. Ist ein Partner wegen einer Erkrankung nicht fähig, die notwendigen Entscheidungen über medizinische Behandlung zu treffen, so stellt sich die Frage, ob der andere irgendwelche Vertretungsmacht hat. Die Bundesstaaten regeln seine Rechte unterschiedlich.[433] Existiert keine Regelung, kann sogar ein Besuchsrecht verweigert werden. Um diesen Folgen vorzubeugen, ist eine Vereinbarung unumgänglich.

---

[428] Für Kindesunterhalt vgl. unten Rn. 528.
[429] *Blumberg*, The Regularization of Nonmarital Cohabitation: Rights and Responsibilities in the American Welfare State, 76 Notre Dame L. Rev. 1265 (2001); *Holob*, Respecting Commitment: A Proposal to Prevent Legal Barriers From Obstructing the Effectuation of Interstate Goals, 85 Cornell L. Rev. 1492 (2000); *Robbennolt/Kirkpatrick/Johnson*, Legal Planning for Unmarried Committed Partners: Empirical Lessons for a Preventive and Therapeutic Approach, 41 Ariz. L. Rev. 417 (1999); *Spitko*, An Accrual/Multi-Factor Approach to Interstate Inheritance Rights for Unmarried Committed Partners, 81 Or. L. Rev. 255 (2002).
[430] *Marvin v. Marvin*, 557 P.2 d 106, 18 Cal.3 d 660 (1976).
[431] *Blum*, Property Rights Arising from Relationship of Couple Cohabiting without Marriage, 69 A.L.R. 5th 219.
[432] *Hewitt v. Hewitt*, 394 N.E.2 d 1204, 77 Ill.2 d 49 (1979). Diese Entscheidung ist besonders hart, da in diesem Fall eine common law marriage vorlag, welche in anderen Staaten eine wirksame Ehe bedeutet hätte, die in Illinois aber gesetzlich abgeschafft ist.
[433] Vgl. A.R.S. § 36–3231 (2004); 16 Del.C. § 2507 (2004); N.M. Stat. Ann. § 24-7A-5(B)(2) (2005).

E. Familienrecht

Desgleichen stehen employment benefits nur Ehegatten zu. Einige Städte und Gemeinden sowie verschiedene Unternehmen haben Regelungen getroffen, diese Vergünstigungen auch auf Partner nichtehelicher Lebensgemeinschaften auszudehnen, sofern diese bestimmte Voraussetzungen erfüllen und damit unter den Begriff der domestic partnership fallen.[434]

515

Die Zulässigkeit und Anerkennung **gleichgeschlechtlicher Ehen und registrierter Partnerschaften** ist heute eines der umstrittensten Themen des Familienrechts. Die Diskussion entbrannte, als der Supreme Court of Hawaii 1993 die Entscheidung über die Versagung einer Heiratserlaubnis zur Verhandlung an das Untergericht mit der Begründung zurückverwies, ein solches Verbot müsse einer verfassungsrechtlichen Prüfung standhalten.[435] Der Circuit Court of Hawaii stellte daraufhin 1996 fest, dass der beklagte Amtsträger keine Gründe für eine geschlechtsspezifische Regelung darbringen konnte; die Versagung der Heiratserlaubnis war daher verfassungswidrig.[436] Als Reaktion auf diese juristischen Entwicklungen, entstanden öffentliche Bewegungen die versuchten, die Definition der „Ehe" auf den Bund zwischen einem Mann und einer Frau einzugrenzen und so gleichgeschlechtliche Gemeinschaften auszuschließen.[437] Zur gleichen Zeit begannen erste Staaten, gleichgeschlechtliche Ehen und Lebensgemeinschaften anzuerkennen. Der Staat Vermont war der Erste.[438] Ihm folgte Massachusetts, das durch Supreme Court Entscheidung im Jahre 2004 gleichgeschlechtliche Ehen zuliess.[439] Fast gleichzeitig erliess der Bundesgesetzgeber den Defense of Marriage Act (DOMA),[440] der eine Ehe für bundesrechtliche Zwecke (z.B. Zahlungen von Sozialversicherungsverguetungen an einen überlebenden Ehegatten) als nur ein solche zwischen Mann und Frau definerte und es gleichzeitig Einzelstaaten erlaubte, in Abweichung von dem Full Faith and Credit Gebot gleichgeschlechtliche civil unions und Ehen anderer Staaten nicht anzuerkennen. Viele Staaten erliessen daraufhin gleichlautende Gesetze.

516

In den Folgejahren haben einige Bundesstaaten – entweder durch höchstrichterliche Entscheidung oder durch Gesetzgebung – gleichgeschlechtliche *Ehen* zugelassen. Gleichgeschlechtliche Ehen können heute in Connecticut, District of Columbia, Iowa, Massachusetts, New Hampshire, New York und Vermont geschlossen werden. In Maryland kann man keine gleichgeschlechtliche Ehe eingehen, aber in ande-

---

[434] *Eischen*, For Better or Worse: An Analysis of Recent Challenges to Domestic Partner Benefits Legislation, 31 U. Tol. L. Rev. 527 (2000); *Scire/Raimondi*, Employment Benefits: Will Your Significant Other Be Covered?, 17 Hofstra Lab. & Emp. L. J. 357 (2000); *O'Brien*, Domestic Partnership: Recognition and Responsibility, 32 San Diego L. Rev. 163 (1995).
[435] *Baehr v. Lewin*, 74 Haw. 530, 852 P.2 d 44 (1993).
[436] *Baehr v. Miike*, 1996 WL 694 235 (Haw. Cir. Ct. 1996). Siehe dazu *Coolidge*, Same-Sex Marriage? *Baehr v. Miike* and the Meaning of Marriage, 38 S. Texas L. Rev. 1 (1997).
[437] In Hawaii und Alaska (als Reaktion auf Entscheidungen der Vorinstanzen für gleichgeschlechtliche Gemeinschaften, brachte Volksabstimmungen Änderungen der Staatsverfassungen in gang). Für weitere Details, insbesondere Bundesgesetze, siehe Rn. 517.
[438] *An Act Relating to Civil Unions*, 15 V.S.A. § 1201 et seq. (2003). Dieses Gesetz wurde verabschiedet als Reaktion auf eine Entscheidung des Obersten Gerichtshofs des Staates Vermont, welche das damalig geltende Familienrecht als mit der (Staats-) Verfassung unvereinbar erklärte. *Baker v. State*, 170 Vt 194, 744 A.2d 864 (1999).
[439] *Goodrich v. Dep't of Public Health*, 798 N.E. 2f 941 (Mass. 2003).
[440] 28 U.S.C. § 1738C (2003).

ren Staaten geschlossene werden anerkannt.⁴⁴¹ In Kalifornien wurde eine höchstrichterliche Entscheidung, die gleichgeschlechtliche Ehe zuliess,⁴⁴² durch Volksabstimmung, die sog. "Proposition 8", 2008 wieder ausser Kraft gesetzt. Inzwischen hat ein Bundesgericht die durch den Volksentscheid eingeführte kalifornische Verfassungsänderung für bundesverfassungswidrig erklärt;⁴⁴³ Berufungsverfahren laufen noch.

In weiteren Bundesstaaten gibt es nunmehr gesetzliche Regelungen für reine gleichgeschlechtliche *civil union* (nach dem früheren Vorbild von *Vermont*). Derartige Gesetzgebung gibt es in Illinois, Kalifornien, New Jersey, Nevada und Oregon. Noch weitere Staaten regeln "*domestic partnerships.*" Alle laufen auf dasselbe hinaus: gleichgeschlechtlichen Partnern werden weitgehend die Rechte und Pflichten von Eheleuten eingeräumt.

517 Noch ungelöst und in der Literatur umstritten ist die Frage, ob gleichgeschlechtliche Ehen, *civil unions* und registrierte Partnerschaften – so sie denn in einem Bundesstaat einmal rechtswirksam geschlossen werden können – in anderen Staaten **Anerkennung** beanspruchen können. Der Kongreß reagierte auf die ursprüngliche Situation in Hawaii mit dem Erlaß des Defense of Marriage Act (DOMA).⁴⁴⁴ Er definiert „Ehe" als die rechtliche Einheit von Mann und Frau und erlaubt den Einzelstaaten, als Ausnahme zum Gebot der Full-Faith-and-Credit-Clause der Bundesverfassung,⁴⁴⁵ die Versagung der Anerkennung gleichgeschlechtlicher Ehen oder der sie zugrunde legenden Entscheidungen. Viele Staaten haben sich dieser Ermächtigung bedient und Gesetze zur Abwehr (d. h. Nichtanerkennung) gleichgeschlechtlicher Ehen verabschiedet. Ob die bundesgesetzliche Ermächtigung und die erwähnten einzelstaatlichen Gesetze beim Vorliegen eines konkreten Falles gegenüber dem Anerkennungsgebot der Full-Faith-and-Credit-Clause bestehen können, wird die Zukunft zeigen.⁴⁴⁶

---

⁴⁴¹ *Janice R. v. Debra H.*, 14 N.Y.3d 576, 904 N.Y.S. 2d 263, 930 N.E.2d 184 (N.Y. 2010), rearg. den., 15 N.Y.3d 767, 933 N.E.2d 210 (N.Y. 2010), cert. denied, – U.S. –, – S.Ct. –, 2011 WL 55415 (Jan. 10, 2011).

⁴⁴² *In re Marriage Cases*, 43 Cal.4ᵗʰ 757, 76 Cal.Rptr.3d 683 (2008)

⁴⁴³ *Perry v. Schwarzeneger*, 704 F.Supp.2d 921 (N.D. Cal. 2010); s. auch *Perry v. Schwarzenegger*, – F.3d –, 2011 U.S.App. LEXIS 153 (9ᵗʰ Cir. 2011).

⁴⁴⁴ Kodifiziert in 28 U.S.C. § 1738C (2003).

⁴⁴⁵ Zur Diskussion dieser Ansicht *Borchers*, Baker v. General Motors: Implications for Inter-Jurisdictional Recognition of Non-Traditional Marriages, 32 Creighton L. Rev. 147 (1998). Diese Sicht geht davon aus, dass in dem Beispielsfall kein Full-Faith-and-Credit-Problem gegeben ist, und daher mit der Ansicht des U.S. Supreme Court im Fall *Sun Oil Co. v. Wortman*, 486 U.S. 717, 728, 108 S.Ct. 2117, 100 L.Ed.2 d 743 (1988) übereinstimmt, dass „alt hergebrachte und weiterhin bestehende choice-of-law-Regeln" bereits per se verfassungsmäßig seien. Wie dem auch sei, die genannte Ansicht klärt nicht, ob *Gerichtsentscheidungen* des Staates, in dem die Partnerschaft oder Ehe geschlossen wurde, oder eines anderen Staates, der civil unions, gleichgeschlechtlichen Ehen oder einzelne Wirkungen derselben anerkennt, unter das zwischenstaatliche Full Faith and Credit-Gebot fallen. Es ist zu betonen, dass die staatliche Gesetzgebung zu DOMA nicht nur den allgemeinen Standards, sondern auch der Kontrolle des Verfassungsgerichts standhalten muss. Siehe auch unten Rn. 433.

⁴⁴⁶ S. oben N. 436b.Vgl. *Hay*, Recognition of Same-Sex Legal Relationships in the United States, in: *Reitz/Clark*, American Law in the Twenty-First Century: U.S. National Reports to the XVIIth International Congress of Comparative Law, 54 Am.J.Comp.L. 257 (Supp. 2006). Zu New York, vgl. *Godfrey v. Spano*, 836 N.Y.S.2 d 813 (N.Y. Supr. 2007) (Anerkennung kanadischer gleichgeschlechtlicher Ehe); *Martinez v. Monroe County et al.*, 850 N.Y.S.2 d 740 (N.Y.A.D. 4 Dept. 2008) (Anerkennung kanadischer gleichgeschlechtlicher Ehe, Verweigerung von Ehegattenkrankenversicherung verstößt gegen New York's Antidiskriminierungsbestimmungen im Arbeitsrecht).Kritisch dazu *Kuba-*

Die Unsicherheiten zum rechtlichen Status von gleichgeschlechtlichen Partnern tra- 517A
gen schwerwiegende und weit reichende Folgen. Besonders, wenn sie sich in grenzüberschreitenden Situationen ergeben. Sind zum Beispiel zwei gleichgeschlechtliche
Partner (in einer formalisierten Beziehung), die das Kind des einen Ehepartners gemeinsam groß ziehen, beide als dessen „Eltern" anzusehen, mit all den Konsequenzen hinsichtlich Unterhalts- und Umgangsrecht bei Auflösung der Beziehung?[447]
Was ist mit dem Erbrecht wenn ein Ehepartner verstirbt ohne seine Erbfolge testamentarisch zu regeln wenn das Erbrecht seines Heimatstaates (in der Regel anwendbar auf alle beweglichen Sachen) einen Erbfall zugunsten des überlebenden Ehepartners zulässt, der Staat in dem sich andere Teile des Vermögens - etwa eine Immobilie
– befinden (wo bestimmte Verwaltungshandlungen notwendig werden können, siehe
dazu Rn. 551) aber nicht?

III. Eltern und Kinder

1. Legitimation und Abstammung

Das common law unterschied streng zwischen ehelichen und nichtehelichen Kin- 518
dern. Nichteheliche Kinder hatten kaum Rechte. *Blackstone* schrieb vom „filius nul-
lius" und vom „filius populi".[448] Sie wurden auch vom Gesetz in vieler Hinsicht benachteiligt. Angefangen mit der Entscheidung *Levy* (1968) hob der U.S. Supreme
Court die Diskriminierung nichtehelicher Kinder unter Anwendung der Equal Protection Clause in wichtigen Bereichen auf.[449] Nichteheliche Kinder stehen heute ehe-

---

   sek/Frondorf/Minnick, Civil Union Statutes: A Shortcut to Legal Equality for Same-Sex Partners in a
   Landscape Littered with Defense of Marriage Acts, 15 J.L. & Pub. Pol'y 229 (2004); *Note*, Litigating
   the Defense of Marriage Act: The Next Battleground for Same-Sex Marriage, 117 Harv. L. Rev.
   2684 (2004); *Rizzo*, Banning State Recognition of Same Sex Relationships: Constitutional Implications of Nebraska's Initiative 416, 11 J.L.& Pol'y 1 (2002); *Sawyer*, Practice What You Preach: California's Obligation to Give Full Faith and Credit to the Vermont Civil Union, 54 Hastings L.J. 727
   (2003); *Stratton*, A Prediction of the United States Supreme Court's Analysis of the Defense of Marriage Act after Lawrence v. Texas, 46 S. Tex. L. Rev. 361 (2004); *Williams*, Old Constitution and
   New Issues: National Lessons from Vermont's State Constitutional Case on Marriage of Same-Sex
   Couples, 43 B.C. L. Rev. 73 (2001). Zur Frage der Behandlung transexueller Beziehungen *Strasser*,
   Marriage, Transsexuals, and the Meaning of Sex: DOMA, Full Faith and Credit, and Statutory Interpretation, 3 Hous. J. Health L. & Pol'y 301 (2003).
[447] Vgl. *K.M. v. E.G.*, 37 Cal.4th 130, 117 P.3 d 673 (2005) (beide Frauen waren „Mütter", nachdem
   die in vitro befruchtete Einzelle der einen, der anderen eingepflanzt worden war); *Elisa v. Superior
   Court*, 37 Cal.4th 118, 117 P.3 d 660 (2005) (Unterhaltsleistungen des ehemaligen Partners), gefolgt
   von *A.K. v. N.B.*, 2008 Ala.Civ.App. LEXIS 316, vacated on procedural grounds 2010 Ala.Civ.App.
   LEXIS 388 (2010); *Miller-Jenkins v. Miller-Jenkins*, 637 S.E.2 d 330 (Va. Ct. App. 2006) (Sorgerecht), cert. denied, 552 U.S. 1167, 128 S.Ct. 1127 (2008) und, als erneutes Verfahren, 2010
   Vt. 98, 12 A.3d 768 (Vt. 2010); *Beth. v. Donna M.*, 853 N.Y.S.2 d 501 (N.Y. Sup., N.Y. County
   2008) (kanadische gleichgeschlechtliche Ehe, Sorgerecht der nicht-biologischen Mutter);, gefolgt von
   C.M. v. C.C., 867 N.Y.S.2d 884 (N.Y. Sup., N.Y. County 2008), and in *Debra H. v. Janice R.*,
   2008 N.Y.Misc. LEXIS 6367, 240 N.Y.L.J. 71 (N.Y. Sup., N.Y. County 2008).
[448] *Blackstone* Commentaries, S. 459.
[449] Erster Fall war *Levy v. Louisiana*, 391 U.S. 68, 88 S.Ct. 1509, 20 L.Ed.2 d 436 (1968), des weiteren
   wichtig: *Gomez v. Perez*, 409 U.S. 535, 93 S.Ct. 872, 35 L.Ed.2 d 56 (1973) – nichteheliche Kinder
   sind wie eheliche unterhaltsberechtigt; *Trimble v. Gordon*, 430 U.S. 762, 97 S.Ct. 1459, 52 L.Ed.2 d
   31 (1977) – Gleichstellung bei Erbansprüchen.

lichen Kindern praktisch gleich.[450] Trotzdem wird auch heute noch oft zwischen ehelicher und nichtehelicher Geburt unterschieden. Diese Differenzierung hat aber wenig Bedeutung, denn selbst erbrechtlich sind uneheliche Kinder ehelichen weitgehend gleichgestellt.

519 Bei ehelichen Kindern wird die Vaterschaft (paternity) des Ehemanns vermutet, bei einem unehelichen Kind muß die Vaterschaft nachgewiesen werden. Auch hier wird Ehelichkeit (legitimacy) begünstigt, da sie weitgehend vermutet wird: Ein Kind gilt als ehelich, wenn die Eltern zur Zeit der Geburt verheiratet waren oder wenn es innerhalb von 300 Tagen nach Ende der Ehe geboren wurde. Der Ehemann kann diese Vermutung nur durch klare Gegenbeweise widerlegen (clear and convincing evidence), die eine Zeugung während der Ehe aus tatsächlichen oder physischen Gründen ausschließen. Auch Kinder aus nichtigen und anfechtbaren Ehen gelten als ehelich.[451] Bei Geburt des Kindes vor der Ehe wird für die Ehelichkeit zusätzlich eine Anerkennung durch den Vater verlangt.

520 Wird die Vaterschaft bestritten, kann sie in einem besonderen Verfahren durch Blutuntersuchungen oder DNA-Tests festgestellt werden (filiation procedure). Klageberechtigt ist je nach einzelstaatlicher Regelung die Mutter, das Kind selbst oder auch eine staatliche Behörde, wenn sie Leistungen für das Kind erbracht hat. Auch der Ehemann kann ein Feststellungsverfahren anhängig machen, um die Vermutung seiner Vaterschaft zu widerlegen.

521 Die medizinischen Möglichkeiten der künstlichen Befruchtung sind in den USA nicht nur Gegenstand ethischer, sondern auch juristischer Diskussionen. Umstritten sind vor allem die Wirksamkeit und Durchsetzbarkeit von Verträgen über **Leihmutterschaft** (surrogate motherhood). Darin verpflichtet sich eine Frau gegen Entgelt, ein durch künstliche Befruchtung gezeugtes Kind auszutragen und nach der Geburt dem „Besteller", meist einem kinderlosen Ehepaar, zu übergeben. Manche Gerichte haben Leihmutterverträge als sittenwidrig betrachtet,[452] andere betonen die verfassungsrechtlich geschützte Vertragsfreiheit und sehen sie als wirksam an. Auch legislative Reaktionen fallen unterschiedlich aus. Der Uniform Status of Children of Assisted Conception Act sieht die Anerkennung vor, hat aber bisher kaum Bedeutung erlangt.[453]

522 Problematisch ist auch, ob die Leihmutter ein Sorge- oder zumindest Besuchsrecht haben soll oder ob das Sorgerecht allein dem Paar oder der Person zustehen soll, auf des-

---

[450] Auch der Uniform Parentage Act (2000, in der Fassung von 2002) geht von einer Gleichstellung nichtehelicher und ehelicher Kinder aus. Der Text ist abrufbar unter http://www.nccusl.org.
[451] §§ 207(c), 208(d) UMDA. Im Ergebnis ist diese Regel auf die putative spouse doctrine zurückzuführen; vgl. oben Rn. 492.
[452] Bekannte Entscheidung auf diesem Gebiet ist der Baby M-Fall, in dem der Leihmuttervertrag für unwirksam angesehen wurde: *Matter of Baby M.*, 537 A.2 d 1227, 109 N.J. 396 (1988). Siehe auch *Plant*, With a Little Help From My Friends: The Intersection of the Gestational Carrier Surrogacy Agreement, Legislative Inaction, and Medical Advancement, 54 Ala. L. Rev. 639 (2003); *Wilson*, Uncovering the Rationale for Requiring Infertility in Surrogacy Arrangements, 29 Am. J.L. and Med. 337 (2003).
[453] 9B U.L.A. 152 (1988, Supp.1994). Der Act behandelt verschiedene Formen der künstlichen Befruchtung (assisted conception) und bietet den Einzelstaaten zwei Möglichkeiten zur Behandlung von Leihmutterschaftsverträgen an. Alternative A, die derartige Verträge anerkennt, ist bislang nur von Virgina angenommen worden. North Dakota hat Alternative B angenommen, welche Verträge mit Leihmüttern für ungültig erklärt. Siehe http://www.nccusl.org für aktuelle Informationen.

sen Veranlassung die Leihmutterschaft stattfand. Insbesondere herrscht Streit, wenn es um neuere Techniken der Befruchtung außerhalb des Mutterleibes mit folgender Einpflanzung in die Leihmutter geht.[454] Schwierig ist auch die rechtliche Behandlung heterologer Inseminationen[455] und die Zulässigkeit postmortaler Fortpflanzungen.[456] In jüngster Zeit beschäftigt man sich zudem verstärkt mit den ethischen und rechtlichen Problemen des menschlichen Klonens, das auf breite Ablehnung stößt.[457]

2. Sorgerecht

Bei ehelichem Zusammenleben steht den Eltern das Sorgerecht (custody) für ihre Kinder gemeinsam zu; es umfaßt sowohl die Personensorge als auch die Vermögenssorge. Das Sorgerecht ist verfassungsrechtlich geschützt und kann nur bei nachgewiesenem Mißbrauch gerichtlich entzogen werden.[458] Das Sorgerecht endet mit der Volljährigkeit des Kindes oder bereits vorher bei emancipation. Diese liegt vor, wenn die Eltern das Kind aus ihrer Obhut entlassen und es tatsächlich unabhängig lebt, zum Beispiel bei Heirat oder Eintritt in den Militärdienst. Die Eltern sind dann auch von ihrer Unterhaltspflicht befreit.

523

Bei Scheidung oder Getrenntleben muß entschieden werden, wem das Sorgerecht zustehen soll. Es kann einem Elternteil (**sole custody**) oder beiden gemeinsam (**joint custody**) zugesprochen werden. Bei der Entscheidung über das Sorgerecht ist das Wohl des Kindes (best interests of the child) ausschlaggebend. Dabei spielen die Wünsche der Eltern und des Kindes sowie die Familienverhältnisse und Lebensumstände eine Rolle. Die Rasse eines Elternteils darf nicht Grundlage einer Entscheidung sein.[459] Eine gleichgeschlechtliche Beziehung eines Elternteils wird unterschiedlich gewertet.[460]

524

---

[454] Vgl. *Anna J. v. Mark C.*, 286 Cal.Rptr. 369 (Cal. App. 4th Dist. 1991), superseded by *Johnson v. Calvert*, 851 P.2 d 776, 5 Cal. 4th 84 (1993); *A.H.W. v. G.H.B.*, 399 N.J. Super. 495, 772 A.2 d 948 (2000). Siehe auch *Storrow*, Parenthood By Pure Intention: Assisted Reproduction and the Functional Approach to Parentage, 53 Hastings L.J. 597 (2003).

[455] *Noah*, Assisted Reproductive Technologies and the Pitfalls of Unregulated Biomedical Innovation, 55 Fla. L. Rev. 603 (2003); *Liebler*, Are You My Parent? Are You My Child? The Role of Genetics and Race in Defining Relationships after Reproductive Technological Mistakes, 5 DePaul J. Health Care L. 15 (2002); *Yaworsky*, Rights and Obligations Resulting from Human Artificial Insemination, 83 A.L.R. 4th 295.

[456] Siehe *Scharman*, Not Without My Father: The Legal Status of the Posthumously Conceived Child, 55 Vand. L. Rev. 1001 (2002); *Scott*, A Look at the Rights and Entitlements of Posthumously Conceived Children: No Surefire Way to Tame the Reproductive Wild West, 52 Emory L.J. 963 (2003).

[457] Siehe dazu *Dolgin*, Abortion, Stem Cells, and Cloning, 31 Fla. St. U. L. Rev. 1001 (2002); *Sunstein*, Is There a Constitutional Right to Clone?, 53 Hastings L.J. 987 (2002); *Taylor*, The Fear of Drawing the Line at Cloning, 9 B.U. J. Sci. & Tech. L. 379 (2003). Zum Vorgehen des Staates Kalifornien: siehe *Symposium*, Cloning Californians: Report of the California Advisory Committee on Human Cloning, 53 Hastings L.J. 1143 (2002).

[458] *Santosky v. Kramer*, 455 U.S. 745, 102 S.Ct. 1388, 71 L.Ed.2 d 599 (1982): „clear and convincing evidence of neglect or abuse."

[459] Vgl. *Palmore v. Sidoti*, 466 U.S. 429, 104 S.Ct. 1879, 80 L.Ed.2 d 421 (1984). Eine interessante Diskussion der berücksichtigten Faktoren bei *Wilder*, Religion and Best Interest in Custody Cases, 18 J. Am. Acad. Matrimonial Law 211 (2002).

[460] Siehe zu diesem Problem auch *Graham*, How the ALI Child Custody Principles Help Eliminate Gender and Sexual Orientation Bias from Child Custody, 8 Duke J. Gender L. & Pol'y 323 (2001);

525 Wird sole custody zugesprochen, so geschieht dies in der überwiegenden Zahl der Fälle immer noch zugunsten der Frau, obwohl nicht nach Geschlecht diskriminiert werden darf. Da besonders bei einer aktiven Vaterrolle die weitgehende Beendigung der Beziehung zu dem Kind unfair erscheint, haben einige Staaten die gemeinsame Sorge als Regelfall vorgesehen.[461] Dem nicht sorgeberechtigten Elternteil werden in aller Regel Besuchsrechte (visitation rights) eingeräumt.[462] Auch dem Vater eines nichtehelichen Kindes stehen elterliche Rechte zu.[463] Ihm wird zwar selten das Sorgerecht zugesprochen, aber oft ein regelmäßiges Besuchsrecht.[464]

526 Wie im Unterhaltsrecht (dazu sogleich), werfen sorgerechtliche Fragen schwierige **Zuständigkeitsprobleme** im zwischenstaatlichen Verkehr auf, insbesondere wenn ein Elternteil das Kind in einen anderen Staat entführt oder anläßlich eines Besuchs des Kindes eine Abänderung der erststaatlichen Sorgerechtsentscheidung herbeizuführen sucht. Der Uniform Child Custody Jurisdiction and Enforcement Act[465] erklärt das Gericht im home state des Kindes für zuständig. Andere Staaten dürfen Zuständigkeit nur ausüben, wenn es keinen home state gibt, dieser seine Zuständigkeit aufgrund von forum non conveniens nicht ausübt (z. B. nach Wegziehen des Kindes) oder wenn eine Notlage besteht.[466] Eine neue Bestimmung im Bundesrecht konkretisiert die Full-Faith-and-Credit-Clause hinsichtlich Kindessorgerechtsentscheidungen und gebietet deren Anerkennung bundesweit, wenn das erkennende Gericht den Zuständigkeitsvoraussetzungen genügte.[467] Der Gedanke eines home state des Kindes und das Ziel der Rückführung entführter Kinder dorthin liegen auch dem Haager Abkommen über die zivilrechtlichen Aspekte der Kindesentführung zugrunde. Die USA und die Bundesrepublik sind Vertragsparteien.[468]

Tiritilli/Koenig, A Call for the Best Interest of the Child to be Paramount in the Case of Non-Biological, Non-Adoptive Parents, 36 Creighton L. Rev. 3 (2002).

[461] Vgl. § 3020 (b) Cal.Fam.Code (2005).
[462] Vgl. § 407 UMDA.
[463] Grundlegend *Stanley v. Illinois*, 405 U.S. 645, 92 S.Ct. 1208, 31 L.Ed.2 d 551 (1972).
[464] *Michael. H. v. Gerald D.*, 491 U.S. 110, 109 S.Ct. 2333, 105 L.Ed.2 d 91 (1989); *Lehr v. Robertson*, 463 U.S. 248, 103 S.Ct. 2985, 77 L.Ed.2 d 614 (1983).
[465] 9 U.L.A. 101 (Supp. 1999). Dieser Act ersetzt den früheren Uniform Child Custody Jurisdiction Act, 9 U.L.A. 143 (1988) und ist bis Anfang 2010 in 48 Staaten und dem District of Columbia in Kraft getreten. Übernahmeverfahren laufen in Massachusetts und Vermont.
[466] Obwohl das Europäische Recht der Idee, dass ein Gericht seine Zuständigkeit aus *forum non conveniens* Gründen zurückweisen kann, eher ablehnend gegenübersteht, wurde das Konzept jetzt für den beschränkten Bereich der Kindersorgerechtszuständigkeit eingeführt. Vgl. Verordnung (EG) 2201/2003, [2003] ABl. L 338/1, Art. 15.
[467] 28 U.S.C. § 1738A (2003). Zum Verhältnis vom UCCJA und dem Federal Parental Kidnapping Act (der den full-faith-and-credit-Gedanken durch gesetzgeberische Authorität bestätigt) siehe *In re Jorgensen*, 627 N.W. 2 d 550 (Iowa 2001).
[468] Siehe dazu *Hay/Borchers/Symeonides*, Conflicts, § 15.42 Fn. 16 m. w. N. Zur Umsetzung *Weiner*, Navigating the Road between Uniformity and Progress: The Need for Purposive Analysis of the Hague Convention on the Civil Aspects of International Child Abduction, 33 Colum. Human Rights L. Rev. 275 (2002). Siehe auch den International Parental Kidnapping Act of 1993, 18 U.S.C.A. § 1204. (Entfernung eines Kindes aus den USA zur Verhinderung der Ausübung elterlichen Sorgerechts durch einen anderen strafbar nach Bundesrecht.). Die Definition des Sorgerechts (custody) war in mehreren amerikanischen Fällen problematisch: Erlauben ne exeat Bestimmungen in Gesetzen oder Sorgerechtsvorschriften die Ausreise des Kindes aus seinem Heimatstaat? Gewährt die Konvention dem nicht sorgeberechtigten Elternteil ein Rückführungsanspruch wenn das sorgeberechtigtes Elternteil ohne Zustimmung des anderen Elternteils mit dem Kind in einen anderen Staat ausreist? Amerikanische Bundesgerichte waren geteilter Meinung. Im Jahre 2010 schloss sich der Supreme

3. Unterhalt

Eltern sind verpflichtet, ihren Kindern angemessenen Unterhalt (**support**) zu leisten. Die Unterhaltspflicht endet grundsätzlich mit Volljährigkeit,[469] kann aber darüber hinaus fortbestehen, etwa wegen Krankheit oder Invalidität des Kindes. Die Eltern müssen aber nicht die Kosten eines (oft sehr teueren) Hochschulstudiums tragen.[470] Leben die Eltern getrennt, ist der nicht sorgeberechtigte Teil unterhaltsverpflichtet. Die Höhe wird gerichtlich festgesetzt. Dabei kann das Gericht in einem separation agreement getroffene Vereinbarungen berücksichtigen, muß es aber nicht. Kriterien für die Unterhaltsfestsetzung sind die Bedürftigkeit des Kindes (need of the child) und die Leistungsfähigkeit des Verpflichteten (ability to pay). Der große Ermessensspielraum führte früher oft zu sehr unterschiedlichen Zusprüchen in an sich gleich gelagerten Fällen. Die Bundesregierung hat die Staaten daher zur Einführung gesetzlicher Richtlinien angehalten. Heute existieren solche Richtwerte in allen Staaten; von ihnen darf nur in besonderen Umständen abgewichen werden.[471]

527

Im zwischenstaatlichen Verkehr gilt heute der Uniform Interstate Family Support Act (oben Rn. 512) in allen Staaten. Das erkennende Gericht hat ausschließliche und fortdauernde Zuständigkeit (exclusive and continuing jurisdiction) solange Gläubiger, Schuldner oder das Kind im Forumstaat verbleiben. Ist ein Unterhaltsurteil ergangen, helfen verschiedene bundesrechtliche Bestimmungen mit der Feststellung des Aufenthalts des Schuldners und dem Eintreiben geschuldeter Summen.[472] Ein Bundesgesetz konkretisiert auch in diesem Bereich die Full-Faith-and-Credit-Clause, in dem es die bundesweite Anerkennung gebietet und Abänderungen untersagt, solange das Erstgericht noch zuständig ist (s. o.).[473] Die USA sind zwar nicht Vertragsstaat der UN- oder Haager Unterhaltsabkommen. Im internationalen Rechtsverkehr existieren jedoch eine Anzahl bilateraler, reziproker Vereinbarungen zwischen Staaten der USA und ausländischen Staaten.[474]

528

Court der internationalen vorherrschenden Meinung an: ne exeat Vorschriften sind Teil des Sorgerechts. *Abbott v. Abbott*, 560 U.S. __, 130 S.Ct. 1983, __ L.Ed.2d __ (2010).

[469] Bei der emancipation auch schon eher, vgl. oben Rn. 523.

[470] *In re Marriage of Plummer*, 735 P.2 d 165 (Colo. 1987). Siehe auch *McMullen*, Father (or Mother) Knows Best: An Argument Against Including Post-Majority Educational Expenses in Court Ordered Child Support, 34 Ind. L. Rev. 343 (2001).

[471] In den meisten Staaten haben heute auch die bedürftigen Eltern einen Unterhaltsanspruch gegen ihre Kinder. Das common law kannte eine solche Verpflichtung der Kinder zwar nicht, doch wurde diese Unterhaltspflicht gesetzlich eingeführt.

[472] Vgl. Title IV-D des Social Security Act, 42 U.S.C. § 653 (2005) und die 1984 Child Support Amendments, Pub. L. No. 98–378, 98 Stat. 1305 (1984). Der Deadbeat Parents Punishment Act of 1998, 18 U.S.C. § 228 (2005), bestraft mit Geld und Gefängnis den, der sich vorsätzlich einer Unterhaltszahlungspflicht entzieht. Strafverschärfend wird gewertet, wenn der Schuldner „travels in interstate or foreign commerce with the intent to evade a support obligation": § 2282(a)(2).

[473] Full Faith and Credit for Child Support Orders Act of 1994, 28 U.S.C. § 1738B (2005). Vgl. *Elrod*, Child Support Reassessed: Federalization of Enforcement Nears Completion, 1997 U. Ill. L. Rev. 695 (1997); *Ring*, Personal Jurisdiction and Child Support: Establishing the Parent-child Relationship as Minimum Contacts, 89 Calif. L. Rev. 1125 (2001); *Weintraub*, Recognition and Enforcement of Judgements of Child Support Obligations in United States and Canadian Courts, 34 Tex. Int'l L. J. 361 (1999).

[474] Vgl. *Hay/Borchers/Symeonides*, Conflicts, § 15.37.

4. Adoption

529 Die Adoption und ihre Folgen sind umfassend gesetzlich geregelt. Erlaubt ist in allen Staaten die Adoption Minderjähriger, in einigen auch die Erwachsener. Adoptieren können alle volljährigen Personen,[475] ob verheiratet oder nicht, Ehepaare werden aber naturgemäß bevorzugt. Wer verheiratet ist, kann grundsätzlich nur zusammen mit seinem Ehepartner adoptieren. Schwierigkeiten bereiteten Adoptionen durch gleichgeschlechtliche Paare. Eine generelle Ablehnung gibt es heute aber nur noch in wenigen Staaten.[476] In einigen Staaten darf eine Adoptionsvermittlung nur über staatliche Behörden oder staatlich genehmigte Einrichtungen erfolgen, in anderen ist auch eine private Vermittlung zulässig. Die Adoption selbst erfolgt durch Gerichtsbeschluß. Zuständig ist das Gericht im Domizilstaat des Kindes.[477] Es wendet sein eigenes Recht, die lex fori an. Ab einem bestimmten Alter muß das Kind der Adoption zustimmen. Die Einwilligung der leiblichen Eltern ist in jedem Fall erforderlich. Sind sie nicht auffindbar, kann die Einwilligung durch das Gericht ersetzt werden. Die Zustimmung des Vaters eines nichtehelichen Kindes ist zumindest dann erforderlich, wenn er eine Beziehung zu dem Kind aufgebaut hat.[478] Mit der Adoption enden alle Rechtsbeziehungen zu den natürlichen Eltern, das Kind gilt als nur noch mit den Adoptiveltern verwandt. Gewisse Ausnahmen hiervon gelten im Erbrecht.

530 Im zwischenstaatlichen Rechtsverkehr ist die Adoption, d. h. der Status als Adoptivkind, von anderen Staaten aufgrund der Full-Faith-and-Credit-Clause bei bestehender Zuständigkeit des Adoptivgerichts anzuerkennen.[479] Die Anerkennung erstreckt sich aber nicht auf alle Adoptionsfolgen (incidents) des erststaatlichen Rechtes, vielmehr werden Rechte aus Adoption nach dem Recht des Staates beurteilt, in dem sie geltend gemacht werden. Wie im Scheidungsrecht kann die lex fori-Orientierung des Zuständigkeits- und Adoptionsrechts im internationalen Rechtsverkehr dann zu Anerkennungsschwierigkeiten führen, wenn das andere Rechtssystem lediglich auf das Personalstatut abstellt. So ist es denkbar, dass eine in Deutschland vorgenommene Adoption mangels Zuständigkeit des erkennenden Gerichtes (im amerikanischen Sinne) in den USA nicht anerkennungsfähig ist. Dem deutschen Gericht ist die Möglichkeit gegeben, derartige Resultate durch die analoge Anwendung von § 606 a Abs. 1 ZPO zu vermeiden.[480]

---

[475] Manchmal ist auch die Adoption durch Minderjährige zugelassen; vgl. § 750 ILCS 50/2 (b) (2004).

[476] Einer dieser Staaten ist Florida, wo Adoption durch eine „homosexual" Person verboten ist. Fla. Stat. § 63.042(3) (2002). Bundesgerichte haben die Regelung als verfassungskonform aufrechterhalten, der Supreme Court hat den Fall nicht angenommen. *Lofton et al. v. Sec'y, Dep't of Children and Family Services*, 358 F.3 d 804 (11th Cir.), rehearing denied, 377 F.3 d 1275 (11th Cir. 2004), cert. denied, 573 U.S. 1081, 125 S.Ct. 869, 160 L.Ed. 2 d 825 (10. Januar 2005), erwähnt in 117 Harv. L. Rev. 2791 (2004). Siehe zum Ganzen auch *Bell*, Prohibiting Adoption by Same-Sex Couples: Is It in the „Best Interest of the Child?", 49 Drake L. Rev. 345 (2001); *Cox*, Adoptions by Lesbian and Gay Parents Must be Recognized by Sister States under the Full Faith and Credit Clause Despite Anti-Marriage Statutes that Discriminate Against Same-Sex Couples, 31 Cap. U.L. Rev. 751 (2003); *Duncan*, In Whose Best Interests: Sexual Orientation and Adoption Law, 31 Cap. U.L. Rev. 787 (2003).

[477] Umstritten, so aber die weit überwiegende Meinung, vgl. *Hay/Borchers/Symeonides* Conflicts, § 16.5.

[478] *Stanley v. Illinois*, 405 U.S. 645, 92 S.Ct. 1208, 31 L.Ed.2 d 551 (1972).

[479] Zur Diskussion einiger in diesem Zusammenhang aufgetretener Fragen *Whitten*, Choice of Law, Jurisdiction, and Judgment Issues in Interstate Adoption Cases, 31 Cap. U.L. Rev. 803 (2003).

[480] Die USA haben das Haager Abkommens on Intercountry Adoptions, 32 I.L.M. 1134 (1993), gezeichnet, jedoch bisher nicht ratifiziert. Es normiert Mindestvoraussetzungen für „intercountry adop-

F. Erbrecht und Trust

Literatur: *Beyer*, Wills, Trusts and Estates: Examples and Explanations, 4. Auflage 2007; *Dukeminier/ Johanson*, Wills, Trusts and Estates, 7. Auflage 2005; *McGovern/Kurtz/Rein*, Wills, Trusts and Estates, 3. Auflage 2004; *Vollmar/Hess/Whitman*, An Introduction to Trusts and Estates, 2003.

I. Einführung

Dieses Kapitel behandelt das Erbrecht und das sachenrechtliche Institut des trust. Angesichts der deutschen Systematik mag dies verwundern. Im amerikanischen Recht besteht jedoch ein enger Zusammenhang zwischen beiden Bereichen, da durch die Errichtung eines trust ähnliche Rechtsfolgen wie bei einem Testament herbeigeführt werden können. Daher wird oft in einem Atemzug von wills and trusts gesprochen. Das Erbrecht ist einzelstaatliches Recht. Zahlreiche Versuche sind unternommen worden, es zu vereinheitlichen und zu vereinfachen. Das wichtigste Gesetzeswerk in dieser Hinsicht ist der Uniform Probate Code (UPC), 1969 verabschiedet und 1990 grundlegend überarbeitet.[481]

531

Das amerikanische Erbrecht unterscheidet sich erheblich vom deutschen. Eine verfahrenstechnische Besonderheit sind die speziellen Erbgerichte (**Probate Courts**), die für Erbstreitigkeiten und die Nachlaßabwicklung zuständig sind.[482] Im Gegensatz zum deutschen kennt das amerikanische Recht darüber hinaus keine Universalsukzession. Der Nachlaß (estate) muß nicht zwangsläufig eine Einheit sein, die einzelnen Nachlaßposten können vielmehr unterschiedlichen Regeln unterworfen sein. Desgleichen kann ein Testament auch nur einen Teil des Nachlasses regeln, der Rest folgt dann den gesetzlichen Bestimmungen.

532

Früher bestand eine grundlegende Trennung zwischen beweglichem und unbeweglichem Nachlaß. Der bewegliche Nachlaß ging auf ein eigenständiges Rechtsgebilde, das estate des Verstorbenen über, das bis zur Verteilung an die Erben von einem Nachlaßverwalter verwaltet wurde. Unbeweglicher Nachlaß fiel direkt den Erben zu, unterstand jedoch ebenfalls der Verfügungsgewalt des Nachlaßverwalters. Diese Unterscheidung hat mittlerweile an Bedeutung verloren, viele Staaten haben sie ganz aufgegeben. Auch der UPC sieht für jegliches Vermögen einen direkten Übergang auf die Erben vor. Zunächst untersteht es jedoch noch der Verfügungsgewalt des Nachlaßverwalters. Eine Unterscheidung zwischen beweglichem und unbeweglichem Vermögen wird jedoch weiterhin im Rahmen des Internationalen Privatrechts vorgenommen. Unbewegliches Vermögen wird nach der lex rei sitae vererbt, bewegliches nach dem Recht am letzten Wohnsitzes des Erblassers. Insofern können sich erhebliche Probleme ergeben, von der Notwendigkeit mehrerer Nachlaßverfahren bis hin zur Anwendung unterschiedlich strenger Formvorschriften.

533

---

tions" und soll insbesondere dem Schutz von Kindern aus Entwicklungsländern dienen. Allein im Jahre 2002 wurden 20.099 Visa für die Einreise von Waisenkindern in die USA ausgestellt. Siehe auch *Graff*, Can the Free Market in Children be Controlled?, 27 Syracuse J. Int'l L. & Com. 405 (2000); *Hubing*, International Child Adoptions: Who Should Decide What is in the Best Interests of the Family?, 15 ND J. L. Ethics & Pub. Pol'y 655 (2001).

[481] Der UPC ist derzeit in 18 Staaten in Kraft und in Teilen akzeptiert in fast allen übrigen Staaten. Siehe http://www.nccusl.org für aktuelle Informationen.

[482] Das können allerdings auch besondere Abteilungen innerhalb eines ordentlichen Gerichtes sein.

534 Schließlich ist auf die sehr spezielle Terminologie hinzuweisen. Einige Begriffe sind mittlerweile zwar austauschbar oder werden zusammen verwendet, so z. B. will und testament. Bei anderen muß jedoch genau unterschieden werden, ob sie im Zusammenhang mit der testamentarischen oder der gesetzlichen Erbfolge verwandt werden.[483] Sprachliche Genauigkeit ist im Umgang mit dem amerikanischen Erbrecht von großer Bedeutung.

II. Gesetzliche Erbfolge

535 Die gesetzliche Erbfolge (**intestate succession**) tritt ein, wenn kein oder kein gültiges Testament existiert. Der Nachlaß fällt an die gesetzlich bestimmten Erben, wobei die Verteilung Ähnlichkeiten mit dem deutschen Recht besitzt. Für Ehegatten ist der Einfluß des Ehegüterrechts zu beachten. Staaten, die dem common law property-System folgen, gewähren dem überlebenden Ehegatten einen gesetzlichen Erbteil neben den Verwandten des Erblassers.[484] In community property-Staaten ist der überlebende Ehegatte bereits güterrechtlich zur Hälfte an dem gemeinsamen ehelichen Vermögen beteiligt, ein weiterer erbrechtlicher Ausgleich findet deshalb grundsätzlich nicht mehr statt.[485] Durch die Ausgliederung bestimmter Vermögensgegenstände aus dem Nachlaß des Verstorbenen wird der Ehegatte begünstigt. Das common law räumte dem überlebenden Ehegatten ursprünglich einen sachenrechtlichen Anspruch in Form eines Eigentumsrechts auf Lebenszeit (life estate) am Grundstückseigentum des Erblassers ein. Im Fall der überlebenden Ehefrau sprach man von dower, das Recht des überlebenden Ehemannes hieß curtesy. Diese life estates wurden in den meisten Staaten abgeschafft[486] und durch ein Anrecht auf das Wohnhaus (homestead) ersetzt.[487]

---

[483] So heißt z. B. der im Testament benannte Nachlaßverwalter executor, der nicht im Testament benannte administrator with the will annexed und der bei gesetzlicher Erbfolge tätig werdende Verwalter administrator. Testamentarische Erben sind beneficiaries, Erben durch gesetzliche Erbfolge heirs. Die Unterscheidung kann sich aber auch nach anderen Kriterien richten. Eine devise ist z. B. das Vermächtnis unbeweglichen Vermögens, eine legacy das Vermächtnis beweglichen Vermögens.

[484] Dieser fällt unterschiedlich aus, je nachdem, ob der Erblasser Abkömmlinge hat. Vgl. UPC § 2–102; Fla. Stat. § 732.102 (2004). Eine typische gesetzliche Verteilung eines Nachlasses ist zum Beispiel § 755 ILCS 5/2-1 (2003):Überlebt ein Ehegatte, so erhält er die Hälfte des Nachlasses, der Rest fällt den Abkömmlingen des Erblassers zu. Hat der Ehegatte nicht überlebt, geht der ganze Nachlaß an die Abkömmlinge des Erblassers. Überlebt hingegen kein Abkömmling, fällt der ganze Nachlaß dem überlebenden Ehegatten zu. Überleben weder Ehegatte noch Abkömmlinge, gehen gleiche Teile des Nachlasses an Eltern und Geschwister des Erblassers. Lebt nur noch ein Elternteil, erhält dieser zwei Anteile. Ist ein Bruder, bzw. eine Schwester vorverstorben, erhalten wiederum deren Abkömmlinge den Erbteil, der dem Bruder bzw. der Schwester zugestanden hätte. Trifft keine der vorstehenden Regelungen zu, geht der Nachlaß zuerst an die Großeltern und deren Abkömmling, danach auf Urgroßeltern und deren Abkömmling über. Ist auch dies nicht möglich, fällt er schließlich den restlichen Verwandten in der Reihenfolge des Verwandtschaftsgrades zu. Hat der Erblasser keinerlei Verwandtschaft, erbt der Staat.

[485] UPC § 2–102A regelt die Verteilung des separate property. Cal. Prob. Code § 6401 (2003) behandelt den Anteil am community bzw. quasi-community property als Erbteil und regelt die Verteilung des separate property. A.R.S. § 14–2102 (2004) sieht die Möglichkeit eines Erbteils am Gesamtgutsanteil des Erblassers vor.

[486] UPC § 2–112; § 755 ILCS 5/2-9 (2004); Fla. Stat. § 732.111 (2003); Cal. Prob. Code § 6412 (2005).

[487] Homestead, exempt property und family allowance werden im Rahmen des Pflichtteilsrechts (unten Rn. 545) näher dargestellt.

Halbverwandte,[488] Adoptivkinder[489] und nachgeborene Erben[490] sind wie Vollverwandte erbberechtigt. Früher verweigerten die meisten Staaten nichtehelichen Kindern das Erbrecht gegenüber dem Vater, es sei denn, das Kind wurde testamentarisch bedacht.[491] Heute sind sie ehelichen Kindern in der Regel gleichgestellt.[492] Ferner ist die Erbenstellung auch nicht an eine bestimmte Staatsangehörigkeit geknüpft, wie dies früher im common law teilweise der Fall war.[493] Der Erbe muß den Erblasser überlebt haben. Der Nachweis dieser Voraussetzung kann schwierig sein, z. B. wenn Erblasser und Erbe kurz hintereinander sterben. Dieses Problem birgt ein hohes Konfliktpotential in sich, weshalb oft gesetzlich vermutet wird, dass jeder den anderen überlebt hat. UPC § 2–104 verlangt jedoch den Nachweis, dass der Erbe den Erblasser um 120 Stunden überlebt hat.

536

III. Testamentarische Erbfolge

Innerhalb der Grenzen der Testierfreiheit verdrängt die testamentarische Erbfolge (testate succession) die gesetzlichen Vorschriften, wenn der Erblasser ein gültiges Testament errichtet hat. Ursprünglich bezeichnete man Verfügungen über bewegliches Vermögen als testament und über unbewegliches Vermögen als will. Heute werden die Begriffe testament, will und last will austauschbar behandelt.

537

1. Gültigkeitsvoraussetzungen

Testierfähig ist jede natürliche Person eines gewissen Alters, die im Besitz ihrer vollen Geisteskraft ist (of sound mind).[494] Der Erblasser muß also nicht notwendigerweise geschäftsfähig sein. Er muß erkennen können, dass er ein Testament errichtet und welche Tragweite die darin enthaltenen Verfügungen haben. Voraussetzung hierfür ist, dass er sich über die Erbmasse und die möglichen Erben im klaren ist. Erbberechtigt ist grundsätzlich jeder, auch Minderjährige. Eine Erbunwürdigkeit tritt im amerikanischen Erbrecht nur ein, wenn der Erbe den Erblasser getötet hat.[495]

538

Ein **formal will** bedarf der Schriftform (handschriftlich, gedruckt oder mit Maschine) und muß vom Erblasser unterzeichnet und von Zeugen (zwei oder drei, je nach Staat) durch eine Unterschrift bestätigt werden (attestation).[496] Begünstigte dürfen in einigen Staaten nicht Zeugen sein.[497] In vielen Staaten ist auch eine vom Erblasser

539

---

[488] UPC § 2–107; Cal. Prob. Code § 6406 (2005).
[489] UPC § 2–114(b); *Phelps v. King* 58 Ill.2 d 32, 316 N.E.2 d 775 (1974).
[490] UPC § 2–108; § 755 ILCS 5/2-3 (2003); Fla. Stat. § 732.106 (2004).
[491] Der Supreme Court lehnte es noch 1971 ab, ein einzelstaatliches Gesetz für verfassungswidrig zu erklären, das ein nichteheliches Kind trotz Vaterschaftsanerkennung nicht von seinem Vater erben ließ. *Labine v. Vincent*, 401 U.S. 532, 91 S.Ct. 1017, 28 L.Ed.2 d 288 (1971).
[492] Siehe z. B. UPC § 2–114 (a).
[493] UPC § 2–111; Fla. Stat. § 732.1101 (2004); Cal. Prob. Code § 6411 (2005).
[494] UPC § 2–501; § 755 ILCS 5/4-1(2004); A.R.S. § 14–2501 (2004); Fla. Stat. § 732.501 (2003).
[495] UPC § 2–803; § 755 ILCS 5/2-6 (2004). Zur Diskussion siehe *Kramer*, Guilty by Association: Inadequacies in the Uniform Probate Code Slayer Statute, 19 N.Y.L. Sch. J. Hum. Rts. 697 (2003).
[496] UPC § 2-502(a).
[497] § 755 ILCS 5/4-3: „… two or more credible witnesses"; anders UPC § 2–505; A.R.S. § 14–2505 (1999).

handschriftlich verfaßte und nur von ihm unterschriebene letztwillige Verfügung (holographic will) zulässig.[498] Es gibt keine Möglichkeit, ein öffentliches Testament zu errichten.[499] Der Zusatz zu einem Testament (codicil) muß ebenfalls den Formvorschriften genügen. In vielen Staaten kann man jedoch im Testament auf bestimmte Schriftstücke Bezug nehmen und sie dadurch in die letztwillige Verfügung einbeziehen (incorporation by reference). Da ein Nachlaßverfahren unter Umständen in mehreren Staaten anhängig gemacht werden muß, finden theoretisch alle ihrer Formvorschriften Anwendung. In einigen Staaten werden Härtefälle durch besondere gesetzliche Bestimmungen vermieden, die das auswärtige Testament unter bestimmten Voraussetzungen anerkennen.[500]

540 Ein bestehendes Testament kann grundsätzlich geändert werden. Dabei sind die gleichen Formvorschriften wie bei seiner Errichtung zu beachten. Es gibt daher zwei Möglichkeiten, ein Testament zu ändern bzw. zu ergänzen: Es kann unter Berücksichtigung der Änderungen neu errichtet oder mit einem Zusatz (**codicil**) versehen werden, welcher der Änderung Rechnung trägt. Ungenügend ist hingegen das bloße Streichen bestimmter Passagen. Auch die Aufhebung eines Testaments kann auf verschiedene Weise erfolgen. Es kann zum einen absichtlich vernichtet werden. Die Errichtung eines neuen Testaments führt ebenfalls zur Aufhebung, wenn es das frühere ausdrücklich aufhebt oder gegenteilige Bestimmungen enthält.[501] Schließlich können auch Veränderungen der Lebensumstände des Erblassers diese Folge auslösen.[502] Ob ein einmal aufgehobenes Testament wieder auflebt, wenn das spätere ebenfalls aufgehoben wird, ist von Staat zu Staat unterschiedlich.[503]

541 Ein Irrtum des Erblassers ist kein Willensmangel, der zur Unwirksamkeit des Testaments führt. Entstand es aufgrund einer absichtlichen Täuschung des Erblassers (fraud), insbesondere durch den Begünstigten, so ist es ungültig. Auch übermäßige Einflußnahme durch einen anderen kann dann zur Unwirksamkeit führen, wenn der Erblasser faktisch keinen freien Willensentschluß mehr fassen konnte (undue influence). Die Anforderungen für eine Unwirksamkeit sind jedoch sehr hoch.[504]

---

[498] UPC § 2-502(b).

[499] Die Einschaltung eines Notars scheitert bereits daran, dass es einen solchen im amerikanischen Recht nicht gibt. Mit notary public wird in der amerikanischen Rechtsterminologie lediglich ein juristischer Laie bezeichnet, der, ohne Hoheitsrechte wahrzunehmen, Unterschriften, Zeugenaussagen u. ä. bestätigt.

[500] UPC § 2–506; § 755 ILCS 5/7-1 (2003); A.R.S. § 14–2506 (2004). Zum Februar 2005 haben 13 Staaten und der District of Columbia den Uniform International Wills Act übernommen, Uniform Probate Code, Art. II, Part 10, 8 U.L.A 191 (1995).

[501] UPC § 2-507(a); § 755 ILCS 5/4-7(a) (2004).

[502] UPC § 2–508 erkennt mit dem Verweis auf UPC § 2–803 und § 2–804 nur den Fall der Tötung des Erblassers und der Scheidung vom Erblasser an. Werden Ehegatten oder Kinder vernachlässigt, weil das Testament vor der Heirat oder der Geburt errichtet worden war, ist nach UPC § 2–301 und UPC § 2–302 ebenfalls eine Korrektur in Form eines gesetzlichen Anteils vorgesehen.

[503] Siehe dazu UPC § 2–509.

[504] Zur Frage eventueller deliktischer Haftung in diesem Bereich siehe *Klein*, The Disappointed Heir's Revenge, Southern Style: Tortious Interference with Expectations of Inheritance – A Survey with Analysis of State Approaches in the Fifth and Eleventh Circuits, 55 Baylor L. Rev. 79 (2003).

2. Inhalt und Grenzen der Testierfreiheit

Der Erblasser ist weitgehend frei, den Inhalt seines Testaments zu bestimmen. Er 542
kann sein gesamtes Vermögen einer Person oder Institution vermachen oder diverse
Vermächtnisse (bequests) vorsehen. Eheleute können gemeinsame Testamente (joint
wills) aufsetzen oder sich wechselseitig in ihren Testamenten (mutual wills) bedenken. Letztere sind in vielen Staaten auch nach dem Tod der anderen Partei frei
widerruflich.[505] Von diesen zu unterscheiden ist der contract to make a will, der eine
vertragliche Verpflichtung zur Errichtung eines Testaments bestimmten Inhalts darstellt. Er unterliegt vertraglichen Regelungen und bedarf demnach auch einer consideration.[506]

Ihre Grenzen findet die Testierfreiheit in den Regeln zum Pflichtteil (dazu sogleich) 543
und in den guten Sitten. **Sittenwidrigkeit** gewinnt vor allem an Bedeutung, wenn ein
Vermächtnis an bestimmte Bedingungen gekoppelt ist (conditional bequests). So kann
ein Testament zum Beispiel vorsehen, dass der Erbe den Erblasser um bestimmte Zeit
überlebt oder einer bestimmten anderen Person etwas zukommen läßt. Derartige Bedingungen sind in der Regel nicht sittenwidrig. Sie können es aber sein, wenn sie die
persönliche Entscheidungsfreiheit des Erben erheblich einschränken, z. B. dass er nur
eine Person gleichen Glaubens heiraten soll oder unverheiratet zu bleiben hat.[507] Penalty clauses sind ebenfalls problematisch. Um unzufriedene Erben daran zu hindern, der
Anerkennung des Testaments zu widersprechen (contest the will), mag das Testament
die Enterbung des Anfechtenden vorsehen. Der UPC allerdings versagt solchen Klauseln die Wirksamkeit.[508] Besondere Regeln können schließlich auf gemeinnützige Vermächtnisse (charitable bequests) Anwendung finden. Solche Vermächtnisse könnten
den für die Familie des Verstorbenen verbleibenden Nachlaß erheblich reduzieren.
Auch läßt sich befürchten, dass Krankheit oder Todeserwartung des Erblassers ausgenutzt werden könnten, um ihn zu einem solchen gemeinnützigen Vermächtnis zu bewegen. Gesetzliche Regeln beschränken daher charitable bequests oft auf einen bestimmten Prozentteil des Nachlasses bzw. lassen sie nur wirksam sein, wenn sie eine
bestimmte Zeit vor dem Tod des Erblassers gemacht wurden.[509]

Für die **Auslegung** eines Testaments stellt der UPC eine Vielzahl von Regeln bereit. 544
Ihr Ziel ist es, den wirklichen Willen des Erblassers zu erforschen und diesem zur

---

[505] D. h., sie werden nicht als vertragliche Bindung, z. B. zugunsten der Erben des Vorverstorbenen, angesehen.
[506] Zu contractual wills siehe *McGovern/Kurtz/Rein*, Wills, § 9.5; zur consideration oben Rn. 298 ff.
[507] Siehe dazu *Jenkins v. Merritt*, 17 Fla. 304 (1879); *Raulerson v. Saffold*, 61 So. 2 d 926 (Fla. 1952); *Community Nat'l Bank & Trust Co. v. Rapaport*, 213 So. 2 d 316 (Fla. 1968); *Annotation*, Wills: Validity of Condition of Gift Depending on Divorce or Separation, 14 A.L.R. 3 d 1219 (1996). Weitere Nachweise und ausführliche Diskussion bei *Sherman*, Posthumous Meddling: An Instrumentalist Theory of Testamentary Restraints on Conjugal and Religious Choices, 1999 U. Ill. L. Rev. 1273 (1999).
[508] UPC § 2–517; Fla. Stat. § 732.517 (2004); A.R.S. § 14–2517 (2004).
[509] Letzterer Regelungstyp stellt eine Fortsetzung des früheren *mortmain statute* dar. Erklärend dazu *Kirkbride v. Hickok*, 98 N.E.2 d 815 (Ohio 1951). Zu den ursprünglichen *mortmain statutes* mit weiterem Anwendungsbereich, siehe Clause 43 der Magna Carta, in der Neufassung des second charter von Heinrich III. aus dem Jahre 1217; kurze Erörterung bei *Taswell-Langmead*, English Constitutional History 101–02 (11th rev. Ed. 1960); *Pllock/Maitland*, 1 The History of English Law 334–35 (2 d ed., reissued 1968) (BK. II, Ch.1 § 9, ed. of 1895).

Durchsetzung zu verhelfen. Ist der Wortlaut nicht eindeutig, ist dabei die Auslegungsmöglichkeit zu wählen, die der Verfügung zum Erfolg verhelfen wird. Wer ein begründetes Interesse daran hat, kann ein Testament anfechten. Ein contest muß innerhalb einer bestimmten Zeit nach Testamentseröffnung stattfinden. Die Beweissituation ist hier oft schwierig, die meisten dieser Verfahren bleiben deshalb erfolglos und spielen in der Praxis nur eine untergeordnete Rolle.

IV. Pflichtteil

545 Ehegatte und Kinder sind in der Regel am stärksten auf den Erblasser angewiesen und brauchen gesetzlichen Schutz, wenn der Erblasser diesem Umstand in seinem Testament nicht selbst Rechnung trägt.[510] In Staaten des common law-Ehegüterrechts (oben Rn. 497 f.) hat der überlebende Ehegatte einen gesetzlichen Anspruch auf einen Teil des Nachlasses. Dieser Pflichtteil (forced heirship) liegt in der Regel zwischen einem Drittel und der Hälfte, sein Umfang kann von der Dauer der Ehe oder der Anzahl der gemeinsamen Kinder abhängen. Ist der Ehegatte im Testament nicht in gleicher Weise bedacht, so kann er das Vermächtnis zurückweisen (elect against the will) und statt dessen wahlweise den **elective share** verlangen.[511] Die restlichen testamentarischen Verfügungen behalten ihre Gültigkeit. Im Interesse der Rechtssicherheit müssen natürlich bestimmte Fristen eingehalten werden, nach deren Ablauf eine Zurückweisung des Testaments nicht mehr möglich ist.[512] Man kann auf ein mögliches zukünftiges Zurückweisen verzichten, z. B. im Hinblick auf ein bestimmtes Testament oder (was sehr viel häufiger ist) im Rahmen einer vorehelichen Vereinbarung, in der sich die zukünftigen Ehegatten übereinstimmend jeglicher Rechte am Nachlaß des anderen begeben. Um einer bewußten Schmälerung des Vermögens zu Lebzeiten des Erblassers zu Lasten des Ehegatten entgegenzuwirken, wird bei der Bestimmung des elective share der Nachlaß gesetzlich oft rechnerisch um diejenigen Vermögenspositionen aufgestockt, die der Erblasser zu Lebzeiten durch bestimmte Verfügungen dem Nachlaß entzogen hat. Zu den wichtigsten zählen zum Beispiel die Schenkung causa mortis an einen Dritten oder die joint tenancy with the right of survivorship (zu beiden unten Rn. 553) zugunsten eines Dritten.

546 Im Gegensatz zum Ehegatten haben Kinder keinen Anspruch auf einen Pflichtteil, sie können also auch enterbt werden.[513] Die Verfügungsautonomie über das eigene Vermögen hat höheren Stellenwert als die Absicherung der Kinder von Todes wegen. Jedoch: werden Kinder im Testament einfach nicht erwähnt, so gewährt ihnen ein-

---

[510] Siehe dazu *Brashier*, Disinheritance and the Modern Family, 45 Case W. Res. L. Rev. 83 (1994).
[511] Der UPC § 2–202 staffelt den elective share nach der Anzahl der Ehejahre. Dagegen ein einzelstaatliches Beispiel: nach § 755 ILCS 5/2-8 (2004) erhält der überlebende Ehegatte die Hälfte des Erbes, aber nur ein Drittel, wenn Abkömmlinge des Erblassers vorhanden sind.
[512] UPC § 2–211; Fla. Stat. § 732.2135 (2004).
[513] Siehe dazu *Brashier*, Protecting the Child from Disinheritance: Must Louisiana Stand Alone?, 57 La. L. Rev. 1 (1996); *Brennan*; Disinheritance of Dependent Children: Why Isn't America Fulfilling its Moral Obligation?, 14 Quin. Prob. L.J. 125 (1999); *Saler*, Pennsylvania Law Should No Longer Allow a Parent's Right to Testamentary Freedom to Outweigh the Dependent Child's „Absolute Right to Child Support", 34 Rutgers L.J. 235 (2002). Eine Ausnahme zur generellen Regel bildet das in der Tradition des französischen Rechts und des civil law stehende Louisiana.

zelstaatliches Recht einen gesetzlichen Erbteil, aber nicht, wenn sie absichtlich ausgeschlossen wurden.[514]

Vom Pflichtteil zu unterscheiden sind homestead allowance, exempt property und family allowance.[515] **Homestead allowance** gibt dem überlebenden Ehegatten bzw. den Kindern ein Anrecht auf die Wohnstätte.[516] Mit dem **exempt property** stehen dem überlebenden Ehegatten bzw. überlebenden Kindern unabhängig von ihrem Erbteil bestimmte Haushaltsgegenstände zu, die der Nachlaßverwaltung entzogen sind.[517] Die **family allowance** gewährt einen Unterhaltsanspruch für die Dauer der Nachlaßverwaltung.[518] Der Erblasser kann jedoch im Testament bestimmen, daß das Vermächtnis an den Ehegatten ein ausschließliches ist, dieser also darüber hinaus keine weiteren Zuwendungen erhalten soll. Dann kommt er nur durch Anfechtung des Testaments in den Genuß eines Unterhaltsanspruchs, erhält darüber hinaus folglich auch nur den gesetzlich vorgesehenen Erbteil.[519]

547

V. Ausschlagung der Erbschaft

Eine Erbschaft kann ganz oder teilweise ausgeschlagen werden (disclaimer).[520] Der ausgeschlagene Teil wird dann so verteilt, als ob der Begünstigte vorverstorben wäre. Die Ausschlagung einer Erbschaft hat aber im amerikanischen Recht weitaus weniger Bedeutung und erfolgt aus anderen Gründen als im deutschen Recht. Die Universalsukzession des deutschen Rechts führt zur persönlichen Haftung des Erben für die Verbindlichkeiten des Erblassers (jetzt: Nachlasses). Im amerikanischen Recht gibt es jedoch keine Gesamtrechtsnachfolge. Die Begünstigten haften für Nachlaßverbindlichkeiten nicht persönlich, sie treten ihr Erbe oder Vermächtnis erst nach Abwicklung des Nachlasses durch einen Verwalter an. Er hat eventuelle Schulden bereits vor der Austeilung an die Erben beglichen. Für die Erben handelt es sich also um eine „Netto-Nachfolge".

548

VI. Nachlaßverfahren

Am Anfang des Nachlaßverfahrens steht die Zulassung des Testaments (admission to probate), wenn ein solches vorliegt. Bestehen Zweifel an seiner Richtigkeit, muß es notfalls durch Zeugenvernehmung bewiesen werden. Das örtlich zuständige erstinstanzliche Gericht ist in der Regel auch Probate Court. In verfahrenstechnischer Hinsicht unterscheiden manche Staaten zwischen streitigen gerichtlichen Verfahren (formal probate proceeding) und unstreitigen Verfahren durch einen dem Rechtspfleger vergleichbaren registrar (informal probate proceeding), je nachdem, ob ernsthafte Zweifel an der Wirksamkeit des Testaments bestehen.

549

---

[514] Siehe z. B. Cal. Prob. Code §§ 21 620 f. (2003); Fla.Stat. § 732.302 (2004); § 755 ILCS 5/4-10 (2004).
[515] Siehe dazu *McGovern/Kurtz/Rein*, Wills, § 3.5.
[516] UPC § 2–402.
[517] UPC § 2–403.
[518] UPC § 2–404.
[519] 755 ILCS 5/15-1(b) (2004).
[520] Siehe dazu *McGovern/Kurtz/Rein*, Wills, § 2.5.

550 Nach der Zulassung des Testaments sowie bei der gesetzlichen Erbfolge erfolgt eine gerichtliche **Nachlaßabwicklung** (administration of the estate). Der Probate Court bestätigt den im Testament benannten (executor) oder bestellt einen Nachlaßverwalter (administrator) im Fall der intestate succession. Executor und administrator werden unter dem Oberbegriff personal representative zusammengefaßt. Ihre Aufgabe besteht in der ordnungsgemäßen Abwicklung des Nachlasses. Der **personal representative** zieht Schulden ein und darf zu diesem Zweck im Namen des estate auch vor Gericht klagen. Er ist berechtigt, ein Geschäft auf Zeit fortzuführen, kann Investitionen vornehmen, muß Grundstücke verwalten und gegebenenfalls vermieten, angemeldete Ansprüche überprüfen und vieles mehr. Aus dem Nachlaßvermögen werden in einer festgesetzten Reihenfolge die Verbindlichkeiten des Erblassers und die Kosten der Nachlaßverwaltung beglichen. Schließlich obliegt ihm die Verteilung des verbleibenden Vermögens an die Erben und Vermächtnisempfänger entsprechend der testamentarischen oder gesetzlichen Anordnung. Mit der Erfüllung dieser Pflicht wird er seines Amtes entbunden (discharged). Er hat seinerseits Anspruch auf eine entsprechende Bezahlung,[521] ist aber auch bei Verletzung der ihm obliegenden strengen Sorgfaltspflichten u. U. dem Nachlaß (estate) zum Ersatz des hieraus entstehenden Schadens verpflichtet. Zur Sicherung der pflichtgemäßen Erfüllung seines Amtes muß er daher in der Regel eine Kaution bei Gericht hinterlegen, falls das Testament ihn nicht von diesem Erfordernis befreit.

551 Die Hauptnachlaßverwaltung (principal oder domiciliary administration) findet meist am Ort des letzten Domizils des Erblassers statt. Verfahren in anderen Staaten sind Nebenverfahren (ancillary administration). Zur Förderung der Einheitlichkeit der Verfahren wird der domiciliary administrator häufig bei der Bestellung zum ancillary administrator gegenüber anderen bevorzugt. Ansonsten kann es schwerwiegende Probleme geben: Ein Schuldner des Erblassers leistet in Unkenntnis eines örtlich anhängigen Nachlaßverfahrens an einen auswärtigen Nachlaßverwalter. Hat er seine Schuld getilgt? Kann er noch einmal vom örtlichen Nachlaßverwalter in Anspruch genommen werden? Einzelstaatliche gesetzliche Regeln können ihn vor nochmaliger Inanspruchnahme schützen.[522]

552 Gläubiger des Erblassers werden vom Nachlaßverwalter durch Veröffentlichung zur Anmeldung ihrer Ansprüche innerhalb einer gesetzten Frist aufgefordert. Eine solche Anmeldung kann in jedem Staat erfolgen, in dem ein Nachlaßverfahren durchgeführt wird. Der bundesverfassungsrechtliche Gleichheitssatz (equal protection clause) gebietet, auswärtige Gläubiger innerstaatlichen gleichzustellen. Jeder darf überall anmelden. Gerichtliche Anerkennung ist in allen anderen Staaten anzuerkennen (full faith and credit, oben Rn. 215 ff.). Befriedigung des Gläubigers in einem Staat befreit das estate von der Schuld überall. Was, wenn das in Staat A vorhandene Vermögen zur Befriedigung der dort angemeldeten Ansprüche nicht ausreicht, in Staat B hingegen ein Vermögensüberschuß besteht? Stellt man streng territorial nur auf Anmeldung ab, würden A-Gläubiger nur prozentual befriedigt, B-Gläubiger hingegen voll. Unbilligkeiten im Rahmen dieser Lösung werden mit dem Argument beseitigt, die

---

[521] Cal. Prob. Code § 10 800 (2005) sieht beispielsweise für die gewöhnliche Verwaltung eine Staffelung vor. Die Vergütung beträgt mindestens 4 % des Nachlaßvermögens und erhöht sich je nach Nachlaßwert.
[522] § 755 ILCS 5/22-1 (2004).

A-Gläubiger hätten ja Gelegenheit gehabt, ihre Ansprüche innerhalb der gesetzlichen Frist auch in Staat B anzumelden. Allgemeine Anmeldung ist in der Praxis aber häufig gerade nicht der Fall, weil sehr kostspielig. Eine begrüßenswerte modernere Lösung ist die gerichtliche Zusammenarbeit, die das estate trotz der getrennten Nachlaßverfahren als wirtschaftliche Einheit betrachtet. Ansprüche werden summiert, der Prozentsatz der möglichen Befriedigung festgestellt und etwaige Überschüsse von Staat A nach Staat B überwiesen.[523] Kleinere Nachlässe unterliegen häufig vereinfachten Verfahren, wenn der Wert des Nachlasses unter einer gesetzlich vorgeschriebenen Mindestgrenze liegt. Ein Nachlaßverfahren kann dann entfallen.

Man kann langwierige und kostspielige Nachlaßverfahren z. B. dadurch vermeiden, dass man bestimmte Vermögenspositionen dem Begünstigten nicht erbrechtlich, sondern auf anderen Wegen zukommen läßt. Ein Beispiel ist die Errichtung einer **joint tenancy with right of survivorship** (oben, Rn. 431). Dadurch wird Miteigentum an beweglichen und unbeweglichen Gegenständen geschaffen. Mit dem Tod eines Miteigentümers wird der Überlebende automatisch Alleineigentümer. Gleiches gilt für den Abschluß von Lebensversicherungen, die einen bestimmten Begünstigten (beneficiary) einsetzen. Auch er erhält die Versicherungssumme außerhalb des Nachlaßverfahrens und ist daher gegen den Zugriff von Gläubigern des Erblassers gesichert. Eine **Schenkung causa mortis** kommt auch in Frage. Sie ist eine Schenkung unter Lebenden, aber in Erwartung des Todes des Schenkenden. Hier wird das betreffende Vermögen nicht Teil des Nachlasses, sondern geht direkt auf den Beschenkten über.[524] Die flexibelste Möglichkeit, zukünftige Vermögensbeziehungen zu gestalten, bietet jedoch die Errichtung eines trust zu Lebzeiten. Der trust als Testamentsersatz hat im Laufe des letzten Jahrhunderts in den Vereinigten Staaten immer mehr an Bedeutung gewonnen. Er wird im folgenden kurz dargestellt. 553

VII. Trusts

1. Rechtsnatur und Funktion

Ein trust entsteht durch die Übertragung von Vermögenswerten durch den Errichtenden (settlor oder grantor) an einen anderen (trustee), der sie zum Nutzen eines Dritten (beneficiary) verwalten soll.[525] Ermöglicht wird das Institut des trust durch das Konzept der Aufspaltung von Eigentumsrechten. Unterschieden werden der legal title und der equitable title. Inhaber des legal title ist der trustee, der nach formellen, rechtlichen Gesichtspunkten nach außen hin als Eigentümer erscheint. Der von der equity-Rechtsprechung entwickelte equitable title bezeichnet hingegen denjenigen, dem das Eigentum tatsächlich, billigerweise nach dem Willen des settlor zustehen soll. 554

---

[523] *In re Estate of Hirsch*, 146 Ohio St. 393, 66 N.E.2 d (1946); *In re Estate of Radu*, 35 Ohio App. 2 d 187, 64 Ohio Op. 2 d 293, 301 N.E.2 d 263 (Ohio Ct. App. 1973). Vgl. auch *Hay/Borchers/Symeonides* Conflicts, § 22.21.
[524] Jedoch gelten Einschränkungen für derartige Schenkungen, wenn sie Erben (vor allem überlebende Ehegatten) benachteiligen. Siehe oben, Rn. 545.
[525] So erklärt sich auch die Bezeichnung „trust" (Vertrauen): dem „trustee" wird das Eigentum mit der Maßgabe, es für einen Dritten zu verwalten, anvertraut.

555 Das trust-Recht ist bislang nicht einheitlich gesetzlich geregelt. Neben einer Vielzahl von Uniform Acts, die aber immer nur Teilbereiche beinhalten, wurde im Jahre 2000 der Uniform Trust Act eingeführt, der die unterschiedlichen einzelstaatlichen Regelungen zu vereinheitlichen sucht und den Staaten ein als Modellgesetz zur Übernahme zur Verfügung steht.[526]

556 Der trust und besonders die Stellung des trustee sind von diversen ähnlichen Rechtsinstituten zu unterscheiden, die hier nur kurz angesprochen werden sollen. Beim bailment hat der bailee zwar ein dingliches, aber nicht das Eigentumsrecht. Ferner gibt es die Vormundschaft (guardianship). Der Vormund verwaltet zwar das Eigentum des Mündels, hat aber selbst keine Eigentumsrechte. Auch Nachlaß- und Konkursverfahren ähneln dem trust. Hier haben Nachlaßverwalter (administrator) bzw. Konkursverwalter (trustee in bankruptcy) zwar Rechtstitel an der Masse,[527] wurden aber vom Gericht bestellt und üben im wesentlichen andere Funktionen aus als der trustee. Alle haben jedoch die von ihnen zu beachtende Sorgfaltspflicht gemeinsam. Man spricht von einer **fiduciary duty**, d. h. einer besonderen Treuepflicht. Schließlich darf der hier besprochene sachenrechtliche trust nicht mit dem trust des Wettbewerbsrechts verwechselt werden, dem die antitrust laws entgegenwirken. Letzterer dient der Monopolisierung eines Wirtschaftszweiges. Er erhält seinen Namen dadurch, dass die Monopolisierung zu Ende des letzten Jahrhunderts oft durch einen sachenrechtlichen trust herbeigeführt wurde, indem Gesellschaften Aktien-(Stimm-)Rechte auf einen gemeinsamen trustee übertrugen, der dann alle beteiligten Gesellschaften kontrollierte und leitete.

557 Ein trust führt zur Ausklammerung von Vermögensrechten und -gegenständen aus dem Vermögen des settlor. Nach ihrem Übergang auf den rechtlich eigenständigen trust unterliegen sie nicht mehr dem Zugriff der Gläubiger des settlor. Trusts können unterschiedlichen Zwecken dienen. Sie haben ihre größte Bedeutung für die Nachlaßregelung. Die Errichtung eines trust ermöglicht langfristige Vermögensplanung und trägt Versorgungsaspekten Rechnung. Vermieden wird gleichzeitig eine Aufteilung und Zerschlagung des Vermögens durch erbrechtliche Auseinandersetzung. Einem trust kann darüber hinaus eine vermögenssichernde Wirkung zukommen, in dem z. B. die Leitung eines Unternehmens nicht in die Hände geschäftsunerfahrener Erben gelegt wird. Ein trust kann auch zu wohltätigen Zwecken angelegt werden. Steuerliche Aspekte spielen ebenfalls eine wichtige Rolle, weil trust-Einkommen selbständig und nicht als solches des settlor besteuert wird. Der trust erscheint schließlich auch in Form von Rechtsbehelfen, um die Rückabwicklung unwirksamer Rechtsgeschäfte oder Ausgleich für ungerechtfertigte Vermögensverschiebungen zu ermöglichen (unten, Rn. 560).

2. Der Trust im Einzelnen

558 Trusts lassen sich in zwei Hauptgruppen unterteilen, express trusts und implied trusts. Ein rechtsgeschäftlich begründeter trust wird als **express trust** bezeichnet. Er

---
[526] Zum Sommer 2011 hatten 22 Staaten und der District of Columbia das Modellgesetz übernommen. Text und aktuelle Informationen unter http://www.nccusl.org.
[527] Strenggenommen ist die Masse im Nachlaßverfahren ein eigenständiges Rechtsgebilde (estate), das der administrator nur verwaltet.

entsteht durch Vertrag (inter vivos trust oder living trust) oder letztwillige Verfügung (testamentary trust). Der trust-Begründer (settlor) errichtet den (express) trust durch Übergabe der Vermögenswerte an den trustee, der sie nach Maßgabe der trust-Urkunde (trust deed oder trust indenture) zugunsten des beneficiary verwalten soll. Für den testamentary trust gelten die Formvorschriften für Testamente, weil er erst mit dem Tod des settlor bzw. der Übertragung des Vermögens durch den Nachlaßverwalter auf den trustee wirksam wird. Trustee kann jede natürliche oder juristische Person sein. Oft sind es die sog. trust-Abteilungen von Banken, unter Umständen aber auch der settlor selbst.[528] Begünstigter kann eine Person, eine Gruppe usw. sein, solange sie bestimmt oder bestimmbar sind. Ausnahme zu letzterem sind trusts zu wohltätigen Zwecken (charitable trusts), z. B. zur Förderung des Gesundheitswesens.[529]

Der **Widerruf** eines testamentarisch errichteten trusts erfolgt durch Testamentsänderung. Ein vertraglich begründeter trust kann nicht widerrufen werden, es sei denn, der settlor ist zugleich beneficiary oder hat sich das Widerrufsrecht ausdrücklich vorbehalten. Im letzteren Fall hat er also nicht wirklich die Kontrolle über sein Vermögen aufgegeben. Ein derartiger Vorbehalt mag daher zwar in Einzelfällen sinnvoll sein, er zieht jedoch in der Regel die Konsequenz nach sich, dass der settlor das trust-Vermögen als sein eigenes zu versteuern hat. **559**

Zwei weitere Arten von trusts werden im Gegensatz zu dem ausdrücklichen trust kraft Gesetz oder Fallrecht vermutet (implied trusts), der resulting trust und der constructive trust. Ein **resulting trust** entsteht, wenn der angestrebte express trust aus irgendeinem Grund nicht zustande kommen kann (z. B. der Begünstigte ist schon verstorben) oder wenn Eigentum auf eine Person übertragen wird und die Gegenleistung von einer anderen Person stammt. Dann wird ein trust zugunsten des settlor im ersten Fall und zugunsten des wirklich Zahlenden im zweiten Fall angenommen. Ein **constructive trust** entsteht, wenn jemand zu Unrecht Vermögensgegenstände besitzt, die einem anderen gehören. Ist z. B. Eigentum durch Irrtum, Zwang oder Täuschung auf einen anderen übergegangen, wird Vermögen veruntreut und mit seinem Erlös ein neuer Gegenstand erworben oder vermischt jemand ihm überlassenes Vermögen mit seinem eigenen, so entsteht ein constructive trust zugunsten des Geschädigten an dem entzogenen bzw. neuerworbenen Gegenstand oder (bei Vermischung) sogar am Gesamtvermögen des anderen.[530] Da der beneficiary ein equitable interest an dem Gegenstand bzw. Vermögen hat, das der andere zu Unrecht in seinen Händen hält, kann er die Erfüllung des trust, d. h. Übereignung des Gegenstandes bzw. Auszahlung des Vermögens erzwingen. **560**

---

[528] Der settlor kann zugleich auch trustee (als rechtlich selbständige Person) oder beneficiary sein. Trustee und beneficiary dürfen jedoch grundsätzlich nicht identisch sein, weil dann legal und equitable title zusammenfallen würden (merger doctrine).
[529] Kann ein wohltätiger trust aus irgendeinem Grunde nicht aus- oder fortgeführt werden, so findet die cypres-Regel Anwendung, und der trust kann zu einem anderen, dem ursprünglichen nahestehenden Zweck verwendet werden. Siehe dazu auch § 508 (b) des Uniform Trust Act.
[530] Siehe *Snepp v. United States*, 444 U.S. 507, 100 S.Ct. 763, 62 L.Ed.2 d 704 (1980), wo das Gericht einen constructive trust an den Einkünften eines ehemaligen Agenten bestätigte, die dieser aus der Publikation seiner Erfahrungen beim CIA erlangt hatte.

561 Einer besonderen **Form** bedarf die Errichtung eines trust (mit Ausnahme eines testamentary trust) grundsätzlich nicht.[531] Die ihr zugrundeliegende Erklärung muß jedoch bestimmt, vollständig und eindeutig sein. In der Regel wird ein trust jedoch durch eine Urkunde errichtet. Aus dem Kollisionsrecht folgt, dass unter Umständen die Formalitäten mehrerer Staaten zu beachten sind. Eine allgemeine Beschränkung bei der Errichtung eines trust sei hier besonders erwähnt: die **rule against perpetuities**.[532] Diese Regel entstammt dem altenglischen Recht und ist in allen Staaten Gesetz. Sie soll verhindern, dass das Eigentumsrecht nach außen, d. h. der legal title, auf zu lange Zeit oder sogar „auf ewig" (in perpetuity) durch Gebrauch eines trust unveräußerlich gemacht wird. Sie bestimmt deshalb, dass das Eigentumsrecht innerhalb von 21 Jahren nach dem Tod einer zur Zeit der trust-Errichtung lebenden Person endgültig übergehen, d. h. mit dem tatsächlichen Recht am trust-Gegenstand, dem equitable interest, zusammenfallen muß. In der Regel handelt es sich bei dieser Person um den Begünstigten, zwingend ist dies jedoch nicht. Auch eine Person, die mit dem trust in keiner Weise zu tun hat, kann hier als Maßstab gelten. Wenn dies auch wenig sinnvoll erscheint, so wird auch hier der Zweck der rule against perpetuities erfüllt: Das trust-Vermögen wird nur auf absehbare Zeit gebunden, nach deren Ablauf legal und equitable title wieder zusammenfallen.[533]

562 Der **trustee** ist Inhaber des Eigentumsrechts am trust-Vermögen und verwaltet dieses nach den Vorschriften der trust-deed. Die treuhänderische Stellung dem beneficiary gegenüber beschränkt diese Eigentümerstellung. Sie verpflichtet den trustee, den trust sorgfältig und umsichtig zum Besten des beneficiary zu verwalten. Es gelten hohe Anforderungen.[534] Der trustee darf selbst keinen Profit aus dem trust schlagen, der zu Lasten des Begünstigten ginge. Ferner muß er den beneficiary über das Schicksal des trust auf dem laufenden halten, zum Beispiel durch jährliche Abrechnungen. Auf der anderen Seite ist er berechtigt, alles zu tun, was zur Erfüllung des Zwecks des trust notwendig und geboten erscheint, es sei denn, der settlor hat seine Befugnisse bei der Errichtung des trust im Rahmen einer sog. powers clause beschränkt. Er hat ferner Anspruch auf eine angemessene Entlohnung sowie Erstattung seiner Auslagen. Für Verbindlichkeiten, die er in seiner Funktion als trustee Dritten gegenüber eingeht, haftet er nicht persönlich, sondern nur mit dem trust-Vermögen. Der beneficiary kann den trustee aber bei der Verletzung seiner treuhänderischen Pflichten (breach of trust) in Anspruch nehmen und ihn gegebenenfalls auch gerichtlich zur Vornahme bestimmter Handlungen zwingen, wenn er seinen Verpflichtungen nicht nachkommt. Trotz der formalen Eigentümerstellung des trustees hat der Begünstigte bei einer pflichtwidrigen Veräußerung von Einzelgegenständen An-

---

[531] Section 505 des Uniform Model Trust Act enthält den Hinweis, dass andere statutes Formerfordernisse aufstellen können. Zu denken ist hier beispielsweise an das Statute of Frauds.
[532] Siehe dazu *McGovern/Kurtz/Rein*, Wills, § 13. Siehe auch Rn. 452.
[533] Moderne Entwicklungen erlauben allerdings die Errichtung eines unbefristeten Trust. Wegen der gesetzlichen Abschaffung der rule against perpetuities in Alaska, wo es zudem keine einzelstaatliche Einkommenssteuer gibt, hat dieser Staat viele non-residents zur Errichtung von Trusts angelockt. Siehe Alaska Stat. §§ 34.27.051, 34.40.110 (2004). Diskutiert bei *Dukeminier/Krier*, The Rise of the Perpetual Trust, 50 UCLA L. Rev. 1303 (2003); *Note*, Dynasty Trusts and the Rule Against Perpetuities, 116 Harv. L. Rev. 2588 (2003); *Sterk*, Jurisdictional Competition to Abolish the Rule Against Perpetuities: R.I.P. for the R.A.P., 24 Cardozo L. Rev. 2097 (2003).
[534] Siehe dazu die umfangreichen Regelungen in den Sections 901 ff. des Uniform Model Trust Act.

spruch auf Herausgabe der Sache oder ihres Surrogats gegen einen bösgläubigen Dritten. Aufgrund dieser umfangreichen Rechte wird die Position des beneficiary als equitable title bezeichnet.

Der trust wird beendet durch Erfüllung seines Zweckes, Zeitablauf, Untergang des trust-Gegenstandes, Zusammenfallen des legal und equitable title und u. U. durch Widerruf.[535]

---

[535] Der Uniform Model Trust Act enthält in den Sections 509–515 verschiedene Gründe, die zu einer Veränderung oder Beendigung führen.

6. Kapitel. Wirtschaftsrecht

A. Gesellschafts- und Kapitalmarktrecht

Literatur: *Bungert,* Gesellschaftsrecht in den USA: Eine Einführung mit vergleichenden Tabellen, 3. Auflage 2003; *Epstein/Freer/Roberts,* Business Structures, 2. Aufl. 2007; *Eisenberg,* Corporations and Other Business Organizations, 9. Auflage 2005 mit Ergänzungsband 2009; *Elsing/Van Alstine,* US-amerikanisches Handels- und Wirtschaftsrecht (1998); *Gevurtz,* Corporation Law, 2001; *Hamilton,* The Law of Corporations in a Nutshell, 5. Auflage 2000; *Hamilton/Macey,* Cases and Materials on Corporations, 10. Auflage 2007; *Hynes/Loewenstein,* Agency, Partnership, and the LLC, 7. Auflage 2007; *ders.,* Agency, Partnership, and LLC in a Nutshell, 4. Auflage 2008; *Klein* u. a., Agency, Partnerships and Limited Liability Entities, 2. Aufl. 2006; *Merkt/Göthel,* US-amerikanisches Gesellschaftsrecht, 2. Auflage 2006.

564 In den USA gibt es kein einheitlich normiertes Gesellschaftsrecht, da die Gesetzgebungskompetenz auf diesem Gebiet bei den Einzelstaaten liegt. Allerdings gibt es Bestrebungen, einzelstaatliches Recht durch uniform laws zu vereinheitlichen. Einige dieser uniform laws werden von den meisten Staaten schon seit Jahren angewandt und durch ständige Übung regelmäßig aktualisiert.[1] Aufgrund der dadurch bestehenden Ähnlichkeit der Rechtslage kann hier eine zusammenhängende Darstellung der gemeinsamen Grundsätze vorgenommen werden.

I. Vertretungsrecht (Agency)

1. Allgemeines

565 Agency[2] in dem Sinne, wie es der U.S.-amerikanische Jurist versteht, entspricht nicht exakt dem deutschen Verständnis von Vertretungsrecht. Die klare Trennung zwischen der Vertretungsmacht an sich und dem ihr zugrundeliegenden Rechtsverhältnis findet im U.S.-amerikanischen Recht nicht statt, vielmehr fließen dort Außen- und Innenverhältnisse unter dem Begriff agency zusammen.[3] Vertretungsmacht liegt dann vor, wenn eine Person (**principal**) eine andere Person (**agent**) ersucht, für sie zu handeln. Grundsätzlich kann diese Vertretungsmacht für alle Belange eingeräumt werden, außer für höchstpersönliche Angelegenheiten des principal, die von diesem in persona durchgeführt werden müssen.

566 Agency als Oberbegriff untergliedert sich in verschiedene Unterformen. Es gibt den subagent (Unterbevollmächtigten), den general agent (Vertreter mit beschränktem

---

[1] Auf die einzelnen Regelungen wird an erforderlicher Stelle eingegangen.
[2] In U.S.-amerikanischen Lehrbüchern wird üblicherweise kein Wort darüber verloren, warum man die agency im Gesellschaftsrecht behandelt. Die Begründung ist so einfach wie praktisch: Das wichtigste Anwendungsgebiet für die agency ist das Gesellschaftsrecht. Im Grunde ist die agency aber ein eigenständiges Rechtsgebiet, was auch schon dadurch deutlich wird, dass es seit 1958 für die agency ein eigenes Restatement gibt. Die aktuelle Fassung ist das Restatement (third) of Agency (2006) mit Cumulative Supplement (2011).
[3] Vgl. dazu *Müller-Freienfels,* Legal Relations in the Law of Agency: Power of Agency and Commercial Certainty, Am.J.Comp.L. 13 (1964), 193 ff., 341 ff.; *Hay/Müller-Freienfels,* Agency in the Conflicts of Laws, Am.J.Comp.L. 27 (1979), 1 ff.

Befugnissen[4]), den universal agent (Generalbevollmächtigten) und den special agent (Spezialbevollmächtigter für bestimmte Geschäfte). Wichtig ist ferner die **undisclosed agency** (verdeckte Stellvertretung); sie war bei den Besprechungen über das Haager Stellvertretungsabkommen wesentlicher Streitpunkt zwischen common law- und civil law-Staaten.[5] Hierbei kommt der vom agent abgeschlossene Vertrag zustande, obgleich sein Vertragspartner die Identität des principal nicht kennt.[6]

2. Begründung der Vertretungsmacht

Die Vertretungsmacht wird begründet durch eine Übereinkunft des principal mit dem agent, die nicht zwangsläufig alle formellen Vertragsbestandteile[7] beinhalten muß, der Vorgang kann also durchaus auch konkludent erfolgen. Die Voraussetzungen, die bei den Parteien hinsichtlich der Geschäftsfähigkeit vorliegen müssen, sind auf seiten des principal natürlich höher angesiedelt als auf seiten des agent. Der agent muß nicht voll geschäftsfähig sein, er muß jedoch die Fähigkeit besitzen, Vorgänge geistig zu erfassen, und deren Tragweite zu erkennen. Dementsprechend können also sowohl Minderjährige (minors) also auch nach deutschem Rechtsverständnis geschäftsunfähige Personen (incompetents) die Pflichten eines agent übernehmen. Der principal dagegen muß geschäftsfähig sein, nur dann kann er wirksam einen agent berufen. Wenn also ein in der Geschäftsfähigkeit beschränkter minor einen agent bestellt, so ist diese Übereinkunft anfechtbar (voidable).[8] Der minor hat bis zur Erreichung der Volljährigkeit[9] die Möglichkeit, die Vollmachtserklärung einseitig anzufechten.[10]

Es gibt Situationen, in denen keine Vertretungsmacht übernommen werden darf, zum einen, wenn **self-dealing** (Selbstkontrahieren) vorliegt. Self dealing ist dann gegeben, wenn beide Parteien sich durch ein und denselben agent vertreten lassen. Eine Ausnahme gilt, wenn beide Parteien diese Tatsache kennen und sie gebilligt haben. Es handelt sich also mehr um ein Gebot als um ein Verbot. Das heimliche self-dealing, wenn der agent also nur für sich selbst handelt, ist jedoch strikt verboten. Eine weitere Beschränkung betrifft bestimmte Berufsfelder[11] in denen zur Ausübung eine Lizenz erforderlich ist. Hier kann Vertretungsmacht nur dann wirksam entstehen und ausgeübt werden, wenn die jeweiligen Grundvoraussetzungen vorliegen.

567

568

---

[4] Im deutschen Recht kommt dem general agent der Vertreter mit „Art- oder Gattungsvollmacht" am nächsten.
[5] *Hay/Müller-Freienfels*, Agency in the Conflicts of Laws, Am.J.Comp.L. 27 (1979), 1 ff.
[6] Die Form der undislosed agency stellt sich für den deutschen Juristen also als eine Mischform aus dem verdeckten und dem offenen Geschäft, für den, den es angeht, dar.
[7] Einzig erforderlich ist das Vorhandensein von Übereinstimmung auf beiden Seiten. Die Schriftform hingegen ist in den meisten Fällen nicht zwingend erforderlich. Allerdings gibt es hier wiederum in den einzelnen Bundesstaaten unterschiedliche Regelungen, wobei eine Ausnahme, in der die Schriftform der Vollmachtserklärung erforderlich ist, die Grundstücksgeschäfte sind. Des weiteren muß auch keine Gegenleistung (consideration) vereinbart worden sein. Siehe zu consideration oben, Rn. 300 ff.
[8] Man kann hier von einer „schwebenden Unwirksamkeit" sprechen.
[9] Zur Volljährigkeit oben, Rn. 308.
[10] In der deutschen Rechtsordnung hingegen würde dieses Anfechtungsrecht für beide Partner bestehen.
[11] Wie z. B. Börsenmakler und Versicherungsvertreter.

569 Vertretungsmacht kann aufgrund vertraglicher Vereinbarung aber auch auf gesetzlicher Grundlage entstehen, dabei sind drei Entstehungsformen hervorzuheben: 1. Agent und principal einigen sich darüber, dass Vertretungsmacht bestehen soll (**actual authority**); 2. das Verhalten des principal erweckt bei einem objektiven Dritten den Eindruck des tatsächlichen Vorliegens von Vertretungsmacht beim agent (**apparent authoriy**); 3. der principal genehmigt bisher unauthorisiert getätigte Handlungen des agent (ratifikation). Die Situation der apparent authority ähnelt dabei derjenigen des estoppel.[12] Der Unterschied besteht jedoch darin, dass der principal im Falle der apparent authority Vertragspartner wird, wohingegen die Figur des estoppel lediglich eine Regelung für mögliche Schadensersatzansprüche darstellt. Estoppel bezieht sich also nur auf die Rechtsfolge, der gutgläubige Dritte soll hier vor Schaden bewahrt werden.

3. Rechte und Pflichten im Vertretungsverhältnis

570 Grundsätzlich sind die Pflichten des agent in der zugrundeliegenden Vereinbarung enthalten. Darüber hinaus gelten bestimmte Grundpflichten kraft Gesetzes, die nicht abbedungen werden können. Man spricht hier von **duty of loyalty** (Treuepflicht), duty of obedience (Weisungsgebundenheit) und duty of reasonable care (Sorgfaltspflicht). Der principal kann für eine Pflichtverletzung durch den agent aus einer Vertragsverletzung, gegebenenfalls auch aus Delikt, von diesem Schadensersatz verlangen. Zudem gilt die althergebrachte common-law-Regel, dass der Kläger auf die Geltendmachung seiner deliktischen Ansprüche verzichten und statt dessen aus Vertrag vorgehen kann („waive the tort and sue in contracts"), um die ihm günstigste Rechtsfolge herbeizuführen.

571 Der wirksam bestellte **subagent** (Unterbevollmächtigte) ist sowohl gegenüber dem principal als auch gegenüber dem (main) agent verpflichtet. Der principal kann als Begünstigter (intended beneficiary) der Untervollmacht angesehen werden. Für den Fall des unwirksam bestellten subagent erwachsen im Verhältnis zum principal erst gar keine Pflichten. Allein der agent ist dem principal verantwortlich, lediglich im Innenverhältnis zwischen subagent und agent können Schadensersatzansprüche entstehen.

572 Dem agent stehen bei Vertragsbruch die einschlägigen Ansprüche zu, darüber hinaus hat er ein possessory lien (Zurückbehaltungs- oder Pfandrecht) an allen Gegenständen des principal, die sich in seinem Besitz befinden. Zu beachten ist aber im Hinblick auf die Ansprüche aus Vertragsbruch, dass der agent hier eine duty to mitigate (Schadensminderungspflicht[13]) hat.

---

[12] In beiden Fällen vertraut der Vertragspartner auf eine Aussage oder Zusage des principal. Zum estoppel siehe oben Rn. 304.
[13] Zur Schadensminderungspflicht, siehe bereits oben, Rn 335.

II. Partnerships (Personengesellschaften)

1. General Partnership

a) Allgemeines

Die general partnership hat ihre rechtliche Grundlage hauptsächlich in der Privatautonomie der Partner. Zum anderen gilt in fast allen Einzelstaaten der **Uniform Partnership Act** (U.P.A., 1916). Seine Neufassung der **Revised Uniform Partnership Act** (R.U.P.A., 1994) wurde mittlerweile von einigen Staaten übernommen.[14]

573

Die partnership ist eine von Gewinnerzielungsabsicht getragene Vereinigung von zwei oder mehr Personen, die gemeinschaftlich als Miteigentümer ein Geschäft betreiben,[15] wobei die Partner sowohl natürliche als auch juristische Personen sein können.[16] Weiterhin ist die partnership keine legal entity (Rechtspersönlichkeit), sie besitzt also eigentlich keine eigene Rechtsfähigkeit, obwohl auf prozessualer Ebene durchaus Ausnahmen gemacht werden.[17] Die Tatsache, dass die partnership keine legal entity ist, hat auch zur Folge, dass ihre Besteuerung direkt über die Partner läuft, diese also Gewinne und Verluste in ihrer persönlichen Steuererklärung geltend machen müssen.[18]

574

b) Gründung

Die partnership entsteht durch Abschluß eines **partnership agreement**. Dieses muß nicht zwingend schriftlich abgeschlossen werden, eine mündliche Vereinbarung oder sogar konkludentes Handeln der Partner genügt.[19] Auf das partnership agreement ist das allgemeine Vertragsrecht anwendbar. In Staaten, in denen der U.P.A. (bzw. R.U.P.A.) gilt, findet dieser aber nur ergänzend zum Partnerschaftsvertrag Anwendung.

575

---

[14] Zum Januar 2010 hatten 31 Staaten, der District of Columbia, Puerto Rico und die U.S. Virgin Islands den RUPA eingeführt, zwei Staaten, South Dakota and Texas, haben substantiel ähnliche Gesetze erlassen. . Mehr dazu unter http://www.nccusl.org.

[15] „… association … of two or more persons to carry on as co-owners a business for profit." U.P.A. § 6 (1), R.U.P.A. § 202 (a), abgedruckt in *Hynes*, Agency, Partnership, and the LLC in a Nutshell, 2001.

[16] Diese Definition eröffnet für den Vergleich mit Gesellschaftsformen des deutschen Rechts zwei Möglichkeiten: zum einen liegt die Annahme einer Gesellschaft des bürgerlichen Rechts (GbR) nahe, zum anderen die einer Offenen Handelsgesellschaft (OHG). Abgrenzungskriterium zur GbR ist die Gewinnerzielungsabsicht, die bei der partnership vorliegen muß. Die Unterschiede zur OHG bestehen darin, dass bei der partnership keine Eintragung in ein Handelsregister erforderlich ist, da es so etwas in den USA nicht gibt, und dass der Geschäftszweck bei der partnership, im Gegensatz zur OHG, kein gewerblicher sein muß.

[17] So wird die partnership z. B. im Prozeß von einigen Staaten als legal entity angesehen. Die Staaten die dies praktizieren bezeichnet man als entity theory states. Hingegen diejenigen Staaten, die sich dieser Ansicht nicht anschließen, die also im Prozeß die jeweiligen Partner als Beklagten oder Kläger behandeln (Gesamthand), werden als aggregate theory states bezeichnet. Weiterhin wird die partnership beim Eigentumserwerb und beim Abschluß von Verträgen als legal entity angesehen. U.P.A. §§ 8, 10; R.U.P.A. §§ 201, 203, 307; vgl. dazu *Ebke*, ZVglRWiss 89 (1990) 247, 249.

[18] Siehe 26 U.S.C.S. § 761 (2003); I.R.C. §§ 701, 702 (2005); *Gevurtz*, Corporation Law § 1.1.2 (e); siehe ferner *Carney/Hay*, Die Gründung einer Tochtergesellschaft in den U.S.A., in *Lutter* (Hrsg.), Die Gründung einer Tochtergesellschaft im Ausland (1995), 942 ff.; vgl. als einführende Übersicht zum U.S.-amerikanischen Steuerrecht, *Klein*, JA 1996, 517 (521).

[19] Jedoch kann Schriftform erforderlich sein, wenn sich Teile der Vereinbarung auf Immobilien erstrecken oder das *Statute of Frauds* eine bestimmte Form vorschreibt. Siehe Rn. 305ff

Allerdings können nicht alle Vorschriften des U.P.A. (bzw. R.U.P.A.) abbedungen werden. Zwingend sind in jedem Falle die Regelungen bezüglich der fiduciary duties (Treuepflichten) und der Grundgedanken des U.P.A. (bzw. R.U.P.A.).

c) Haftung

576 Jeder Partner haftet Gläubigern der partnership gegenüber unmittelbar und unbeschränkt.[20] Der U.P.A. unterscheidet zwischen delikts- und vertragsrechtlicher Haftung der Partner untereinander. Deliktische Ansprüche lösen eine joint and several liability aus, danach kann jeder Partner direkt auf die gesamte Schuld in Anspruch genommen werden. Bei Ansprüchen aus Vertrag haften die Partner nur gemeinschaftlich (joint). Diese Trennung findet in Staaten, die den R.U.P.A. übernommen haben nicht statt, hier haften die Partner stets aus joint and several liability.[21]

d) Auflösung

577 Die Auflösung[22] einer partnership kann durch Vertrag,[23] Gesetz[24] oder ein Gerichtsurteil[25] erfolgen. Bei der Auflösung verlieren die Partner ihre Vertretungsmacht, mit Ausnahme der Angelegenheiten, die die Abwicklung (winding up) betreffen.[26] Bereits bestehende Verbindlichkeiten sind von der Auflösung ohnehin nicht betroffen, so dass die persönliche Haftung der Partner auch nach dem winding up weiterbesteht.[27]

2. Limited Partnership

a) Allgemeines

578 Die limited partnership besteht aus einem oder mehreren (unbeschränkt haftenden) general partners[28] und einem oder mehreren (beschränkt haftenden) limited partners.[29] Sie ist daher am ehesten vergleichbar mit der Kommanditgesellschaft (KG).[30] Gesetzliche Grundlage für diese Art der Personengesellschaft waren zum einen der Uniform Limited Partnership Act (U.L.P.A., 1916), zum anderen der Revised Uni-

---

[20] U.P.A. § 15; R.U.P.A. § 306 (a).
[21] R.U.P.A. § 306.
[22] Vgl. dazu U.P.A. § 31, 32; R.U.P.A. § 801; sehr gute Darstellung bei *Bungert*, S. 15 ff., 115 ff.; *Gevurtz*, Corporation Law § 1.1.2 (b).
[23] In Betracht kommen hier z. B. Austritt, Kündigung, Ausschluß und Zeitablauf.
[24] Dies ist möglich in Fällen des Zweckfortfalls der partnership, des Todes eines Partners (außer, das partnership agreement sieht hier eine andere Lösung vor – z. B. Fortführung in einer neuen partnership) und der Insolvenz eines Partners.
[25] Dies ist möglich in den Fällen von Geisteskrankheit eines Partners, des wiederholten Bruchs des partnership agreement durch einen Partner, wenn die partnership nur noch als Verlustgeschäft geführt werden kann, und auf Antrag des Käufers eines partnership-Anteils.
[26] U.P.A. §§ 33, 35; R.U.P.A. §§ 803 f.
[27] U.P.A. § 36 (1); R.U.P.A. § 806 (a).
[28] Dies entspricht im deutschen Recht dem Komplementär in einer Kommanditgesellschaft.
[29] Dies entspricht im deutschen Recht dem Kommanditisten in einer Kommanditgesellschaft.
[30] Die limited partnership wird erstmalig 1922 in einem Gesetz des Staates New York genannt und wurde damals der im französischen Recht bekannten societé en commandite nachgebildet; vgl. *Farnsworth*, An Introduction to the Legal System of the United States, 3. Auflage 1999, S. 142, Rn. 49.

form Limited Partnership Act (R.U.L.P.A., 1976).[31] Die Regelungen sind im Jahre 2001 vom (neuen) Uniform Limited Partnership Act verdrängt worden. Diese neuen Regelungen zielen darauf zwei spezielle Sachverhalte anzusprechen, die vorher nur ungenügende Beachtung gefunden hatten: Geschäftsmodelle mit zentralem Management und passiven Langzeit-Investoren und Nachlaßplanung und -Gestaltung in Form von Familien-partnerships.[32]

Da es sich beim Gesellschaftsrecht, wie bereits erwähnt, um einzelstaatliches Recht handelt, entscheiden die Staaten selbst, welchem Act sie sich anschließen. Alle drei Modelle sind in den USA vertreten, und es gibt auch die Variante, dass ein Staat zwar grundsätzlich den U.L.P.A. anwendet, darüber hinaus aber einige der amendments des R.U.L.P.A. übernommen hat. Der Blick auf Recht und Praxis des jeweiligen Staates ist in konkreten Fragen zu limited partnerships also unerläßlich. 579

b) Abgrenzung zur General Partnership

Die von einem limited partner zu erbringende Einlage muß nicht notwendigerweise als Geldzahlung (money) erfolgen, möglich ist auch die Einbringung von Sachleistungen (property) oder Dienstleistungen (services).[33] Nach dem traditionellen Modell bestand der entscheidende Unterschied zwischen general partners und limited partners in deren Haftung, welche mehr von ihrer tatsächlichen oder vorgesehenen Teilnahme an der Geschäftsführung denn von ihrer Bezeichnung als „general" oder „limited" partner abhing.[34] Unter den derzeitigen Regelungen wird die Frage der Beteiligung des limited partner am Management und der Kontrolle der Geschäfte der partnership unterschiedlich beantwortet. Am restriktivsten ist die Regelung im U.L.P.A. (1916), wonach der limited partner lediglich stiller Teilhaber ist. Dagegen sieht U.L.P.A. (2001) keine Beschränkung der Beteiligung des limited partners am Geschäft der partnership vor.[35] Der R.U.L.P.A. geht einen Mittelweg: limited partners dürfen zwar keine Kontrolle über die Geschäfte der partnership haben, aber einige ausdrücklich erlaubte Handlungen vornehmen.[36] Der U.L.P.A. (2001) erlaubt also im Gegensatz zu seinen Vorgängern die Beteiligung der limited partner am Management, ohne sie dadurch der persönlichen Haftung für die Verbindlichkeiten der partnership auszusetzen.[37] 580

---

[31] 49 Staaten, der District of Columbia und die U.S. Virgin Islands haben Regelungen nach U.L.P.A. (1916) oder R.U.L.P.A. erlassen. Auch die Bestimmungen des U.P.A. finden auf die limited partnership dann Anwendung, wenn eine Regelungslücke besteht. Allerdings dürfen sie den Regeln der U.L.P.A. (1916) und R.U.L.P.A. nicht widersprechen.

[32] Zum Vergleich der neuen mit den alten Regelungen siehe Vorbemerkung (Prefatory note) zum U.L.P.A. (2001). Zum Januar 2010 hatten Arkansas, California, Florida, Hawaii, Idaho, Illinois, Iowa, Kentucky, Maine, Minnesota, Nevada, New Mexico, North Dakota, Virginia, und Washington, den 2001 Act eingeführt, in Alabama und Oklahoma wurde seine Einführung diskutiert. Zum aktuellen Status siehe http://www.nccusl.org. Im Gegensatz zu den Vorgängern regelt der U.L.P.A. (2001) die Materie umfassend und beruft nicht den U.P.A. zur Lückenfüllung. Dadurch ist das Gesetz freilich auch wesentlich umfangreicher.

[33] R.U.L.P.A. §§ 501, 101 (1); U.L.P.A. (2001) § 501. Die Einbringung von Dienstleistungen ist jedoch in Staaten, in denen der U.L.P.A. (1916) gilt, nicht möglich. § 4 beschränkt die Einlageoption lediglich auf Geld- oder Sacheinlagen.

[34] U.L.P.A. (1916) § 17; R.U.L.P.A. § 303(a).

[35] Vgl. U.L.P.A. (1916) § 7 mit U.L.P.A. (2001) § 303.

[36] R.U.L.P.A. § 303(b).

[37] Darüber hinaus gibt es weitere Unterschiede, die jedoch allesamt geringere Bedeutung haben. So wurden etwa Informations- und Einsichtsrechte durch den U.L.P.A. (2001) erweitert.

581 Ferner ist auf die Einhaltung der Schriftform zu achten. Es ist also eine spezielle Gründungsurkunde erforderlich, das „certificate of limited partnership".[38] Die Gesellschaftsanteile eines limited partner können abgetreten werden. Der Nachfolger nimmt dann nicht automatisch die Stellung als limited partner ein. Er hat vorläufig nur die Stellung eines assignee,[39] dies kann aber durch einstimmigen Beschluß aller Gesellschafter zugunsten der vollständigen Gesellschafterstellung geändert werden.[40] Ausscheiden[41] oder Tod[42] eines limited partner führen nicht zur automatischen Auflösung der limited partnership, wie dies bei der general partnership der Fall wäre.

3. Sonstige Formen von Personengesellschaften

a) Joint Venture

582 Unter einer joint venture versteht man den Zusammenschluß zweier oder mehrerer Personen für ein bestimmtes Projekt. Der Gesellschaftszweck ist also im Gegenteil zur partnership nicht notwendigerweise auf Dauer angelegt. Die Rechtsnatur des jeweiligen joint venture richtet sich danach, ob es sich bei den Beteiligten um natürliche oder juristische Personen handelt. Für den Fall der Beteiligung natürlicher Personen finden die Regeln über die partnership Anwendung, ansonsten sind die Regeln über die corporation (sogleich unten) einschlägig.

b) (Registered) Limited Liability Partnership

583 Die Bezeichnung dieser Gesellschaftsform läßt eigentlich darauf schließen, dass es sich hierbei um eine der partnership ähnliche Konstellation handelt. Dies ist nicht ganz richtig. Der wichtige Unterschied liegt darin, dass sich bei der LLP[43] zwar natürliche Personen zusammenschließen können, diese sich aber aufgrund der Eintragung[44] ihrer Vereinigung bei dem jeweiligen Innenministerium (Secretary of State) und dem zusätzlichen Abschluß einer Versicherung[45] von einer persönlichen Haftung für deliktisches Handeln der anderen Partner freizeichnen können. Es haftet also immer nur die LLP bis zur Höhe ihrer abgeschlossenen Versicherung. Die LLP wird vor allem in den sogenannten Freien Berufen[46] (professionals) sehr oft gewählt, da eine derartige Beteiligung an einem Gruppenvermögen steuerrechtliche Vorteile gegenüber der Direktbesteuerung des einzelnen hat. Ein großer Vorteil dieser Gesellschaftsform ist es, dass man im eigenen Namen Grundbesitz erwerben und Investi-

---

[38] Im Gegensatz zu seinen Vorgängern verlangt der U.L.P.A. nun auch eine jährliche Registrierung (annual report) der partnership beim Secretary of State des jeweiligen Bundesstaates.
[39] Ein assingee hat kein Informationsrecht, sondern nur die Rechte, die ihm aufgrund seiner Einlage zustehen. Der U.L.P.A. (2001) benutzt in diesem Zusammenhang statt „assignment" den Begriff „transfer".
[40] U.L.P.A. (1916) § 19; R.U.L.P.A. §§ 702, 704; U.L.P.A. (2001) §§ 701, 702.
[41] U.L.P.A. (1916) § 20; R.U.L.P.A. § 801 (4); U.L.P.A. (2001) § 801(3).
[42] U.L.P.A. (1916) § 21; R.U.L.P.A. § 705; U.L.P.A. (2001) § 704.
[43] Bis auf wenige Ausnahmen haben alle Staaten per Gesetz die Gründung dieser Gesellschaftsform zugelassen.
[44] Daher die Bezeichnung „registered" im Namen der Gesellschaftsform.
[45] Die Mindestdeckungssumme ist vom Gesetzgeber vorgegeben.
[46] Z. B. Ärzte, Ingenieure und Rechtsanwälte.

tionen vornehmen kann und sie in jeder Hinsicht ein eigenständiges geschäftsfähiges Gebilde darstellt.[47]

III. Corporations (Kapitalgesellschaften)

1. Allgemeines

Business corporations gibt es im U.S.-amerikanischen Recht in verschiedenen Formen.[48] Die beiden wichtigsten sind die der public corporation[49] und die der close corporation.[50] Das grundlegendste Merkmal der corporation ist das der legal entity. Sie ist also eine eigene Rechtspersönlichkeit, die unabhängig von den Gesellschaftern (Shareholders) im Rechtsverkehr Bestand hat. 584

Im Gegensatz zu den Personengesellschaften, die mit der Person des Gesellschafters „steht und fällt", kommt es bei der corporation aufgrund der eigenen Rechtspersönlichkeit nicht auf den einzelnen Gesellschafter an. Dieser kann seine Anteile jederzeit weiterveräußern. Die **Geschäftsführung** einer corporation wird nicht wie bei Personengesellschaften durch die Gesellschafter ausgeübt, sondern gebündelt und komplett durch das board of directors,[51] dessen Vorsitzender bei den Tagungen der chairman ist. Das board of directors wird von allen Gesellschaftern gewählt, ist nicht weisungsgebunden und überträgt die täglichen Verwaltungs- und Organisationsaufgaben auf die officers.[52] 585

Bei der Festlegung der **Besteuerung** unterscheidet man zwischen „C" corporations und „S" corporations. Die C corporation wird unabhängig von ihren Gesellschaftern als Gesamtheit besteuert. Für die Gesellschafter bedeutet das, dass sie, solange keine Dividende ausgezahlt wird, auch kein zu versteuerndes Einkommen haben. Vorteilhaft ist dies vor allem in den Fällen, in denen der einzelne Gesellschafter die Besteuerung seinen eigenen Einkommens[53] verzögern will. Im Endeffekt liegt hier aber eine Doppelbesteuerung vor, der Staat bekommt Steuern von der corporation, deren Steuersatz zwar etwas niedriger liegt, und letztendlich auch noch vom Gesellschafter. Ähnlich wie bei der Besteuerung der partnership gibt es auch bei corporations eine Form, die nicht der Doppelbesteuerung unterliegt, bei denen also allein das Einkommen des Gesellschafters besteuert wird. Voraussetzung für eine solche S Corporation ist jedoch vor allem, dass es sich bei den Anteilseignern um natürliche Personen handelt und eine bestimmte Anzahl von Gesellschaftern nicht überschritten wird.[54] 586

---

[47] Dazu *Bungert*, RIW 1994, 360. Siehe ferner *Huss*, Revamping Veil Piercing for All Limited Liability Entities: Forcing the Common Law Doctrine into the Statutory Age, 7 U. Cin. L. Rev. 95 (2001); *Puri*, Judgment Proofing the Profession, 15 Geo. J. Legal Ethics 1 (2001); *Hynes*, Agency, Partnership, and the LLC in a Nutshell, § 14, §§ 97 ff.
[48] Auf die einzelnen Formen wird an gegebener Stelle eingegangen.
[49] Auch bekannt unter der Bezeichnung „publicly held corporation".
[50] Auch bekannt unter der Bezeichnung „closely held corporation".
[51] Im deutschen Recht unterscheidet man bei Kapitalgesellschaften zwischen Vorstand und Aufsichtsrat. Im U.S.-amerikanischen Recht gibt es diese Trennung nicht, das board of directors ist das einzige Geschäftsführungsorgan einer corporation.
[52] Zur Funktion und den Kompetenzen eines officers siehe unten, Rn. 593 f.
[53] Hier: in Form von Divendenzahlungen.
[54] Die Höchstgrenze variiert in den einzelnen Bundesstaaten; nach dem Internal Revenue Code z. B. dürfen es nicht mehr als 75 Gesellschafter sein, vgl. I.R.C. § 1361 (b) (1) (A).

2. Public Corporations

a) Allgemeines

587 Die public corporation ist eine gewerblich tätige juristische Person, die im eigenen Namen Rechte und Pflichten hat und unter eigenem Namen verklagt werden kann. Die Haftung für vertragliche und deliktische Verpflichtungen erstreckt sich auf das Gesellschaftsvermögen. Die Gesellschafter haften für Verbindlichkeiten einer corporation nicht mit persönlichem Vermögen, direkte **Haftung** trifft nur die corporation selbst. Natürlich haften die Gesellschafter indirekt auch für die corporation, indem sie, um Gesellschafter zu werden, Anteile (shares) erwerben. Macht die corporation also Verluste, dann schlägt sich das auch auf die Gesellschaftsanteile nieder. Daher spricht man von einer beschränkten Haftung und nicht von einem Haftungsausschluß der Gesellschafter.

b) Gründung

588 Eine corporation wird in der Regel durch Einreichen (filing) der articles of incorporation, die der Satzung einer Aktiengesellschaft bzw. dem Gesellschaftsvertrag einer GmbH entsprechen, bei einer dafür vorgesehenen (einzel-)staatlichen Stelle, zumeist dem Innenministerium (Secretary of State), gegründet. Moderne Gesetze, wie der Model Act (R.M.B.C.A.), stellen nur geringe Anforderungen an den Inhalt der articles of incorporation: Festzulegen sind die Firma der corporation, die Anzahl der von ihr auszugebenden Anteile, der registrierte Verwaltungssitz, der Gesellschaftszweck, die Gründungsdirektoren und schließlich die Namen und Anschriften der Gründungsgesellschafter. Weiterhin können Angaben über die interne Geschäftsführung festgeschrieben werden. Das Ministerium stellt eine Urkunde als Beweis für die Gründung der corporation und ihre Eigenschaft als juristische Person aus. Die Gründungsmitglieder oder die ursprünglichen Vorstandsmitglieder bauen die corporation weiter auf, indem sie bylaws[55] für die interne Geschäftsführung beschließen, den Vorstand und Geschäftsführer wählen und die Emission der Anteile des capital stock[56] genehmigen. Die corporation ist dann im Geschäftsverkehr einer natürlichen Person gleichgestellt. In der Regel wird die Einreichung eines einfachen Jahresberichts bei dem Innenministerium und die Zahlung der auf den capital stock oder das Eigenkapital bezogenen franchise tax verlangt.

c) Geschäftsanteile und Kapitalausstattung

589 Die articles of incorporation ermöglichen es einer corporation, ihren capital stock festzulegen und **shares** auszugeben und legen deren Menge und Art fest. Shares können mit einer Vielzahl unterschiedlicher Rechte ausgestattet werden und auf diese Weise das Gesamtkapital in verschiedene Anteilsformen untergliedern. Sie können voting oder nonvoting sein[57] oder einen nach festgelegten Voraussetzungen unterschiedlichen Stimmwert erhalten. Sie können auch das Dividendenrecht und die Ansprüche des Anteilseigners (shareholder) im Falle der Gesellschaftsauflösung be-

---

[55] Nebensatzungen, die das Innenverhältnis regeln.
[56] Dies entspricht nach deutschem Recht bei einer AG dem Grund- und bei einer GmbH dem Stammkapital.
[57] Dies bedeutet: mit oder ohne Stimmrecht in der Hauptversammlung.

einflussen. Schließlich können bestimmte Anteile mit einem Vorzugsrecht für den Insolvenzfall ausgestattet sein (preferred shares).

In einigen Bundesstaaten, in denen noch das traditionelle System regiert, können shares mit einem Nennwert (**par value**) ausgestattet werden. Der Gesamtwert der ausgegebenen sowie der noch auszugebenden shares macht das stated capital der corporation aus und darf bis zur Auflösung der corporation nicht an die shareholder ausgezahlt werden. Es muß jedoch nicht vom übrigen Vermögen getrennt, sondern kann für jeden Unternehmenszweck eingesetzt werden. Der den Nennwert übersteigende Kurswert der Anteile wird häufig von den Einzelstaaten als capital surplus (eine nicht aus dem Jahresüberschuß stammende Rücklage) behandelt. Der capital surplus darf nur dann an die shareholder ausgezahlt werden, wenn dies in den articles of incorporation oder durch Beschluß der Hauptversammlung festgelegt wurde. In diesen Bundesstaaten können Unternehmen eine größere finanzielle Flexibilität dadurch erreichen, dass sie Anteile ohne Nennwert ausgeben. Das board of directors hat gewöhnlich die Möglichkeit, die Einnahmen aus diesen Anteilen wahlweise dem stated capital oder dem capital surplus oder beiden zu festgelegten Bruchteilen zuzuordnen. Es gibt in der Regel kein Erfordernis zur Auflösung der corporation, wenn Verluste einen bestimmten Prozentsatz des Gesellschaftsvermögens übersteigen oder wenn das Unternehmen insolvent wird. 590

Der Model Act befürwortet die Beseitigung der soeben dargestellten Mindestbestimmungen. Einziges Erfordernis soll danach sein, dass einige Anteile ein Stimmrecht enthalten und dass einige Anteile (nicht unbedingt dieselben) Ansprüche hinsichtlich der Resteinnahmen und Restvermögenswerte im Liquidationsfall gewähren. Dem Model Act liegt ein einfacher Gläubigerschutzgedanke zugrunde: Eine corporation darf an Anteilseigner keinerlei Auszahlung tätigen, sei es als Dividende, als Rückzahlung von Kapital oder durch Anteilsrückkauf, wenn die Verbindlichkeiten das Gesellschaftsvermögen übersteigen oder die Auszahlung zur Insolvenz im gewöhnlichen Geschäftsverkehr führen würde. 591

d) Organe einer Corporation

Corporations werden von einem **board of directors** geführt, oft als Verwaltungsrat übersetzt. Das board ist ein aktives Gesellschaftsorgan, dem neben der Überwachung auch das management anvertraut ist.[58] Abzugrenzen ist das board von den officers, den leitenden Angestellten, denen die Führung der täglichen Geschäfte übertragen wird. In den meisten Bundesstaaten besteht das board of directors aus einer oder mehreren Personen; einige Bundesstaaten verlangen mindestens drei Personen. 592

Officers werden von den directors in ihre Ämter gewählt. Die Ämter wiederum werden durch das einzelstaatliche Gesellschaftsrecht oder durch die bylaws des Unternehmens festgelegt. Es lassen sich je nach Größe der Gesellschaft zwei häufige Zusammensetzungen unterscheiden: Bei kleineren corporations kann ein einziger **executive officer** (mit der Amtsbezeichnung president) für die Geschäftsführung nach innen und die Vertretung nach außen zuständig sein; er wird nur durch einen secretary, also einen für die Verwaltung zuständigen officer unterstützt. Bei größeren 593

---

[58] Es vereinigt in sich also die Funktionen von Aufsichtsrat und Vorstand einer deutschen Aktiengesellschaft.

Unternehmen wird eine weitere Aufgabenaufteilung vorgenommen, so dass officers eine organähnliche Stellung einnehmen. Sie bestehen dann aus president, vicepresident, secretary und treasurer (Finanzverantwortlicher). Die officers werden vom board of directors eingesetzt und entlassen. Die directors einer Kapitalgesellschaft haben keine Stellvertreter.

594 An die Person des officer oder eines director werden keine gesetzlichen Anforderungen gestellt. Er muß weder die U.S.-amerikanische Staatsangehörigkeit besitzen noch shareholder sein. Dem board of directors wird ein weiter Spielraum bei der Geschäftsführung eingeräumt. Soweit sie innerhalb der Grenzen von Treu und Glauben (good faith) handeln, haften die directors gegenüber den shareholdern nicht.[59] In den meisten Bundesstaaten kann in den articles of incorporation die Haftung für negligence (Fahrlässigkeit) ausgeschlossen werden. Üblicherweise stellt die Gesellschaft ihre officers, directors und die Angestellten von arbeitsbezogenen Ersatzansprüchen frei. Darüber hinaus kann das Unternehmen sie durch eine Arbeitgeberhaftpflichtversicherung absichern.

595 Die shareholder wählen die directors, die ausschließlich deren Interessen vertreten sollen. In vielen neueren einzelstaatlichen Gesellschaftsrechten wird ihnen jedoch fakultativ erlaubt, die Interessen von Arbeitnehmern, Kunden und Zulieferern zu berücksichtigen. Stimmberechtigte shareholder wählen die directors mit einfacher Mehrheit auf der Jahreshauptversammlung. Die shareholder sind ebenfalls stimmberechtigt hinsichtlich Änderungen der bylaws der Gesellschaft und der Abwahl eines director. Darüber hinaus sieht das einzelstaatliche Recht nur für grundlegende Veränderungen der Kapitalgesellschaft eine Abstimmung vor. Dies beschränkt sich im Regelfall auf Änderungen der articles of incorporation, die Gesellschaftsauflösung, den Verkauf wesentlicher Teile des Gesellschaftsvermögens oder den Zusammenschluß mit einem anderen Unternehmen. Shareholder haben einen Anspruch auf eine Mitteilung über die Abhaltung einer Versammlung, die an ihre bei der Gesellschaft angegebene Adresse erfolgen muß. Sie können persönlich oder durch einen Vertreter teilnehmen.

596 In vielen Einzelstaaten können Versammlungen durchgeführt werden, wenn Inhaber einer einfachen Mehrheit der ausgegebenen, mit Stimmrecht versehenen Anteile anwesend sind. Bei Anwesenheit dieser Mindestzahl kann wiederum deren einfache Mehrheit wirksame Beschlüsse fassen, die auch die Abwesenden binden. Soweit es um grundlegende Veränderungen geht, muß die einfache Mehrheit der Eigentümer aller ausgegebenen, stimmberechtigten Anteile zustimmen. Qualifizierte Mehrheitserfordernisse bei der Abstimmung und eine höhere Mindestanwesenheit können in den articles of incorporation oder in den bylaws vorgesehen werden. In einigen Bundesstaaten müssen mindestens die Eigentümer von zwei Dritteln der ausgegebenen stimmberechtigenden Anteile einer grundlegenden Veränderung zustimmen.

597 Ein besonderer Vorteil des amerikanischen Gesellschaftsrechts liegt darin, den Kapitalgesellschaften große Anpassungsmöglichkeiten gegenüber veränderten finanziellen und wirtschaftlichen Verhältnissen zu belassen. So können Kapitalgesellschaften ihre eigenen Anteile zurückkaufen. In vielen Fällen können sie sogar neue Anteile aus-

---

[59] Rechtsvergleichend zu den Sorgfaltspflichten des Managements *Aron*, Die Sorgfaltspflicht im amerikanischen Gesellschaftsrecht, Der Konzern 2004, 386.

geben, ohne der Zustimmung des Gründungsstaates oder der shareholder zu bedürfen. Es müssen nur genügend genehmigte, aber noch nicht ausgegebene Anteile vorhanden sein. Die Kapitalgesellschaften geben dann neue Anteile aus oder bieten die zuvor zurückgekauften Anteile erneut an.

Die einfache Mehrheit der ausgegebenen stimmberechtigten Anteile kann nicht nur das gesamte board of directors abwählen und die articles of incorporation verändern, sic kann sich auch über Einwände der minority shareholders (Minderheitsanteilseigner) hinwegsetzen. Wenn absehbar ist, dass die Anteile in den Händen einiger Eigentümer bleiben,[60] können die shareholder Vorsichtsmaßnahmen treffen. Dies sind etwa Vereinbarungen, welche die Stimmberechtigung für die Wahl der directors nur an bestimmte Anteilsklassen knüpfen, die Vertretung der minority shareholders im board of directors durch ein Stimmhäufungswahlverfahren sicherstellen sollen oder qualifizierte Mehrheiten für bestimmte Entscheidungen des board of directors vorsehen. Solche Übereinkommen befinden sich in den articles of incorporation, in den bylaws oder in einem gesonderten Abkommen der shareholder. Derartige Abkommen können auch eine Poolbildung von Stimmen vorsehen, ebenso wie ein Schiedsgerichtsverfahren, Beschränkungen des Anteilsverkaufs an Außenstehende oder die Regelung, dass ein shareholder bei nicht zu behebenden Meinungsverschiedenheiten durch einen anderen ausgezahlt wird.

598

Einzelstaatliches Recht enthält Bestimmungen zum Schutz von minority shareholders. Beim Zusammenschluß von Kapitalgesellschaften oder dem Verkauf des Gesellschaftsvermögens kann die dagegen stimmende Minderheit sich unter Umständen von dem Geschäft lossagen und in einem Rechtsstreit die Auszahlung des Wertes ihrer Anteile erzwingen. Der Barwert ist ohne Berücksichtigung der Auswirkungen des abgelehnten Geschäfts auf den Anteilswert zu ermitteln. Einige Gerichte gewähren weitergehenden Minderheitenschutz, z. B. indem sie den Mehrheitsanteilseignern Redlichkeitspflichten gegenüber der Minderheit auferlegen.

599

e) Internal Affairs-Rule

Welches Recht findet auf die internen Rechtsbeziehungen (internal affairs) einer Gesellschaft Anwendung? Nach der internal affairs-rule ist auf das Recht des Gründungsstaates abzustellen.[61] So richten sich die internal affairs einer in Delaware gegründeten Gesellschaft in allen Bundesstaaten nach dem Recht des Staates Delaware. Vorzugsweise wird Delaware als Gründungsstaat gewählt, weil dessen Gesellschaftsrecht als besonders liberal gilt.[62]

600

---

[60] Wie dies etwa bei joint ventures der Fall ist.
[61] *CTS Corp. v. Dynamics Corp. of America*, 481 U.S. 69, 107 S.Ct. 1637, 95 L.Ed.2 d 67 (1987); *Note*, The Internal Affairs Doctrine: Theoretical Justifications and Tentative Explanations for its Continued Primacy, 115 Harv. L. Rev. 1480 (2002). Im Gegensatz dazu knüpft das deutsche Recht an den tatsächlichen Gesellschaftssitz an. Vgl. dazu vertiefend und rechtsvergleichend *Göthel*, Internationales Gesellschaftsrecht in den USA: Die Internal Affairs Rule wankt nicht, RIW 2000, 904.
[62] Siehe *Gevurtz*, Corporation Law §§ 1.2 ff. Allerdings wird oft übersehen, dass sich viele Staaten in ihrer Gesetzgebung am Gesellschaftsrecht Delawares orientiert haben und damit nicht minder attraktiv sind. Vgl. im Fall Georgia O.C.G.A. §§ 14-2-201 ff. (2003). Siehe auch *Carney/Hay*, Die Gründung einer Tochtergesellschaft in den U.S.A., in: *Lutter* (Hrsg.), Die Gründung einer Tochtergesellschaft im Ausland, 1995, S. 942 ff.

3. Close Corporation

601 Viele Jahre lang sah das U.S.-amerikanische Gesellschaftsrecht eine Einheitsregelung vor, unabhängig von der Größe einer Gesellschaft, der Anzahl der shareholder oder davon, ob Gesellschaftsanteile zum Handel an der Börse zugelassen sind. Alle Gesellschaften unterlagen und unterliegen weitgehend noch immer einer einheitlichen gesetzlichen Regelung. In jüngerer Zeit haben einige Bundesstaaten zusätzliche gesetzliche Regelungen zur close corporation, einer Kapitalgesellschaft, deren Anteile aus rechtlichen oder tatsächlichen Gründen im dauerhaften Eigentum bestimmter Personen stehen, eingeführt.[63] Die Regeln[64] sehen für diese Form von Gesellschaften eine Begrenzung der Anzahl von shareholders und des Gesellschaftsvermögens[65] vor. Die steuerliche Behandlung der close corporation erfolgt wie bei der partnership, wohingegen die Haftung grundsätzlich beschränkt ist.[66]

602 Close Corporations sind mit zusätzlichen Rechten ausgestattet. Sie können beispielsweise das board of directors abwählen und an dessen Stelle die Geschäftsführung direkt den shareholdern übertragen. Gesetzliche Regeln sehen oftmals Beschränkungen der Übertragbarkeit von Anteilen vor. So müssen sie z. B. vor Verkauf an Dritte erst der Gesellschaft angeboten werden. Einige Gesetze sehen ein Vorkaufsrecht für Anteile im Todesfalle eines shareholder vor. Bei der Mehrheitsfindung treten in einer close corporation nicht selten Patt-Situationen (deadlock) auf.[67]

4. Sole Proprietorship

603 Sole proprietorship („Ein-Mann-Betrieb") bedeutet, dass einer einzelnen Person ein Unternehmen gehört.[68] Dieses besitzt keine eigene Rechtspersönlichkeit, daher greift die Haftung direkt und unbeschränkt auf den sole proprietor durch.[69] Sein Ausscheiden führt logischerweise zur Auflösung der Gesellschaft. Im Grunde ist diese Gesellschaftsform also mit einer partnership zu vergleichen, mit dem maßgeblichen Unterschied, dass zur Gründung letzterer mindestens zwei Personen erforderlich sind. Die sole proprietorship ist für manche Branchen eine attraktive Gesellschaftsfrom, da ihre

---

[63] *Karjala*, An Analysis of Close Corporation Legislation in the United States, 21 Ariz. St. L. J. 663 (1989); *Moll*, Shareholder Oppression & Dividend Policy in the Close Corporation, 60 Wash & Lee L. Rev. 841 (2003). Siehe auch *Hamilton*, The Law of Corporations §§ 12.1 ff.
[64] Siehe *Harris v. NetCentric Corp.*, 433 Mass. 465, 744 N.E.2 d 622 (Mass.Supr.Ct. 2001).
[65] 15 U.S.C. §§ 77c(b) (2003): Hier wird das Gesellschaftsvermögen auf $ 5 Mio. begrenzt. Vgl. Auch *Bungert*, Gesellschaftsrecht, S. 51–53.
[66] Es kommt jedoch bei close corporations relativ häufig zum Haftungsdurchgriff (piercing the corporate veil), vgl. dazu *Merkt*, US-amerikanisches Gesellschaftsrecht, Rn. 626; *Gevurtz*, Corporation Law § 1.5.
[67] Umfassend zum deadlock-Problem: *Kim*, The Provisional Director Remedy for Corporate Deadlock: A Proposed Model Statute, 60 Wash. & Lee L. Rev. 111 (2003). Vgl. dazu auch *Bungert*, Die GmbH im US-amerikanischen Recht, S. 64–68; *Gevurtz*, Corporation Law § 5.2.2 (b); *Hamilton*, The Law of Corporations § 12.14. Einen Überblick über weitere im Zusammenhang mit close corporations auftretende Fragen bietet *Grandfield*, The Reasonable Expectations of Minority Shareholders in Closely Held Corporations: The Morality of Small Businesses, 14 DePaul Bus. L.J. 381 (2002).
[68] Siehe *Hamilton*, The Law of Corporations § 1.5; *Gevurtz*, Corporation Law § 1.1.1 (a).
[69] Einen Überblick über sole proprietorships und einen Vorschlag zur Anwendung von Haftungsbeschränkungen bietet *Crusto*, Extending the Veil to Solo Entrepreneurs: A Limited Liability Sole Proprietorship Act, 2001 Colum. Bus. L. Rev. 381 (2001).

Gründung formlos geschehen kann und sie, gleich einer partnership, nur einfach besteuert wird.

5. Sonstige Formen von Kapitalgesellschaften

Der **Business Trust** ist eine Konstellation, die sowohl Elemente einer Kapital- als auch einer Personengesellschaft sowie eines trust enthält.[70] Diese Gesellschaftsform ist keine eigene Rechtsfigur. Anwendungsgebiete sind hauptsächlich real estate trusts (Immobilienfonds) sowie investment trusts (Investitionsfonds). Beteiligte dieser Gesellschaftsform sind die Treuhänder (trustees) und die Gesellschafter (beneficiaries). Das von den Gesellschaftern eingebrachte Geld wird auf die Treuhänder übertragen und von diesen eigenverantwortlich verwaltet, es ist fortan ihr Eigentum. Die Gesellschafter erhalten als Gegenwert Zertifikate über die Anteile am trust-Vermögen, die dann frei übertragbar sind. Die Besteuerung erfolgt wie bei einer business corporation. 604

Zu einer **Professional Corporation** schließen sich Angehörige Freier Berufe (z. B. Ärzte oder Anwälte) zusammen. Hauptgrund sind der Wunsch nach einer mehr formalen Verbindung bei gleichzeitiger Nutzung steuerlicher Vorteile.[71] Ähnlich einer general partnership (dazu Rn. 573) werden erwirtschaftete Gewinne nur einfach besteuert. In jüngster Zeit sind viele dieser Vorteile jedoch limitiert oder abgeschafft worden.[72] 605

Die **Joint Stock Company** stellt wiederum eine Mischform aus Kapitalgesellschaft und Personengesellschaft dar.[73] Das Kapital der Gesellschaft wird in Anteile aufgeteilt und ist frei übertragbar. Das Vermögen wird von einem board of directors bzw. den von ihm bestellten officers verwaltet. Die Haftung wird persönlich von den Gesellschaftern getragen. Die Joint Stock Company hat keine eigene Rechtspersönlichkeit. Die Besteuerung erfolgt wie bei einer corporation. 606

6. Delaware-Effekt

Seit Beginn dieses Jahrhunderts sucht der Bundesstaat Delaware seine Konzessionseinnahmen dadurch zu vergrößern, dass er ein besonders liberales Gesellschaftsrecht zur Verfügung stellt. Diesen Wettbewerb um das weltweit liberalste Unternehmensrecht bezeichnet man als den Delaware-Effekt.[74] Die Vorteile der Gründung einer corporation in Delaware liegen also zum einen in der Tatsache, dass es dort den Chancery Court, ein spezielles Gericht, das corporations betreffende Streitfälle nach den equity-Grundsätzen entscheidet, gibt. Aufgrund der Spezialisierung der Richter werden gesellschaftsrechtliche Verfahren zügig durchgeführt; dies ist in andern Bundesstaaten nicht selbstverständlich. Zum anderen existiert natürlich gerade aufgrund der Vielzahl 607

---

[70] Vgl. dazu auch *Merkt*, US-amerikanisches Gesellschaftsrecht, Rn. 126–129.
[71] Vgl. weiter dazu *Hölscher*, RIW 1995, 551 ff.; *Merkt*, US-amerikanisches Gesellschaftsrecht, Rn. 144–146.
[72] Zu steuerlichen Gestaltungsmöglichkeiten für Personengesellschaften („check-the-box" Rules) siehe *Gevurtz*, Corporation Law §§ 1.1.1.(e), 1.1.2.(e). Zum Ganzen auch *Oh*, A Jurisdictional Approach to Collapsing Corporate Distinctions, 55 Rutgers L. Rev. 389 (2003).
[73] *Merkt*, US-amerikanisches Gesellschaftsrecht, Rn. 120–125.
[74] *Merkt*, Entwicklung des US-amerikanischen Gesellschaftsrechts, ZfRV 1996, 1, 11 f.

der durchgeführten Verfahren ein umfassendes und ausgebildetes Fallrecht zum Gesellschaftsrecht von Delaware und zu den allgemeinen Prinzipien des common law, wie es auf corporations Anwendung findet. Im Gegenzug dazu verlangt Delaware jedoch höhere Konzessionsgebühren als die meisten anderen Bundesstaaten.[75]

7. Anerkennung im Ausland

607A Gesetzt dem Fall, eine US-amerikanische Gesellschaft verlagert ihren Verwaltungssitz ins Ausland (insbesondere in ein Land, welches der Sitztheorie im Gesellschaftskollisionsrecht folgt), muß die Gesellschaft dann die möglicherweise strengeren Anforderungen des Sitzstaates an Kapitalisierung und Haftung befolgen? Innerhalb der EU hat der EuGH entschieden, dass Deutschland (ein Sitztheorie-Staat) die Rechtsfähigkeit einer in den Niederlanden (Gründungstheorie-Staat) gegründeten Gesellschaft unter der europarechtlichen Niederlassungsfreiheit anerkennen muß.[76] Der BGH hat diese Auslegung der Niederlassungsfreiheit für Zwecke des deutsch-amerikanischen Handels-, Freundschafts- und Seefahrtsübereinkommens übernommen: die Rechtsfähigkeit einer in Florida gegründeten Gesellschaft wurde in Deutschland anerkannt.[77]

IV. Limited Liability Company

608 In jüngerer Zeit erfreut sich die LLC immer größerer Beliebtheit. Das drückt sich vor allem darin aus, dass alle Bundesstaaten mittlerweile diesbezügliche Gesetze erlassen haben. Bei dieser Gesellschaftsform handelt es sich im Grunde um eine körperschaftlich verfaßte Form der limited partnership mit eigener Rechtsfähigkeit. Sie besitzt den Vorzug, einen vollständigen Haftungsschutz ihrer Mitglieder mit der steuerlichen Einordnung einer partnership zu verbinden.[78] Jedes Mitglied kann sich an der Geschäftsführung beteiligen, ohne persönlicher Haftung zu unterliegen;[79] gleichzeitig kann die mit einer Körperschaft verbundene doppelte Besteuerung vermieden werden. Im Unterschied zu einer corporation können jedoch Gesellschaftsanteile nicht frei übertragen werden, das Einverständnis der anderen Gesellschafter ist hierzu er-

---

[75] Die „Delaware-Gesellschaft", wie eine Gesellschaft, die nach relativ liberalen Standards gegründet werden kann. Es muss jedoch darauf hingewiesen werden, dass es eine Reihe anderer Staaten Modelle eingeführt haben, die dem von Delaware ähnlich sind. Im Ergebnis sind die Unterschiede im Aufwand bei der Gründung von Gesellschaften zwischen den amerikanischen Bundesstaaten nur marginal.
[76] EuGH C-167/01, Kramer van Koophandel en Fabrieken voor Amsterdam v. Inspire Art Ltd., [2003] ECR I-10 155, 2003 WL 102 001.
[77] BGH Urt. v. 29. 1. 2003, VIII ZR 155/02, BB 2003, 810; IPRax 2003, 265. Siehe zu dieser Entscheidung *Dammann*, Amerikanische Gesellschaften mit Sitz in Deutschland, RabelsZ 2004, 607. Für Fälle innerhalb der EU auch OLG Frankfurt, Urteil v. 28. 5. 2003; IPRax 2004, 56, mit Anmerkung, S. 26. Zur Problematik der Rn. 607 und 607A vgl. *Ebke*, Der Einfluss des US-amerikanischen Gesellschaftsrechts und das Internationale Gesellschaftsrecht in Deutschland und Europa, ZVglRWiss 110, (2011) 2.
[78] Zur steuerlichen Einordnung der LLC in Deutschland *Herrmann*, Die Einordnung ausländischer Gesellschaften im Ertragsteuerrecht am Beispiel der US-amerikanischen Limited Liability Company, RIW 2004, 445.
[79] Vgl. dazu die Voraussetzungen einer limited partnership, oben Rn. 578 ff.; *Hamilton*, The Law of Corporations § 1.16; *Hynes*, Agency, Partnership, and the LLC in a Nutshell § 104.

forderlich.⁸⁰ Das Ausscheiden eines Gesellschafters kann zudem zur Auflösung der LLC führen. Die genauen Folgen ergeben sich jedoch aus dem Operating Agreement (Gesellschaftsvertrag). Dieses Agreement muß zum Zeitpunkt der Gründung beim Innenministerium eingereicht werden. Ähnlich wie bei der partnership ist die Angabe eines Gesellschaftszwecks erforderlich, sie kann aber generalklauselhaft auf „any lawful business" lauten. Die meisten Bundesstaaten erfordern zwei Gesellschafter zum Gründungszeitpunkt. Die LLC ist also eine Mischform aus einer Personen- und einer Kapitalgesellschaft. Sie verbindet die jeweiligen Vorzüge beider Urtypen geschickt, ohne dass ihr daraus allzu große Nachteile erwachsen.⁸¹

V. Ausländische Gesellschaften

Außerhalb ihres Gründungsstaates wird jede Gesellschaft vom jeweiligen Forumstaat als **out-of-state company** bezeichnet; insofern macht es keinen Unterschied, ob es sich um eine Gesellschaft aus einem anderen Bundesstaat oder eine ausländische Gesellschaft handelt. Jeder U.S.-Bundesstaat hat das unbeschränkte Recht, eine out-of-state company, die innerhalb dieses Staates tätig werden möchte, bestimmten Zulassungsanforderungen zu unterwerfen.⁸² Typischerweise sieht die jeweilige einzelstaatliche Regelung vor, dass eine out-of-state company beim jeweiligen Secretary of State (Innenministerium) ein Certificate of Authority beantragen muß. Der Inhalt dieses Antrags entspricht weitgehend den Vorraussetzungen, die auch für die Gründung einer Gesellschaft in diesem Bundesstaat erfüllt werden müssen. Bringt die Gesellschaft das erforderliche Certificate of Authority nicht bei, kann es ihr verwehrt sein, als Kläger vor den Gerichten dieses Staates aufzutreten. Jedoch kann sie selbstverständlich in diesem Staat verklagt werden, soweit die entsprechenden prozessualen Voraussetzungen vorliegen (dazu oben, Rn. 132 f.). Das erforderliche certificate kann jederzeit nachträglich, also auch nach Beginn eines Prozesses, beantragt werden. 609

Allerdings sind diese allgemeinen Aussagen in Bezug auf U.S.-amerikanische Gesellschaften mit Vorsicht zu genießen. Die Interstate Commerce Clause verbietet übermäßige Handelsbeschränkungen zwischen den einzelnen Bundesstaaten; naturgemäß erfaßt dieses Verbot im Rahmen seines Geltungsbereiches auch einzelstaatliche Regelungen zum zwischenstaatlichen Handel außerstaatlicher Gesellschaften.⁸³ Zudem sind Einzelstaaten, nur weil sie Regelungen zur Teilnahme am innerstaatlichen Handel treffen können, nicht berechtigt, außerstaatliche Gesellschaften wie innerstaatliche zu behandeln und dadurch die „internal rules" des jeweiligen Gründungsstaates zu umgehen. Der U.S. Supreme Court bestätigte ausdrücklich, dass das Recht des Gründungsstaates über die „internal affairs" einer Gesellschaft ent- 610

---

⁸⁰ Vgl. dazu weiter *Halm*, Die Limited Liability Company: Eine Gesellschaftsform etabliert sich in den USA, GmbHR 1995, 576 ff.; *Bungert*, Gesellschaftsrecht in den USA, S. 61 ff.
⁸¹ Weiterführend zur LLC: *Burkhard*, LLC Member and Limited Partner Breach of Fiduciary Duty Claims: Direct or Derivative Actions?, 7 J. Small & Emerging Bus. L. 19 (2003); *Miller*, A New Direction for LLC Research in a Contractarian Legal Environment, 76 S. Cal. L. Rev. 351 (2003).
⁸² *Paul v. Virginia*, 75 U.S. 168 (1869): A state has unlimited power to exclude or regulate foreign corporations other than those engaged in interstate commerce, since corporations are not citizens within the meaning of the Privileges and Immunities Clause.
⁸³ Siehe *Eli Lilly & Co. v. Sav-On-Drugs, Inc.*, 366 U.S. 276, 81 S.Ct. 1316, 6 L.Ed.2 d 288 (1961). Siehe auch *Gevurtz*, Corporation Law § 1.2.

scheidet.⁸⁴ Er beschränkt die Einzelstaaten dadurch weitgreifend in ihrer Befugnis, eine außerstaatliche Gesellschaft als „pseudo-foreign" zu bezeichnen,⁸⁵ um sie dann zu Regulierungszwecken wie ein einheimische Unternehmen behandeln zu können. Gleichzeitig trifft die Entscheidung des U.S. Supreme Court wichtige Aussagen zur Anwendbarkeit der einzelstaatlichen „anti-takeover"-Gesetze auf Gesellschaften, die im zwischenstaatlichen Handel aktiv sind.

611 Auch was die Behandlung ausländischer Unternehmen angeht, haben die Einzelstaaten weniger Freiraum, als der einleitende Absatz vermuten läßt. Ihnen sind sowohl durch die Bundesverfassung, als auch durch internationale Handelsabkommen, denen die USA beigetreten sind, Schranken gesetzt. So wurden unter anderem einzelstaatliche Bestimmungen, die verlangen, dass die Mehrheit oder eine bestimmte Anzahl der Unternehmensgründer U.S.-amerikanische Staatsbürger sind, wegen Verstoßes gegen das Diskriminierungsverbot aufgehoben. Eine Vielzahl internationaler Handelsabkommen (treaties of „Friendship, Commerce, and Navigation",⁸⁶ in der neueren Version „Treaties of Establishment") mit nahezu allen Staaten, die mit den USA Handel treiben, sehen in der Regel „national treatment" für alle natürlichen Personen und corporations des Vertragsstaates zum Zwecke der Niederlassung in den USA vor. Insbesondere ältere Abkommen schließen zwar bisweilen bestimmte Tätigkeitsbereiche, z. B. Bergbau, aus. Von diesen Ausnahmen abgesehen, haben Staatsbürger und Unternehmen der Vertragsstaaten aber volles Niederlassungsrecht in den USA und, im Hinblick auf die Handhabung des zwischenstaatlichen Handels, auch in den Einzelstaaten.

VI. Kapitalmarktrecht

612 Die Darstellungen sollen sich lediglich auf einige, insbesondere neuere Tendenzen im Kapitalmarktrecht beschränken. Eine umfassende Behandlung würde den Rahmen dieser Einführung sprengen.⁸⁷

1. Kapitalmarktaufsicht

613 Die ursprünglich bestehende Parallelität von bundes- und einzelstaatlicher Zuständigkeit in der Kapitalmarktaufsicht wurden in den vergangenen Jahren durch den National Securities Markets Improvement Act (1996)⁸⁸ und den Securities Litigation Uniform Act (1998)⁸⁹ reformiert. Kostenintensive doppelte Meldepflichten sind ent-

---

⁸⁴ Siehe *CTS Corp. v. Dynamics Corp. of America*, 481 U.S. 69, 95 L.Ed.2 d 67 (1987), 107 S.Ct. 1637 (1987). Nur in Teilen aussagekräftig, *Edgar v. MITE Corp.*, 457 U.S. 624, 102 S.Ct. 2629, 73 L. Ed.2 d 269 (1982).
⁸⁵ Siehe Cal. Corp. Code § 2115 (2005).
⁸⁶ Zum deutsch-amerikanischen Freundschaftsvertrag oben, Rn. 233.
⁸⁷ *Foerster/Burch*, Capital Markets Handbook, 4. Auflage 2002; *Hopt/Wymeersch* (Hrsg.), Capital Markets and Company Law, 2003; *Obstfeld u. a.*, Global Capital Markets: Integration, Crisis, and Growth, 2004.
⁸⁸ 15 U.S.C. § 77 r (2005). Rechtsvergleichend *Karmel*, Reconciling Federal and State Interests in Securities Regulation in the United States and Europe, 28 Brooklyn J. Int'l L. 495 (2003).
⁸⁹ 15 U.S.C. § 78 bb (f) (1) (2005). Für eine vergleichende Darstellung siehe *Karmel*, Reconciling Federal and State Interests in Securities Regulation in the United States and Europe, 28 Brooklyn J. Int'l L. 495 (2003).

fallen. Die **Securities and Exchange Commission** (SEC) ist gestärkt worden. Eine ausschließliche Kompetenz dieser Bundesbehörde besteht zukünftig bezüglich der Festlegung der Zulassungskriterien von Finanzdienstleistern und zur Überwachung von sogenannten mutual funds. Alle Emissionen, welche bundesweit dem Kapitalmarkt zur Verfügung gestellt werden, unterliegen einheitlichen Offenlegungsmaximen.[90] Die Einzelstaaten sind in ihrer Zuständigkeit entscheidend beschränkt worden. Sie erstreckt sich praktisch nur noch auf die Zulassung von Anlageberatern mit einer Einlage im Wert von maximal $ 25 Millionen und Anleiheemissionen der öffentlichen Hand im jeweiligen Bundesstaat.[91]

2. Forward Looking Statements

Unternehmen können auf freiwilliger Basis Angaben zur zukünftigen Geschäftsentwicklung veröffentlichen (forward looking statements).[92] Die Gefahr, in der Folge von nicht eingetretenen Aussagen zur Gewinnerwartung einer börsennotierten Gesellschaft umfangreichen Schadensersatzforderungen enttäuschter Anleger ausgesetzt zu sein, wurde minimiert. Im Private Securities Litigation Reform Act of 1995[93] reduzierte der Gesetzgeber die Prospekthaftung auf Fälle, in denen die Geschäftsleitung die Unternehmensentwicklung nicht lediglich in vorsichtigen Formulierungen verfaßt hat (bespeaks caution doctrine). Aussagen ins Blaue hinein, die eine reasonable basis vermissen lassen, ziehen Schadensersatzansprüche nach sich.[94] Generell müssen die Angaben bei Emissionen in „plain English" gehalten sein, d. h. in möglichst einfachen und verständlichen Worten dem Investor die benötigten Informationen zur Anlageentscheidung nahebringen. Vor Gericht ist es hingegen dem Kläger auferlegt, im einzelnen dezidiert die Gründe darzulegen, aus denen er schließt, dass die statements falsch und irreführend sind.[95] Auch ist die Behauptung unzureichend, der Geschäftsleitung seien unternehmensintern negative Gewinnerwartungen bekannt gewesen.[96] Der Nachweis eines sich aufdrängenden Schlusses (strong inference) wird gefordert.

614

---

[90] Zur Entwicklung der Regulierungsfunktion der SEC im Zeitalter eines zunehmend komplexen Marktes *Aggarwal*, From the Individual to the Institution: The SEC's Evolving Strategy for Regulating the Capital Markets, 2003 Colum. Bus. L. Rev. 581 (2003).
[91] 15 U.S.C. § 80b-3(a) (2005). Siehe auch *Hirte/Otte*, DAJV-NL 3/97 S. 75.
[92] *Ebke*, Neuere Entwicklungen im US-amerikanischen Handels- und Wirtschaftsrecht, RIW 1998, 149, 152.
[93] 15 U.S.C. §§ 77a ff. (2003). Siehe auch *O'Hare*, Director Communications and the Uneasy Relationship between the Fiduciary Duty of Disclosure and the Anti-Fraud Provisions of the Federal Securities Laws, 70 U. Cin. L. Rev. 475 (2002); *Perino*, Did the Private Securities Litigation Reform Act Work?, 2003 U. Ill. L. Rev. 913 (2003).
[94] *In re Burlington Coat Factory Securities Litigation*, 114 F.3 d 1410 (3 d Cir. N.J. 1997); *In re Healthcare Compare Corp. Sec. Litig.*, 75 F.3 d 276, 281 (7th Cir. 1996). Siehe auch *Olazabal*, Safe Harbor for Forward-Looking Statements Under the Private Securities Litigation Reform Act of 1995: What's Safe and What's Not?, 105 Dick. L. Rev. 1 (2000).
[95] *Lemmer v. Nu-Kote Holding, Inc.*, 2001 U.S. Dist. LEXIS 13 978 (N.D. Tex. 2001); *Zeid v. Kimberley*, 11 Fed. Appx. 881 (9th Cir. 2001). Siehe auch *Siebert*, RIW 1997, 157, 160.
[96] *In re Silicon Graphics Inc, Securities Litigation*, 183 F.3 d 970 (3rd Cir. 1999). Siehe auch *Grzebielski/O'Mara*, Whether Alleging „Motive and Opportunity" Can Satisfy the Heightened Pleading Standards of the Private Securities Litigation Reform Act of 1995: Much Ado About Nothing, 1 DePaul Bus. & Comm L.J 313 (2003).

615 Das gleiche Gesetz verpflichtet auch Wirtschaftsprüfer, bei vermögensrelevanten Rechtsbrüchen der evaluierten Gesellschaft die SEC zu benachrichtigen, wenn dies innerhalb eines Tages nach Kenntnisgabe nicht bereits durch die Geschäftsleitung erfolgt ist. Nur dieser „Mandantenverrat" befreit den Wirtschaftsprüfer von einer gesamtschuldnerischen Haftung gegenüber geschädigten Anlegern.

616 In Folge der in der Öffentlichkeit vieldiskutierten Korruptionsskandale um Enron,[97] WorldCom, Tyco International und Adelphia Communications erließ der Kongreß den **Sarbanes-Oxley Act** of 2002[98] zur Verhinderung und Bestrafung gesellschaftsrechtlicher Betrugsfälle.[99] Das Gesetz verpflichtet Vorstände (executives) die Richtigkeit von bei der SEC eingereichten Bilanzen zu bestätigen und unterwirft sie strafrechtlicher Verantwortung für vorsätzliche Rechtsverletzungen. Das Gesetz erweitert Rechte und Pflichten von internen Prüfern (audit committees) sowie deren Haftung. Darüber hinaus ist die SEC aufgefordert, Regelungen für Anwälte aufzustellen, welche diese verpflichten, die Gesellschaft (Rechtsabteilung, Prüfer, oder Management) über Anzeichen von Rechtsverstößen zu informieren.[100]

3. Insiderhandel mit Wertpapieren

617 Insiderhandel ist dann verboten, wenn Management oder Angestellte einer Gesellschaft qualifizierte Kenntnis über künftige Kursbewegungen der von der Gesellschaft emittierten Wertpapiere haben oder über Umstände, welche diese zumindest auslösen können, und sie genau diese Kenntnis durch den Handel mit diesen Papieren für eigene Zwecke verwerten.[101] Erwägt die Gesellschaft lediglich, eine Korrektur ihrer Gewinnprognosen vorzunehmen, so trifft einen an der dafür erforderlichen Entscheidungsfindung Beteiligten keine gesteigerte Pflicht. Handelt er mit Papieren des Unternehmens, ohne dass man intern von einer veröffentlichungsbedürftigen Abweichung der Unternehmensentwicklung ausgeht,[102] liegt hierin kein Verstoß ge-

---

[97] Zur Entwicklung und zum Kollaps von Enron siehe *Jennings*, A Primer on Enron: Lessons From a Perfect Storm of Financial Reporting, Corporate Governance and Ethical Culture Failures, 39 Cal. W. L. Rev. 163 (2003).

[98] Pub. L. No. 107–204, 116 Stat. 746–810 (2002) (als Gesetz aufgenommen in 15 U.S.C. §§ 7201–7266 und weiteren Vorschriften in 18 U.S.C.).

[99] Umfassend zum Sarbanes-Oxley Act und seinen Folgen *Bloomenthal*, Sarbanes-Oxley Act in Perspective, 2009. Siehe auch *Kim*, Sarbanes-Oxley Act, 40 Harv. J. on Legis. 235 (2003). Siehe dazu auch *Block*, Neue Regelungen zur Corporate Governance gemäß Sarbanes-Oxley Act, BKR 2003, 774 ff.; *Hannah Buxbaum*, Corporate Accountability Reform in the United States: The Sarbanes-Oxley Act of 2002 and Its Application to Foreign Accountants, IPRax 2003, S. 78 ff.

[100] Zu den Anforderungen des Sarbanes-Oxley Act an den Rechtsanwalt: *Fisch/Rosen*, Is There a Role for Lawyers in Preventing Future Enrons?, 48 Vill. L. Rev. 1097 (2003).

[101] *Gevurtz*, Corporation Law §§ 6.1.2, 6.3.2.ff.; *Hamilton*, The Law of Corporations §§ 14.27 ff.; *Hirte/Otte*, DAJV-NL 3/97 S. 75, 78. Die SEC muß darlegen und beweisen, dass das Handeln des Beklagten durch die Insider Information beeinflußt war. Das Vorliegen von Insiderinformationen allein genügt zur Haftungsbegründung nicht. Siehe *SEC v. Lipson*, 278 F.3 d 656 (7th Cir. 2002). Zu den Pflichten des Insiders bei Erhalt nicht-öffentlicher Informationen *Fried*, Insider Abstention, 113 Yale L.J. 455 (2003).

[102] Um die Weitergabe von nicht-öffentlichen Informationen an ausgewählte Insider zu vermeiden, erließ die SEC die Regulation FD („Fair Disclosure"). Diese verlangt bei jeder ausgewählten Weitergabe von Informationen eine entsprechende Ankündigung an die Öffentlichkeit. Siehe Selective Disclosure and Insider Trading Rule, 17 C.F.R. §§ 240, 243, 249 (2003).

gen Insiderrecht. Das gilt selbst dann, wenn sich kurz nach Vornahme der Wertpapiertransaktion die Geschäfte rapide verschlechtern und dann doch eine Gewinnwarnung publik gemacht wird.[103] Insofern lag noch keine qualifizierte Kenntnis im Sinne des Insiderrechts vor.

B. Insolvenzrecht

Literatur: *Alces/Howard*, Cases and Materials on Bankruptcy, 4. Auflage 2005; *Baird*, Elements of Bankruptcy, 5. Auflage 2010; *Epstein*, Bankruptcy and other debtor-creditor laws, 7. Auflage 2005; *Jordan* u. a., Bankruptcy, 6. Auflage 2002; *Tabb*, Bankruptcy Anthology, 2001; *Tabb* u. a., Bankruptcy Law: Principles, Policies, and Practice, 2. Aufl. 2006; *Whaley/Morris*, Problems and Materials on Debtor and Creditor Law, 4. Auflage 2009; *Williamson*, The Bankruptcy Issues Handbook, 5. Auflage 2010.

I. Einleitung

Statistiken über amerikanische Insolvenzen bieten Europäern ein ungewöhnliches Bild, sowohl hinsichtlich ihrer Anzahl als auch der Befriedigungsquote gewöhnlicher, also nicht gesicherter oder sonst bevorzugter Insolvenzgläubiger. Die Rezessionen der achtziger Jahre und von 2009 erhöhten die Anzahl von Insolvenzanträgen beträchtlich. Dieser Anstieg erklärt sich zum Teil dadurch, dass auch Privatpersonen mittels Insolvenzverfahren Schuldbefreiung erwirken können und ihnen damit der Neustart ins Wirtschaftsleben ermöglicht wird.[104] In den 12 Monaten vor dem 30. September 2009, stieg die Gesamtzahl der eingereichten Insolvenzanträge um 34 Prozent (auf über 1,4 Mio. EUR) gegenüber der Vorperiode, die ihrerseits bereits einen Anstieg von 32 Prozent gegenüber dem Vorjahr gesehen hatte. Der Anteil der Privatinsolvenzen stieg zwischen 1980 und 2002 von 86,81 % auf 97,56 % und hat sich seitdem auf diesem Niveau stabilisiert.[105] Die Gesamtverschuldung der Verbraucher hat in der jüngsten Vergangenheit dramatisch zugenommen: Zu Beginn des Jahres 2010 belief sich die Verschuldung der amerikanischen Verbraucher auf fast 2.500.000.000.000 $. Gleichzeitig hat sich die Zahl der von Armut betroffenen Amerikaner erhöht. Im Jahr 2002 betrug die offizielle Armutsquote 12,1 %. 2007 stand sie bei 12,5 % und stieg weiter auf 13,2 % im Jahr 2008. Das bedeutete, dass im Jahr 2008, 39,8 Millionen Menschen unterhalb der Armutsgrenze lebten, was einen Anstieg von 2,5 Millionen gegenüber dem Vorjahr bedeutet.[106]

618

---

[103] *SEC v. Hoover*, 903 F.Supp. 1135 (S.D. Tex. 1995). Im Gegensatz dazu kann eine Insiderrechtsverstoß unter folgenden Umständen vorliegen: *United States v. Falcone*, 257 F.3 d 227 (2 d Cir. 2001) (der Beklagte hatte wissentlich vertrauliche Information von einem Insider in einem Wirtschaftsmagazin bezogen und diese für den Handel mit Wertpapieren genutzt); *United States v. Larrabee*, 240 F.3 d 18 (1st Cir. 2001) (der Partner einer Anwaltskanzlei hatte von einer bevorstehenden Fusion erfahren und von dieser vertraulichen Information im Rahmen eines Wertpapierhandels Gebrauch gemacht).

[104] Nach der Schuldbefreiung darf sich der Schuldner sechs Monate lang nicht auf eine Insolvenz berufen. Durch diese Regelung wird ihm die Chance eingeräumt, von Kreditinstituten oder Abzahlungsverkäufern ein erneutes Darlehen zu erhalten.

[105] Aktuelle Statistiken auf der website des American Bankruptcy Institute: http://www.abiworld.org.

[106] Die Formel zur Bestimmung von Armut geht vom Einkommen aus, beinhaltet aber nicht Unterstützungsleistungen, wie etwa Lebensmittelmarken (food stamps) oder Wohngeld. Die Berechnung berücksichtigt auch Anzahl und Alter der Familienmitglieder. Weitere Statistiken und aktuelle Daten finden sich auf der website des United States Census Bureau: http://www.census.gov.

619 Diese Statistiken erklären die andauernde Debatte um Reformen des Insolvenzrechts. Der Entwurf eines Bankruptcy Abuse Prevention and Consumer Protection Act of 2005 zeigt Beispiele vorgeschlagener Reforminitiativen.[107] So soll dem Schuldner beispielsweise erschwert sein, einen „Chapter 7"-Insolvenzantrag zu stellen, der grundsätzlich Schuldbefreiung zur Folge hat. Vielmehr sollen Schuldner, die über ein gewisses Mindesteinkommen verfügen, einen „Chapter 13"-Antrag stellen, der einen Plan zur Schuldenabzahlung beinhaltet. Zudem wird der Schuldner verpflichtet, einen Lehrgang in Finanzmanagement zu absolvieren. Die Befürchtung, dass Schuldner, die in der Lage sind, alle oder Teile ihrer Verpflichtungen zu bedienen, das Insolvenzrecht mißbrauchen, ist Ausgangspunkt der meisten dieser Reformideen. Obwohl die Reformen vor allem die Verbraucherinsolvenz anvisieren, sind corporations gleichermaßen betroffen, etwa durch die Verlängerung bestimmter Fristen für die Aufstellung und Bestätigung des Insolvenzplanes.[108] Zu Chapter 11 und Chapter 13 Insolvenzen siehe unten, Rn. 624 ff.[109]

II. Zuständigkeiten

620 Insolvenzrecht ist **Bundesrecht**. Es wird dort erschöpfend durch den **Bankruptcy Code**[110] und die vom Supreme Court erlassenen Rules of Practice and Procedure in Bankruptcy[111] geregelt. Einzelstaatliches Recht tritt mitunter ergänzend hinzu, so z. B. zum Zweck der Bestimmung eines dinglich gesicherten Gläubigers nach Artikel 9 des UCC,[112] für außergerichtliche Vergleiche nach dem common law (z. B. common law compositions)[113] oder im Bereich der freiwilligen Vermögensübertragung (assignment) durch den Schuldner an einen trustee zur Verwaltung und Verteilung

---

[107] 109 P.L.8, 119 Sat. 23 (April 20, 2005). For an overview, sieher *Price*, The Bankruptcy Abuse Prevention and Consumer Protection Act, 39 Harv. J. on Legis. 237 (2002).

[108] Siehe dazu *Greene*, Recent Developments in Small Business Bankruptcy Law, 7 J. Small & Emerging Bus L. 215 (2003).

[109] Gegner der Reformen kritisieren die Erschwerung der Reorganisation unter Chapter 11 und Chapter 13. Zu den unterschiedlichen Ansichten siehe *Kilborn*, Mercy, Rehabilitation, and Quid Pro Quo: A Radical Reassessment of Individual Bankruptcy, 64 Ohio St. L.J. 855 (2003); *Olazabal/Foti*, Consumer Bankruptcy Reform and 11 U.S.C. § 707(b): A Case-Based Analysis, 12 B.U. Pub. Int. L.J. 317 (2003).

[110] 11 U.S.C. §§ 101 ff. Der Bankruptcy Code wurde 1978 angenommen und 1984 hauptsächlich im Hinblick auf die Bundeszuständigkeit in Insolvenzverfahren und 1994 durch den Bankruptcy Reform Act of 1994 ergänzt. Siehe dazu *Brubaker*, On the Nature of Federal Bancruptcy Jurisdiction: A General Statutory and Constitutional Theory, 41 Wm and Mary L.Rev. 743 (2000); *Plank*, Bankruptcy and Federalism, 71 Fordham L. Rev. 1063 (2002); *Waxman*, The Bankruptcy Reform Act of 1994, 11 Bankr. Dev. J. 311 (1995); deutschsprachig: *Bull*, Der Bankruptcy Reform Act – Das neue amerikanische Konkursgesetz von 1978, ZIP 1980, 843 ff. Zu den Wirkungen eines U.S.-Konkursverfahrens in Deutschland *Habscheid*, Konkurs in den USA und seine Wirkungen in Deutschland (und umgekehrt) – Unter Berücksichtigung des Gesetzes zur Neuregelung des Internationalen Insolvenzrechts vom 14. 3. 2003, NZI 2003, 238 ff.

[111] 28 U.S.C. § 2075 ermächtigt den Supreme Court zum Erlaß dieser Vorschriften. Die Rules haben die Wirkung von Bundesgesetzen. Siehe *Klein*, Bankruptcy Rules Made Easy (2001): A Guide to the Federal Rules of Civil Procedure that Apply in Bankruptcy, 75 Am. Bankr. L.J. 35 (2001).

[112] Vgl. auch *Warner*, The Anti-Bankruptcy Act: Revised Article 9 and Bankruptcy, 9 Am. Bankr. Inst. L. Rev. 3 (2001).

[113] Vgl. *In re Leight & Co.*, 139 F.2 d 313 (7th Cir. Ill. 1943).

der Mittel an Gläubiger.[114] In dem erstgenannten Beispiel handelt es sich weniger um eine Ausklammerung des Bundesrechts als vielmehr um die Entscheidung einer Vorfrage nach einzelstaatlichem Recht. Im zweiten Fall liegt keine Insolvenz im engeren Sinne vor. Im letztgenannten Beispiel wird die mögliche Konkurrenz zwischen dem einzelstaatlichen assignment und dem Bundesinsolvenzrecht dadurch vermieden, dass das assignment unfreiwilliger Insolvenzgrund ist und nicht zustimmende Gläubiger zum Insolvenzantrag nach den Regeln des Bankruptcy Code berechtigt.[115]

Zuständig für die Insolvenzverfahren unter dem Bankruptcy Code sind die erstinstanzlichen Bundesgerichte, und zwar des Ortes, in welchem der Schuldner seinen gewöhnlichen Aufenthalt, sein Domizil, seine Geschäftsstelle oder sonstiges Vermögen hat.[116] Konkurrierende Gerichtsstände im Insolvenzverfahren werden durch eine Entscheidung des zuerst erkennenden Gerichts nach den Gesichtspunkten des forum non conveniens beseitigt.[117] Zum Schutz inländischer Gläubiger kann das Gericht bezüglich amerikanischen Vermögens in einem ausländischen Insolvenzverfahren ein Verfahren unter Beteiligung des ausländischen Insolvenzverwalters anordnen.[118] **621**

III. Formen bundesrechtlicher Insolvenzverfahren

Der Bankruptcy Reform Act (1978) veränderte das bis dahin geltende Bundesrecht beträchtlich. Sein erster Teil, der eigentliche Bankruptcy Code, enthält drei Kapitel über maßgebliche Erleichterungen für den Schuldner, und wird im folgenden kurz vorgestellt. Kapitel 7 befaßt sich mit der **Liquidation** des Schuldnervermögens zur Befriedigung der Gläubigerforderungen. Ein solches Verfahren kann freiwillig oder unfreiwillig eröffnet werden.[119] Unfreiwillig erfolgt die Verfahrenseröffnung durch drei Gläubiger, deren Forderungen zusammen mindestens $ 11.625 betragen. Sind insgesamt weniger als zwölf Gläubiger vorhanden, kann ein einzelner Gläubiger das Verfahren eröffnen. Voraussetzung ist allerdings, dass seine Forderung allein den genannten Wert hat.[120] Die Eröffnung des Insolvenzverfahrens führt zur Bildung **622**

---

[114] Vgl. *United States. v. Gotwals*, 156 F.2 d 692 (10th Cir. Okla. 1946), cert. denied *Gotwals v. United States*, 329 U.S. 781, 67 S.Ct. 204, 91 L.Ed. 670 (1946).
[115] 11 U.S.C. § 303 (h) (2005).
[116] 28 U.S.C. § 1334 (2005).
[117] 28 U.S.C. § 1412 (2005).
[118] 11 U.S.C. §§ 303 (b) (4), 304 (2005). Vgl. auch *Hay*, Auslandsinsolvenz und Inlandsfolgen aus amerikanischer Sicht, Festschrift für Müller-Freienfels (1986), S. 247 ff.; *Lee*, Ancillary Proceedings Under Section 304 and Proposed Chapter 15 of the Bankruptcy Code, 76 Am. Bankr. L.J. 115 (2002); *Levenson*, Proposal for Reform for Choice of Avoidance Law in the Context of International Bankruptcies from a U.S. Perspective, 10 Am. Bankr. Inst. L. Rev. 291 (2002).
[119] Vor 1978 mußten die Gläubiger in einem unfreiwilligen Insolvenzverfahren beweisen, dass der Schuldner einen sogenannten act of bankruptcy begangen hatte, wie z. B. den Versuch, Vermögen zum Nachteil der Gläubiger zu verschieben oder einen Gläubiger gegenüber dem anderen zu bevorzugen. Der Beweis war schwierig zu erbringen und führte oft zu langen Verzögerungen des Insolvenzverfahrens, bis schließlich das Vermögen vollständig zerstreut war. Überblick bei *Kennedy*, Restructuring Bankruptcy Administration: The Proposals of the Commission on Bankruptcy Laws, 30 Bus. Law. 399 (1975).
[120] 11 U.S.C. § 303 (b) (2005). Der Bankruptcy Code schützt die Schuldner vor Mißbrauch und erlaubt dem Gericht, den Gläubigern die Kosten und den Ersatz einer angemessenen Anwaltsgebühr

einer Vermögensmasse, die das gesamte Vermögen des Schuldners im Zeitpunkt des Antrages umfaßt.[121] Konzeptionell ist diese Vermögensmasse (**bankruptcy „estate"**) dem Nachlaßbegriff im Erbrecht („estate" of the decedent) vergleichbar (siehe oben, Rn. 531 ff.). Der Einzelschuldner kann einige persönliche Gegenstände oder zum Haushalt gehörende Sachen von der Masse ausschließen,[122] wobei die Frage der tatsächlichen Ausnahmen einzelstaatlich geregelt sein kann, da der Bankruptcy Code es den Einzelstaaten freistellt, die Ausnahmen des Bundesrechts zu modifizieren (opting out).[123] Die Verfahrenseröffnung führt auch zum sofortigen Ausschluß aller anderen Versuche der Gläubiger, auf das Vermögen des Schuldners zuzugreifen.[124]

623 Nach Einbringung des Antrags auf Insolvenzeröffnung wird ein interim trustee bestellt, der die Vermögensmasse übernimmt. In der darauf folgenden Gläubigerversammlung kann ein **trustee** bestimmt werden, der den interim trustee ablöst.[125] Seine Hauptaufgabe besteht in einer möglichst raschen Insolvenzabwicklung zur Verteilung des Erlöses an die Gläubiger. Ungesicherte Gläubiger werden anteilsmäßig nach den im Code festgesetzten priorities (Vorrechten) befriedigt. An erster Stelle stehen die administrative expenses (Verwaltungskosten). Es folgen die Ansprüche der Gläubiger aus allgemeinen Geschäftsbeziehungen zwischen dem Einbringen des Antrages auf unfreiwillige Insolvenzeröffnung und der Bestellung des trustee. Daraufhin sind die Ansprüche der Arbeitnehmer des Schuldners zu befriedigen, gefolgt von einem Ausgleich der Guthaben von Verbrauchern und anderen bevorzugten Gläubigern. Erst wenn diese Forderungen abgegolten sind, werden sonstige angemeldete Gläubiger befriedigt. Der Schuldner ist dann grundsätzlich von seiner Schuld befreit.[126] Ein etwaiger Rest steht ihm zu. Beschränkungen können sich allerdings unter anderem hinsichtlich bestehender Steuerschulden ergeben.

624 Kapitel 11 des Gesetzes befaßt sich mit der Reorganisierung bestehender Unternehmen (reorganization), um den in einer Liquidation andernfalls verlorengehenden Wert des „going concern"[127] für die Gläubiger zu erhalten.[128] Das gelingt in ca.

---

aufzuerlegen. Ebenso tragen die Gläubiger den Schaden, der durch die Inbesitznahme des Vermögens durch den trustee entstand oder, wenn der Antragsteller nicht gutgläubig war, den Schaden, der durch den Antrag entstanden ist zuzüglich einer Strafe. Ebenda § 303 (i).

[121] 11 U.S.C. § 541 (2005). Die Vermögensmasse umfaßt darüber hinaus: Vermögen, das der Schuldner innerhalb von 180 Tagen nach Antrag durch Erbschaft erwarb, Abgeltung aus einer Lebensversicherung, Einnahmen aus in der Masse enthaltenem Vermögen und sämtliche Zinsen aus der Masse, die nach der Insolvenzeröffnung aufgelaufen sind. Die Vermögensmasse umfaßt aber weder die Möglichkeit des Schuldners, ausschließlich für eine andere entity tätig zu sein, noch den Erlös aus einem spendthrift trust. Durch Einrichtung eines spendthrift trust wird das Vermögen eines Schuldners, der unter Verschwendungssucht leidet, quasi vormundschaftlich durch einen trustee verwaltet.

[122] 11 U.S.C. § 502 (2005).

[123] Einzelstaatliches Recht kommt zur Anwendung, wenn die staatliche Gesetzgebung die Ausnahmen des Bundesrechts nicht anerkennt, 11 U.S.C. § 522 (b) (i) (2003). Anderenfalls kann der Schuldner zwischen den einzel- und bundesstaatlichen Ausnahmen wählen.

[124] 11 U.S.C. § 362 (2005).

[125] Wenn während der Versammlung kein neuer trustee gewählt wird, bleibt der interim trustee für das Vermögen verantwortlich.

[126] 11 U.S.C. §§ 704, 507, 726, 727 (2005).

[127] Damit ist das „laufende" Geschäft gemeint.

[128] *R. Aaron*, Bankruptcy Law Fundamentals, S. 1–13.

95 % der Insolvenzfälle. Daraus wird gelegentlich gemutmaßt, dass viele Unternehmen den Bankrott bewußt zur Lösung wirtschaftlicher Probleme benutzen.[129]

Das Verfahren kann freiwillig oder unfreiwillig erfolgen. Die Antragstellung führt zum Ausschluß anderer Verfahren der Gläubiger gegen das Vermögen des Schuldners.[130] Ein trustee wird in der Regel nicht bestellt. Vielmehr behält der Schuldner Besitz und Kontrolle über sein Vermögen und erfüllt selbst alle Aufgaben und Pflichten eines trustee. Das Gericht ernennt ein **Gläubigerkomitee**, das meist aus den sieben Gläubigern mit den höchsten Ansprüchen besteht. Weitere Komitees sind ebenfalls denkbar, um die adäquate Vertretung von Gläubigern, die Ansprüche oder Aktiensicherungsrechte (equity security holders) geltend machen, zu gewährleisten. Der Schuldner muß innerhalb von 180 Tagen einen Vorschlag zur Reorganisierung oder Liquidation einbringen. Andernfalls kann ein solcher Plan von jeder betroffenen Partei erstellt werden. Ein Reorganisierungsplan teilt die Gläubiger in Gruppen ein und legt die Rechte einer jeden fest. Gruppen, die sich benachteiligt fühlen, können über den Plan abstimmen, wobei besondere Abstimmungsregeln gelten. Das Gericht muß den angenommenen Plan bestätigen. Stimmen nicht alle Gläubigergruppen zu, trifft das Gericht seine eigene Entscheidung auf der Grundlage dessen, was es für „recht und billig" (fair and equitable) hält, kann aber auch nicht zustimmende Parteien durch Beschluß an den Schuldnerplan binden („cram down" power).[131] Die Bestätigung des Gerichts entlastet den Schuldner von allen vor der Erteilung der Bestätigung entstandenen Verbindlichkeiten.[132] 625

Das 13. Kapitel[133] regelt den Ablauf einer **Teilzahlungsvereinbarung**, zur Begleichung einer Schuld über einen bestimmten Zeitraum. Ein Antrag unter Kapitel 13 kann nur von einem Einzelschuldner mit einem regelmäßigen Einkommen gestellt werden, wenn die ungesicherten Schulden $ 290.525 und die gesicherten Schulden $ 871.550 nicht übersteigen.[134] Das Verfahren ist ausschließlich freiwillig. Wie unter Kapitel 7 und 13 sind alle anderen Handlungen der Gläubiger gegen das Vermögen des Schuldners ausgeschlossen. Kapitel 13 schützt hingegen zusätzlich noch die Bürgen des Schuldners. In der Regel bleibt der Schuldner Herr über sein Vermögen.[135] Im Gegensatz zum Verfahren nach Kapitel 11 kann nur der Schuldner einen Plan einbringen. Eine Abstimmung durch die Gläubiger ist nicht vorgesehen. Der Plan 626

---

[129] http://162.140.225.1/reportcont.html, „Chapter 2": „Business Bankruptcy".
[130] 11 U.S.C. §§ 301, 303, 362 (2005).
[131] Vgl. *Halligan*, Cramdown Interest, Contract Damages, and Classical Economic Theory, 11 Am. Bankr. Inst. L. Rev. 131 (2003); *Klee*, All You Ever Wanted to Know About Cram Down Under the New Bankruptcy Law, 53 Am. Bankr. L.J. 133 (1979).
[132] 11 U.S.C. § 1141 (d) (2005). Ein neues chapter 12 trat Ende 1986 in Kraft. Es regelt „adjustment of debts of a family farmer" in dem Bestreben, die Verschuldung landwirtschaftlicher Familienbetriebe durch günstige insolvenzrechtliche Regelungen zu steuern. Pub. L. No. 99–554, 100 Stat. 3088 (1986), kodifiziert in 11 U.S.C. §§ 1201 ff. (2005).
[133] Allgemein: *Ackermann*, Neue Wege zur Beseitigung von Verbraucherinsolvenzen? Die Vorschläge der Insolvenzrechtsreformkommission im Vergleich mit Kapitel 13 des U.S. Bankruptcy Code, KTS 1986, 555 ff.; *Logan*, The Troubled State of Chapter 13 Bankruptcy and Proposals for Reform, 51 SMU L. Rev. 1568 (1998). Siehe auch *Epstein*, Bankruptcy and Other Debtor-Creditor Laws, S. 225 ff.
[134] 11 U.S.C. § 109 (e) (2005). Eine sole proprietorship kann unter diesem Kapitel ebenfalls einen Antrag einbringen, obwohl dieses Verfahren hauptsächlich von Verbrauchern in Anspruch genommen wird.
[135] 11 U.S.C. §§ 303, 303 (a), 362, 1301, 1306 (b) (2005).

bedarf aber der gerichtlichen Bestätigung.[136] Dieser muß die vollständige Begleichung der Forderungen zum Ziel haben,[137] es sei denn, der Gläubiger eines Anspruchs stimmt einer anderen Lösung zu. Der Plan darf die Rechte von Gläubigern nicht verändern, deren Ansprüche nur durch ein Interesse an der residence des Schuldners gesichert sind.[138] Zahlungen müßten über drei Jahre erfolgen und sollen aus künftigen Gehältern oder aus dem Verkaufserlös von Massegütern entrichtet werden. Ein trustee erhält die Zahlungen des Schuldners und verteilt sie in Übereinstimmung mit dem Plan. Gelingt es, den Plan abzuarbeiten, dann hat dies eine Schuldenbefreiung zur Folge. Ausnahme hiervon sind langfristigere Verpflichtungen und Unterhaltszahlungen.[139]

626A Mit dem Bankruptcy Abuse Prevention und Consumer Protection Act von 2005 wurde Kapitel 15 in den Bankruptcy Code eingefügt.[140] Es erlaubt einem ausländischen Insolvenzschuldners die Durchführung eines ergänzenden Verfahrens in den Vereinigten Staaten mit dem Ziel, die Anerkennung einer im Insolvenzverfahren ergangenen ausländischen Entscheidung zu erwirken. Das Hauptverfahren findet hingegen an demjenigen Ort statt, an dem der Insolvenzschuldner den Mittelpunkt seiner hauptsächlichen Interessen ("center of main establishment interest" – COMI) hat. Kapitel 15 orientiert sich dabei am UNCITRAL Modelgesetz und dem europäischen Gemeinschaftsrecht.[141] Es weist die Gerichte in § 1508 an, den internationalen Ursprung und Charakter der Vorschrift zu beachten und sie im Einklang mit ausländischer Rechtssprechung anzuwenden. In einer aktuellen Anwendung der Norm beobachtet das entscheidende Gericht, dass neben der inländischen Rechtssprechung auch Entscheidungen ausländischer Gerichte von Bedeutung sind. Übereinstimmend heißt es dazu in den Gesetzgebungsmaterialien, dass Verwendung ausländischer Quellen nicht nur zu Argumentation und Überzeugung beitragen, sondern auch das Ziel einheitlicher Interpretation und Rechtsanwendung fördern.[142]

---

[136] Das Gericht muß feststellen, dass ungesicherte Gläubiger genauso geschützt sind, als sie es in einer Liquidation nach Kapitel 7 gewesen wären und dass auch der Wert der Ansprüche der gesicherten Gläubiger geschützt ist. 11 U.S.C. § 1325 (a) (4), (5) (2005).

[137] 11 U.S.C. §§ 1321, 1322 (a) (2003). Diese Ansprüche sind aufgezählt in 11 U.S.C. § 507 (2005).

[138] 11 U.S.C. §§ 1322 (b) (2) (2005).

[139] 11 U.S.C. § 1328 (a) (2005). Siehe auch *Alexander*, Building „A Doll's House": A Feminist Analysis of Marital Debt Dischargeability in Bankruptcy, 48 Vill. L. Rev. 381 (2003); *Cecil*, Crumbs for Oliver Twist: Resolving the Conflict between Tax and Support Claims in Bankruptcy, 20 Va. Tax Rev. 719 (2001).

[140] 11 U.S.C. § 1501 et seq. Siehe *Adams/Fincke*, Coordinating Cross-Border Insolvency: How Territorialism Saves Universalism, 15 Colum. J. Eur. L. 43 (2009).

[141] UNCITRAL, Model Law on Cross-Border Insolvency, U.N. Doc. A/RES/52/158 (1997); Regulation (EC) No. 1346/2000, [2000] O.J. L 160/1.

[142] *In re Betcorp*, 400 B.R. 266, 276 (Bkrtcy. D. Nev. 2009). Das Gericht beachtete (*inter alia*) die Rechtsprechung des europäischen Gerichtshofes in der Sache C-342/04, *In re Eurofood IFSC Ltd.*, 2006 E.C.R. I-3813. *Id.* at 276, 290. Für eine Darstellung der Problematik siehe *Look Chan Ho*, Recognizing an Australian Insolvent Liquidation under the UNCITRAL Model Law: *In re Betcorp*, [2009] J. I.B.L. Rev. 418. Siehe auch *Lavie v. Ran*, 406 B.R. 277 (S.D. Tex. 2009); *S. Di Santo*, The Sun Around Which Cross-Border Insolvency Proceedings Revolve: Part I, 24(2) J. I. B.L. Rev. 88 (2009), and Part II, 24(3) *id.* 127 (2009); *A.L. Hammer & M.E. McClintock*, Understanding Chapter 15 of the United States Bankruptcy Code, 14 L. & Bus. Rev. Am. 257, at 262 (2008).

C. Kartell- und Wettbewerbsrecht

Literatur: *Areeda/Hovenkamp*, Fundamentals of Antitrust Law, 3. Auflage 2004; *Barron*, Copyright Law, 2003; *Brown/Denicola*, Cases on Copyright, Unfair Competition and Other Topics, 9. Auflage 2005; *Stim*, Patent, Copyright and Trademark, 10. Auflage 2009; *Goldstein/Reese*, Copyright, Patent, Trademark and Related State Doctrines, 6. überarbeitete Auflage 2007; *Hovenkamp*, Federal Antitrust Policy, 3. Auflage 2005; *Kubasek* u. a., The Legal Environment of Business, 5. Auflage 2008; *McManis*, Intellectual Property and Unfair Competition in a Nutshell, 6. Auflage 2009; *Merges* u. a., Intellectual Property in the New Technological Age, 5. Aufl. 2009; *Schechter* u. a., Unfair Trade and Intellectual Property, Hornbook Series, 2003.

I. Allgemeines

627 Das Kartellrecht (Antitrust) besteht im wesentlichen aus gesetztem Bundesrecht.[143] Die hierfür erforderliche Regelungskompetenz ergibt sich aus der **Interstate-Commerce-Klausel** der Bundesverfassung.[144] In Ausnahmefällen verweist das Bundesrecht auf einzelstaatliche Bestimmungen. Über die Zielsetzung des Antitrust-Rechts besteht Uneinigkeit.[145] Die Vertreter der „**Harvard School**" sind der Ansicht, die kartellrechtlichen Vorschriften sollten den freien Zugang zum Markt garantieren, den Konsumenten die größtmöglichen Wahlmöglichkeiten gewähren und dem Mißbrauch wirtschaftlicher Macht vorbeugen. Praktisch alle Unternehmenszusammenschlüsse und Absprachen können so ins Visier der Kartellbehörden gelangen. Das gilt insbesondere auch für sogenannte vertikale Beschränkungen wie z. B. Preisbindungen der zweiten Hand.

628 Die Vertreter der „**Chicago School**" halten dieser Ansicht einen völlig anderen Ansatz entgegen.[146] Ihnen geht es beim Antitrust-Recht um die Förderung der gesamtwirtschaftlichen Effizienz im Sinne der Ökonomischen Analyse. Ziel ist nicht die Öffnung der Märkte, sondern allein die Verhinderung von Marktmacht. Absprachen zwischen Marktteilnehmern unterschiedlicher Wirtschaftsstufen, welche durch Exklusivvereinbarungen den Zugang Dritter zum Markt erschweren und von den Traditionalisten als vertikale Beschränkung verpönt werden, sind nicht verwerflich, sondern haben im Gegenteil sogar effizienz- und wettbewerbsfördernde Auswirkungen. Auch gegenüber einer Kartellbildung zeigt man sich gelassener. Preissteigernde Kartelle sind jederzeit dem Druck außenstehender Konkurrenten ausgesetzt. Und auch kartellintern wird jedes Mitglied auf Kosten des „Mitverschwörers" versuchen, seinen Absatz durch Unterbieten des Preises zu erhöhen. Anhänger der „Chicago School" setzen folglich die Mittel des Antitrust-Rechts tendenziell vorsichtiger ein. Ungerechtfertigte Monopolgewinne und Unterversorgung der Marktteilnehmer mit Gütern sind danach nur bei Vorliegen einer tatsächlichen Monopolstellung geben.

---

[143] *Thümmel*, Grundlegende Regelungen und gegenwärtiger Stand des US-amerikanischen Antitrust-Rechts, RIW 1989, 171 ff.; *Hovenkamp*, Federal Antitrust Policy §§ 2.1 ff.

[144] Die Einzelstaaten dürfen weder den Handel zwischen den Bundesstaaten noch den Außenhandel behindern, vgl. z. B. *Lewis v. BT Inv. Managers, Inc.*, 447 U.S. 27, 100 S.Ct. 2009, 64 L.Ed.2 d 702 (1980). Dazu schon oben Rn. 610.

[145] *Kauper*, The Goals of United States Antitrust Policy – The Current Debate, ZgS 136 (1980), 408 ff.

[146] Vgl. hierzu *Bittlingmayer*, Die wettbewerbspolitischen Vorstellungen der Chicago School, WuW 1987, 709 ff.; *Fleischer*, Gezielte Kampfpreisunterbietung im Recht der Vereinigten Staaten. Der Supreme Court zwischen Chicago School und Post-Chicago-Economics, WuW 1995, 796 ff.

Erst dadurch eingetretene Ineffizienz läßt den Einsatz des Antitrust-Rechts als gerechtfertigt und geboten erscheinen.[147]

629 Die Einstellung des Rechtsanwendenden beeinflußt folglich in nicht zu unterschätzender Weise die Gesetzesauslegung. In periodischen Abständen wechselt die vorherrschende Meinung das Lager von der „Chicago School" zu den Traditionalisten der „Harvard School" und vice versa. Die wichtigsten Antitrust-Gesetze sollen im folgenden vorgestellt werden. Das Rechtsgebiet des Unfair Trade wird an dieser Stelle noch ausgeklammert und erfährt unten eine nähere Betrachtung. Der 1890 in Kraft getretene Sherman Act[148] ist das älteste amerikanische Antitrust-Gesetz. Ihm folgten im letzten Jahrhundert der Clayton Act[149] und schließlich der Federal Trade Commission Act (FTC).[150]

II. Sherman, Clayton und FTC Act

630 Die ersten beiden Paragraphen des **Sherman Act** sind generalklauselhaft weit gefaßt. Schon Senator Sherman, Initiator und Namenspatron des Gesetzes, wies darauf hin, dass man nicht umhinkommen wird, die Grenzziehung zwischen Erlaubtem und Verbotenem gerichtlicher Einzelfallprüfung zu überantworten. So verbietet Paragraph 1 alle „Verträge, Zusammenschlüsse (combinations) und geheime Vereinbarungen (conspiracies), die den Handel beeinträchtigen". Gemäß Paragraph 2 sind „Ausnutzen einer Monopolstellung (monopolizing) und Zusammenschlüsse und Vereinbarungen zur Erlangung einer Monopolstellung innerhalb irgendeines Teils der Wirtschaft" nicht erlaubt. Die Begriffe Handel (trade) und Wirtschaft (commerce) beziehen sich dabei sowohl auf den zwischenstaatlichen als auch auf den ausländischen Wirtschaftsverkehr. Begriffe wie „trade" werden dabei sehr weit gefaßt; dies zeigt eine Entscheidung, die den Schiffsverkehr zwischen ausländischen Häfen als „amerikanischen Außenhandel" betrachtete, weil die Ladung durch U.S.-Auslandshilfe finanziert worden war.[151] Auch „Beeinträchtigung" (restraint) wird fallrechtlich weit ausgelegt. Sie ist selbst dann zu bejahen, wenn eine Absprache den Zweck verfolgt, das amerikanische Unternehmen im Ausland konkurrenzfähiger zu machen. Zur Begründung heißt es, dass der Sherman Act auch den Wettbewerbsschutz zwischen inländischen Firmen im Außenhandel bezweckt.[152] Unwesentlich ist grundsätzlich das betroffene Handelsvolumen.[153] Einschränkungen ergeben sich hingegen

---

[147] Siehe *Posner*, Antitrust Law, 2. Aufl. 2001. Ausführlich zum Wettstreit beider Lehren *Jacobs*, An Essay on the Normative Foundations of Antitrust Economics, 74 N.C.L. Rev. 219 (1995); *Peritz*, Toward a Dynamic Antitrust Analysis of Strategic Market Behaviour, 47 N.Y.U. Sch. L. Rev. 101 (2003); *Posner*, The Chicago School of Antitrust Analysis, 127 U. Pa. L. Rev. 925 (1979); *Yoo*, Vertical Integration and Media Regulation in the New Economy, 19 Yale J. on Reg. 171 (2002); *Hovenkamp*, Federal Antitrust Policy §§ 2.2bff.
[148] 15 U.S.C. § 1 (2003).
[149] 15 U.S.C. § 12 (2003).
[150] 15 U.S.C. § 41 (2003).
[151] *Pacific Seafarers, Inc. v. Pacific Far East Line Inc.*, 131 404 F.2 d 804 (U.S. App. D.C. 1968), cert. denied 393 U.S. 1093, 89 S.Ct. 872, 21 L.Ed.2 d 784 (1969).
[152] *Timken Roller Bearing Co. v. United States*, 341 U.S. 593, 71 S.Ct. 971, 95 L.Ed. 1199 (1951); *United States v. Minnesota Mining & Mfg. Co.*, 92 F.Supp. 947, 962 (D.Mass. 1950).
[153] *United States v. Socony-Vacuum Oil Co.*, 310 U.S. 150, 60 S.Ct. 811, 84 L.Ed. 1129 (1940).

aufgrund der sogenannten **rule of reason**.¹⁵⁴ Dieser vom Supreme Court schon frühzeitig entwickelten Lehre zufolge differenziert man zwischen per-se-Verstößen gegen das Antitrust-Recht und solchen Wettbewerbsbeschränkungen, die nur gesetzeswidrig sind, wenn sie „unvernünftig" (unreasonable) sind.

In *United States v. Socony-Vacuum Oil Co.*¹⁵⁵ wurden Preisabsprachen zwischen den Wettbewerbern generell für illegal erklärt. Dem per-se-Verbot unterliegen darüber hinaus auch Abreden über Höchstpreise,¹⁵⁶ die Festlegung von Preisbestandteilen sowie preisbildender Faktoren.¹⁵⁷ Per se unzulässig ist ebenfalls das Aufteilen von Märkten und Absatzgebieten durch Vereinbarungen der betroffenen Wirtschaftssubjekte.¹⁵⁸ Gleiches gilt für die vorherige Festlegung, wer bei der Bewerbung um Aufträge als jeweils bester Bieter auftreten wird und sichergehen kann, dass seine scheinbaren „Konkurrenten" nur teurere Angebote abgeben werden.¹⁵⁹ Gegensatz ist der **Reasonable-Test**. Er greift, wenn eine Beschränkung nicht per se verboten ist. Hier werden alle wettbewerbsrechtlichen Umstände in die Beurteilung einbezogen. Ausschlaggebend sind die Marktpositionierung, ebenso die Auswirkungen der Absprachen auf die betroffenen Märkte unter gleichzeitiger Abwägung mit möglichen konkurrenzfördernden Effekten. Gelegentlich wird auch die Wirtschaftlichkeit einer Alternativregelung untersucht.¹⁶⁰   631

Der **Clayton Act** verbietet verschiedene Arten von Diskriminierung. § 2 erfaßt Preisdiskriminierungen, in § 3 wird das sogenannte exclusiv dealing (Alleinbezugs- und Koppelungsabsprachen) untersagt. Beide Vorschriften finden nur auf Kaufgeschäfte zum „Gebrauch, Verbrauch oder Weiterverkauf in den USA" Anwendung. Für den internationalen Handelsverkehr bedeutet dies, dass Importgeschäfte, nicht aber amerikanische Exporte diesen Bestimmungen unterliegen. Diskriminierungsverbote für die Gewährung von Rabatten und Kommissionen enthalten keine derartige territoriale Beschränkung.¹⁶¹ § 8 („interlocking directorates") ist seinem Wortlaut nach nicht territorial beschränkt, sondern spricht nur von corporations „engaged in commerce".   632

Von besonderer Bedeutung ist § 7. Er verbietet die Fusion von Gesellschaften sowie die direkte oder indirekte Übernahme von Unternehmen durch Erwerb der entsprechenden Anteile oder Vermögenswerte, dies bereits dann, wenn es „irgendwo im Lande"¹⁶² zu einer wesentlichen Beeinträchtigung des Wettbewerbs oder zur Errichtung eines Monopols führen könnte. Die weite Fassung eines Effekts „irgendwo im Lande" erfaßt damit sowohl den Export- als auch den Importhandel. Eine Ergänzung   633

---

¹⁵⁴ *Standard Oil Co. of New Jersey v. U.S.*, 221 U.S. 1, 31 S.Ct. 502 (1911).
¹⁵⁵ Oben, Fn. 148.
¹⁵⁶ *Arizona v. Maricopa County Medical Soc.*, 457 U.S. 332, 102 S.Ct. 2466, 73 L.Ed.2 d 38 (1982).
¹⁵⁷ *Catalano, Inc. v. Target Sales, Inc.*, 446 U.S. 643, 100 S.Ct. 1925, 64 L.Ed.2 d 580 (1980).
¹⁵⁸ *United States v. Topco Associates, Inc.*, 405 U.S. 596, 92 S.Ct. 1126, 31 L.Ed.2 d 515 (1972).
¹⁵⁹ *Addyston Pipe & Steel Co. v. United States*, 175 U.S. 211, 20 S.Ct. 96, 44 L.Ed. 136 (1899).
¹⁶⁰ *Broadcast Music, Inc. v. Columbia Broadcasting System, Inc.*, 441 U.S. 1, 99 S.Ct. 1551, 60 L.Ed.2 d 1 (1979).
¹⁶¹ 15 U.S.C. § 13 (c) (2003).
¹⁶² § 7 stellt ab auf einen Effekt „in any line of commerce in any section of the country". Eine Entscheidung des Supreme Court definiert diesen Passus offenbar noch extensiver: „somewhere in the United States". *United States v. Pabst Brewing Co.*, 384 U.S. 546, 86 S.Ct. 1665, 16 L.Ed.2 d 765 (1966).

6. Kapitel. Wirtschaftsrecht

in § 7A begründet Anmeldepflichten und Wartezeiten für geplante größere Zusammenschlüsse.[163]

634 **Formerfordernisse** werden erst bei Überschreitung gewisser unternehmensspezifischer Zahlenwerte ausgelöst. Hierbei wird sowohl auf den Jahresumsatz oder Wert der Aktiva der beteiligten Gesellschaften abgestellt, als auch der prozentuale oder wertmäßige Anteil der Stimmrechte des Erwerbers am anderen Unternehmen als Berechnungsgrundlage herangezogen. Der Zusammenschluß ist bei den Wettbewerbsbehörden, also der Federal Trade Commission (FTC) und der Antitrust Division beim Justice Department, anzumelden. Die Wartefrist beträgt mindestens 30 bzw. bei öffentlichen Barübernahmeangeboten (cash tender offers) 15 Tage. Übrigens: die Generalklauseln des Sherman Act finden auch auf mergers und acquisitions/Fusionen und Kapitalübernahmen Anwendung wenn sich die Bestimmungen des Clayton Act als zu eng herausstellen sollten. Verstößt eine vertragliche Wettbewerbsbeschränkung gegen die Antitrust-Gesetze, so folgt aus § 8 Clayton Act das Verbot, in anderen beteiligten Gesellschaften in Vorstand oder Aufsichtsrat tätig zu sein (interlocking directorates).

635 Der **Federal Trade Commission Act (FTCA)** befaßt sich in erster Linie mit Problemen des unlauteren Wettbewerbs (unfair competition)[164] und errichtet eine unabhängige Verwaltungsbehörde, die Federal Trade Commission (FTC), als Überwachungsorgan.[165] Das Gesetz findet ausdrücklich auch Anwendung auf den internationalen Handelsverkehr.[166] Es verbietet Wettbewerbsbeschränkungen durch Preisabsprachen (price-fixing), irreführende Werbung (false advertising), Boykottmaßnahmen (boycotts), Kartellbildung (illegal combinations of competitors) und sonstige unlautere Wettbewerbshandlungen (unfair methods of competition).[167]

636 Die angeführten Bundesgesetze werden durch vereinzelte Bestimmungen in weiteren Bundesgesetzen und in beschränktem Umfang durch einzelstaatliche Gesetzgebung ergänzt. So verbietet § 73 des Wilson Traffic Act[168] Vereinbarungen zwischen Importeuren, die den Wettbewerb einschränken oder Preiserhöhungen für eingeführte Waren zur Folge haben. Im Falle des Verstoßes können die betroffenen Waren von den Einfuhrbehörden beschlagnahmt werden (§ 76). § 301 des Trade Act (1974)[169]

---

[163] Eingeführt durch den Hart-Scott-Rodino Act von 1976, Pub. L. No. 94–435, 90 Stat. 1390 (1976), kodifiziert in 15 U.S.C. § 18 a (2005). Vgl. hierzu *Grauel*, Der Hart-Scott-Rodino Antitrust Improvements Act of 1976, WuW 1977, 385 ff.; *Rule*, Fusionskontrollpraxis der Antitrust-Abteilung des US-Justizministeriums – Schutz der Verbraucher; WuW 1988, 603 ff.; *Ebke*, Erweiterte Anzeigepflicht bei Unternehmenszusammenschlüssen in den USA, RIW 1979, 297 ff. Siehe auch *Langevoort*, State Tender-Offer Legislation: Interests, Effects, and Political Competence, 62 Cornell L. Rev. 213 (1977).

[164] 15 U.S.C. § 41 (2003). Vgl. § 5 des Gesetzes (15 U.S.C. § 45): „(a) (1) Unfair methods of competition in or affecting commerce, and unfair or deceptive acts or practices in or affecting commerce, are hereby declared unlawful".

[165] Zu deren Aufgaben näher unten, Rn. 642.

[166] 15 U.S.C. § 44 (2003).

[167] *Ebbing*, Strukturvertrieb oder Schneeballsystem? Zur Zulässigkeit des Multilevel Marketing im US-amerikanischen Recht, GRUR Int. 1998, 15, 20.

[168] 15 U.S.C. § 8 (2005).

[169] 19 U.S.C. § 2411 (2005). Der § 301 (a) (4) erfaßt auch Dienstleistungen. Siehe auch *Chang*, Taming Unilateralism Under the Multilateral Trading System: Unfinished Job in the WTO Panel Ruling on U.S. Sections 301–310 of the Trade Act of 1974, 31 Law & Pol'y Int'l Bus. 1151 (2000);

und die Bestimmungen ähnlicher früherer Gesetze zur Liberalisierung des Außenhandels ermächtigen den Präsidenten, einem anderen Land gewährte Zoll- und Handelskonzessionen zu entziehen bzw. aufzuheben, wenn es die Diskriminierung oder Beeinträchtigung (auch durch Privatpersonen) des amerikanischen Außenhandels duldet.

Der **Telecommunications Act** of 1996[170] bezweckt eine Stärkung des Wettbewerbs auf dem wachsenden Telekommunikationsmarkt und schränkt die Möglichkeiten staatlicher Reglementierung in bedeutendem Maße ein.[171] Das Antitrust-Recht findet in Zukunft ausnahmslos auch in dieser Branche Anwendung. Fusionen von Telekommunikationsunternehmen werden hinsichtlich ihrer Marktwirkung überwacht. Existierende Monopole sollen aufgehoben, das Entstehen neuer verhindert werden. Lokale sowie interlokale Netze sind anderen Anbietern zu öffnen. Auch zwischen Telefon- und Kabel(fernseh-)anbietern herrscht nunmehr Wettbewerb (two-wire strategy). Daher kann es Gesellschaften untersagt sein, gleichzeitig Telefon- und Kabeldienste anzubieten. Ebenso ist es erwünscht, das Telefonieren zum Ortstarif via Internet keiner staatlichen Regulierung zuzuführen und somit über diesen „Umweg" die Telekommunikationsanbieter einem noch größeren Wettbewerbs- und Preisdruck auszusetzen.[172] Ein Gegengewicht zum geöffneten Telekommunikationsmarkt ist der **Federal Telephone Consumer Protection Act** of 1991.[173] Er bezweckt den Schutz von Verbrauchern vor Anrufen durch Wahlautomaten (automatic dialing-announcing devices)[174] und unverlangt durch Gewerbetreibende per Fax zugesandtem Material.[175] Wer innerhalb eines Jahres mehr als einmal derart belästigt wird, hat einen Schadensersatzanspruch von $ 500. Folge des Gesetzes war, dass eine Vielzahl von Unternehmen mit Sammelklagen gegen die als störend empfundenen Werbepraktiken vorging. Die Betroffenen versuchten hingegen, die neuen Gesetze als Verstoß gegen das Grundrecht der commercial free speech zu werten. Ihr Begehren

637

McDonald, The Unilateral Underminig of Conventional International Trade Law Via Section 301, 7 D.C.L. J. In'l L. & Prac. 395 (1998); *Waller*, Can U.S. Antitrust Laws Open International Markets?, 20 J. Int. L. Bus. 207 (2000).

[170] Pub. L. No. 104–104, 110 Stat. 56 (1996). Vorgänger war der Telecommunications Act von 1934, Pub. L. No. 73–416, 48 Stat. 1064, kodifiziert in 47 U.S.C. § 151 (2005).
[171] Vgl. hierzu *Hirte/Otte*, Die Rechtsentwicklung im Wirtschaftsrecht in den Vereinigten Staaten im Jahre 1996, DAJV-Newsletter 1997, 75, 83.
[172] Zur Anwendung auf Internet Technologien: *Chen*, The Authority to Regulate Broadband Internet Access over Cable, 16 Berkeley Tech. L.J. 677 (2001).
[173] 47 U.S.C. § 227 (2005); 47 C.F.R. § 64.1200 (2005).
[174] Beispiele aus dem einzelstaatlichen Fallrecht sind *Moser v. F.C.C.*, 46 F.3 d 970 (9th Cir. 1995) (hier entschied das Gericht, dass ein gesetzliches Verbot des über Wahlautomaten betriebenen Telemarketings nicht gegen das First Amendment verstößt); *State v. Casino Mktg.*, 491 N.W.2 d 882 (Minn. 1992) (der Supreme Court von Minnesota bestätigte darin die einzelstaatliche Regelung, dass sämtliche automatischen Telefonrufnachrichten von einer natürlichen Person gesteuert werden müssen, die eine Nachricht nicht abspielen darf, ohne zuvor das Einverständnis des Empfängers eingeholt zu haben); *Van Bergen v. Minnesota*, 59 F.3 d 1541, 1555 (8th Cir. 1995) (hier wird die besorgniserregende Ausweitung des Telemarketing diskutiert, insbesondere im Zusammenhang mit Wählautomaten). Siehe dazu *Judy*, Are States Like Kentucky Dialing the Wrong Number Enacting Legislation that Regulates Interstate Telemarketing Calls?, 41 Brandeis L.J. 681 (2003); *Miller/Biggestaff*, Application of the Telephone Consumer Protection Act to Intrastate Telemarketing Calls and Faxes, 52 Fed. Comm. L.J. 667 (2000).
[175] Gemeinnützige und politische Organisationen sind vom Anwendungsbereich des Gesetzes ausgenommen.

blieb ohne Erfolg; eine Verfassungsbeschwerde wurde vom Supreme Court nicht angenommen.[176]

638 Noch ungeklärt ist die Rechtslage bei unerwünschter Werbung per E-Mail.[177] Internet-Provider hatten aufgrund zahlreicher Beschwerden ihrer Kunden derartige elektronische Post massenhaft gesammelt und in einem einzigen bulk mail an den ursprünglichen Absender zurückgeschickt. Dessen Computer stürzten ab, was die Sache letztlich vor die Gerichte brachte.[178]

639 Einzelstaatliches Recht enthält auch Bestimmungen zum unlauteren Wettbewerb, darunter insbesondere solche zum Schutz des Konsumenten. Im Antitrust-Recht selbst bestand vormals einzelstaatliche Gesetzgebungskompetenz für die der Preisbindung. Diese Zuständigkeit ergab sich aufgrund einer ausdrücklichen Ermächtigung durch den bundesrechtlichen McGuire Act.[179] Er bestimmte, dass eine Preisbindung (resale price maintenance) dann keinen Verstoß gegen den Sherman Act darstellt, wenn das Recht des Staates, in dem der Weiterverkauf stattfindet oder in den die Waren zwecks Weiterverkaufs versandt werden, eine Preisbindung zulässt. Verschiedene Einzelstaaten erließen daraufhin Gesetze, die unter dem unglücklich gewählten Ausdruck „fair trade laws" bekannt sind. Diese Gesetzgebung – ihr wirtschaftlicher Hintergrund war die „Great Depression" der dreißiger Jahre – wurde 1975 durch den Federal Consumer Goods Pricing Act ersetzt.[180] Preisbindung ist nun in den Vereinigten Staaten gesetzlich verboten.

III. Sanktionsmöglichkeiten

640 Sanktionen kartellrechtswidriger Vereinbarungen sind auf drei verschiedenen Stufen auszumachen. Zum ersten entfalten antitrustrechtswidrige Verträge ex tunc keinerlei zivilrechtliche Wirksamkeit. Das wird von der Rechtsprechung seit langem anerkannt.[181] Geschädigte haben des weiteren Anspruch auf Ersatz ihres Schadens in dreifacher Höhe (treble damages) zuzüglich der Gerichts- und Anwaltskosten. Zur

---

[176] Am Fall *Central Hudson Gas & Elec. Corp. v. Public Service Commission of New York*, 477 U.S. 557, 100 S.Ct. 2343, 65 L.Ed.2 d 341 (1980) entwickelte der Supreme Court ein Prüfungsschema für die Frage, wann ein Gesetz zur Regelung des commercial speech gegen das First Amendment verstößt. Dieses Schema ist von den Gerichten unterer Instanz zur Überprüfung des Telephone Consumer Protection Act angewandt worden. Dazu beispielhaft *Destination Ventures Ltd. v. FCC*, 46 F.3 d 54 (9th Cir. 1995); *Missouri ex rel. Nixon v. Am. Blast Fax, Inc.*, 323 F.3 d 649 (8th Cir. 2003). Vgl. auch *Hirte/Otte*, DAJV-NL 3/97 S. 75, 80.

[177] Neuere Bundesgesetze sehen Strafen für die unaufgeforderte Sendung von kommerziellen Werbe-Emails (Spam) vor. Siehe CAN-SPAM Act of 2003, Pub. L. No. 108–187, 117 Stat. 2699 (2003). Siehe auch *Fisher*, The Right to Spam? Regulating Electronic Junk Mail, 23 Colum.-VLA J.L. & Arts 363 (2000); *Rice*, The TCPA: A Justification for the Prohibition of Spam in 2002? Unsolicited Commercial Email: Why is it Such a Problem?, 3 N.C. J.L. & Tech. 375 (2002); *Sweet*, Political E-Mail: Protected Speech or Unwelcome Spam?, 2003 Duke L. & Tech. Rev. 1 (2003).

[178] Siehe *Cyber Promotions v. American Online*, 948 F.Supp. 436, (E.D. Pa. 1996) und *Compuserve Inc. v. Cyber Promotions*, 962 F.Supp. 1015 (S.D. Ohio 1997). Vgl. auch *Magee*, The Law Regulating Unsolicited Commercial E-Mail: An International Perspective, 19 Santa Clara Computer & High Tech. L.J. 333 (2003); *Hirte/Otte*, DAJV-NL 3/97 S. 75, 81.

[179] 15 U.S.C. § 45 (a) (2005).

[180] Pub. L. No. 94–145, 89 Stat. 801 (1975); vgl. *GE v. Masters Mail Order Co. of Washington, D.C.*, 244 F.2 d 681 (1957), cert. den., 355 U.S. 824, 78 S.Ct. 32, 2 L.Ed.2 d 39 (1957).

[181] *Ring v. Spina*, 148 F2d. 647 (2 d Cir. 1945).

Durchsetzung eröffnet der Clayton Act ihnen die Möglichkeit einer **Privatklage**. Dabei können sich die Kläger auf eine Verletzung aller Antitrust-Gesetze einschließlich des Sherman Act berufen. Dadurch können selbst Privatpersonen Fusionen gerichtlich überprüfen lassen und eine Entflechtung der Unternehmen anstrengen. Voraussetzung ist ihre Klagebefugnis (standing oder *locus standi*).[182] Bei Antitrust-Klagen wird standing bejaht, wenn der Kläger nicht nur mittelbar von einer Kartellabsprache betroffen ist.[183] Sein erlittener Nachteil muß auch gerade vom Schutzzweck der Antitrust-Normen erfaßt worden sein (antitrust injury).[184] Fördert ein Unternehmenszusammenschluß also den Wettbewerb, muß eine antitrust injury verneint werden. Dem Konkurrenten bzw. der Privatperson steht kein Klagerecht zu.

Zum zweiten behandelt der Sherman Act Verstöße mit **strafrechtlichen Sanktionen**. Vorgesehen sind Geldstrafen bis zu $ 350.000 und Gefängnisstrafen bis drei Jahren.[185] Die Zuständigkeit zur Strafverfolgung liegt in den Händen des Justice Department.[186] Von § 10 Clayton Act abgesehen[187] stellt dieses Gesetz Zuwiderhandlungen grundsätzlich nicht unter Strafe.[188] 641

Drittens bestehen behördliche Zuständigkeiten zur Durchsetzung des Antitrust-Rechts. Die Antitrust Division beim Department of Justice und die Federal Trade Commission (FTC) teilen sich die Arbeit. Die konkurrierende Zuständigkeit wird mittels Aufteilung nach Branchen und Regelungsmaterien konfliktarm gelöst. Die FTC leitet ihre Kompetenz aus dem Federal Trade Commission Act ab. Sie ist gemäß dessen § 5 schon dann zum Ergreifen von Maßnahmen ermächtigt, wenn es sich um einen latenten oder sich anbahnenden (incipient) Verstoß gegen die Antitrust-Gesetze handelt oder gar, wenn technisch gesehen ein solcher nicht vorliegt, aber die in Frage stehende Vorgehensweise dem „Geist" der AntitrustNormen zuwiderläuft.[189] Dabei kann die FTC nach Anhörung der Betroffenen kartellrechtswidrige Praktiken untersagen (cease and desist order). Eine solche Entscheidung ist gerichtlich überprüfbar. Durch richterliche Verfügung (injunction) unter Strafandrohung bei Nichtbefolgen (contempt of court) wird die Durchsetzung garantiert.[190] 642

---

[182] 1996 ließ ein Bundesgericht eine multidistrict class action gegen 33 große Brokerhäuser der USA wegen unzulässiger Preisabsprachen für Dienstleistungen beim Wertpapierhandel an der NASDAQ-Börse zu. Vgl. hierzu *Hirte/Otte*, DAJV-NL 3/97, S. 75, 84.
[183] *Illinois Brick Co. v. Illinois*, 341 U.S. 720, 97 S.Ct. 2061, 52 L.Ed.2 d 707 (1977).
[184] *Brunswick Corp. v. Pueblo Bowl-O-Mat, Inc.*, 429 U.S. 477, 97 S.Ct. 690, 50 L.Ed.2 d 701 (1977).
[185] 15 U.S.C. § 1 (2003). Die Maximalstrafe für Gesellschaften liegt bei 10 Millionen Dollar.
[186] Zum strafrechtlichen Charakter der Sherman Act siehe *Krause/Mulcahy*, Antitrust Violations, 40 Am. Crim. L. Rev. 241 (2003).
[187] Hierbei handelt es sich um Verträge im Verhältnis von öffentlichen Transportunternehmen und anderen Unternehmen, bei denen interlocking directorates existieren.
[188] Ausgenommen von dieser Straffreiheit sind aufgrund des Robinson-Patman Act Preisdiskriminierungen. 15 U.S.C. § 13; *Standard Oil Co. v. FTC*, 340 U.S. 231, 71 S.Ct. 240, 95 L.Ed. 239 (1951). Siehe auch *Rowe*, Political Objectives and Economic Effects of the Robinson-Patman Act: A Conspicuous U.S. Antitrust Policy Failure, ZgS 136 (1980), 499 ff. Zur Abgrenzung Clayton Act und Robinson-Patman Act, vgl. *Nashville Milk Co. v. Carnation Co.*, 355 U.S. 373, 78 S.Ct. 359, 2 L. Ed.2 d 340 (1958).
[189] *FTC v. Motion Picture Advertising Service Co.*, 344 U.S. 392, 73 S.Ct. 361, 97 L.Ed. 426 (1953); *FTC v. Brown Shoe Co.*, 384 U.S. 316, 86 S.Ct. 1501, 16 L.Ed.2 d 587 (1966); *FTC v. Texaco, Inc.*, 393 U.S. 223, 89 S.Ct. 429, 21 L.Ed.2 d 394 (1968).
[190] 15 U.S.C. § 45 (2003). Die Strafe für Nichtbefolgen der gerichtlichen Verfügung beträgt $ 10.000 für jeden Verstoß. Verfahrensrechtliche Bestimmungen sind ferner enthalten im Antitrust Civil Process Act, 15 U.S.C. § 1311 (2003).

643 Die Tätigkeit der Antitrust Division erfolgt auf der Basis von § 4 Sherman Act und § 15 Clayton Act. Maßnahmen des Justice Department dürfen zwar nicht direkt gegenüber Privatpersonen erfolgen, doch hat die Behörde die Möglichkeit, das jeweils zuständige Bundesgericht anzurufen.[191]

644 Festzuhalten ist, dass die FTC und die Antitrust Division im Rahmen des ihnen zustehenden Ermessens keinen unbedeutenden Einfluß auf die Verfolgung oder Nichtverfolgung von Wettbewerbsbeeinträchtigungen besitzt. Wie die jeweiligen Entscheidung ausfallen, hängt auch davon ab, ob die Verantwortlichen Anhänger der Meinung der Traditionalisten oder der Chicago School sind.[192]

IV. Extraterritoriale Anwendung des Antitrust-Rechts

645 Bundesgerichtliche Rechtsprechung schränkt die extraterritoriale Anwendung des Antitrust-Rechts[193] ein, ist aber widersprüchlich. Die Unsicherheit hat ihren Ursprung in der Entscheidung *America Banana Co. v. United Fruit Co.*[194] in der das Gericht aus der territorialen Sicht des damaligen IPR und des Völkerrechts urteilte. Der Sherman

---

[191] Für weltweites Aufsehen sorgt diesbezüglich in jüngerer Zeit der Fall Microsoft. Im Jahre 1998 reichte die Antitrust Division Klage gegen das Softwareunternehmen ein (vgl. dazu *United States v. Microsoft Corp.*, 65 F. Supp. 2 d 1 (1999); vgl. auch *Fleischer*, Mißbräuchliche Produktvorankündigungen im Monopolrecht, WuW 1997, S. 203, 204). Dieses hatte den Konkurrenten im Internet-Browser-Geschäft Netscape vom Markt drängen wollen, indem Microsoft den firmeneigenen Browser auf seinem neuen Betriebssystem Windows fest vorinstallierte. Microsoft wurde in diesem Kartellrechtsprozeß, der einer der größten der USA war, wie erwartet am 3. 4. 2000 schuldig gesprochen. Das Unternehmen habe seine marktbeherrschende Stellung bei Betriebssystemen ausgenutzt, um Konkurrenten in anderen Märkten zu verdrängen, urteilte das Gericht. Siehe *United States v. Microsoft*, 87 F.Supp.2 d 30 (D. D.C. 2000). Zwei Monate später kündigte das Gericht Sanktionen gegen Microsoft an. Die schärfste Maßnahme sollte dessen Aufspaltung in zwei Unternehmen sein – das eine für den Bereich Betriebssysteme, das andere für den Bereich Internet-Software. Der Court of Appeals verwarf die Entscheidung des Ausgangsgerichts, 253 F.3 d 34 (D.C. Cir. 2001). Es bestätigte zwar dessen Feststellung von Wettbewerbsverstößen (und die Entscheidung bezüglich Microsofts Antrag auf rehearing und reconsideration), befand jedoch das Verfahren für fehlerhaft. Es verwies die Klage an das Ausgangsgericht zurück, bestellte jedoch einen neuen Bundesrichter, der die Frage angemessener Sanktionen erneut prüfen sollte. Als die Parteien sich nicht auf angemessene Maßnahmen einigen konnten, ordnete der Richter mandatory mediation (Zwangsmediation) an. Im November 2001 wurde schließlich eine vorläufige Einigung zwischen Microsoft und den USA erzielt. Diese wurde endgültig, nachdem das Justice Department entsprechend dem Mandat des Tunney Act (15 U.S.C. § 16) die Möglichkeit zur öffentlichen Stellungnahme zum Vorschlag eingeräumt hatte. Ausführliche Informationen zum Verfahrensverlauf einschließlich des vollen Wortlautes des Vergleichs und anderer Dokumente sowie der weiteren Entwicklung finden sich im Internet unter http://www.usdoj.gov/atr/cases/ms-settle.htm. Siehe auch *Flynn/Bush*, The Misuse and Abuse of the Tunney Act: The Adverse Consequence of the „Microsoft Fallacies," 34 Loy. U. Chi. L.J. 749 (2003). Die EU-Kommission erhob ebenfalls Klage gegen Microsoft, betreffend Microsofts Media Player, und verhängte ein Bußgeld in Höhe von 497 Millionen Euro. Siehe Pressemitteilung der EU-Kommission vom 24. 3. 2004 unter http://europa.eu.int/comm/competition/antitrust/cases/index/by_nr_75.html. Zur Mediation als alternative Form der Streitbeilegung, siehe oben, Rn. 228 ff.

[192] Vgl. dazu *Rule*, Anwendung der Antitrust-Gesetze durch das Justizministerium, WuW 1988, S. 397 ff.

[193] Zu neuesten Entwicklungen *Hay/Krätzschmar*, Begrenzt der U.S. Supreme Court die extraterritoriale Anwendung US-amerikanischen Antitrust-Rechts?, RIW 2004, 667. Siehe dazu auch *Kaffanke*, Jüngste Entwicklungen zur extraterritorialen Anwendung der Wettbewerbsgesetze in den USA, WuW 1987, 277 ff.

[194] *American Banana Co. v. United Fruit Co.*, 213 U.S. 347, 29 S.Ct. 511, 53 L.Ed. 826 (1909).

Act war in der Regel nur auf binnenstaatliche Handlungen, in keinem Falle jedoch auf Handlungen anwendbar, die nach dem Recht des Handlungsortes rechtmäßig sind. Die „Banana-Doktrin" erfuhr Einschränkungen durch eine Entscheidung, die das Antitrust-Recht auf im Handlungsstaat zulässige Praktiken mit der Begründung anwandte, dass die Vereinbarung Einfuhrbeschränkungen in die USA bezweckte und bewirkte.[195] Spätere Urteile folgten diesem Trend und setzten den inländischen Erfolg einem inländischen Handeln gleich.[196] Darüber hinaus differenzierte man nicht mehr zwischen amerikanischen und ausländischen Beklagten.[197] Die „effects doctrine" enthielt weitere Elemente. Neben den Inlandsauswirkungen sei auch eine zusätzliche Interessenabwägung vorzunehmen.[198] Gegenstand einer derartigen jurisdictional rule of reason können dabei ebenfalls die befürchteten Auswirkungen der Entscheidung auf die diplomatischen Beziehungen der Vereinigten Staaten sein.[199]

In eine etwas andere Richtung tendierte die Entscheidung in der Rechtssache *Hartford Fire Insurance Co. v. State of California*.[200] Neben der geforderten Inlandswirkung wird geprüft, ob auch ein **true and direct conflict** zwischen der amerikanischen und weiteren Rechtsordnungen vorliegt. Ist dies der Fall, übt das Gericht – ähnlich dem *forum non conveniens*-Gedanken – seine an sich bestehende Zuständigkeit aus „Comity"-Gründen nicht aus.[201] Andernfalls seien Comity-Überlegungen schlicht entscheidungsunerheblich. Ein derartiger Konflikt muß verneint werden, wenn der Beklagte die Möglichkeit hatte, die Gesetze aller betroffenen Staaten zu beachten. Umgekehrt heißt dies, dass von einem Konflikt gerade dann gesprochen werden kann, wenn das Befolgen des amerikanischen Antitrust-Rechts notwendigerweise die Verletzung der Normen eines anderen Staates bedeutet hätte.[202] Letzteres wird praktisch kaum vorkommen.[203] Der vollständige Verzicht in *Hartford* auf jegliche Interessenabwägung verschärft somit im Ergebnis erneut die extraterritoriale Anwendung des amerikanischen Kartellrechts.[204] Die Frage der extraterritorialen Reichweite des U.S.-Antitrust-

646

---

[195] *United States v. Sisal Sales Corp.*, 274 U.S. 268, 47 S.Ct. 592 (1927).
[196] *United States v. Aluminium Co. of America*, 148 F.2 d 416 (2 d Cir. N.Y. 1945) (auch bekannt als „Alcoa-Entscheidung").
[197] Die daraus resultierende erweiterte extraterritoriale Anwendung des Antitrust-Rechts stieß auf weltweiten Protest, vgl. hierzu m. w. N. *Juenger*, The „Extraterritorial" Application of American Antitrust Law and the New Foreign Relations Law Restatement, WuW 1990, 602 ff. (Fn. 12–15). Vgl. auch *United States v. National Lead Co.*, 63 F.Supp. 513 (D.N.Y. 1945), affirmed 332 U.S. 319, 67 S.Ct. 1634, 91 L.Ed. 2077 (1947); *Steele v. Bulova Watch* Co., 344 U.S. 280, 73 S.Ct. 252, 97 L.Ed. 319 (1952) (diese Entscheidung erging aufgrund des Lanham Trade-Mark Act [Warenzeichengesetz] von 1946, 15 U.S.C. § 1051); *Timken Roller Bearing Co. v. United States*, 341 U.S. 593, 71 S.Ct. 971, 95 L.Ed. 1199 (1951).
[198] *Timberlane Lumber Co. v. Bank of America*, 549 F.2 d 597 (9th Cir. Cal. 1976).
[199] *Mannington Mills, Inc. v. Congoleum Corp.*, 595 F.2 d 1287 (3 d Cir. 1979).
[200] *Hartford Fire Insurance Co. v. California*, 509 U.S. 764, 113 S.Ct. 2891, 125 L.Ed.2 d 612 (1993).
[201] Ganz anders die Mindermeinung von Richter *Scalia*: Mittels eines comityfreundlichen öffentlich-rechtlichen-kollisionsrechtlichen Ansatzes müsse sich aus reasonable-Erwägungen ergeben, ob in einem Konfliktfall das U.S.-amerikanische Antitrust-Recht als Eingriffsnorm trotz Geltung eines ausländischen Statuts angewandt sein wolle. Entscheidend sei der Rechtssetzungswille des Gesetzgebers. Muß dieser verneint werden, hätte der Richter die Klage nicht als unzulässig (so aber die Mehrheitsmeinung), sondern mangels einschlägiger amerikanischer Antitrust-Normen als unbegründet abzuweisen.
[202] Zu dieser Entscheidung *Hay*, Zur extraterritorialen Anwendung US-amerikanischen Rechts – Zugleich eine Anmerkung zu Hartfort Fire Insurance Co. v. California, RabelsZ 60 (1996), S. 303 ff.
[203] Hierzu näher *Hay*, ebenda, S. 317, Fn. 68.
[204] Hierzu näher *Hay*, ebenda, S. 317 f.

Rechts erreichte im Jahre 2004 erneut den Supreme Court. Mehrere Bundesberufungsgerichte waren hinsichtlich der Frage, ob der konkrete Anspruch des Klägers den Inlandsauswirkungen des Beklagtenhandelns erwachsen müsse, zu unterschiedlichen Ergebnissen gelangt.[205] Der Supreme Court entschied daraufhin in *Empagran*,[206] dass U.S.-Antitrust-Recht nicht auf unabhängige ausländische Schäden („independent foreign harm")[207] anwendbar sei.

647 Völligen Schutz vor der Anwendung des Antitrust-Rechts gewährt die Banana-Doktrin damit nur noch in dem Sonderfall, dass ein ausländisches Recht oder Regierungsakt zur Vornahme einer Wettbewerbsbeschränkung zwingt.[208] Selbst dann entpuppt sich die BananaEntscheidung als entbehrliches Präjudiz, weil der Schutz des Beklagten über die Act-of-StateDoktrin erfolgt (sogleich unten). Die Rechtmäßigkeit nach ausländischem Recht schützt daher in der Regel nicht vor der Anwendung der Antitrust-Normen.[209] Gleiches dürfte auch gelten, wenn eine ausländische Behörde, wie etwa die Kommission der Europäischen Union, nach Art. 81 Abs. 3 EG-Vertrag eine Wettbewerbsbeschränkung zwar genehmigt, aber eben gerade nicht selber verlangt.

648 In der Anwendung des Antitrust-Rechts auf ausländische juristische Personen des öffentlichen Rechts, z. B. staatseigene Gesellschaften, unterscheiden amerikanische Entscheidungen in Anlehnung an die Stellungnahme des Außenministeriums[210] zwi-

---

[205] Siehe *Den Norske Oljeselskap As v. Heeremac Vof*, 241 F.3 d 420 (5th Cir. 2001); *Kruman v. Christie's Int'l PLC*, 284 F.3 d 384 (2 d Cir. 2002); *Empagran S.A. et al. v. Hoffman-LaRoche, Ltd.*, 315 F.3 d 338 (DC Cir. 2003).

[206] *F. Hoffman-LaRoche, Ltd. et al. v. Empagran S.A. et al.*, 542 U.S. 155, 124 S.Ct. 2359, 159 L.Ed.2 d 226 (2004). Zu dieser Entscheidung und ihrer Vorgeschichte *Hay/Krätzschmar*, Begrenzt der U.S. Supreme Court die extraterritoriale Anwendung US-amerikanischen Antitrust-Rechts?, RIW 2004, 667; *dies*, RIW 2003, 809. Zur *Empagran* Entscheidung auch *Körber*, Die Empagran-Entscheidung des US Supreme Court, ZWeR 2004, 591; *Michaels/Zimmer*, US-Gerichte als Weltkartellgerichte?, IPRax 2004, 451. Aus schweizerischer Sicht *Baudenbacher*, Back to Betsy: Zur Empagran-Entscheidung des US Supreme Court, ZWeR 2004, 604.

[207] *Empagran*, oben, Fn. 206, 124 S.Ct. 2359, 2363. Für Anwendungen siehe Boyd v. AWB Ltd., 544 F. Supp. 2d 236 (S.D.N.Y. 2008); *Precision Assocs. v. Panalpine Transp.*, 2011 U.S. Dist. LEXIS SI 330 (E.D.N.Y. 2011).

[208] Vgl. *Hymnowitz*, Extraterritorial Application of the Sherman Act to Foreign Corporations, 11 Del. J. Corp. L. 513 (1987); *Udin*, Slaying Goliath: The Extraterritorial Application of U.S. Antitrust Law to OPEC, 50 Am. U.L. Rev. 1321 (2001). Vgl. auch das Restatement (Third) Foreign Relations Law of the United States § 415.

[209] *Continental Ore Co. v. Union Carbide and Carbon Corp.*, 370 U.S. 690, 82 S.Ct. 1404, 8 L.Ed.2 d 777 (1962); vgl. auch *Interamerican Refining Corp. v. Texaco Maracaibo, Inc.*, 307 F.Supp. 1291 (D. Del. 1970). Zur Frage, wie weit die Zuständigkeit der amerikanischen Antitrust-Gesetze reicht, siehe auch *Laker Airways Ltd. v. Sabena, Belgian World Airlines*, 731 F.2 d 909 (1984) sowie *Zenith Radio Corp. v. Matsushita Elec. Indus. Co.*, 723 F.2 d 238 (1983), reversed and remanded, *Matsushita Elec. Indus. Co. v. Zenith Radio Corp.*, 475 U.S. 574, 106 S.Ct. 1348, 89 L.Ed.2 d 538 (1986).

[210] Vgl. den sog. „Tate Letter", Departement of State Bulletin 27 (1952) 984, sowie *Republic of Mexico v. Hoffman*, 324 U.S. 30, 65 S.Ct. 530, 89 L.Ed. 719 (1945). Nach anderer Ansicht erfolgte die Einschränkung der „sovereign immunity" nicht durch den „Tate Letter" sondern durch die Rechtsprechung des Supreme Court zwischen 1926 und 1938. Vgl. *Murray*, Jurisdiction Under the Foreign Sovereign Immunities Act for Nazi War Crimes of Plunder and Expropriation, 7 N.Y.U. J. Legis. & Pub. Pol'y 223 (2004). Die Frage hat erneutes Interesse im Zusammenhang mit der Immunität ausländischer Regierungen bei Klagen vor Bundesgerichten wegen Ansprüchen aus dem 2. Weltkrieg hervorgerufen. Sollte die Ausnahmeregelung bei „commercial activity" nicht auf die Zeit vor dem Tate Letter datiert werden, haben Bundesgerichte keine Zuständigkeit für derartige Klagen, es sei denn, der Supreme Court hält die „commercial exception" für rückwirkend anwendbar. Siehe *Alt-*

schen staatlichen (Hoheits-)Akten (governmental acts) und solchen, die im wesentlichen privater, kommerzieller Natur sind.[211] **Immunität** wird gewährt und fließt in den Fällen mit der Act-of-State-Doktrin zusammen, in denen die amerikanische Entscheidung gegen ausländisches Recht verstößt oder einen fremden Regierungsakt tangieren würde. So verweigerte ein Bundesgericht einen Schadensersatzanspruch wegen Verlustes einer Erdölkonzession, weil diese Einbuße aus einer Änderung der Grenzen durch ausländische Staaten erwuchs.[212] Desgleichen blieb eine Schadensersatzklage in einem Fall erfolglos, in dem das Verhalten der beklagten Gesellschaft von der Behörde eines anderen Staates vorgeschrieben worden war.[213] Fraglich ist, inwieweit Immunität bei Hoheitsakten im Zusammenhang mit internationalem Terrorismus anwendbar ist und in welcher Weise ein eventuell ergehendes Urteil vollstreckt werden wird.[214]

---

mann v. Republic of Austria, 317 F.3 d 954 (9th Cir. 2002), cert. granted Republic of Austria v. Altmann, 539 U.S. 987, 124 S.Ct. 46, 156 L.Ed.2 d 703 (2003); Abrams v. Societe Nationale des Chemins de Fer Francais, 332 F.3 d 173 (2 d Cir. 2003); Hwang Geum Joo v. Japan, 332 F.3 d 679 (D.C. Cir. 2003).

[211] Vgl. Foreign Sovereign Immunities Act, 28 U.S.C. § 1605 (2005). Dazu auch: In re *Air Crash Disaster Near Roselawn, Indiana*, 96 F.3 d 932 (7th Cir. Ill. 1996): Die Avions de Transport Régional (ATR), eine nach französischem Recht inkorporierte Gesellschaft, deren Anteile vom französischen und vom italienischen Staat gehalten werden, kann sich auf foreign sovereign immunity berufen, obgleich das Unternehmen nur indirekt von ausländischen Regierungen kontrolliert wird; *Honduras Aircraft Registry v. Honduras*, 119 F.3 d 1530 (11th Cir. 1997) (commercial exception); *Theo H. Davies & Co. v. Republic of the Marshall Islands*, 174 F.3 d 969 (9th Cir 1999) (commercial exception); *Frolova v. Union of Soviet Socialist Republics*, 558 F.Supp. 358 (N.D. Ill. 1983), judgement affirmed 761 F.2 d 370 (7th Cir. Ill. 1985) (Ausnahme für Delikte). Für ältere Fälle vgl. *United States v. Deutsches Kalisyndikat Gesellschaft*, 31 F.2 d 199 (D.N.Y. 1929): Der Gesellschaft wurde trotz 70%iger Beteiligung des französischen Staates keine Immunität gewährt, u. a. weil ihr Auftreten im Handelsverkehr „kommerzieller" und nicht staatlicher Natur war. Andererseits: *In re Investigation of World Arrangements, etc.*, 13 F.R.D. 280 (D.D.C. 1952), on further hearing, 13 F.R.D 288 (D.D.C. 1952): Der Anglo-Iranian Oil Co. Ltd. wurde Immunität gewährt, nachdem die britische Regierung argumentiert hatte, dass es für sie notwendig sei, eine ununterbrochene Versorgung mit Öl für die Schiffahrt zu gewährleisten.
[212] *Occidential Petroleum Corp. v. Buttes Gas & Oil Co.*, 331 F.Supp. 92 (C.D. Cal. 1971).
[213] *Interamerican Refining Corp. v. Texaco Maracaibo, Inc.*, 307 F.Supp. 1291 (D. Del. 1970); In der Rechtssache *Smith v. Socialist People's Libyan Arab Jamahiriya*, 101 F.3 d 239 (2 d Cir. 1996), wurde den Angehörigen der Opfer des von libyschen Terroristen zum Absturz gebrachten PAN AM-Flugzeugs Schadensersatz nach dem Foreign Sovereign Immunities Act (FSIA) versagt. Der Verstoß gegen Völkerrecht durch Libyen bedeute keinen Verzicht auf Immunität. Die Verweigerung von Immunität für deliktische Handlungen, die „personal injury or death ... in the United States" verursachen, sei gleichfalls nicht anwendbar, da das PAN AM-Flugzeug kein U.S.-amerikanisches Territorium im Sinne des FSIA sei. Das Gesetz wurde später ergänzt, um eine Ausnahme für internationale terroristische Aktivitäten zu schaffen. Siehe Antiterrorism and Effective Death Penalty Act, Pub. L. No. 104-132, 110 Stat. 1214 (1996) (kodifiziert in 28 U.S.C. § 1605 (2003)). Sicher wird diese souveränitätsfreundliche Rechtsprechung zum internationalen und U.S.-amerikanischen immunity law nach den Terroranschlägen im September 2001 nicht fortgesetzt werden.
[214] Nach den Anschlägen im September 2001 wurde ein Bundesgesetz erlassen, welches Versicherungsschutz für Schäden aus terroristischen Akten und Vollstreckung gegen beschlagnahmtes Vermögen terroristischer Organisationen vorsieht. Siehe Terrorism Risk Insurance Act of 2002, Pub. L. No. 107–297, 116 Stat. 2322 (2002) (kodifiziert in 28 U.S.C. §§ 1606, 1610 (2003)). Vgl. dazu *Smith v. Islamic Emirate of Afghanistan*, 262 F.Supp. 2 d 217 (S.D.N.Y. 2003) und *Smith v. FRB of N.Y.*, 346 F.3 d 264 (2 d Cir. 2003). Siehe auch *Acree v. Republic of Iraq*, 271 F.Supp.2 d 179 (D.C. Cir. 2003) und *Acree v. Snow*, 276 F.Supp. 2 d 31 (D.C. Cir. 2003). Zum Ganzen Sealing, „State Sponsors of Terrorism" Is a Question, Not an Answer: The Terrorism Amendment to the FSIA Ma-

649 Die **Act-of-State-Doktrin** wurde vom Supreme Court im Enteignungsfall *Banco National de Cuba v. Sabbatino*[215] bestätigt und näher ausgeführt. Der Gesetzgeber versuchte diese Entscheidung zu korrigieren, in dem er bestimmte, ein ausländischer act of state sei auf seine Vereinbarkeit mit dem Völkerrecht zu überprüfen.[216] Dem wurde weder einheitlich gefolgt,[217] noch findet diese Rechtsänderung auf Fälle wie *Occidental Petroleum*[218] Anwendung, in denen sich die Früchte des völkerrechtswidrigen ausländischen act of state nicht direkt in den Händen des amerikanischen Beklagten befinden. „Die Act-of-State-Lehre ist eine Politik judizieller Enthaltsamkeit von der Untersuchung der Wirksamkeit einer Handlung eines fremden Staates in seinem staatlichen Hoheitsbereich."[219] In der Rechtssache *Allied Bank International v. Banco Credito Agricola de Cartago*[220] wurde entschieden, dass die Act-of-State-Doktrin auf Dekrete Costa Ricas, durch die die Zahlung fremder Schulden aufschoben, nicht anwendbar sei, weil die in Frage stehenden Schuldner ihren Sitz in den Vereinigten Staaten hatten. Das Restatement (Third) of Foreign Relations Law of the United States[221] schlägt vor, nicht nach einem imaginären Sitz von property zu suchen, sondern vielmehr zu prüfen, inwieweit der Akt des fremden Staates in dem besonderen Fall mit der Begründung für die Act-of-State-Lehre und die territoriale Begrenzung zusammenpaßt.[222]

650 Der **Webb-Pomerence Act**[223] erlaubt den Zusammenschluß von Gesellschaften zu sogenannten „export associations" und stellt diese, ähnlich wie § 6 des deutschen Gesetzes gegen Wettbewerbsbeschränkungen, von der Anwendung des Antitrust-Rechts frei. Theoretisch erstreckt sich die Freistellung auf Preis-, quantitative und territoriale Verkaufsvereinbarungen, andere Arten der Beschränkung des Exporthandels sowie die Errichtung gemeinsamer Verkaufsorganisationen. Einschneidende Vorbedingungen führten hingegen dazu, dass das Gesetz kaum genutzt wird. Einerseits schließt die Definition des „Exporthandels" nur Handel mit Waren, nicht aber mit Dienstleistungen ein. Darüber hinaus hat das Fallrecht sie sehr eng ausgelegt. So entschied der Supreme Court, dass Warenverkäufe nach Korea unter Arrangements der Agency for International Development[224] keinen „Exporthandel" darstellen, weil es sich um amerikanische und eben nicht koreanische Geschäfte handelt.[225] Andererseits erfolgt keine Freistellung, wenn die export association durch ihr Verhalten oder ihre Organisationsform Auswirkungen auf inneramerikanische Kosten oder den Exporthandel

---

kes Less Sense Now Than It Did Before 9/11, 38 Tex. Int'l L.J. 119 (2003); *Taylor*, Another Front in the War on Terrorism? Problems with Recent Changes to the Foreign Sovereign Immunities Act, 45 Ariz. L. Rev. 533 (2003).

[215] *Banco Nacional de Cuba v. Sabbatino*, 376 U.S. 398, 84 S.Ct. 923, 11 L.Ed.2 d 804 (1964).
[216] 22 U.S.C. § 2370 (e) (2003).
[217] *French v. Banco National de Cuba*, 23 N.Y.2 d 46, 242 N.E.2 d 704 (1968).
[218] *Occidential Petroleum Corp. v. Buttes Gas & Oil Co.*, 331 F.Supp. 92 (C.D. Cal. 1971).
[219] *Williams v. Curtiss-Wright Corp.*, 694 F.2 d 300 (3 d Cir. N.J. 1982).
[220] *Allied Bank International v. Banco Credito Agricola de Cartago*, 757 F.2 d 516 (2 d Cir. N.Y. 1985), cert. dismissed *Banco Credito Agricola de Cartago v. Allied Bank International*, 473 U.S. 934, 106 S. Ct. 30, 87 L.Ed.2 d 706 (1985).
[221] § 443, Reporter's Note 4 (1987).
[222] Für eine allgemeine Auslegung der Act-of-State-Lehre vgl. *W. S. Kirkpatrick & Co. v. Environmental Tectonics Corp., Int'l*, 493 U.S. 400, 110 S.Ct. 701, 107 L.Ed. 816 (1990).
[223] 15 U.S.C. § 61 (2005).
[224] Das ist die US-amerikanische Auslandshilfestelle.
[225] *United States v. Concentrated Phosphate Export Association*, 393 U.S. 199, 89 S.Ct. 361, 21 L.Ed.2 d 344 (1968).

eines U.S.-Konkurrenten hat. Verboten bleibt deshalb z. B. die Errichtung einer export association zur Stabilisierung einheimischer Preise durch Abbau internationaler Überschüsse[226] und der take over eines ausländischen Wettbewerbers zum Schutz des einheimischen Marktes.[227] Wegen der geringen Bedeutung des Webb-Pomerence Act hat selbst das Bundesjustizministeriums bereits 1967 seine Aufhebung vorgeschlagen. Eine Reform steht allerdings bis heute noch aus. Obwohl der Webb-Pomerence Act unberührt blieb, ist er praktisch durch den Export Trading Company Act[228] aus dem Jahre 1982 ersetzt worden. Dieser begünstigt die Gründung von Exportgesellschaften, erlaubt Investitionen von Bankinstituten und stellt das für den Außenhandel geltende Antitrust-Recht klar.

Durch die longarm statutes (oben, Rn. 136) läßt sich die sachliche und örtliche Zuständigkeit amerikanischer Gerichte leicht begründen. Im Antitrust-Recht muß der ausländische Beklagte nicht einmal in dem Bezirk verklagt werden, in welchem die beanstandete Handlung erfolgte oder mit dem sie in irgendeiner Beziehung steht. Vielmehr findet die bundesrechtliche Bestimmung Anwendung, dass „ein Ausländer in jedem (bundesgerichtlichen) Bezirk verklagt werden kann".[229] Die örtliche Zuständigkeit über ausländische Beklagte ist demnach weiter gefaßt als für einheimische. Dass es bei der Durchsetzung eines auf diese Art gegen nichtamerikanische Gesellschaften ergangenen Urteils zu Schwierigkeiten kommen kann, liegt auf der Hand und wurde in zwei bekannten Fällen augenscheinlich. Im Fall *Swiss Watchmakers*[230] bejahte das amerikanische Gericht seine Zuständigkeit über die schweizerische Beklagte aufgrund seiner Zuständigkeit über deren gemeinsame Tochtergesellschaft in den USA.[231] Den Anordnungen des erkennenden Gerichts traten schweizerische Behörden auf diplomatischem Wege entgegen und erließen zusätzlich neue Verordnun- **651**

---

[226] *United States v. United States Alkali Export Association*, 86 F.Supp. 59 (D.N.Y. 1949).
[227] *International Raw Materials v. Stauffer Chemical Co.*, 978 F.2 d 1318 (3 d Cir. Pa. 1992).
[228] Pub. L. No. 97–290, 96 Stat. 1233 (1982).
[229] 28 U.S.C. § 1391 (d) (2005). Der Supreme Court wandte diese Norm auf einen kanadischen Beklagten in einem Verfahren wegen Patentrechtsverletzung an und gab damit dieser Bestimmung den Vorrang vor 28 U.S.C. § 1400 (b), der die Zuständigkeit in Patentfällen auf den Ort der Verletzung des Rechts oder den des Beklagtendomizils beschränkt. *Brunette Machine Works, Ltd. v. Kockum Industries, Inc.*, 406 U.S. 706, 92 S.Ct. 1936, 32 L.Ed.2 d 428 (1972).
[230] *United States v. Watchmakers of Switzerland Information Center, Inc.*, 1963 Trade Cases P 70 600 (S.D.N.Y. 1962), 1965 Trade Cases P 71 352 (S.D.N.Y. 1965).
[231] Für einen Fall, in dem jurisdiction über eine ausländische Muttergesellschaft auf der Grundlage einer Klagezustellung an die 100 %ige Tochter ausgeübt wurde, vgl. *Volkswagenwerk Aktiengesellschaft v. Schlunk*, 486 U.S. 694, 108 S.Ct. 2104, 100 L.Ed.2 d 722 (1988). Vgl. auch die Entscheidungen des BVerfG zu der Frage, ob Zustellungsgesuche nach dem Haager Abkommen aus *ordre public* Gründen versagt werden sollen, wenn es z. B. eine Klage betreffen, in der punitive damages begehrt werden oder wenn es um pre-trial discovery geht. In seinen *Bertelsmann* Entscheidungen gewährte das BVerfG zunächst einstweiligen Rechtsschutz gegen eine Zustellung in einem Verfahren mit punitive damages, ließ sie aber dann doch zu mit der Anmerkung, dass die Zustellung allein keine Grundrechte verletze, das darauf folgende Verfahren aber einer Prüfung unterläge (BVerfGE 91, 335, 2003 NJW 2598 ff., BVerfGE 108, 238). Siehe *Geimer*, Internationales Prozessrecht (6. Aufl. 2009), Rn. 2157; *Hay/Krätzschmar*, Internationales Privat- und Zivilverfahrensrecht (4. Aufl. 2010) No. 39. Für einen früheren Überblick, vgl. *Rasmussen-Bonne*, Zum Stand der Rechtshilfepraxis bei Zustellungsgesuchen von US-Schadensersatzklagen nach dem Beschluss des Bundesverfassungsgerichts vom 23. Juli 2003, in: FS Hay (2005) 323 ff. Zur Zustellung bei pre-trial discovery, vgl. BVerfG RIW 2007, 211 mit Besprechung *von Hein*, ebenda 449. Vgl. auch BVerfG IPrax 2009, 253 ff.

gen, die z. T. das Befolgen des Urteils untersagten. Das Bundesjustizministerium sah sich schließlich genötigt, dem Gericht zusammen mit den Parteien eine Kompromißlösung vorzuschlagen, welche dieses dann in Form eines „consent decree" als sein Urteil verkündete.[232]

652 In dem Fall *United States v. Imperial Chemical Industries, Ltd.*[233] kam es zu einer einvernehmlichen Streitbeilegung. Das New Yorker Bundesgericht hatte einen U.S.-amerikanisch-britischen Lizenzvertrag in seiner bestehenden Form für ungültig erklärt und den Parteien neue Bedingungen zur Erteilung weiterer Lizenzen auferlegt. Ein britischer Lizenznehmer verlor dadurch seine ausschließlichen Rechte unter einer Unterlizenz und beantragte eine einstweilige Verfügung (injunction) in England. Das englische Gericht kam dem nach, indem es dem U.S.-amerikanischen Gericht die Zuständigkeit absprach, Änderungen in englischen Lizenzrechten zu bewirken.[234] Um der extraterritorialen Anwendung insbesondere des amerikanischen Anti-trust-Rechts entgegenzuwirken, haben mehrere Länder in jüngster Zeit sogenannte blocking statutes erlassen, die es einheimischen verklagten Personen und Gesellschaften untersagen, amerikanischen Behörden im Inland befindliche Unterlagen und Beweismaterial zu übergeben.[235]

V. Wettbewerbsrecht

653 Unfair Trade, unlauterer Wettbewerb, ist ein Sammelbegriff für eine Anzahl aus dem Common Law stammender deliktischer Klagen, wettbewerbsrechtlicher Gesetzesbestimmungen (z. B. im Federal Trade Commission Act) und für das Urheber- und Patentrecht. Beispiele für derartige Common-Law-Klagen sind solche wegen irreführender Werbung (false advertising),[236] Werbung, welche die Waren eines Konkurrenten abfällig beurteilt (disparagement),[237] und wegen abfälliger vergleichender Werbung (comparative disparagement).[238] Viele dieser Klagearten sind durch den

---

[232] Das neue Urteil bestimmte, dass 1. Mitglieder des schweizerischen Verbandes, die an dem Rechtsstreit nicht beteiligt waren, dem Urteil nicht unterliegen; 2. der schweizerische Verband nicht verpflichtet ist, Aufsicht über seine Mitglieder zu führen; 3. das Urteil sich nur auf Importe in die USA und nicht auch auf andere Märkte erstreckt; 4. neue schweizerische Gesetzgebung, die den Export von Uhren einer Regierungskontrolle unterstellt, von dem Urteil nicht tangiert wird; und dass 5. Dokumente dann nicht vorgelegt werden müssen, wenn eine dahin gehende Anordnung dem schweizerischen Recht entgegenläuft. Ein „consent decree" wurde auch in Sachen Microsoft (oben, Fn. 186) zur Streitbeilegung verwendet.
[233] *United States v. Imperial Chemical Industries, Ltd.*, 105 F.Supp. 215 (D.N.Y. 1952).
[234] Vgl. *United States v. Holophane Co.*, 119 F.Supp. 114 (D. Ohio 1954), affirmed *Holophane Co. v. United States*, 350 U.S. 814, 76 S.Ct. 58, 100 L.Ed. 729 (1955).
[235] Auch in anderen Rechtsgebieten (neben dem Antitrust Law) sind Bundesgesetze extraterritorial angewendet worden, etwa bei grenzüberschreitenden Entführungen. Siehe *Alvarez-Machain v. United States*, 331 F.3 d 604 (9th Cir. 2003), cert. granted 2003 U.S. LEXIS 8573 (U.S. 2003).
[236] Vgl. *Ely-Norris Safe Co. v. Mosler Safe Co.*, 7 F.2 d 603 (2 d Cir. N.Y. 1925) sowie *Mosler Safe Co. v. Ely-Norris Safe Co.*, 273 U.S. 132, 47 S.Ct. 314, 71 L.Ed. 578 (1927); *Clairol, Inc. v. Cody's Cosmetics, Inc.*, 231 N.E.2 d 912 (Mass. 1967); *Windsor Securities, Inc. v. Hartford Life Ins. Co.*, 986 F.2 d 655 (3 d Cir. Pa. 1993). Siehe auch Restatement (Second) Torts, §§ 712, 761.
[237] Vgl. *National Refining Co. v. Benzo Gas Motor Fuel Co.*, 20 F.2 d 763 (8th Cir. 1927), cert. denied, *Benzo Gas Motor Fuel Co. v. National Ref. Co.*, 275 U.S. 570, 48 S.Ct. 157, 72 L.Ed. 431 (1927).
[238] Comparativ disparagement begründet in den wenigen Fällen einen deliktsrechtlichen Anspruch oder einen auf Unterlassung. Vgl. die das Fallrecht gut zusammenfassenden Entscheidungen in *Testing*

Lanham Act[239] auch in das Bundesrecht übergegangen. Quelle des umfangreichen Fall- und Verordnungsrechts auf diesem Gebiet ist die Federal Trade Commission (FTC), die u. a. ermächtigt ist, Verordnungen zur Definition verbotener „deceptive practices" (irreführender Praktiken) zu erlassen. Beispiele hierfür wären Vorschriften bezüglich zulässiger Werbeangaben zur Bildschirmgröße von Fernsehapparaten[240] und über die erforderlichen Hinweise hinsichtlich der Auszeichnung von Perücken und anderen Haarteilen.[241] Auch das Urheber- und Patentrecht wird in der amerikanischen Literatur bisweilen innerhalb des Unfair-Trade-Rechts behandelt.[242] Auf eine Darstellung dieser Spezialgebiete soll innerhalb dieser Einführung verzichtet werden.

VI. Beschränkungen im U.S.-Außenhandel

Die liberale Handelspolitik der Vereinigten Staaten erfährt ihre Grenzen, wenn Belange der eigenen nationalen Sicherheit betroffen sind.[243] Einige Beispiele seien vorgestellt.[244] Auf weltweiten Widerstand stieß der extraterritoriale Geltungsanspruch des Cuban Liberty And Democratic Solidarity (Libertad) Act of 1996, gewöhnlich auch als **Helms-Burton Act**[245] bekannt. Dieses Gesetz untersagt ausländischen Personen und Unternehmen, in Kuba belegene Grundstücke entschädigungslos enteigneter U.S.-Staatsbürger wirtschaftlich zu nutzen. Wer dieses Verbot mißachtet, kann in den USA von Betroffenen vor einem U.S. District Court verklagt werden.[246] Außerdem muß er befürchten, dass ihm zukünftig die Einreise in die Vereinigten Staaten verweigert wird. Präsident *Clinton* und nach ihm Präsident *Bush* nahmen dem Gesetz etwas seiner Schärfe, indem sie die rechtlichen Verfolgungsinstrumente wiederholt aussetzten. Auch Präsident *Obama* folgt bisher dieser Praxis. Doch auch die Europäische Union blieb nicht untätig,[247] erließ eine Antiboykott-

654

Systems, Inc. v. Magnaflux Corp., 251 F.Supp. 286 (E.D. Pa. 1966); *Smith-Victor Corp. v. Sylvania Electric Products, Inc.*, 242 F.Supp. 302 (N.D. Ill. 1965).

[239] Vgl. §§ 43 (a) und 44 des Lanham Act, 15 U.S.C. §§ 1054 ff. (2003).
[240] 16 Code of Federal Regulations (CFR) § 410.1 (1990).
[241] 16 Code of Federal Regulations (CFR) § 252.0 (1990).
[242] Siehe *Hovenkamp*, Federal Antitrust Policy §§ 5.5, 7.11.
[243] Zur Diskussion des Verhältnisses der U.S.-Außenpolitik zu Anforderungen des General Agreement on Tariffs and Trade (GATT) und der Welthandelsorganisation (WTO) siehe *Lindsay*, The Ambiguity of GATT Article XXI: Subtle Success or Rampant Failure?, 52 Duke L.J. 1277 (2003).
[244] Allgemein dazu *Ziegenhain*, Extraterritoriale Reichweite des US-amerikanischen und des reformierten deutschen Exportkontrollrechts, RIW 1993, 897 ff.; *Meng*, Extraterritoriale Jurisdiktion in der US-amerikanischen Sanktionsgesetzgebung, EuZW 1997, 423 ff.
[245] Pub. L. No. 104–114, 110 Stat. 785 (1996) (kodifiziert in 22 U.S.C. § 6021). Siehe *Alexander*, Trafficking in Confiscated Cuban Property: Lender Liability Under the Helms-Burton Act and Customary International Law, 16 Dick. J. Int'l L. 523 (1998). Allgemein dazu *Basedow*, International Antitrust: From Extraterritorial Application to Harmonization, 60 La. L. Rev. 1037 (2000); *Swaine*, The Local Law of Global Antitrust, 43 Wm and Mary L. Rev. 627 (2000); *Waller*, The Twilight of Comity, 38 Colum. J. Transnat'l L. 563 (2000). Vgl. dazu auch *Kress/Herbst*, Der Helms-Burton-Act aus völkerrechtlicher Sicht – Zum Gutachten des Inter-Amerikanischen Juristenausschusses vom 23. August 1996, RIW 1997, 630 ff.
[246] Vgl. hierzu *Gebauer*, Kollisionsrechtliche Auswirkungen der US-amerikanischen Helms-Burton-Gesetzgebung, IPRax 1998, 145 ff.
[247] *Griessbach*, Der „Cuban Liberty and Democratic Solidarity (Libertad) Act" von 1996, RIW 1997, 275, 277.

verordnung[248] und beantragte die Durchführung eines Schiedsverfahrens bei der World Trade Organisation. Letzteres wurde allerdings seitens der EU vorläufig nicht weiterbetrieben, nachdem sich beide Seiten gegenseitige Zurückhaltung versprochen haben.[249]

655 In die gleiche Richtung tendiert der Iran and Libya Sanctions Act von 1996.[250] Ausländische Investitionen, welche diesen Staaten die Erschließung und Verwertung ihrer Ölquellen ermöglichen, sind untersagt. Iran und Libyen sollen auf diesem Wege gehindert werden, über Massenvernichtungswaffen verfügen zu können und den internationalen Terrorismus zu fördern. Unternehmen, die gegen dieses Verbot verstoßen, sind in den Vereinigten Staaten gerichtspflichtig und von Boykottmaßnahmen bedroht. Im Gegensatz zum Helms-Burton Act kann der Präsident den Vollzug dieses Gesetzes nicht suspendieren. Allerdings kann er die Sanktionen bis zu höchstens 90 Tagen aufzuschieben, um die Regierung im Land des betroffenen Unternehmens zu konsultieren. Dieser soll mit jenem Schritt die Gelegenheit gegeben werden, ihrerseits Maßnahmen zu ergreifen, damit die Investitionstätigkeit im Iran oder Libyen unterbleibt. Ausländischen Unternehmen steht es frei, das Außenministerium der Vereinigten Staaten vorab hinzuzuziehen, um sichergehen zu können, dass ihr wirtschaftliches Engagement in den beiden Ländern nicht vom Iran and Libya Sanctions Act erfaßt wird.

656 Handelsbeschränkungen bestehen des weiteren hinsichtlich der Ausfuhr hochwertiger Verschlüsselungstechnologien. Algorithmen mit über 40 Bit Länge dürfen nur dann außer Landes verbracht werden, wenn der Hersteller den staatlichen Sicherheitsbehörden und Geheimdiensten die vollständige Entschlüsselung ermöglicht.[251] Die Limitierung gilt selbstverständlich auch für den Vertrieb über das Internet. Weiterhin ungeklärt bleibt die Frage, ob derlei Beschränkungen die Redefreiheit des First Amendment verletzen.[252]

D. Arbeits- und Sozialrecht

Literatur: Bell, Employment Law, 3. Auflage 2006; *Covington*, Employment Law in a Nutshell, 3d ed. 2009; *Harper/Estreicher/Flynn*, Labor Law, 6. Auflage 2007; *Kerley*, Employment Law, 2001; *Leslie*, Labor Law, 5. Auflage 2008; *Lewis*, Hornbook on Employment Discrimination Law and Practice, 2. Auf-

---

[248] Verordnung Nr. 2271/96 des Rates „zum Schutz vor den Auswirkungen der extraterritorialen Anwendung von einem Drittland erlassener Rechtsakte sowie von darauf beruhenden oder sich daraus ergebenden Maßnahmen", ABl. EG Nr. L 309 v. 29. 11. 1996, S. 1 ff.
[249] Kernpunkt der Vereinbarung sind ein Verzicht der USA auf diverse Sanktionen unter dem Helms-Burton Act und das Versprechen der EU, weitere Investitionen in Kuba auf Eis zu legen und die Klage bei der WTO nicht weiterzuverfolgen. Siehe European Union – United States: Memorandum of Understanding Concerning the U.S. Helms-Burton Act and the U.S. Iran and Libya Sanctions Act, 11. April 1997, 36 I.L.M. 528, 530. Nach einem Jahr der Anhängigkeit entfiel auch die Zuständigkeit des Schiedsgerichts. Auch andere Länder erließen Gesetze um den Auswirkungen von Helms-Burten zu begegnen; etwa Kanada und Mexiko.
[250] Pub. L. No. 104–172, 110 Stat. 1541 (1996) (kodifiziert in 50 U.S.C. § 1701); 35 I.L.M. S. 1273 ff. (1996); http://www.fas.org/irp/congress/1996_cr/h960618b.htm.
[251] 61 Fed. Reg. 66 931 (Dec. 19, 1996).
[252] Siehe dazu etwa *Junger v. Daley*, 209 F.3 d 481 (6th Cir. 2000); *Universal City Studios, Inc. v. Corley*, 273 F.3 d 429 (2001) zum Digital Millenium Copyright Act (DMCA), keines der mit dem Fall befaßten Gerichte ging auf Fragen des First Amendment ein.

lage 2004; *Matthews*, Social Security, Medicare & Government Pensions, 14. Auflage 2009; *Rothstein*, Employment Law (Hornbook Series), 4. Auflage 2010; *Tomkiel III*, Social Security Benefits Handbook, 5. Auflage 2008.

Wie andere Gebiete des Wirtschaftsrechts, sind auch das Arbeits- und Sozialrecht stark von Bundesrecht durchdrungen. Es bestehen spezielle (Bundes-)Behörden zur Anwendung und Durchsetzung der Gesetze. Eigene Gerichtszüge fehlen auch hier. Der Rechtsweg führt in den meisten Fällen von den Bundesbehörden zu den Bundesberufungsgerichten (Courts of Appeal). 657

I. Die Entwicklung des Arbeitsrechts[253]

Der Supreme Court stand der Ausübung bundesgesetzlicher Kompetenz auf dem Gebiet des Arbeitsrechts anfänglich feindlich gegenüber und erklärte verschiedene Gesetzgebungsversuche, insbesondere zur Regulierung der Kinderarbeit,[254] kurzerhand für verfassungswidrig. Erst der **Fair Labor Standards Act**[255] (1938) bestand den Test der Verfassungsmäßigkeit.[256] Er legt einen Mindeststundenlohn (gegenwärtig $ 5,15) fest,[257] bestimmt Prämien für Überstunden und verbietet Kinderarbeit. 658

Die wichtigsten Bundesgesetze regeln die Beziehungen **(labor relations)** zwischen Arbeitgeber (employer) und Arbeitnehmer (employee) und stützen sich auf die Commerce Clause der Bundesverfassung.[258] Die älteste Gesetzgebung erging für Arbeitsverhältnisse im Eisenbahnwesen. Der „Erdman Act" (1898)[259] untersagte die Diskriminierung von Arbeitnehmern aufgrund ihrer Gewerkschaftszugehörigkeit und enthielt Bestimmungen zur Konfliktschlichtung (mediation und conciliation). Die Antidiskriminierungsvorschrift wurde zunächst vom Supreme Court als ein unzulässiger Eingriff in die Vertragsfreiheit qualifiziert und folglich für verfassungswidrig erklärt.[260] Dieser Ansatz wird aufgegriffen im Railway Labor Act (1926),[261] der mit vielen zwischenzeitlich ergangenen Novellen, die u. a. das National Mediation Board und das National Railroad Adjustment Board ins Leben riefen, noch heute in 659

---

[253] Siehe auch *Thüsing/Leder*, Die Entwicklung des US-amerikanischen Arbeitsrechts in den Jahren 2001, 2002 und 2003, NZA 2004, 1310.
[254] Vgl. *Hammer v. Dagenhart*, 247 U.S. 251, 38 S.Ct. 529, 62 L.Ed. 1101 (1918); *Bailey v. Drexel Furniture Co.*, 259 U.S. 20, 42 S.Ct. 449, 66 L.Ed. 817 (1922).
[255] 29 U.S.C. §§ 201–209 (2005).
[256] *United States v. Darby*, 312 U.S. 100, 61 S.Ct. 451, 85 L.Ed. 609 (1941).
[257] Kleinbetriebe können Lehrlingen und Berufsanfängern innerhalb der ersten 90 Tage niedrigere Löhne zahlen. Die meisten Einzelstaaten haben Gesetze über Mindestlöhne erlassen. Bei Abweichung vom Bundesstandard gilt der höhere Mindestlohn. Im Januar 2005 lag der höchste einzelstaatliche Mindestlohn bei 7,35 Dollar (im Bundesstaat Washington). Eine Übersicht der einzelstaatlichen Mindestlöhne findet sich unter http://www.dol.gov/esa/minwage/america.htm.
[258] Einige Einzelstaaten haben eigene labor-relations-Gesetze erlassen. Wegen der Breite des Bundesrechts finden sie nur auf Kleinbetriebe Anwendung, die ausschließlich innerstaatlich tätig werden.
[259] 30 Stat. 424 (1898), ergänzt durch den Newland Act, 38 Stat. 103 (1913) (1926 aufgehoben).
[260] *Adair v. United States*, 208 U.S. 161, 28 S.Ct. 277, 52 L.Ed. 436 (1908).
[261] 44 Stat. 577 (1926) (kodifiziert in 45 U.S.C. §§ 151 ff. (2003)).

Kraft ist.[262] Der Anwendungsbereich wurde 1936 auf Luftfahrtgesellschaften erweitert.[263]

660 Das erste Gesetz über allgemeine Arbeitsverhältnisse war der **Norris-LaGuardia Act** (1932).[264] Er untersagte den Bundesgerichten, einstweilige Verfügungen gegen streikende Arbeitnehmer zu erlassen. Damit begann die Ära des rechtmäßigen friedlichen Streiks. Im Jahre 1935 folgte das wichtigste amerikanische Normwerk, der **National Labor Relations Act** („Wagner Act"),[265] dessen Umsetzung einer neu errichteten Bundesbehörde, dem National Labor Relations Board (NLRB), unterstellt wurde. Die zwei Hauptfunktionen des Board bestehen in der Beaufsichtigung von Arbeitnehmerabstimmungen zur Bestellung oder Ablehnung einer Gewerkschaft als Vertreter in Tarifverhandlungen (collective bargaining) und der Anhörung sowie der Beschlußfassung über Arbeitnehmerbeschwerden bezüglich unfairer, im Gesetz näher definierter Praktiken des Arbeitgebers (unfair labor practices). Letztere kann der NLRB gegebenenfalls durch Bescheid verbieten. Der Rechtsweg führt zum (Bundes-)Court of Appeal, vor dem das Board auch im Wege einer einstweiligen Verfügung (injunction) vorgehen kann. Die Zuständigkeit des NLRB erstreckt sich dabei grundsätzlich auf alle Arbeitsverhältnisse im zwischenstaatlichen Handelsverkehr (interstate commmerce), ein Begriff, der für arbeitsrechtliche Fragen sehr weit gefaßt ist.

661 Im Jahre 1947 verabschiedete der Kongreß gegen Präsident *Trumans* Veto den **Labor Management Relations Act** („Taft-Hartley Act").[266] Er befaßt sich in erster Linie mit unfair labor practices seitens der Gewerkschaften, insbesondere sogenannter „sekundärer" Methoden wie des „secondary boycott", durch die der Arbeitgeber indirekt durch eine am Streik unbeteiligte Gewerkschaft zwecks Streikbeilegung unter Druck gesetzt wird.

662 Ein wichtiger Vorbehalt erlaubt es den Einzelstaaten, durch sogenannte **„right-to-work"-Gesetze** den closed shop oder union shop zu verbieten, der eine bestimmte Gewerkschaftszugehörigkeit zur Vorbedingung der Einstellung oder Aufrechterhaltung des Arbeitsverhältnisses machen würde. Etwa die Hälfte der Einzelstaaten hat von dieser Ermächtigung Gebrauch gemacht.[267] Für Fälle, in denen der Streik das nationale Gesundheitswesen oder die staatliche Sicherheit gefährden könnte, bietet das Gesetz die Möglichkeit, einer Aufschiebung des Streiks für eine „Abkühlungszeit" (cooling-off period) von 80 Tagen durch gerichtliche Anordnung. Der Taft-Hartley Act erweitert das NLRB von einem dreiköpfigen auf ein fünfköpfiges Gremium, errichtet den Federal Mediation and Conciliation Service als Hilfsorgan für die streitenden Parteien und begründet die Zuständigkeit der Bundesgerichte für Klagen aus und zur Durchsetzung von Tarifverträgen. Vor bundes- und einzelstaatlichen Gerichten kann Schadensersatz aufgrund von unfair labor practices begehrt werden.

---

[262] 45 U.S.C. §§ 151–163 (2005).
[263] 45 U.S.C. §§ 181–188 (2005).
[264] 29 U.S.C. §§ 101–115 (2005).
[265] 29 U.S.C. §§ 151–168 (2005). Vgl. auch *NLRB v. Jones & Laughlin Steel Corp.*, 301 U.S. 1, 57 S. Ct. 615, 81 L.Ed. 893 (1937).
[266] 29 U.S.C. §§ 141–197 (2005).
[267] Vgl. *Harper/Estreicher/Flynn*, Labor Law, S. 1189 ff.

Der **Labor-Management Reporting and Disclosure Act** („Landrum-Griffin Act", 1959)[268] bezweckt die Bundeskontrolle über die internen Angelegenheiten der Gewerkschaften. Anlaß hierzu war, dass ein Senatsausschuß weitgehende Mißstände im Gewerkschaftswesen festgestellt hatte. Beispielhaft ließen sich der Mißbrauch von Mitgliedsbeiträgen, das Fehlen interner demokratischer Einrichtungen zum Schutz der Gewerkschafter und schließlich Machenschaften, einschließlich Geldzahlungen zwischen Funktionären und Betriebsleitung, nennen. Verbotsbestimmungen zum secondary boycott und Einschränkungen des picketing für Nichttarifvertragszwecke wurden verschärft.

663

Mit Hilfe des **Worker Adjustment and Retraining Notification Act**[269] werden Massenentlassungen sozial verträglicher gestaltet. Eine solche ist von Gesetzes wegen dann anzunehmen, wenn in größeren Werken mehr als 500 und in kleineren Unternehmen über 50 Beschäftigte auf die Straße gesetzt werden sollen. Sind diese Kriterien erfüllt, muß der Arbeitgeber die Betroffenen, deren gewerkschaftlichen Vertreter, soweit überhaupt vorhanden, und die örtlichen Regierungsstellen mindestens 60 Tage vor der Entlassung benachrichtigen. Unterschreitung der Frist löst Schadensersatzansprüche aus, die praktisch auf eine Lohnfortzahlung für die verbleibenden Tage hinauslaufen.

664

Die Existenz umfassender **Bundesgesetzgebungskompetenz** im Arbeitsrecht ist heute nicht mehr bestritten. Zögerte der Supreme Court anfänglich, sie anzuerkennen, so erklärte er im Jahre 1957 in abschließender Beurteilung der Entwicklung in einer Entscheidung aufgrund des Taft-Hartley Act: „das anzuwendende Recht ist Bundesrecht, das die Gerichte (beim Fehlen ausdrücklicher Gesetzesvorschriften) aus den rechtspolitischen Grundlagen unseres nationalen Arbeitsrechts zu schöpfen haben".[270]

665

II. Arbeitsvertragsrecht

1. Grundzüge

Ursprünglicher Grundsatz des Arbeitsvertragsrechts im common law ist die Vorstellung vom „employment at will". Vertragsschluß und Kündigung sind danach für beide Parteien jederzeit nach Belieben möglich. Dieses System des **„hire and fire"** erfährt in immer stärkerem Maße gesetzliche und vertragliche Beschränkungen. Für eine Kündigung „at will" etwa, gilt die consideration-Lehre (oben, Rn. 300 ff.). Dabei gibt der Arbeitnehmer freiwillig und bewußt eine Verzichtserklärung (release of claims) ab, die vom Arbeitgeber durch eine einmalige Sonderzahlung (severance pay) praktisch „erkauft" wird. Das Verfahren einer Kündigung muß im Arbeitsvertrag geregelt sein.[271]

666

---

[268] 29 U.S.C. §§ 401–531 (2005).
[269] 29 U.S.C. §§ 2101–2108 (2005).
[270] *Textile Workers Union v. Lincoln Mills*, 353 U.S. 448, 77 S.Ct. 912, 1 L.Ed.2 d 972 (1957). Zur Geschichte und aktuellen Bedeutung des Arbeitsrechts, siehe *Befort*, Labor and Employment Law at the Millenium: A Historical Review and Critical Assessment, 43 B.C. L. Rev. 351 (2002); *Pope*, The Thirteenth Amendment Versus the Commerce Clause: Labor and the Shaping of American Constitutional Law, 102 Colum. L. Rev. 1 (2002).
[271] *Lapeer Foundry & Machine, Inc.*, 289 N.L.R.B. 952 (1988).

2. Diskriminierungsverbote

667 Für Einstellung, Beschäftigung und Beendigung des Arbeitsverhältnisses gilt das Diskriminierungsverbot. Niemand darf wegen seiner Hautfarbe, Religion, seines Geschlechts, Alters[272] und Gesundheitszustandes bevorzugt oder benachteiligt werden. Rechtsgrundlage hierfür ist auf Bundesebene Title VII des Civil Rights Act of 1964.[273] Verstöße können mit punitive damages in immenser Höhe geahndet werden.[274] Wird z.B. eine farbig Bewerberin abgewiesen und die Stelle erneut ausgeschrieben, liegt eine Benachteiligung wegen ihrer Hautfarbe auf der Hand.[275] Andererseits bedeutet die Entlassung aller farbigen Mitarbeiter bei Fortführung der Arbeitsverhältnisse mit allen hellhäutigen nicht automatisch eine Diskriminierung, wenn ein allgemeingültiges Bewertungssystem existierte und die darauf aufbauende Auswahl rein zufällig nur den farbigen Teil der Mitarbeiter traf.[276] Geschlechtsdiskriminierende Fragen während des Vorstellungsgesprächs sind untersagt.[277]

668 Allerdings muß der Kläger den Beweis der benachteiligenden Behandlung erbringen. Das gelingt erfahrungsgemäß nicht immer.[278] Einige Bundesstaaten versuchen mittels „Quotenregelung" Frauen oder ethnische Minderheiten zu unterstützen. Der Supreme Court entschied jedoch, dass die Bevorzugung nicht ausreichend qualifizierter Frauen oder Minoritäten ihrerseits gegen das Diskriminierungsverbot und den Gleichheitssatz verstoße.[279]

---

[272] Daher gibt es in den USA kein gesetzlich geregeltes Renten- bzw. Ruhestandsalter. Siehe dazu auch unten, Rn. 670.

[273] 42 U.S.C. §§ 2000e ff. (2005). Ähnliche Regelungen existieren auf einzelstaatlicher Ebene. Sie gehen oftmals weiter als das Bundesrecht. Beispielhaft ließe sich hier ein Menschenrechtsgesetz in Washington D.C. nennen. Benachteiligte Arbeitnehmer können sich an ein Office of Human Rights wenden. Dieses strebt eine gütliche Einigung der Streitparteien an. Gelingt dies nicht, steht es dem Menschenrechtsbüro zu, weitere Sanktionen zu verhängen.

[274] Erst der Civil Rights Act of 1991 (42 U.S.C. § 1981 (2003)) begrenzt die Höhe der punitive damages von $ 50.000 für Unternehmen mit weniger als 100 Arbeitnehmern bis zu $ 300.000 für solche mit mehr als 500. Dazu *Bäumer*, Amerikanisches Kündigungsschutzrecht: Welche Folgen treffen ein deutsches Unternehmen, das Massenentlassungen in den Vereinigten Staaten plant?, DAJV-Newsletter 1997, S. 10.

[275] *Subia v. Colorado & S. RY. Co.*, 565 F.2 d 659 (10th Cir. 1977).

[276] *Sample v. Schuller Intl., Inc.*, 836 F. Supp. 876 (S.D. Ga. 1993).

[277] *Stukey v. USAF*, 790 F. Supp. 165 (S.D. Ohio 1992). Schadensersatzansprüche löst auch die sexuelle Belästigung von Mitarbeiterinnen am Arbeitsplatz aus: *Harris v. Forklift Systems, Inc.*, 510 U.S. 17, 114 S.Ct. 367, 126 L.Ed.2 d 295 (1993); *Anderson v. Kelley*, 1993 U.S. App. LEXIS 32 963 (6th Cir. Ky. 1993); *Shope v. Board of Supervisors of Loudoun County*, 1993 U.S. App. LEXIS 33 058 (4th Cir. Va. 1993); *Weeks v. Baker & McKenzie*, 74 Cal. Rptr. 2 d 510 (Cal. Ct. 1998). Gleiches gilt, wenn eine sogenannte frauenfeindliche Umgebung beispielsweise dadurch geschaffen wird, dass Arbeitnehmerinnen in unwürdiger Weise die Kunden einer Restaurantkette bedienen müssen, vgl. dazu *Hirte/Otte*, Die Rechtsentwicklung im Arbeitsrecht in den Vereinigten Staaten in den Jahren 1993 und 1994, NZA 1996, 514, 516.

[278] *Hedrik v. Honeywell, Inc.*, 796 F. Supp. 293 (S.D. Ohio 1992). Der Arbeitgeber hatte mit der Verteidigung Erfolg, die Kündigung sei betriebsbedingt erforderlich gewesen.

[279] *Adarand Constructors, Inc. v. Pena*, 515 U.S. 200, 115 S.Ct. 2097, 132 L.Ed.2 d 158 (1995). Ebenso sind Zulassungsvorschriften einer Universität, die Bewerber wegen ihrer Zugehörigkeit zu einer Minderheit bevorzugen, für verfassungswidrig erklärt worden, soweit sie Quoten vorsehen oder die Rasse ein entscheidender Faktor im Zulassungsverfahren ist. Vgl. *Gratz v. Bollinger*, 539 U.S. 244, 123 S. Ct. 2411, 156 L.Ed.2 d 257 (2003) (eine Zulassungsregel, die Angehörigen von Minderheiten automatisch 20 Punkte zuspricht, verletzt sowohl den Gleichheitssatz (Equal Protection Clause) der Ver-

D. Arbeits- und Sozialrecht

Die Zunahme berufstätiger Frauen erforderte eine klare Definition der nach Title VII des Civil Rights Act verbotenen sexuellen Belästigung („sexual harassment"). Der Supreme Court entschied 1986, dass sexuelle Belästigung als Form von Diskriminierung unter Title VII fällt.[280] Zwei Theorien haben sich entwickelt, unter denen ein Kläger Ansprüche wegen sexueller Belästigung geltend machen kann: (1) *„quid pro quo"*-Diskriminierung liegt vor, wenn ein Arbeitgeber einem Arbeitnehmer, wegen dessen Verweigerung einer sexuellen Beziehung mit dem Arbeitgeber, materielle Vorteile verweigert. (2) *„hostile work environment"*-Diskriminierung ist gegeben, wenn Belästigungen so unverhältnismäßig sind, dass sie das Arbeitsumfeld beeinträchtigen. Der Arbeitgeber haftet nicht nur für eigenes Fehlverhalten, sondern auch für Belästigungen durch Arbeitnehmer unter seiner Kontrolle.[281]

669

Der **Age Discrimination in Employment Act**[282] schützt ältere Arbeitnehmer. Der Arbeitgeber muß auch bei Kündigungen eine Sozialauswahl treffen und darf Arbeitnehmer, die älter als 40 Jahre sind, nicht aus diesen Gründen am Arbeitsplatz diskriminieren. Die Kündigung älterer Arbeitnehmer erschwert auch der **Older Worker Benefit Protection Act**.[283] Er gewährt Beschäftigten über 40 Jahren eine 45-Tagesfrist zur Unterzeichnung der Verzichtserklärung. Damit wird es ihnen ermöglicht, sich darüber zu informieren, ob die Sozialauswahl richtig vorgenommen wurde und die Abstandszahlung ihrer Position entspricht. Die Verzichtserklärung kann innerhalb von sieben Tagen widerrufen werden. Das Altersdiskriminierungsverbot gilt nicht nur bei Kündigungen. Auch obligatorische (Vor-)Ruhestandsregeln, nach denen ein Arbeitnehmer bei Erreichen eines bestimmten Alters automatisch aus dem Unternehmen ausscheidet, halten einer gerichtliche Überprüfung wegen Verstoßes gegen den Age Discrimination in Employment Act in der Regel nicht stand.[284] Dabei werden selbst Vorstandsmitglieder einer Gesellschaft (directors) als Arbeitnehmer im Sinne dieses Gesetzes angesehen und fallen damit in dessen Schutzbereich.[285] Andere

670

---

fassung als auch den Civil Rights Act) mit *Grutter v. Bollinger*, 539 U.S. 306, 123 S.Ct. 2325, 156 L. Ed. 2 d 304 (2003). (Eine Regel, die Rassenzugehörigkeit als einen von vielen Faktoren bei der Bewertung des Bewerber und seines potentiellen Beitrages zur Vielseitigkeit der Universität berücksichtigt, wurde aufrechterhalten.) Siehe zu diesen Entscheidungen *Bell*, Diversity's Distractions, 103 Colum. L. Rev. 1622 (2003); *George*, Some Hard Questions, 103 Colum. L. Rev. 1634 (2003). Siehe auch *Kim*, The Colorblind Lottery, 72 Fordham L. Rev. 9 (2003).

[280] *Meritor Savings Bank v. Vinson*, 447 U.S. 57, 106 S.Ct. 2399, 91 L.Ed.2 d 49 (1986).

[281] Siehe *Burlington Industries, Inc. v. Ellerth*, 524 U.S. 742, 118 S.Ct. 2257, 141 L.Ed.2 d 633 (1998); *Faragher v. City of Boca Raton*, 524 U.S. 775, 118 S.Ct. 2275, 141 L.Ed.2 d 662 (1998). Zu diesen Entscheidungen *Grossman*, The Culture of Compliance: The Final Triumph of Form over Substance in Sexual Harassment Law, 26 Harv. Women's L.J. 3 (2003). Siehe auch *Schultz*, The Sanitized Workplace, 112 Yale L.J. 2061 (2003).

[282] 29 U.S.C. §§ 621–634 (2003).

[283] Pub. L. No. 101–433, 104 Stat. 978 (1990) (kodifiziert in 29 U.S.C. §§ 621 ff. (2003)).

[284] *Maiorino v. Schering-Plough Corp.*, 695 A.2 d 353 (N.J. Super. Ct. App. Div. 1997): Das Gericht billigte dem wegen seines Alters gekündigten Kläger nach dem Recht des Staates New Jersey $ 435.000 Schadensersatz und $ 8 Mio. punitive damages zu.

[285] *Equal Employment Opportunity Commission v. Johnson & Higgins, Inc.*, 91 F.3 d 1529 (2 d Cir. 1996). Zur Anwendbarkeit auf Anwaltskanzleien *Rapaport*, A Coming of Age?: Why Revised EEOC Guidelines May Force Firms to Protect Against Partner Age Discrimination Suits, 59 Wash & Lee L. Rev. 1013 (2003). Einen generellen Überblick über den Anwendungsbereich der im Text genannten Bundesgesetze bieten *Green/O'Brien*, Partners and Shareholders as Covered Employees under Federal Antidiscrimination Acts, 40 Am. Bus. L.J. 781 (2003).

Fallgruppen, in denen die Anti-Diskriminierungsregelungen lebhaft diskutiert werden sind Kündigungen wegen AIDS,[286] Alkoholismus oder Drogenabhängigkeit,[287] Krebs, Diabetes, Übergewicht,[288] und weitere Fälle.

670A Diskriminierende Beschäftigungspraktiken sind oft schwer zu beweisen. Zuweilen wird eine Benachteiligung erst viel später offensichtlich und kann dann, wegen Verjährung, nicht mehr durchsetzbar sein. Entsprechend wurde, wenn etwa eine scheinbar diskriminierende Entlohung augenscheinlich auf einer früheren Vereinbarung über die Bezahlung beruht, die Norm, die die Geltendmachung der Ansprüche innerhalb einer bestimmten Zeit nach der fraglichen Bezahlungsperiode vorschreibt, dahingehend ausgelegt, dass Forderungen, die auf einer solchen früheren Zahlungsabrede beruhen, ausgeschlossen sind.[289] Während diese Entscheidung den Geltungsbereich der Ansprüche einschränkte, haben andere Entscheidungen den Arbeitnehmerregreß zuletzt ausgeweitet, indem sie Vergeltungsmaßnahmen als von den Antidiskriminierungsgesetzen mit umfasst ansahen; wenn beispielsweise ein Arbeitnehmer seine Sorge über ein möglicherweise diskriminierendes Verhalten zum Ausdruck gebracht hat oder sich offiziell beschwert hat und der Arbeitgeber ihn daraufhin entlassen, versetzt oder sonst abstrafend behandelt hat.[290]

3. Soziale Mindeststandards

671 Eine Neufassung des Fair Labor Standards Act im Jahre 1966 brachte eine Erhöhung der Mindestvergütung für ungelernte Fachkräfte auf $ 5,15 pro Stunde (zuletzt im Jahre 2009 auf $ 7,25 angehoben). Der Family and Medical Leave Act (1993)[291] führte das Recht auf unbezahlten Sonderurlaub aus familiären Gründen ein. Anspruch hierauf haben Beschäftigte eines Unternehmens mit einer bestimmten Anzahl von Arbeitnehmern im unmittelbaren geographischen Umkreis. Bundesweit tätige Firmen sind von dieser Regelung meist nicht betroffen, da sie die zahlenmäßige Grenze seltener erreichen als ortsansässige.

---

[286] Dazu *Palmer/Mickelson*, Falling Through the Cracks: The Unique Circumstances of HIV Disease Under Recent Americans With Disabilities Act Caselaw and Emerging Privacy Policies, 21 Law & Ineq. J. 219 (2003).
[287] Siehe *Raytheon Co. v. Hernandez*, 540 U.S. 44, 124 S.Ct. 513, 157 L.Ed.2 d 357 (2003).
[288] Vgl. *Equal Employment Opportunity Commission v. Texas Bus Lines*, 923 F.Supp. 965 (1996): Einer 172,5 Kilogramm schweren Busfahrerin wurde gekündigt, nachdem der Betriebsarzt zu der Auffassung gelangt war, dass die Frau nur über eine unzureichende Reaktionsfähigkeit verfügen könne. Die Kündigungsschutzklage hatte erstinstanzlich Erfolg. Siehe auch *Kristen*, Addressing the Problem of Weight Discrimination in Employment, 90 Calif. L.Rev. 57 (2002). Der Americans With Disabilities Act stellt strenge Anforderungen an die Anerkennung als „Behinderter"; Voraussetzung ist, dass nicht nur die Fähigkeit zur jeweiligen Berufsausübung, sondern auch zur Verrichtung grundlegender Tätigkeiten des täglichen Lebens substantiell eingeschränkt ist. Siehe *Toyota v. Williams*, 534 U.S. 184, 122 S.Ct. 681, 151 L.Ed.2 d 615 (2002).
[289] Vgl. *Ledbetter v. Goodyear Tire & Rubber Co.*, 550 U.S. ___, 127 S.Ct. 2162 (2007).
[290] *CBOCS West, Inc. v. Humphries*, 553 U.S. ___, 128 S.Ct. 1951 (2008) (28 U.S.C § 1981 umfasst auch Vergeltungsmaßnahmen); *Gomez-Perez v. Potter*, 2008, 128 S.Ct. 1931 (2008) (die Diskriminierung ob des Alters im Employment Act umfaßt auch Forderungen wegen Repressalien).
[291] 29 U.S.C. § 2601 (2005). Zur Diskussion dieses Gesetzes im Kontext des Verfassungsrechts siehe *Post/Siegel*, Legislative Constitutionalism and Section Five Power: Policentric Interpretation of the Family and Medical Leave Act, 112 Yale L.J. 1943 (2003).

Arbeitnehmer, die ihr Unternehmen wegen eines Verstoßes gegen arbeitsrechtliche 672
Vorschriften bei den Aufsichtsbehörden anzeigen (whistleblowers), genießen Kündigungsschutz und haben Anspruch auf Schadensersatz. Erstaunlich mutet dabei an, dass der Schutz auf das verfassungsrechtlich garantierte Grundrecht der freien Meinungsäußerung gestützt wird.[292] Arbeitgeber werden aufgrund dieser Sanktionen jedenfalls bereits im Vorfeld ein gesteigertes (wirtschaftliches) Interesse entwickeln, arbeitsrechtliche Vorschriften einzuhalten.

III. Kollektives Arbeitsrecht

Der bereits angesprochene Taft-Hartley Act (oben, Rn. 661) verbietet Ungleichbehandlung aufgrund Zugehörigkeit oder Nichtzugehörigkeit zu einer Gewerkschaft. 673
Er garantiert ferner das Recht auf gewerkschaftlichen Zusammenschluß sowie die Möglichkeit, einer Gewerkschaft bewußt nicht beizutreten. Die Koalitionsfreiheit wird aber durch das Kartellrecht begrenzt.[293] Absprachen der Tarifparteien dürfen nur diese binden. Wirkungen zu Lasten Dritter sind nicht zugelassen. Es ist aber unbedenklich, wenn eine Gewerkschaft ihren bei nichttarifgebundenen Arbeitgebern beschäftigten Mitgliedern die Differenz zwischen Tariflohn und der tatsächlichen Vergütung ausgleicht. Derartige Vorgehensweisen werden vom National Labor Relations Act gedeckt.[294] Andererseits müssen Gewerkschaften, die rechtswidrige Streiks organisieren, mit erheblichen Schadensersatzforderungen seitens der betroffenen Arbeitgeber rechnen. Eine Verurteilung zu punitive damages wegen Mißachtung einer gerichtlichen Unterlassungsverfügung ist aber verfassungswidrig, weil punitive damages hier einer Kriminalstrafe gleich kämen.[295]

IV. Sozialrecht

Die amerikanische Sozialgesetzgebung bietet ein verwirrendes Bild. Nach einer zunächst zögernden Entwicklung nahm sie nach den wirtschaftlichen Umwälzungen 674
der dreißiger Jahre sprunghaft zu, besteht aber nach wie vor aus einer Vielzahl von einzelnen, nicht in einer Kodifizierung zusammengeführten Gesetzen. Wie auf anderen Gebieten untersteht die Anwendung der Sozialgesetze besonderen Bundes- bzw. teilweise auch einzelstaatlichen Behörden. Auch hier führt der Rechtsweg zu den ordentlichen Gerichten.

Eine allgemeine nationale **Krankenversicherung** gibt es bis heute noch nicht, obwohl eine solche unter Politikern, Anwälten, Ärzten und in der Bevölkerung lebhaft 675

---

[292] *Pickering v. Board of Education*, 391 U.S. 563, 88 S.Ct. 1731, 20 L.Ed.2 d 811 (1968).
[293] *Brown v. Pro Football, Inc.*, 518 U.S. 231, 116 S.Ct. 2116, 135 L.Ed.2 d 521 (1996).
[294] *NLRB v. Town and Country Electric, Inc.*, 516 U.S. 85, 116 S.Ct. 450, 133 L.Ed.2 d 371 (1995).
[295] *United Mine Workers of America v. Bagwell*, 512 U.S. 821, 114 S.Ct. 2552, 129 L.Ed.2 d 642 (1994). Diese Entscheidung eröffnet eine sonderbare Sicht auf punitive damages: Im tort law werden die „penal elements" (strafrechtliche Elemente) der punitive damages stets verringert (was die Nichtanwendung strafprozeßrechtlicher Schutzbestimmungen im Zivilprozeß rechtfertigt); im wesentlichen werden sie als Ausdehnung des Kompensationsgedankens im tort law beschrieben. Die obige Entscheidung zeigt, dass sie vielmehr Mischcharakter haben. Dazu auch *Hay*, Entschädigung und andere Zwecke, in: Hohloch u. a. (Hrsg.), Festschrift für Hans Stoll, 2001, S. 521 ff. mit weiteren Nachweisen.

diskutiert wird.[296] Im Jahre 2008 waren 46,3 Millionen Amerikaner – etwa 15,4 % der Gesamtbevölkerung – ohne jeden Krankenversicherungsschutz. Der Anteil an Nichtversicherten ist unter den Minderheiten deutlich erhöht: so hatten 17,6 % der asiatisch stämmigen, 19,1 % der afroamerikanischen und 30,7 % der hispanoamerikanischen Amerikaner keine Krankenversicherung. Junge Erwachsene zwischen 18 und 24 Jahren haben im Vergleich zu anderen Altersgruppen öfter keinen Versicherungsschutz, ebenso Männer im Vergleich zu Frauen. Obwohl durch Medicaid (dazu unten, Rn. 676) viele als arm klassifizierte Amerikaner inzwischen krankenversichert sind, verfügen längst nicht alle über eine Versicherung.[297]

675A Im Jahr 2010 verabschiedete der Kongress nach langer und kontroverser Debatte mit knapper Mehrheit in beiden Kammern ein umfangreiches Gesetzespacket zur Gesundheitsversorgung. Das neue Gesetz wird den Krankenversicherungsschutz massiv ausdehnen. Unter anderem sollen weitere 16 Millionen Amerikaner über Medicaid eine Krankenversicherung erhalten. Daneben sind Zuschüsse für die private Krankenversicherung von Menschen mit kleinen und mittleren Einkommen vorgesehen. Auch werden private Krankenversicherer stärker reguliert, z.B. im Hinblick auf die gängige Praxis, einen Versicherungsschutz bei Vorhandensein bestimmter Vorerkrankungen zu versagen.[298] Während bestimmte Maßnahmen schon heute umgesetzt sind, wird das gesamte Maßnahmenpaket erst 2014 vollkommen umgesetzt sein. Obwohl das Gesetz auf zahlreichen Kompromissen basiert und nicht so weitgehend ist, wie ursprünglich geplant war, verstummen die kritische Gegenstimmen nicht nicht. Derzeit zeichnen sich im Kongress Bemühungen ab, um Teile des Gesetzespakets einzuschränken bzw. wieder rückgängig zu machen.

676 Das wichtigste Gesetz ist der **Social Security Act**[299] aus dem Jahre 1935. Nach zahlreichen Novellen und Zusätzen geht er heute weit über das ursprüngliche Normenwerk hinaus. Zuständige Behörde ist die Social Security Administration, in einigen Fällen kann aber auch das Arbeits- bzw. das Finanz- oder Gesundheitsministerium tätig werden. „Social Security" beinhaltet derzeit: Rentenversicherung,[300] Arbeitslosenversicherung, Wohlfahrtszahlungen (public assistance oder relief), Krankenversicherung für Personen über 65 (Medicare) und für besonders Bedürftige und Arme (Medicaid). In den meisten Fällen handelt es sich um Bundesleistungen, in einigen –

---

[296] Ein umfassender Gesetzentwurf wurde erstmals im Jahre 1993 von Präsident Clinton eingebracht, scheiterte aber im Kongreß. 2003 wurde ein Gesetz für eine landesweite Krankenversicherung im House of Representatives vorgelegt. Siehe United States National Health Insurance Act, H.R. 676, 108th Cong. (2003). Siehe auch *Channik*, Come the Revolution: Are We Finally Ready for Universal Health Insurance?, 39 Cal. W.L. Rev. 303 (2003).
[297] Ständig aktualisierte Statistiken unter http://www.census.gov.
[298] Patient Protection and Affordable Care Act, Pub. L. No. 111–148; Health Care and Education Reconciliation Act of 2010, H.R. 4872.
[299] 42 U.S.C. §§ 301–1307 (2005).
[300] Dazu zählt die Altersversorgung für den Versicherten beim Eintritt ins Rentenalter (was der Versicherte mittelbar über die Lohnsteuer finanziert); Invalidenrente (disability); Unterhalt für überlebende Ehegatten und Kinder unter 18 Jahren. Ferner ist ein „death benefit" für Beerdigungskosten enthalten, das zur Zeit $ 255 beträgt. Allerdings reicht das „death benefit" mitnichten aus, um die wesentlichen Ausgaben für die Beerdigung zu decken, und die übrigen social security-Bestimmungen sehen keine ausreichende Unterstützung der Hinterbliebenen vor. Daher besteht ein Bedürfnis nach zusätzlicher Absicherung: Diejenigen, die es sich leisten können, versichern sich privat, der Rest fällt durchs soziale Netz.

z. B. bei der Arbeitslosenversicherung – um gemeinschaftliche Programme des Bundes und der Einzelstaaten. Finanziert werden alle unter die Socialsecurity-Gesetzgebung fallenden Programme durch Sozialabgaben in Form von Steuern. Sie werden von den Finanzbehörden eingezogen und je zur Hälfte von Arbeitgeber und Arbeitnehmer getragen. Auszahlungen richten sich nach den Jahren der Beteiligung, der Höhe der Einzahlungen und der Einkommensstufe zur Zeit der Berechtigung. Freiberufler können sich freiwillig beteiligen. Entscheiden sie sich nicht dazu, sind sie von allen Leistungen mit Ausnahme der public assistance ausgeschlossen.

In jüngster Zeit werden die Sozialleistungen erheblich gekürzt, und die (teilweise) Privatisierung der Sozialversicherung ist immer noch im Gespräch.[301] Einkommensschwachen Staatsbürgern wurde der Rechtsanspruch auf Sozialhilfe gestrichen.[302] **Sozialhilfe** wird höchstens über einen Zeitraum von fünf Jahren gewährt. Außer bei Arbeitsunfähigkeit ist der Leistungsempfänger spätestens nach 18 Monaten verpflichtet, eine neue Arbeit anzunehmen. Beruht die Arbeitsunfähigkeit aber auf Drogen- oder Alkoholmißbrauch, geht der Bedürftige ebenfalls leer aus. Zuschüsse des Bundes werden nicht mehr dem Bedarf entsprechend an die Einzelstaaten überwiesen, vielmehr beschränken sich die Finanztransfers auf Festbeträge zur freien Verfügbarkeit der Gliedstaaten in der Armenhilfe. Als Folge dieser Reduzierungen ging die Anzahl der Leistungsempfänger im Vergleich zu früher dann auch stark zurück.

677

Seit dem 1. 1. 1983 soll ein **Supplemental-Security-Income-Program**[303] die dürftigen Leistungen etwas anheben bzw. einem erweiterten Personenkreis zur Verfügung stellen. Es bezweckt die Einführung eines Mindesteinkommens für Personen, die „alt", arbeitsunfähig oder blind sind. Obgleich „neu", ergänzt diese Regelung lediglich frühere Einzelgesetze und bringt keine große wirtschaftliche Verbesserung. Die Einzelstaaten unterhielten bisher eigene Programme für Old Age Assistance (Altersversorgungszuschuß), Blindenhilfe und Unterstützung für Arbeitsunfähige. Das neuen Gesetz erlaubt die Fortführung dieser einzelstaatlichen Hilfswerke und sieht einen Kostenbeitrag von bis zu 75 % aus Bundesmitteln vor.

678

---

[301] Das Sozialversicherungssystem ist derzeit Gegenstand heftiger Diskussion. Die Regierung behauptet, das System werde in absehbarer Zeit außerstande sein, Leistungen in derzeitigem Umfang zu zahlen. Zur Reform wird insbesondere die Einführung privater Vorsorge („private accounts") vorgeschlagen. Auch eine Erhöhung des Rentenalters und Kürzungen bei den Leistungen sind im Gespräch. Zu Argumenten für und gegen Privatisierung vergleiche in der älteren, aber noch aktuellen Fassung *Freeman*, Public Values in an Era of Privatization: Extending Public Law Norms Through Privatization, 116 Harv. L. Rev. 1285 (2003) mit *Stevenson*, Privatization of Welfare Services: Delegation by Commercial Contract, 45 Ariz. L. Rev. 83 (2003). Siehe auch *Czapanskiy*, What's Ahead for Low-Income and No-Income Families? Parents, Children, and Work-First Welfare Reform: Where is the C in TANF?, 61 Md. L. Rev. 308 (2002); *Diller*, The Revolution in Welfare Administration: Rules, Discretion, and Entrepreneurial Government, 75 N.Y.U.L. Rev. 1121 (2000); *Gilman*, Legal Accountability in an Era of Privatized Welfare, 89 Clif. L. Rev. 569 (2001). Siehe auch *Hirte/Otte*, Die Rechtsentwicklung im Arbeitsrecht in den Vereinigten Staaten in den Jahren 1995 und 1996, NZA 1997, S. 1327.

[302] 1996 wurde ein Gesetz erlassen, dass vielen Nicht-Staatsbürgern, z. B. illegalen Einwanderern ohne U.S.-Paß, den Bezug von Sozialleistungen verwehrte. Siehe Personal Responsibility and Work Opportunity Reconciliation Act of 2003, Pub. L. No. 104–193, 110 Stat. 2105 (kodifiziert in verschiedenen Teilen des U.S.C.). Ausnahmen galten nur für minderjährige Mütter und Schwangere. Jüngere Reformvorschläge zielen unter anderem auch auf die Wiedereinbeziehung von Einwanderern in das social-security-System. Siehe etwa *Nguyen*, Welfare Reauthorization: President Bush's Agenda, 9 Geo. J. Poverty Law & Pol'y 489 (2003).

[303] 42 U.S.C. § 1381 (2005).

679 Ein weiteres Beispiel für ein kooperatives Verhältnis zwischen Bund und Einzelstaaten ist die Hilfe für Familien mit unterhaltsbedürftigen Kindern.[304] Diese Maßnahmen – von Einzelstaaten innerhalb bundesrechtlicher Vorschriften aufgestellt und vom Bund teilweise aus Social security-Einkünften finanziert – bezwecken Unterhaltshilfe für Familien, in denen der Versorger gestorben oder arbeitsunfähig geworden ist bzw. die Familie verlassen hat. Gesetzesnovellen der Jahre 1967 und 1971 verlangen mit wenigen Ausnahmen, dass sich Unterhaltsempfänger beim Arbeitsamt für Arbeiterlehrgänge (Work Incentive Program) einschreiben.[305] Andere entweder bundeseigene oder in Zusammenarbeit zwischen Bund und Einzelstaaten durchgeführte **Hilfsprogramme** sind die unentgeltliche oder ermäßigte Verteilung von Lebensmittelcoupons an besonders Bedürftige (food stamps), Bundeszuschüsse für Schulmahlzeiten (National School Lunch Act),[306] Zuschüsse des Bundes zum sozialen Wohnungs- und Hausbau (Housing Act),[307] für Hypothekenabzahlungen und zur Mietunterstützung (Housing and Urban Development Act)[308] und diverse Jugendhilfsaktionen.[309]

680 Das wichtigste Sozialprogramm der Einzelstaaten sind die von allen Staaten erlassenen Workers' Compensation Laws zur Entschädigung für Verletzungen aus Betriebsunfällen und Versorgung im Falle der daraus entstehenden Arbeitsunfähigkeit. In der Regel verlangen diese Gesetze die Pflichtversicherung des Arbeitgebers. Die bedeutendsten Bundesgesetze auf diesem Gebiet sind der Longshore and Harbor Workers' Compensation Act.[310] Ein neueres Gesetzeswerk, der Occupational Safety and Health Act of 1970,[311] soll zu größerer Betriebssicherheit führen und damit die Unfallgefahr bzw. die Wahrscheinlichkeit des Eintritts des Versicherungsfalls minimieren.

---

[304] 42 U.S.C. § 601 (2005).
[305] 42 U.S.C. § 630 (2005).
[306] 42 U.S.C. § 1751 (2005). Schulmahlzeiten sind in den USA von besonderer Bedeutung, weil der Unterricht meist durchgehend von 8 oder 8.30 Uhr bis 15 oder 15.30 Uhr, mit einer einstündigen Mittagspause, stattfindet.
[307] 12 U.S.C. § 1701 (2005).
[308] Pub. L. No. 91–152, 83 Stat. 379 (1969).
[309] Vgl. *Turnbull/Williams Jr./Cheit*, Economic and Social Security, S. 563–565.
[310] 33 U.S.C. § 901 (2005).
[311] Pub. L. No. 91–596, 84 Stat. 1590 (1970) (kodifiziert in 29 U.S.C. §§ 651–678 (2005)). Dazu näher *Miller*, The Occupational Safety and Health Act of 1970 and the Law of Torts, 38 Law and Contemporary Problems 612 (1974).

7. Kapitel. Straf- und Strafprozeßrecht

A. Strafrecht

Literatur: *Burnham*, Introduction to the Law and Legal System of the United States, 4. Auflage 2006; *Clark/Ansay*, Introduction to the Law of The United States, 2. überarb. Auflage 2001; *Dressler*, Understanding Criminal Law, 5. Auflage 2009; *Dubber*, Einführung in das US-amerikanische Strafrecht, 2005; *Farnsworth*, An Introduction to the Legal System of the United States, 3. Auflage 1996, 167–170; *Fletcher*, Rethinking Criminal Law 2000; *LaFave*, Criminal Law, 5. Auflage 2010; *LaFave*, Principles of Criminal Law (Concise Hornbook Series), 2. Auflage 2010; *LaFave*, Substantive Criminal Law (Criminal Practice Series), 2. Auflage 2010; *Loewy*, Criminal Law in a Nutshell, 5. Auflage 2009; *Schmid*, Strafverfahren und Strafrecht in den Vereinigten Staaten, 2. Auflage 1993; *Wallace/Roberson*, Principles of Criminal Law, 4. Auflage 2007.

I. Einführung

Das materielle Strafrecht ist traditionell Recht der Einzelstaaten. Der Bund nutzt aber allgemeine Bundeskompetenzen (Commerce Clause, Steuerhoheit, Kriegsführungskompetenz und Kompetenzen im Bereich der Civil Rights) zum Erlaß weitreichenden Bundesstrafrechts. Die Kodifikationen des Strafrechts in den Bundesstaaten orientieren sich weitgehend am **Model Penal Code** (MPC),[1] was zu weitreichender Übereinstimmung der einzelstaatlichen Rechte führt. Im internationalen Strafrecht gilt das Territorialitätsprinzip. Das Recht des Staates, wo die Straftat begangen wurde oder sich zumindest ausgewirkt hat (effects doctrine), kommt zur Anwendung. Eine personale Anknüpfung an die U.S.-amerikanische Nationalität bei Auslandstaten ist bis auf wenige Ausnahmen unbekannt.[2] 681

Straftaten gliedern sich in Verbrechen (**felonies**) und Vergehen (**misdemeanors**). Die Einordnung als felony ergibt sich entweder aus der gesetzlichen Bestimmung selbst, dem vorgesehenen Strafmaß (i. d. R. Mindeststrafe von einem Jahr) oder der Art der Haftanstalt (state prison). Felonies und misdemeanors werden in verschiedene Grade (degrees) unterteilt; so spricht man z. B. von Mord ersten und zweiten Grades. Das Strafmaß bestimmt sich nach der Art und dem Grad der Straftat. 682

II. Strafrecht Allgemeiner Teil

1. Voraussetzungen der Strafbarkeit

Eine strafrechtliche Verantwortung (culpability) setzt eine willensgesteuerte Handlung (actus reus), einen dementsprechenden Willen (mens rea) und Kausalität (causation) voraus. Die Handlung kann in einem Tun oder Unterlassen bestehen, wobei für letzteres eine entsprechende Pflicht zum Tätigwerden vorliegen muß. Unter mens rea fal- 683

---

[1] Abdruck des MPC bei *LaFave/Scott*, Substantive Criminal Law, Vol. 2, Appendix A.
[2] So zum Beispiel Geldwäschedelikte durch U.S.-Bürger im Ausland und schwere Verbrechen wie Ermordung oder Entführung von Amerikanern (passive Personalität). Für schwere Verbrechen an dem Präsidenten oder Kabinettsmitgliedern siehe 18 U.S.C. § 351 (i), 1751 (k) (2005); terroristische Angriffe und Verschwörungen gegen U.S.-Bürger im Ausland fallen unter 18 U.S.C. § 2332 (2005).

len alle Formen des Vorsatzes (intent), einschließlich der von einigen Delikten vorausgesetzten Absicht (specific intent) und Fahrlässigkeit (recklessness und negligence).[3] Die Rechtsprechung entwickelte zudem das Institut des „transferred intent": Wenn das tatsächliche Opfer nicht das vom Täter beabsichtigte ist, gilt sein ursprünglicher Vorsatz als auf das aktuelle Opfer übertragen, um seine Verantwortlichkeit zu begründen. Mens rea ist nicht erforderlich für weite Bereiche der public welfare-Delikte des Nebenstrafrechts (Straßenverkehr, Gesundheitswesen, Wirtschaftsgesetzgebung). Verschuldensunabhängige Haftung (strict liability) ersetzt hier den intent.[4] Die Bestimmung der Kausalität erfolgt in zwei Stufen. Mit dem but for-test ist zu ermitteln, ob das Verhalten nicht hinweggedacht werden kann, ohne dass der Erfolg entfällt (cause in fact). Bei der proximate cause wird bewertet, ob das Dazwischentreten weiterer Ursachen die Kausalität zwischen Verletzungshandlung und Erfolg unterbricht.

2. Defenses

684 Der Beklagte kann defenses vorbringen. Dazu zählen Tatbestands- und Rechtsirrtümer (mistake of fact and law), die sich gegen die Feststellung von mens rea richten. Rechtfertigungsgründe (justification defenses) sind Notwehr (self-defense), Notstand (defense of others) und die Einwilligung des Verletzten (consent of the injured person). Schuldausschließungsgründe (excuse defenses) umfassen die Unzurechnungsfähigkeit (insanity), verminderte Schuldfähigkeit (diminished capacity), Trunkenheit (drunkenness; intoxication), Notstand (necessity), Nötigungsnotstand (duress; coercion), Handeln auf Befehl (military order) und die Veranlassung durch einen Beamten (entrapment).[5]

685 Die Frage der Unzurechnungsfähigkeit im psychiatrischen Sinn **(insanity)** ist seit Ende der 60er Jahre eines der umstrittensten Probleme des U.S.-amerikanischen Strafrechts.[6] Der Beklagte muß von vornherein darauf plädieren oder dem Gericht diese Intention vor dem Verfahren bekanntgeben, sonst ist eine Berufung auf insanity ausgeschlossen.[7] Strafrechtliche Folge einer bewiesenen Unzurechnungsfähigkeit ist der Freispruch des Angeklagten. Dieser hindert jedoch nicht die (auf unbestimmte Zeit erfolgende[8]) zivile Unterbringung in einer Anstalt. Die Feststellung der Unzurechnungsfähigkeit wurde historisch insbesondere durch zwei Formeln geprägt, die

---

[3] Zur verwirrenden Fülle der Begriffsbestimmungen vgl. *Schmid*, Strafverfahren, S. 183 ff.; *LaFave*, Substantive Criminal Law, Vol. 1, § 3.5 und § 3.7.

[4] In *Morissette v. United States*, 342 U.S. 246, 72 S.Ct. 240, 96 L.Ed. 288 (1952) nahm der Supreme Court an, dass nur bei diesen generell das gesellschaftliche Zusammenleben gefährdenden Delikten – nicht jeglichen Delikten des common law – eine strict liability verfassungsmäßig sei.

[5] Ausführlich zu Rechtfertigungs- und Schuldausschließungsgründen *LaFave*, Substantive Criminal Law, § 5; *Schmid*, Strafverfahren, S. 216 ff.; *Burnham*, Introduction, S. 547–554.

[6] Siehe *Reisner/Slobogin*, Law and the Mental Health System, 5. Auflage (2009); *Davoli*, Still Stuck in the Cuckoo's Nest: Why Do Courts Continue to Rely on Antiquated Mental Illness Research?, 69 Tenn. L. Rev. 987 (2002); *Nusbaum*, The Craziest Reform of Them All: A Critical Analysis of the Constitutional Implications of „Abolishing" the Insanity Defense, 87 Cornell L. Rev. 1509 (2002); *Nygaard*, On Responsibility: Or, the Insanity of Mental Defenses and Punishment, 41 Vill. L. Rev. 951 (1996).

[7] *LaFave*, Substantive Criminal Law, Vol. 1, § 4.5 (b); *Schmid*, Strafverfahren, S. 64.

[8] *Jones v. United States*, 463 U.S. 354, 368 f., 103 S.Ct. 3043 (1983). Teilweise ist jedoch vorgesehen, dass die Einweisungsdauer der Strafdauer entsprechen sollte, *Schmid*, Strafverfahren, S. 223.

der englischen Entscheidung *M'Naghten*⁹ und die des *Durham*-Falles.¹⁰ Nach der *M'Naghten*-Regel hat die jury darüber zu entscheiden, ob der Angeklagte zum Zeitpunkt der Handlung fähig war, sein tatbestandliches Handeln und dessen Rechtswidrigkeit zu erkennen (right or wrong-test). Dagegen verlangte die *Durham*-Regel eine jury-Entscheidung darüber, ob die Handlung des Angeklagten das Produkt einer Geisteskrankheit oder -störung war (product test). Diese weit gefaßte Regel hob ein Bundesberufungsgericht jedoch 1972 zugunsten der Formulierung des § 4.01 (1) MPC auf.¹¹ Fast alle U.S. Courts of Appeals und einige einzelstaatliche Strafgesetze übernahmen daraufhin in mehr oder weniger abgewandelter Form den MPC-Test, der einen Befund darüber verlangt, ob der Angeklagte als Folge einer Geisteskrankheit oder -störung im wesentlichen nicht die Fähigkeit besaß, die Kriminalität seines Handelns zu erkennen oder seine Handlungsweise den Erfordernissen des Gesetzes anzupassen (substantial capacity test).¹²

Da eine Laienjury solche Fragen regelmäßig nicht ohne fachkundige Hilfe beantworten kann, wird ein Sachverständiger von den Parteien oder dem Gericht¹³ bestellt. Der psychologische Sachverständige tritt als Zeuge (expert witness) auf und ist daher dem Kreuzverhör ausgesetzt. Aufgrund des bedenklichen Einflusses dieser sachverständigen Zeugen auf die jury und der allgemeinen Empörung über den Freispruch des Reagan-Attentäters verabschiedete der Kongreß 1984 den **Insanity Defense Reform Act**. Diese und andere die Federal Rules of Evidence ergänzenden Vorschriften verbieten es Sachverständigen, in ihrer Aussage eine endgültige Stellungnahmen zur rechtliche Würdigung der Zurechnungsfähigkeit des Angeklagten oder dessen Vorsatz zum Tatzeitpunkt vorzunehmen.¹⁴ Sie können aber uneingeschränkt zu Tatsachen aussagen, die Geisteszustand, psychiatrische Diagnose, charakteristische Symptome der Krankheit und für den Vorsatz relevante Umstände beschreiben. Die Anwendungsschwierigkeiten der insanity defense werden aufgrund der Beweislast des Angeklagten,¹⁵ des weitgehenden Parteiprozesses ohne Untersuchungsmaxime und

686

---

⁹ 10 Cark & F.200, 8 Engl. Rep. 718 (1843). Rund die Hälfte der Staaten wenden noch heute, teilweise ergänzt durch den Test der willentlichen Kontrolle, die *M'Naghten*-Regel an oder haben sie sogar in ihren Gesetzen festgeschrieben. Siehe auch. *Hawthorn*, „Deific Decree": The Short, Happy Life of a Pseudo-Doctrine, 33 Loy. L.A.L. Rev. 1755 (2000); *LaFave*, Substantive Criminal Law, Vol. 1, § 4.2, S. 438.
¹⁰ *Durham v. United States*, 94 U.S.App.D.C.228, 214 F.2 d 862 (D.C. Cir. 1954).
¹¹ *United States v. Brawner*, 153 U.S.App.D.C. 1, 471 F.2 d 969, 981 (D.C.Cir. 1972).
¹² Vgl. *LaFave*, Substantive Criminal Law, Vol.1, § 4.3(e), S. 465. Zu beachten ist jedoch, dass der Kongreß 1984 ein Gesetz erließ, das einen *M'Naghten*-ähnlichen Test für alle Verfahren vor Bundesgerichten festsetzte, vgl. 18 U.S.C.A. § 17 (a). Zu den einzelnen Tests siehe auch *Loewy*, Criminal Law, §§ 10.01–10. 05.
¹³ Ein mittelloser Angeklagter hat zwar einen verfassungsrechtlichen Anspruch auf Bestellung eines Psychiaters aus öffentlichen Mitteln, streitig ist aber, ob der Anspruch sich auch auf dessen Unabhängigkeit von staatlichen Institutionen bezieht. Um eine „battle of experts" zu verhindern, haben die meisten Staaten ohnehin keine Alternative zu einem court-appointed psychiatrist vorgesehen, *LaFave*, Substantive Criminal Law, § 4.5, S. 489 f.
¹⁴ Vgl. 28 U.S.C.A. Federal Rules of Evidence, Rule 704 (b) in der Fassung von Pub.L. No. 98–473, 98 Stat. 2057 (1984) (kodifiziert in verschiedenen Paragraphen des 18 U.S.C. (2005)); *Braswell*, Resurrection of the Ultimate Issue Rule: Federal Rule of Evidence 704 (b) and the Insanity Defense, 72 Cornell L. Rev. 620, 623 f. (1987).
¹⁵ Zumindest im Bundesverfahren hat der Angeklagte seit 1984 den klaren und überzeugenden Beweis (clear and convincing evidence) einer geistige Störung zu erbringen, die ihn zum Zeitpunkt der Tat daran hinderte, das Unrecht der Tat zu verstehen, vgl. 18 U.S.C. § 17 (b) (2005). Einige Einzelstaaten erfor-

des jury-Systems wohl auch zukünftig die U.S.-amerikanische Rechtswissenschaft und Praxis beschäftigen.[16]

687 Unter dem Begriff der **incomplete offenses** werden üblicherweise Versuch (attempt), Anstiftung (solicitation) und Verbrechensabrede (conspiracy) erfaßt. Sonstige Formen der Beteiligung wie Beihilfe und Mittäterschaft fallen unter Komplizenschaft (complicity).

3. Strafhaftung für das Verhalten anderer

688 Die Strafhaftung für das Verhalten anderer (**vicarious liability**) knüpft an der Beziehung zwischen Personen an. So haftete der Betreiber eines Geschäfts für Handlungen seiner Angestellten, ohne dass bei ihm eine eigene Handlung oder mens rea nachgewiesen wird. Grundsätzlich ist vicarious liability im Bezug auf alle Delikte denkbar.[17] Hauptsächlich gilt sie jedoch in gesetzlichen Bestimmungen für bußgeldbewehrte Delikte, die eine Strafhaftung für fremdes Verhalten ausdrücklich festlegen.[18] Bei Taten eines Angestellten haftet neben dem persönlich Verantwortlichen die Gesellschaft, wenn die Taten im Rahmen dessen Tätigkeit zum wirtschaftlichen Nutzen des Unternehmens verübt wurden.[19] Argumente, dass die leidtragenden Aktionäre weder Wissen noch Schuld treffe, wurden aus Gründen der Wirtschaftslenkung abgewiesen.[20] Nach dem MPC muß der Vorstand oder ein leitender Angestellter das Delikt „authorized, requested, commanded, performed or recklessly tolerated" haben. Obwohl der Supreme Court sich noch nicht direkt mit der Verfassungsmäßigkeit der vicarous liability befassen mußte, billigte er implizit in *United States v. Park*[21] neben

---

dem einen Beweis des Angeklagten „by a preponderance of evidence", während anderer der Staatsanwaltschaft die Beweislast „beyond a reasonable doubt" für sanity auferlegen, vgl. *LaFave*, Substantive Criminal Law, § 4.5 (e). Siehe auch *Cooper v. Oklahoma*, 517 U.S. 348, 116 S.Ct. 1373, 134 L.Ed.2 d 498 (1996) zur Verfassungsmäßigkeit der „clear and convincing evidence"-Regel in Oklahoma.

[16] Aufgrund der vielfältigen Schwierigkeiten der insanity defense wird teilweise eine Abschaffung des Instituts gefordert. Als Ersatz werden die Berücksichtigung einer geistigen Störung im Vorsatz oder eine spezielle Unterbringung des Verurteilten diskutiert, siehe *LaFave*, Substantive Criminal Law, Vol. 1, § 4.1, S. 432–436. Eine Fallstudie zur Geltendmachung der *insanity defense* in einem *capital murder* Fall: *Denno*, Who is Andrea Yates? A Story About Insanity, 10 Duke J. Gender L. & Pol'y 1 (2003). Siehe auch *Michalopoulos*, Filling in the Holes of the Insanity Defense: The Andrea Yates Case and the Need for a New Prong, 10 Va. J. Soc. Pol'y & L. 383 (2003).

[17] Im Gegensatz zum common law können heute im Rahmen von vicarious liability auch Gesellschaften eines Mordes für schuldig befunden werden; die Strafe muß statt Freiheitsstrafe freilich auf Geldbuße lauten, *Schubert*, Grillot's Introduction, S. 273; *LaFave*, Substantive Criminal Law, Vol.1, § 3.10, S. 362 f.

[18] *Loewy*, Criminal Law, § 7.03; *Schmid*, Strafverfahren, S. 188. Nur unter diesen Umständen ist auch nach dem MPC eine Haftung aus vicarious liability vorgesehen, vgl. MPC § 2.06 (1), (2)(b) und § 2. 05.

[19] *United States v. Hilton Hotels Corp.*, 467 F.2 d 1000, 1007 (1972); *State v. Beaudry*, 123 Wis.2 d 40, 365 N.W. 2 d 593 (1985).

[20] *Schmid*, Strafverfahren, S. 189 f. Zur anhaltenden lebhaften Debatte über die Haftung von corporations siehe *Brief/McSweeny*, Corporate Criminal Liability, 40 Am. Crim. L. Rev. 337 (2003); *Khanna*, Corporate Liability Standards: When Should Corporations be Held Criminally Liable?, 37 Am. Crim. L. Rev. 1239 (2000); *Laufer*, Corporate Liability, Risk Shifting, and the Paradox of Compliance, 52 Vand. L.Rev. 1342 (1999); *Laufer/Strudler*, Corporate Intentionality, Desert, and Variants of Vicarious Liability, 37 Am. Crim. L. Rev. 1285 (2002).

[21] *United States v. Park*, 421 U.S. 658, 670–673, 95 S.Ct. 1903 (1975).

der Haftung der Gesellschaft selbst eine persönliche Haftung des Vorstandsvorsitzenden einer Gesellschaft, der wegen seiner verantwortlichen Stellung im Unternehmen Einfluß auf das rechtswidrige bzw. kriminelle Verhalten seiner Angestellten hätte haben können. Eine Entlastung des corporate agent sei nur mit dem Gegenbeweis möglich, dass er tatsächlich machtlos war, die Tat der Angestellten zu verhindern oder zu korrigieren.

III. Einzelne Straftatbestände

Delikte gegen das Leben werden unter dem Begriff **homicide** zusammengefaßt. Ähnlich wie im deutschen Recht gibt es Kontroversen zur Bestimmung des Todeszeitpunkts und zur Einordnung der Tötung Ungeborener. In allen Staaten hat sich angesichts der medizinischen Fortschritte die Verlagerung des Todeszeitpunkts auf den Hirntod durchgesetzt, wobei die meisten Staaten der Formulierung des Uniform Determination of Death Act gefolgt sind.[22] Hinzuweisen ist in diesem Zusammenhang auch auf die Regelung des common law, wonach eine Strafbarkeit wegen Mordes ausgeschlossen ist, wenn der Tod ein Jahr und einen Tag nach der Zufügung der Verletzung eingetreten ist. Diese Regel wird zum Teil als prozeßrechtlich, zum Teil als materiellrechtlich eingestuft. Von einigen Bundesstaaten wurde sie übernommen. Überwiegend stößt sie jedoch aufgrund der medizinischen Fortschritte, die Kausalitätsprobleme hinfällig machen, auf Ablehnung.[23] Die Tötung Ungeborener stellt eines der brisantesten Themen im Bereich der Tötungsdelikte dar. Das common law verneinte die Strafbarkeit, wenn es sich bei dem Opfer um ein ungeborenes Kind handelte. Viele Bundesstaaten sind dem mit eigenen Regelungen entgegengetreten, die eine Erweiterung der Strafbarkeit auch für diesen Bereich vornehmen. Die Ausgestaltung variiert jedoch erheblich.[24]

Murder ist eine Tötung mit „malice aforethought", d. h. mit Tötungsvorsatz, dem Vorsatz einer Herbeiführung erheblicher körperlicher Verletzungen oder rücksichtslos unter bewußter Mißachtung eines Risikos für Leib oder Leben. Eine darüber hinausgehende, auf Bösartigkeit, Haß oder Neid beruhende Gesinnung ist nicht not-

---

[22] Uniform Determination of Death Act section 1: An individual who has sustained either (1) irreversible cessation of circulatory or respiratory functions, or (2) irreversible cessation of all functions, including the brain stem, is dead. A determination of death must be made in accordance with accepted medical standards. Siehe auch *Karakatsanis/Tsanakas*, A Critique of the Concept of „Brain Death", 18 Issues L. Med. 127 (2002).

[23] Der Supreme Court entschied, dass die due-process-Rechte eines Angeklagten nicht dadurch verletzt seien, dass ein Staat seine Entscheidung, die year-and-day rule abzuschaffen, rückwirkend anwendet. Siehe *Rogers v. Tennessee*, 532 U.S. 451, 121 S.Ct. 1693, 149 L.Ed.2 d 697 (2001). Das Gericht befand, dass Fortschritte in Medizin und Wissenschaft die Regel unbrauchbar haben werden lassen. Ebenda, S. 1701.

[24] Beispiele für derartige einzelstaatliche Gesetze: Ark. Code Ann. § 5-1-102(13)(b)(2004); Wisc. Stat. § 940.04 (2004). Der Kongreß erwog ein Bundesgesetz, welches das Ungeborene als selbständiges Verbrechensopfer anerkennen soll, um Angriffen auf Schwangere entgegenzuwirken. Ein solches Gesetz ist bisher nicht in Kraft getreten, aber die Debatte dauert an. Siehe Unborn Victims of Violence Act, H.R. 503, 107th Cong. (2001). Dazu auch *Holzapfel*, The Right to Live, The Right to Choose, and the Unborn Victims of Violence Act, 18 J. Contemp. Health L. & Pol'y 431 (2002); *Leventhal*, The Crimes against the Unborn Child Act: Recognizing Potential Human Life in Pennsylvania Criminal Law, 103 Dick. L. Rev. 173 (1998); *Shah*, Inconsistencies in the Legal Status of an Unborn Child: Recognition of Fetus as Potential Life, 29 Hofstra L. Rev. 931 (2001).

wendig. Mit der felony-murder-rule kommt man zur Strafbarkeit, wenn sich der zufällige und unbeabsichtigte Tod im Zusammenhang mit einem Verbrechen oder dem Versuch eines Verbrechens ereignet, selbst wenn die erforderliche Willensrichtung für murder fehlt.[25] Diese Strafandrohung soll präventiv wirken oder Straftäter zumindest zur Vorsicht bewegen. Ursprünglich war die Art der Handlung oder die Gefährlichkeit des Verbrechens unerheblich, weil das common law nur eine sehr begrenzte Zahl von Verbrechen kannte und alle mit dem Tode bestrafte. Ein weiterer Straftatbestand hatte demnach keine Auswirkungen. Im Laufe der Zeit dehnte man die Verbrechenstatbestände jedoch aus und versah sie mit verschiedenen Strafen. Das führte in England zu Modifikationen und später auch zur Abschaffung. In den USA wurde die Rechtsfigur erst sehr spät aufgegriffen und anfangs ohne jede Einschränkung angewandt. In den meisten Staaten ist sie heute noch anerkannt, wird jedoch in vielfältiger Weise begrenzt.[26]

691 Ursprünglich wurde murder immer mit dem Tod bestraft. Aufgrund der Vielzahl der Fallgestaltungen erschien eine Differenzierung jedoch notwendig. Es entwickelten sich verschiedene Mordgrade. Sie gehen zurück auf das Pennsylvania Statute von 1794, das first und second degree murder unterschied. First degree murder waren Tötungen, die durch Vergiftung, hinterhältig oder im Zusammenhang mit bestimmten Verbrechen begangen wurden. Sie wurden mit dem Tode bestraft. Die Einteilung in verschiedene Grade hat sich bis heute in der Mehrzahl der Staaten erhalten.[27]

692 **Manslaughter** ist eine Tötung ohne „malice aforethought". Typischerweise unterscheidet man zwischen vorsätzlicher (voluntary) und nicht vorsätzlicher (involuntary) Tötung. Voluntary manslaughter umfaßt nach dem klassischen Verständnis Tötungen in einem Anfall von Leidenschaft und Zorn, die provoziert worden sind. Die plötzliche Ausfallerscheinung kann durch eine verbale oder körperliche Auseinandersetzung hervorgerufen worden sein. Bei involuntary manslaughter lassen sich zwei Arten unterscheiden, die fahrlässige Tötung (homicide by criminal negligence)[28] und die Strafbarkeit nach der misdemeanor-manslaughter rule. Letztere ähnelt der felony-murder rule und stellt darauf ab, ob die Tötung im Zusammenhang mit einem Akt steht, der zwar nicht als Verbrechen aber gleichwohl als malum in se, d. h. als unrechtmäßig, einzustufen ist.[29]

---

[25] Siehe dazu *Binder*, Felony Murder and Mens Rea Default Rules: A Study in Statutory Interpretation, 4 Buff. Crim. L.R. 399 (2000); *Cole*, Expanding Felony-Murder in Ohio: Felony-Murder or Murder-Felony?, 63 Ohio St. L. J. 15 (2002); *Gerber*, The Felony Murder Rule: Conundrum Without Principle, 31 Ariz. St. L.J. 763 (1999); *Hilliard*, Felony Murder in Illinois the „Agency Theory" vs. the „Proximate Cause" Theory: The Debate Continues, 25 S. Ill. U. L. J. 331 (2001).

[26] Die felony-murder-rule wird beschränkt auf eine bestimmte Art von Verbrechen, durch die Verschärfung von Kausalitätserfordernissen, die Verkürzung des Zeitraums zwischen Verbrechen und Tod oder das Erfordernis einer gewissen Unabhängigkeit des Todes vom beabsichtigten Verbrechen, d. h. das Verbrechen darf sich nicht als integraler Bestandteil der Tötung darstellen. Der MPC nimmt von dieser Rechtsfigur Abstand und bedient sich statt dessen einer Vermutung für das Vorliegen der subjektiven Erfordernisse bei der Begehung bestimmter Delikte, § 210.2(1)(b).

[27] *Burnham*, Introduction, S. 543. Der MPC kennt jedoch keine solche Unterscheidung, § 210.2.

[28] Zum Teil wird dieser Straftatbestand als eigenständig neben manslaughter qualifiziert. Auch der MPC § 210.4 sieht den Straftatbestand des negligent homicide neben murder und manslaughter vor.

[29] Diese Figur ist ebenfalls Einschränkungen und Bedenken ausgesetzt. Siehe dazu *Harring*, The Misdemeanor-Manslaughter Rule: Dangerously Alive in Michigan, 42 Wayne L. Rev. 2149 (1996).

Selbstmord (**suicide**) wurde ursprünglich als Verbrechen eingestuft und mit entehrender Bestattung und Beschlagnahme des Vermögens bestraft. Auch der Versuch und die Beteiligung an einem Selbstmord wurden strafrechtlich geahndet. Derartige Repressalien sind dem modernen Verständnis fremd. Dennoch bleibt die strafrechtliche Qualifikation weiterhin problematisch.   693

Die Diskussionen in diesem Zusammenhang drehen sich vor allem um die Einordnung der **Sterbehilfe**.[30] Die aktive Mitwirkung des Arztes (physician-assisted suicide), beispielsweise durch die Verschreibung eines in dieser Dosis tödlich wirkenden Medikaments, ist in vielen Entscheidungen als illegal erklärt worden,[31] obwohl sich private Initiativen vehement dafür einsetzen.[32]   694

Im engen Zusammenhang damit steht auch die Möglichkeit, lebenserhaltende Maßnahmen auf Wunsch des Patienten abzubrechen. Ist der Patient zur Ausübung seines Selbstbestimmungsrechts nicht mehr fähig, stellt sich die Frage, inwieweit die Entscheidung eines Dritten aus dem näheren Umfeld des Betroffenen an dessen Stelle treten kann. Für die Feststellung des mutmaßlichen Willens gibt es verschiedene Ansätze. Zum Teil kann sich der Dritte auch auf generelle Aussagen oder auch die persönlichen Wertvorstellungen des Patienten beziehen. Diskutiert wird ebenfalls eine Abwägung zwischen der Beendigung oder Fortsetzung lebenserhaltender Maßnahmen unter Berücksichtigung der Prognosen, der Verfassung des Patienten und der mit der Behandlung verbundenen Risiken, Nebenwirkungen und Schmerzen einer solchen Behandlung. Damit wird der Dritte zum Richter über Leben und Tod, weshalb sich dieser Ansatz so nicht durchgesetzt hat. Einige Entscheidungen sprechen   695

---

[30] *Gorsuch*, The Right to Assisted Suicide and Euthanasia, 23 Harv. J.L. & Pub. Pol'y 599 (2000); *Green*, Physician-Assisted Suicide and Euthanasia: Safeguarding against the „Slippery Slope" – The Netherlands versus the United States, 13 Ind. Int'l & Comp. L. Rev. 639 (2003); *McStay*, Terminal Sedation: Palliative Care for Intractable Pain, Post Glucksberg and Quill, 29 Am. J.L. and Med. 45 (2003). Zum Ganzen auch *Schmaltz*, Sterbehilfe, Rechtsvergleich Deutschland – USA, 2001.

[31] Siehe dazu *Quill v. Vacco*, 80 F.3 d 716 (2nd Cir. 1996), cert. granted 518 U.S. 1055, 117 S.Ct. 36, 135 L.Ed.2 d 1127 (1996); *Compassion in Dying v. Washington*, 79 F.3 d 790 (9th Cir. 1996), cert. granted *Washington v. Glucksberg*, 518 U.S. 1057, 117 S.Ct. 37, 135 L.Ed.2 d 1128 (1996). Oregon ist der einzige Staat, der eine derartige aktive Beteiligung des Arztes erlaubt. Nach dem Oregon „Death with Dignity Act" können unheilbar kranke Patienten (nach Diagnose von zwei Ärzten) mit einer Lebenserwartung von unter 6 Monaten ihren Arzt um eine tödlich wirkende Dosis Medizin bitten. Dies muß wenigstens 3 mal, einmal davon schriftlich, geschehen. ORS §§ 127.800 ff. (2001). Das Bundesjustizministerium hat mit einer Direktive im Jahre 2001 versucht, die Vorschrift als gegen den bundesrechtlichen „Controlled Substances Act" verstoßend zu blockieren. Ein Bundesgericht in Oregon hat diesen Versuch gestoppt. Es verbietet der Bundesregierung, die Direktive durchzusetzen, anzuwenden oder ihr sonst in irgendeiner Weise rechtliche Wirkung zu verleihen. Siehe *Oregon v. Ashcroft*, 192 F. Supp. 2 d 1077, 1080 (D. Or. 2002). Das Berufungsgericht (9th Circuit) hat die Entscheidung aufrechterhalten, der Supreme Court hat die Sache zur Entscheidung angenommen. *Oregon v. Ashcroft*, 368 F.3 d 1118 (2004), cert. granted *Gonzales v. Oregon*, 2005 U.S. LEXIS 1453, 125 S. Ct. 1299, 161 L.Ed.2 d 104 (2005). Ausgehend von der Entstehungsgeschichte des Controlled Substances Act befand das Gericht, dass der Gesetzgeber die Bundesregierung nicht ermächtigen wollte, legitime medizinische Praktiken als Bestandteil der federal policy zu definieren. Dies sei vielmehr den Einzelstaaten vorbehalten. Ebenda, S. 1084. Dazu auch *Gast*, Who Defines „Legitimate Medical Practice?" Lessons Learned from the Controlled Substances Act, Physician-Assisted Suicide, & Oregon v. Ashcroft, 10 Va. J. Soc. Pol'y & L. 261 (2002).

[32] Siehe dazu die gemeinnützige Organisation „Partnership for Caring" unter http://www.caringinfo.org/ mit einer Auswahl wichtiger Entscheidungen und neuer Gesetze in den Einzelstaaten zum Thema Sterbehilfe.

sich ganz gegen die Einschaltung eines Dritten aus. Der Patient muß ausdrücklich seine Ablehnung gegen derartige Maßnahmen erklärt haben. Generelle Aussagen oder spontane Reaktionen auf das Schicksal anderer sind aber nicht ausreichend. Das führt zu Unsicherheiten und Problemen bei der Durchsetzung von Patientenwünschen. Die meisten Staaten sehen daher die Möglichkeit eines living will vor, in denen der Patient festlegen kann, ob er lebenserhaltende Maßnahmen wünscht. Dem gleichgestellt ist die Übertragung der Entscheidungsgewalt auf einen Dritten, der seine Interessen im Ernstfall wahrt.[33]

696 Nach dem common law war Vergewaltigung (**rape**) durch Gewalt oder Drohung mit unmittelbar bevorstehender Gewalt (threat of immediate force) herbeigeführter unrechtmäßiger Geschlechtsverkehr eines Mannes mit einer Frau gegen deren Willen.[34] Als Nötigungsmittel setzt der Tatbestand eine derartige Intensität der Androhung von Gewalt (force) voraus, dass ernsthafte körperliche Schäden (serious bodily harm) befürchtet werden müssen.[35] Während früher vom Opfer massiver Widerstand im Rahmen des physisch Möglichen und Zumutbaren gefordert wurde (utmost resistance-test), reicht heute ein angemessener Widerstand.[36] Eine verfahrensrechtlich schwierige Frage ist die Festlegung, mit welchen Mitteln der Angeklagte einen freizügigen Lebenswandel des Opfers zur Bekräftigung seiner Behauptung der Einwilligung zum Geschlechtsverkehr beweisen darf (rape shield-Gesetze). Die Gesetze können eine solche Beweisführung vollständig verbieten oder Beweise über die gemeinsame sexuelle Vergangenheit des Täters mit dem Opfer von dem Beweisverfahren ausschließen, wenn sie nicht innerhalb einer bestimmten Frist geltend gemacht werden.[37] In vielen Staaten existieren heute geschlechtsneutrale Vorschriften oder werden Tatbestände zumindest so ausgelegt. Damit einher ging die Änderung des inkriminierenden Verhaltens. Der Vergewaltigungstatbestand ist zu diesem

---

[33] Siehe zum ganzen *Dresser*, Precommitment: A Misguided Strategy for Securing Death with Dignity, 81 Tex. L. Rev. 1823 (2003); *Kingsbury*, A Line Already Drawn: The Case for Voluntary Euthanasia After the Withdrawal of Life-Sustaining Hydration and Nutrition, 38 Colum. J.L. & Soc. Probs. 201 (2004); *Webster*, Enforcement Problems Arising from Conflicting Views of Living Wills in the Legal, Medical, and Patient Communities, 62 U. Pitt. L. Rev. 793 (2001). Zur Frage, inwieweit das Selbstbestimmungsrecht einer schwangeren Patienten gegenüber dem Schutz des ungeborenen Lebens überwiegt, *Cherry*, The Free Exercise Rights of Pregnant Women Who Refuse Medical Treatment, 69 Tenn. L. Rev. 563 (2002); *Morris*, The Corneau Case, Furthering Trends of Fetal Rights and Religious Freedom, 28 N.E.J. on Crim. & Civ. Con. 89 (2003). Siehe zu den Problemen bei der Durchsetzung der Selbstbestimmungsrechte *McStay*, Terminal Sedation: Palliative Care for Intractable Pain, Post *Glucksberg* and *Quill*, 29 Am. J. L. & Med. 45 (2003); *Randall Robb*, Living Wills: The Right to Refuse Life Sustaining Medical Tretment – A Right without a Remedy?, 23 Dayton L. Rev. 169 (1997). Rechtsvergleichend *Gorsuch*, The Legalization of Assisted Suicide and the Law of Unintended Consequences: A Review of the Dutch and Oregon Experiments and Leading Utilitarian Arguments for Legal Change, 2004 Wis. L. Rev. 1347 (2004).
[34] Vgl. *Loewy*, Criminal Law, § 4.05; *Schmid*, Strafverfahren, S. 237.
[35] *Schmid*, Strafverfahren, S. 237; MPC § 213.1. (1) (a).
[36] *Burnham*, Introduction, S. 546; *Schmid*, Strafverfahren, S. 237. Die Frau muß im Falle einer überwältigenden Gewalt mit ihrem Widerstand nicht mehr den Tod oder ernsthafte Körperschäden riskieren, *Loewy*, Criminal Law, § 4. 05. Für eine Wiedereinführung der Widerstandspflicht aus Opferschutzgründen plädiert *Anderson*, Riviving Resistance in Rape Law, 1998 U. Ill. L. Rev. 953 (1998).
[37] Letztere Präklusionsregelung verstößt nicht per se gegen Amendment VI, vgl. *Michigan v. Lucas*, 500 U.S. 145, 111 S.Ct. 1743, 114 L.Ed.2 d 205 (1991). Siehe auch *Anderson*, From Chastity Requirement to Sexual License: Sexual Consent and a New Rape Shield Law, 70 Geo. Wash. L. Rev. 51 (2002).

Zweck in einigen einzelstaatliche Gesetzen durch das Delikt des criminal sexual conduct ersetzt oder ergänzt worden, welches jedes Eindringen in die Intimsphäre unter Strafe stellt.³⁸ Demgegenüber hat die öffentliche Diskussion über die nach common law nicht anerkannte Vergewaltigung in der Ehe (marital rape exception) nur in etwa der Hälfte der Staaten zur Abschaffung geführt.³⁹

Alle Staaten haben seit 1996 eine nach „**Megan's Law**"⁴⁰ in ihr Ermessen gestellte Meldepflicht bei der Polizei für Sexualstraftäter gesetzlich eingeführt. Tausende Namen von (ehemaligen) Sexualstraftätern sind seither von Polizeistationen aus abrufbar, soweit der Auskunft Begehrende ein „vernünftiges" Interesse dafür hat. Die abrufbaren Daten umfassen die Postleitzahl des Wohnortes des entlassenen Täters, eine Einstufung der Gefährlichkeit und in der Hälfte der Fälle auch ein Foto. Neben der auf der Hand liegenden Kritik aufgrund von Datenschutzbedenken, der Unmöglichkeit einer Wiedereingliederung in die Gesellschaft und der Gefahr von Lynchjustiz an (vermeintlich) erkannten Tätern ist besonders bedenklich, dass auch ehemalige Straftäter von der Datenbanken erfaßt werden, deren Sexualstraftat heute nicht mehr strafbar ist, wie z. B. Homosexualität.⁴¹ Trotz dieser Bedenken zeigt sich der Supreme Court zurückhaltend mit der Aufhebung von staatlichen Registrierungsgesetzen, die als verfassungswidrig gerügt werden.⁴² Weitere Maßnahmen einiger Staaten zum Schutz der Öffentlichkeit vor Sexualstraftätern sind die (lebenslange) Sicherungsverwahrung (civil commitment) von geistesgestörten Sexualstraftätern, die selbst bei einer erst nach dem Einweisungsbeschluß festgestellten Geisteskrankheit nach Ansicht des Supreme Court verfassungsgemäß ist.⁴³ Den selben Zweck verfolgen Gesetze, die

697

---

³⁸ *Schmid*, Strafverfahren, S. 238. Auch der MPC schuf neue Straftatbestände für gewaltsamen sexuellen Kontakt, die weniger hart bestraft werden, ohne diese unter den Tatbestand rape zu fassen, vgl. MPC § 213.4.

³⁹ Viele Staaten haben diese Ausnahme ganz abgeschafft, andere zumindest für getrennt lebende Ehepaare. Auch der New York Court of Appeals hielt diese Ausnahme für mit dem Gleichheitsgrundsatz der Verfassung unvereinbar, vgl. *People v. Liberta*, 64 N.Y.2 d 152, 474 N.E.2 d 567 (N.Y.1984). Dennoch existieren immer noch Unterschiede in der Behandlung von Vergewaltigungsfällen in- und außerhalb der Ehe. Etwa bei der Höhe der Strafandrohung, dem Maß der Gewalt, welche das Opfer nachzuweisen hat, oder des Zeitraumes, in dem die Anzeige erfolgen muß. Ausführlich dazu *Anderson*, Marital Immunity, Intimate Relationships, and Improper Inferences: A New Law on Sexual Offenses by Intimates, 54 Hastings L.J. 1465 (2003).

⁴⁰ Pub. L. 104–145; 110 Stat. 1345 (1996) (kodifiziert in 42 U.S.C. §§ 14 071 ff. (2005)). Siehe auch *State v. Bani*, 36 P.3 d 1255 (Haw. 2001): Hawaii's Version von „Megan's Law" verletzt das due process-Gebot der einzelstaatlichen Verfassung. Zur Diskussion der Problematik *Wilkins*, Sex Offender Registration and Community Notification Laws: Will these Laws Survive?, 37 U. Rich. L. Rev. 12, 45 (2003); *Hopbell*, Balancing the Protection of Children Against the Protection of Constitutional Rights: The Past, Present and Future of Megan's Law, 42 Duq. L. Rev. 331 (2004).

⁴¹ *Hirte*, Die Rechtsentwicklung im Strafrecht in den Vereinigten Staaten in den Jahren 1995 bis 1997, DAJV-Newsletter 1998, 19, 21; *Feltes*, Alltagskriminalität, Verbrechensfurcht und Polizei, Kriminalistik 1997, 1989, 546.

⁴² In *Connecticut Public Safety v. Doe*, 538 U.S.1, 123 S.Ct. 1160, 155 L.Ed.2 d 98 (2003) entschied das Gericht, dass ein Gesetz, welches Registrierung vorschreibt ohne zu bestimmen, ob die registrierte Person eine aktuelle Gefahr darstellt, nicht due process verletzt. In *Public Safety v. Doe*, 338 U.S. 84, 123 S.Ct 1140, 155 L.Ed.2 d 164 (2003) entschied das Gericht, dass Alaskas rückwirkendes Registrierungserfordernis nicht gegen die Ex Post Facto-Klausel verstößt, da es einen Regulierungs- und keinen Strafzweck verfolge.

⁴³ Das so lautende Gesetz von Kansas verstoße weder gegen ein rechtsstaatliches Verfahren, noch gegen das Verbot der Doppelbestrafung oder Rückwirkung, vgl. die Mehrheitsentscheidung von 5:4 Stimmen in *Hendricks v. Kansas*, 521 U.S. 346, 117 S.Ct. 2072, 138 L.Ed.2 d 501 (1997). In einer Folge-

eine zwangsweise medikamentöse Kastration von bereits zweimal wegen Mißbrauchs von Kindern unter 13 Jahren verurteilten Tätern oder diese Maßnahme als freiwillige Bewährungsauflage vorsehen.[44]

698 Seit Anfang der 90er Jahre wurden spezielle Straftatbestände geschaffen, die der Begehung von Haßdelikten (hate crime) entgegenwirken sollten.[45] Sie erfassen Äußerungen und Handlungen, die auf Vorurteilen gegenüber Rasse, Religion, Staatszugehörigkeit oder sexueller Orientierung beruhen. Damit stehen sie im Spannungsverhältnis zur Redefreiheit des ersten Zusatzartikels der Bundesverfassung.[46] Insbesondere das Verbot von verbalen oder durch Verhalten vermittelten Ausdrücken, die geeignet sind, ein rechtswidriges Verhalten mit großer Wahrscheinlichkeit zu provozieren (fighting words) und die Strafverschärfungsvorschriften für das Tatmotiv des Hasses (penalty enhancement statutes) geben Anlaß zu einer kontroversen Diskussion des politisch bezweckten Ziels und der faktisch erreichten schädlichen Wirkung.

699 Unter Vermögensdelikten sei zuerst **burglary** angesprochen. Das common law definiert es als das Aufbrechen und Betreten einer menschlichen Behausung bei Nacht mit der Absicht, darin ein Verbrechen zu begehen.[47] Schutzgut ist die Wohnung. In der Regel ist der Einbruch auf die Erlangung von Vermögensgegenständen gerichtet, weshalb er in diesem Zusammenhang behandelt werden soll. Das Aufbrechen ist verwirklicht, wenn das Gebäude unberechtigt geöffnet wird. Handlungen des Hausherren werden dem Täter über die Figur des constructive breaking zugerechnet, wenn er durch Täuschung, Drohung oder Zwang dazu veranlaßt worden ist. Mo-

---

entscheidung führte das Gericht dazu weiter aus, dass Sicherungsverwahrung nur dann verfassungsrechtlich zulässig ist, wenn bewiesen werden kann, dass der Sexualstraftäter, unter Berücksichtigung aller Umstände, ernste Schwierigkeiten hat, sein Verhalten zu steuern. Siehe *Kansas v. Crane*, 534 U. S. 407, 122 S.Ct. 867, 151 L.Ed.2 d 856 (2002).

[44] Hirte, a. a. O., S. 21. Beispiele bieten Cal. Pen. Code § 645 (2003); Fla. Stat. § 794.0235 (2003); Mont. Code Anno. § 45-5-512 (2003). Generell *Winslade u. a.*, Castrating Paedophiles Convicted of Sex Offenses Agains Children: New Treatment or Old Punishment?, 51 S.M.U. L. Rev. 349 (1998); *Wong*, Chemical Castration: Oregon's Innovative Approach to Sex Offender Rehabilitation, or Unconstitutional Punishment?, 80 Or. L. Rev. 267 (2001).

[45] Ausführlich zu der Entstehung und der Problematik von Haß-Straftatbeständen, *Silverman*, Hassdelikte in den USA: Abwehrmöglichkeiten im Spannungsfeld von Minderheitenschutz und Redefreiheit, ZStW 107 (1995), 649. Siehe auch *Haggerty*, Hate Crimes: A View from Laramie, Wyoming's First Bias Crime Law, the Fight Against Discriminatory Crime, and a New Cooperative Federalism, 45 How. L.J. 1 (2001); *Nearpass*, The Overlooked Constitutional Objection and Practical Concerns to Penalty-Enhancement Provisions of Hate Crime Legislation, 66 Alb. L. Rev. 547 (2003).

[46] Siehe dazu die Entscheidungen des Supreme Court in *R.A.V. v. St. Paul* 505 U.S. 377, 112 S.Ct. 2538, 120 L.Ed.2 d 305 (1992) und *Wisconsin v. Mitchell*, 508 U.S. 476, 113 S.Ct. 2194, 124 L. Ed.2 d 436 (1993).In *Virginia v. Black*, 538 U.S. 343, 123 S.Ct. 1536, 155 L. Ed. 2 d. 535 (2003) entschied der Supreme Court, dass ein Staat das Verbrennen von Kreuzen (cross-burning) mit Einschüchterungsabsicht (intent to intimidate) mit Strafe bedrohen kann. Ein Gesetz jedoch, wonach die Kreuzverbrennung selbst Anscheinsbeweis einer solchen Absicht ist, sei ein verfassungswidriger Eingriff in die Redefreiheit. Zum Hintergrund: Cross-Burning symbolisiert Überlegenheitsdenken der Weißen und wird praktiziert, um Rassen-, Religions- und politische Minderheiten zu terrorisieren. Es entstand in den 1920er Jahren, als es zur Einschüchterung von Bürgerrechtlern diente und oft dem Lynchen von Afro-Amerikanern voranging.Zu Haßreden, die über das Internet verbreitet werden, siehe *Breckheimer*, A Haven for Hate: The Foreign and Domestic Implications of Protecting Internet Hate Speech Under the First Amendment, 75 Cal. L. Rev. 1493 (2002).

[47] *Burnham,* Introduction, S. 544.

dernere Formulierungen nehmen von diesem Erfordernis Abstand und verlangen nur ein unrechtmäßiges Betreten. Die Bundesstaaten haben den Anwendungsbereich per statute teilweise erweitert auf Geschäftsgebäude. Der Einbruch muß zu nächtlicher Stunde erfolgen. Auch deren Bestimmung kann durchaus mit Problemen verbunden sein, wie Klärungsversuche in den einzelnen Staaten verdeutlichen. Einige Regelungen erstrecken die Strafbarkeit auch auf Handlungen, die bei Tage verübt wurden, jedoch mit geringerer Strafandrohung. Nach dem common law war die Absicht notwendig, ein Verbrechen zu begehen. Heute reicht die Absicht, einen Straftatbestand verwirklichen zu wollen.[48]

Theft umfaßt drei Formen des dauerhaften Entzugs von Vermögensgegenständen. **Larceny** meint das unbefugte Ansichnehmen und Wegbringen fremden Vermögens in Diebstahlsabsicht. Das umfaßt auch verlorene[49] oder verlegte Sachen. An das Wegbringen werden geringe Anforderungen gestellt. Der Vorsatz muß sich auf einen dauerhaften Entzug richten. Für den Bereich der Gebrauchsanmaßung von Fahrzeugen finden sich teilweise Sonderregelungen in den statutes. **Embezzlement** beinhaltet den betrügerischen Eigengebrauch fremden Vermögens, das jemandem anvertraut worden ist. Der Tatbestand wird durch jede Handlung verwirklicht, die den Interessen des Eigentümers bzw. der Vereinbarung zuwiderläuft. Die betrügerische Gesinnung ist das Pendant zur Diebstahlsabsicht. **False pretenses** erfaßt das Erlangen fremden Eigentums durch falsche Behauptungen in betrügerischer Absicht. Die Aussagen müssen unwahre Tatsachen zum Inhalt haben. Nicht erfaßt werden bloße Meinungsäußerungen oder Prognosen.

IV. Todesstrafe

Der 8. Zusatzartikel der Bundesverfassung verbietet grausame und ungewöhnliche Strafen (cruel and unusual punishment). Obwohl diese Bestimmung bereits seit 1791 besteht, sind Strafen wie Auspeitschen, Freiheitsstrafe in Ketten und der Pranger teilweise bis weit in das 20. Jahrhundert noch gesetzlich möglich gewesen. Die Verfassungsmäßigkeit der Todesstrafe wurde zwischen 1968 und 1976 in Frage gezogen. Der Supreme Court ließ sie 1976 ausdrücklich zu, soweit sie die moralischen Ansichten der Bevölkerung des betreffenden Staates widerspiegele, eine sozial notwendige Strafe darstelle[50] und „human" vollzogen werde. Die üblichen Vollzugspraktiken (Hängen, Erschießen, elektrischer Stuhl, Giftgas und -spritze) wurden soweit

---

[48] Siehe auch MPC § 221.1(1): „… purpose to commit a crime …".
[49] Bei verlorenen Sachen bedient man sich der Überlegung, dass jede Sache, die jemandem gehört, sich auch im Besitz von jemandem befinden muß. Der Eigentümer hat damit constructive possession. Die sich daran anschließende Frage lautet, ob die Besitznahme durch den Täter rechtmäßig erfolgte oder unbefugt ist. Letzteres ist der Fall, wenn noch eine Verbindung zum Eigentümer besteht, dieser ermittelt werden kann.
[50] *Gregg v. Georgia*, 428 U.S. 153, 187, 96 S.Ct. 2909, 49 L.Ed.2 d 859 (1976). Vertiefend zur Problematik der Todesstrafe: *Culver/Boyens*, Political Cycles of Life and Death: Capital Punishment as Public Policy in California, 65 Alb. L. Rev. 991 (2002); *Denno*, When Legislatures Delegate Death: The Troubling Paradox Behind State Uses of Electrocution and Lethal Injection and What it Says About US, 63 Ohio St. L. J. 63 (2002); *O'Connor*, What Would Darwin Say: The Mis-Evolution of the Eighth Amendment, 78 Notre Dame L. Rev. 1389 (2003); aus europäischer Perspektive siehe *Giegerich*, Richtermacht und Todesstrafe in den USA, EuGRZ 1995, 1. Siehe auch oben Rn. 72.

alle als nicht grausam eingestuft.[51] Die Strafen müssen jedoch in einem angemessenen Verhältnis zum jeweiligen Delikt stehen. Daraus entwickelte sich der Grundsatz, dass die Todesstrafe nur noch für vorsätzliche Tötungsdelikte angewandt werden darf. Seit Ende der 80er Jahre ist die Androhung der Todesstrafe auf Delikte mit Todesfolge, wie Entführung, Geiselnahme oder Vergewaltigung mit Todesfolge ausgeweitet worden.[52]

702 Die Diskussion, um die Verfassungsmäßigkeit der Todesstrafe ist eher stiller geworden. Die Bundesstaaten Illinois und Kansas bilden Ausnahmen: Illinois hat sie im Jahre 2011 abgeschafft.[53] Der Supreme Court von Kansas hat die Todesstrafe, in ihrer derzeitigen gesetzlichen Form, für nicht mit der einzelstaatlichen Verfassung vereinbar erklärt.[54] Soweit die Grundsätze eines **due process** eingehalten sind, können Todesurteile von der Geschworenenbank,[55] dem Gericht allein oder nach Empfehlung der jury, die für das letztlich entscheidende Gericht jedoch nicht bindend ist, gefällt werden. Due process erfordert, dass alle individuellen, be- und entlastenden Umstände betrachtet werden, welche die Parteien vorbringen.[56] Bei der Überprüfung des Todes-

---

[51] *Schmid*, Strafverfahren, S. 160. Die im Rahmen der Hinrichtung von *Karl LaGrand* im Februar 1999 vom Court of Appeals des 9th Circuit für verfassungswidrig befundene Tötung durch Giftgas, hielt der Supreme Court nicht für grausam und ungewöhnlich, soweit der Verurteilte diese Hinrichtungsmethode selbst gewählt habe, vgl. *Stewart v. LaGrand*, 526 U.S. 115, 119 S.Ct. 1018, 143 L.Ed.2 d 196 (1999). Der Georgia Supreme Court hielt 2001 die Hinrichtung auf dem elektrischen Stuhl für verfassungswidrig: *Dawson v. State*, 554 S.E.2 d 137 (Ga. 2001). Als der Gesetzgeber daraufhin das Gesetz zugunsten der Hinrichtung durch die Giftspritze änderte, O.C.G.A. § 17-10-38 (2004), lehnte das Gericht eine weitere Aufschiebung der Exekution des Verurteilten ab. Er wurde daraufhin hingerichtet, 19 Jahre nach der Tat. Entgegen international anerkannten Menschenrechtsstandards ist eine derartig lange Zeitspanne zwischen Verurteilung und Vollstreckung in den USA verfassungsrechtlich nicht bedenklich. Siehe dazu *Bishop*, The Death Penalty in the United States: An International Human Rights Perspective, 43 S. Tex. L. Rev. 1115 (2002); *Wilson*, International Law Issues in Death Penalty Defense, 31 Hofstra L. Rev. 1195 (2003). Siehe auch unten Rn. 737 Fn. 234 a.E. (*García*).
[52] Vgl. *Giegerich*, Richtermacht und Todesstrafe in den USA, EuGRZ 1995, 1, Fn. 8. Dabei reicht jedoch eine Teilnahme an einem Raub, bei dem es zu einer vom Vorsatz des Beihilfeleistenden nicht umfaßten Tötung kam, nicht aus, um die Todesstrafe zu rechtfertigen, vgl. *Enmund v. Florida*, 458 U. S. 782, 102 S.Ct. 3368, 73 L.Ed.2 d 1140 (1982). Ein Trend geht dahin, die Todesstrafe auch bei Vergewaltigungen von Kindern zuzulassen. Siehe etwa La. R.S. 14:42 (2003) (anwendbar auf Vergewaltigung von Kindern unter 12 Jahren); O.C.G.A. § 16-6-1 (2003) (anwendbar bei Vergewaltigung von Kindern unter 10 Jahren).
[53] Vor der Abschaffung im Mai 2011 hatte Illinois die Vollstreckung der Todesstrafe zunächst auf Zeit ausgesetzt, um die bestürzende Anzahl nachgewiesener Justizirrtümer aufzuklären. Zur Debatte um eine Reform der Todesstrafe und einem Überblick über Vorschläge für ein Moratorium siehe *Kirchmeier*, Another Place Beyond Here: The Death Penalty Moratorium Movement in the United States, 73 U. Colo. L. Rev. 1 (2002).
[54] *Kansas v. Marsh*, 102 P.3 d 445 (2004).
[55] In vielen Staaten ist das der einzige Fall, bei dem die Geschworenen das Strafmaß bestimmen. Dies mag in einem separaten Verfahrensteil nach dem Erlaß des verdict geschehen. Ein Angeklagter hat das verfassungsmäßige Recht, alle tatsächlichen Umstände, die eine Verurteilung zum Tode rechtfertigen, etwa die Feststellung von „aggravating circumstances", von der jury festgestellt zu haben. Der verurteilende Richter ist dazu nicht befugt. *Ring v. Arizona*, 536 U.S. 584, 122 S.Ct. 2428, 153 L.Ed.2 d 556 (2002). Die Rolle der Jury bei der Verurteilung ist ausführlich diskutiert bei *Hoffman*, The Case for Jury Sentencing, 52 Duke L.J. 951 (2003).
[56] Die einzelstaatlichen Prozeßordnungen müssen im Gegensatz zur Schuldphase in diesem Verfahrensabschnitt alle schuldmindernden Umstände – auch non statutory mitigating evidence – zulassen, vgl. *Lockett v. Ohio*, 438 U.S. 586, 597–609; 98 S.Ct. 2954, 57 L.Ed.2 d 973 (1978); *Eddings v. Oklahoma*, 455 U.S. 104, 110–116, 102 S.Ct. 869, 71 L.Ed.2 d 1 (1982) und dürfen für die Einbeziehung

urteils in einem Berufungsverfahren hat der Appeals Court selbst sämtliche Umstände erneut abzuwägen.[57] In den 90er Jahren konnte sich dabei durchsetzen, das Schicksal des Opfers und seiner Familie (victim impact statement) belastend heranzuziehen, obwohl es mit der Schwere der Tat und dem Charakter des Täters nicht in Zusammenhang steht.[58] Mitte 2011 war die Todesstrafe im Bundesrecht und im Recht von 34 Bundesstaaten vorgesehen. Sechzehn Bundesstaaten, der District of Columbia, Guam, Puerto Rico, und die Virgin Islands wenden die Todesstrafe nicht an. In einer unerwarteten Abkehr von einer Entscheidung aus dem Jahre 1989[59] urteilte der Supreme Court im Frühjahr 2005, wiederum mit knapper von 5:4-Mehrheit, dass die Bundesverfassung die Vollstreckung der Todesstrafe verbietet, wenn der Verurteilte zum Zeitpunkt der Tat das 18. Lebensjahr noch nicht vollendet hatte.[60] Die Mehrheit gründete ihre Entscheidung auf einen sich entwickelnden nationalen Konsens gegen die Hinrichtung minderjähriger Täter und erwähnte – bemerkenswerterweise – auch internationale Ansichten und Wertvorstellungen, insbesondere, dass die USA in ihrer bisherigen Praxis weltweit allein stünden. Der Dissent bestritt einen nationalen Konsens und betonte die Irrelevanz internationaler Ansichten für die Anwendung und Auslegung der US-Verfassung. Die knappe Mehrheit des Gerichtes (dessen Zusammensetzung sich in absehbarer Zeit sicherlich ändern wird) erschwert es, vorherzusagen, inwiefern sich auch in Zukunft Entscheidungen zum 8. Zusatzartikel an den Grundrechten und an internationalen Ansichten orientieren werden.[61]

---

mildernder Umstände in ihre Abwägung nicht Einstimmigkeit der jury verlangen, vgl. *Mills v. Maryland*, 486 U.S. 367, 108 S.Ct. 1860, 100 L.Ed.2 d 384 (1988). Ein Gesetz, welches dem Angeklagten die Beweislast für entlastende Umstände aufbürdet, wurde für mit der Verfassung vereinbar gehalten, soweit der Staat im Gegenzug das Vorliegen erschwerender Umstände beweisen muß, *Walton v. Arizona*, 497 U.S. 639, 110 S.Ct. 3047, 111 L.Ed.2 d 511 (1990). Due process verlangt auch, dass die jury im Fall eines Kapitalverbrechens informiert wird, dass als Alternative zur Todesstrafe auf lebenslange Freiheitsstrafe ohne die Möglichkeit einer Freilassung erkannt werden kann. *Kelly v. South Carolina*, 534 U.S. 246, 122 S.Ct. 726, 151 L.Ed.2 d 670 (2002).

[57] *Clemons v. Mississippi*, 494 U.S. 738, 110 S.Ct.1441, 108 L.Ed.2 d 725 (1990); *Parker v. Dugger*, 498 U.S. 308, 111 S.Ct. 731, 112 L.Ed.2 d 812 (1991).

[58] In *Booth v. Maryland*, 482 U.S. 496, 107 S.Ct. 2529, 96 L.Ed.2 d 440 (1987) hielt noch eine Mehrheit von 5:4 Richtern die Berücksichtigung von victim impact statements (VIS) für mit dem 8. Zusatzartikel unvereinbar. Nachdem die ehemalige Mehrheit des Supreme Court durch den Ersatz von Richter *Powell* durch *Souter* zur Minderheit geworden war, verwarf das Gericht diese Entscheidung in *Payne v. Tennessee*, 501 U.S. 808, 817–830, 111 S.Ct. 2597, 115 L.Ed.2 d 720 (1991) insoweit, als dass die Verfassung VIS nicht per se verbiete.

[59] *Stanford v. Kentucky*, 492 U.S. 361, 109 S.Ct. 2969, 106 L.Ed.2 d 306 (1989).

[60] *Roper v. Simmons*, 543 U.S. 551, 125 S.Ct. 1183, 161 L.Ed.2d 1 (2005). Ständig aktuelle Informationen und Statistiken einzelstaatlicher und bundesrechtlicher Entwicklungen in diesem Bereich unter http://www.amnestyusa.org/abolish. Siehe auch *Streib*, Executing Juvenile Offenders: The Ultimate Denial of Juvenile Justice, 14 Stan. L. & Pol'y. Rev. 121 (2003); *Weeks*, Comparing Children to the Mentally Retarded: How the Decision in Atkins v. Virginia Will Affect the Execution of Juvenile Offenders, 17 BYU j. Pub. L. 451 (2003). Zur internationalen Dimension siehe *McIntyre III*, Of Treaties and Reservations: The International Covenant on Civil and Political Rights and the Juvenile Death Penalty in the United States, 40 Hous. L. Rev. 147 (2003). Im Jahr 2010 erweiterte der Supreme Court seine Rechtsprechung nach *Roper* erweitert und entschieden, dass die Verhängung einer lebenslangen Freiheitsstrafe ohne die zukünftige Möglichkeit einer mündlichen Anhörung an eine Person, die ein Tötungsdelikt begangen hat aber zum Tatzeitpunkt noch minderjährig war, gegen den achten Zusatzartikel der Verfassung verstößt. *Graham v. Florida*, __ U.S. __, 130 S.Ct. 2011, 176 L.Ed.2d 825, 2010 U.S. LEXIS (No. 08-7412, May 17, 2010).

[61] In Baze v. Rees, 553 U.S. 35, 128 S.Ct. 1520, 170 L.Ed.2d 420 (2008) wies der Supreme Court das Argument zurück, dass der Tod durch Giftinjektion den achte Verfassungszusatz verletzt, weil die Mi-

702A Im Jahr 2008 überwog grundsätzlich die Befürwortung der Todesstrafe als der Supreme Court die Hinrichtung mittels Giftspritze für rechtmäßig erachtete; entgegen dem Vorbringen, dass der 8. Zusatzartikel der Verfassung verletzt sei.[62] In einer Anzahl von Verfahren vor unteren Gerichten wurde damit argumentiert, dass eine der drei für die tödliche Injektion genutzten Chemikalien zu Lähmungen führt und dadurch die verurteile Person daran gehindert ist, ihre extremen Schmerzen zu zeigen, die von den anderen Substanzen verursacht werden. Das Gericht wies die Argumentation mehrheitlich zurück und beschäftigte sich im Rahmen der Mehrheitsmeinung, als auch in den (zustimmenden) Sondervoten, mit der langen Geschichte der Todesstrafe in den Vereinigten Staaten. Als Hinrichtungsmethode sei die Giftspritze nicht grausam und ungewöhnlich, wobei das Gericht nicht darüber befand, ob das im Einzelfall so sein könne und unter welchen Voraussetzungen. Richter *Stevens*, der Befürworter der Todesstrafe gewesen war und zu der Entscheidung ein Sondervotum (zustimmend), streng bezogen auf den vom Gericht zu entscheidenden Sachverhalt, abgab, verkündete, dass er die Todesstrafe nun grundsätzlich als grausam und darüber hinaus zwecklos ablehne.[63]

703 Als Argumente für ein Festhalten an der Todesstrafe werden neben der U.S.-amerikanischen Verfassungstradition die hohe Verbrechensrate, fehlgeschlagene Resozialisierungsprogramme und übersteigerte Verbrechensangst der Bevölkerung angeführt.[64] Zudem erlebt die Straftheorie der retribution eine Renaissance, die Strafe als Anspruch der Gesellschaft auf Rache ansieht.[65] Darüber hinaus schwankt die Praxis der Einzelstaaten bei der Anwendung der neuen Grenzen des Supreme Courts zur Verhängung der Todesstrafe, worin sich der Widerwillen in Bezug auf die zugrunde liegenden Verfahrensweisen zeigt. Nachdem der Supreme Court entschieden hatte, dass der achte Verfassungszusatz nicht die Hinrichtung von geistig beeinträchtigten Sträf-

---

schung der Zutaten im Verdacht stand, extreme Schmerzen und Lähmungen zu verursachen, dem Häftling aber auch die Möglichkeit nimmt, diese auszudrücken. In einem ausführlichen Überblick über die Todesstrafe, stellte der Gerichtshof fest, dass 27 Staaten die Todesstrafe nur durch Giftinjektion ausführen, neun Staaten als eine Alternative von einem elektrischen Stuhl, zwei zur Gaskammer (Kalifornien und Missouri) und ein Staat zur Hinrichtung durch Erschießungskommando (Idaho) an. Id. bei 1257 N. 1. Für die Hinrichtung durch Injektion eines Wirkstoffes, siehe oben Rn. 72, Fn. 62. Für eine Diskussion der verschiedenen Methoden der Hinrichtung durch Injektion, siehe auch Cooey v. Strickland, 589 F.3d 210 (6. Cir. 2009). Natürlich muß die Durchführung der tödlichen Injektion selbst sowie des gesamten Vorgangs bis zum Abschluß von medizinischem Personal überwacht werden. In einer Reihe von Fällen haben Ärzte, Krankenschwestern und andere Mitglieder der medizinischen Berufe ihre Mitwirkung aus berufsethischen Gründen verweigert und dadurch den Fortgang von Hinrichtungen verzögert. Vgl. *Denno*, The Lethal Injection Quandry: How Medicine Has Dismantled the Death Penalty, 76 Fordham L.Rev. 49 (2007), der auch Fälle bespricht (S. 105, Fn. 366), in denen Studien über die medizinischen Auswirkungen der in der Giftspritze enthaltenen Chemikalien zitiert werden. In seiner *Baze*-Entscheidung bezieht sich auch der Supreme Court öfters auf die von *Denno* zusammengetragenen Daten.

[62] Baze v. Rees, 553 U.S. 35, 128 S.Ct. 1520, 170 L.Ed.2d 420 (2008); vgl auch oben Rn. 72, Fn. 64.
[63] Siehe Fn. 61.
[64] Für weitere Ursachen vgl. *Giegerich*, Richtermacht und Todesstrafe in den USA, EuGRZ 1995, 1, 3 f. Eine Auseinandersetzung mit diesen Begründungen ist auch Gegenstand der beipflichtenden Meinung (concurring opinion) des Richters *Marshall* in der Entscheidung Furman v. Georgia, 408 U.S. 238, 342–359; 92 S.Ct. 2726, 33 L.Ed.2 d 346 (1972).
[65] Vgl. *LaFave*, Substantive Criminal Law, Vol. 1, § 1.5, S. 35 f., 40. Insbesondere diese das alttestamentarische „Auge-um-Auge"-Prinzip hochhaltende Straftheorie wird von den Fürsprechern der Todesstrafe argumentativ genutzt. Siehe *Loewy*, Criminal Law, § 1. 07.

linge erlaubt[66], entschied sich Texas für die Hinrichtung einer Person, die trotz ihres IQ von „rund 70" nicht als geistig beeinträchtigt angesehen wurde.[67] Der Supreme Court, dessen frühere Entscheidung keine spezifische Definition enthielt, griff nicht ein aber wies auch den Antrag für einen Aussetzung der Hinrichtung ab.[68] Vor diesem Hintergrund wird eine andere Interpretation des 8. Zusatzartikels, im Einklang mit einem hochentwickelten Grundrechtssystem und internationalen Menschenrechtsstandards, wohl noch lange auf sich warten lassen.

B. Strafprozeßrecht

Literatur: *Cole/Smith*, The American System of Criminal Justice, 12. Auflage 2009; *Israel/LaFave*, Criminal Procedure: Constitutional Limitations in a Nutshell, 7. Auflage 2006; *Israel/Kamisar/LaFave/King*, Criminal Procedure and the Constitution, 2009; *Kamisar/LaFave/Israel*, Basic Criminal Procedure: Cases, Comments and Questions, 12. Auflage 2008; *LaFave/Israel/King*, Criminal Procedure, (Hornbook Serie) 5. Auflage 2009; *Neubauer*, America's Court and Criminal Justice System, 9. Auflage 2007; *Schmid*, Strafverfahren und Strafrecht in den Vereinigten Staaten, 2. Auflage 1993; *Saltzburg/Capra/Davis*, Basic Criminal Procedure, 5. Auflage 2009; *Taslitz/Paris*, Constitutional Criminal Procedure, 3. Auflage 2007 *Weaver*, Principles of Criminal Procedure, 3. Aufl. 2008.

I. Einfluß der verfassungsrechtlichen Garantien

Das amerikanische Strafverfahrensrecht steht in außergewöhnlicher Weise unter dem Einfluß der **Bill of Rights** in den ersten 10 Zusatzartikeln der Verfassung und der **due process**-Klausel im 14. Zusatzartikel, die sich ausdrücklich an die Einzelstaaten richtet. Unter Chief Justice *Earl Warren* (1953–1969) legte der Supreme Court die verfassungsrechtlichen Garantien für Strafverfahren extensiv aus. Folgeentscheidungen differenzierten weiter, so dass heute jeder Aspekt des Strafprozesses durch die Auslegung der Verfassung geformt ist. Gesellschafts- und rechtspolitische Wertauffassungen beeinflussen auch Entscheidungen des Supreme Court. Viele der umwälzenden Reformen der *Warren*-Zeit sind daher durch die in der Zwischenzeit konservative Zusammensetzung des Gerichts, erst unter Chief Justice *Warren E. Burger* (1969–1986) und verstärkt unter Chief Justice *William H. Rehnquist* (seit 1986), nicht fortgeführt bzw. eingeschränkt worden.[69] 704

Die ersten acht Zusatzartikel der Verfassung enthalten 12 verschiedene den Strafprozeß berührende Garantien. Ihre Einbeziehung in den 14. Zusatzartikel bestimmt dadurch auch das Recht in den Einzelstaaten, wo über 95 % aller Anklagen erhoben 705

---

[66] *Atkins v. Virginia*, 536 U.S. 304, 122 S.Ct. 2242, 253 L.Ed.2d 335 (2002).
[67] *Woods v. Texas*, __ U.S. __, 130 S.Ct. 794, 175 L.Ed.2d 556, 2009 U.S. LEXIS (Tex. Crim. App. 2009). Ein Intelligenztest hatte ergeben, dass der Angeklagte einen verbal I.Q. von 66, einen performance I.Q. von 79 und einen Gesamt- I.Q. von 70 hatte. *Id.* at 592. Ein anderer Experte bestimmte den Intelligenzquotienten des Angeklagten auf 68, mit einer möglichen Abweichung von 5 Punkten in beide Richtungen (63-73). *Id.* at 596. Andere Arten von Tests unterstützten die Annahme, dass der Angeklagte eine für das Verfahren ausreichende geistige Verfassung besaß.
[68] *Woods v. Texas*, __ U.S. __, 130 S.Ct. 794, 175 L.Ed.2d 556, 2009 U.S. LEXIS 8742 (Dec. 3, 2009). Woods wurde noch am selben Tag hingerichtet.
[69] Besonders deutlich wird der Versuch, die Reformen rückgängig zu machen, im Bereich des habeas corpus-Verfahrens (unten Rn. 735 f.) und der sog. Miranda-Rechte (unten Rn. 713 f.).

7. Kapitel. Straf- und Strafprozeßrecht

werden. Dort finden nun auch Anwendung: der Schutz gegen ungerechtfertigte Durchsuchungen (search) und Beschlagnahmen (seizure) durch Ausschluß des gewonnenen Beweismaterials von der Beweiserhebung;[70] das Privileg, nicht gegen sich selbst aussagen oder sich auf andere Weise selbst belasten zu müssen (self-incrimination);[71] die Garantie gegen mehrfache Strafverfolgung in derselben Sache (ne bis in idem; double jeopardy);[72] Anspruch auf einen (amtlichen) Rechtsbeistand;[73] Anspruch auf Konfrontation mit den Belastungszeugen (confrontation of witnesses) und deren Kreuzverhör (right to cross-examination);[74] Anspruch auf eine baldige Hauptverhandlung (speedy trial);[75] Anspruch auf Schuldbestimmung durch eine jury (jury trial);[76] Anspruch auf eine Zwangsvorladung von Zeugen.[77] Daneben werden die im 6. Zusatzartikel enthaltenen Rechte auf eine öffentliche Verhandlung und Benachrichtigung über Grund und Natur der Anklage vom 14. Zusatzartikel umfaßt.[78] Auch von der Geltung des Verbots exorbitanter Kautionen (excessive bail) wird heute allgemein ausgegangen. Eine der wenigen bundesverfassungsrechtlichen Garantien, deren Verbindlichkeit gegenüber den Staaten seit 1884[79] abgelehnt wird, stellt das Gebot einer Anklage durch eine grand jury in allen Fällen von Kapitalverbrechen und sonstigen infamous crimes dar.[80] Daher gibt es eine Vielfalt von Möglichkeiten in den einzelnen Staaten, die Anklage einzureichen.[81]

---

[70] *Mapp v. Ohio*, 367 U.S. 643, 81 S.Ct. 1684, 6 L.Ed. 2 d 1081 (1961).
[71] *Malloy v. Hogan*, 378 U.S. 1, 84 S.Ct. 1489, 12 L.Ed. 2 d 653 (1964).
[72] *Benton v. Maryland*, 395 U.S. 784, 89 S.Ct. 2056, 794, 23 L.Ed. 2 d 707 (1969).
[73] *Gideon v. Wainwright*, 372 U.S. 335, 83 S.Ct. 792, 9 L.Ed. 2 d 799 (1963): der Anspruch auf einen Pflichtverteidiger bestehe nicht nur bei Kapitalverbrechen (so noch *Powell v. Alabama*, 287 U.S. 45, 53 S.Ct. 55, 77 L.Ed. 158 (1932)), sondern sei so fundamental, dass er bei jedem Verbrechen (felony*)* auch in den Einzelstaaten gelte. Ein verfassungsmäßig geschütztes „Gegenrecht" aus dem 6. Zusatzartikel, sich selbst unter Verzicht auf einen amtlichen Rechtsbeistand zu verteidigen, erkannte der Supreme Court in *Faretta v. California*, 422 U.S. 806, 95 S.Ct. 2525, 45 L.Ed.2 d 562 (1975) an. Den Gerichten ist es in solchen Fällen aber nicht verwehrt, sog. standby-Verteidiger hinzuzuziehen, *McKaskle v. Wiggins*, 465 U.S. 168, 104 S.Ct. 944, 79 L.Ed. 2 d 122 (1984).
[74] *Pointer v. Texas*, 380 U.S. 400, 85 S.Ct. 1065, 13 L.Ed. 2 d 923 (1965).
[75] *Klopfer v. North Carolina*, 386 U.S. 213, 87 S.Ct. 988, 18 L.Ed. 2 d 1 (1967); der Speedy Trial Act aus dem Jahre 1974, eingefügt in 18 U.S.C.A. § 3161 (2003), konkretisiert dieses Recht auf eine Dauer von grundsätzlich 30 Tage zwischen Verhaftung und Anklage, § 3161 (b) und 70 Tagen zwischen der Einreichung der Anklage bei Gericht und dem Beginn des Gerichtsverfahrens im Falle einer plea of not guilty, § 3161 (c) (1).
[76] *Duncan v. Louisiana*, 391 U.S. 145, 88 S.Ct. 1444, 20 L.Ed. 2 d 491 (1968).
[77] *Washington v. Texas*, 388 U.S. 14, 87 S.Ct. 1920, 18 L.Ed. 2 d 1019 (1967).
[78] Die einzelnen Rechte wurden schon früh für das Bundesverfahren anerkannt, vgl. *In re Oliver*, 333 U. S. 257, 271–273, 68 S.Ct. 499, 92 L.Ed. 682 (1948); *Cole v. Arkansas*, 333 U.S. 196, 201, 68 S.Ct. 514, 92 L.Ed. 644 (1948); für eine Geltung sämtlicher Rechte aus dem 6. Zusatzartikel in den Einzelstaaten entschloß sich das Gericht in *Gannett Co. v. DePasquale*, 443 U.S. 368, 379, 99 S.Ct. 2898, 61 L.Ed. 2 d 608 (1979).
[79] *Hurtado v. California*, 110 U.S. 516, 4 S.Ct. 111, 28 L.Ed. 232 (1884).
[80] Der Verfassungsbegriff der infamous crimes wird heute mit dem Begriff der felonies gleichgesetzt. Siehe zum Ganzen auch *Burnham*, Introduction, S. 266.
[81] In einigen Staaten ist die Anklage durch eine grand jury nach einzelstaatlichem Recht zwingend vorgeschrieben, in anderen Staaten ist dies optional. In einigen Staaten wird die Strafverfolgung auch durch eine sog. information des Staatsanwalts (prosecutor) eingeleitet.

II. Verfahrensablauf

Da sich die Verfahrensrechte der einzelnen Bundesstaaten teilweise ganz erheblich unterscheiden, wird im folgenden versucht, gemeinsame Grundzüge des Verfahrens in trial cases darzustellen.[82] Ein solcher liegt vor wenn über ein Verbrechen verhandelt wird, so dass der Beschuldigte das Recht hat, seine Schuld von einer Geschworenenbank beurteilen zu lassen.[83] Die für diese Fälle entwickelten Verfahrensgarantien können aber ohne weiteres auf Verfahren zur Aburteilung von Vergehen übertragen werden.[84]

706

1. Ermittlungsverfahren

a) Verhaftung

Mit der Verhaftung (arrest) des Verdächtigen beginnt traditionell der amerikanische Strafprozeß. Eine Besonderheit des amerikanischen Rechts liegt darin, dass zwischen dem polizeilichen Ermittlungsverfahren und dem eigentlichen richterlichen Erkenntnisverfahren keine Strafuntersuchung unter Vernehmung des Beschuldigten durch die Staatsanwaltschaft liegt.[85] Polizei und Staatsanwaltschaft haben aufgrund des Opportunitätsprinzips einen weiten Ermessensspielraum, ob sie bei Vergehen eine informelle Einstellung vornehmen oder den Fall an die Justiz weiterleiten.[86] Ein Verstoß gegen verfassungsrechtliche Garantien bei der polizeilichen Ermittlung führt in der Regel zur Nichtberücksichtigung des dadurch erlangten Beweismaterials im Strafverfahren (exclusionary rule).[87]

707

Der 4. Zusatzartikel verlangt einen schriftlichen Befehl (**warrant**) für die Verhaftung einer Person[88] und das Vorliegen wahrscheinlicher Tatbegehung (**probable cause**).[89]

708

---

[82] Das Verfahren für Bundesstrafsachen einschließlich der ersten Instanz (i. d. R. ein Bundesbezirksgericht) ist in § 18 U.S.C.A. 3001 ff. (2005) und in den Federal Rules of Criminal Procedure (FRCrimP) geregelt. Eine ausführliche Kommentierung der einzelnen Vorschriften der FRCrimP findet sich bei *LaFave/Israel/King*, Criminal Procedure, §§ 1.2 ff.

[83] Bei minderschweren Delikten, die von einzelstaatlichen Richtern und Gerichten (lower courts wie justice of the peace, mayor's courts, magistrates courts, municipal courts, juvenile courts, traffic courts) entschieden werden, ist hingegen eine Beurteilung durch den Einzelrichter der Regelfall, *Schmid*, Strafverfahren, S. 50, 47.

[84] *Schmid*, Strafverfahren, S. 50.

[85] *Schmid*, Strafverfahren, S. 38; *Burnham*, Introduction, S. 276.

[86] *LaFave/Israel/King*, Criminal Procedure, §§ 13.1 ff. Eine Einstellung kann auch unter Einsatz einer Ersatzmaßnahme (diversion) erfolgen. Zu solchen diversion programs gehören auch die Betreuung und Beratung von psychisch Kranken, Drogen- oder Alkoholabhängigen, vgl. *Schmid*, Strafverfahren, S. 38, 40 f.

[87] Zu den Beweisverwertungsverboten siehe *Schmid*, Strafverfahren, S. 118 ff.; rechtsvergleichend zum deutschen und amerikanischen Recht *Herrmann*, Aufgaben und Grenzen der Beweisverwertungsverbote, in: Festschrift für Hans-Heinrich Jescheck (1985), S. 1291–1310.

[88] Dieser Haftbefehl muß grundsätzlich auf einer durch Eid oder eidesstattliche Erklärung gestützten Anzeige Dritter oder einem beschworenen schriftlichen Bericht eines Polizeibeamten (written affidavit) beruhen und die Person oder Örtlichkeit genau identifizieren, vgl. *Schmid*, Strafverfahren, S. 101 ff. Nach dem Bundesprozeßrecht ist ebenfalls eine schriftliche Anzeige (complaint) erforderlich, die durch Eid (on oath) vor dem magistrate judge zu beschwören ist, FRCrimP § 3.

[89] Vgl. *Draper v. United States*, 358 U.S. 307, 79 S.Ct. 329, 3 L.Ed. 2d 327 (1959); *Henry v. United States*, 361 U.S. 98, 101 f., 80 S.Ct. 168, 4 L.Ed. 2d 134 (1959). Der magistrate muß alle relevanten

Das gilt auch für Durchsuchungen (search) und sonstige Zwangsmaßnahmen aller Art (seizure).⁹⁰ Zusätzlich muß die Zwangsmaßnahme verhältnismäßig sein. Wenn die Gefahr einer Abwesenheit des Zeugen im Strafverfahren wahrscheinlich ist, falls nur eine übliche Vorladung unter Strafandrohung erfolgt, ist auch die Verhaftung wichtiger Zeugen verfassungsgemäß.⁹¹ Der Supreme Court hat Ausnahmen von dem Erfordernis eines warrant aus Gründen des öffentlichen Interesses anerkannt.⁹² Wichtigste Voraussetzung ist dann probable cause.⁹³ Besteht ein Anlaß zur Verhaftung, darf die Flucht auch mit Waffengewalt verhindert werden, wenn der Betreffende den Polizisten in Gefahr für Leib und Leben bringt.⁹⁴ Da der 4. Zusatzartikel vordringlich die Privatsphäre schützt, ist eine Verhaftung auf öffentlichen Plätzen möglich, ein Eindringen und Durchsuchen von Häusern zum Zwecke der Festnahme ohne richterlichen Befehl jedoch nur bei Vorliegen zwingender Umstände.⁹⁵ Bei minderschweren Delikten ist eine Verhaftung ohne warrant nur erlaubt, wenn das Delikt in Anwesenheit eines Polizisten begangen wurde⁹⁶ oder noch im Gange ist, der Täter ohne Verhaftung für das Verfahren nicht verfügbar wäre oder sich und anderen Schaden zufügen könnte. Unter denselben Voraussetzungen können nach vielen einzelstaatlichen Gesetzen auch Privatpersonen Verhaftungen vornehmen. Bei nicht auf einem warrant beruhenden Zwangsmaßnahmen besteht eine Pflicht zur sofortigen Erstattung einer schriftlichen und beeidigten Anzeige (complaint) oder einer eidesstattlichen Erklärung (affirmation). Der Verhaftete ist unverzüglich einem Magistraten vorzuführen, der entscheidet, ob probable cause für die Maßnahme gegeben war.⁹⁷

Umstände und Tatsachen abwägen, *Illinois v. Gates*, 462 U.S. 213, 103 S.Ct. 2317, 76 L.Ed. 2 d 527 (1983).

⁹⁰ Seizure als Oberbegriff umfaßt auch Verhaftungen (arrest) sowie die Anordnung von Blutproben, Telefonüberwachungen und die Abnahme von Fingerabdrücken, vgl. *Schmid,* Strafverfahren, S. 101.

⁹¹ Diese Möglichkeit ist in fast allen Staaten und im Bundesprozeß (18 U.S.C. § 3144 (2005)) vorgesehen. Siehe auch *Schmid,* Strafverfahren, S. 107.

⁹² *Gerstein v. Pugh*, 420 U.S. 103, 113, 95 S.Ct. 854, 43 L.Ed. 2 d 54 (1975); *United States v. Watson*, 423 U.S. 411, 96 S.Ct. 820, 46 L.Ed. 2 d 598 (1976).

⁹³ Vgl. *Wong Sun v. United States*, 371 U.S. 471, 479–484, 83 S.Ct. 407, 9 L.Ed. 2 d 441 (1963); für eine Verhaftung durch FBI-Beamte ist in 18 U.S.C. § 3052 (2005) festgelegt, dass sie im Bezug auf die Begehung eines Verbrechens nach Bundesrecht reasonable grounds to believe haben wenn sie bei der Deliktsbegehung anwesend waren.

⁹⁴ Eine Gefahr für Leib und Leben wurde in einem Fall verneint, in dem ein unbewaffneter 18jähriger Mann nach einem Einbruchdiebstahl von einem Polizisten auf der Flucht erschossen wurde, *Tennessee v. Garner*, 471 U.S. 1, 83 S.Ct. 407, 9 L.Ed. 2 d 441 (1985).

⁹⁵ Vgl. *Payton v. New York*, 445 U.S. 573, 100 S.Ct. 1371, 63 L.Ed. 2 d 639 (1980): Der Supreme Court erklärte eine gesetzliche Bestimmung über die routinemäßige Verhaftungen in Privatwohnungen des Staates New York für verfassungswidrig. Siehe auch *Kirk v. Louisiana*, 536 U.S. 635, 122 S. Ct. 2458, 153 L.Ed.2d. 599 (2002). Zwingende Umstände sind beispielsweise das Eindringen im Rahmen einer Verfolgungsjagd, die Sicherstellung von Waffen und die Festnahme bewaffneter Täter. Vgl. *Maryland Penetentiary v. Hayden*, 387 U.S. 294, 87 S.Ct. 1642, 18 L.Ed.2 d 782 (1967); *United States v. Santana*, 427 U.S. 38, 96 S.Ct. 2406, 49 L.Ed.2 d 300 (1976).

⁹⁶ Der Supreme Court entschied, dass eine Verhaftung ohne schriftlichen Haftbefehl dem 4. Zusatzartikel der Bundesverfassung dann genügt, wenn der verhaftende Beamte ausreichend Grund hatte, anzunehmen, dass der Täter in seiner Anwesenheit ein Vergehen, etwa einen Verstoß gegen die Anschnallpflicht, begangen hat. Siehe *Atwater v. City of Lago Vista*, 532 U.S. 318, 121 S.Ct. 1536, 149 L. Ed.2d 549 (2001). Das gilt auch dann, wenn das einzelstaatliche Recht für das Vergehen eine Inhaftierung untersagt. Vgl. *Virginia v. Moore*, 553 U.S. ___, 128 St.C. 1598 (2008) (wiederum Verstoß gegen die Anschnallpflicht).

⁹⁷ Eine Frist von 48 Stunden gilt als verfassungsmäßig. In *County of Riverside v. McLaughlin*, 500 U. S. 44, 55–58, 111 S.Ct. 1661, 114 L.Ed.2 d 49 (1991) maß der Supreme Court den „promptly"-

Auch ohne warrant und probable cause darf die Polizei verdächtige Personen an- 709
halten, befragen und kurz nach Waffen oder anderen Gegenständen abtasten, wenn
der Beamte davon ausgeht, dass es sich um eine gefährliche Person handelt oder ein
Verbrechen im Gange ist oder bevorsteht (**investigative stop**).[98] Ein vernünftiger
Verdacht (reasonable suspicion) reicht aus, um den Angehaltenen auch länger festzuhalten.[99] Das routinemäßige Durchsuchen von Autos nach der rechtmäßigen Festnahme des Fahrers (inventory search) ist immer zulässig, soweit es nicht nur einen
Einzelfall betrifft, sondern allgemeinen Verfahrensregeln der zuständigen Polizei-
behörde entspricht.[100]

b) Search und Seizure

Der 4. Zusatzartikel schützt auch vor unangemessenen Durchsuchungen und Be- 710
schlagnahmen,[101] wenn eine durch die Verfassung geschützte Erwartung von Privatsphäre besteht.[102] Für die Öffentlichkeit zugängliche und einsehbare Bereiche wer-

---

Maßstab der *Gerstein*-Entscheidung, 420 U.S. 103, 113, 95 S.Ct. 854, 43 L.Ed.2 d 54 (1975), an den Realitäten: die Vorführung habe zwar so früh wie vernünftigerweise möglich stattzufinden, grundsätzlich sei ein Zeitraum von 48 Stunden jedoch verfassungsmäßig; nach Ablauf dieser Frist gehe die Beweislast für die Verhältnismäßigkeit der Verzögerung auf den Staat über, der dann das Vorliegen von außergewöhnlichen Umständen beweisen müsse.

[98] Nach der Entscheidung *Terry v. Ohio*, 392 U.S. 1, 88 S.Ct. 1868, 20 L.Ed.2 d 889 (1968) wird diese Form des Anhaltens und Durchsuchens auch *Terry*-stop genannt. In der Folge hat der Supreme Court zahlreiche Konstellationen ohne das Erfordernis einer probable cause unter diesem Begriff anerkannt, siehe *Schmid*, Strafverfahren, S. 105, 116 f. Die *Terry*-Regel wurde in *United States v. Hensley*, 469 U. S. 221, 105 S.Ct. 675, 83 L.Ed.2 d 604 (1985) auf die Zeit nach der Begehung eines Verbrechen ausgeweitet, so dass nun auch bei der Aufklärung eines Verbrechens das Anhalten eines Fahrzeugs, die Festnahme von polizeilich gesuchten Insassen und die Sicherung deliktsrelevanter Gegenstände allein aufgrund eines vernünftigen Verdachts (reasonable suspicion) zulässig ist. In der Entscheidung *United States v. Arvizu*, 534 U.S. 266, 122 S.Ct. 744, 151 L.Ed.2 d 740 (2002) entschied der Supreme Court, dass dem 4. Zusatzartikel genügt ist, wenn ein investigative stop einer Person oder eines Fahrzeugs unter dem begründeten Verdacht („reasonable suspicion") des Vorliegens einer Straftat erfolgt. Siehe auch *Maryland v. Pringle*, 540 U.S. 366, 124 S.Ct. 795, 72 U.S.L.W. 4103 (2003).

[99] Selbst das Festhalten einer des Drogenschmuggels im Körper verdächtigen Frau über 16 Stunden wurde nicht als unverhältnismäßig lang angesehen, *United States v. Montoya de Hernandez*, 473 U.S. 531, 105 S.Ct. 3304, 87 L.Ed.2 d 381 (1985).

[100] Da die allgemeinen polizeilichen Interessen an einem Eigentumsschutz des beschlagnahmten Fahrzeugs durch eine inventory search unterstützt werden, ist eine polizeiliche Verhaltensrichtlinie, nach der eine solche Durchsuchung im Ermessen der Polizisten steht, an sich selbst reasonable, so dass eine Verhältnismäßigkeitsprüfung im Einzelfall nicht mehr erforderlich ist, vgl. *Colorado v. Bertine*, 479 U.S. 367, 107 S.Ct. 738, 93 L.Ed. 2 d 739 (1987).

[101] In *Richards v. Wisconsin*, 520 U.S. 385, 117 S.Ct. 1416, 137 L.Ed. 2 d 615 (1997) bekräftigte der Supreme Court, dass ein Eindringen in eine Wohnung zwecks Hausdurchsuchung nicht nur aufgrund eines behaupteten Rauschgiftvergehens durchgeführt werden darf, sondern ein den Einzelfall berücksichtigender warrant vorliegen müsse. In *United States v. Banks*, 540 U.S. 31, 124 S.Ct. 521, 157 L.Ed.2 d 343 (2003) entschied der Supreme Court jedoch, dass dem 4. Zusatzartikel dann genügt ist, wenn die Polizeibeamten entsprechend einem Durchsuchungsbefehl nur 15–20 Sekunden nach erstmaligem Anklopfen gewaltsam in die Wohnung eines Verdächtigen eindringen. Dies war durch die Vermutung einer sofortigen Verfolgungsbehinderung (etwa Beseitigung von Beweisen) aufgrund des Anklopfens gerechtfertigt. Siehe auch *Illinois v. McArthur*, 531 U.S. 326, 121 S.Ct. 946, 148 L.Ed.2 d 838 (2001).

[102] *Katz v. United States*, 389 U.S. 347, 360, 88 S.Ct. 507, 19 L.Ed. 2 d 576 (1967); *New York v. Class*, 475 U.S.106, 112, 106 S.Ct. 960, 89 L.Ed. 2 d 81 (1986). Der Supreme Court urteilte, dass die Durchführung eines Drogentests an einer Schwangeren, ohne deren Einverständnis, zum Zwecke

den nicht als Teil der Privatsphäre begriffen (open fields doctrine). Soweit die Felder sich nicht direkt neben einem Haus befinden, ändert daran auch ein Schutz durch eine Umzäunung mit dem Hinweis „no trespassing" nichts.[103] Denselben Ansatz verfolgt die plain-view-Ausnahme, wonach Gegenstände und Gespräche nicht geschützt sind, die aus der Luft einsehbar oder ohne weiteres wahrnehmbar sind.[104] Hingegen fallen trotz nichtphysischen Eindringens elektronische Überwachungsmaßnahmen und das Abhören von Telefonen in den Geltungsbereich des 4. Zusatzartikels und dürfen somit grundsätzlich nur mit warrant und probable cause für das Auffinden von Beweisen vorgenommen werden.[105] Das Gesagte gilt unter „normalen" Umständen. Kriegs- oder Notstandszeiten können zu Einschränkungen führen und damit die Debatte um die Gewichtung von öffentlicher Sicherheit und persönlicher Freiheit beleben.

711 In Folge der Terrorattacken vom 9. September 2001 wurden auf Bundesebene Gesetze zur Bekämpfung terroristischer Aktivitäten in den Vereinigten Staaten und im Ausland erlassen. Der „U.S.A. Patriot Act of 2001" sieht erweiterte Sicherheits- und Überwachungsmaßnahmen vor, stellt Mittel für Opfer bereit und verschärft verschiedene Strafvorschriften.[106] Unter der vom Kongreß verabschiedeten Joint Resolution for the Use of Military Force[107] erließ der Präsident eine Anordnung,[108] welche die Errichtung von Militärkommissionen autorisiert und gleichzeitig die Zuständigkeit der ordentlichen Bundesgerichte in den erfaßten Fällen einschränkt.[109] Zahlreiche Personen, auch U.S.-Bürger wurden seither von der Regierung als „enemy combatant" eingestuft und verhaftet. Die Möglichkeit derart eingestufter Personen, Bundesgerichte anzurufen, und damit in den Genuß der due process-Garantien zu gelan-

---

der Beweiserlangung wegen Drogenmißbrauchs, unangemessen sei und gegen den 4. Zusatzartikel verstößt. Siehe *Ferguson v. City of Charleston*, 532 U.S. 67, 121 S.Ct. 1281, 149 L.Ed.2 d 205 (2001).

[103] *Oliver v. United States*, 466 U.S. 170, 177–180, 104 S.Ct. 1735, 80 L.Ed. 2 d 214 (1984): insbesondere besteht kein „legitimes" Interesse an der Privatheit von Marihuana-Feldern.

[104] Vgl. *California v. Ciraolo*, 476 U.S. 207, 106 S. Ct. 1809, 90 L. Ed. 2 d 210 (1986): eine Überwachung eines eingezäunten Marihuana-Gartens mit einem Flugzeug aus der Luft ist selbst noch keine einen warrant erfordernde Maßnahme; ebenso *Florida v. Riley*, 488 U.S. 445, 109 S.Ct. 693, 102 L. Ed. 2 d 835 (1989).

[105] *Katz v. United States*, 389 U.S. 347, 88 S.Ct. 507, 19 L.Ed. 2 d 576 (1967); Prozeßvorschriften, die solche Überwachungen zulassen, müssen die Umstände, welche für den Erlaß eines warrant darzulegen sind, sehr eng fassen und genau beschreiben, vgl. *Berger v. New York*, 388 U.S. 41, 87 S. Ct. 1873, 18 L. Ed. 2 d 1040 (1967). Die Verwendung von Überwachungsgeräten, etwa Wärmekameras, zur Erlangung von Informationen aus der Wohnung eines Verdächtigen, die ohne solche Technologie unzugänglich wären, ist als „search" ohne entsprechenden warrant unzulässig. Siehe *Kyllo v. United States*, 533 U.S. 27, 121 S.Ct. 2038, 150 L.Ed.2 d 94 (2001). Zu den Möglichkeiten der Telefonüberwachung nach Bundesverfahrensrecht siehe 18 U.S.C. §§ 2510–2522 (2003); die Herausgabe von gespeicherten Daten richtet sich nach 18 U.S.C. § 2703 (2003).

[106] Pub. L. No. 107–56; 115 Stat. 272 (erlassen am 26. Oktober 2001, kodifiziert in verschiedenen Sektionen in 18 U.S.C. (2005)).

[107] Pub. L. No. 107–40, 115 Stat. 224 (2001, kodifiziert in 50 U.S.C. § 1541 (2005)).

[108] Detention, Treatment, and Trial of Certain Non-Citizens in the War Against Terrorism, 3 C.F.R. 921 (2001), abgedruckt in 10 U.S.C.A. § 801 (2005).

[109] Es war umstritten, ob diese Gesetze die individuellen Grundfreiheiten zu sehr beschränken. Umfassend dazu die website der American Civil Liberties Union: http://www.aclu.org/safefree/general/. Siehe auch *Aldykiewicz*, Authority to Court – Martial Non-U.S. Military Personnel for Serious Violations of International Humanitarian Law Committed During Internal Armed Conflicts, 167 Mil. L. Rev. 74 (2001).

gen, wird uneinheitlich gehandhabt und scheint, jedenfalls teilweise, auch von den Umständen ihrer Gefangennahme abzuhängen.[110] Trotz der erwarteten Überlassung der von der Exekutive unter deren „war powers" wahrgenommenen Befugnisse seitens der Judikative haben einige Gerichte versucht, in derartigen Fällen aktiv zu werden und Verwaltungshandeln gerichtlich zu überprüfen, wo dieses die Gefahr einer Verletzung von Verfassungsgarantien birgt.[111]

Insbesondere im Hinblick auf die Durchsuchung von Autos gibt es eine umfangreiche Rechtsprechung. Im Anschluß an die plain view-Doktrin ist das Besichtigen des Äußeren von Autos[112] und deren im Inneren sichtbar anzubringender Fahrgestellnummer[113] keine einen warrant erfordernde search. Selbst das Durchsuchen eines Autos und der darin aufbewahrten Behältnisse ist nach der automobil exception[114] ohne das Vorliegen eines entsprechenden warrant möglich, soweit probable cause im Hinblick auf die Verwicklung des Autos, dessen Insassen oder des Inhalts von Behältnissen in kriminelle Aktivitäten vorliegt.[115] Darüber hinaus sind Maßnahmen der search und seizure selbstverständlich in dringenden Notfällen, wie z. B. Wohnungsbränden, ohne vorherigen warrant zulässig.[116]

712

---

[110] Vgl. etwa *Hamdi v. Rumsfeld*, 316 F.3 d 450 (4th Cir. 2003) (Gefangennahme in Afghanistan während bewaffneter Kampfhandlungen, Verweigerung von *habeas*-Rechten trotz Geltendmachung rechtswidriger Gefangennahme) mit *Padilla v. Rumsfeld*, 2003 U.S.App. LEXIS 25 616 (2 d Cir. 2003) (Verhaftung in den USA als wichtiger Zeuge, *habeas*-Rechte wurden gewährt, es sei denn der Staat erhebt formell Anklage und schafft damit einen unabhängigen Haftgrund).

[111] Siehe etwa *Gherebi v. Bush*, 352 F.3d 1278 (9th Cir. 2003). Das Gericht entschied, dass die Exekutive nicht berechtigt ist, Personen, gleich ob Staatsbürger oder nicht, ohne Zugang zu gerichtlicher Prüfung oder Rechtsbeistand auf unbestimmte Zeit zu verhaften. Siehe auch *Humanitarian Law Project v. United States DOJ*, 352 F.3d 382 (9th Cir. 2003).Auch der Supreme Court hat sich der Frage von Verfahrensrechten in Guantanamo Bay festgehaltener „enemy combatants" mittlerweile angenommen. Das Gericht entschied, dass Bundesgerichte für Klagen gegen die Festnahme zuständig sind. *Rasul v. Bush*, 542 U.S. 466, 124 S.Ct. 2686, 159 L.Ed.2 d 548 (2004). Eine Mehrheit des Gerichtes sprach sich zudem für eine faire Klagemöglichkeit gegen Status und Festnahme als „enemy combatant" aus. *Hamdi v. Rumsfeld*, 542 U.S. 507, 124 S.Ct. 2633, 159 L.Ed.2 d 578 (2004). Allgemein zur Situation der in Guantanamo Bay Inhaftierten *Amann*, Guantanamo, 42 Colum. J. Transnat'l L. 263 (2004). Dazu auch *Tams*, Gerichtliche Kontrolle extraterritorialer Hoheitsakte – Zum Guantanamo-Urteil des US Supreme Court, AVR 2004, 445.

[112] *Cardwell v. Lewis*, 417 U.S. 583, 588–592, 94 S.Ct. 2464, 41 L.Ed. 2 d 325 (1974).

[113] *New York v. Class*, 475 U.S. 106, 114, 106 S. Ct. 960, 89 L. Ed. 2 d 81 (1986).

[114] *Carroll v. United States*, 267 U.S. 132, 45 S.Ct. 280, 69 L.Ed. 543 (1925); *Cardwell v. Lewis*, 417 U.S. 583, 590, 94 S.Ct. 2464, 41 L.Ed. 2 d 325 (1974): die Erwartung des Schutzes der Privatsphäre in einem Auto ist wegen seiner Hauptfunktion als Fortbewegungsmittel und der geringen Rückzugsmöglichkeit aus der Öffentlichkeit weniger hoch.

[115] Im Gegensatz zu *United States v. Chadwick*, 433 U.S.1, 97 S.Ct. 2476, 53 L.Ed. 2 d 538 (1977) und *Arkansas v. Sanders*, 442 U.S. 753, 99 S.Ct. 2586, 61 L.Ed. 2 d 235 (1979) erklärte der Supreme Court 1982 in *United States v. Ross*, 456 U.S. 798, 102 S.Ct. 2157, 72 L.Ed. 2 d 572 (1982) die Durchsuchung möglicherweise deliktsrelevanter Gegenstände im Kofferraum eines Autos auch ohne Durchsuchungsbefehl für zulässig. In den letzten Jahren hat das Gericht die automobile exception immer weiter ausgedehnt, *Wyoming v. Houghton*, 526 U.S. 295, 119 S.Ct. 1297, 143 L.Ed.2 d 408 (1999); *Maryland v. Pringle*, 124 S.Ct. 795, 72 U.S.L.W. 4103 (2003). Siehe auch *LaFave/Israel/King*, Criminal Procedure, § 3.7.

[116] *Michigan v. Tyler*, 436 U.S. 499, 98 S.Ct. 1942, 56 L.Ed. 2 d 486 (1978).

c) Miranda-Rechte

713 Die sog. „Miranda-Rechte" entstammen einer Entscheidung des Supreme Court,[117] welche die Garantien des 5. Zusatzartikels der Bundesverfassung weiter konkretisierte. Freiwillige Aussagen und Geständnisse einer sich in Polizeigewahrsam (custody) befindlichen Person dürfen nicht im Prozeß verwertet werden, wenn diese vorher nicht über ihre Miranda-Rechte aufgeklärt worden ist.[118] Diese in der Entscheidung aus dem Schutz gegen self-incrimination des 5. Zusatzartikels entwickelten prozessualen Rechte auf Aufklärung über das Recht zur Aussageverweigerung, die Konsultierung eines Rechtsanwaltes oder eines vom Einzelstaat gestellten Rechtsbeistandes im Falle des finanziellen Unvermögens[119] sowie die Erklärung, dass alles, was der Verdächtige sagt, im Prozeß gegen ihn verwendet werden kann, dienen als Schutz vor der Gefahr, unter dem Eindruck der Haft im polizeilichen Vorverfahren möglicherweise unfreiwillig auszusagen.[120]

714 Mit Ende der durch Chief Justice *Warren* geprägten Ära des Supreme Court wurde die Reichweite der Verwertungsverbote jedoch eingeschränkt. Das Gericht entschied, dass Aussagen in einer ohne vorherige Miranda-Aufklärung erfolgten polizeilichen Vernehmung zwar nicht als direkter Beweis, jedoch durch Vorhalte des Protokolls zur Erschütterung einer offensichtlich unrichtigen Aussage im Prozeß genutzt werden durften.[121] Befremdlich mutet auch an, dass ein nach der Miranda-Belehrung erfolgtes Vortäuschen von tatsächlich nicht vorhandenen Zeugen oder Beweismitteln durch die Polizei nicht zur Unfreiwilligkeit und damit Unverwertbarkeit des Geständnisses führt.[122] Auch die (irreführende) Umformulierung der Miranda-Belehrung bezüglich des Anspruchs auf Anwesenheit eines Pflichtverteidigers bei jeder – auch der polizeilichen – Vernehmung, sah der *Rehnquist*-Court als verfassungsmäßig an, soweit die Substanz der Belehrung gewahrt sei.[123] Unter völliger Abkehr von der

---

[117] *Miranda v. Arizona*, 384 U.S. 436, 86 S.Ct. 1602, 16 L.Ed. 2 d 694 (1966). Umfassend dazu *LaFave/Scott*, Substantive Criminal Law, Bd. 1, §§ 2.14, 248; *Schmid*, Strafverfahren, S. 130–138; *Kamisar*, Symposium: Miranda After Dickerson, 99 Mich. L. Rev. 879 ff. (2001).

[118] In *Chavez v. Martinez*, 538 U.S. 760, 123 S.Ct. 1994, 155 L.Ed.2 d 984 (2003) entschied der Supreme Court, dass die Nichtaufklärung über Miranda-Rechte dann keine Verletzung des 5. Zusatzartikels darstellt, solange eine Aussage nicht in einem Strafverfahren („criminal case") gegen die Person benutzt wird. Diese Entscheidung wurde in *Higazy v. Templeton*, 505 F.3 d 161 (2 d Cir. 2006) angewendet, einem Fall, der im Zusammenhang mit den Terroranschlägen 2001 aufkam. Zur Besprechung und Kritik vgl. *Thompson*, A Brave New World of Interrogation Jurisprudence?, 33 Am.J.L. and Med. 341 (2007), mit Bezugnahme auf *Chavez* auf S. 351.

[119] Die Polizei ist nicht verpflichtet, einen „hauseigenen" Rechtsanwalt in Vorhalte zu haben, so dass sie im Falle der Geltendmachung des Rechts lediglich das Verhör abzubrechen hat, bis ein Pflichtverteidiger zur Verfügung steht. Da die Mittellosigkeit des Verdächtigen nur durch richterliche Entscheidung festgestellt werden kann, setzt die weitere Vernehmung eine Überleitung in ein adversatorisches Gerichtsverfahren voraus. Bis zu diesem Verfahren bleibt der Verdächtige in Haft. De facto hat folglich nur der Vermögende eine Möglichkeit, anwaltlichen Beistand während der polizeilichen Vernehmung heranzuziehen.

[120] *Miranda v. Arizona*, 384 U.S. 436, 467–473, 86 S.Ct. 1602, 16 L.Ed. 2 d 694 (1966).

[121] *Harris v. New York*, 401 U.S. 222, S.Ct. 643, 28 L.Ed. 2 d 1, 91 (1971): „may, if its trustworthiness satisfies legal standards, be used for impeachment purposes to attack the credibility of defendant's trial testimony"; bestätigt durch *United States v. Havens*, 446 U.S. 620, 100 S.Ct. 1912, 64 L.Ed. 2 d 559 (1980).

[122] Siehe nur *Oregon v. Mathiason*, 429 U.S. 492, 97 S.Ct. 711, 50 L.Ed. 2 d 714 (1977).

[123] In *Duckworth v. Eagan*, 492 U.S. 195, 109 S.Ct. 2875, 106 L.Ed. 2 d 166 (1989) ließ das Gericht die Erklärung „… we have no way of giving you a lawyer, but one will be appointed for you, if you

Miranda-Entscheidung entschied der 4th Circuit Court of Appeals, dass ein freiwilliges Geständnis auch verwertbar sei, wenn vorher gänzlich versäumt wurde, dem Beschuldigten seine Rechte zu verlesen. Der Supreme Court hob das Urteil auf: Die Vorschrift des 18 U.S.C. § 3501 (eine Auflistung von Faktoren zur Bestimmung der Freiwilligkeit des Geständnisses), auf die das Berufungsgericht sein Urteil stützte, kann Miranda-Rechte nicht verdrängen, da diese auf der Verfassung basieren.[124] Die aktuelle Diskussion dreht sich um die extraterritoriale Anwendung der Miranda-Rechte auf Aussagen von Gefangenen im Zusammenhang mit der Verfolgung terroristischer Aktivitäten.[125]

d) Recht auf einen Rechtsbeistand

Das im 6. Zusatzartikel statuierte Recht auf einen Rechtsbeistand gilt grundsätzlich nicht nur für das eigentliche Gerichtsverfahren, sondern aus Gründen des fair trial unter Umständen schon vorher.[126] Insbesondere besteht dieses Recht schon im Stadium der preliminary hearings vor dem Magistraten.[127] Ob die Anwesenheit eines Anwalts bei der Identifizierung durch Gegenüberstellung notwendig ist, richtet sich entscheidend nach dem Zeitpunkt.[128]

715

e) Einschränkung der Beweisverwertungsverbote

Erklärungen und vor allem Geständnisse, die im unmittelbaren Zusammenhang mit einer nicht ordnungsgemäßen Verhaftung abgegeben wurden, dürfen im Prozeß nicht verwertet werden.[129] Dasselbe gilt grundsätzlich auch für sonstiges im Anschluß

716

---

wish, if and when you go to court …" genügen, so dass das Mordgeständnis des Verdächtigen im Prozeß nicht von der Beweiserhebung ausgeschlossen war.

[124] *United States v. Dickerson*, 166 F.3 d 667 (4th Cir. 1999), reversed 530 U.S. 428, 120 S.Ct. 2326, 147 L.Ed.2 d 405 (2000).

[125] In *United States v. Bin Laden*, 132 F.Supp. 2 d 168 (S.D.N.Y. 2001) unterband das Bundesgericht Aussagen, welche im Ausland während der Untersuchungen zu den Bombenanschlägen auf US-Botschaften in Kenia und Tansania erlangt worden waren, da der Verdächtige nicht über Miranda-Rechte informiert worden war. Siehe auch *Darmer*, Beyond Bin Laden and Lindh: Confessions Law in an Age of Terrorism, 12 Cornell J.L.&Publ. Pol'y 319 (2003).

[126] Es besteht bei allen „critical confrontations by the prosecutions at pretrial proceedings", deren Ergebnis den weiteren Prozeß beeinflussen kann und bei denen die Abwesenheit des Verteidigers das Recht auf einen fair trial absprechen würde. *United States v. Wade*, 388 U.S. 218, 223–227, 87 S.Ct. 1926, 18 L.Ed. 2 d 1149 (1967).

[127] *Coleman v. Alabama*, 399 U.S. 1, 90 S.Ct. 1999, 26 L.Ed. 2 d 387 (1970); *Rothgery v. Gillespie County*, 533 U.S. ___, 128 S.Ct. 2578, 171 L.Ed.2d 366 (2008).

[128] Nach dem indictment (unten Rn. 717) sind Zeugenaussagen nicht mehr verwertbar, wenn kein Anwalt hinzugezogen werden konnte. Vgl. *United States v. Wade*, 388 U.S. 218, 227–239, 87 S.Ct. 1926, 18 L.Ed. 2 d 1149 (1967); *Gilbert v. California*, 388 U.S. 263, 272, 87 S.Ct. 1951, 18 L.Ed. 2 d 1178 (1967). Siehe auch den Omnibus Crime Control and Safe Streets Act von 1968 (18 U.S.C. § 3502 (2003)), in der Zeugenaussagen über die Anwesenheit des Beklagten am Tatort im Hauptverfahren zugelassen sind. Solange über die Einleitung gerichtlicher Schritte noch nicht entschieden ist, liegt dagegen keine critical confrontation vor. Vgl. *Kirby v. Illinois*, 406 U.S. 682, 688, 92 S.Ct. 1877, 32 L.Ed. 2 d 411 (1972).

[129] *Wong Sun v. United States*, 371 U.S. 471, 83 S.Ct. 407, 9 L.Ed. 2 d 441 (1963); *Brown v. Illinois*, 422 U.S. 590, 95 S.Ct. 2254, 45 L.Ed. 2 d 416 (1975) stellt klar, dass eine unrechtmäßige Zwangsmaßnahme immer die Unverwertbarkeit des hernach erlangten Geständnisses bewirkt; vor dem Geständnis ordnungsgemäße erteilte Miranda-Belehrungen heilten den Verstoß jedenfalls nicht per se. Siehe auch *Kaupp v. Texas*, 538 U.S. 626, 123 S.Ct. 1843, 155 L.Ed.2 d 814 (2003).

an eine verfassungswidrige Zwangsmaßnahme erlangtes Beweismaterial,[130] soweit es nicht unweigerlich auf eine andere Weise entdeckt worden wäre.[131] Aus Gründen der Ineffizienz der Strafverfolgung gelten einige Einschränkungen. Zahlreiche Entscheidungen beschränken das Verbot auf schwere Rechtsverletzungen (**harmless error-Doktrin**) durch die Ermittlungsbehörden oder das Fehlen von good faith bei Ergreifung der Maßnahmen.[132] Einige Einzelstaaten haben ihr Prozeßrecht geändert und derartige Ausnahmen eingeführt.[133] Im Jahre 1984 urteilte auch der Supreme Court, dass ein Polizeibeamter sich auf die Ordnungsmäßigkeit einer richterlichen Durchsuchungsanordnung verlassen dürfe, wenn es eine „objective reasonable basis for the officers mistaken belief" gebe.[134] Da die Verbote nur das Verhalten staatlicher Behörden lenken sollen, ist von Privatleuten auf rechtswidrige Weise erlangtes Beweismaterial im amerikanischen Strafprozeß hingegen grundsätzlich zulässig.[135]

2. Vorverhandlungsstadium

717 Im Gegensatz zum deutschen Strafverfahren kann der Ankläger den Fall nicht direkt vor das über die Schuld urteilende Gericht bringen; vielmehr sind bis zu drei Vorverfahrensstadien zu durchlaufen. Zunächst ist der Verhaftete unverzüglich dem **magistrate**, judicial officer oder coroner vorzuführen (preliminary oder initial appearance).[136] Dabei wird er über seine Rechte aufgeklärt und ein Termin für das Vorverfahren (preliminary examination oder hearing) auf Wunsch festgesetzt.[137] Für minderwichtige Delikte ist ein solches Verfahren – zumindest in Bundesstrafsachen – nicht vorgesehen, da sie sofort vor dem Bezirksrichter ohne jury verhandelt wer-

---

[130] *Wong Sun v. United States*, 371 U.S. 471, 487 f., 83 S.Ct. 407, 9 L.Ed. 2 d 441 (1963). Diese Beweisverwertungsverbote stützen sich materiell auf das right to privacy, lenkungspolitisch steht aber vor allen die Integrität des Strafverfahrens und die Disziplinierung der Polizei hinter dieser Entscheidung, vgl. *Mapp v. Ohio*, 367 U.S. 643, 656, 659, 81 S.Ct. 1684, 6 L.Ed. 2 d 1081 (1961).

[131] Statt aller siehe *Nix v. Williams*, 467 U.S. 431, 104 S.Ct. 2501, 81 L.Ed. 2 d 377 (1984) mit umfangreichen Nachweisen zur Akzeptanz dieser Theorie durch die state und federal courts.

[132] Eine „good faith"-Ausnahme wurde erstmals in der dissenting opinion von Justice *White* in *Stone v. Powell*, 428 U.S. 465, 96 S.Ct. 3037, 49 L.Ed. 2 d 1067 (1976) vorgeschlagen. Danach soll von der exclusionary rule abgewichen werden können, wenn der für die Beschlagnahme von Beweisen zuständige Polizist in gutem Glauben hinsichtlich der Rechtmäßigkeit der Maßnahme handelt.

[133] Siehe z. B. Burns Ind. Code Ann. § 35-37-4-5 (2003); Tex. Code Crim. Proc. Art. 38.23 (b) (2004). Zur Entwicklung *Herrmann*, Aufgaben und Grenzen der Beweisverwertungsverbote, in: Festschrift für Hans-Heinrich Jescheck (1985), S. 1291 (1300 ff.).

[134] Vgl. *Massachusetts v. Sheppard*, 468 U.S. 981, 104 S.Ct. 3424, 82 L.Ed. 2 d 737 (1984) im Bezug auf einen warrant, der die zu durchsuchenden Gegenstände nicht hinreichend genau beschrieb und daher unrechtmäßig war. Auch das Vertrauen auf die Verfassungsmäßigkeit einer gesetzlichen Ermächtigungsgrundlage für Zwangsmaßnahmen fällt unter die „good-faith"-Ausnahme, vgl. *Illinois v. Krull*, 480 U.S. 340, 349–355, 107 S.Ct. 1160, 94 L.Ed. 2 d 364 (1987).

[135] Der Supreme Court entschied darüber in *Burdeau v. McDowell*, 256 U.S. 465, 41 S.Ct. 574, 65 L. Ed.2 d 1048 (1921). Ein aktuelles Beispiel dazu ist *Taunt v. Barman*, 252 B.R. 403 (Bankr. E.D. Mich. 2000).

[136] Ob zu diesem Zeitpunkt der Ankläger schon eingeschaltet worden ist, liegt zum großen Teil im Ermessen der Polizei. Ist der Ankläger informiert, beruhen die Vorwürfe auf dessen Beschuldigungsschrift (complaint), die bei felonies jedoch nur provisorischen Charakter besitzt, *Schmid*, Strafverfahren, S. 54.

[137] Da das Verfahren dem Schutz des Beschuldigten dient, hat er die Möglichkeit, darauf zu verzichten, *Burnham*, Introduction, S. 271 f.

den.[138] Soll der Beschuldigte angeklagt werden, so entscheidet der Magistrat auch über die Freilassung gegen Kaution.[139] Er entscheidet ferner über die Freilassung des Beschuldigten (pre-trial release).[140] Im späteren Vorverfahren hört der magistrate den Beschuldigten, gegebenenfalls auch Zeugen[141] und nimmt Beweise auf.[142] Zweck ist die Feststellung, ob ausreichend Beweismaterial für eine etwaige Verurteilung vorliegt. Resultat ist Antragsablehnung oder Weiterleitung an das Bezirksgericht. Dabei ist bemerkenswert, dass der Klageabweisung keine materielle Rechtskraft zukommt; der öffentliche Ankläger dieselbe Klage also erneut einbringen kann.[143]

Vor oder nach der Vorprüfung durch den magistrate, oft auch alternativ dazu, findet eine Vorprüfung durch die **grand jury** statt.[144] Diese Vorverhandlungsstufe dient dem Schutz des Beschuldigten vor unhaltbaren Vorwürfen und der Entlastung der Justiz. Das Verfahren vor der grand jury findet unter Ausschluß der Öffentlichkeit als Einparteienverfahren statt, so dass nur der Ankläger anwesend ist.[145] Die grand jury entscheidet mit den Stimmen von 12 Geschworenen[146] nach dem Verhör der Zeugen, die auch in diesem Verfahren mit Strafbefehl zum Erscheinen gezwungen werden können, und aufgrund der vorgelegten prima facie-Beweise. 718

Die Einzelstaaten machen von dem grand jury-Verfahren unterschiedlichen Gebrauch. So besteht ein Anspruch auf ein grand jury-Verfahren in einigen Staaten schon bei geringfügigen Delikten, in anderen nur bei mit der Höchststrafe bedrohten Straftaten (capital crimes).[147] In manchen Staaten ist selbst bei Kapitalverbrechen kein Überweisungsbeschluß der grand jury (indictment[148]) mehr notwendig.[149] Statt 719

---

[138] *Schmid,* Strafverfahren, S. 54. Soweit das Delikt nur ein misdemeanor oder petty offense ist, welches vor einem U.S. magistrate judge nach 18 U.S.C.A. § 3401 (2003) verhandelt wird, hat der magistrate in Übereinstimmung mit § 58 zu verfahren, FRCrimP § 5 (b).

[139] Für das Bundesverfahren siehe 18 U.S.C.A. § 3141 (a) (2005). Zum verfassungsrechtlichen Verbot übermäßiger Kautionen sogleich unten.

[140] *Burnham,* Introduction, S. 277.

[141] Zeugen können dabei auch vom Anwalt des Beschuldigten verhört werden, *Schmid,* Strafverfahren, S. 54. Für das Bundesverfahren ergibt sich dieses prozessuale Recht aus FRCrimP § 5.1 (a).

[142] In diesem Verfahrensstadium sind auch Beweise vom Hörensagen (hearsay evidence) zulässig, so ausdrücklich, FRCrimP § 5.1 (a).

[143] So ausdrücklich FRCrimP § 5 (b). Der Grund für diese Verfahrensweise liegt in der begrenzten Kompetenz des magistrate, der lediglich über das Vorliegen von probable cause für eine Verurteilung des Beschuldigten und über die Freilassung gegen Kaution (bail) entscheidet.

[144] Zur Anklageerhebung durch die grand jury vgl. auch *Weigend,* Funktion und Tätigkeit der Staatsanwaltschaft in den USA, in: Jescheck/Laibinger (Hrsg.), Funktion und Tätigkeit der Anklagebehörde im ausländischen Recht, 1979, S. 587, 619–621.

[145] Leitet die grand jury von sich aus oder auf Anraten eines Richters ein Verfahren ein, so kann sogar der Ankläger ausgeschlossen werden, *Schmid,* Strafverfahren, S. 56. Der Beschuldigte darf lediglich teilnehmen, soweit seine Befragung notwendig ist.

[146] Zumindest im Bundesverfahren ist eine Mehrheit von 12 Juroren der insgesamt 16–23 Mitglieder der grand jury erforderlich, vgl. FRCrimP § 6 (a), (f).

[147] In Bundesstrafsachen besteht ein Pflicht zur Durchführung eines grand jury-Verfahrens nur bei Delikten, die mit Todesstrafe bedroht sind; bei Delikten mit Mindeststrafen von einem Jahr Gefängnis oder harter Arbeit kann der Beschuldigte darauf verzichten, ansonsten liegt die Art der Anklage im Ermessen des Anklägers, vgl. FRCrimP § 7 (a), (b).

[148] Soweit nach einzelstaatlichem Recht die grand jury von sich aus – ohne zusätzliche Anklage des Anklägers – das Verfahren eröffnen kann, wird der entsprechende Überweisungsbeschluß presentment genannt.

[149] Im Regelfall findet jedoch eine Mindestprüfung durch den magistrate oder eine sog. one man grand jury statt, *Schmid,* Strafverfahren, S. 55. Ausführlich zur grand jury: *Simmons,* Re-Examining the

dessen kann der Ankläger die Anklageschrift direkt bei Gericht einreichen (prosecution by information). Die Anklageschrift (indictment, information oder presentment) muß dem Beschuldigten vor dem Beginn des Hauptverfahrens zugestellt werden.[150] Der Ankläger trägt vor dem eigentlichen Beweisverfahren die burden of production und muß daher alle die objektiven und subjektiven Tatbestandsmerkmale belegenden Beweise benennen.[151]

720 Der 8. Zusatzartikel verbietet übermäßige **Kautionen**, enthält aber kein Recht auf Freilassung gegen Kaution. Es wird aber als selbstverständlich vorausgesetzt. Der Supreme Court nahm in einem obiter dictum schon früh an, dass das Verbot exzessiver Kautionen über den 14. Zusatzartikel auch im einzelstaatlichen Verfahren gilt.[152] Exzessiv ist ein Betrag, der über das hinausgeht, was die Anwesenheit des Beschuldigten bei dem Prozeß sicherstellt.[153] Das finanzielle Unvermögen, überhaupt eine Kaution aufzubringen, macht den Betrag nicht deshalb exzessiv und ist kein Rechtfertigungsgrund für die Freilassung ohne Kaution.[154] Obwohl das amerikanische Recht weiterhin davon ausgeht, dass eine Anwesenheit des Angeklagten im Prozeß nur durch eine Kaution sichergestellt werden kann, ist alternativ auch eine Freilassung on personal recognizance vorgesehen.[155] Soweit das die Anwesenheit des Beschuldigten bei der Verhandlung nicht sicherstellt, kann auch eine Freilassung unter Bedingungen oder einer Kombination von Kaution und Auflagen erfolgen.[156]

721 **Untersuchungshaft** im kontinentaleuropäischen Sinne aus Gründen der Flucht-, Verdunklungs- oder Wiederholungsgefahr war dem amerikanischen Strafprozeßrecht lange Zeit unbekannt.[157] Einige Staaten erlauben es aber dem Richter, die Gefährlichkeit des Täters für die Allgemeinheit bei der Entscheidung über die Entlassung gegen Kaution zu berücksichtigen.[158] Eine generelle Untersuchungshaft führte zuerst

---

Grand Jury: Is There Room for Democracy in the Criminal Justice System?, 82 B.U.L. Rev. 1 (2002).

[150] Aus dem 6. Zusatzartikel ergibt sich das Recht des Beschuldigten, über die Natur und den Grund der Anklage informiert zu werden. Im Bundesstrafverfahren ist bei Kapitalverbrechen mindestens 3 Tagen vor Prozeßbeginn der Verteidigung eine Kopie der Anklageschrift und i. d. R. eine Liste der möglichen Jury-Mitglieder und Zeugen zuzusenden, vgl. 18 U.S.C.A. § 3432 (2005).

[151] Daher ist das Verfahren vor der grand jury für den Ankläger eine wichtige Möglichkeit, die Stichhaltigkeit seines Beweismaterials zu prüfen.

[152] *Schilb v. Kuebel*, 404 U.S. 357, 365, 92 S.Ct. 479, 30 L.Ed. 2 d 502 (1971). Die meisten Staaten haben jedoch ohnehin vergleichbare Vorschriften in ihren Verfassungen verankert.

[153] *Stack v. Boyle*, 342 U.S. 1, 5, 72 S.Ct. 1, 96 L.Ed. 3 (1951).

[154] Vgl. *White v. United States*, 330 F.2 d 811, 1964 U.S. App. (8th Cir. Mo. 1964). Wird jedoch die aufgrund eines „fine only-statute" verhängte Geldstrafe angesichts der finanziellen Situation des Verurteilten automatisch in eine Gefängnisstrafe umgewandelt, liegt ein Verstoß gegen den Gleichberechtigungsgrundsatz des 14. Zusatzartikels vor, *Tate v. Short*, 401 U.S. 395, 91 S.Ct. 668, 28 L.Ed. 2 d 130 (1971); kritisch zur Vermögenslosigkeit im Zusammenhang mit Kautionen: *LaFave/Israel/King*, Criminal Procedure, § 12.2 (b); *Burnham*, Introduction, S. 302 f. In den Vereinigten Staaten ist es nicht verboten Kautionen gewerblich auf Provisionsbasis anzubieten. Diese Teilprivatisierung des Justizsystems ist weltweit einzigartig. Vgl. *Adam Liptak*, „Illegal Globally, Bail for Profit Remains in U.S.", New York Times vom 29. 01. 2008.

[155] 18 U.S.C.A. § 3142 (a)(1), (b) (2005).

[156] 18 U.S.C.A. § 3142 (a)(2), (c) (2005).

[157] Nur für Jugendliche gab es schon früh eine gesetzliche Untersuchungshaft, *Schmid*, Strafverfahren, S. 110.

[158] *Schmid*, Strafverfahren, S. 110.

der District of Columbia ein.¹⁵⁹ Kriterien sind die Gefährlichkeit des Beschuldigten und die Behinderung der Justiz durch die Bedrohung oder Einschüchterung von Zeugen, Geschworenen und Richtern. Änderungen des Federal Bail Reform Act von 1966 erlauben eine vorsorgliche Haft (preventive detention) nun auch auf Bundesebene.¹⁶⁰

Eine für ausländische Betrachter ungewöhnliche Praxis ist die Möglichkeit des **plea bargaining**, eine Art Vergleich zwischen Staatsanwalt und Beschuldigtem.¹⁶¹ Im Gegenzug für ein Schuldeingeständnis des Täters (guilty-plea) macht die Anklage Zugeständnisse hinsichtlich der angeklagten Delikte, der Strafe, einer bedingten Verurteilung (probation) oder einer vorzeitigen Entlassung (parol). Der Richter muß sowohl beim charge bargain über den Gegenstand der Anklage als auch beim sentence bargain über die Höhe der Haftstrafe vom Ergebnis der Verhandlungen unterrichtet werden und diesem zustimmen.¹⁶² Daher wird oft ein dem Anliegen der Parteien geneigter Richter für die Verhandlung gesucht, was als judge-shopping bezeichnet werden könnte.¹⁶³ Da in 80–90 % der felony cases auf schuldig plädiert wird,¹⁶⁴ kommt rechtsstaatlichen und verfassungsrechtlichen Bedenken große praktische Bedeutung zu. So könnten eventuelle Schuldausschließungsgründe übersehen werden. Um im plea-bargaining „Spielraum" zu haben, würden Ankläger wegen mehrerer sich tatbestandlich überschneidender Delikte anklagen und die schwerste Begehungsform (z. B. first degree murder) wählen. Bedenken bestehen auch dagegen, einem von mehreren Tatbeteiligten Strafmilderung oder gar -freiheit zuzusichern, um ihn als Kronzeugen gegen die anderen zu verwenden.¹⁶⁵ Fraglich ist, wie die von due process gebotene Freiwilligkeit eines guilty plea sichergestellt werden kann. Zwar hat der Supreme Court das Schuldbekenntnis nicht als seiner Natur nach unfreiwillig angesehen, jedoch haben mehrere Entscheidungen versucht, die Freiwilligkeit des guilty plea zu sichern.¹⁶⁶ Auch der Beistand eines Verteidigers und die Feststellung der Freiwilligkeit

722

---

[159] Siehe D.C. Code Ann. §§ 23–1321 ff. (2005), basierend auf einem Gesetz aus dem Jahr 1970.

[160] Vgl. 18 U.S.C.A. §§ 3141–3150 (2005), insbesondere § 3142 (e). Letztere Bestimmungen hielt der Supreme Court für mit der due process clause vereinbar. *United States v. Salerno*, 481 U.S. 739, 107 S.Ct. 2095, 95 L.Ed. 2 d 697 (1987).

[161] Grundlage für diese Praxis ist der weitreichende Ermessensspielraum der Anklagebehörde, die selbst bei ausreichenden Beweisen für eine Verurteilung nicht zur Erhebung der Anklage verpflichtet ist. *Burnham*, Introduction, S. 269 f.; *LaFave/Israel/King*, Criminal Procedure, § 13.2 (a). Siehe auch *Hessik III/Saujani*, Plea Bargaining and Convicting the Innocent: the Role of the Prosecutor, the Defense Counsel, and the Judge, 16 BYU J. Pub. L. 189 (2002).

[162] *LaFave/Israel/King*, Criminal Procedure, § 21.3 (e).

[163] So *Schmid*, Strafverfahren, S. 59.

[164] *Burnham*, Introduction, S. 277, *Schmid*, Strafverfahren, S. 59. Diese hohe Rate (70–90 %) an guiltypleas bestand schon in den 60er Jahren, siehe *Brady v. United States*, 397 U.S. 742, 752, 90 S.Ct. 1463, 25 L.Ed. 2 d 747 (1970). Gegen Urteile aufgrund eines guilty plea sind Rechtsmittel weitgehend ausgeschlossen, *LaFave/Israel/King*, Criminal Procedure, §§ 21.6 (a), 27.5 (c).

[165] Zu der Gewährung „informeller" Immunität für Kronzeugen im Rahmen des plea bargaining und den damit verbundenen Problemen siehe *Weigend*, Anmerkungen zur Diskussion um den Kronzeugen, in: Festschrift für Hans-Heinrich Jescheck, 1985, S. 1331, 1345 ff.

[166] Schon früh entschied der Supreme Court, dass ein guilty plea, das durch einen Polizeibeamten mit Körperverletzung und Androhung der Beeinflussung der jury durch falsche Beweise erzwungen wurde, verfassungswidrig ist. *Waley v. Johnston*, 316 U.S. 101, 62 S.Ct. 964, 86 L.Ed. 1302 (1942). Das guilty plea muß zum einen „intelligent" sein, d. h. der Angeklagte muß Inhalt und Konsequenzen des plea in vollem Umfang verstehen. Zum anderen muß es „voluntary", also frei von jedwedem Zwang abgegeben worden sein. Vgl. *Boykin v. Alabama*, 395 U.S. 238, 89 S.Ct. 1709, 23 L.Ed. 2 d

durch den Richter dienen der Absicherung, dass der Angeklagte frei von Zwang und in vollem Bewußtsein des Inhalts und der Folgen handelt. Zumindest wenn Unerfüllbares versprochen wird, ist die Erklärung als unfreiwillig anzusehen.[167] Unter bestimmten Umständen ist es auch möglich, das Schuldeingeständnis zurückzuziehen (motion for withdrawel of plea)[168] oder im Rechtsmittelverfahren anzugreifen.[169]

3. Hauptverhandlung

723 Für die Hauptverhandlung (**trial**) ist grundsätzlich ein Gericht am Handlungsort zuständig.[170] Kurz zu den Verfahrensphasen: zunächst erfolgt ein Anklageeröffnungsverfahren (arraignment), in dem der Angeklagte Gelegenheit hat, zu den Vorwürfen Stellung zu nehmen, in dem er sich für eine der pleas entscheidet.[171] Plädiert der Angeklagte auf nicht schuldig (not guilty), bewirkt das die Verhandlung vor dem Geschworenengericht. Bekennt der Angeklagte sich für schuldig, ergeht üblicherweise ohne weitere Verhandlung ein Schuldspruch und der Fall tritt in das Stadium der Festsetzung der Strafe. Das Gleiche gilt, wenn der Angeklagte den Tatbestand nicht bestreitet (nolo contendere) oder – soweit nach dem Prozeßrecht möglich – eine bedingte Erklärung (conditional plea, schriftlicher Vorbehalt von Rechtsmitteln gegen pre-trial motions) abgibt.[172] Die Erklärungen werden regelmäßig im Gericht persönlich abgegeben. Es wird darauf geachtet, dass der Angeklagte die Bedeutung seiner Erklärung versteht und sie freiwillig abgibt (vgl. vorige Rn.). Daher ist zumeist eine anwaltliche Vertretung zu diesem Zeitpunkt nach dem einzelstaatlichen Prozeßrecht zwingend vorgeschrieben.[173]

724 Ein **jury trial** ist im Bundesstrafverfahren für serious crimes vorgeschrieben,[174] soweit der Angeklagte nicht im Einvernehmen mit dem Gericht und dem Staats-

---

274 (1969); *Mitchell v. United States*, 526 U.S. 314, 119 S.Ct. 1307, 143 L.Ed. 2 d 424 (1999); *United States v. Ruiz*, 536 U.S. 622, 122 S.Ct. 2450, 153 L.Ed.2 d 586 (2002). Siehe auch *Cook III*, Federal Guilty Pleas Under Rule 11: The Unfulfilled Promise of the Post-Boykin Era, 77 Notre Dame L.Rev. 597 (2002).

[167] *Schmid*, Strafverfahren, S. 61.
[168] *Schmid*, Strafverfahren, S. 61, 78 f.; *State v. Wolske*, 160 N.W.2 d 146 (Minn. 1968): selbst nach der Urteilsverkündung liegt es im Ermessen des Richters, diesen Rücknahmeantrag zuzulassen. Siehe auch *Weaver*, A Change of Heart or a Change of Law? Withdrawing a Guilty Plea Under Federal Rule of Criminal Procedure 32(e), 92 J. Crim L. & Criminology 273 (2001/2002).
[169] Vgl. 18 U.S.C.A. § 3742 (c) (2005). Ein Verzicht auf dieses Berufungsrechts ist jedoch ebenfalls im Rahmen des plea bargaining möglich.
[170] Vgl. für das Bundesverfahren FRCrimP § 18 und im Detail 18 U.S.C. §§ 3231, 3235 ff. (2005).
[171] Das meist schon im Anklageprüfungsstadium stattfindende plea-bargaining kann auch erst im eigentlichen Gerichtsverfahren erfolgen (guilty plea by arraignment).
[172] Im Gegensatz zur guilty plea kann diese Erklärung in einem späteren Verfahrensstadium oder in einem anderen Prozeß nicht gegen ihn verwendet werden. *Schmid*, Strafverfahren, S. 58.
[173] Siehe etwa *United States v. Leon-Delfis*, 203 F.3 d 103, 110 (1st Cir. 2000). Siehe auch *LaFave/Israel/King*, Criminal Procedure, § 24.9 (a).
[174] Zur Abgrenzungsfrage, bei welcher Strafandrohung ein schweres Delikt vorliegt, siehe: *Duncan v. Louisiana*, 391 U.S. 145, 161, 88 S.Ct. 1444, 20 L.Ed. 2 d 491 (1967). Der Supreme Court entschied, dass jedes Delikt mit einer Strafandrohung über 6 Monaten Freiheitsstrafe zum jury-Verfahren berechtigt, gleich welches Strafmaß letztlich ausgesprochen wird. Siehe *Blanton v. North Las Vegas*, 489 U.S. 538, 109 S.Ct. 1289, 103 L.Ed.2 d 550 (1989). Ausführlich zum jury-System *Brown u. a.*, The Jury's Role in Administering Justice in the United States: An Overview of the American Criminal Jury, 21 St. Louis U. Pub. L. Rev. 99 (2002).

anwalt schriftlich darauf verzichtet (waiver).[175] Dann entscheidet ein Kollegialgericht oder ein Einzelrichter. Die jury wägt Beweise ab und befindet grundsätzlich allein über Schuld und Unschuld. Nur in etwa einem Viertel der Staaten und dort auch hauptsächlich im Bereich der Kapitalverbrechen befindet sie auch über das Strafmaß, ansonsten obliegt dies dem Einzelrichter. Bei der Auswahl einer möglichst unparteiischen und unbeeinflußten jury sind Staatsanwaltschaft und Verteidiger beteiligt. Die jury soll einen Querschnitt der Bevölkerung repräsentieren,[176] insbesondere darf nach dem 6. und 14. Zusatzartikel keine systematische Rassendiskriminierung[177] oder sonstige unsachliche Ablehnung erfolgen. Wegen der zahlreichen Möglichkeiten zum Mißbrauch der jury-Auswahl überlassen viele Staaten dem Richter die Kontrolle, wenn nicht gar die Durchführung des Auswahlverfahrens.[178] Ist eine jury einschließlich der Ersatzgeschworenen gefunden, wird sie über ihre Tätigkeit informiert und vereidigt. Um sicherzustellen, dass die jury sich ein Bild über den Tathergang ausschließlich aufgrund des im Gerichtssaal Vorgebrachten macht, wird während der Verhandlung je nach Prozeßordnung mehr oder weniger Aufwand betrieben, eine Beeinflussung der Geschworenen durch die Medien zu verhindern.[179] Im äußersten Fall kann das Gericht entscheiden, die Mitglieder der jury für den Zeitraum der Verhandlung zu isolieren, indem

---

[175] FRCrimP § 23 (a). Die einzelstaatlichen Prozeßrechte unterscheiden sich in dem Recht auf Ablehnung des Geschworenenverfahrens sehr deutlich: die Spanne reicht von nicht möglich bis für alle Delikte, selbst Kapitalverbrechen, zulässig. Siehe zu diesem Thema auch *DeCicco/Anthony*, Waiver of Jury Trial in Federal Criminal Cases: A Reassessment of the „Prosecutorial Veto", 51 Fordham L. Rev. 1091 (1983). Allgemein zum „waiver" im US-amerikanischen Recht: *Mazzone*, The Waiver Paradox, 97 Nw. U.L. Rev. 801 (2003).

[176] Vgl. *Taylor v. Louisiana*, 419 U.S. 522, 526–531, 95 S.Ct. 692, 42 L.Ed. 2 d 690 (1975). Siehe auch *Ellis/Diamond*, Battering and Bolstering Legitimacy, 78 Chi.-Kent. L. Rev. 1033 (2003); *Marder*, Juries, Justice & Multiculturalism, 75 S. Cal. L. Rev. 659 (2003).

[177] Grundlegend im Bezug auf diskriminierende Ausschlußpraktiken bei der Auswahl einer grand jury *Eubanks v. Louisiana*, 356 U.S. 584, 78 S.Ct. 970, 2 L.Ed. 2 d 991 (1958). Wenn der Angeklagte anhand eines prima-facie-Beweises darlegen kann, dass Geschworene allein wegen ihrer Rasse abgelehnt wurden, hat der Staat die Pflicht des Gegenbeweises. Vgl. *Batson v. Kentucky*, 476 U.S. 79, 106 S.Ct. 1712, 90 L.Ed. 2 d 69 (1986); *Miller-El v. Cockrell*, 537 U.S. 322, 123 S.Ct. 1029, 154 L. Ed.2 d 931 (2003). Das Verbot der Rassendiskriminierung bei der Auswahl der jury besteht auch, wenn der Angeklagte nicht der diskriminierten Rasse angehört; *Powers v. Ohio*, 499 U.S. 400, 402, 111 S.Ct. 1364, 113 L.Ed. 2 d 411 (1991), und für den Angeklagten, dem es verboten ist, in diskriminierender Weise seine peremptory challanges bei der Auswahl der Geschworenen auszuüben, siehe *Georgia v. McCollum*, 505 U.S. 42, 112 S.Ct. 2348, 120 L.Ed. 2 d 33 (1992); das Verbot gilt überdies in civil cases, vgl. *Edmonson v. Leesville Concrete Co.*, 500 U.S. 614, 111 S.Ct. 2077, 114 L. Ed. 2 d 660 (1991).

[178] FRCrimP § 24 (a) stellt es in Bundesstrafsachen in das Ermessen des Gerichts, die Befragung der Geschworenen selbst vorzunehmen und zusätzliche Fragen durch die Verteidigung und die Staatsanwaltschaft zuzulassen, soweit diese geboten sind.

[179] Zum Schutz des Angeklagten vor überhandnehmender Publizität und Sicherung seiner Rechte auf einen fair trial nach dem 14. Zusatzartikel vgl. *Estes v. Texas*, 381 U.S. 532, 85 S.Ct. 1628, 14 L. Ed. 2 d 543 (1965); *Sheppard v. Maxwell*, 384 U.S. 333, 86 S.Ct. 1507, 16 L.Ed. 2 d 600 (1966). Dazu auch *Bell/Odysseos*, Sex, Drugs, and Court TV? How America's Increasing Interest in Trial Publicity Impacts Our Lawyers and the Legal System, 15 Geo. J. Legal Ethics 653 (2002); *Morris*, The Anonymous Accused: Protecting Defendants' Rights in High-Profile Criminal Cases, 44 B.C. L.Rev. 901 (2003). Ausführlich zur Beeinflussung durch Publizität *Bornkamm*, Pressefreiheit und Fairneß des Strafverfahrens. Die Grenzen der Berichterstattung über schwebende Verfahren im englischen, amerikanischen und deutschen Recht, 1980, S. 139–197; *Schmid*, Strafverfahren, S. 148 ff.

sie unter Polizeiaufsicht in Hotels untergebracht und verpflegt werden (sequestration).[180]

725 Das eigentliche Gerichtsverfahren beginnt mit der Eröffnungserklärung (opening statement), in der die Anklage den Sachverhalt aus ihrer Sicht und die Beweismittel, mit denen sie „beyond a reasonable doubt" die Schuld des Angeklagten nachweisen will, darstellt. Der Verteidiger hat daraufhin ebenfalls die Möglichkeit zu einem (Gegen-)statement. In der anschließenden Phase der Beweispräsentation ist insbesondere der Zeugenbeweis von Bedeutung, da selbst Sachbeweise wie die Tatwaffe durch eine Zeugenaussage in den Prozeß eingeführt werden müssen.[181] Auch der Angeklagte hat das Recht, als Zeuge auszusagen.[182] Nimmt er jedoch wegen der Gefahr, einem Kreuzverhör durch die Staatsanwaltschaft (cross-examination) unterzogen zu werden, sein Aussageverweigerungsrecht aus dem 5. Zusatzartikel wahr, so darf ihm das nicht nachteilig angelastet werden.[183] Weiterhin hat er ein Recht auf Anwesenheit der Belastungszeugen im Gerichtssaal (confrontation of witnesses) und deren Verhör durch seinen Verteidiger (right to cross-examination).[184] Aussagen vom Hörensagen (hearsay evidence) waren ursprünglich unzulässig.[185] Wegen des Erfordernisses, dass Sachbeweise wie Urkunden nur durch Zeugen in den Prozeß eingebracht werden können und aufgrund vielfacher Abgrenzungsschwierigkeiten statuieren die Federal Rules of Evidence jedoch zahlreiche Ausnahmen.[186] Ein Zeugnisverweigerungsrecht steht Ehegatten (immunity) und besonderen Vertrauenspersonen wie Ärzten, Anwälten oder Geistlichen (privilege) zu.[187] Von immunity spricht man auch im Zusammenhang mit der Kronzeugen im Gegenzug für ihre Aussage gewährten faktischen Straf-

---

[180] Ein solcher, besonders aufsehenerregender Fall war beispielsweise der *O.J. Simpson*-Fall, siehe dazu *Benecke*, Die DNA-Beweise im Fall *O.J. Simpson*, Kriminalistik 1996, 481 ff.; *Strauss*, Sequestration, 24 Am. J. Crim. L. 63 (1996).

[181] *Schmid*, Strafverfahren, S. 70.

[182] Selbst ein durch Hypnose „aufgefrischtes" Zeugnis des Angeklagten darf nicht per se abgelehnt werden, vgl. *Rock v. Arkansas*, 483 U.S. 44, 49–53, 107 S.Ct. 2704, 97 L.Ed. 2 d 37 (1987).

[183] Weder Staatsanwalt noch Richter dürfen sich gegenüber der jury in der Weise negativ zur Wahrnehmung dieses Rechts gegen self-incrimination äußern, als dass sie darin ein Indiz für die Schuld des Täters sehen, *Griffin v. California*, 380 U.S. 609, 85 S.Ct. 1229, 14 L.Ed. 2 d 106 (1965). Ein Kommentar der Staatsanwaltschaft, dass der Angeklagte auch hätte aussagen können, wenn er gewollt hätte, wird jedoch geduldet, vgl. *United States v. Robinson*, 485 U.S. 25, 108 S.Ct. 864, 99 L.Ed. 2 d 23 (1988).

[184] *Pointer v. Texas*, 380 U.S. 400, 85 S.Ct. 1065, 13 L.Ed. 2 d 923 (1965); *Barber v. Page*, 390 U.S. 719, 88 S.Ct. 1318, 20 L.Ed. 2 d 255 (1968). Ebenso besteht nach dem 6. und 14. Zusatzartikel ein Recht auf Anhörung von Entlastungszeugen, siehe *Washington v. Texas*, 388 U.S. 14, 87 S.Ct. 1920, 18 L.Ed. 2 d 1019 (1967).

[185] Diese Grundregel gilt auch für das Bundesverfahren, vgl. 28 U.S.C. Federal Rules of Evidence, § 802 (2003).

[186] Vgl. 28 U.S.C.A. Federal Rules of Evidence, §§ 803 ff. Beispielsweise sind hearsay-Aussagen über den Leumund einer Person (§ 803 (21)) oder Erklärungen, die angesichts des nahen Todes gemacht wurden (§ 804 (b)(2)), möglich.

[187] Im Gegensatz zum deutschen Zeugnisverweigerungsrecht darf die Aussage nicht wegen potentieller Belastung Verwandter verweigert werden, der Zeuge muß nicht über sein Schweigerecht informiert werden und schon eine einzige sich selbst belastende Auskunft wird als konkludenter Verzicht auf das Verweigerungsrecht ausgelegt. Demgegenüber darf der Zeuge die Auskunft ohne Glaubhaftmachung der strafrechtlich relevanten Selbstbelastung (self-incrimination) schon bei der entfernten Möglichkeit der Aufdeckung eigener strafrechtlicher Verantwortlichkeit verweigern, *Weigend*, Anmerkungen zur Diskussion um den Kronzeugen, in: Festschrift für Hans-Heinrich Jescheck (1985), S. 1331 (1340).

verfolgungsfreiheit.[188] Wegen der zentralen Rolle der Zeugen im amerikanischen Strafprozeß wurde dem Attorney General mit dem Comprehensive Crime Control Act von 1984 eine Kompetenz zum Erlaß von Zeugenschutzprogrammen gegeben, nach denen eine neue Identität und die Begleichung des Lebensunterhalts an einen fremden Wohnort ermöglicht werden kann.[189]

Nach Klagebegründung können die Vertreter der Verteidigung die Abweisung der Klage beantragen (**motion to dismiss**).[190] Abweisung erfolgt, wenn es der Staatsanwaltschaft zu diesem Zeitpunkt nicht gelungen ist, genügend Beweise für ein unzweifelhaftes Urteil zu beschaffen (no proof of guilt beyond reasonable doubt) oder sie ihrer Pflicht zur Herbeischaffung der Beweise (burden of production of proof) nicht nachgekommen ist.[191] 726

Wird die Klage nicht abgewiesen, folgen die **Schlußplädoyers**, angefangen mit der Erklärung des Staatsanwalts.[192] Daraufhin wird die jury vom Gericht über die bei der Entscheidung wesentlichen Rechtsfragen instruiert. Eine Stellungnahme zu Tatfragen oder zur Beweislage ist ihm strengstens untersagt. Wegen der oftmals schwierigen Abgrenzungsfragen ist die fehlerhafte Instruktion nach wie vor einer der häufigsten Beschwerdegründe im Rechtsmittelverfahren.[193] 727

Nach geheimer Beratung der jury verliest der von ihr gewählte spokesman das Urteil (**verdict**). Es kann auf Freispruch (not guilty), schuldig im Sinne der Anklage (guilty on all charges), teilweise schuldig (guilty of some of the charges), schuldig eines mindergewichtigen Delikts (guilty of a lesser offense) oder auf unschuldig wegen Unzurechnungsfähigkeit (not guilty by reason of insanity) lauten. Wegen des strengen Anklagegrundsatzes kann zur Grundlage des Schuldspruchs nur der in der Anklageschrift (indictment oder information) enthaltene Sachverhalt sein. Auf davon umfaßte Teildelikte und deren Versuch darf sich der Schuldspruch jedoch beziehen.[194] Der Schuldspruch kann auch im Sinne einer Wahlfeststellung offenlassen, welche von mehreren Tatbestandsvarianten verwirklicht wurde.[195] Ursprünglich setzten sowohl Schuldspruch als auch Freispruch die Einstimmigkeit der 12köpfigen jury voraus.[196] 728

---

[188] In Bundesstrafsachen regeln besondere Verfahrensvorschriften die Möglichkeit der Gewährung dieser Immunität, vgl. 18 U.S.C. §§ 6001–6005 (2003). Umfassend zur US-amerikanischen formellen und informellen Kronzeugenregelung, *Weigend*, a. a. O., S. 1331, 1341 ff.

[189] Siehe Pub. L. No. 98–471, 217 (a); 98 Stat. 1837, 2017–34 (1984) (kodifiziert in 28 U.S.C. §§ 991 ff. (2003)).

[190] Dieser Antrag kann auch zu einem späteren Zeitpunkt, nach dem Schlußplädoyer der Staatsanwaltschaft, wiederholt werden.

[191] In Bundesstrafverfahren kann das Gericht auch von sich aus den Freispruch wegen Mangel an Beweisen erlassen, vgl. FRCrimP § 29 (a).

[192] Einige Verfahrensordnungen sehen auch ein weiteres Plädoyer des Anklägers nach der Erklärung des Verteidigers vor.

[193] Das Bundesstrafverfahren sieht daher eine schriftliche Instruktion der jury vor, deren Inhalt den Parteien zuvor zugänglich gemacht wird, damit ein etwaiger Einspruch (objection) schon an dieser Stelle erfolgt. Durch ein Unterlassen des Einspruchs werden die Rechtsmittel verwirkt, vgl. *Wright*, Federal Practice and Procedure, FRCrimP § 30.

[194] FRCrimP § 31 (c); siehe auch *United States v. Miller*, 471 U.S. 130, 105 S.Ct. 1811, 85 L.Ed. 2 d 99 (1985); *Schmuck v. United States*, 489 U.S. 705, 109 S.Ct. 1443, 103 L.Ed. 2 d 734 (1989); *Carter v. United States*, 530 U.S. 255, 120 S.Ct. 2159, 147 L.Ed.2 d 203 (2000).

[195] *Schmid*, Strafverfahren, S. 76.

[196] Das gilt auch heute grundsätzlich noch für ein nach Bundesrecht zu beurteilendes Delikt in einem federal trial, vgl. FRCrimP § 31 (a) und § 23.

Jedoch ist für die Beurteilung von serious crimes, die keine Kapitalverbrechen sind, je nach einzelstaatlichem Verfahrensrecht auch eine Mehrheit von 9 bzw. 10 Juroren ausreichend.[197] Von Bedeutung ist die Einstimmigkeit jedoch für den Freispruch, weil nur diese ein erneutes Verfahren vor einer anderen jury verhindert.[198] Im Falle eines grob unrichtigen Urteils durch die jury erlauben einzelstaatliche und bundesrechtliche Verfahrensregeln, Freisprechung des Angeklagten[199] oder Anordnung eines neuen Verfahrens.[200] Ein erneutes Verfahren wird durch das double jeopardy-Verbot nicht ausgeschlossen und macht somit ordentliche Rechtsmittel im kontinentaleuropäischen Sinn eigentlich überflüssig.[201]

4. Verurteilung zu einer bestimmten Strafe

729 Ist die jury zu einem Schuldspruch gelangt, verhängt das Gericht die Strafe.[202] In einigen Staaten befindet die jury auch über das Strafmaß.[203] Problematisch ist dabei die Möglichkeit der Einigung auf ein geringeres Strafmaß, um dadurch die erforderliche Mehrheit für einen Schuldspruch zu erlangen. Vor der Strafzumessung erfolgt nochmals eine Verhandlung, die sich mit der angemessenen Strafe beschäftigt und in der nicht nur der Verteidiger und der Schuldiggesprochene, sondern – zumindest im Bundesverfahren – auch Beamte von Fachbehörden gehört werden, die sich mit dem Strafvollzug und der Bewährung beschäftigen.[204] Das Bewährungsamt empfiehlt nach Anfertigung eines Strafzumessungsberichts (presentence investigation), der den sozialen Hintergrund des Täters, die Tatumstände des Delikts, die Vorstrafen und Aussichten auf Rehabilitation berücksichtigt, ein Strafmaß.[205] Wurde eine bedingte

---

[197] Eine Entscheidung durch die überwiegende Mehrheit ist verfassungsgemäß, *Apodaca v. Oregon*, 406 U.S. 404, 92 S.Ct. 1628, 32 L.Ed. 2 d 184 (1972); *Johnson v. Louisiana*, 406 U.S. 356, 92 S.Ct. 1620, 32 L.Ed. 2 d 152 (1972). Einstimmigkeit ist jedoch bei kleineren juries mit z. B. 6 Geschworenen erforderlich, *Burch v. Louisiana*, 441 U.S. 130, 99 S.Ct. 1623, 60 L.Ed. 2 d 96 (1979).

[198] *Schmid*, Strafverfahren, S. 76 f.

[199] Im Bundesverfahren sind solche motions for judgement of acquittal oder new trial innerhalb von 7 Tagen zu stellen, vgl. FRCrimP § 29 (c), (d).

[200] Werden neue Beweismittel entdeckt, ist ein Begehren auf Neuverhandlung innerhalb von 2 Jahren zu beantragen; in allen anderen Fällen ebenfalls in 7 Tagen, *Schmid*, Strafverfahren, S. 77 f.

[201] *Schmid*, Strafverfahren, S. 78.

[202] Im Bundesprozeß ist die Strafe „without unnecessary delay" nach dem Abschluß der presentence investigation und dem darauf basierenden Bericht zu verhängen, FRCrimP § 32 (a). Inhalt und Umfang der Strafe(n), die nach dem Schuldspruch festgesetzt werden können, regeln 18 U.S.C. §§ 3551 ff. (2003).

[203] Insbesondere in Staaten, welche die Todesstrafe zulassen, hat die jury oftmals zu entscheiden, ob diese Strafe oder lebenslange Gefängnisstrafe verhängt werden soll, *Schmid*, Strafverfahren, S. 79. In solchen Fällen gibt es eine weitere Möglichkeit des bargaining, diesmal innerhalb der jury: um eine Mehrheit zu erlangen, einigt man sich auf eine geringere Strafe. Ausführlich dazu *Iontcheva*, Jury Sentencing as Democratic Practice, 89 Va. L. Rev. 311 (2003). Vgl. Auch die Diskussion zum plea bargaining, oben, Rn. 722.

[204] Vgl. 18 U.S.C. § 3552 (2003); FRCrimP § 32 (c). Viele Bundesstaaten haben sogenannte „three strikes laws" erlassen, welche im Interesse der öffentlichen Sicherheit erhöhte Strafandrohungen für (dreimalige) Wiederholungstäter vorsehen. Der Supreme Court hat dazu entschieden, dass ein einzelstaatliches Gesetz, welches lebenslange Freiheitsstrafe für Wiederholungstäter vorsieht, nicht gegen den 8. Zusatzartikel (Verbot von „cruel and unusual punishment") verstößt. Siehe *Ewing v. California*, 538 U.S. 11, 123 S.Ct. 1179, 155 L.Ed.2 d 108 (2003).

[205] Zum Inhalt dieses Berichts siehe 18 U.S.C. § 3552 (b), § 3553 (a) (2003); FRCrimP § 32 (b) (4). Seit 1983 sind auch sog. victim impact statements zwingend im Bericht zu erwähnen, vgl. § 32 (b)

Verurteilung (probation) ausgesprochen, so hat eine Zuwiderhandlungen gegen Bewährungsauflagen den Widerruf der probation zufolge, wobei das Gericht die probation verlängern oder die ursprünglich mögliche Strafe festsetzen kann.²⁰⁶

Das verkündete Strafmaß für felonies hat in einzelstaatlichen Fällen meist eine flexible Ober- und Untergrenze, z. B. „3 bis 5 Jahre".²⁰⁷ Damit wird ausgedrückt, dass ein Verurteilter erstmalig nach 3 Jahren eine bedingte Freilassung unter Bewährungsauflagen **(parole)** beantragen kann,²⁰⁸ spätestens aber nach 5 Jahren entlassen werden muß. Gute Führung kann eine weitere Verkürzung des Strafmaßes bringen. Während der parole-Zeit untersteht der Freigelassene der Aufsicht eines Bewährungshelfers (parole-officer). 730

Es ist nicht unüblich, **kumulative Haftstrafen** festzusetzen (z. B. dreimal 99 Jahre für dreifachen Mord) mit dem Zusatz, dass die Strafen nicht parallel, sondern nacheinander abzusitzen sind. Dadurch soll die Möglichkeit einer frühzeitigen parole ausgeschlossen werden. Um sicherzustellen, dass die nach den neu eingeführten Sentencing Guidelines²⁰⁹ auferlegte Strafe in voller Höhe vollstreckt wird, wurde im Bundesverfahren die Möglichkeit der bedingten Freilassung (parole) im Jahre 1984 abgeschafft²¹⁰ und durch das engere credit-System ersetzt.²¹¹ Die Korrektur eines unrechtmäßigen Urteils über die Strafhöhe ist vom urteilenden Gericht vorzunehmen, z. B. wenn ein Berufungsgericht eine unrichtige Anwendung der Sentencing Guidelines festgestellt hat.²¹² Ansonsten kann das Gericht aufgrund einer binnen Jahresfrist erfolgten motion des Staates die Strafe reduzieren, wenn sich die Umstände, insbesondere hinsichtlich der Beweislage, geändert haben.²¹³ 731

---

(4) (D). Der Verteidiger ist nach einem Urteil des Supreme Court unter dem verfassungsrechtlichen Recht auf effektive Verteidigung verpflichtet, selbständig zu ermitteln, inwiefern Umstände für eine Verringerung des Strafmaßes vorliegen. Siehe *Wiggins v. Smith*, 539 U.S. 510, 123 S.Ct. 2527, 156 L.Ed.2 d 471 (2003).

²⁰⁶ *Schmid,* Strafverfahren, S. 176.
²⁰⁷ Siehe *Burnham,* Introduction, S. 506 ff.
²⁰⁸ Im Falle guter Führung sind von diesem Mindeststrafmaß nochmals bestimmte Fristen abzuziehen, so dass ein Antrag beispielsweise schon nach 2 ¼ Jahren gestellt werden kann.
²⁰⁹ Eine umfassende Diskussion dieser Guidelines findet sich bei *Hofer/Allenbaugh,* The Reason Behind the Rules: Finding and Using the Philosophy of the Federal Sentencing Guidelines, 40 Am. Crim. L. Rev. 19 (2003). Darüber hinaus erlaubt der Victim and Witness Protection Act of 1982, im Gegensatz zum common law, den Zuspruch von Schadensersatz an Opfer im Rahmen eines Strafverfahrens; 18 U.S.C. § 3556 (2003).
²¹⁰ Vgl. *Wright,* Federal Practice and Procedure, Vol. 3, Rule 32, § 536. Zum Verhältnis der Sentencing Guidelines zur „diminished capacity"-defense (oben, Rn. 684) siehe *Subotnik,* Past Violance, Future Danger?: Rethinking Diminished Capacity Departures Under Federal Sentencing Guidelines Section 5K2.13, 102 Colum. L. Rev. 1340 (2002).
²¹¹ Das credit-System erlaubt auch eine „Gutschrift" von bestimmten Tagen bei guter Führung, vgl. 18 U.S.C. § 3624 (b) (2003) und oben, Rn. 730. Allgemein zur bundesrechtlichen Strafzumessung *Osler,* Must Have Got Lost: Traditional Sentencing Goals, the False Trail of Uniformity and Process, and the Way Back Home, 54 S.C. L. Rev. 649 (2003).
²¹² FRCrimP § 35 (a). Abweichend davon wird teilweise eine eigenständige Ermächtigung des district court zur Korrektur für die Zeit bis zur Einreichung einer notice of appeal angenommen, siehe *Wright,* Federal Practice and Procedure, § 582.
²¹³ FRCrimP § 35 (b); innerhalb von 7 Tagen nach dem Urteil kann das Gericht ausdrücklich nur technische oder andere offensichtliche Fehler korrigieren, FRCrimP § 35 (c).

5. Rechtsmittelverfahren

732 Die Rechtsmittelfeindlichkeit des englischen Strafverfahrensrechts setzte sich ursprünglich auch im amerikanischen Recht fort. Nach einer Entscheidung des Supreme Courts zu Ende des 19. Jahrhunderts waren die Einzelstaaten nicht verpflichtet, eine Berufung (appeal) gegen ein erstinstanzliches Urteil zuzulassen.[214] Die Rechtsprechung zum 14. Zusatzartikel läßt bezweifeln, ob das Gericht auch heute noch an dieser Entscheidung festhalten würde. Die Frage ist jedoch praktisch von geringfügiger Bedeutung, denn alle Einzelstaaten lassen inzwischen eine Überprüfung zu.[215] Das Berufungsverfahren erfolgt weitgehend schriftlich, mündliche Vorträge haben nur untergeordnete Bedeutung.[216]

733 **Berufungsgrund** ist allgemein eine Rechtsverletzung, überwiegend Verfahrensfehler wie unzulässige Beweise, unqualifizierte Geschworene, fehlerhafte Instruktion der jury, Mißachtung der sentencing rules oder das Fehlen von Beweismitteln (no-evidence rule). Da es sich vornehmlich um eine Rechts- und keine Ermessenskontrolle handelt, ist eine Änderung des Strafmaßes durch die Rechtsmittelinstanz unüblich. Als Besonderheit des Berufungsverfahrens ist zu nennen, dass eine Berufung durch den Staatsanwalt gegen einen Freispruch nur in gesetzlich normierten Ausnahmefällen zulässig ist[217] und im Falle eines guilty plea Rechtsmittel des Verurteilten im Regelfall nur wegen Fehlerhaftigkeit des plea möglich sind.[218] Ist die Berufung zugelassen, so darf sie nicht von den finanziellen Verhältnissen des Verurteilten abhängig gemacht werden.[219] Diese Verpflichtung schließt das Recht des mittellosen Verurteilten auf einen kostenfreien Rechtsbeistand für die erste und einzige Berufungsmöglichkeit ein.[220]

III. Neben-Rechtsmittel

734 Im Gegensatz zum Zivilprozeß kennt das U.S.-amerikanische Strafprozeßrecht keine klare Rechtskraftdefinition (res judicata). Als Folge gibt es gegen eine Verurteilung mehrere mögliche Rechtsbehelfe, sogenannte post conviction remedies. Bringen selbst diese Rechtsmittel keine Abhilfe, bleibt nur die Möglichkeit einer Begnadigung (pardon) durch den Präsidenten oder – im Bezug auf einzelstaatliche Strafverfahren – durch den Gouverneur.

---

[214] *McKane v. Durston*, 153 U.S. 684, 687–688, 14 S.Ct. 913, 38 L.Ed. 867 (1894); bestätigt in *Griffin v. Illinois*, 351 U.S. 12, 18, 76 S.Ct. 585, 100 L.Ed. 891 (1956).

[215] Im Bundesverfahren ist der Verurteilte nach dem Urteil über die Möglichkeit einer Berufung und – bei Vermögenslosigkeit – über sein Recht auf appeal in forma pauperis zu informieren, vgl. 18 U.S.C. § 3742; FRCrimP § 32 (c) (5) (2003).

[216] *Schmid*, Strafverfahren, S. 84 f.

[217] Vgl. Federal Rules of Appelate Procedure (FRAP) § 4 (b).

[218] *Schmid*, Strafverfahren, S. 82 ff.

[219] *Griffin v. Illinois*, 351 U.S. 12, 18–19, 76 S.Ct. 585, 100 L.Ed. 891 (1956) im Bezug auf eine Kostenbeihilfe, welche eine Abschrift des Gerichtsprotokolls ermöglicht, ohne die eine „full appellate review" nicht durchführbar ist.

[220] *Douglas v. California*, 372 U.S. 353, 83 S.Ct. 814, 9 L.Ed. 2 d 811 (1963). Siehe auch *Smith v. Robinson*, 528 U.S. 259, 120 S.Ct. 746, 145 L.Ed.2 d 756 (2000) zur Diskussion des Verhältnisses zwischen der Rechtsmittelgarantie und des anwaltsrechtlichen Verbots, „frivolous arguments" vorzutragen.

1. Verfassungsgarantie des habeas corpus

Der 1. Zusatzartikel der Verfassung garantiert das Recht des habeas corpus.[221] Es geht auf die Magna Carta zurück und ermöglicht einem Gefangenen, die Rechtmäßigkeit seiner Haftstrafe überprüfen zu lassen. Diese Prüfung erstreckt sich für gewöhnlich auch auf das Urteil das zum Freiheitsentzug geführt hat.[222] Möglich ist aber auch nur die Kontrolle einer vermeintlich ungesetzlichen Haft oder dahingehend, dass diese Teil eines vermeintlich ungesetzlichen Verfahrens ist. Hinsichtlich der letzteren Konstellation wurde der habeas corpus Rechtsbehelf bemüht, um die Rechtmäßigkeit der Internierungen im amerikanischen Lager Guantánamo Bay zu untersuchen.[223] Ein dem des common law nachgebildetes bundesstaatliches habeas corpus-Verfahren ist in 28 U.S.C. §§ 2241 ff., insbesondere §§ 2254, 2255 geregelt.[224] 735

Mit dem habeas-corpus-Verfahren werden vor allem Verstöße gegen verfassungsmäßige Rechte des Verurteilten geltend gemacht, z. B. die Unfreiwilligkeit eines Geständnisses,[225] auf das sich der Beweis der Schuld bezieht.[226] Die Frage, welche sons- 736

---

[221] Ausführliche Erörterung des habeas corpus-Verfahrens bei *Schmid,* Strafverfahren, S. 88 ff.; bezüglich der divergierenden Interpretation der geschichtlichen Entwicklung des Rechtsmittels durch den Supreme Court vgl. *Forsythe,* The Historical Origins of Broad Federal Habeas Review Reconsidered, 70 Notre Dame L. Rev. 1079 (1995). Vgl. auch unten Rn. 737, Fn. 227 a.

[222] Insbesondere, wenn die Rechtsverletzung nicht in einem ordentlichen Rechtsmittelverfahren geltend gemacht werden kann, steht das habeas-corpus-Verfahren dem Verurteilten offen, *Waley v. Johnston,* 316 U.S. 101, 104, 62 S.Ct. 964, 86 L.Ed. 1302 (1942). Es handelt sich um eines der heute collateral attacks genannten Nebenrechtsmittel. Im Kontext mit Beschwerden wegen ineffektiver anwaltlicher Vertretung in Verletzung des Verfassungsgebotes aus dem 6. Zusatzartikel, siehe *Massaro v. United States,* 538 U.S. 500, 123 S.Ct. 1690, 155 L.Ed.2 d 714 (2003) (dem habeas-corpus-Antrag wurde stattgegeben und entschieden, dass das Vorbringen ineffektiver rechtlicher Vertretung auch dann in einem späteren Rechtsmittelverfahren noch zulässig ist, wenn es auch schon im direkten Rechtsmittelverfahren hätte vorgebracht werden können, dort aber versäumt wurde).

[223] Vgl. *Hamdan v. Rumsfeld,* 548 U.S. 557, 126 S.Ct. 2749 (2006), wo es auch um den Detainee Act von 2005 (Pub.L. 109–148, 119 Stat. 2739) ging und wo festgestellt wurde, dass die eingerichteten Militärkommissionen nicht als Ersatz für ordentliche Gerichte über die Sache des Antragstellers *Hamdan* entscheiden konnten, da erstere unter Verstoß gegen den Uniform Code of Military Justice und das Genfer Abkommen geschaffen worden waren; *Boumediene v. Bush,* 549 U.S. 1328, 127 S. Ct. 1478 (2007), wonach ein außerordentliches Revisionsverfahren zum Gerichtsstand in habeas corpus Fragen unzulässig ist, bevor nicht alle administrativen Rechtsbehelfe ausgeschöpft sind.

[224] Vereinfacht dargestellt betrifft § 2254 das eigentliche habeas corpus-Verfahren gegen den auf einem einzelstaatlichen Urteil beruhenden Freiheitsentzug, soweit alle einzelstaatlichen Rechtsmittel ausgeschöpft sind und der Freiheitsentzug die Verfassung, die Gesetze oder einen Staatsvertrag der USA verletzt. Demgegenüber gewährt § 2255 ein Verfahren gegen den Freiheitsentzug durch ein Bundesgericht in einem Bundesgefängnis, wenn das Urteil Bundesverfassungsrecht oder Bundesrecht verletzt, das Gericht unzuständig war oder der Strafrahmen überschritten wurde. Das Gericht, welches die Verurteilung ausgesprochen hat, kann durch eine „motion to vacate, set aside or correct sentence" angerufen werden.

[225] Vgl. *Payne v. Arkansas,* 356 U.S. 560, 78 S.Ct. 844, 2 L.Ed. 2 d 975 (1958): die Zulassung eines erzwungenen Geständnisses im Prozeß entgegen des Einspruchs des Verteidigers verletzt die Due Process-Klausel des 14. Zusatzartikels. In *Arizona v. Fulminante,* 499 U.S. 279, 111 S.Ct. 1246, 113 L.Ed. 2 d 302 (1991) wurde jedoch wieder davon abgewichen, dass ein erzwungenes Geständnis per se ein unzulässiger Beweis sei.

[226] Mit der Frage, für welche Fälle von Verfassungsrechtsverletzung und unter welchen Umständen das habeas-Verfahren vor einem Bundesgericht eröffnet sein sollte, befaßt sich *Stone v. Powell,* 428 U. S. 465, 96 S.Ct. 3037, 49 L.Ed. 2 d 1067 (1976). Häufig sind auch mit der unrechtmäßig herbeigeführten guilty plea verwandte Fälle wie durch unrechtmäßige Zwangsmaßnahmen erhobene Beweis-

tigen verfassungsrechtlichen Verfahrensgarantien ein writ gewähren, ist noch nicht abschließend beantwortet.[227] Jedenfalls ist es – in beschränktem Maße – möglich, dass auch neuere, für den Verurteilten günstige Verfassungsentwicklungen rückwirkend berücksichtigt werden.[228] Ursprünglich konnten auch mehrere habeas-corpus-Verfahren nacheinander geltend gemacht werden. Mißbräuchen durch Aufsparen von Anfechtungsgründen wirkte die Rechtsprechung seit Mitte der 70er Jahre jedoch mit dem Erfordernis entgegen, dass alle zur Zeit des ersten Begehrens bekannten verfassungsrechtlichen Fehler gleichzeitig geltend gemacht werden müssen.[229] Damit einher geht, dass eine zeitlich unbeschränkte Geltendmachung der Rechte nicht mehr möglich ist.[230]

2. Reform der bundesrechtlichen habeas-corpus-Vorschriften

737 Eine Reform der habeas-corpus-Vorschriften wurde durch den Private Litigation Reform Act bewirkt, welcher als Teil des Anti-Terrorism and Effective Death Penalty Act im April 1996 in Kraft trat.[231] Eine einschneidende Änderungen brachte die Ein-

---

mittel, Geständnisse, die entgegen dem Verbot der Selbstbeschuldigung erlangt wurden, oder die Verhinderung des Erlangens von Beweismitteln durch den Angeklagten, siehe die Aufstellung bei *Schmid,* Strafverfahren, S. 93.

[227] Unwesentliche Verfahrensfehler führen jedenfalls nach der harmless-error-Doktrin nicht zu einer Aufhebung des Urteils, *Chapman v. California,* 386 U.S. 18, 87 S.Ct. 824, 17 L.Ed. 2 d 705 (1967): der Verfahrensfehler ist wesentlich, wenn der beanstandete Beweis mit angemessener Wahrscheinlichkeit (reasonable posibility) zur Verurteilung beigetragen hat; *Arizona v. Fulminante,* 499 U. S. 279, 111 S.Ct. 1246, 113 L.Ed. 2 d 302 (1991).

[228] Als Grund für die Eröffnung eines habeas-corpus-Verfahrens nach 28 U.S.C.A. § 2254 wurde eine Rechtsänderung im Bezug auf die Beweislast von Rechtfertigungsgründen (defenses) anerkannt, die der Verteidiger in der Berufung noch nicht kennen konnte. Die 1975 anerkannten Grundsätze wurden damit „rückwirkend" auf ein Urteil aus dem Jahre 1969 angewandt, vgl. *Reed v. Ross,* 468 U. S. 1, 104 S.Ct. 2901, 82 L.Ed. 2 d 1 (1984). Diese Rückwirkung ist nur möglich, soweit die retroactivity der neuen Verfassungsauslegung gerichtlich festgestellt wurde.

[229] Nach dem cause and prejudice-test muss das Versäumnis der Einlegung einzelstaatlicher Rechtsbehelfe oder das Nichtvorbringen in einem früheren Verfahrensabschnitt einen triftigen Grund haben, der auf objektiven, außerhalb der Verteidigung liegenden Faktoren beruht und ein tatsächlicher Nachteil durch das Versäumnis bestehen, vgl. *Wainwright v. Sykes,* 433 U.S. 72, 90–91, 97 S.Ct. 2497, 53 L. Ed. 2 d 594 (1977). In *Murray v. Carrier,* 477 U.S. 478, 492–497, 106 S.Ct. 2639, 91 L.Ed. 2 d 397 (1986) und *Smith v. Murray,* 477 U.S. 527, 106 S.Ct. 2661, 91 L.Ed. 2 d 434 (1986) bestätigte der Supreme Court, dass der Test grundsätzlich ein angemessener und praktikabler Weg sei, das Ermessen des Gerichts bei der Gewährung des writ zu konkretisieren; in Ausnahmefällen, wenn ein Verfassungsverstoß wahrscheinlich zu einem Freiheitsentzug eines tatsächlich Unschuldigen geführt hat, könne ein writ jedoch auch ohne den Nachweis eines triftigen Grundes für den Verfahrensfehler gewährt werden; zum Kriterium der „actual innocence" siehe auch den in *Sawyer v. Whitley,* 505 U.S. 333, 112 S.Ct. 2514, 120 L.Ed. 2 d 269 (1992) entwickelten strengeren Maßstab, der in *Schlup v. Delo,* 513 U.S. 298, 115 S.Ct. 851, 130 L.Ed. 2 d 808 (1995) zugunsten des *Murray*-Standards wieder verworfen wurde; generell sei eine Abweichung von den Anforderungen des cause and prejudice-test möglich, wenn der Angeklagte nachweise, dass ansonsten eine „fundamental miscarriage of justice" vorliegen würde, vgl. *McCleskey v. Zant,* 499 U.S. 467, 489–497, 111 S.Ct. 1454, 113 L.Ed. 2 d 517 (1991); *Keeney v. Tamayo-Reyes,* 504 U.S. 1, 112 S.Ct. 1715, 118 L.Ed. 2 d 318 (1992).

[230] So noch *Fay v. Noia,* 372 U.S. 391, 434–435, 83 S.Ct. 822, 9 L.Ed. 2 d 837 (1963).

[231] Pub.L. 104-132, Apr. 24, 1996, Sec. 101–107, 28 U.S.C. §§ 2244-2266 (2003). Diese Gesetzgebung ist auch als eine Reaktion auf den Bombenanschlag in Oklahoma City anzusehen, *Hirte,* Die Rechtsentwicklung in den Vereinigten Staaten in den Jahren 1995 bis 1997, DAJV-Newsletter 1998, 19. Das Gesetz ist auf alle Fälle anwendbar, die vor dem 24. April 1996 anhängig geworden

führung einer Jahresfrist für das Einlegen von habeas-corpus-Anträgen vor dem Bezirksgericht nach § 2255 und die Verkürzung der Fristen in der Rechtsmittelinstanz.[232] Darüber hinaus entschied der Supreme Court in *Teague v. Lane*,[233] dass ein habeas-corpus-Verfahren nur aufgrund gefestigter Verfassungsrechtsprechung, nicht aber aufgrund von ad-hoc-Erwägungen durchgeführt werden soll.[234] Andererseits hat

sind. Zur Definition der Anhängigkeit in diesem Kontext: *Woodford v. Garceau*, 538 U.S. 202, 123 S.Ct. 1398, 155 L.Ed.2 d 363 (2003). Zu den Neuerungen bezüglich des § 2254-Verfahrens siehe: *Bryant*, Retroactive Application of „New Rules" and the Antiterrorism and Effective Death Penalty Act, 70 Geo. Wash. L. Rev. 1 (2002).

[232] Vgl. 28 U.S.C. § 2244 (d) (2003) für eine application nach § 2254 und 28 U.S.C.A. § 2255: die Jahresfrist beginnt i. d. R. mit dem Tag, wenn das „judgment of conviction becomes final"; bei Todesurteilen beträgt die Frist sogar nur 180 Tage, 28 U.S.C. § 2263 (a) (2003); durch diese Verfristungsregelung wurde also eine faktische Rechtskraft qua Gesetz geschaffen, welche die Rechtssicherheit in den Vordergrund stellt und einer Überlastung der Justiz entgegenwirkt. Einer der zwei ausschließlichen Gründe für die Anrufung einer Rechtsmittelinstanz ist jetzt das Vorliegen neuer Beweise, die keinen vernünftigen Tatsachenrichter zu einem Schuldspruch hätten verleiten können, was „by clear and convincing evidence" durch den Verurteilten zu belegen ist. Der andere Grund ist die Entwicklung eines neuen Verfassungsrecht, welches durch den Supreme Court für rückwirkend anwendbar erklärt wurde (siehe oben, Fn. 221).

[233] 489 U.S. 288, 109 S.Ct. 1060, 103 L.Ed.2 d 334 (1989).

[234] Siehe 28 U.S.C. § 2254 (d) (1) (2003). Daher kann das habeas-corpus-Verfahren nicht mehr wie vormals zur Weiterentwicklung des Verfassungsrechts dienen, 110 Harvard L. Rev. 1869, 1870–1871 (1997). Siehe auch *Williams*, Guilty Until Proven Innocent: The Tragedy of Habeas Capital Appeals, 18 J.L. & Politics 773 (2002). Da nach Artikel VI der Bundesverfassung auch internationale Verträge der Vereinigten Staaten „Supreme Law of the Land" sind, kann theoretisch auch die Verletzung eines solchen Staatsvertrages einen Anspruch auf das Rechtsmittel des habeas corpus verleihen. Ein Beispiel, in welchem der Supreme Court dies ablehnte, ist *Torres v. Mullin*, 540 U.S. 1035, 124 S.Ct. 562, 157 L.Ed.2 d 454 (2003). Eine Anzahl von zum Tode Verurteilten haben in der Vergangenheit Rechtsmittel wegen Verstoßes gegen staatsvertragliche Garantien zum konsularischen Beistand eingelegt. In Folge der Hinrichtung von drei Mexikanern in Verletzung entsprechender konsularischer Vereinbarungen zwischen 2000 und 2004 hat Mexiko die Fälle von über 50 zum Tode verurteilten Staatsbürgern vor den Internationalen Gerichtshof gebracht. Dieser entschied im Frühjahr 2004, dass die USA wegen Verletzung der Wiener Konvention alle streitigen Fälle und Verurteilungen erneut verhandeln müssen. *Case Concerning Avena and Other Mexican Nationals*, siehe http://www.icj-cij.org. Bisher hatten es die USA abgelehnt, Hinrichtungen wegen der Anhängigkeit des Verfahrens vor dem Internationalen Gerichtshof auszusetzen. Eine Ausnahme war der Fall *Torres*, oben, in welchem der Generalstaatsanwalt von Oklahoma die Aussetzung der Hinrichtung bis zur Entscheidung des Internationalen Gerichtshofes aus Gründen internationaler *comity* beantragte. Nach der Entscheidung des Internationalen Gerichtshofes in *Avena* wies Präsident *Bush* im Februar 2005 die Gerichte an, die Entscheidung anzuerkennen. Im März 2005 jedoch erklärten die USA ihren Rückzug von den Protokollen, die dem Internationalen Gerichtshof Zuständigkeit für Klagen von Ausländern in U.S.-Verfahren verleihen. Texas war jedoch der Ansicht, dass weder der IGH noch der Präsident die erforderliche Autorität hatte, um ein neues Verfahren anzusetzen und hielt damit an der Entscheidung zur Verhängung der Todesstrafe über José Medellin fest. Bei seiner Nachprüfung kam der Supreme Court zu dem Ergebnis, dass weder solche Verträge noch Entscheidungen des IGH eine selbstausführende Wirkung in den Vereinigten Staaten entfalten und dass ihnen auch eine entsprechende Anordnung des Präsidenten nicht dazu verhelfen kann. *Medellin v. Texas*, USA 552, 491, 128 S.Ct. 1346 (2008). Medellin wurde im August 2008 hingerichtet. Anfang 2009 stellte der IGH fest, dass die Hinrichtung einen Verstoß gegen die Verpflichtungen der Vereinigten Staaten darstellte.

In einem weiteren Fall mit gleichem Sachverhalt, ersuchte der Verurteilte (nach 16 Jahren Haft) um Aufschub der Vollstreckung des Todesurteils. Sein Gesuch wurde von Präsident Obama und Mexiko unterstützt. Der Supreme Court war der Ansicht, der Kongress habe seit *Medellin* Zeit genug gehabt, die Rechtslage zu ändern und er, der Supreme Court, könne der Legislative nicht vorgreifen. Mit 5:4 Stimmen lehnte er das Gesuch am 7.7. 2011 ab. Der Antragsteller wurde noch am selben Tag hingerichtet. *Leal Garcia v. Thaler* 2011 U.S. LEXIS 5019 (7.7. 2011).

der Supreme Court im Jahr 2008 in der Sache *Boumediene* entschieden, dass das Recht, seine Haft mittels habeas corpus überprüfen zu lassen, überall dort gegeben ist, wo amerikanische Regierungs- oder Gerichtshoheit besteht: in dem Verfahren ging es um die Frage, ob Internierte im Militärgefangenenlager Guantánamo Bay das von der Regierung in Abrede gestellte Recht haben, eine solche Haftprüfung anzustrengen.[235]

3. Einzelstaatliche Neben-Rechtsmittel

738 Viele Einzelstaaten haben gesetzliche Bestimmungen, die verschiedene postconviction attacks anstelle oder zusätzlich zum herkömmlichen writ of habeas corpus kodifizieren. Sie können bei den einzelstaatlichen Gerichten geltend gemacht werden. Ob ihr Bestehen ein bundesverfassungsrechtliches Gebot ist, mußte der Supreme Court noch nicht entscheiden. Wie erwähnt, steht unabhängig vom einzelstaatlichen Recht jedem Häftling der Weg zu einem Bundesgericht offen, wenn die einzelstaatlichen Rechtsmittel ausgeschöpft oder ineffektiv sind.[236]

---

[235] *Boumediene v. Bush*, 549 U.S. 1328, 127 S.Ct. 1478 (2007). Nach der Entscheidung *Hamas v. Rumsfeld*, Rn. 192a, verabschiedete der Kongress im Jahr 2006 den Military Commission Act, welcher den *habeas corpus* Rechtsbehelf ausschloss. Der Supreme Court hielt dies für eine nicht von der Verfassung gedeckte Einschränkung der Rechte von Inhaftierten. Für eine Diskussion, siehe *Dasgupta*, Boumediene v. Bush, and Extraterritorial Habeas Corpus in Wartime, 36 Hastings Const. L.Q. 429 (2009). Für eine Diskussion des Military Commission Act von 2006, siehe *Michael*, The Military Commissions Act of 2006, 44 Harv. J. on Legis. 473 (2007). Für eine Übersicht des Fallrechts zu diesem Thema, siehe *Binimow*, Constitutional Validity and Terrorism Prosecutions and Enemy Combatant Detention and Proceedings – Supreme Court Cases, 2008 A.L.R. 2d 5.

[236] 28 U.S.C. § 2254 (2005). Ein Bundesgericht kann einem habeas-Antrag in einem Fall, der vor einem einzelstaatlichen Gericht verhandelt worden ist, nur dann gewähren, wenn das einzelstaatliche Urteil Bundesrecht verletzt. Abweichende Ansicht, Irrtum oder Fehlerhaftigkeit allein reichen nicht aus. Siehe *Mitchell v. Esparza*, 540 U.S. 12, 124 S.Ct. 7, 157 L.Ed.2 d 263 (2003). Das Gericht entschied, dass habeas nicht im Zusammenhang mit der Prüfung des einzelstaatlichen „Three Strikes"-Gesetzes (dazu oben, Fn. 198) gewährt werden darf, da keine Verletzung von Bundesrecht erkennbar war; *Lockyer v. Andrade*, 538 U.S. 63, 123 S.Ct. 1166, 155 L.Ed.2 d 144 (2003).

Anhang 1 – Ein fallrechtliches Beispiel: MacPherson v. Buick Motor Co.

Im folgenden wird eine ältere New Yorker Entscheidung zur Erläuterung des fallrechtlichen Denkens wiedergegeben. Sie wurde von dem bekannten New Yorker Richter *Cardozo*, später Richter am Bundes-Supreme Court, verfaßt und zeigt mit besonderer Deutlichkeit, wie wichtig die Einzelheiten des Tatbestands sind und wie ein Gericht frühere Entscheidungen bewertet, vor allem, wenn es bemüht ist, eine neue, möglicherweise abweichende Rechtsregel aufzustellen. Die Berücksichtigung englischen Fallrechts hat in der Zwischenzeit abgenommen und ist nur noch vereinzelt zu finden. Für Hinweise, wie man eine grundlegende Entscheidung wie die folgende in den Fallrechtssammlungen findet und auf ihre weiterbestehende Gültigkeit im späteren Fallrecht prüft, sei auf oben Rn. 25 ff. verwiesen.

MacPherson v. Buick Motor Co.

Court of Appeals of New York

217 N.Y. 382, 111 N.E. 1050 (1916)

A. Amerikanischer Text

Appeal from Supreme Court, Appellate Division, Third Department.

Action by Donald C. MacPherson against the Buick Motor Company. From a judgment of the Appellate Division (160 App. Div. 55, 145 N.Y.Supp. 462), affirming a judgment of the Supreme Court for plaintiff, defendant appeals. Affirmed.

Cardozo, J. The defendant is a manufacturer of automobiles. It sold an automobile to a retail dealer. The retail dealer resold to the plaintiff. While the plaintiff was in the car it suddenly collapsed. He was thrown out and injured. One of the wheels was made of defective wood, and its spokes crumbled into fragments. The wheel was not made by the defendant; it was bought from another manufacturer. There is evidence, however, that its defects could have been discovered by reasonable inspection, and that inspection was omitted. There is no claim that the defendant knew of the defect and willfully concealed it. The case, in other words, is not brought within the rule of Kuelling v. Lean Mfg Co., 183 N.Y. 78, 75 N.E. 1098,2 L.R.A. (N.S.) 303, 111 Am.St.Rep. 691, 5 Ann.Cas. 124. The charge is one, not of fraud, but of negligence. The question to be determined is whether the defendant owed a duty of care and vigilance to any one but the immediate purchaser.

The foundations of this branch of the law, at least in this state, were laid in Thomas v. Winchester, 6 N.Y. 397, 57 Am.Dec. 455. A poison was falsely labeled. The sale was made to a druggist, who in turn sold to a customer. The customer recovered damages from the seller who affixed the label. "The defendant's negligence", it was said, "put human life in imminent danger." A poison, falsely labeled, is likely to injure any one who gets it. Because the danger is to be foreseen, there is a duty to avoid the injury. Cases were cited by way of illustration in which manufacturers were not subject to any duty irrespective of contract. The distinction was said to be that their conduct, though negligent, was not likely to result in injury to any one except the purchaser. We are not required to say whether the chance of injury was always as remote as the distinction assumes. Some of the illustrations might be rejected today. The principle of the distinction is, for present purposes, the important thing. Thomas v. Winchester became quickly a landmark of the law. In the application of its principle there may, at times, have been uncertainty or even error. There has never in this state been doubt or disavowal of the principle itself. The chief cases are well known, yet to recall some of them will be helpful. Loop v. Litchfield, 42 N.Y. 351, 1 Am.Rep. 513, is the earliest. It was the case of a defect in a small balance wheel used on a circular saw. The manufacturer pointed out the defect to the buyer, who wished a cheap article and was ready to assume the risk. The risk can hardly have been an imminent one, for the wheel lasted five years before it broke. In the meanwhile the buyer had made a lease of the machinery. It was held that the manufacturer was not answerable to the lessee. Loop v. Litchfield was followed in Losee v. Clute, 51 N.Y. 494, 10 Am. Rep. 638, the case of the explosion of a steam boiler. That decision has been criticized (Thompson on Negligence, 233; Shearman & Redfield on Negligence [6th Ed.] § 117); but it must be confined to its special facts. It was put upon the ground that the risk of injury was too remote. The buyer in that case had not only accepted the boiler, but had tested it. The manufacturer knew that his own test was not the final one. The finality of the test has a bearing on the measure of diligence owing to persons other than the purchaser. Beven, Negligence (3 d Ed.) pp. 50, 51, 54; Wharton, Negligence (2 d Ed.) § 134.

These early cases suggest a narrow construction of the rule. Later cases however, evince a more liberal spirit. First in importance is Devlin v. Smith 89 N.Y. 470, 42 Am. Rep. 311. The defendant, a contractor, built a scaffold for a painter. The painter's servants were injured. The contractor was held liable. He knew that the scaffold, if improperly constructed, was a most dangerous trap. He knew that it was to be used by the workmen. He was building it for that very purpose. Building it for their use, he owed them a duty, irrespective of his contract with their master, to build it with care.

From Devlin v. Smith we pass over intermediate cases and turn to the latest case in this court in which Thomas v. Winchester was followed. That case is Statler v. Ray Mfg.Co., 195 N.Y. 478, 480, 88 N.E. 1063. The defendant manufactured a large coffee urn. It was installed in a restaurant. When heated, the urn exploded and injured the plaintiff. We held that the manufacturer was liable. We said that the urn "was of such a character inherently that, when applied to the purposes for which it was designed, it was liable to become a source of great danger to many people if not carefully and properly constructed".

It may be that Devlin v. Smith and Statler v. Ray Mfg.Co. have extended the rule of Thomas v. Winchester. If so, this court is committed to the extension. The defendant argues that things imminently dangerous to life are poisons, explosives, deadly weapons – things whose normal function it is to injure or destroy. But whatever the rule in Thomas v. Winchester may once have been, it has no longer that restricted meaning. A scaffold (Devlin v. Smith, supra) is not inherently a destructive instrument. It becomes destructive only if imperfectly constructed. A large coffee urn (Statler v. Ray Mfg.Co., supra) may have within itself, if negligently made, the potency of danger, yet no one thinks of it as an implement whose normal function is destruction. What is true of the coffee urn is equally true of bottles of aerated water. Torgesen v. Schultz, 192 N.Y. 156, 84 N.E. 956, 18 L.R.A. (N.S.) 726, 127 Am.St.Rep. 894. We have mentioned only cases in this court. But the rule has received a like extension in our courts of intermediate appeal. In Burke v. Ireland, 26 App.Div. 487, 50 N.Y.Supp. 369, in an opinion by Cullen, J., it was applied to a builder who constructed a defective building; in Kahner v. Otis Elevator Co., 96 App.Div. 169, 89 N.Y.Supp. 185, to the manufacturer of an elevator; in Davies v. Pelham Hod Elevating Co., 65 Hun, 573, 20 N.Y.Supp. 523, affirmed in this court without opinion, 146 N.Y. 363, 41 N.E. 88, to a contractor who furnished a defective rope with knowledge of the purpose for which the rope was to be used. We are not required at this time either to approve or to disapprove the application of the rule that was made in these cases. It is enough that they help to characterize the trend of judicial thought.

Devlin v. Smith was decided in 1882. A year later a very similar case came before the Court of Appeal in England (Heaven v. Pender, 11 Q.B.D. 503). We find in the opinion of Brett, M.R., afterwards Lord Esher, the same conception of a duty, irrespective of contract, imposed upon the manufacturer by the law itself:

"Whenever one person supplies goods or machinery or the like, for the purpose of their being used by another person under such circumstances that every one of ordinary sense would, if he thought, recognize at once that unless he used ordinary care and skill with regard to the condition of the thing supplied, or the mode of supplying it, there will be danger of injury to the person or property of him for whose use the thing is supplied, and who is to use it, a duty arises to use ordinary care and skill as to the condition or manner of supplying such thing."

He then points out that for a neglect of such ordinary care or skill whereby injury happens, the appropriate remedy is an action for negligence. The right to enforce this liability is not to be confined to the immediate buyer. The right, he says, extends to the persons or class of persons for whose use the thing is supplied. It is enough that the goods "would in all probability be used at once before a reasonable opportunity for discovering any defect which might exist", and that the thing supplied is of such a nature "that a neglect of ordinary care or skill as to its condition or the manner of supplying it would probably cause danger to the person or property of the person for whose use it was supplied, and who was about to use it". On the other hand, he would exclude a case "in which the goods are supplied under circumstances in which it would be a chance by whom they would be used or whether they would be used or not, or whether they would be used before there would probably be means of observing any defect", or where the goods are of such a nature that "a want of care or skill as to their condition or the manner of supplying them would not probably produce danger of injury to person or property". What was said by Lord Esher in that case did not command the full assent of his associates. His opinion had been criticized "as requiring every man to take affirmative precautions to protect his neighbors as well as to refrain from injuring them". Bohlen, Affirmative Obligations in the Law of Torts, 44 Am.Law.Reg. (N.S.) 341. It may not be an accurate exposition of the law of England. Perhaps it may need some qualification even in our own state. Like most attempts at comprehensive definition, it may involve errors of inclusion and of exclusion. But its tests and standards, at least, in their underlying principles, with whatever qualification may be called for as they are applied to varying conditions, are the tests and standards of our law.

[1–4] We hold, then, that the principle of Thomas v. Winchester is not limited to poisons, explosives, and things of like nature, to things which in their normal operation are implements of destruction. If the nature of a thing is such that it is reasonably certain to place life and limb in peril when negligently made, it is then a thing of danger. Its nature gives warning of the consequences to be expected. If to the element of danger there is added knowledge that the thing will be used by persons other than the purchaser, and used without new tests, then, irrespective of contract, the manufacturer of this thing of danger is under a duty to make it carefully. That is as far as we are required to go for the decision of this case. There must be knowledge of a danger, not merely possible, but probable. It is possible to use almost anything in a way that will make it dangerous if defective. That is not enough to charge the manufacturer with a duty independent of his contract. Whether a given thing is dangerous may be sometimes a question for the court and sometimes a question for the jury. There must also be knowledge that in the usual course of events the danger will be shared by others than the buyer. Such knowledge may often be inferred from the nature of the transaction. But it is possible that even knowledge of the danger and of the use will not always be enough. The proximity or remoteness or the relation is a factor to be considered. We are dealing now with the liability of the manufacturer of the finished product, who puts it on the market to be used without inspection by his customers. If he is negligent, where danger is to be foreseen, a liability will follow.

[5] We are not required, at this time, to say that it is legitimate to go back of the manufacturer of the finished product and hold the manufacturers of the component parts. To make their negligence a cause of imminent danger, an independent cause must often intervene; the manufacturer of the finished product must also fail in his duty of inspection. It may be that in those circumstances the negligence of the earlier members of the series is too remote to constitute, as to the ultimate user, an actionable wrong. Beven on Negligence (3 d Ed.) 50, 51, 54; Wharton on Negligence (2 d Ed.) 5 134; Leeds v. N.Y.Tel. Co., 178 N.Y. 118, 70 N.E. 219; Sweet v. Perkins, 196 N.Y. 482, 90 N.E. 50; Hayes v. Hyde Park, 153 Mass. 514, 516, 27 N.E. 522, 12 L.R.A. 249. We leave that question open. We shall have to deal with it when it arises. The difficulty which it suggests is not present in this case. There is here no break in the chain of cause and effect. In such circumstances, the presence of a known danger, attendant upon a known use, makes vigilance a duty. We have put aside the notion that the duty to safeguard life and limb, when the consequences of negligence may be foreseen, grows out of contract and nothing else. We have put the source of the obligation where it ought to be. We have put its source in the law.

[6, 7] From this survey of the decisions, there thus emerges a definition of the duty of a manufacturer which enables us to measure this defendant's liability. Beyond all question, the nature of an automobile gives warning of probable danger if its construction is defective. This automobile was designed to go 50 miles an hour. Unless its wheels were sound and strong, injury was almost certain. It was as much a thing of danger as a defective engine for a railroad. The defendant knew the danger. He knew

also that the car would be used by persons other than the buyer. This was apparent from its size; there were seats for three persons. It was apparent also from the fact that the buyer was a dealer in cars, who bought to resell. The maker of this car supplied it for the use of purchasers from the dealer just as plainly as the contractor in Devlin v. Smith supplied the scaffold for use by the servants of the owner. The dealer was indeed the one person of whom it might be said with some approach to certainty that by him the car would not be used. Yet the defendant would have us say that he was the one person whom it was under a legal duty to protect. The law does not lead us to so inconsequent a conclusion. Precedents drawn from the days of travel by stagecoach do not fit the conditions of travel today. The principle that the danger must be imminent does not change, but the things subject to the principle do change. They are whatever the needs of life in a developing civilization require them to be.

In reaching this conclusion, we do not ignore the decisions to the contrary in other jurisdictions. It was held in Cadillac Co. v. Johnson, 221 Fed. 801, 137 C.C.A. 279, L.R.A. 1915 E, 287, that an automobile is not within the rule of Thomas v. Winchester. There was, however, a vigorous dissent. Opposed to that decision is one of the Court of Appeals of Kentucky Olds Motor Works v. Shaffer, 145 Ky. 616, 140 S.W 1047, 37 L.R.A. (N.S.) 560, Ann. Cas. 1913 B, 689. The earlier cases are summarized by judge Sanborn in Huset v. J. I. Case Threshing Machine Co., 120 Fed. 865, 57 C.D.A. 237, 61 L.R.A. 303. Some of them, at first sight inconsistent with our conclusion, may be reconciled upon the ground that the negligence was too remote, and that another cause had intervened. But even when they cannot be reconciled, the difference is rather in the application of the principle than in the principle itself. Judge Sanborn says, for example, that the contractor who builds a bridge, or the manufacturer who builds a car, cannot ordinarily foresee injury to other persons than the owner as the probable result. 120 Fed. 865, at page 867, 57 C.C.A. 237, at page 239, 61 L.R.A. 303. We take a different view. We think that injury to others is to be foreseen not merely as a possible, but as an almost inevitable result. See the trenchant criticism in Bohlen, supra, at page 351. Indeed, Judge Sanborn concedes that his view is not to be reconciled with our decision in Devlin v. Smith, supra. The doctrine of that decision has now become the settled law of this state, and we have no desire to depart from it.

In England the limits of the rule are still unsettled. Winterbottom v. Wright, 10 M. & W 109, is often cited. The defendant undertook to provide a mail coach to carry the mail bags. The coach broke down from latent defects in its construction. The defendant, however, was not the manufacturer. The court held that he was not liable for injuries to a passenger. The case was decided on a demurrer to the declaration. Lord Esher points out in Heaven v. Pender, supra, at page 513, that the form of the declaration was subject to criticism. It did not fairly suggest the existence of a duty aside from the special contract which was the plaintiffs main reliance. See the criticism of Winterbottom v. Wright, in Bohlen, supra, at pages 281, 283. At all events, in Heaven v. Pender, supra, the defendant, a dock owner, who put up a staging outside a ship, was held liable to the servants of the shipowner. In Elliot v. Hall, 15 Q.B. D. 315, the defendant sent out a defective truck laden with goods which he had sold. The buyer's servants unloaded it, and were injured because of the defects. It was held that the defendant was under a duty "not to be guilty of negligence with regard to the state and condition of the truck". There seems to have been a return to the doctrine of Winterbottom v. Wright in Earl v. Lubbock, [1905] 1 K.B. 253. In that case, however, as in the earlier one, the defendant was not the manufacturer. He had merely made a contract to keep the van in repair. A later case (White v. Steadman, [1913] 3 K.B. 340, 348) emphasizes that element. A livery stable keeper who sent out a vicious horse was held liable, not merely to his customer, but also to another occupant of the carriage, and Thomas v. Winchester was cited and followed, White v. Steadman, supra, at pages 348, 349. It was again cited and followed in Dominion Natural Gas Co. v. Collins [1909] A.C. 640, 646. From these cases a consistent principle is with difficulty extracted. The English courts, however, agree with ours in holding that one who invites another to make use of an appliance is bound to the exercise of reasonable care. Caledonian Ry. Co. v. Mulholland, [1898] A.C. 216, 277; Inderman v. Dames, L.R. [1 C.P.] 274. That at bottom is the underlying principle of Devlin v. Smith. The contractor who builds the scaffold invites the owner's workmen to use it. The manufacturer who sells the automobile to the retail dealer invites the dealer's customers to use it. The invitation is addressed in the one case to determinate persons and in the other to an indeterminate class, but in each case it is equally plain, and in each its consequences must be the same.

There is nothing anomalous in a rule which imposes upon A., who has contracted with B., a duty to C. and D. and others according as he knows or does not know that the subjectmatter of the contract is intended for their use, We may find an analogy in the law which measures the liability of landlords. If A. leases to B. a tumbledown house, he is not liable, in the absence of fraud, to B.'s guests who enter it and are injured. This is because B. is then under the duty to repair it, the lessor has the right to suppose that he will fulfill that duty, and, if he omits to do so, his guests must look to him Bohlen, supra, at page 276. But if A. leases a building to be used by the lessee at once rule is different. There injury to persons as place of public entertainment, the other than the lessee is to be foreseen, and foresight of the consequences involves the creation of a duty. Junkermann v. Tilyou R. Co., 213 N.Y. 404, 108 N.E. 190, L.R. A. 1915 F, 700, and cases there cited.

[8] In this view of the defendant's liability there is nothing inconsistent with the theory of liability on which the case was tried. It is true that the court told the Jury that "an automobile is not an inherently dangerous vehicle". The meaning, however, is made plain by the context. The meaning is that danger is not to be expected when the vehicle is well constructed. The court left it to the jury to say whether the defendant ought to have foreseen that the car, if negligently constructed, would become "imminently dangerous". Subtle distinctions are drawn by the defendant between things inherently dangerous and things imminently dangerous, but the case does not turn upon these verbal niceties. If danger was to be expected as reasonably certain, there was a duty of vigilance, and this whether you call the danger inherent or imminent. In varying forms that thought was put before the jury. We do not say that the court would not have been justified in ruling as a matter of law that the car was a dangerous thing. If there was any error, it was none of which the defendant can complain.

[9, 10] We think the defendant was not absolved from a duty of inspection because it bought the wheels from a reputable manufacturer. It was not merely a dealer in automobiles. It was a manufacturer of automobiles. It was responsible for the finished

product. It was not a liberty to put the finished product on the market without subjecting the component parts to ordinary and simple tests. Richmond & Danville R. R. Co. v. Elliott, 149 U.S. 266, 272, 13 Sup.Ct. 837, 37 L.Ed. 728. Under the charge of the trial judge nothing more was required of it. The obligation to inspect must vary with the nature of the thing to be inspected. The more probable the danger the greater the need of caution.

There is little analogy between this case and Carlson v. Phoenix Bridge Co., 132 N. Y. 273, 30 N.E. 750, where the defendant bought a tool for a servant's use. The making of tools was not the business in which the master was engaged. Reliance on the skill of the manufacturer was proper and almost inevitable. But that is not the defendant's situation. Both by its relation to the work and by the nature of its business, it is charged with the stricter duty.

Other rulings complained of having been considered, but no error has been found in them.

The judgment should be affirmed, with costs.

Willard Bartlett, C. J. (dissenting). The plaintiff was injured in consequence of the collapse of a wheel of an automobile manufactured by the defendant corporation which sold it to a firm of automobile dealers in Schenectady, who in turn sold the car to the plaintiff. The wheel was purchased by the Buick Motor Company, ready made, from the Imperial Wheel Company of Flint, Mich., a reputable manufacturer of automobile wheels which had furnished the defendant with 80 000 wheels, none of which had proved to be made of defective wood prior to the accident in the present case. The defendant relied upon the wheel manufacturer to make all necessary tests as to the strength of the material therein, and made no such test itself. The present suit is an action for negligence, brought by the subvendee of the motor car against the manufacturer as the original vendor. The evidence warranted a finding by the jury that the wheel which collapsed was defective when it left the hands of the defendant. The automobile was being prudently operated at the time of the accident, and was moving at a speed of only eight miles an hour. There was no allegation or proof of any actual knowledge of the defect on the part of the defendant, or any suggestion that any element of fraud or deceit or misrepresentation entered into the sale.

The theory upon which the case was submitted to the jury by the learned judge who presided at the trial was that, although an automobile is not an inherently dangerous vehicle, it may become such if equipped with a weak wheel; and that if the motor car in question, when it was put upon the market was in itself inherently dangerous by reason of its being equipped with a weak wheel, the defendant was chargeable with a knowledge of the defect so far as it might be discovered by a reasonable inspection and the application of reasonable tests. This liability, it was further held, was not limited to the original vendee, but extended to a subvendee like the plaintiff, who was not a party to the original contract of sale.

I think that these rulings, which have been approved by the Appellate Division, extend the liability of the vendor of a manufactured article further than any case which has yet received the sanction of this court. It has heretofore been held in this state that the liability of the vendor of a manufactured article for negligence arising out of the existence of defects therein does not extend to strangers injured in consequence of such defects, but is confined to the immediate vendee. The exceptions to this general rule which have thus far been recognized in New York are cases in which the article sold was of such a character that danger to life or limb was involved in the ordinary use thereof; in other words, where the article sold was inherently dangerous. As has already been pointed out, the learned trial judge instructed the jury that an automobile is not an inherently dangerous vehicle.

The late Chief Justice Cooley of Michigan, one of the most learned and accurate of American law writers, states the general rule thus:

"The general rule is that a contractor, manufacturer, vendor or furnisher of an article is not liable to third parties who have no contractual relations with him, for negligence in the construction, manufacture, or sale of such article." 2 Cooley on Torts (3 d Ed.), 1486.

The leading English authority in support of this rule, to which all the later cases on the same subject refer, is Winterbottom v. Wright, 10 Meeson & Welsby, 109, which was an action by the driver of a stagecoach against a contractor who had agreed with the postmaster general to provide and keep the vehicle in repair for the purpose of conveying the royal mail over a prescribed route. The coach broke down and upset, injuring the driver, who sought to recover against the contractor on account of its defective construction. The Court of Exchequer denied him any right of recovery on the ground that there was no privity of contract between the parties, the agreement having been made with the postmaster general alone.

"If the plaintiff can sue", said Lord Abinger, the Chief Baron, "every passenger or even any person passing along the road who was injured by the upsetting of the coach might bring a similar action. Unless we confine the operation of such contracts as this to the parties who enter into them the most absurd and outrageous consequences, to which I can see no limit, would ensue."

The doctrine of that decision was recognized as the law of this state by the leading New York case of Thomas v. Winchester, 6 N.Y. 397, 408, 57 Am.Dec. 455, which, however, involved an exception to the general rule. There the defendant, who was a dealer in medicines, sold to a druggist a quantity of belladonna, which is a deadly poison, negligently labeled as extract of dandelion. The druggist in good faith used the poison in filling a prescription calling for the harmless dandelion extract, and the plaintiff for whom the prescription was put up was poisoned by the belladonna. This court held that the original vendor was liable for the injuries suffered by the patient. Chief Judge Ruggles, who delivered the opinion of the court, distinguished between an act of negligence imminently dangerous to the lives of others and one that is not so, saying:

"If A. build a wagon and sell it to B., who sells it to C., and C. hires it to D., who in consequence of the gross negligence of A. in building the wagon is overturned the injured, D. cannot recover damages against A., the builder. A.'s obligation to build the wagon faithfully arises solely out of his contract with B. The public have nothing to do with it. So, for the same reason, if a horse be defectively shod by a smith, and a person hiring the horse from the owner is thrown and injured in consequence of the smith's negligence in showing, the smith is not liable for the injury."

In Torgesen v. Schultz, 192 N.Y. 156, 159, 84 N.E. 956, 18 L.R.A. (N.S.) 726, 127 Am.St.Rep. 894, the defendant was the vendor of bottles of aerated water which were charged under high pressure and likely to explode unless used with precaution when exposed to sudden changes of temperature. The plaintiff, who was a servant of the purchaser, was injured by the explosion of one of these bottles. There was evidence tending to show that it had not been properly tested in order to insure users against such accidents. We held that the defendant corporation was liable notwithstanding the absence of any contract relation between it and the plaintiff – "under the doctrine of Thomas V. Winchester, supra, and similar cases based upon the duty of the vendor of an article dangerous in its nature, or likely to become so in the course of the ordinary usage to be contemplated by the vendor, either to exercise due care to warn users of the danger or to take reasonable care to prevent the article sold from proving dangerous when subjected only to customary usage."

The case of Devlin v. Smith, 89 N.Y. 470, 42 Am.Rep. 311, is cited as an authority in conflict with the view that the liability of the manufacturer and vendor extends to third parties only when the article manufactured and sold is inherently dangerous. In that case the builder of a scaffold 90 feet high, which was erected for the purpose of enabling painters to stand upon it, was held to be liable to the administratrix of a painter who fell therefrom and was killed, being at the time in the employ of the person for whom the scaffold was built. It is said that the scaffold, if properly constructed, was not inherently dangerous, and hence that this decision affirms the existence of liability in the case of an article not dangerous in itself, but made so only in consequence of negligent construction. Whatever logical force there may be in this view it seems to me clear from the language of Judge Rapallo, who wrote the opinion of the court that the scaffold was deemed to be an inherently dangerous structure, and that the case was decided as it was because the court entertained that view. Otherwise he would hardly have said, as he did, that the circumstances seemed to bring the case fairly within the principle of Thomas v. Winchester.

I do not see how we can uphold the judgment in the present case without overruling what has been so often said by this court and other courts of like authority in reference to the absence of any liability for negligence on the part of the original vendor of an ordinary carriage to any one except his immediate vendee. The absence of such liability was the very point actually decided in the English case of Winterbottom v. Wright, supra, and the illustration quoted from the opinion of Chiefjudge Ruggles in Thomas v. Winchester, supra, assumes that the law on the subject was so plain that the statement would be accepted almost as a matter of course. In the case at bar the defective wheel on an automobile, moving only eight miles an hour, was not any more dangerous to the occupants of the car than a similarly defective wheel would be to the occupants of a carriage drawn by a horse at the same speed, and yet, unless the courts have been all wrong on this question up to the present time, there would be no liability to strangers to the original sale in the case of the horsedrawn carriage.

The rule upon which, in my judgment, the determination of this case depends, and the recognized exceptions thereto, were discussed by Circuitjudge Sanborn, of the United States Circuit Court of Appeals in the Eighth Circuit, in Huset v. J. 1. Case Threshing Machine Co., 120 Fed. 865, 57 C.C.A. 237, 61 L.R.A. 303, in an opinion which reviews all the leading American and English decisions on the subject up to the time when it was rendered (1903). I have already discussed the leading New York cases, but as to the rest I feel that I can add nothing to the learning of that opinion or the cogency of its reasoning. I have examined the cases to which judge Sanborn refers, but if I were to discuss them at length, I should be forced merely to paraphrase his language, as a study of the authorities he cites has led me to the same conclusion; and the repetition of what has already been so well said would contribute nothing to the advantage of the bench, the bar, or the individual litigants whose case is before us. A few cases decided since his opinion was written, however, may be noticed. In Earl v. Lubbock, [1905] L.R. 1 K.B. Div. 253, the Court of Appeal in 1904 considered and approved the propositions of law laid down by the Court of Exchequer in Winterbottom v. Wright, supra, declaring that the decision in that case, since the year 1842, had stood the test of repeated discussion. The Master of the Rolls approved the principles laid down by Lord Abinger as based upon sound reasoning; and all the members of the court agreed that his decision was a controlling authority which must be followed. That the federal courts still adhere to the general rule, as I have stated it, appears by the decision of the Circuit Court of Appeal in the Second Circuit, in March, 1915, in the case of Cadillac Motor Car Co. v. Johnson, 221 Fed. 801, 137 C.C.A. 279, L.R.A. 1915 E, 287. That case, like this, was an action by a subvendee against a manufacturer of automobiles for negligence in failing to discover that one of its wheels was defective, the court holding that such an action could not be maintained. It is true there was a dissenting opinion in that case, but it was based chiefly upon the proposition that rules applicable to stagecoaches are archaic when applied to automobiles, and that if the law did not afford a remedy to strangers to the contract, the law should be changed. If this be true, the change should be effected by the Legislature and not by the courts. A perusal of the opinion in that case and in the Huset Case will disclose how uniformly the courts throughout this country have adhered to the rule and how consistently they have refused to broaden the scope of the exceptions. I think we should adhere to it in the case at bar, and therefore I vote for a reversal of this Judgment.

Hiscock, Chase, and *Cuddeback, JJ.,* concur with *Cardozo, J.,* and *Hogan, J.,* concurs in result. *Willard Bartlett, C.J.,* reads dissenting opinion. *Pound, J.,* not voting.

Judgment affirmed.

MacPherson v. Buick Motor Co.

Court of Appeals of New York

217 N.Y. 382, 111 N.E. 1050 (1916)

B. Deutsche Übersetzung

Klage des Donald C. MacPherson gegen die Buick Motor Company. Der Supreme Court [erstinstanzliches New Yorker Gericht] hat der Klage stattgegeben. Die Appellate Division hat das Urteil bestätigt (160 App.Di. 55, 145 N.Y.Supp. 462). Revision beim Court of Appeals [oberstes New Yorker Gericht]. Die Revision hat keinen Erfolg.

B. Deutsche Übersetzung

Cardozo J. Die Beklagte ist Herstellerin von Automobilen. Sie verkaufte ein Kraftfahrzeug an einen Einzelhändler, der es an den Kläger weiterverkaufte. Während der Kläger sich in dem Wagen befand, brach dieser zusammen. Der Kläger wurde aus dem Fahrzeug geschleudert und erlitt Verletzungen. Eines der Räder war aus mangelhaftem Holz angefertigt, so dass seine Speichen auseinanderbrachen. Das Rad selbst war nicht von der Beklagten hergestellt worden. Diese hatte es vielmehr von einem anderen Hersteller gekauft. Es steht dennoch fest, dass der Mangel bei zumutbarer Überprüfung hätte entdeckt werden können. Diese Untersuchung war jedoch unterlassen worden. Es wird nicht vorgetragen, dass die Beklagte den Mangel kannte und arglistig verschwiegen hat. Mit anderen Worten: Der Sachverhalt fällt nicht unter die rule [den Rechtssatz] in Kuelling v. Lean Mfg. Co., 183 N.Y. 78, 75 N.E. 1098, 2 L.R.A. (N.S.) 303, 111 Am.St.Rep. 691, 5 Ann.Cas. 124. Nicht Betrug (fraud), sondern Fahrlässigkeit (negligence) wird vorgetragen. Die zur Entscheidung anstehende Frage ist, ob die Beklagte jedem, nicht nur dem unmittelbaren Käufer gegenüber, eine Rechtspflicht zur Sorgfalt (duty of care) und Umsicht (vigilance) hatte.

Die Grundlagen zu diesem Rechtsgebiet sind, wenigstens in diesem Staat, durch die Entscheidung Thomas v. Winchester, 6 N.Y. 397, 57 Am.Dec. 455 gelegt worden. Dort war ein Gift falsch etikettiert worden. Der Kaufvertrag war mit einem Drogisten abgeschlossen worden, der seinerseits die Sache an einen Kunden weiterverkauft hatte. Dieser erhielt Schadensersatz zugesprochen zu Lasten des Verkäufers, der das Etikett angebracht hatte. „Der Beklagte", so wurde gesagt, „setzte menschliches Leben einer unmittelbar drohenden Gefahr aus." Ein falsch etikettiertes Gift ist dazu geeignet, jedermann, der es in die Hand bekommt, einen Schaden zuzufügen. Weil die Gefahr voraussehbar ist, besteht eine Pflicht, die Verletzung zu vermeiden. Zur Verdeutlichung wurden Fälle zitiert, in denen dem Hersteller keinerlei Pflichten oblagen, soweit sich diese nicht aus einem konkreteren Fall ergaben. Der Unterschied wurde darin gesehen, dass das Verhalten der Hersteller, obgleich fahrlässig (negligent), nicht zu einer Verletzung jedermanns, mit Ausnahme des Käufers, führen konnte. Wir sind nicht verpflichtet zu entscheiden, ob die Gefahr einer Verletzung immer so gering war, wie in den Beispielsfällen angenommen wurde. Einige der Beispielsfälle würden jetzt möglicherweise abgewiesen werden.

Für heutige Zwecke ist allein der Grundgedanke der Unterscheidung von Bedeutung. Thomas v. Winchester wurde sehr bald ein Meilenstein der Rechtsprechung. In der Anwendung seiner Rechtsprinzipien mögen zeitweise Unsicherheit und sogar Irrtümer aufgetreten sein. Sein Grundgedanke aber ist in diesem Staat niemals angezweifelt oder in Frage gestellt worden. Die bedeutendsten Fälle sind allgemein bekannt, jedoch mag es hilfreich sein, einige in die Erinnerung zurückzurufen. Loop v. Litchfield, 42 N.Y. 351, 1 Am.Rep. 513 ist der älteste Fall. Gegenstand der Entscheidung war ein Defekt an einem kleinen Balance-Rad einer Kreissäge. Der Hersteller wies den Käufer auf den Fehler hin. Der Käufer wollte einen billigen Artikel und war bereit, das Risiko zu tragen. Dieses kann nur schwerlich ein unmittelbares Risiko gewesen sein, da das Rad fünf Jahre einwandfrei lief, bevor es zerbrach. In der Zwischenzeit hatte der Käufer die Maschine vermietet. Das Gericht entschied, dass der Hersteller dem Mieter gegenüber nicht verantwortlich war. Die Rechtsprechung in Loop v. Litchfield wurde fortgesetzt in Losee v. Clute, 51 N.Y. 494, 10 Am.Rep. 638, dem Fall einer Dampfkesselexplosion. Diese Entscheidung hat Kritik hervorgerufen (Thompson on Negligence, 233; Shearman u. Redfield on Negligence [6th

Ed.] § 117). Jedoch muß dieses Urteil unter Berücksichtigung seiner besonderen Umstände betrachtet werden. Grundlage der Entscheidung war, dass das Risiko einer Verletzung zu gering war. Der Käufer hatte den Dampfkessel hier nicht nur akzeptiert, sondern ihn auch ausprobiert. Der Hersteller wußte also, dass sein eigener Test nicht der letzte war. Die Endgültigkeit eines Tests bestimmt das Maß der Sorgfaltspflicht Dritten gegenüber. Beven, Negligence (3rd Ed.) Seiten 50, 51, 54; Wharton, Negligence (2 d Ed.) § 134.

In diesen älteren Fällen wird der Rechtssatz eng ausgelegt. Spätere Fälle zeigen eine liberalere Auffassung. Hier ist von besonderer Bedeutung Devlin v. Smith, 89 N.Y. 470, 42 Am.Rep. 311. Der Beklagte, ein Bauunternehmer, errichtete für einen Malermeister ein Baugerüst. Angestellte des Malermeisters wurden verletzt. Das Gericht hielt den Bauunternehmer für schadensersatzpflichtig. Er wußte, dass das Baugerüst, soweit es nicht einwandfrei errichtet war, eine große Gefahrenquelle darstellte. Er wußte ebenso, dass es von den Arbeitern benutzt werden sollte. Gerade für diesen Zweck hatte er den Auftrag ausgeführt. Indem er es nun für deren Gebrauch erstellte, bestand für ihn, unabhängig von seinem Vertrag mit dem Arbeitgeber, den Arbeitern gegenüber eine Sorgfaltspflicht.

Nach der Beschäftigung mit Devlin v. Smith überspringen wir zwischenzeitlich ergangene Entscheidungen und wenden uns unmittelbar dem letzten Fall zu, bei dem das Gericht Thomas v. Winchester folgte. Das ist die Entscheidung in Statler v. Ray Mfg. Co., 195 N.Y. 478, 480, 88 N.E. 1063. Der Beklagte stellte eine große Kaffeemaschine her. Sie wurde in einem Restaurant installiert. Als man die Maschine anheizte, explodierte sie und verletzte den Kläger. Wir haben den Hersteller für schadensersatzpflichtig erklärt. Im einzelnen haben wir ausgeführt, „die Maschine sei solcher Art gewesen, dass sie bei zweckentsprechender Verwendung notgedrungen dann eine große Gefahrenquelle für viele Menschen darstellen würde, wenn sie nicht mit der nötigen Sorgfalt und Umsicht konstruiert worden sei".

Es mag sein, dass Devlin v. Smith und Statler v. Ray Mfg. Co. die Rechtsprechung (rule) nach Thomas v. Winchester erweitert haben. Wenn ja, dann wäre dieses Gericht an die Erweiterung gebunden. Die Beklagte trägt vor, unmittelbar lebensgefährliche Dinge seien Gifte, Explosivstoffe und tödliche Waffen – Dinge, deren normale Funktion es ist, zu verletzen und zu zerstören. Aber was immer der Rechtssatz in Thomas v. Winchester gewesen sein mag, er findet heute nicht mehr eine derart enge Anwendung. Ein Gerüst (Devlin v. Smith, siehe oben) ist nicht von sich aus gefährlich. Das wird es nur dann, wenn es mangelhaft konstruiert worden ist. Eine große Kaffeemaschine (Statler v. Ray Mfg. Co., siehe oben) mag, soweit sie fehlerhaft hergestellt ist, die Gefahr einer Verletzung in sich bergen; jedoch wird niemand sie als ein Gerät einstufen, dessen normale Funktion es ist, zu zerstören. Was für eine Kaffeemaschine zutrifft, gilt gleichermaßen für Flaschen mit kohlensaurem Wasser. Torgesen v. Schultz, 192 N.Y. 156, 84 N.E. 956, 18 L.R.A. (N.S.) 726, 127 Am.St. Rep. 894. Wir haben nur Fälle erwähnt, die von diesem Gericht entschieden worden sind. Jedoch hat die rule eine ähnliche Ausweitung auch bei den Gerichten der Vorinstanz erfahren. In einer von J. Cullen abgefaßten opinion in Burke v. Ireland, 26 App.Div. 487, 50 N.Y.Supp. 369 fand sie Anwendung in einem Fall, in dem ein Bauunternehmer ein mangelhaftes Haus errichtet hatte; in Kahner v. Otis Elevator Co., 96 App.Div. 169, 89 N.Y.Supp. 185, betraf sie den Hersteller eines Aufzuges;

in Davies v. Pelham Hod Elevating Co., 65 Hun. 573, 20 N.Y.Supp. 523, bestätigt durch dieses Gericht ohne opinion, 146 N.Y 363, 41 N.E. 88 den Hersteller eines defekten Seiles, der bei der Anfertigung des Seiles wußte, wozu es benutzt werden sollte. Wir sind hier nicht verpflichtet, die Anwendung der rule in jenen Fällen gutzuheißen oder abzulehnen. Es genügt, dass sie dazu beitragen, den Trend dieses Rechtsgedankens zu charakterisieren.

Devlin v. Smith wurde entschieden im Jahre 1882. Ein Jahr später kam ein sehr ähnlicher Fall vor den Court of Appeal in England zur Entscheidung (Heaven v. Pender, 11 Q.B.D. 503). In der opinion von M. R. [Master of the Rolls] Brett, dem späteren Lord Esher, finden wir dieselbe Auffassung von einer Rechtspflicht zur Sorgfalt des Herstellers, und zwar ohne Rücksicht auf einen Vertrag:

„Lieferte jemand Waren, Maschinen oder ähnliche Güter zum Zwecke der Benutzung durch einen anderen unter Umständen, dass jeder vernünftig denkende Mensch sofort erkennen muß, es bestehe, wenn nicht normale Sorgfalt und Umsicht unter Berücksichtigung der Beschaffenheit der gelieferten Sache angewendet wird, die Gefahr einer Verletzung von Personen und Eigentum, für die oder das die Sache angeschafft worden ist, so besteht die Pflicht zur Anwendung gewöhnlicher Sorgfalt und umsichtiger Ausführung bei der Lieferung einer solchen Sache unter Berücksichtigung der Beschaffenheit und der Art und Güte der Sache."

Hiernach weist er darauf hin, dass, soweit eine Verletzung wegen Außerachtlassung der gewöhnlichen Sorgfalt und Umsicht eintritt, das entsprechende Rechtsmittel eine Klage wegen negligence ist. Die Einklagbarkeit dieser Pflicht beschränkt sich nicht auf den unmittelbaren Käufer. Dieses Recht erstreckt sich auf alle Personen bzw. den Personenkreis, für deren Gebrauch die Sache geliefert worden ist. Ausreichend ist die „Wahrscheinlichkeit, die Waren würden in Gebrauch genommen vor der unter normalen Umständen zu erwartenden Entdeckung möglicher Fehler". Ausreichend ist ferner, wenn die Sache von solcher Natur ist, dass das Unterlassen einer der Beschaffenheit und Art und Güte entsprechenden einfachen Sorgfalt bei der Lieferung möglicherweise die Gefahr einer Verletzung der Person, die die Sache in Gebrauch nimmt, bzw. der Güter, für die die Sache angeschafft wurde, herbeiführt". Andererseits würde er Fälle ausschließen, „in denen Waren unter Verhältnissen geliefert worden sind, in denen die Möglichkeit besteht, dass jeglicher Fehler von dem Benutzer entdeckt wird", unabhängig davon, ob die Waren nun benutzt werden oder nicht, oder ob sie vor dem zugedachten Zeitpunkt in Gebrauch genommen wurden. Gleiches gilt für solche Waren, bei denen „eine gewünschte entsprechende Sorgfalt und Umsicht bei Lieferung eine Personen- und Sachverletzungsgefahr ausschließt." Lord Eshers Auffassung hat nicht die volle Zustimmung seiner Richterkollegen gefunden. Seine opinion ist kritisiert worden als ein „Gebot für jedermann, im gleichen Maße, wie er es zu unterlassen hat, seine Nachbarn zu verletzen, Schutzvorkehrungen für sie zu treffen". Bohlen, Affirmative Obligations in the Law of Torts, 44 Am.Law Reg. (N.S.) 341. Dies mag keine typische Darlegung englischen Rechts sein. Möglicherweise müssen wir diese Rechtsprechung in unserem Staat Einschränkungen unterwerfen. Ähnlich wie bei vielen Versuchen umfassender Definitionen stellen wir Irrtümer in Fragen der Einbeziehung und des Ausschlusses fest. Jedoch stimmen wenigstens die Rechtsprinzipien in ihren Grundlagen mit den unseren überein, unabhängig davon, mit welchen Modifizierungen sie bei veränderten Sachlagen Anwendung finden mögen.

[1–4] Wir entscheiden, dass der Grundsatz in Thomas v. Winchester nicht auf Gifte, Explosivstoffe und ähnliche Dinge beschränkt ist, die bei normalem Gebrauch Instrumente der Zerstörung und Gefährdung darstellen. Liegt es in der Natur einer Sache, dass sie mit gewisser Bestimmtheit Gefahr für Leib und Leben heraufbeschwören kann, wenn sie nachlässig hergestellt ist, dann zählt sie zu gefährlichen Sachen. Allein ihre Beschaffenheit warnt vor möglicherweise eintretenden Gefährdungen. Ist zusätzlich zu dem Gefahrenelement bekannt, dass die Sache von anderen Personen als dem Käufer in Gebrauch genommen wird, und zwar ohne eine neue Überprüfung, dann obliegt es dem Hersteller, unabhängig von dem konkreten Vertrag, bei der Anfertigung die nötige Sorgfalt anzuwenden. Dies ist, soweit von uns zu entscheiden, wesentlich für den vorliegenden Fall. Notwendig ist die Kenntnis einer nicht nur möglichen, sondern wahrscheinlichen Gefahrenquelle. Man kann annähernd alles in einer Art und Weise benutzen, die eine Sache im Falle eines Defekts gefährlich werden läßt. Dies allein reicht nicht aus, um einem Hersteller eine außerhalb des konkreten Vertrages obliegende Sorgfaltspflicht abzufordern.

Ob eine gegebene Sache gefährlich ist, mag teils durch den Richter, teils durch die Jury zu beurteilen sein. Es muß ferner Kenntnis darüber vorliegen, dass bei gewöhnlichem Kausalverlauf andere Personen als der Käufer gefährdet werden können. Solche Kenntnis mag häufig aus der Natur des Rechtsgeschäfts gefolgert werden. Aber es ist durchaus möglich, dass selbst Kenntnis der Gefahr sowie das Wissen um die Ingebrauchnahme nicht immer hinreichend sind. Zusätzlich müssen der Zeitpunkt eines Gefahreneintritts sowie die besonderen Umstände berücksichtigt werden. Wir behandeln hier nur die Haftung des Herstellers eines Fertigprodukts, der dieses zum Gebrauch, und zwar ohne nochmalige Überprüfung durch den Kunden, auf den Markt bringt. Ist dieser Hersteller fahrlässig, wo eine Gefahr vorhersehbar war, so macht er sich schadensersatzpflichtig.

[5] Wir haben hier nicht zu entscheiden, ob es rechtmäßig ist, über den Hersteller eines Fertigprodukts hinaus die Hersteller der Einzelteile zur Rechenschaft zu ziehen. Um deren Fahrlässigkeit zum Bestandteil der drohenden Gefahr zu machen, muß oft ein weiterer Grund hinzukommen; der Hersteller eines Fertigproduktes muß es auch unterlassen haben, seiner Verpflichtung zur Überprüfung nachzukommen. Es mag sein, dass bei solchen Umständen die Fahrlässigkeit eines früheren Gliedes in der Kausalkette zu weit entlegen ist, um, vom Endverbraucher aus gesehen, ein einklagbares Verhalten zu begründen. Beven on Negligence (3rd Ed.) 50, 51, 54; Wharton on Negligence (2 d Ed.) § 134; Leeds v. N.Y. Tel. Co., 178 N.Y. 118, 70 N.E. 219; Sweet v. Perkins 196 N.Y. 482, 90 N.E. 50; Hayes v. Hyde Park, 153 Mass. 514, 516, 27 N.E. 522, 12 L.R.A. 249. Wir lassen diese Frage offen. Wir werden sie lösen, wenn sie vorliegt. Die in ihr enthaltene Schwierigkeit taucht im vorliegenden Fall nicht auf. Wir haben es hier nicht mit einer Unterbrechung in der Kausalkette zu tun. Unter den gegebenen Umständen verpflichten das Bestehen einer bekannten Gefahr und das Wissen um den Gebrauch der Sache zu besonderer Umsicht. Wir haben die Auffassung abgelehnt, dass, wenn die Konsequenzen einer fahrlässigen Handlung voraussehbar sind, die Pflicht zum Schutz von Leib und Leben lediglich aus dem spezifischen Vertrag erwächst. Wir haben den Ursprung dieser Verpflichtung ergründet, wo er zu suchen war. Wir haben ihren Ursprung in unserem Rechtssystem gefunden.

[6, 7] Aus dieser fallrechtlichen Untersuchung ergibt sich eine Definition der Sorgfaltspflicht von Herstellern, die es uns ermöglicht, die Haftungspflicht der Beklagten zu beurteilen. Es steht außer Frage, dass bei einem Auto die Warnung vor einer Gefahr, die bei fehlerhafter Anfertigung auftreten kann, in der Natur der Sache liegt. Das Auto im vorliegenden Fall war für eine Höchstgeschwindigkeit von 50 Meilen pro Stunde konstruiert. Ohne entsprechend gute Räder war ein Unfall mehr oder weniger unvermeidlich. Der Grad der Gefährlichkeit ist in etwa zu vergleichen mit dem einer defekten Maschine für eine Eisenbahn. Die Beklagte kannte die Gefahr. Sie wußte ebenfalls, dass der Wagen auch von anderen Personen als dem Käufer benutzt wurde. Das ergab sich bereits aus der Größe des Fahrzeugs, das über Sitze für drei Personen verfügte. Es ergab sich ferner aus der Tatsache, dass der Käufer ein Autohändler war, der mit dem Ziel des Weiterverkaufs kaufte. Der Hersteller dieses Automobils lieferte es zum Gebrauch durch Käufer in der gleichen Weise, wie der Hersteller in Devlin v. Smith die Leiter zum Gebrauch der Gehilfen des Käufers lieferte. In der Tat war der Wiederverkäufer möglicherweise der einzige, von dem man mit ziemlicher Sicherheit sagen konnte, er werde den Wagen nicht fahren. Dennoch möchte die Beklagte festgestellt wissen, sie habe von Rechts wegen nur dem Händler gegenüber eine Sorgfaltspflicht gehabt. Eine Rechtsauslegung führt uns nicht zu einem solch inkonsequenten Ergebnis. Präjudizien aus der Zeit der Postkutsche werden modernen Verkehrsverhältnissen nicht gerecht. Der Grundsatz, das Gefahr immanent sein muß, besteht weiterhin, nur die Umstände, auf die der Grundsatz Anwendung findet, ändern sich. Sie richten sich nach den Lebensanforderungen einer sich fortentwickelnden Zivilisation.

Mit diesem Ergebnis ignorieren wir nicht entgegenstehende Entscheidungen anderer Gerichte. In Cadillac Co. v. Johnson, 221 Fed. 801, 137 C.C.A. 279, L.R.A. 1915 E, 287, wurde entschieden, dass ein Automobil nicht unter die rule in Thomas v. Winchester fällt. Allerdings ist die Entscheidung nicht ohne nachdrücklichen Widerspruch geblieben. Dieser Entscheidung entgegengesetzt ist eine andere des Court of Appeals of Kentucky: Olds Motor Works v. Shaffer, 145 Ky. 616, 140 S.W. 1047, 37 L.R.A. (N.S.) 560, Ann. Cas. 1913 B, 689. Frühere Fälle sind von Richter Sanborn zusammengefaßt in Huset v. J. I. Case Threshing Machine Co., 120 Fed. 865, 57 C.C.A. 237, 61 L.R.A. 303. Einige von ihnen, die auf den ersten Blick unserer Entscheidung zu widersprechen scheinen, mögen mit ihr auf der Grundlage in Einklang zu bringen sein, dass die fahrlässige Handlung zu weit entlegen war und dass eine weitere Ursache hinzugekommen ist. Aber selbst wenn sie nicht mit unserer Entscheidung in Einklang zu bringen sind, so liegt der Unterschied eher in der konkreten Anwendung des Grundsatzes als in dem Grundsatz selbst. Richter Sanborn hält z. B. nur die Auffassung für billig, dass ein Brückenbauer oder ein Automobilhersteller normalerweise keine Verletzungen anderer Personen als des Eigentümers vorhersehen könne. 120 Fed. 865, 867, 57 C.C.A. 237, 239, 61 L.R.A. 303. Wir sind anderer Meinung. Wir sind der Auffassung, das eine Verletzung anderer Personen nicht einfach als eine nur mögliche, sondern als eine nahezu unausweichbare Folge vorhersehbar ist. Man beachte die scharfe Kritik in Bohlen, S. 351 (siehe oben). In der Tat räumt Richter Sanborn ein, dass seine Rechtsauffassung nicht mit unserer Entscheidung in Devlin v. Smith, oben, übereinstimmt. Die Doktrin dieser Entscheidung ist heute ständige Rechtsprechung in diesem Staat, und wir sehen keine Veranlassung, von ihr abzuweichen.

In England sind die Grenzen dieser rule immer noch nicht klar festgelegt. Winterbottom v. Wright, 10 M.u.W. 109 ist eine häufig zitierte Entscheidung. Der Beklagte lieferte eine Postkutsche zum Transport von Postsäcken. Die Kutsche brach wegen offensichtlicher Konstruktionsfehler zusammen. Der Beklagte war allerdings nicht der Hersteller. Das Gericht hielt den Beklagten nicht für schadensersatzpflichtig hinsichtlich der Verletzungen der Passagiere.

Die Klage wurde wegen Unschlüssigkeit abgewiesen. Darauf weist auch Lord Esher in Heaven v. Pender, Seite 513 (siehe oben) hin. Mit der Klage wurde nämlich nicht behauptet, dass neben dem eigentlichen Vertrag, auf den sich der Kläger in erster Linie stützte, noch eine besondere (weitere) Rechtspflicht auf seiten der Beklagten bestanden habe. Siehe hierzu die Kritik zu Winterbottom v. Wright in Bohlen, S. 281, 283 (siehe oben). Jedenfalls aber wurde in Heaven v. Pender der beklagte Eigentümer einer Hafenanlage, der ein Gerüst aus einem Schiff entlud, zum Schadensersatz gegenüber den Bediensteten des Schiffseigners verurteilt. In Elliot v. Hall, 15 Q.B.D. 315 schickte der Beklagte einen mit von ihm verkauften Waren beladenen defekten Lastwagen heraus. Beim Entladen des Fahrzeugs wurden die Bediensteten des Käufers infolge dieses Defektes verletzt. In dem Urteil wurde festgestellt, der Beklagte habe die Rechtspflicht, „jegliche Art von Fahrlässigkeit (negligence) hinsichtlich der Beschaffenheit des Lastwagens zu vermeiden". In Earl v. Lubbock, [1905] 1 K.B. 253 scheint eine Rückkehr zur Doktrin in Winterbottom v. Wright vorzuliegen. Allerdings war in diesem Fall, wie auch im vorherigen, der Beklagte nicht Hersteller. Er hatte sich lediglich durch Vertrag zur Reparatur des Lieferwagens verpflichtet. Ein späterer Fall (White v. Steadman, [1913] 3 K.B. 340, 348) hebt diesen Punkt stärker hervor. Das Gericht erklärte unter Hinweis auf Thomas v. Winchester einen Mietstallbesitzer, der ein bösartiges Pferd vermietet hatte, nicht nur gegenüber seinem Kunden, sondern auch gegenüber einem anderen Fahrgast für schadensersatzpflichtig, White v. Steadman, S. 348, 349 (siehe oben). Der Entscheidung Thomas v. Winchester wurde wiederum gefolgt in Dominion Natural Gas Co. v. Collins [1909] A.C. 640, 646. Diesen Fällen ist nur schwer ein beständiges Entscheidungsprinzip zu entnehmen. Immerhin stimmen die englischen Gerichte mit unserem insoweit überein, als sie jemanden, der einen anderen zum Gebrauch eines Gerätes veranlaßt, zu einer angemessenen Sorgfalt verpflichten. Caledonian Ry Co. v. Mulholland, 1898 A.C. 216, 227; Inderman v. Dames, L.R. 1 C.P. 274. In Wirklichkeit ist das der Rechtsgrundsatz, der Devlin v. Smith zugrunde liegt. Der Hersteller eines Baugerüsts veranlaßt die Arbeitnehmer des Eigentümers zu dessen Gebrauch. Verkauft der Hersteller von Automobilen ein Fahrzeug an einen Wiederverkäufer, so veranlaßt er die Kunden des Händlers zum Gebrauch des Fahrzeugs. Einmal wird das Veranlassungsprinzip herangezogen, um den Personenkreis zu bestimmen, in dem anderen Fall findet es Anwendung auf eine unbestimmte Personenzahl. In jedem der beiden Fälle ist die Bestimmung jedoch in gleicher Weise einfach, und in beiden Streitigkeiten sind die aus der Veranlassung sich ergebenden Konsequenzen die gleichen.

Nichts ist ungewöhnlich an einer Rechtsnorm (rule), die dem A., der einen Vertrag mit B. hat, eine Rechtspflicht gegenüber C. und D. oder anderen gegenüber aufgibt, entsprechend seiner Kenntnis bzw. Unkenntnis, dass der Vertragsgegenstand zur Ingebrauchnahme durch jene bestimmt ist. Möglicherweise finden wir eine Analogie im Haftungsrecht von Vermietern. Vermietet A. an B. ein baufälliges Haus, so ist er, soweit keine unerlaubte Handlung vorliegt, gegenüber B.'s Gästen, die das Haus betreten und verletzt werden, nicht schadensersatzpflichtig. Das ergibt sich aus der vorrangigen Rechtspflicht des Mieters. Der Vermieter kann rechtmäßig davon ausgehen, dass der Mieter diese Rechtspflicht erfüllt; unterläßt er es, so müssen sich seine Gäste an ihn halten, Bohlen, S. 276 (siehe oben). Anders ist es jedoch, wenn A. ein Gebäude vermietet in dem Wissen, der Mieter werde es als einen Vergnügungsort für eine breitere Öffentlichkeit benutzen. In diesem Falle sind Verletzungen anderer Personen als des Mieters vorhersehbar. Diese Vorhersehbarkeit hat eine Rechtspflicht auch solchen Personen gegenüber zur Folge, Junkermann v. Tilyou R. Co., 213 N.Y. 404, 108 N.E. 190, L.R.A. 1915 F, 700 m. w. N.

[8] Betrachtet man die Haftpflicht der Beklagten unter diesem Gesichtspunkt, so findet sich kein Widerspruch zur Theorie der Haftpflicht, die dem vorliegenden Fall zugrunde gelegt worden ist. Es ist wahr, dass das Gericht die Jury belehrt hat, „ein Automobil sei seiner Natur nach kein gefährlicher Gegenstand". Die Bedeutung wird nämlich klar bei Berücksichtigung des Sachzusammenhangs. Gemeint ist, dass ein Automobil dann nicht gefährlich ist, wenn es einwandfrei gearbeitet ist. Das Gericht hat es der Jury überlassen zu entscheiden, ob die Beklagte es hätte vorhersehen müssen, dass ein Wagen, der nachlässig gebaut war, eine „unmittelbar drohende" Gefahr darstellte. Die Beklagte macht spitzfindige Unterscheidungen geltend zwischen Sachen, denen von sich aus eine Gefahr anhaftet (inherently dangerous), und Sachen, die eine unmittelbar drohende Gefahr darstellen (imminently dangerous); im konkreten Fall geben jedoch solche verbalen Spitzfindigkeiten nicht den Ausschlag. Wenn der Eintritt einer Gefahr bei vernünftiger Beurteilung als sicher erwartet werden mußte, dann bestand eine Sorgfaltspflicht, unabhängig davon, ob man nun die Gefahr innewohnend oder drohend nennt. Dieser Gedanke ist in verschiedenen Formen der Jury vorgetragen worden. Wir sagen nicht, dass das Gericht nicht berechtigt gewesen wäre, als eine Rechtsfrage zu beurteilen, ob der Wagen eine gefährliche Sache darstellte. Wenn es hier irgendeinen Irrtum gegeben hat, so war es doch keiner, den die Beklagte geltend machen kann.

[9, 10] Wir sind der Auffassung, dass die Beklagte nicht etwa deshalb frei war von einer Rechtspflicht, den Wagen zu überprüfen, weil sie die Räder von einem angesehenen Hersteller gekauft hatte. Sie war nämlich nicht nur Automobilhändlerin, sondern Produzentin und damit für das fertige Produkt verantwortlich. Sie hatte nicht freie Hand, das fertige Produkt auf den Markt zu bringen, ohne die Einzelteile einem üblichen einfachen Test zu unterziehen, Richmond u. Danville R. R. Co. v. Elliott, 149 U.S. 266, 272, 13 Sup.Ct. 837, 37 L.Ed. 728. Mehr wurde auch von dem Sachgericht nicht gefordert. Die Verpflichtung zur Überprüfung einer Sache variiert je nach der Natur der Sache. Je wahrscheinlicher die Gefahr, desto mehr Vorsichtsmaßnahmen sind erforderlich.

Nur wenig Ähnlichkeit besteht zwischen diesem Fall und Carlson v. Phoenix Bridge Co., 132 N.Y. 273, 30 N.E. 750, in dem der Beklagte ein Werkzeug kaufte, das zum Gebrauch durch einen Bediensteten bestimmt war. Der Arbeitgeber war kein Werkzeughersteller. Es war verständlich und unvermeidbar, dass dieser dem Sachverstand des Produzenten vertraute. Das jedoch ist nicht die Situation, in der sich die Beklagte befand. Sie traf eine strengere Rechtspflicht, zum einen wegen ihrer Beziehung zum Produkt, zum anderen aus der Natur ihres Geschäftsbetriebes.

Soweit andere Ausführungen der Vorinstanz bemängelt werden, hat eine Überprüfung stattgefunden, jedoch ohne Erfolg. Das Urteil wird einschließlich der Kostenentscheidung aufrechterhalten.

Willard Bartlett, C. J. (Minderheitsvotum, dissenting). Der Kläger erlitt Verletzungen, weil ein Rad eines von der Beklagten hergestellten Wagens, der von dieser an einen Händler, von dort wiederum an den Kläger verkauft worden war, brach. Das Rad war seitens der Buick Motor Company als Fertigteil von der Imperial Wheel Company of Flint, Mich., gekauft worden. Diese war eine angesehene Firma auf dem Gebiet der Herstellung von Rädern für Automobile. Sie hatte die Beklagte his dahin mit insgesamt 80 000 Rädern beliefert. Vor dem diesem Fall zugrundeliegenden Unfall hatte sich keines der gelieferten Räder als aus fehlerhaftem Holz verarbeitet erwiesen. Die Beklagte vertraute darauf, dass die Radherstellerin alle erforderlichen Überprüfungen, wie z. B. hinsichtlich der Festigkeit des Materials, vornehmen werde. Sie selbst führte derartige Tests nicht durch. Bei der hier vorliegenden Streitigkeit handelt es sich um eine Klage auf Schadensersatz aufgrund fehlerhaften, fahrlässigen Verhaltens (action for negligence). Kläger ist der (Letzt-)Käufer des Wagens gegen den Hersteller als (Erst-)Verkäufer. Es steht fest, dass das gebrochene Wagenrad defekt war, als die Beklagte es auslieferte. Zur Unfallzeit wurde das Fahrzeug mit einer Geschwindigkeit von nur 8 Meilen pro Stunde vernünftig gefahren. Es wird weder behauptet, noch geht die Überprüfung dahin, dass die Beklagte irgendeine Kenntnis von dem Defekt hatte. Ferner fehlt jeglicher Anhaltspunkt für Betrug (fraud), arglistige Täuschung (deceit) oder sonstige falsche Angaben (misrepresentation) beim Verkauf.

Der Rechtsgedanke, mit dem der erfahrene Richter der Tatsacheninstanz die Sache zur Entscheidung durch die Jury abgab, war der, dass ein Automobil zwar nicht von sich aus eine gefährliche Sache sei, es aber dann werden könne, wenn es mit einem fehlerhaften Rad ausgerüstet sei. Ist aber ein derart auf den Markt gebrachter Wagen von sich aus ein gefährlicher Gegenstand, so trägt die Beklagte die Last der Kenntnis des Mangels, soweit dieser bei einer vernünftigen Überprüfung und bei Anwendung geeigneter Tests entdeckt worden wäre. Diese Haftpflicht ist nicht lediglich auf den ursprünglichen Käufer beschränkt. Sie besteht auch, wie im Falle des Klägers, hinsichtlich eines Endverbrauchers, der nicht Partei des ursprünglichen Kaufvertrages ist.

Meiner Ansicht nach dehnt ein derartiger Rechtsanspruch, der auch durch die Appellate Division bestätigt wurde, die Haftung des Verkäufers eines hergestellten Artikels weiter aus als jeder andere Fall, der bislang die Zustimmung dieses Gerichts gefunden hat. Die Rechtsprechung in diesem Staat ging bislang davon aus, dass die negligence Haftung des Verkäufers einer hergestellten Ware wegen eines der Sache anhaftenden Mangels sich nicht auf „Dritte" erstreckt, die infolge des Fehlers verletzt worden sind, sondern auf den unmittelbaren Käufer beschrankt ist. In New York anerkannte Ausnahmen stellen Fälle dar, in denen das verkaufte Produkt seiner Art nach bereits eine Gefahr für Leib und Leben darstellte; mit anderen Worten, das Produkt war von sich aus gefährlich. Wie schon erwähnt, hat der Richter der Tatsacheninstanz die Jury dahin gehend belehrt, dass ein Kraftfahrzeug keine von sich aus gefährliche Sache darstellt.

Der verstorbene Chief Justice Cooley von Michigan, einer der hervorragendsten und in der Literatur bekannten amerikanischen Juristen, definiert den allgemeinen Rechtsgrundsatz wie folgt:

B. Deutsche Übersetzung

„Ein Unternehmer, Hersteller, Verkäufer oder Lieferant einer Ware ist Dritten gegenüber, die mit ihm keine vertraglichen Beziehungen haben, für Fahrlässigkeit (negligence) bei der Errichtung, Herstellung oder dem Verkauf der Sache nicht haftbar." 2 Cooley on Torts (3rd Ed.) 1486.

Die führende englische Quelle, die diese rule unterstützt und auf die alle späteren einschlägigen Fälle Bezug nehmen, ist Winterbottom v. Wright, 10 Meeson u. Welsby 109. Dort klagte der Fahrer einer Postkutsche gegen einen Unternehmer, der mit dem Generalpostmeister vereinbart hatte, den Wagen zum Zwecke der Beförderung der königlichen Post über eine abgesteckte Route zur Verfügung zu stellen und für die notwendigen Reparaturen zu sorgen. Der Wagen brach zusammen und stürzte um. Der dabei verletzte Fahrer versuchte, sich gegen den Unternehmer aufgrund der fehlerhaften Konstruktion schadlos zu halten. Der Court of Exchequer lehnte jeglichen Schadensersatzanspruch mit der Begründung ab, es habe zwischen den Parteien keinerlei Vertragsverhältnis bestanden, die Vereinbarung sei vielmehr allein mit dem Generalpostmeister getroffen worden.

„Wenn dieser Kläger ein Klagerecht hat," sagte Lord Abinger, der Chief Baron, „dann muß gleiches auch für jeden Fußgänger gelten, der beim Vorbeigehen durch die umstürzende Postkutsche verletzt worden ist. Wenn wir die Wirkung solcher Verträge nicht auf die Vertragsparteien beschränken, dann sehen wir uns absurden und ausufernden und meiner Meinung nach nicht einzugrenzenden Konsequenzen gegenüber."

Die Doktrin dieser Entscheidung ist durch die führende New Yorker Entscheidung Thomas v. Winchester, 6 N.Y. 397, 408, 57 Am.Dec. 455 als das Recht auch dieses Staates anerkannt worden. Dieser Fall beinhaltete allerdings eine Ausnahme zum generellen Rechtsgrundsatz (general rule). Dort hatte der Beklagte, ein Arzneimittelhändler, einem Drogisten eine bestimmte Menge Tollkirschenextrakt, ein tödliches Gift, das fahrlässig als Löwenzahnextrakt etikettiert war, verkauft. Der Drogist verwendete das Gift gutgläubig bei der Anfertigung eines Rezepts, für das unschädlicher Löwenzahnextrakt benötigt wurde. Der Kläger, für den das Rezept angefertigt worden war, wurde durch den Tollkirschenextrakt vergiftet. Dieses Gericht hielt den (Erst-)Verkäufer gegenüber dem verletzten Kläger für schadensersatzpflichtig. Chief Judge Ruggles, der das Urteil abgefaßt hat, unterscheidet, ob eine fahrlässige Handlung (act of negligence) unmittelbar lebensgefährlich für andere ist oder nicht; er führt aus:

„Angenommen, A. baut einen Lastwagen und verkauft ihn an B.; dieser veräußert ihn weiter an C., der ihn seinerseits an D. vermietet: wird D. nun infolge grober Fahrlässigkeit des A. bei der Herstellung durch den umstürzenden Wagen verletzt, so kann D. keinen Schadensersatzanspruch gegen A. geltend machen. Die Verpflichtung, den Wagen gewissenhaft zu bauen, ergibt sich lediglich aus seinem Vertrag mit B. Die Allgemeinheit hat nichts damit zu tun. Aus dem gleichen Grunde ist etwa, wenn ein Schmied ein Pferd falsch beschlägt und ein Mieter des Pferdes deswegen abgeworfen und verletzt wird, der Schmied nicht schadensersatzpflichtig für den erlittenen Schaden."

In Torgesen v. Schultz, 192 N.Y. 156, 159, 84 N.E. 956, 18 L.R.A. (N.S.) 726, 127 Anm.St.Rep. 894 hatte der Beklagte Flaschen mit kohlensaurem Wasser verkauft.

Diese Flaschen standen unter hohem Druck, und es bestand die Wahrscheinlichkeit, dass sie explodieren würden, wenn man sie ohne große Vorsichtsmaßnahmen plötzlichen Temperaturschwankungen aussetzen würde. Der Kläger, ein Bediensteter des Käufers, wurde bei der Explosion einer dieser Flaschen verletzt. Vorliegender Beweis lief darauf hinaus, dass die Flasche nicht hinreichend überprüft worden war, um Benutzer vor solchen Unfällen zu schützen. Wir haben die beklagte Herstellerfirma für schadensersatzpflichtig erklärt, dies trotz der Tatsache, dass zwischen den Parteien vertragliche Beziehungen nicht bestanden haben – „und zwar nach der Grundsatzentscheidung in Thomas v. Winchester (siehe oben) und ähnlichen Fällen, die sich auf die Rechtspflicht des Verkäufers einer ihrer Natur nach gefährlichen Ware stützen oder bei denen es um Sachen geht, die bei gewöhnlicher, zweckgerichteter Benutzung leicht gefährlich werden können. Der Verkäufer hat hier die Rechtspflicht, entweder den Benutzer hinreichend vor der Gefahr zu warnen oder Vorsorge zu treffen, dass sich die Sache bei gewöhnlicher Benutzung nicht als gefährlich erweist."

Devlin v. Smith, 89 N.Y. 470, 42 Am.Rep. 311 wird zitiert als Quelle im Zusammenhang mit dem Rechtssatz, eine Haftungspflicht des Produzenten oder Verkäufers erstrecke sich auf „Dritte" nur, soweit die Sache aus sich selbst heraus gefährlich sei. In diesem Fall ist der Errichter eines knapp 30 m hohen Baugerüsts, das für Malerarbeiten verwendet werden sollte, für schadensersatzpflichtig erklärt worden. Die Haftpflicht trat gegenüber der Nachlaßverwalterin des Malers ein, der von dem Gerüst gestürzt und getötet worden war. Er befand sich zur Zeit des Unfalls in einem Arbeitsverhältnis mit der Person, für die das Gerüst errichtet worden war. Es ist die Ansicht vertreten worden, das Gerüst wäre, soweit fehlerfrei errichtet, nicht aus sich selbst heraus gefährlich. Daher bestätige diese Entscheidung eine Haftpflicht im Falle eines nicht aus der Natur der Sache heraus, jedoch bei fahrlässig fehlerhafter Herstellung gefährlichen Produkts. Welche logische Konsequenz sich auch immer aus dieser Auffassung ergibt: Für mich scheint sich aus der Sprache des Richters Rapallo, der das Urteil abgefaßt hat, klar zu ergeben, dass das Baugerüst eine seiner Natur der Sache nach gefährliche Anlage war; meiner Meinung nach hat das Gericht den Fall unter Berücksichtigung einer solchen Beurteilung entschieden. Sonst hätte Richter Rapallo wohl nicht die Worte gebraucht, dass die Umstände den Fall unter das Prinzip in Thomas v. Winchester fallen ließen.

Ich sehe keine Möglichkeit, wie wir in dem vorliegenden Fall die vorinstanzliche Entscheidung bestätigen können, ohne dabei außer Kraft zu setzen, was so häufig von diesem und anderen gleichgestellten Gerichten für Recht erachtet worden ist; dass nämlich der ursprüngliche Verkäufer eines gewöhnlichen Fahrzeugs nur seinem direkten Käufer gegenüber für Fahrlässigkeit (negligence) haftbar ist. Das Fehlen einer derartigen Haftpflicht war im wesentlichen Gegenstand der englischen Entscheidung Winterbottom v. Wright (siehe oben); das oben angeführte Beispiel aus der Urteilsbegründung durch Chief Judge Ruggles in Thomas v. Winchester faßt die Rechtslage als mehr oder weniger so klar auf, als ob die Darlegung eine Selbstverständlichkeit darstelle. Im vorliegenden Fall war das defekte Rad an dem nur 8 Meilen pro Stunde fahrenden Wagen nicht gefährlicher für die Insassen, als es ein ähnlich defektes Rad an einem von einem Pferd gezogenen Fuhrwerk gewesen wäre; dennoch bestände in dem Falle des Pferdefuhrwerks keine Haftpflicht gegenüber Dritten, denen gegenüber keine Vertragspflichten bestehen, es sei denn, die Gerichte hätten bis auf den heutigen Tag zu dieser Frage Fehlurteile erlassen.

B. Deutsche Übersetzung

Die rule, von der meiner Ansicht nach die Beurteilung dieses Falles abhängt, ist – zusammen mit den anerkannten Ausnahmen hierzu – von Circuit Judge Sanborn vom United States Circuit Court of Appeal in the Eighth Circuit in Huset v. J. 1. Case Threshing Machine Co., 120 Fed. 865, 57 C.C.A. 237, 61 L.R.A. 303, in einer opinion erörtert worden, welche einen Überblick über alle führenden amerikanischen und englischen Entscheidungen zu diesem Problem bis zum Tage der Urteilsabfassung gibt. Die New Yorker Fälle habe ich schon besprochen; hinsichtlich der übrigen Entscheidungen kann ich m. E. nichts mehr zur Verdeutlichung jener opinion bzw. zur Überzeugungskraft ihrer Begründung hinzufügen. Ich habe die Fälle, auf die Sanborn Bezug nimmt, studiert; müßte ich sie ausführlich besprechen, wäre ich wohl schlicht gezwungen, ihn in seinem Wortlaut zu wiederholen, weil das Studium der von ihm zitierten Quellen mich zu der gleichen Schlußfolgerung gebracht hat; und eine Wiederholung dessen, was schon so hervorragend ausgeführt worden ist, würde niemandem nützen, weder dem Richterkollegium noch den Anwälten oder Prozeßparteien selbst.

Lediglich einige wenige, nach dieser opinion ergangene Entscheidungen sollten noch erwähnt werden. In Earl v. Lubbock, [1905] L.R. 1 K.B.Div. 253 hat der Court of Appeal 1904 die vom Court of Exchequer in Winterbottom v. Wright (siehe oben) aufgestellten Rechtssätze erwogen und bestätigt. Der Court of Appeal hat damals erklärt, dass die Entscheidung in jenem Fall seit dem Jahr 1842 wiederholten Diskussionen standgehalten hat. Der Master of the Rolls bestätigte die von Lord Abinger aufgestellten Grundsatze als auf ausgewogenen Überlegungen basierend. Alle Mitglieder des Gerichts stimmten darin überein, dass diese Entscheidung eine Rechtsquelle sei, der man zu folgen habe. Dass, wie ich erwähnt habe, die Bundesgerichte immer noch an dieser general rule festhalten, wird deutlich in der Entscheidung des Circuit Court of Appeal in the Second Circuit in dem Fall Cadillac Motor Car Co. v. Johnson, 221 Fed. 801, 137 C.C.A. 279, L.R.A. 1915 E, 287, aus dem Jahre 1915. Jener Fall behandelte wie dieser die Klage eines Endverbrauchers gegen einen Automobilhersteller wegen fahrlässiger (negligent) Unterlassung der Aufdeckung eines Radfehlers; das Gericht entschied, dem Kläger stehe eine solche Klage nicht zu. Es ist wahr, dass dieser Fall mit einer dissenting opinion entschieden worden ist. Diese stützte sich jedoch im wesentlichen auf die Behauptung, Rechtssätze, die auf Pferdefuhrwerke zutreffen, seien zu veraltet, um auf Kraftfahrzeuge angewendet werden zu können; ferner, dass das Recht geändert werden müsse, wenn es kein Rechtsmittel für „Dritte" gewähre. Wenn dies wahr wäre, so sollte Abhilfe durch die Legislative und nicht durch Gerichte getroffen werden. Eine Durchsicht der opinion jenes Falles sowie des Huset-Falles wird deutlich machen, wie einheitlich die Gerichte des ganzen Landes an dieser rule festhalten und wie einstimmig sie Ausnahmen von dieser Regel abgelehnt haben. Ich bin der Auffassung, wir sollten im vorliegenden Fall ebenfalls an ihr festhalten. Ich stimme daher für eine Zurückweisung des Urteils an die Vorinstanz.

Hiscock, *Chase* und *Cuddeback, JJ.* [Justices, Richter] stimmen mit der opinion *Cardozos, J.* [Justice, Richter] überein, *Hogan, J.*, nur im Ergebnis. *Willard Bartlett, C. J.* [Chief Justice, Gerichtspräsident] gibt eine dissenting opinion ab. *Pound, J.*, hat an der Abstimmung nicht teilgenommen.

Die Revision hat keinen Erfolg.

C. Besprechung

Wie das Minderheitsvotum des Chief Justice Bartlett richtig ausführt, folgte das New Yorker Fallrecht vor der MacPhersonEntscheidung dem Grundsatz, dass ein Verkäufer nur dem Käufer gegenüber, nicht aber Dritten für Schäden aus der fahrlässigen Herstellung des verkauften Artikels haftet. Die einzige Ausnahme zugunsten eines Anspruches seitens eines Dritten bestand in Fällen, in denen der verkaufte Artikel schon bei gewöhnlichem Gebrauch eine Gefahr für Leben und Gesundheit darstellt. Dieses traf in dem Präzedenzfall Thomas v. Winchester zu. Die Mehrheit des Gerichts sah sich daher vor die Aufgabe gestellt, dem Präjudiz entweder zu folgen, es aufzuheben oder einen vielleicht weniger einschneidenden Mittelweg zur Lösung des vorliegenden Falles zu finden.

In seiner Analyse sucht der Richter Cardozo zuerst zu erforschen, inwieweit Thomas v. Winchester in der Folgezeit eng oder weit ausgelegt und angewendet wurde, und stellt dabei die Entscheidungen in Devlin v. Smith und Statler v. Ray in den Vordergrund der Betrachtung. Er kommt dabei zu dem Ergebnis, dass das Baugerüst in Devlin und die Kaffeemaschine in Statler nicht, wie das Gift in Thomas v. Winchester ihrer Natur nach gefährlich sind (inherently dangerous), sondern nur durch schlechte Konstruktion oder bei falscher Anwendung „Quelle großer Gefahr für Menschen sein können". Er folgert daraus: „Was immer der Rechtssatz in Thomas v. Winchester gewesen sein mag, so findet er heute nicht mehr eine derart enge Anwendung." Nach einem Exkurs über die englische Rechtsentwicklung, die allerdings auch keine klare Antwort hergab, kommt er dann zu dem folgenden Ergebnis, sozusagen dem ersten Element der Entscheidung (holding): „Wir entscheiden, dass der Grundsatz in Thomas v. Winchester nicht auf Gifte, Explosivstoffe oder ähnliche Dinge beschränkt ist, die bei normalem Gebrauch Instrumente der Zerstörung und Gefährdung darstellen." Vielmehr: „Wenn eine Sache aufgrund fahrlässiger Handlung menschliches Leben oder Gesundheit gefährden kann, ist sie als eine gefährliche Sache anzusehen." Thomas v. Winchester wurde also weder befolgt, noch aufgehoben: Die Begriffsbestimmung der „Gefährlichkeit" wurde erweitert, indem Gefährlichkeit nicht nur aus der Natur der Sache, sondern auch aus ihrer Herstellung in Verbindung mit ihrem Gebrauchszweck abzuleiten ist.

Der zweite und letzte zu entscheidende Punkt betraf die Sorgfaltspflicht (duty of care) und damit Haftpflicht des Beklagten. Hier stellt Richter Cardozo auf den Gebrauchszweck und die Vorhersehbarkeit der Gefährdung Dritter ab. Gebrauchszweck war nicht der Gebrauch des Fahrzeuges durch den Erstkäufer (Automobilhändler), sondern durch den privaten Zweitkäufer (Konsumenten). Dass letzterer durch fahrlässige Herstellung gefährdet werden könnte, war damit vorauszusehen; dass weitere Dritte gefährdet werden könnten, war ebenfalls vorauszusehen, denn das Fahrzeug hatte drei Sitze. Damit oblag dem Hersteller des Fahrzeuges (Verkäufer) diesen Dritten gegenüber eine Sorgfaltspflicht; er war ihr nicht nachgekommen und haftet deshalb.

Einige weitere Punkte seien kurz erwähnt. Eine Entscheidung stellt immer (sollte es jedenfalls, denn alles andere ist unverbindliches obiter dictum) auf die Tatsachen des vorliegenden Falles ab, sowie auf den Tatbestand vergleichbarer Präzedenzfälle. Unberücksichtigt bleibt dabei der hypothetische Fall der Zukunft. Die vorliegende Entscheidung bringt dieses klar zum Ausdruck, wenn Richter Cardozo es ausdrücklich ablehnt, darüber zu befinden, ob vielleicht auch der Hersteller des Autoteils, des Rades, der dieses ursprünglich an den Autohersteller (den beklagten Verkäufer) verkauft hatte, haftbar gemacht werden könnte. Er schreibt: „Wir werden diesen (weiteren Fall) lösen, wenn er vorliegt." In der New Yorker Entwicklung wurde dieser weitere Fall in der Tat erst 57 Jahre später entschieden (siehe oben Rn. 28).

Die Entscheidung verweist auf englisches Recht sowie auf das Recht anderer amerikanischer Einzelstaaten. Diese Entscheidungen sind natürlich nicht für das New Yorker Gericht verbindlich. Zweck der Untersuchung war lediglich, zu erforschen, ob die Rechtsentwicklung anderswo vielleicht schon so weit fortgeschritten ist, dass man sich ihr getrost anschließen kann, vor allem da Richter Cardozo bemüht sein mußte, eine Stellungnahme auszuarbeiten, der sich so viele seiner Kollegen wie möglich anschließen können. Den gleichen Zweck verfolgt das aus dem Mietrecht zum Vergleich herangezogene Beispiel (Junkermann v. Tilyou): auch dieses kann nicht ausschlaggebend, wohl aber wegweisend sein.

Im ganzen stellt die Entscheidung ein gutes Beispiel dafür dar, wie ein Gericht einerseits durch induktive Untersuchung des Tatbestandes des vorliegen den Falles und möglicher Präzedenzfälle (Tatbestandsorientierung) zu einer Entscheidung gelangt und andererseits bemüht ist, das frühere Präjudiz nach Möglichkeit nicht direkt aufzuheben, sondern es zu erweitern und modernen Umständen anzupassen: „Präjudizien aus der Zeit der Postkutsche werden modernen Verkehrsverhältnissen nicht gerecht. Der Grundsatz, dass Gefährlichkeit immanent sein muß, besteht weiterhin, nur die Umstände, auf die der Grundsatz Anwendung findet, ändern sich. Sie richten sich nach den Lebensanforderungen einer sich fortentwickelnden Zivilisation."

Anhang 2 – U.S. Constitution

Preamble

We the people of the United States, in order to form a more perfect union, establish justice, insure domestic tranquility, provide for the common defense, promote the general welfare, and secure the blessings of liberty to ourselves and our posterity, do ordain and establish this Constitution for the United States of America.

Article I

Section 1. All legislative powers herein granted shall be vested in a Congress of the United States, which shall consist of a Senate and House of Representatives.

Section 2. The House of Representatives shall be composed of members chosen every second year by the people of the several states, and the electors in each state shall have the qualifications requisite for electors of the most numerous branch of the state legislature.

No person shall be a Representative who shall not have attained to the age of twenty five years, and been seven years a citizen of the United States, and who shall not, when elected, be an inhabitant of that state in which he shall be chosen.

Representatives and direct taxes shall be apportioned among the several states which may be included within this union, according to their respective numbers, which shall be determined by adding to the whole number of free persons, including those bound to service for a term of years, and excluding Indians not taxed, three fifths of all other Persons. The actual Enumeration shall be made within three years after the first meeting of the Congress of the United States, and within every subsequent term of ten years, in such manner as they shall by law direct. The number of Representatives shall not exceed one for every thirty thousand, but each state shall have at least one Representative; and until such enumeration shall be made, the state of New Hampshire shall be entitled to chuse three, Massachusetts eight, Rhode Island and Providence Plantations one, Connecticut five, New York six, New Jersey four, Pennsylvania eight, Delaware one, Maryland six, Virginia ten, North Carolina five, South Carolina five, and Georgia three.

When vacancies happen in the Representation from any state, the executive authority thereof shall issue writs of election to fill such vacancies.

The House of Representatives shall choose their speaker and other officers; and shall have the sole power of impeachment.

Section 3. The Senate of the United States shall be composed of two Senators from each state, chosen by the legislature thereof, for six years; and each Senator shall have one vote.

Immediately after they shall be assembled in consequence of the first election, they shall be divided as equally as may be into three classes. The seats of the Senators of the first class shall be vacated at the expiration of the second year, of the second class at the expiration of the fourth year, and the third class at the expiration of the sixth year, so that one third may be chosen every second year; and if vacancies happen by resignation, or otherwise, during the recess of the legislature of any state, the executive thereof may make temporary appointments until the next meeting of the legislature, which shall then fill such vacancies.

No person shall be a Senator who shall not have attained to the age of thirty years, and been nine years a citizen of the United States and who shall not, when elected, be an inhabitant of that state for which he shall be chosen.

The Vice President of the United States shall be President of the Senate, but shall have no vote, unless they be equally divided.

The Senate shall choose their other officers, and also a President pro tempore, in the absence of the Vice President, or when he shall exercise the office of President of the United States.

The Senate shall have the sole power to try all impeachments. When sitting for that purpose, they shall be on oath or affirmation. When the President of the United States is tried, the Chief Justice shall preside: And no person shall be convicted without the concurrence of two thirds of the members present.

Judgment in cases of impeachment shall not extend further than to removal from office, and disqualification to hold and enjoy any office of honor, trust or profit under the United States: but the party convicted shall nevertheless be liable and subject to indictment, trial, judgment and punishment, according to law.

Section 4. The times, places and manner of holding elections for Senators and Representatives, shall be prescribed in each state by the legislature thereof; but the Congress may at any time by law make or alter such regulations, except as to the places of choosing Senators.

The Congress shall assemble at least once in every year, and such meeting shall be on the first Monday in December, unless they shall by law appoint a different day.

Section 5. Each House shall be the judge of the elections, returns and qualifications of its own members, and a majority of each shall constitute a quorum to do business; but a smaller number may adjourn from day to day, and may be authorized to compel the attendance of absent members, in such manner, and under such penalties as each House may provide.

Each House may determine the rules of its proceedings, punish its members for disorderly behavior, and, with the concurrence of two thirds, expel a member.

Each House shall keep a journal of its proceedings, and from time to time publish the same, excepting such parts as may in their judgment require secrecy; and the yeas and nays of the members of either House on any question shall, at the desire of one fifth of those present, be entered on the journal.

Neither House, during the session of Congress, shall, without the consent of the other, adjourn for more than three days, nor to any other place than that in which the two Houses shall be sitting.

Section 6. The Senators and Representatives shall receive a compensation for their services, to be ascertained by law, and paid out of the treasury of the United States. They shall in all cases, except treason, felony and breach of the peace, be privileged from arrest during their attendance at the session of their respective Houses, and in going to and returning from the same; and for any speech or debate in either House, they shall not be questioned in any other place.

No Senator or Representative shall, during the time for which he was elected, be appointed to any civil office under the authority of the United States, which shall have been created, or the emoluments whereof shall have been increased during such time: and no person holding any office under the United States, shall be a member of either House during his continuance in office.

Section 7. All bills for raising revenue shall originate in the House of Representatives; but the Senate may propose or concur with amendments as on other Bills.

Every bill which shall have passed the House of Representatives and the Senate, shall, before it become a law, be presented to the President of the United States; if he approve he shall sign it, but if not he shall return it, with his objections to that House in which it shall have originated, who shall enter the objections at large on their journal, and proceed to reconsider it. If after such reconsideration two thirds of that House shall agree to pass the bill, it shall be sent, together with the objections, to the other House, by which it shall likewise be reconsidered, and if approved by two thirds of that House, it shall become a law. But in all such cases the votes of both Houses shall be determined by yeas and nays, and the names of the persons voting for and against the bill shall be entered on the journal of each House respectively. If any bill shall not be returned by the President within ten days (Sundays excepted) after it shall have been presented to him, the same shall be a law, in like manner as if he had signed it, unless the Congress by their adjournment prevent its return, in which case it shall not be a law.

Every order, resolution, or vote to which the concurrence of the Senate and House of Representatives may be necessary (except on a question of adjournment) shall be presented to the President of the United States; and before the same shall take effect, shall be approved by him, or being disapproved by him, shall be repassed by two thirds of the Senate and House of Representatives, according to the rules and limitations prescribed in the case of a bill.

Section 8. The Congress shall have power to lay and collect taxes, duties, imposts and excises, to pay the debts and provide for the common defense and general welfare of the United States; but all duties, imposts and excises shall be uniform throughout the United States;

To borrow money on the credit of the United States;

To regulate commerce with foreign nations, and among the several states, and with the Indian tribes;

To establish a uniform rule of naturalization, and uniform laws on the subject of bankruptcies throughout the United States;

To coin money, regulate the value thereof, and of foreign coin, and fix the standard of weights and measures;

To provide for the punishment of counterfeiting the securities and current coin of the United States;

To establish post offices and post roads;

To promote the progress of science and useful arts, by securing for limited times to authors and inventors the exclusive right to their respective writings and discoveries;

To constitute tribunals inferior to the Supreme Court;

To define and punish piracies and felonies committed on the high seas, and offenses against the law of nations;

To declare war, grant letters of marque and reprisal, and make rules concerning captures on land and water;

To raise and support armies, but no appropriation of money to that use shall be for a longer term than two years;

To provide and maintain a navy;

To make rules for the government and regulation of the land and naval forces;

To provide for calling forth the militia to execute the laws of the union, suppress insurrections and repel invasions;

To provide for organizing, arming, and disciplining, the militia, and for governing such part of them as may be employed in the service of the United States, reserving to the states respectively, the appointment of the officers, and the authority of training the militia according to the discipline prescribed by Congress;

To exercise exclusive legislation in all cases whatsoever, over such District (not exceeding ten miles square) as may, by cession of particular states, and the acceptance of Congress, become the seat of the government of the United States, and to exercise like authority over all places purchased by the consent of the legislature of the state in which the same shall be, for the erection of forts, magazines, arsenals, dockyards, and other needful buildings; ...

To make all laws which shall be necessary and proper for carrying into execution the foregoing powers, and all other powers vested by this Constitution in the government of the United States, or in any department or officer thereof.

Section 9. The migration or importation of such persons as any of the states now existing shall think proper to admit, shall not be prohibited by the Congress prior to the year one thousand eight hundred and eight, but a tax or duty may be imposed on such importation, not exceeding ten dollars for each person.

The privilege of the writ of habeas corpus shall not be suspended, unless when in cases of rebellion or invasion the public safety may require it.

No bill of attainder or ex post facto law shall be passed.

No capitation, or other direct, tax shall be laid, unless in proportion to the census or enumeration herein before directed to be taken.

No tax or duty shall be laid on articles exported from any state.

No preference shall be given by any regulation of commerce or revenue to the ports of one state over those of another: nor shall vessels bound to, or from, one state, be obliged to enter, clear or pay duties in another.

No money shall be drawn from the treasury, but in consequence of appropriations made by law; and a regular statement and account of receipts and expenditures of all public money shall be published from time to time.

No title of nobility shall be granted by the United States: and no person holding any office of profit or trust under them, shall, without the consent of the Congress, accept of any present, emolument, office, or title, of any kind whatever, from any king, prince, or foreign state.

Section 10. No state shall enter into any treaty, alliance, or confederation; grant letters of marque and reprisal; coin money; emit bills of credit; make anything but gold and silver coin a tender in payment of debts; pass any bill of attainder, ex post facto law, or law impairing the obligation of contracts, or grant any title of nobility.

No state shall, without the consent of the Congress, lay any imposts or duties on imports or exports, except what may be absolutely necessary for executing it's inspection laws: and the net produce of all duties and imposts, laid by any state on imports or exports, shall be for the use of the treasury of the United States; and all such laws shall be subject to the revision and control of the Congress.

No state shall, without the consent of Congress, lay any duty of tonnage, keep troops, or ships of war in time of peace, enter into any agreement or compact with another state, or with a foreign power, or engage in war, unless actually invaded, or in such imminent danger as will not admit of delay.

Article II

Section 1. The executive power shall be vested in a President of the United States of America. He shall hold his office during the term of four years, and, together with the Vice President, chosen for the same term, be elected, as follows:

Each state shall appoint, in such manner as the Legislature thereof may direct, a number of electors, equal to the whole number of Senators and Representatives to which the State may be entitled in the Congress: but no Senator or Representative, or person holding an office of trust or profit under the United States, shall be appointed an elector.

The electors shall meet in their respective states, and vote by ballot for two persons, of whom one at least shall not be an inhabitant of the same state with themselves. And they shall make a list of all the persons voted for, and of the number of votes for each; which list they shall sign and certify, and transmit sealed to the seat of the government of the United States, directed to the President of the Senate. The President of the Senate shall, in the presence of the Senate and House of Representatives, open all the certificates, and the votes shall then be counted. The person having the greatest number of votes shall be the President, if such number be a majority of the whole number of electors appointed; and if there be more than one who have such majority, and have an equal number of votes, then the House of Representatives shall immediately choose by ballot one of them for President; and if no person have a majority, then from the five highest on the list the said House shall in like manner choose the President. But in choosing the President, the votes shall be taken by States, the representation from each state having one vote; A quorum for this purpose shall consist of a member or members from two thirds of the states, and a majority of all the states shall be necessary to a choice. In every case, after the choice of the President, the person having the greatest number of votes of the electors shall be the Vice President. But if there should remain two or more who have equal votes, the Senate shall choose from them by ballot the Vice President.

The Congress may determine the time of choosing the electors, and the day on which they shall give their votes; which day shall be the same throughout the United States.

No person except a natural born citizen, or a citizen of the United States, at the time of the adoption of this Constitution, shall be eligible to the office of President; neither shall any person be eligible to that office who shall not have attained to the age of thirty five years, and been fourteen Years a resident within the United States.

In case of the removal of the President from office, or of his death, resignation, or inability to discharge the powers and duties of the said office, the same shall devolve on the Vice President, and the Congress may by law provide for the case of removal, death, resignation or inability, both of the President and Vice President, declaring what officer shall then act as President, and such officer shall act accordingly, until the disability be removed, or a President shall be elected.

The President shall, at stated times, receive for his services, a compensation, which shall neither be increased nor diminished during the period for which he shall have been elected, and he shall not receive within that period any other emolument from the United States, or any of them.

Before he enter on the execution of his office, he shall take the following oath or affirmation: „I do solemnly swear (or affirm) that I will faithfully execute the office of President of the United States, and will to the best of my ability, preserve, protect and defend the Constitution of the United States."

Section 2. The President shall be commander in chief of the Army and Navy of the United States, and of the militia of the several states, when called into the actual service of the United States; he may require the opinion, in writing, of the principal officer in each of the executive departments, upon any subject relating to the duties of their respective offices, and he shall have power to grant reprieves and pardons for offenses against the United States, except in cases of impeachment.

He shall have power, by and with the advice and consent of the Senate, to make treaties, provided two thirds of the Senators present concur; and he shall nominate, and by and with the advice and consent of the Senate, shall appoint ambassadors, other public ministers and consuls, judges of the Supreme Court, and all other officers of the United States, whose appointments are not herein otherwise provided for, and which shall be established by law: but the Congress may by law vest the appointment of such inferior officers, as they think proper, in the President alone, in the courts of law, or in the heads of departments.

The President shall have power to fill up all vacancies that may happen during the recess of the Senate, by granting commissions which shall expire at the end of their next session.

Section 3. He shall from time to time give to the Congress information of the state of the union, and recommend to their consideration such measures as he shall judge necessary and expedient; he may, on extraordinary occasions, convene both Houses, or either of them, and in case of disagreement between them, with respect to the time of adjournment, he may adjourn them to such time as he shall think proper; he shall receive ambassadors and other public ministers; he shall take care that the laws be faithfully executed, and shall commission all the officers of the United States.

Section 4. The President, Vice President and all civil officers of the United States, shall be removed from office on impeachment for, and conviction of, treason, bribery, or other high crimes and misdemeanors.

Article III

Section 1. The judicial power of the United States, shall be vested in one Supreme Court, and in such inferior courts as the Congress may from time to time ordain and establish. The judges, both of the supreme and inferior courts, shall hold their offices during good behaviour, and shall, at stated times, receive for their services, a compensation, which shall not be diminished during their continuance in office.

Section 2. The judicial power shall extend to all cases, in law and equity, arising under this Constitution, the laws of the United States, and treaties made, or which shall be made, under their authority; – to all cases affecting ambassadors, other public ministers and consuls; – to all cases of admiralty and maritime jurisdiction; – to controversies to which the United States shall be a party; – to controversies between two or more states; – between a state and citizens of another state; – between citizens of different states; – between citizens of the same state claiming lands under grants of different states, and between a state, or the citizens thereof, and foreign states, citizens or subjects.

In all cases affecting ambassadors, other public ministers and consuls, and those in which a state shall be party, the Supreme Court shall have original jurisdiction. In all the other cases before mentioned, the Supreme Court shall have appellate jurisdiction, both as to law and fact, with such exceptions, and under such regulations as the Congress shall make.

The trial of all crimes, except in cases of impeachment, shall be by jury; and such trial shall be held in the state where the said crimes shall have been committed; but when not committed within any state, the trial shall be at such place or places as the Congress may by law have directed.

Section 3. Treason against the United States, shall consist only in levying war against them, or in adhering to their enemies, giving them aid and comfort. No person shall be convicted of treason unless on the testimony of two witnesses to the same overt act, or on confession in open court.

The Congress shall have power to declare the punishment of treason, but no attainder of treason shall work corruption of blood, or forfeiture except during the life of the person attainted.

Article IV

Section 1. Full faith and credit shall be given in each state to the public acts, records, and judicial proceedings of every other state. And the Congress may by general laws prescribe the manner in which such acts, records, and proceedings shall be proved, and the effect thereof.

Section 2. The citizens of each state shall be entitled to all privileges and immunities of citizens in the several states.

A person charged in any state with treason, felony, or other crime, who shall flee from justice, and be found in another state, shall on demand of the executive authority of the state from which he fled, be delivered up, to be removed to the state having jurisdiction of the crime.

No person held to service or labor in one state, under the laws thereof, escaping into another, shall, in consequence of any law or regulation therein, be discharged from such service or labor, but shall be delivered up on claim of the party to whom such service or labor may be due.

Section 3. New states may be admitted by the Congress into this union; but no new states shall be formed or erected within the jurisdiction of any other state; nor any state be formed by the junction of two or more states, or parts of states, without the consent of the legislatures of the states concerned as well as of the Congress.

The Congress shall have power to dispose of and make all needful rules and regulations respecting the territory or other property belonging to the United States; and nothing in this Constitution shall be so construed as to prejudice any claims of the United States, or of any particular state.

Section 4. The United States shall guarantee to every state in this union a republican form of government, and shall protect each of them against invasion; and on application of the legislature, or of the executive (when the legislature cannot be convened) against domestic violence.

Article V

The Congress, whenever two thirds of both houses shall deem it necessary, shall propose amendments to this Constitution, or, on the application of the legislatures of two thirds of the several states, shall call a convention for proposing amendments, which, in either case, shall be valid to all intents and purposes, as part of this Constitution, when ratified by the legislatures of three fourths of the several states, or by conventions in three fourths thereof, as the one or the other mode of ratification may be proposed by the Congress; provided that no amendment which may be made prior to the year one thousand eight hundred and eight shall in any manner affect the first and fourth clauses in the ninth section of the first article; and that no state, without its consent, shall be deprived of its equal suffrage in the Senate.

Article VI

All debts contracted and engagements entered into, before the adoption of this Constitution, shall be as valid against the United States under this Constitution, as under the Confederation.

This Constitution, and the laws of the United States which shall be made in pursuance thereof; and all treaties made, or which shall be made, under the authority of the United States, shall be the supreme law of the land; and the judges in every state shall be bound thereby, anything in the Constitution or laws of any State to the contrary notwithstanding.

The Senators and Representatives before mentioned, and the members of the several state legislatures, and all executive and judicial officers, both of the United States and of the several states, shall be bound by oath or affirmation, to support this Constitution; but no religious test shall ever be required as a qualification to any office or public trust under the United States.

Article VII

The ratification of the conventions of nine states, shall be sufficient for the establishment of this Constitution between the states so ratifying the same.

Amendment I

Congress shall make no law respecting an establishment of religion, or prohibiting the free exercise thereof; or abridging the freedom of speech, or of the press; or the right of the people peaceably to assemble, and to petition the government for a redress of grievances.

Amendment II

A well regulated militia, being necessary to the security of a free state, the right of the people to keep and bear arms, shall not be infringed.

Amendment III

No soldier shall, in time of peace be quartered in any house, without the consent of the owner, nor in time of war, but in a manner to be prescribed by law.

Amendment IV

The right of the people to be secure in their persons, houses, papers, and effects, against unreasonable searches and seizures, shall not be violated, and no warrants shall issue, but upon probable cause, supported by oath or affirmation, and particularly describing the place to be searched, and the persons or things to be seized.

Amendment V

No person shall be held to answer for a capital, or otherwise infamous crime, unless on a presentment or indictment of a grand jury, except in cases arising in the land or naval forces, or in the militia, when in actual service in time of war or public danger; nor shall any person be subject for the same offense to be twice put in jeopardy of life or limb; nor shall be compelled in any criminal case to be a witness against himself, nor be deprived of life, liberty, or property, without due process of law; nor shall private property be taken for public use, without just compensation.

Amendment VI

In all criminal prosecutions, the accused shall enjoy the right to a speedy and public trial, by an impartial jury of the state and district wherein the crime shall have been committed, which district shall have been previously ascertained by law, and to be informed of the nature and cause of the accusation; to be confronted with the witnesses against him; to have compulsory process for obtaining witnesses in his favor, and to have the assistance of counsel for his defense.

Amendment VII

In suits at common law, where the value in controversy shall exceed twenty dollars, the right of trial by jury shall be preserved, and no fact tried by a jury, shall be otherwise reexamined in any court of the United States, than according to the rules of the common law.

Amendment VIII

Excessive bail shall not be required, nor excessive fines imposed, nor cruel and unusual punishments inflicted.

Amendment IX

The enumeration in the Constitution, of certain rights, shall not be construed to deny or disparage others retained by the people.

Amendment X

The powers not delegated to the United States by the Constitution, nor prohibited by it to the states, are reserved to the states respectively, or to the people.

Amendment XI

The judicial power of the United States shall not be construed to extend to any suit in law or equity, commenced or prosecuted against one of the United States by citizens of another state, or by citizens or subjects of any foreign state.

Amendment XII

The electors shall meet in their respective states and vote by ballot for President and Vice-President, one of whom, at least, shall not be an inhabitant of the same state with themselves; they shall name in their ballots the person voted for as President, and in distinct ballots the person voted for as Vice-President, and they shall make distinct lists of all persons voted for as President, and of all persons voted for as Vice-President, and of the number of votes for each, which lists they shall sign and certify, and transmit sealed to the seat of the government of the United States, directed to the President of the Senate; – The President of the Senate shall, in the presence of the Senate and House of Representatives, open all the certificates and the votes shall then be counted; – the person having the greatest number of votes for President, shall be the President, if such number be a majority of the whole number of electors appointed; and if no person have such majority, then from the persons having the highest numbers not exceeding three on the list of those voted for as President, the House of Representatives shall choose immediately, by ballot, the President. But in choosing the President, the votes shall be taken by states, the representation from each state having one vote; a quorum for this purpose shall consist of a member or members from two-thirds of the states, and a majority of all the states shall be necessary to a choice. And if the House of Representatives shall not choose a President whenever the right of choice shall devolve upon them, before the fourth day of March next following, then the Vice-President shall act as President, as in the case of the death or other constitutional disability of the President. The person having the greatest number of votes as Vice-President, shall be the Vice-President, if such number be a majority of the whole number of electors appointed, and if no person have a majority, then from the two highest numbers on the list, the Senate shall choose the Vice-President; a quorum for the purpose shall consist of two-thirds of the whole number of Senators, and a majority of the whole number shall be necessary to a choice. But no person constitutionally ineligible to the office of President shall be eligible to that of Vice-President of the United States.

Amendment XIII

Section 1. Neither slavery nor involuntary servitude, except as a punishment for crime whereof the party shall have been duly convicted, shall exist within the United States, or any place subject to their jurisdiction.

Section 2. Congress shall have power to enforce this article by appropriate legislation.

Amendment XIV

Section 1. All persons born or naturalized in the United States, and subject to the jurisdiction thereof, are citizens of the United States and of the state wherein they reside. No state shall make or enforce any law which shall abridge the privileges or immunities of citizens of the United States; nor shall any state deprive any person of life, liberty, or property, without due process of law; nor deny to any person within its jurisdiction the equal protection of the laws.

Section 2. Representatives shall be apportioned among the several states according to their respective numbers, counting the whole number of persons in each state, excluding Indians not taxed. But when the right to vote at any election for the choice of electors for President and Vice President of the United States, Representatives in Congress, the executive and judicial officers of a state, or the members of the legislature thereof, is denied to any of the male inhabitants of such state, being twenty-one years of age, and citizens of the United States, or in any way abridged, except for participation in rebellion, or other crime, the basis of representation therein shall be reduced in the proportion which the number of such male citizens shall bear to the whole number of male citizens twenty-one years of age in such state.

Section 3. No person shall be a Senator or Representative in Congress, or elector of President and Vice President, or hold any office, civil or military, under the United States, or under any state, who, having previously taken an oath, as a member of Congress, or as an officer of the United States, or as a member of any state legislature, or as an executive or judicial officer of any state, to support the Constitution of the United States, shall have engaged in insurrection or rebellion against the same, or given aid or comfort to the enemies thereof. But Congress may by a vote of two-thirds of each House, remove such disability.

Section 4. The validity of the public debt of the United States, authorized by law, including debts incurred for payment of pensions and bounties for services in suppressing insurrection or rebellion, shall not be questioned. But neither the United States nor any state shall assume or pay any debt or obligation incurred in aid of insurrection or rebellion against the United States, or any claim for the loss or emancipation of any slave; but all such debts, obligations and claims shall be held illegal and void.

Section 5. The Congress shall have power to enforce, by appropriate legislation, the provisions of this article.

Amendment XV

Section 1. The right of citizens of the United States to vote shall not be denied or abridged by the United States or by any state on account of race, color, or previous condition of servitude.

Section 2. The Congress shall have power to enforce this article by appropriate legislation.

Amendment XVI

The Congress shall have power to lay and collect taxes on incomes, from whatever source derived, without apportionment among the several states, and without regard to any census or enumeration.

Amendment XVII

The Senate of the United States shall be composed of two Senators from each state, elected by the people thereof, for six years; and each Senator shall have one vote. The electors in each state shall have the qualifications requisite for electors of the most numerous branch of the state legislatures.

When vacancies happen in the representation of any state in the Senate, the executive authority of such state shall issue writs of election to fill such vacancies: Provided, that the legislature of any state may empower the executive thereof to make temporary appointments until the people fill the vacancies by election as the legislature may direct.

This amendment shall not be so construed as to affect the election or term of any Senator chosen before it becomes valid as part of the Constitution.

Amendment XVIII

Section 1. After one year from the ratification of this article the manufacture, sale, or transportation of intoxicating liquors within, the importation thereof into, or the exportation thereof from the United States and all territory subject to the jurisdiction thereof for beverage purposes is hereby prohibited.

Section 2. The Congress and the several states shall have concurrent power to enforce this article by appropriate legislation.

Section 3. This article shall be inoperative unless it shall have been ratified as an amendment to the Constitution by the legislatures of the several states, as provided in the Constitution, within seven years from the date of the submission hereof to the states by the Congress.

Amendment XIX

The right of citizens of the United States to vote shall not be denied or abridged by the United States or by any state on account of sex.

Congress shall have power to enforce this article by appropriate legislation.

Amendment XX

Section 1. The terms of the President and Vice President shall end at noon on the 20th day of January, and the terms of Senators and Representatives at noon on the 3 d day of January, of the years in which such terms would have ended if this article had not been ratified; and the terms of their successors shall then begin.

Section 2. The Congress shall assemble at least once in every year, and such meeting shall begin at noon on the 3 d day of January, unless they shall by law appoint a different day.

Section 3. If, at the time fixed for the beginning of the term of the President, the President elect shall have died, the Vice President elect shall become President. If a President shall not have been chosen before the time fixed for the beginning of his term, or if the President elect shall have failed to qualify, then the Vice President elect shall act as President until a President shall have qualified; and the Congress may by law provide for the case wherein neither a President elect nor a Vice President elect shall have qualified, declaring who shall then act as President, or the manner in which one who is to act shall be selected, and such person shall act accordingly until a President or Vice President shall have qualified.

Section 4. The Congress may by law provide for the case of the death of any of the persons from whom the House of Representatives may choose a President whenever the right of choice shall have devolved upon them, and for the case of the death of any of the persons from whom the Senate may choose a Vice President whenever the right of choice shall have devolved upon them.

Section 5. Sections 1 and 2 shall take effect on the 15th day of October following the ratification of this article.

Section 6. This article shall be inoperative unless it shall have been ratified as an amendment to the Constitution by the legislatures of three-fourths of the several states within seven years from the date of its submission.

Amendment XXI

Section 1. The eighteenth article of amendment to the Constitution of the United States is hereby repealed.

Section 2. The transportation or importation into any state, territory, or possession of the United States for delivery or use therein of intoxicating liquors, in violation of the laws thereof, is hereby prohibited.

Section 3. This article shall be inoperative unless it shall have been ratified as an amendment to the Constitution by conventions in the several states, as provided in the Constitution, within seven years from the date of the submission hereof to the states by the Congress.

Amendment XXII

Section 1. No person shall be elected to the office of the President more than twice, and no person who has held the office of President, or acted as President, for more than two years of a term to which some other person was elected President shall be elected to the office of the President more than once. But this article shall not apply to any person holding the office of President when this article was proposed by the Congress, and shall not prevent any person who may be holding the office of President, or acting as President, during the term within which this article becomes operative from holding the office of President or acting as President during the remainder of such term.

Section 2. This article shall be inoperative unless it shall have been ratified as an amendment to the Constitution by the legislatures of three-fourths of the several states within seven years from the date of its submission to the states by the Congress.

Amendment XXIII

Section 1. The District constituting the seat of government of the United States shall appoint in such manner as the Congress may direct:

A number of electors of President and Vice President equal to the whole number of Senators and Representatives in Congress to which the District would be entitled if it were a state, but in no event more than the least populous state; they shall be in addition to those appointed by the states, but they shall be considered, for the purposes of the election of President and Vice President, to be electors appointed by a state; and they shall meet in the District and perform such duties as provided by the twelfth article of amendment.

Section 2. The Congress shall have power to enforce this article by appropriate legislation.

Amendment XXIV

Section 1. The right of citizens of the United States to vote in any primary or other election for President or Vice President, for electors for President or Vice President, or for Senator or Representative in Congress, shall not be denied or abridged by the United States or any state by reason of failure to pay any poll tax or other tax.

Section 2. The Congress shall have power to enforce this article by appropriate legislation.

Amendment XXV

Section 1. In case of the removal of the President from office or of his death or resignation, the Vice President shall become President.

Section 2. Whenever there is a vacancy in the office of the Vice President, the President shall nominate a Vice President who shall take office upon confirmation by a majority vote of both Houses of Congress.

Section 3. Whenever the President transmits to the President pro tempore of the Senate and the Speaker of the House of Representatives his written declaration that he is unable to discharge the powers and duties of his office, and until he transmits to them a written declaration to the contrary, such powers and duties shall be discharged by the Vice President as Acting President.

Section 4. Whenever the Vice President and a majority of either the principal officers of the executive departments or of such other body as Congress may by law provide, transmit to the President pro tempore of the Senate and the Speaker of the House of Representatives their written declaration that the President is unable to discharge the powers and duties of his office, the Vice President shall immediately assume the powers and duties of the office as Acting President.

Thereafter, when the President transmits to the President pro tempore of the Senate and the Speaker of the House of Representatives his written declaration that no inability exists, he shall resume the powers and duties of his office unless the Vice President and a majority of either the principal officers of the executive department or of such other body as Congress may by law provide, transmit within four days to the President pro tempore of the Senate and the Speaker of the House of Representatives their written declaration that the President is unable to discharge the powers and duties of his office. Thereupon Congress shall decide the issue, assembling within forty-eight hours for that purpose if not in session. If the Congress, within twenty-one days after receipt of the latter written declaration, or, if Congress is not in session, within twenty-one days after Congress is required to assemble, determines by two-thirds vote of both Houses that the President is unable to discharge the powers and duties of his office, the Vice President shall continue to discharge the same as Acting President; otherwise, the President shall resume the powers and duties of his office.

Amendment XXVI

Section 1. The right of citizens of the United States, who are 18 years of age or older, to vote, shall not be denied or abridged by the United States or any state on account of age.

Section 2. The Congress shall have the power to enforce this article by appropriate legislation.

Amendment XXVII

No law, varying the compensation for the services of the Senators and Representatives, shall take effect, until an election of Representatives shall have intervened.

Anhang 3 – Juristenausbildung und -Beruf in den Vereinigten Staaten

I. Juristische Ausbildung

Vor dem Aufkommen moderner juristischer Fakultäten (law schools) erfolgte die Juristenausbildung in den USA in der Praxis durch sogenannte apprenticeships. Jurastudenten „lasen das Recht" in Fällen und Büchern und begleiteten Praktiker, die ihre Lehrer und Mentoren waren. Es gab keinen formalisierten Studiengang.[1] Seit dem Aufkommen der law schools Anfang des 19. Jahrhunderts verlangt die Ausübung des Juristenberufes den Abschluß eines formalen Graduiertenstudiums, welches heute mit dem Grad des **juris doctor** (J.D.) abschließt. Um eine gewisse Einheit der Studienpläne sicherzustellen, bewertet die **American Bar Association** (ABA), eine freiwillige nationale Juristenvereinigung, die Juristenfakultäten und implementiert Anerkennungskriterien, basierend auf Studienplanvorgaben, Lehrqualität, Studentenleistungen und dem Anteil an Absolventen, die später das Zulassungsexamen zur Anwaltschaft (bar exam) bestehen.

Law schools, wie auch andere Fakultäten, verlangen Studiengebühren. Öffentlichrechtliche Einrichtungen (state schools) unterscheiden dabei zwischen Einheimischen und Studenten aus anderen Bundesstaaten, während private law schools (ohne staatliche Zuschüsse) alle Studenten gleich behandeln.[2] Finanzielle Unterstützung gibt es in Form von Stipendien und Ausbildungskrediten.[3]

Die Zulassung zur law school setzt den Abschluß eines (undergraduate) College-Studiums voraus. Dieses dauert 4 Jahre und endet mit der Verleihung des Grades eines Bachelor of Art oder Bachelor of Science in verschiedenen Studienfächern. Von zukünftigen law school-Studenten wird dabei keineswegs erwartet, dass sie sich bereits während des undergraduate Studiums mit juristischen Kursen beschäftigen: Juristenausbildung ist die Domäne der graduate schools.

Als weitere Voraussetzung muß ein Student den landesweit einheitlichen Law School Admission Test (**LSAT**) absolvieren, welcher Verständnisfähigkeiten prüft, die für

---

[1] Siehe *Carey*, An Essay on the Evolution of Clinical Legal Education and its Impact on Student Trial Practice, 51 Kan. L. Rev. 509, 510 (2003).

[2] Die nachstehenden Informationen sind nicht ganz auf dem neuesten Stand: Law School Gebühren sind landesweit schneller und höher gestiegen als in undergraduates colleges, im Schnitt um 3–5 % jährlich. Im Jahre 2007/2008 beispielsweise reichten Studiengebühren an Fakultäten in öffentlicher Trägerschaft von etwa 13.000 $ (vgl. 13.090 $ für Georgia residents an der University of Georgia School of Law und 38.950 $ für Michigan residents an der University of Michigan Law School) bis über 40.000 $ (vgl. 29.054 $ an der University of Georgia School of Law und 41.949 $ an der University of Michigan Law School für Studenten aus anderen Bundesstaaten). Studiengebühren an privaten Fakultäten sind noch höher (z. B. an der Columbia Law School 43.470 $). Zusätzlich zu den Studiengebühren verlangen Fakultäten Beiträge für Verwaltung und Krankenversicherung (Columbia Law School etwa verlangt 1.236 $ zur Abdeckung dieser Kosten).

[3] 94 % aller Studenten nehmen zur Finanzierung ihres Studiums Kredite auf. Durchschnittlich hat ein Absolvent am Ende des Studiums Schulden von mehr als 87.000 $ an privaten und mehr als 57.000 $ an staatlichen Universitäten. Weitere Informationen unter siehe http://www.abanet.org. Allgemeine Informationen zu staatlichen und privaten Krediten zur Studienfinanzierung unter http://www.gradloans.com.

den Erfolg im Jurastudium notwendig sind.[4] Über die Zulassung wird aufgrund der Leistungen im College, des LSAT-Ergebnisses und – möglicherweise – Empfehlungen und persönlichen Gesprächen entschieden.

Das J. D. Programm ist ein 3-jähriges Studium. An vielen Universitäten kann ein J. D. mit anderen akademischen Graden kombiniert werden, etwa einem MBA oder einem Doktor der Medizin (M. D.)[5] Die Mehrzahl der law schools bietet nur Vollzeitstudiengänge, aber eine zunehmende Zahl bietet auch die Möglichkeit von Abend- und Teilzeitstudien. Viele Fakultäten bieten zudem Aufbaustudiengänge an, etwa zum Erwerb des **Master of Laws (LL. M.)**[6]

Der Lehrkörper einer law school besteht zumeist aus Lebenszeit-Professoren (tenured) und Professoren auf Zeit (untenured), sowie Praktikern als Lehrbeauftragte.[7] Viele Professoren bieten zusätzlich zu ihren Lehraufgaben auch Beratung auf ihrem jeweiligen Spezialgebiet an.

Im ersten Jahr besteht der Studienplan aus Pflichtkursen. Typischerweise werden Vertragsrecht, Deliktsrecht, Sachenrecht und Zivilprozeßrecht im ersten Jahr gelehrt. Danach haben die Studenten, mit Ausnahme einiger weniger Pflichtkurse, die Wahl, welche der angebotenen Kurse sie belegen, wobei natürlich die Anforderungen des bar exam diese Wahl beeinflußt.[8]

---

[4] Der LSAT wird vom Law School Admissions Council, einer gemeinnützigen Gesellschaft, deren Mitglieder 201 Juristenfakultäten (186 in den USA und 15 in Kanada) sind, durchgeführt. Weitere Informationen unter http://www.lsac.org. Der Test resultiert nicht in „bestanden" oder „nicht bestanden", sondern in einem Vergleichs-Ranking gegenüber anderen Testteilnehmern über einen bestimmten Vergleichszeitraum. Jede Law School bestimmt dann ihre eigene Zugangsschwelle. Keine der von der ABA anerkannten Law Schools hat eine Mindestpunktzahl für die Zulassung von weniger als 142 (Ergebnisse im LSAT reichen von 120 bis 180 Punkten; neben der Punktzahl erhalten die Teilnehmer eine Bewertung, die ihr Abschneiden gegenüber anderen in Prozent ausdrückt) bzw. eine Durchschnittspunktzahl im College unter 2,7 (B-). Siehe *Shepard*, ABA Accreditation and the Filtering of Political Leaders, 12 Cornell J. L. & Pub. Pol'y 637, 643–44 (2003).

[5] Da sich manche Kurse überschneiden, ist die Studiendauer in einem kombinierten Studium oft kürzer, als wenn beide Studiengänge nacheinander absolviert würden. Die Erlangung des J.D. etwa dauert 3 Jahre, die des M.B.A. zwei. Kombiniert man beides, kann dies in insgesamt 4 Jahren erreicht werden.

[6] Die Hälfte aller ABA anerkannten Law Schools bieten Postgraduierten-Studiengänge, darunter verschiedene LL.M. Programme. Siehe *Ariens*, Law School Branding and the Future of Legal Education, 34 St. Mary's L.J. 301, 350–51 (2003). L.L.M. Programme, die meist ein 9-monatiges Studium erfordern, sind insbesondere für Absolventen ausländischer Juristenfakultäten attraktiv. Einige dieser Programme sind allgemeiner Ausrichtung: Die Studenten wählen aus dem regulären Kursangebot der Law School (z. B. Emory University, Northwestern University). Manche Schulen bieten dagegen spezielle LL.M. Programme an, in denen die Lehrveranstaltungen vorgegeben sind (Stanford University, beispielsweise, bietet zwei LL.M. Programme: Corporate Governance & Practice und Law, Science & Technology). Allgemein dazu *Ackmann*, US-Masterstudium für Juristen: LL.M., M.C.L., M.C.J., 2. Auflage 2003.

[7] „Tenure" (Kurzwort für: indefinite tenure) ist von einer Berufung auf Zeit (als „assistant" oder „associate" Professor) zu unterscheiden. Meist kommt es für eine Berufung auf eine Lebenszeit-Stelle neben den Leistungen in der Lehre insbesondere auf Forschung und Veröffentlichungen an. Im Allgemeinen wird tenure nach etwa 7 Jahren in einer „untenured"- Stelle verliehen. Wechselt ein Professor danach die Lehrstätte, wird er üblicherweise gleich auf eine Lebenszeitstelle berufen. Siehe *Ariens*, oben Fn. 6, S. 351.

[8] Einige Fakultäten bieten den Studenten die Möglichkeit, sich durch die Wahl von Kursen in einem bestimmten Rechtsgebiet zu spezialisieren. Diese Spezialisierung wird durch ein Extrazeugnis dokumentiert oder erscheint auf der J.D.-Urkunde. Die Möglichkeit ist besonders interessant für Studen-

I. Juristische Ausbildung

Eingeführt im 19. Jahrhundert vom damaligen Dekan der Harvard Law School *Langdell*, prägt die Fallmethode (**„case method"**) immer noch die US-amerikanische Juristenausbildung. Studenten lesen ausgewählte Fälle höherer Gerichte um sowohl das Recht als auch die Fähigkeit der Rechtsfindung und Begründung zu lernen. In den Lehrveranstaltungen ist die **sokratische Methode** vorherrschend: der vom Professor aufgerufene Student muß die Begründung eines Falles erläutern und deren Grenzen durch Anwendung auf hypothetische Sachverhalte erarbeiten. Diese Methode verlangt vom Studenten, wie ein praktizierender Jurist zu denken.[9]

Die Zulassung zur Praxis erfordert nicht nur den akademischen Grad, sondern auch das Bestehen des Anwaltsexamens (**bar exam**). Die Regelung der Anwaltszulassung ist Sache der einzelnen Bundesstaaten und die Zulassungsvorgaben differieren von Staat zu Staat. Obwohl die ABA keine Entscheidungsgewalt besitzt, und daher nicht direkt die einzelstaatlichen Zulassungs- und Berufsregeln bestimmen kann, haben die von ihr vorgeschlagenen Standards doch die staatlichen Zulassungsregeln erkennbar beeinflußt.[10] Zum Beispiel können in fast allen Staaten nur Absolventen von ABA-anerkannten law schools zum bar exam zugelassen werden.[11]

Einzelheiten des bar exam sind von Staat zu Staat verschieden, jedoch gibt es einige Gemeinsamkeiten. Typischerweise findet das Examen an zwei bis drei Tagen statt und umfaßt allgemeine Rechtsgrundsätze sowie spezielle Rechtsregeln des jeweiligen Bundesstaates. Das **Multistate Bar Exam** (MBE) umfaßt 6 allgemeine Rechtsgebiete, besteht aus 200 multiple choice Fragen und gehört in fast allen Staaten zum Exa-

---

ten, die in einer speziellen Berufsfeld tätig werden wollen, etwa als Steuerrechts- oder Patentanwalt. Siehe *Willard*, The Road to Specialization, The National Jurist, November 2003, S. 25.

[9] Verfechter der sokratischen Methode behandeln das Recht als Wissenschaft. Anfang der 20er Jahre wurde diese Ansicht in Frage gestellt und es wurde vorgeschlagen, Recht als Kunst zu verstehen. Die Bewegung der **Legal Realists**, welche in den 30er Jahren aufkam, kritisierte den Ansatz von *Langdell* als zu statisch und ungeeignet für Fortschritt und Reform. Legal Realists glauben, dass die Juristenausbildung grundlegende Regeln und Methoden lehren sollte, anstatt sich auf die Vergangenheit zu konzentrieren, um Studenten zu ermöglichen, mit dem Erlernten ihre gesellschaftliche Rolle und Funktion auszuüben. Siehe *Wizner*, What Does it Mean to Practice Law „in the Interests of Justice" in the Twenty-First Century?: The Law School Clinic: Legal Education in the Interests of Justice, 70 Fordham L. Rev. 1929 (2002). Ein Ableger der Legal Realists, als „Neo-Realismus" bezeichnet, kam nach dem 2. Weltkrieg auf und ist eng mit dem Namen Karl Llewellyn, der maßgeblich am Entwurf des UCC beteiligt war, verbunden. Seine Anhänger kritisierten das Langdell'sche Modell und vertraten die Ansicht, dass Jurastudenten auf eine Aufgabe als politische Berater und Regierungsbeamte vorbereitet werden sollten. In den 60-er Jahren verschmolzen beide Modelle und führten zu einer Erweiterung des Studienangebotes um rechtsberatende Ausbildung. Beratungsgruppen, oft auf die Hilfe für unterrepräsentierten Gruppen ausgerichtet, existieren heutzutage an der Mehrzahl der law schools neben dem traditionellen Studienprogramm. Zu den Zielen dieser Ausbildung siehe *Carey*, oben, Fn. 1.

[10] Obwohl nicht vorgeschrieben, sind etwa die Hälfte aller Juristen in den USA Mitglied in der ABA. Siehe *Clark*, American Lawyers in the Year 2000: An Introduction, 33 Suffolk U.L. Rev. 293, 311 (2000).

[11] California, Massachusetts, und Maine bilden Ausnahmen: Sie erlauben die Teilnahme am bar exam auch ohne den Nachweis des erfolgreichen Abschlusses eines Studiums an einer ABA anerkannten law school. Manche Staaten, unter ihnen New York und Californien, erlauben die Teilnahme am bar exam für ausländische Juristen, die ein Aufbaustudium in den USA (z. B. ein LL.M. Studium) absolviert haben. Die meisten Staaten verlangen jedoch auch von ausländischen Juristen den Erwerb des J.D. als Voraussetzung für das Praktizieren als Jurist. Selbst wer in einem der oben genannten Staaten zugelassen ist, kann also in anderen Staaten bei fehlendem J.D. einer ABA anerkannten law school nicht praktizieren. Siehe *Shepard*, oben Fn. 4, S. 645.

mensumfang. Die Punktzahl des MBE wird zusammengezählt mit der Punktzahl im Essay Examen. Letzteres besteht aus der Lösung kurzer Sachverhalte und Problemstellungen sowohl zu spezifischen Rechtsfragen der Einzelstaaten als auch bundesweit geltenden allgemeinen Rechtsgrundsätzen.[12] Zusätzlich verlangt über die Hälfte der Bundesstaaten den **Multistate Performance Test** (MPT), welcher die Fähigkeit testet, Probleme zu erkennen und vorgegebene Rechtsregeln auf hypothetische Sachverhalte anzuwenden.[13] In den meisten Staaten müssen Kandidaten zudem ein **Multi-State Professional Responsibility Exam** (MPRE) ablegen, welches aus 50 multiple choice Fragen zum Berufs- und Standesrecht besteht. Das Bestehen des bar exam berechtigt zum Praktizieren im betreffenden Bundesstaat. Eine bundesweite Lizenz für die gesamten Vereinigten Staaten gibt es nicht, vielmehr müssen die Voraussetzungen des jeweiligen Einzelstaates, in welchem ein Jurist praktizieren will, erfüllt sein.[14]

II. Berufsausübung[15]

A. Private Praxis

Im privaten Sektor gibt es zahlreiche Berufsmöglichkeiten: Ein Anwalt mag seine eigene Praxis eröffnen, in eine bestehende Kanzlei eintreten und regional, landesweit oder global mit gleich situierten Anwälten zusammenarbeiten, oder er kann als in-house counsel bei einem Wirtschaftsunternehmen angestellt sein. Mehrere Anwälte schließen sich meist in Form von Personengesellschaften (partnerships) zur gemein-

---

[12] Da es kein bundesweit einheitlich geltendes Privatrecht gibt, handelt es sich bei dem zum Teil als „multistate" oder „national" law bezeichneten Recht um bundesweit anerkannte Grundsätze und Prinzipien des (einzelstaatlichen) Rechts.Manche Staaten verlangen ein Multi-State Essay Exam (MEE), welches aus 6 oder 7 Fragen besteht und 3 Stunden dauert. Es prüft Mehrheits- und Minderheitsmeinungen zu Fragen in 9 Rechtsgebieten. Siehe *Curcio*, A Better Bar: Why and How the Existing Bar Exam Should Change, 81 Neb. L. Rev. 363, 366–67 (2002).

[13] Der MPT tested die Fähigkeit zu anwaltlicher Tätigkeit. Der Kandidat bekommt eine Akte, welche Angaben zum Sachverhalt (Protokolle von Zeugenaussagen etc.) und anwendbaren Recht (Gesetze, Präzedenzfälle etc.) enthält, und muß (in 90 Minuten) einen Antrag, ein Mandantenschreiben, ein Plädoyer, einen Vergleichsvorschlag oder ein ähnliches Dokument erstellen. Siehe *Curcio*, oben Fn. 12, S. 380.

[14] Einige Staaten erlauben die Zulassung auf Antrag („admission on motion"), d. h. die Zulassung eines in einem anderen Staat zugelassenen Anwaltes ohne Ablegung des bar exam im zweiten Staat. Zudem kann man in einigen Staaten (meist nur für eine begrenzte Zeit) die im MBE erlangten Punkte im bar exam eines anderen Staates anerkennen lassen, und braucht somit im Zweitstaat nur den einzelstaatspezifischen Teil des bar exam ablegen. Letzlich gibt es auch die Möglichkeit der „pro hac vice admission", der zeitlich begrenzten Zulassung zur Praxis in einem Staat im Zusammenhang mit einem bestimmten Fall. Eine solche Zulassung basiert auf reinem Ermessen, es gibt keinen darauf gerichteten Rechtsanspruch.

[15] Law schools bieten umfangreiche Hilfe bei der Suche nach einer späteren Stelle. „Career Services" helfen beim Verfassen von Lebenslauf und Bewerbung, bieten Training für Bewerbungsgespräche und Informationen zu möglichen Berufschancen. Zudem organisieren career service-Büros Besuche von potentiellen Arbeitgebern an den law schools und Vorstellungs- und Bewerbungsgespräche. Oft werden Studenten für Praktika in den Sommermonaten während des Studiums geworben („summer associates") mit dem Hintergrund, diesen Studenten nach Abschluß des Studiums eine permanente Stelle anzubieten.

samen Praxis zusammen.¹⁶ Berufsstandsregeln verbieten, dass einer partnership, die Rechtsberatung anbietet, Nicht-Juristen angehören.¹⁷

Ein Berufseinsteiger beginnt in der Kanzlei als „**associate**".¹⁸ Die meisten Kanzleien erwarten von ihren associates eine bestimmte Anzahl von billable hours (abrechenbare Zeit), entweder als explizite Vorgabe oder konkludente Erwartung (etwa 2000 pro Jahr). Billable hours sind die Zeiten anwaltlicher Tätigkeit, die für einen Mandanten aufgebracht und diesem in Rechnung gestellt werden. Das ergibt etwa 40 Stunden pro Woche, schließt jedoch nicht die Zeit ein, die etwa für administrative oder organisatorische Tätigkeit, Marketing, Werbung, Weiterbildung etc. Aufgewendet wird. Zudem erwarten viele Kanzleien auch die Erbringung von **pro-bono**-Leistungen sowie gesellschaftliche Aktivitäten, wie etwa in Berufs- und Interessenverbänden. Zeit, die für derartige Dinge aufgewendet wird, zählt zumeist nicht als „billable hours" und fließt nicht in das Stundenerfordernis ein.¹⁹

Nach etwa 7–10 Jahren erhalten erfolgreiche associates die Gelegenheit, Partner zu werden. Dazu müssen sie einen Gesellschaftsanteil erwerben, womit sie gleichzeitig auch persönlich für die Verbindlichkeiten der Gesellschaft haftbar werden und am Gewinn beteiligt sind. Nach dem traditionellen „**lockstep system**" hatte jeder Partner den gleichen Anteil am Gewinn.²⁰ Dieses Prinzip findet sich zunehmend durch ein System ersetzt, wonach die Gewinnbeteiligung eines Partners von seinem Beitrag

---

[16] Einige law firms sind als Limited Liability Partnerships (LLP) oder Limited Liability Corporations (LLC) organisiert, die überwiegende Form des Zusammenschlusses von Anwälten bleibt jedoch die partnership (oben, Kapitel 6). Siehe *Neil*, Brave New World of Partnership, ABA Journal, January 2004, S. 32.

[17] „A lawyer shall not form a partnership with a non-lawyer if any of the activities of the partnership consist of the practice of law." Model Code of Professional Conduct, Rule 5.4 (b) (2002). Siehe aber unten, Fn. 39 für eine moderne Abkehr von dieser traditionellen Regel.

[18] Das durchschnittliche jährliche Einstiegsgehalt eines Associate hängt stark von der Kanzleigröße ab. Das Gehalt von Associates in kleineren Kanzleien ist geringer als dasjenige ihrer Kollegen in größeren Kanzleien. Das durchschnittliche Anfangsgehalt in Kanzleien mit 2–25 Anwälten etwa beträgt 68.000 $; in Kanzleien mit mehr als 250 Anwälten dagegen 130.000 $. Auch regional gibt es Unterschiede: In Chicago, Los Angeles und Washington betrug das Durchschnittsgehalt 2007 145.000 $, in New York 160.000 $. Siehe http://www.nalp.org. Das durchschnittliche jährliche Einkommen aller Anwälte betrug 118.280 $. Siehe http://www.bls.gov/oes/current/oes231011.htm. Associates beginnen meist als Generalisten. Dennoch ist besonders in großen nationalen und internationalen Kanzleien ein Trend zu zeitiger Spezialisierung erkennbar. Die traditionelle Einteilung erfolgte in die weiten Kategorien „corporate" und „litigation". Heute gibt es meist enger abgegrenzte Praxisgruppen, etwa für „Mergers and Acquisitions," „Cross-Border Transactions," „Products Liability Litigation," oder „White Collar Crime." Manche Beobachter meinen, dass der Trend vom Verbleib in einer Kanzlei zu mehr Mobilität zwischen verschiedenen Kanzleien zu wachsender Spezialisierung führt, da der Marktwert eines modernen Anwaltes – und damit seine Mobilität – von seinen besonderen und einmaligen Spezialkenntnissen abhängt. Siehe dazu *Hia*, Que Sera, Sera? The Future Specialization in Large Law Firms, 2002 Colum. Bus. L. Rev. 541 (2002). Folge der wirtschaftlichen Lage seit 2008 ist es, dass Berufsanfänger oft große Schwierigkeiten haben (monatelanges Suchen), eine Stelle zu finden, und dass Anfangsgehälter daher auch stagnieren, z.T. zurückgegangen sind.

[19] Pro bono Tätigkeit bedeutet anwaltliche Tätigkeit zum Wohl der Gemeinschaft und ohne Vergütung. Die meisten Staaten fordern Anwälte zu einer bestimmten Anzahl jährlicher pro-bono Stunden auf. Die Model Rules of Professional Conduct, in vielen Staaten in Kraft, sehen vor: „[a] lawyer should aspire to render at least 50 hours of pro bono publico legal services per year." Model Code of Professional Conduct, Rule 6.1 (2002).

[20] Siehe *Regan, Jr.*, Corporate Norms and Contemporary Law Firm Practice, 70 Geo. Wash. L. Rev. 931 (2002).

zum Gewinn der Kanzlei abhängig ist. Dies wird meist daran gemessen, wieviel der jeweilige Partner zum Einkommen der Kanzlei beigesteuert hat.[21]

Ein weiterer Trend schafft eine Zwischenstufe zwischen associates und Partnern. Diese sogenannten „non-equity Partner" sind weiterhin mit festem Gehalt angestellt, ohne einen Gesellschaftsanteil zu erwerben. Während dieser, typischerweise etwa 2 Jahre dauernden Phase, wird geprüft, inwiefern diese Anwälte durch ihre Fähigkeit, neue Mandate zu aquirieren, zum Wachstum und Gewinn der Kanzlei beitragen.[22] Insgesamt ist der Weg zum Gesellschafter also komplizierter und weniger sicher geworden.[23]

Eine Alternative zum Eintritt in eine Rechtsanwaltskanzlei ist die Beschäftigung als in-house counsel in einem Unternehmen. Während Unternehmen herkömmlicherweise unabhängige Kanzleien mit der Rechtsberatung beauftragten, geht der moderne Trend dahin, eigene Rechtabteilungen für Routinetätigkeiten zu beschäftigen. Die Beauftragung von Kanzleien beschränkt sich dann auf komplexe Transaktionen oder Rechtsstreits, die außerhalb des normalen Geschäftsganges liegen.[24] Heute beschäftigen manche Großunternehmen Rechtsabteilungen mit mehr als 100 vollbeschäftigten Anwälten.[25]

---

[21] Siehe *Regan, Jr.*, oben, Fn. 20, S. 932. Im Jahre 2003 betrug das durchschnittliche Jahreseinkommen eines Partners zwischen 285.227 $ und 593.758 $. Im Vergleich dazu verdiente ein Associate im 5. Jahr der Kanzleizugehörigkeit durchschnittlich 126.270 $. Siehe *Gordanier*, Up or Over? The Role of Permanent Associates in Law Firms, University of Wisconsin Department of Economics, March 15, 2003, Appendix 7 (verfügbar unter: http://www.ssc.wisc.edu/~jkennan/teaching/uporovermar.pdf); http://www.ilrg.com/employment/salaries.

[22] Das jährliche Durchschnittseinkommen eines non-equity partners betrug im Jahre 2002 177.951 $. Siehe *Gordanier*, oben Fn. 21. Weitergehende Diskussion dazu bei *Neil*, oben Fn. 16; *Regan, Jr.*, oben Fn. 20. Bis 2010 hat sich das verdoppelt. Die American Bar Association sammelt und veröffentlicht aktuelle Informationen: www.aba.org.

[23] Im Gegensatz zum traditionellen Modell erwarten und erstreben viele Associates heute nicht mehr, Partner zu werden. Tatsächlich verlassen nach etwa 5 Jahren fast die Hälfte aller Associates ihre ursprüngliche Kanzlei und wechseln zu einer anderen Kanzlei, in den öffentlichen Sektor oder in eine nicht-juristische Laufbahn. Siehe *Neil*, oben Fn. 16, S. 32.

[24] Die Zunahme von Anzahl und Bedeutung von Rechtsabteilungen innerhalb von Unternehmen hat die Unterschiede im Informationsstand, die oft zwischen Unternehmen und außenstehenden Anwälten bestanden, reduziert. Diese Entwicklung hat jedoch auch zu einer deutlichen Zunahme der Konkurrenz unter Kanzleien geführt. Mehr als früher sind Kanzleien in den USA heute marktorientiert und stehen im Wettbewerb um die lukrativsten Mandaten. Siehe dazu *Hia*, oben Fn. 18, S. 545; *Regan, Jr.*, oben Fn. 20, S. 932.

[25] Im Jahre 2000 betrug das durchschnittliche jährliche Grundgehalt des Leiters einer Rechtsabteilung 182.865 $. Zuzüglich Extrazulagen betrug die Vergütung 247.858 $. Die Vergütung ist in großen Unternehmen deutlich höher: In Unternehmen mit 25.000 bis 49.000 Beschäftigten betrug das Gehalt für den Leiter der Rechtsabteilung durchschnittlich 453.940 $, in Unternehmen mit weniger als 500 Beschäftigten 161.863 $. „Einfache" Angestellte einer Rechtsabteilung verdienten jährlich im Durchschnitt 119.759 $, von einem durchschnittlichen Einstiegsgehalt von 73.583 $ bis zu 153.236 $ für Spezialisten. Für aktuelle Informationen siehe http://www.cltmag.com.

B. Öffentlicher Dienst

1. Exekutive

Obwohl die Mehrzahl der Juristen in den USA privat praktiziert, gibt es zahlreiche Möglichkeiten der Beschäftigung im öffentlichen Dienst.[26] Die Regierung des Bundes beschäftigt über 25.000 Juristen, zumeist in Verwaltungsbehörden.[27] Einige öffentliche Positionen müssen von Juristen besetzt sein, etwa Staatsanwälte, Bundesanwalt,[28] Generalbundesanwalt (attorney general)[29] und Richter (siehe unten). Im Allgemeinen ist das Einkommen im öffentlichen Dienst geringer als in der privaten Praxis.[30] Gründe dafür sind, neben finanziellen Grenzen der öffentlichen Kassen, dass Angestellte im öffentlichen Dienst regelmäßig kürzere Arbeitszeiten als ihre Kollegen im Privatsektor haben, und dass Sozialleistungen, etwa Renten- und Krankenversicherung, im öffentlichen Dienst generell sehr gut sind.[31]

---

[26] Im Jahre 2000 praktizierten etwa 72 % der Juristen in den USA als Anwälte, 10 % waren im öffentlichen Dienst angestellt, 10 % in Rechtsabteilungen von Unternehmen, die übrigen waren Richter, Professoren oder nicht als Juristen tätig. Siehe *Clark*, oben Fn. 10.

[27] Der größte Arbeitgeber für Juristen auf Bundesebene ist das Department of Justice. Siehe *Clark*, oben Fn. 10, S. 299.

[28] Der United States Attorney wird vom Präsidenten ernannt. Seine Rolle, unter der Aufsicht des Generalbundesanwaltes (U.S. Attorney General), ist die Vertretung der Bundesregierung in Zivil- und Stafverfahren. Im einzelstaatlichen Straverfahren werden Anklagen vom District Attorney (D.A., Staatsanwalt) erhoben. Er ist Angestellter der einzelstaatlichen Regierung und wird, je nach Bundesstaat, auch als chief prosecutor, prosecuting attorney oder state's attorney bezeichnet. Das Recht der Einzelstaaten entscheidet über die Anzahl von District Attorneys (im Jahre 2001 waren es bundesweit 2.341) und darüber, ob sie gewählt oder ernannt werden (Ernennung erfolgt nur in Alaska, Connecticut, New Jersey und dem District of Columbia). Jeder Staatsanwalt ist zuständig für einen district; diese districts sind jedoch wesentlich kleiner als die Zuständigkeits-districts der Bundesgerichte. Die Mehrzahl der districts eines Staatsanwaltes haben weniger als 100.000 Einwohner. Siehe http://www.ojp.usdoj.gov/bjs/pub/ascii/psc01.txt. Typischerweise arbeiten District Attorneys eng mit den jeweiligen lokalen Polizeikräften bei der Ermittlung von Straftaten zusammen. Da mehr als 80 % aller Beschuldigten nicht die finanziellen Mittel für einen Rechtsbeistand aufbringen können, bekommen sie Pflichtverteidiger gestellt, deren Kosten von der Staatskasse getragen werden. Der gesamte Bereich des Strafverfahrens ist daher weitgehend von privater anwaltlicher Tätigkeit losgelöst. Vielmehr finden sich oft Angestellte des öffentlichen Dienstes auf beiden Seiten eines solchen Verfahrens. Siehe *Clark*, oben Fn. 10.

[29] Der Attorney General ist der Generalanwalt eines Staates oder des Bundes und als solcher verantwortlich für die Rechtsberatung und Prozeßvertretung der ihn beschäftigenden Regierung.

[30] Anfangsgehälter für Juristen im öffentlichen Dienst betragen durchschnittlich 36.000 bis 46.000 $. (2006) Siehe http://www.nalp.org/content/index.php?pid=452. Siehe zum Vergleich die durchschnittlichen (Anfangs)Gehälter von Anwälten, Unternehmensjuristen und Richtern, siehe Fn. 18 ff., 25, 32.

[31] Ein Großteil von Politikern wird von Juristen gestellt: Während Juristen weniger als 1 % der Gesamtbevölkerung der USA ausmachen, waren im Jahre 2002 39 % der US-Repräsentanten und 55 % der US-Senatoren Juristen. Unter den Parlamentariern der Einzelstaaten beträgt der Juristenanteil zwischen 25 und 40 %. Zwei Drittel aller amerikanischen Präsidenten waren Juristen. Siehe *Shepard*, oben Fn. 4, S. 652–53.

2. Judikative

Ernennung oder Wahl zum Richter ist eine hoch angesehene Karriere für Juristen.[32] Bundesrichter werden vom Präsidenten nach Beratung und Zustimmung durch den Senat ernannt.[33] Oft übernimmt der Präsident die von Senatoren kommenden Kandidatenvorschläge.[34] Von den Einzelstaaten folgen 29 einem der Bundesregelung vergleichbaren Ernennungssystem.[35] In den übrigen 21 Staaten werden Richter für 4 Jahre gewählt und müssen sich danach der Wiederwahl („confirmation") stellen.[36] Die Auswahl von Richtern ist einzelstaatlich geregelt und variiert daher insbesondere auch bezüglich formaler Anforderungen.

C. Gesellschaftliche Rolle

Es wird heute viel diskutiert, ob der Juristenberuf ein unabhängiger freier Berufsstand oder Geschäftstätigkeit ist.[37] Die zunehmende Zahl von Unternehmensjuristen

---

[32] Gehälter für Richter variieren und sind abhängig einerseits vom Gerichtssystem (Bundes- oder einzelstaatliches Gericht), andererseits von der Instanz (trial court, appeal court, oder supreme court). Im Jahre 2006 verdiente ein Bundesrichter am district court 165.200 $, ein Richter am US-Supreme Court 203.000. Im Vergleich dazu betrug im gleichen Jahr das durchschnittliche Gehalt eines einzelstaatlichen Richters am erstinstanzlichen Gericht 122.559 $ (bei einer Spanne von 100.884 $ bis 184.300), an den höchsten Gerichten durchschnittlich 136.810 $ (Spanne 101.612 bis 172.452. Siehe http://www.bls.gov/oco/ocos272.htm.

[33] Zur Erinnerung: neben den Gerichten gemäß Artikel III der Bundesverfassung gibt es diverse Gerichte unter Artikel I, sogenannte „legislative courts". Siehe oben Rn. 106, Fn. 7.

[34] Im Unterschied zur Situation in Civil Law Ländern ist daher die Trennung zwischen dem Berufsweg in der Justiz und privater Praxis weniger stark ausgeprägt. Siehe *Clark*, oben Fn. 10, S. 306. Im Bundes-Gerichtssystem gibt es 825 Richterstellen bei district und circuit courts. Siehe http://www.uscourts.gov.Wie oben (Rn. 670) erwähnt, gibt es in den USA keine automatische Pensionierung, auch nicht für Professoren oder Richter. Jedoch erlaubt die sogenannte „Rule of 80" einem Bundesrichter, bei Weiterzahlung des vollen Gehalts und aller Nebenleistungen, in den Ruhestand zu gehen, wenn die Summe seiner Lebens- und Dienstjahre 80 ergibt. Siehe 28 U.S.C. § 371(c) (2003). Zudem erlaubt der Kongreß Richtern, die das Pensionsalter erreicht haben, „senior status", anstelle der Pensionierung zu wählen. Dies bedeutet ein Verbleiben im Amt bei weniger Gehalt und geringerer Arbeitsbelastung. Die meisten Einzelstaaten haben gesetzliche Pensionspläne; in der Mehrheit der Fälle beträgt das Ruhestandsalter 70 Jahre.

[35] In drei Staaten werden Richter durch parlamentarische Entscheidung oder Wahl ernannt. In den übrigen 26 Staaten, in denen Richter ernannt werden, erfolgt die Auswahl und Ernennung durch den Gouverneur nach Vorschlägen einer unparteiischen Nominierungskommission, die ihre Kandidaten nach fachlichen Kriterien auswählt. Nach ihrer Ernennung bleiben Richter oft aufgrund sogenannter „retention elections", also Wahlen ohne Gegenkandidaten, im Amt. Missouri war der erste Staat, der ein Auswahlsystem auf der Grundlage von fachlichen Kriterien einführte. Der Begriff „Missouri Plan" ist daher für diesen Weg der Ernennung gebräuchlich. Siehe *Prather*, Judicial Selection — What is Right for Mississippi?, 21 Miss. C.L. Rev. 199 (2002). Vertiefend zum sogenannten „Missouri Plan", *Reddick*, Merit Selection: A Review of the Social Scientific Literature, 106 Dick. L. Rev. 729 (2002).

[36] In sechs dieser Staaten werden Richter als Kandidaten der Parteien aufgestellt, in den übrigen erfolgt die Kandidatenaufstellung unabhängig von den politischen Parteien. Amtszeiten rangieren von 6 Jahren (Georgia) bis zu 14 Jahren (New York). Siehe *Prather*, oben Fn. 34, S. 200. Das Wahlverfahren ist Gegenstand scharfer Kritik, Reformversuche sind jedoch bisher gescheitert. Siehe dazu auch *Behrens/Silverman*, The Case for Adopting Appointive Judicial Selection Systems for State Court Judges, 11 Cornell J.L. & Pub. Pol'y 273 (2002).

[37] Siehe *Hia*, oben Fn. 18, S. 541.

und die wachsende Rolle von Juristen bei komplexen Rechtsgeschäften haben die traditionelle Abgrenzung verwischt. Auch die gestiegene berufliche Mobilität – nicht nur zwischen privaten Kanzleien, sondern auch zwischen privater und öffentlicher Lehr- sowie richterlicher Tätigkeit – macht den Juristenstand vielschichtiger als in früheren Zeiten. Während diese Entwicklung eine präzise Definition des Juristenstandes in den USA erschwert, bedeutet sie gleichzeitig eine wesentlich größere Bandbreite von Möglichkeiten für heutige Juristen als dies in der Vergangenheit der Fall war.

In den Vereinigten Staaten gibt es pro Kopf mehr zugelassene Juristen als in jedem anderen Land der Welt;[38] jedoch ist diese Statistik leicht irreführend. Es ist unmöglich, die Zahl der Juristen in verschiedenen Rechtssystemen zu vergleichen, da deren Rolle im internationalen Vergleich deutlich variiert. Es gilt zu berücksichtigen, dass einige der in den USA von Juristen wahrgenommenen Tätigkeiten in anderen Ländern von verschiedenen Berufsgruppen ausgeübt werden.

Mit der Entwicklung des Berufsstandes haben sich auch dessen gesellschaftliches Ansehen, standes- und berufsrechtliche Regelungen verändert. Die herkömmlichen Grundregeln gegen das Teilen von Gebühren mit Nicht-Juristen und die Gesellschafterstellung von Laien in Personengesellschaften, die Rechtsberatung anbieten, werden in vielen Staaten vor den höchsten Gerichten auf den Prüfstand gestellt.[39] Zudem wirft die steigende bundesweite und globale Tätigkeit die Frage auf, ob die Zulassungsvorschriften gelockert werden sollten, um Anwälten auch die Tätigkeit außerhalb des Staates ihrer Zulassung zu ermöglichen.[40]

---

[38] Zum 31. Dezember 2002 gab es in den USA 1.058.662 zugelassene Juristen. Die Zahl der tatsächlich praktizierenden Anwälte ist jedoch geringer. Siehe http://www.abanet.org. Im Vergleich: In Japan gab es im Jahre 2002 etwas über 18.000 Anwälte. Siehe *Milhaupt/West*, Law's Dominion and the Market for Legal Elites in Japan, 34 Law & Pol'y Int'l Bus. 451, 460 (2003). Juristen stellten im Jahre 2000 0,009 % der Bevölkerung in der Volksrepublik China, 0,09 % in den westlichen Bundesländern Deutschlands und 0,32 % in den USA. Siehe *Heller* China's New Foreign Law Firm Regulations: A Step in the Wrong Direction, 12 Pac. Rim L. & Pol'y 751, n. 36 (2003).

[39] Siehe etwa D.C. Bar Appx. A, Rule 5.4 (b) (2003). Die Regelung erlaubt einem Nicht-Juristen eine finanzielle Beteiligung oder leitende Funktion in einer Gesellschaft zu haben, deren einzige Tätigkeit in der Rechtsberatung liegt.

[40] Weitergehende Diskussion bei *Brand*, Uni-State Lawyers and Multinational Practice: Dealing with International, Transnational, and Foreign Law, 34 Vand. J. Transnat'l L. 1135 (2001).

Anhang 4 – Skizze der Bundesgerichtsbezirke (District Courts und Courts of Appeal)

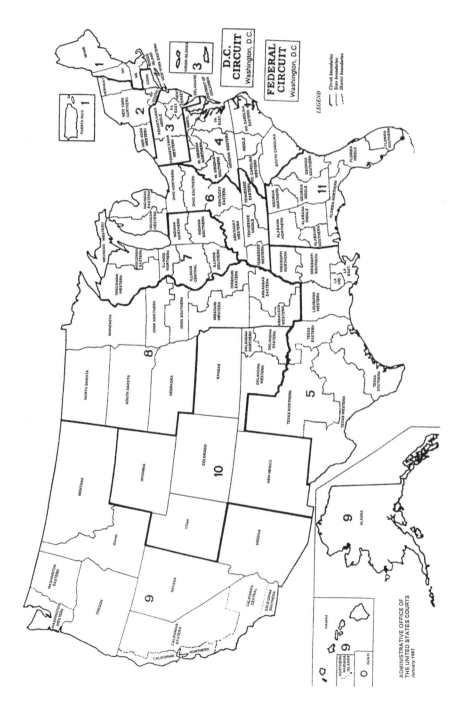

Table of Cases

Die Zahlen verweisen auf Randnummern (Entscheidungen deutscher Gerichte finden sich am Ende)

A.H.W. v. G.H.B, 399 N.J. Super. 495, 772 A.2 d 948 (2000) 522
A.K. v. N.B., 2008 Ala.Civ.App. LEXIS 316 und 2010 Ala.Civ.App. LEXIS 388
A.L.A. Schechter Poultry Corp. v. United States, 295 U.S. 495, 55 S.Ct. 837, 79 L.Ed. 1570 (1935) 81
Abbott v. Abbott, 560 U.S. __, 130 S.Ct.1983, __ L.Ed.2d __ (No. 08-645, May 17, 2010) 576
Abbott Laboratories v. Gardner, 387 U.S. 136, 87 S.Ct. 1507, 18 L.Ed.2 d 681 (1967) 95
Abrams v. Societe Nationale des Chemins de Fer Francais, 332 F.3 d 173 (2 d Cir. 2003) 648
Acree v. Republic of Iraq, 271 F. Supp. 2 d 179 (D.C. Cir. 2003) 648
Acree v. Snow, 276 F. Supp. 2 d 31 (D.C. Cir. 2003) 648
Adair v. United States, 208 U.S. 161, 28 S.Ct. 277, 52 L.Ed. 436 (1908) 659
Adam v. Saenger, 303 U.S. 59, 58 S.Ct. 454, 82 L.Ed. 649 (1938) 128
Adams v. Lindsell, 1 Barnewall & Alderson 681, 106 Eng. Rep. 250 (1818) 297
Adarand Constructors, Inc. v. Pena, 515 U.S. 200, 115 S.Ct. 2097, 132 L.Ed.2 d 158 (1995) 668
Addyston Pipe & Steel Co. v. United States, 175 U.S. 211, 20 S.Ct. 96, 44 L.Ed. 136 (1899) 631
Afroyim v. Rusk, 387 U.S. 253, 87 S.Ct. 1660, 18 L.Ed.2 d 757 (1967) 78
Alabama Great Southern Railroad Co. v. Carroll, 97 Ala. 126, 11 So. 803 (1892) 259
Albinger v. Harris, 48 P.3 d 711 (Mont. 2002) 485
Alexander v. Med. Assocs. Clinic, 646 N.W.2 d 74 (Iowa 2002) 376
Allied Bank International v. Banco Credito Agricola de Cartago, 757 F.2 d 516 (2 d Cir. N.Y. 1985) 649
Allis-Chalmers Credit Corp. v. McCormick, 30 Ill. App.3 d 423, 331 N.E.2 d 832 (1975) 343
Allstate Insurance Co. v. Hague, 449 U.S. 302, 101 S.Ct. 633, 66 L.Ed.2d 521 (1988) 234
Altmann v. Republic of Austria, 317 F.3 d 954 (9th Cir. 2002) 648
Alvarez-Machain v. United States, 331 F.3 d 604 (9th Cir. 2003) 652
Amalgamated Meat Cutters & Butcher Workmen v. Connally, 337 F.Supp. 737 (D.D.C. 1971) 87
Amchem Products Inc. v. British Columbia (Workers' Compensation Board), 1 S.C.R. 897 (1993) 142
American Airlines, Inc. v. Civil Aeronautics Board, 123 U.S. App. D.C. 310, 359 F.2 d 624 (1966) 90
American Banana Co. v. United Fruit Co., 213 U.S. 347, 29 S.Ct. 511, 53 L.Ed. 826 (1909) 645
American Civil Liberties Union v. FCC, 262 U.S. App. D.C. 244, 823 F.2 d 1554 (1987) 95
American Motorists Insurance Co. v. ARTRA Group, Inc., 338 Md. 560, 659 A.2 d 1295 (1995) 253
Anatasoff v. United States, 223 F.3 d 898 (8th Cir. 2000) 20
Anderson v. Bessemer City, 470 U.S. 564, 105 S.Ct. 1504, 84 L.Ed.2 d 518 (1985) 211
Anderson v. Kelley, 1993 U.S. App. LEXIS 32 963 (6th Cir. Ky. 1993) 667
Ankenbrandt v. Richards, 504 U.S. 689, 112 S.Ct. 2206, 119 L.Ed.2 d 268 (1992) 111
Anna J. v. Mark C., 286 Cal.Rptr. 369 (Cal. Ct. App. 1991) 522
Anyanwu v. CBS, 887 F.Supp. 690 (S.D.N.Y. 1995) 400
Apodaca v. Oregon, 406 U.S. 404, 92 S.Ct. 1628, 32 L.Ed.2 d 184 (1972) 728
Ardente v. Horan, 117 R.I. 254, 366 A.2 d 162 (1976) 297
Arizona v. Fulminante, 499 U.S. 279, 111 S.Ct. 1246, 113 L.Ed.2 d 302 (1991) 736
Arizona v. Maricopa County Medical Soc., 457 U.S. 332, 102 S.Ct. 2466, 73 L.Ed.2 d 38 (1982) 631
Arkansas v. Sanders, 442 U.S. 753, 99 S.Ct. 2586, 61 L.Ed.2 d 235 (1979) 712
Asahi Metal Industry Co. Ltd. v. Superior Court of California, 480 U.S. 102, 107 S.Ct. 1026, 94 L.Ed.2 d 92 (1987) 137
Associated Gas Distributors v. FERC, 263 U.S. App. D.C. 1, 824 F.2 d 981 (1987) 90
AT&T Corp. v. Sigala, 274 Ga. 137, 549 S.E.2 d 373 (2001) 146
Atkins v. Virginia, 536 U.S. 304, 122 S. Ct. 2242, 153 L.Ed.2 d 335 (2002) 72
Atlantis Development Corp. v. United States, 379 F.2 d 818 (5th Cir. 1967) 173
Attorney General of Canada v. R.J. Reyonds Tobacco Holdings, Inc., 268 F.3 d 103 (2nd Cir. 2001) 254
Atwater v. City of Lago Vista, 532 U.S. 318, 121 S.Ct. 1526, 149 L.Ed.2d. 549 (2001) 71, 708
Avery v. Willson, 81 N.Y. 341 (1880) 324
Bachchan v. India Abroad Publications, Inc., 154 Misc.2 d 228, 585 N.Y.S.2 d 661 (1992) 220A
Baehr v. Lewin, 74 Haw. 530, 852 P.2 d 44 (1993) 516

Table of Cases

Baehr v. Miike, 1996 WL 694 235 (Haw. Cir. Ct. 1996) 516
Bailey v. Drexel Furniture Co., 259 U.S. 20, 42 S.Ct. 449, 66 L.Ed. 817 (1922) 658
Baker v. General Motors Corp., 522 U.S. 222, 118 S.Ct. 657, 139 L.Ed.2 d 580 (1998) 120, 148
Baker v. State, 170 Vt. 194, 744 A.2 d 864 (1999) 516
Banco Credito Agricola de Cartago v. Allied Bank International, 473 U.S. 934, 106 S.Ct. 30, 87 L.Ed.2 d 706 (1985) 649
Banco Nacional de Cuba v. Sabbatino, 376 U.S. 398, 84 S.Ct. 923, 11 L.Ed.2 d 804 (1964) 649
Barber v. Page, 390 U.S. 719, 88 S.Ct. 1318, 20 L.Ed.2 d 255 (1968) 725
Barker v. Lull Engineering Co., 573 P.2 d 443, 20 Cal.3 d 413 (1978) 397
Barnett Bank of Marion County, N.A. v. Nelson, 517 U.S. 25, 116 S.Ct. 1103, 134 L.Ed.2 d 237 (1996) 234
Barnette v. West Va. Board of Ed., 47 F. Supp. 351 (S.D.W. Va. 1942) 21
Barth v. Barth, 2001 Tex. App. LEXIS 4994 (Tex. App. 2001) 500
Bartolone v. Jeckovich, 103 A.D.2 d 632 (N.Y. 1984) 370
Batson v. Kentucky, 476 U.S. 79, 106 S.Ct. 1712, 90 L.Ed.2 d 69 (1986) 198, 724
Bayshore Royal Company v. Jason Company of Tampa, Inc., 480 So.2 d 651 (Fla. Ct. App. 1985) 302
Baze v. Rees, 553 U.S. 35, 128 S.Ct. 1520, 170 L.Ed.2d 420 (2008) 72, 702
Beard Implement Co. v. Krusa, 208 Ill.App.3 d 953, 567 N.E.2 d 345 (1991) 290
Becker v. Perkins-Becker, 669 A.2 d 524 (R.I. 1996) 500
Behr R. v. Donna M., 853 N.Y.S.2 d 501 (N.Y. Sup., N.Y. County 2008) 517
Bell Atlantic Corp. v. Twombly, 550 U.S. 544, 127 S. Ct. 1955, 167 L.Ed.2d 929 (2007) 156
Bellout v. Ashcroft, 363 F.3 d 975 (9th Cir. 2004) 79
Beneficial Fin. Co. v. Lalumia, 223 So.2 d 202 (La. 1969) 303
Benitez v. Wallis, 337 F.3 d 1289 (11th Cir. 2003) 79
Benton v. Maryland, 395 U.S. 784, 89 S.Ct. 2056, 794, 23 L.Ed.2 d 707 (1969) 705
Benzo Gas Motor Fuel Co. v. National Ref. Co., 275 U.S. 570, 48 S.Ct. 157, 72 L.Ed. 431 (1927) 653
Berger v. New York, 388 U.S. 41, 87 S.Ct. 1873, 18 L.Ed.2 d 1040 (1967) 710
Bernal v. Fainter, 467 U.S. 216, 104 S.Ct. 2312, 81 L.Ed.2 d 175 (1984) 75A
Best v. Taylor Mach. Works, 179 Ill. 2 d 367, 689 N.E.2 d 1057 (1997) 419
Bethune Plaza Inc. v. Lumpkin, 863 F.2 d 525 (7th Cir. 1988) 173
Bi-Metallic Investment Co. v. Colorado, 239 U.S. 441, 36 S.Ct. 141, 60 L.Ed. 372 (1915) 90
Blackburn v. Dorta, 348 So.2 d 287 (Fla. 1977) 389
Blanco v. Blanco Industrial de Venezuela, S.A., 997 F.2 d 974, 980 (2 d Cir. 1993) 126
Blanton v. North Las Vegas, 489 U.S. 538, 109 S.Ct. 1289, 103 L.Ed.2 d 550 (1989) 724
Blubaugh v. Merril, Lynch, Pierce, Fenner & Smith, Inc. v. Century Surety Company, 1985 WL 8260, 1985 Ohio App. LEXIS 8371 (1985) 300
BMW of North America, Inc. v. Gore, 517 U.S. 559, 116 S.Ct. 1589, 134 L.Ed.2 d 809 (1996) 423
Board of Estimate v. Morris, 489 U.S. 688, 109 S.Ct. 1433, 103 L.Ed.2 d 707 (1989) 59
Booth v. Maryland, 482 U.S. 496, 107 S.Ct. 2529, 96 L.Ed.2 d 440 (1987) 702
Boumediene v. Bush, 549 U.S. 1328, 127 S.Ct. 1478 (2007) 50A, 735, 737
Bouton v. Allstate Insurance Co., 491 So.2 d 56 (1st Cir. 1986) 356
Bowen v. Michigan Academy of Family Physicians, 476 U.S. 667, 106 S.Ct. 2133, 90 L.Ed.2 d 623 (1986) 94
Boyd v. AWB Ltd., 544 F.Supp.2d 236 (S.D.N.Y. 2008) 646
Boykin v. Alabama, 395 U.S. 238, 23 L.Ed.2 d 274, 89 S.Ct. 1709 (1969) 722
Brady v. United States, 397 U.S. 742, 90 S.Ct. 1463, 25 L.Ed.2 d 747 (1970) 722
Breuer-Harrison, Inc. v. Combe, 799 P.2 d 716 (Utah 1990) 329
Broadcast Music, Inc. v. Columbia Broadcasting System, Inc., 441 U.S. 1, 99 S.Ct. 1551, 60 L.Ed.2 d 1 (1979) 631
Brown v. Haley, 355 S.E.2 d 563 (1987) 203
Brown v. Illinois, 422 U.S. 590, 95 S.Ct. 2254, 45 L.Ed.2 d 416 (1975) 716
Brown v. Pro Football, Inc., 518 U.S. 231, 116 S.Ct. 2116, 135 L.Ed.2 d 521 (1996) 673
Brownell v. We Shung, 352 U.S. 180, 77 S.Ct. 252, 1 L.Ed.2 d 225 (1956) 74
Brunette Machine Works, Ltd. v. Kockum Industries, Inc., 406 U.S. 706, 92 S.Ct. 1936, 32 L.Ed.2 d 428 (1972) 651
Brunhoeber v. Brunhoeber, 180 Kan. 396, 304 P.2 d 521 (1956) 303
Brunswick Corp. v. Pueblo Bowl-O-Mat, Inc., 429 U.S. 477, 97 S.Ct. 690, 50 L.Ed.2 d 701 (1977) 640

Bunting v. Progressive Corp. et al., 348 Ill.App.3 d 575, 809 N.E.2 d 225 (1st Dist. 2004) 398
Burch v. Louisiana, 441 U.S. 130, 99 S.Ct. 1623, 60 L.Ed.2 d 96 (1979) 728
Burdeau v. McDowell, 256 U.S. 465, 41 S.Ct. 574, 65 L.Ed.2 d 1048 (1921) 716
Burk v. State, 607 N.E.2 d 911 (Ohio Ct. App. 1992) 439
Burlington Industries, Inc. v. Ellerth, 524 U.S. 742, 118 S.Ct. 2257, 141 L.Ed.2 d 633 (1998) 411, 669
Burnham v. Superior Court, 495 U.S. 604, 110 S.Ct. 2105, 109 L.Ed.2 d 631 (1990) 130
Bush v. Gore, 531 U.S. 98, 121 S.Ct. 525, 148 L.Ed.2 d 388 (2000) 52
Byrne v. Boadle, 159 Eng.Rep. 299 (1863) 381
California v. Acevedo, 500 U.S. 565, 111 S.Ct. 1982, 114 L.Ed.2 d 619 (1991) 712
California v. Ciraolo, 476 U.S. 207, 106 S.Ct. 1809, 90 L.Ed.2 d 210 (1986) 710
Callano v. Oakwood Park Homes Corp., 90 N.Y.Super. 105, 219 A.2 d 332 (1966) 347
Campbell Soup Co. v. Wentz, 172 F.2 d 80 (3 d Cir. 1948) 312
Campuzano v. Islamic Republic of Iran, 281 F. Supp. 2 d 258 (D.C. Cir. 2003) 648
Cardwell v. Lewis, 417 U.S. 583, 94 S.Ct. 2464, 41 L.Ed.2 d 325 (1974) 712
Carnival Cruise Lines, Inc. v. Superior Court, 234 Cal.App.3 d 1019, 286 Cal. Rptr. 323 (1991) 127
Carroll v. United States, 267 U.S. 132, 45 S.Ct. 280, 69 L.Ed. 543 (1925) 712
Carter v. Hinkle, 52 S.E.2 d 135 (1949) 203
Carter v. United States, 2003 U.S. Dist. LEXIS 11 614 (W.D. Mich. 2003) 376
Carter v. United States, 530 U.S. 255, 120 S.Ct. 2159. 147 L.Ed.2 d 203 (2000) 728
Case Concerning Avena and Other Mexican Nationals, at http://www.icj-cij.org 737
Catalano, Inc. v. Target Sales, Inc., 446 U.S. 643, 100 S.Ct. 1925, 64 L.Ed.2 d 580 (1980) 631
CBOCS West, Inc. v. Humphries, 553 U.S. 442, 128 S.Ct. 1951, 170 L.Ed.2d 864 (2008) 670A
Cecrle v. Jeffries, 12 Ohio Misc. 25, 229 N.E.2 d 477 (1967) 193
Central Hudson Gas & Elec. Corp. v. Public Service Commission of New York, 477 U.S. 557, 100 S.Ct. 2343, 65 L.Ed.2 d 341 (1980) 637
Cerami-Kote Inc. v. Energywave Corp., 116 Idaho 56, 773 P.2 d 1143 (1989) 127
Chaiken v. VV Publishing Corp., 119 F.3 d 1018 (2 d Cir. 1997) 133
Chapman v. California, 386 U.S. 18, 87 S.Ct. 824, 17 L.Ed.2 d 705 (1967) 736
Chavez v. Martinez, 538 U.S. 760, 123 S.Ct. 1994, 155 L.Ed.2 d 984 (2003) 713
Cheema v. INS, 350 F.3 d 1035 (9th Cir. 2003) 79
Chernoff v. Tosco Corp., 2003 U.S. Dist LEXIS 19 522 (E.D. Pa. 2003) 376
Chevron U.S.A., Inc. v. NRDC, 467 U.S. 837, 104 S.Ct. 2778, 81 L.Ed.2 d 694 (1984) 196
Chew v. Dietrich, 143 F.3 d 24 (2 d Cir. 1998) 139
Cipriano v. Houma, 395 U.S. 701, 89 S.Ct. 1897, 23 L.Ed.2 d 647 (1969) 59
Citibank, Nat'l Assn. v. London, 526 F.Supp. 793 (S. D. Tex. 1981) 302
Citizens to Preserve Overton Park, Inc. v. Volpe, 401 U.S. 402, 91 S.Ct. 814, 28 L.Ed.2 d 136 (1971) 93
Citizens United v. FEC, __ U.S. __, __ 130 S, Ct.876 (2010) 52
Clairol, Inc. v. Cody's Cosmetics, Inc., 231 N.E.2 d 912 (Mass. 1967) 653
Clark v. Bendix Corp., 42 App.Div. 727, 345 N.Y.S. 2 d 662 (1973) 28
Clarke v. Clarke, 178 U.S. 186, 20 S.Ct. 873, 44 L.Ed. 1028 (1900) 275
Clemons v. Mississippi, 494 U.S. 738, 110 S.Ct. 1441, 108 L.Ed.2 d 725 (1990) 702
Cobbs v. Grant, 502 P.2 d 1 (Cal. 1972) 364
Coker v. Georgia, 433 U.S. 584, 97 S.Ct. 2861 (1977) 72
Cole v. Arkansas, 333 U.S. 196, 68 S.Ct. 514, 92 L.Ed. 644 (1948) 705
Coleman v. Alabama, 399 U.S. 1, 90 S.Ct. 1999, 26 L.Ed.2 d 387 (1970) 715
Coleman v. Robinson, 778 So.2 d 1105 (La. 2001) 255
Colorado v. Bertine, 479 U.S. 367, 107 S.Ct. 738, 93 L.Ed.2 d 739 (1987) 709
Colvin v. Hutchison, 338 Mo. 576, 92 S.W.2 d 667 (1936) 277
Community Nat'l Bank & Trust Co. v. Rapaport, 213 So.2 d 316 (Fla. 1968) 543
Compassion in Dying v. Washington, 79 F.3 d 790 (9th Cir. 1996) 694
Compuserve Inc. v. Cyber Promotions, 962 F.Supp. 1015 (S.D. Ohio 1997) 638
Connecticut Public Safety v. Doe, 538 U.S. 1, 123 S.Ct. 1160, 155 L.Ed.2 d 98 (2003) 697
Consolidated Edison Co. v. National Labor Relations Board, 305 U.S. 197, 59 S.Ct. 206, 83 L.Ed. 126 (1938) 96
Continental Ore Co. v. Union Carbide and Carbon Corp., 370 U.S. 690, 82 S.Ct. 1404, 8 L.Ed.2 d 777 (1962) 647
Coolidge v. New Hampshire, 403 U.S. 443, 91 S.Ct. 2022, 29 L.Ed 564 (1971) 716

Table of Cases

Cooper Indus. v. Leatherman Tool Group, 532 U.S. 424, 121 S.Ct. 1678, 149 L.Ed.2 d 674 (2001) 423
Cooper v. Oklahoma, 517 U.S. 348, 116 S.Ct. 1373, 134 L.Ed.2 d 498 (1996) 686
Cooper v. Smith, 2003 Ohio 6083 (Ohio App., 2003) 485
Cotnam v. Wisdom, 83 Ark. 601, 104 S.W. 164 (1907) 349
County of Riverside v. McLaughlin, 500 U.S. 44, 111 S.Ct. 1661, 114 L.Ed.2 d 49 (1991) 708
Coyote Corporation v. Chipman Construction, Inc., 1999 WL 155 938, 1999 Wash. App. LEXIS 516 (1999) 291
Craft v. Wal-Mart Stores, Inc., 856 So.2 d 214 (La.App. 2003) 355
Crowell v. Benson, 285 U.S. 22, 52 S.Ct. 285, 76 L.Ed. 598 (1932) 87, 96
CTS Corp. v. Dynamics Corp. of America, 481 U.S. 69, 107 S.Ct. 1637, 95 L.Ed.2 d 67 (1987) 247, 279, 281, 600, 610
Curtis v. Anderson, 106 S.W.3 d 251 (Tex. App. 2003) 485
Cyber Promotions v. American Online, 948 F.Supp. 436, (E.D. Pa. 1996) 638
Danville Community Hospital, Inc. v. Thompson, 186 Va. 746, 43 S.E.2 d 882 (1947) 381
Davenport Machine & Foundry Co. v. Adolph Coors Co., 314 N.W.2 d 432 (Iowa 1982) 127
Dawson v. State, 554 S.E.2 d 137 (Ga. 2001) 701
Day & Associates" Inc. v. Cowman, Inc., 1998 WL 756 521, 1998 Md. App. LEXIS 184 (1998) 291
Day & Zimmermann, Inc. v. Challoner, 423 U.S. 3, 96 S.Ct. 167, 46 L.Ed.2 d 3 (1975) 236
De Jonge v. Oregon, 299 U. S. 353, 57 S.Ct. 255, 81 L.Ed. 278 (1937) 69
De Perez v. AT&T Co.,139 F.3 d 1368 (11th Cir.1998) 146
Dementas v. The Estates of Jack Tallas, 764 P.2 d 628 (Utah App. 1988) 302
Demore v. Hyung Joon Kim, 538 U.S. 510, 123 S.Ct. 1708, 155 L.Ed.2 d 724 (2003) 2
Den Norske States Oljeselskap As v. HeereMac, 241 F.3 d 420 (5th Cir. 2001) 647
DeRivafinoli v. Corsetti, 4 Paige 264 (N. Y. 1833) 340
Destination Ventures Ltd. v. FCC, 46 F.3 d 54 (9th Cir. 1995) 637
Diamond Electric, Inc. v. Delaware Solid Waste Authority, 1999 WL 160 161, 1999 Del. Ch. LEXIS 45 (1999) 291
District of Columbia v. Heller, 554 U.S. 570, 128 S.Ct. 2783, 2008 U.S. LEXIS 5268 (26.Juni 2008) 69
Dorton v. Collins & Aikman Corp., 453 F.2 d 1161 (Tenn. 1972) 293
Douglas v. California, 372 U.S. 353, 83 S.Ct. 814, 9 L.Ed.2 d 811 (1963) 733
Downing v. Abercrombie & Fitch, 265 F.3 d 994 (9th Cir. 2001) 238
Draper v. United States, 358 U.S. 307, 79 S.Ct. 329, 3 L.Ed.2 d 327 (1959) 708
Drennan v. Star Paving Co., 51 Cal.2 d 409, 333 P.2 d 757 (1958) 291
Duckworth v. Eagan, 492 U.S. 195, 109 S.Ct. 2875, 106 L.Ed.2 d 166 (1989) 714
Dun & Bradstreet, Inc. v. Greenmoss Builders, Inc., 472 U.S. 749, 105 S.Ct. 2939, 86 L.Ed.2 d 593 (1985) 404
Duncan v. Louisiana, 391 U.S. 145, 88 S.Ct. 1444, 20 L.Ed.2 d 491 (1968) 69, 705, 724
Duncan v. Scottsdale Med. Imaging, 70 P.3 d 435 (Ariz. 2003) 364
Durham v. United States, 94 U.S.App.D.C.228, 214 F.2 d 862 (D.C. Cir. 1954) 685
Eastern Dental Corp. v. Isaac Masel Co., 502 F.Supp. 1354 (E. D. Pa. 1980) 306
Eastwood v. Kenyon, 113 Eng. Rep. 482 (1840) 302
EBSCO Industries, Inc. v. Lilly, 840 F.2 d 333 (6th Cir. 1988) 191
Eddings v. Oklahoma, 455 U.S. 104, 102 S.Ct. 869, 71 L.Ed.2 d 1 (1982) 702
Edgar v. MITE Corp., 457 U.S. 624, 102 S.Ct. 2629, 73 L.Ed.2 d 269 (1982) 610
Edmonson v. Leesville Concrete Co., 500 U.S. 614, 111 S.Ct. 2077, 114 L.Ed.2 d 660 (1991) 724
Eimco Div. v. United Pac. Ins. Co., 710 P.2 d 672 (Idaho Ct. App. 1985) 295
Eisen v. Carlisle & Jaquelin, 417 U.S. 156, 94 S.Ct. 2140, 40 L.Ed.2 d 732 (1974) 182
Eli Lilly & Co. v. Sav-On-Drugs, Inc., 366 U.S. 276, 81 S.Ct. 1316, 6 L.Ed.2 d 288 (1961) 610
Elisa B. v. Superior Court, 37 Cal.4th 118, 117 P.3 d 660 (2005) 517
Ely-Norris Safe Co. v. Mosler Safe Co., 7 F.2 d 603 (2 d Cir. N.Y. 1925) 653
Emery v. Burbank, 163 Mass. 326, 39 N.E. 1026 (1895) 256
Empagran S.A. v. F. Hoffman-Laroche, 315 F.3 d 338 (D.C. Cir. 2003) 647
English v. General Electric Corp., 496 U.S. 72, 110 S.Ct. 2270, 110 L.Ed.2 d 65 (1990) 234
Enmund v. Florida, 458 U.S. 782, 102 S.Ct. 3368, 73 L.Ed.2 d 1140 (1982) 701
Epperson v. Arkansas, 393 U.S. 97, 89 S.Ct. 266, 21 L.Ed.2 d 228 (1968) 114
Equal Employment Opportunity Commission v. Johnson & Higgins, Inc., 91 F.3 d 1529 (2 d Cir. 1996) 670

Table of Cases

Equal Employment Opportunity Commission v. Texas Bus Lines, 923 F.Supp. 965 (S.D. Tex. 1996) 670
Erie Railroad Co. v. Tompkins, 304 U.S. 64, 58 S.Ct. 817, 82 L. Ed. 1188 (1938) 113, 236
Escola v. Coca-Cola Bottling Co., 24. Cal.2 d 453, 150 P.2 d 436 (1944) 381, 395
Estate of Wolf v. Comm'r, 264 F.2 d 82 (3 d Cir. 1959) 303
Estes v. Texas, 381 U.S. 532, 85 S.Ct. 1628, 14 L.Ed.2 d 543 (1965) 724
Estin v. Estin, 334 U.S. 541, 68 S.Ct. 1213, 92 L.Ed. 1561 (1948) 272
Eubanks v. Louisiana, 356 U.S. 584, 78 S.Ct. 970, 2 L.Ed.2 d 991 (1958) 724
Ewing v. California, 538 U.S. 11, 123 S.Ct. 1179, 155 L.Ed.2 d 108 (2003) 729
Exxon Mobil Corp. v. Grefer et al., 127 S.Ct. 1371 (2007) 423
F. Hoffmann-La Roche Ltd. v. Empagran S.A., 542 U.S. 155, 124 S.Ct. 2359, 159 L.Ed.2 d 226 (2004) 646,
Falcon v. Memorial Hospital, 436 Mich. 443, 462 N.W.2 d 44 (1990) 385
Fall v. Eastin, 215 U.S.1, 30 S.Ct. 3, 54 L.Ed. 65 (1909) 265
Faragher v. City of Boca Raton, 524 U.S. 775, 118 S.Ct. 2275, 141 L.Ed.2 d 662 (1998) 411, 669
Faretta v. California, 422 U.S. 806, 95 S.Ct. 2525, 45 L.Ed.2 d 562 (1975) 705
Fasano/Harriss Pie Co. v. Food Marketing Associates, Ltd., 70 B.R. 285 (W. D. Mich. 1987) 295
Fauntleroy v. Lum, 210 U.S. 230, 28 S.Ct. 641, 52 L.Ed. 1039 (1908) 220
Federal Power Commission v. Texaco, Inc., 377 U.S. 33, 84 S.Ct. 1105, 12 L.Ed.2 d 112 (1964) 90
Ferens v. John Deere Co., 494 U.S. 516, 110 S.Ct. 1274, 108 L.Ed.2 d 443 (1990) 146
Ferguson v. City of Charleston, 532 U.S. 67, 121 S.Ct. 1281, 149 L.Ed.2 d 205 (2001) 710
First Bancorporation v. Board of Governors of Federal Reserve System, 728 F.2 d 434 (10th Cir. 1984) 90
Fitscher v. Rollman & Sons Co., 31 Ohio App. 340, 167 N.E. 469 (1929) 357
Flora, Flora & Montague, Inc. v. Saunders, 367 S.E.2 d 493 (1988) 203
Florida v. Riley, 488 U.S. 445, 109 S.Ct. 693, 102 L.Ed.2 d 835 (1989) 710
French v. Banco National de Cuba, 23 N.Y.2 d 46, 242 N.E.2 d 704 (1968) 649
Friends of the Earth, Inc. v. Laidlaw Envtl. Svcs., 528 U.S. 167, 120 S.Ct. 693, 145 L.Ed.2 d 610 (2000) 95
Frolova v. Union of Soviet Socialist Republics, 558 F.Supp. 358 (N.D. Ill. 1983) 648
FTC v. Brown Shoe Co., 384 U.S. 316, 86 S.Ct. 1501, 16 L.Ed.2 d 587 (1966) 642
FTC v. Motion Picture Advertising Service Co., 344 U.S. 392, 73 S.Ct. 361, 97 L.Ed. 426 (1953) 642
FTC v. Texaco, Inc., 393 U.S. 223, 89 S.Ct. 429, 21 L.Ed.2 d 394 (1968) 642
Furman v. Georgia, 408 U.S. 238, 92 S.Ct. 2726, 33 L.Ed.2 d 346 (1972) 703
Gannett Co. v. DePasquale, 443 U.S. 368, 99 S.Ct. 2898, 61 L.Ed.2 d 608 (1979) 705
García s. Leal García
Gasperini v. Center for Humanities, Inc., 518 U.S. 415, 116 S.Ct. 2211, 135 L.Ed.2 d 659 (1996) 116, 237, 418
Gavery v. McMahon & Elliott, 283 Ill.App.3 d 484, 670 N.E.2 d 822, 219 Ill. Dec. 144 (1996) 303
GE v. Masters Mail Order Co. of Washington, D.C., 244 F.2 d 681 (1957) 639
Genzel v. Halvorson, 248 Minn. 527 (1957) 355
Georgia v. McCollum, 505 U.S. 42, 112 S.Ct. 2348, 120 L.Ed.2 d 33 (1992) 724
Georgine v. Amchem Products, Inc., 83 F.3 d 610 (3 d Cir. 1996) 183
Gerstein v. Pugh, 420 U.S. 103, 95 S.Ct. 854, 43 L.Ed.2 d 54 (1975) 708
Gertz v. Robert Welch, Inc., 418 U.S. 323, 94 S.Ct. 2997, 41 L.Ed.2 d 789 (1974) 404
Gherebi v. Bush, 2003 U.S. App. LEXIS 25 625 (9th Cir. 2003) 711
Gideon v. Wainwright, 372 U.S. 335, 83 S.Ct. 792, 9 L.Ed.2 d 799 (1963) 705
Gilbert v. California, 388 U.S. 263, 87 S.Ct. 1951, 18 L.Ed.2 d 1178 (1967) 715
GITA Sports Ltd. v. SG Sensortechnik GmbH & Co. KG, 560F. Supp.2 d 432, 2008 WL 2 467 105 (W. D.N.C. 2008) 127
Glavin v. Clinton, 19 F. Supp. 2 d 543 (E.D. Va. 1998) 45
Godfrey v. Spano, 836 N.Y.S.2 d 813 (N.Y. Super 2007) 517
Goldberg v. Kollsman Instruments Corp., 12 N.Y.2 d 432, 191 N.E.2 d 81 (1963) 28
Golub v. Golub, 527 N.Y.S.2 d 946 (N.Y. Sup. Ct. 1988) 500
Gomez v. Perez, 409 U.S. 535, 93 S.Ct. 872, 35 L.Ed.2 d 56 (1973) 518
Gomez-Perez v. Potter, 128 S.Ct. 1931, 2008 U.S. LEXIS 4518 (U.S. Supreme Court, 28. Mai 2008) 670A
Gonzales v. Oregon, 546 U.S. 243 (2006) 96
Goodridge v. Dep't of Pub. Health, 798 N.E.2 d 941 (Mass. 2003) 516

Table of Cases

Goodyear Tires Operations, S.A. v. Brown,, ___ U.S. ___, ___ S.Ct. ___, 2011 U.S. LEXIS 4801 (2011) 133
Gordon v. Lance, 403 U.S. 1, 91 S.Ct. 1889, 29 L.Ed.2 d 273 (1971) 59
Gotwals v. United States, 329 U.S. 781, 67 S.Ct. 204, 91 L.Ed. 670 (1946) 620
Grace v. MacArthur, 170 F.Supp. 442 (E.D.Ark. 1959) 130
Graham v. Florida, 560 U.S. ___, ___ S.Ct. ___, ___ L.Ed.2d ___ (No. 08-7412, May 17, 2010) 702
Graham v. Richardson, 403 U.S. 365, 91 S.Ct. 1848, 29 L.Ed.2 d 534 (1971) 69
Gratz v. Bollinger, 539 U.S. 244, 123 S.Ct. 2411, 156 L.Ed.2 d 257 (2003) 668
Greater Boston Television Corp. v. *FCC*, 444 F.2 d 841 (D.C. Cir. 1970) 96
Greenman v. Yuba Power Products, Inc., 377 P.2 d 897, 59 Cal.2 d 57 (1963) 395
Gregg v. Georgia, 428 U.S. 153, 96 S.Ct. 2909, 49 L.Ed.2 d 859 (1976) 72, 701
Griffin v. California, 380 U.S. 609, 14 L.Ed.2 d 106, 85 S.Ct. 1229 (1965) 725
Griffin v. Illinois, 351 U.S. 12, 76 S.Ct. 585, 100 L.Ed. 891 (1956) 732, 733
Grupo Mexicano de Desarollo v. Alliance Bond Fund, Inc., 527 U.S. 308, 119 S.Ct. 1961, 144. L.Ed.2 d 319 (1999) 11
Grutter v. Bollinger, 539 U.S. 306, 123 S.Ct. 2325, 156 L.Ed.2 d 304 (2003) 668
Guidi v. Inter-Continental Hotels Corp., 224 F.3 d 142 (2 d Cir. 2000) 142
Gulf Oil Corp. v. Copp. Paving Co., 419 U.S. 186 (1974) 404
Gulf Oil Corp. v. Gilbert, 330 U.S. 501, 67 S.Ct. 839, 91 L.Ed. 1055 (1947) 143
Hadley v. Baxendale, 9 Ex. 341, 156 Eng.Rep. 145 (1854) 335
Halfern v. Jad Construction Co., 15 N.Y.2 d 823, 205 N.E.2 d 863 (1965) 28
Halpern v. Attorney General of Canada, Docket C39 172 (Ontario Court of Appeal 2003) 516
Hamdan v. Rumsfeld 548 U.S. 557, 126 S.Ct. 2749 (2006) 735
Hamdi v. Rumsfeld, 316 F.3 d 450 (4th Cir. 2003), 542 U.S. 507, 124 S.Ct. 2633, 159 L.Ed.2 d 578 (2004) 711
Hammer v. Dagenhart, 247 U.S. 251, 38 S.Ct. 529, 62 L.Ed. 1101 (1918) 658
Hanna v. Plumer, 380 U.S. 460, 85 S.Ct. 1136, 14 L.Ed.2 d 8 (1965) 116, 236, 237
Harris v. Younger, 281 F. Supp. 507 (C.D. Cal 1968) 21
Harris v. Forklift Systems, Inc., 510 U.S. 17, 114 S. Ct. 367, 126 L.Ed.2 d 295 (1993) 667
Harris v. NetCentric Corp., 744 N.E.2 d 622 (Mass. Supr. Ct. 2001) 601
Harris v. New York, 401 U.S. 222, 91 S.Ct. 643, 28 L.Ed.2 d 1 (1971) 714
Hart v. American Airlines, 304 N.Y.S.2 d 810 (S.Ct. 1969) 209
Hartford Fire Insurance Co. v. California, 509 U.S. 764, 113 S.Ct. 2891, 125 L.Ed.2 d 612 (1993) 646
Heart of Atlanta Motel, Inc. v. United States, 379 U.S. 241, 85 S.Ct. 348, 13 L.Ed.2 d 258 (1964) 67
Heathmount A. E. Corp. v. Technodome.com, 106 F.Supp. 2 d (E.D.Va. 2000) 133
Hedrik v. Honeywell, Inc., 796 F. Supp. 293 (S.D. Ohio 1992) 668
Helicopteros Nacionales de Columbia, S. A. v. Hall, 466 U.S. 408, 104 S.Ct. 1868, 80 L.Ed.2 d 404 (1984) 133, 138
Hendricks v. Kansas, 521 U.S. 346, 117 S.Ct. 2072, 138 L.Ed.2 d 501 (1997) 697
Henningsen v. Bloomfield Motors, Inc., 32 N.J. 358, 161 A.2 d 69 (1960) 312, 384
Henry v. United States, 361 U.S. 98, 80 S.Ct. 168, 4 L.Ed.2 d 134 (1959) 708
Herrington v. Davitt, 220 N.Y. 162, 115 N.E. 476 (1917) 303
Hess v. Pawloski, 274 U.S. 352, 47 S.Ct. 632, 71 L.Ed. 1091 (1927) 135
Hewitt v. Hewitt, 394 N.E.2 d 1204, 77 Ill.2 d 49 (1979) 513
Higazy v. Templeton, 505 F.3 d 161 (2 d Cir. 2006) 713
Hillside Associates v. Stravato, 642 A.2 d 644 (R. I. 1994) 406
Hochster v. De La Tour, 118 Eng.Rep. 922 (1853) 329
Hoffman v. Blaski, 363 U.S. 335, 80 S.Ct. 1084, 4 L.Ed.2 d 1254 (1960) 123
Holophane Co. v. United States, 350 U.S. 814, 76 S.Ct. 58, 100 L.Ed. 729 (1955) 652
Honduras Aircraft Registry v. Honduras, 119 F.3 d 1530 (11th Cir. 1997) 648
Huckle v. Money, 2 Wils.K.B.205, 95 Eng.Rep. 768 (1763) 421
Humanitarian Law Project v. United States DOJ, 2003 U.S. App. LEXIS 24 305 (9th Cir. 2003) 711
Hunter v. Laurent, 158 La. 874, 104 So. 747 (1925) 357
Hurd v. Wildman, Harrold, Allen & Dixon, 303 Ill.App.3 d 84, 707 N.E.2 d 609, 236 Ill.Dec. 482 (1999) 302
Hurtado v. California, 110 U.S. 516, 4 S.Ct. 111, 28 L.Ed. 232 (1884 705
Hutchinson v. Ross, 262 N.Y. 381, 187 N.E. 65 (1933) 278

Hwang Geum Joo v. Japan, 332 F.3 d 679 (D.C. Cir. 2003) 648
Hymowitz v. Eli Lilly & Co., 73 N.Y.2 d 487, 539 N.E.2 d 1069, 541 N.Y.S.2 d 941 (1989) 384
I.C.C. Protective Coatings, Inc. v. Staley Manufacturing Company, 695 N.E.2 d 1030 (Ind. 1998) 293
Illinois Brick Co. v. Illinois, 431 U.S. 720, 97 S.Ct. 2061, 52 L.Ed.2 d 707 (1977) 640
Illinois v. Gates, 462 U.S. 213, 103 S.Ct. 2317, 76 L.Ed.2 d 527 (1983) 708
Illinois v. Krull, 480 U.S. 340, 107 S.Ct. 1160, 94 L.Ed.2 d 364 (1987) 716
Illinois v. McArthur, 531 U.S. 326, 121 S.Ct. 946, 148 l.Ed.2 d 838 (2001) 710
In re Air Crash Disaster Near Roselawn, Indiana, 96 F.3 d 932 (7th Cir. Ill. 1996) 648
In re Application Pursuant to 28 U.S.C. § 1782, 146 F.3 d 188 (3 d Cir. 1998) 188
In re Burlington Coat Factory Securities Litigation, 114 F.3 d 1410 (3 d Cir. N.J. 1997) 614
In re Dalip Singh Bir's Estate, 83 Cal.App.2 d 256, 188 P.2 d 499 (1948) 269
In re Dorrance's Estate, 309 Pa. 151, 163 A. 303 (1932) 132, 508
In re Estate of Clarke, 21 N.Y.2 d 478, 288 N.Y.S.2 d 993, 236 N.E.2 d 152 (1968) 277
In re Estate of Dorrance, 115 N.J.Eq. 268, 170 A. 601 (N.J. 1934) 132, 508
In re Estate of Hendrickson, 248 Kan. 72, 805 P.2 d 20 (1991) 308
In re Estate of Hirsch, 146 Ohio St. 393, 66 N.E.2 d (1946) 552
In re Estate of Radu, 35 Ohio App. 2 d 187, 301 N.E.2 d 263 (Ohio Ct. App. 1973) 552
In re Fasano/Harriss Pie Co., 43 B.R. 864 (Bankr. W. D. Mich. 1984) 295
In re Flagstaff Foodservice Corp., 25 B.R. 844 (Bankr. S. D. N. Y. 1982) 295
In re Griffiths, 413 U.S. 717, 93 S.Ct. 2851, 37 L.Ed.2 d 910 (1973) 75A
In re Healthcare Compare Corp. Sec. Litig., 75 F.3 d 276 (7th Cir. 1996) 614
In re Investigation of World Arrangements, etc., 13 F.R.D. 280 (D.D.C. 1952) 648
In re Jorgensen, 627 N.W.2 d 550 (Iowa 2001) 526
In re Kellet Aircraft Corp., 77 F.Supp. 959 (D. Pa. 1948) 330
In re Landolfi, 283 A.D.2 d 497, 724 N.Y.S.2 d 470 (N.Y. App. Div. 2001) 489
In re Leight & Co., 139 F.2 d 313 (7th Cir. Ill. 1943) 620
In re Marriage Cases, 43 Cal.4th 757, 76 Cal.Rptr.3 d 683 (2008) 516
In re Marriage of Plummer, 735 P.2 d 165 (Colo. 1987) 527
In re May's Estate, 305 N.Y. 486, 114 N.E.2 d 4 (1953) 269
In re Oliver, 333 U.S. 257, 68 S.Ct. 499, 92 L.Ed. 682 (1948) 705
In re Rhone-Poulenc Rorer, Inc., 51 F.3 d 1293 (7th Cir. 1995) 183
In re Silicon Graphics Inc. Securities Litigation, 183 F.3 d 970 (3rd Cir. 1999) 614
In re TMI, 89 F.3 d 1106 (3 d Cir. Pa. 1996) 146
In re Union Carbide Corp. Gas Plant Disaster at Bhopal, 809 F.2 d 195 (2 d Cir. 1987) 142
INS v. Doherty, 502 U.S. 314, 112 S.Ct. 719, 116 L. Ed.2 d 823 (1992) 79
INS v. Yueh-Shaio Yang, 519 U.S. 26, 117 S.Ct. 350, 136 L.Ed.2 d 288 (1996) 79
Intel v. Advanced Micro Devices, Inc., 542 U.S. 241, 124 S.Ct. 2466, 159 L.Ed.2 d 355 (2004) 188
Interamerican Refining Corp. v. Texaco Maracaibo, Inc., 307 F.Supp. 1291 (D. Del. 1970) 647, 648
International Aircraft Sales, Inc. v. Betancourt, 582 S.W.2 d 632 (Tex. App. 1979) 303
International Raw Materials v. Stauffer Chemical Co., 978 F.2 d 1318 (3 d Cir. Pa. 1992) 650
International Shoe v. State of Washington, 326 U.S. 310, 66 S. Ct. 154, 90 L.Ed. 95 (1945) 136
Iragorri v. United Technologies Corp., 274 F.3 d 65 (2 d Cir. 2001) 142
J.A. Olson Co. v. City of Winona, 818 F.2d. 401 (5th Cir. 1987) 111
J.H. Borland, Sr. v. Sanders Lead Co., 369 So.2 d 523 (Ala. 1979) 390
J. McIntyre Machinery Ltd. v. Nicastro, ___ U.S. ___, ___ S.Ct. ___, 2011 U.S. LEXIS 4800 (2011) 138
J.R. v. State, 62 P.3 d 114 (Alaska Ct.App. 2003) 377
Jackson v. Salvesen Holdings, Inc., 978 S.W.2 d 377 (Mo. 1998) 314
Jacob & Young, Inc. v. Kent, 230 N.Y. 239, 129 N.E. 889 (1921) 324
Jaeglin v. Moakley, 236 Mo.App. 254, 151 S.W.2 d 524 (1941) 277
James Baird Co. v. Gimbel. Bros., Inc., 64 F.2 d 344 (2 d Cir. 1933) 291
James v. Grand Trunk Western Railroad Co., 14 Ill.2 d 356 (1958) 148
James v. MacDougall & Southwick Co., 134 Wash. 314, 235 P. 812 (1925) 357
Jaskoviak v. Gruver, 638 N.W.2 d 1 (N.D. 2002) 364
Jaynes v. Strong-Thorne Mortuary, Inc., 124 N.M. 613, 954 P.2 d 45 (1997) 302
J.E.B. v. Alabama, 511 U.S. 127, 114 S.Ct. 1419, 128 L.Ed.2 d 89 (1994) 198
Jenkins v. Merritt, 17 Fla. 304 (1879) 543

Table of Cases

Johnson v. Bredesen, __ U.S. __, 130 S.Ct. 541 (2009) 72
Johnson v. Calvert, 851 P.2 d 776, 5 Cal. 4th 84 (1993) 522
Johnson v. Hugo's Skateway, 974 F.2 d 1408 (4th Cir. 1992, en banc) 116
Johnson v. Louisiana, 406 U.S. 356, 92 S.Ct. 1620, 32 L.Ed.2 d 152 (1972) 728
Johnson v. Maki and Associates, Inc., 289 Ill.App.3 d 1023, 682 N.E.2 d 1196, 225 Ill. Dec. 119 (1997) 303
Johnson v. Muelberger, 340 U.S. 581, 71 S.Ct. 474, 95 L.Ed. 552 (1951) 509
Joint Anti-Fascist Refugee Committee v. McGrath, 341 U.S.123, 71 S.Ct. 624, 637 (1951) 114
JOM, Inc. v. Adell Plastics, Inc., 193 F.3 d 47 (1st Cir. 1999) 293
Jones v. United States, 463 U.S. 354, 368, 103 S.Ct. 3043, 77 L.Ed.2 d 694 (1983) 685
Joseph v. City of New Orleans, 842 So.2 d 420 (La. Ct.App. 2003) 388
Junger v. Daley, 209 F.3 d 481 (6th Cir. 2000) 656
Kamer van Koophandel v. Inspire Art Ltd., 2003 E.C.R. I-10 155 (2003) 607A
Kansas v. Crane, 534 U.S. 407, 122 S.Ct. 867, 151 L.Ed.2 d 856 (2002) 697
Kansas v. Marsh, 102 P.3 d 445 (2004) 702
Katko v. Briney, 183 N.W.2 d 657 (Iowa 1971) 367
Katz v. United States, 389 U.S. 347, 88 S.Ct. 507, 19 L.Ed.2 d 576 (1967) 710
Kaupp v. Texas, 538 U.S. 626, 123 S.Ct. 1843, 155 L.Ed.2 d 814 (2003) 716
Keel v. Hainline, 331 P.2 d 397 (Okla. 1958) 355
Keelean v. Central Bank, 544 So.2 d 153 (Ala. 1989) 123
Keeney v. Tamayo-Reyes, 504 U.S. 1, 112 S.Ct. 1715, 118 L.Ed.2 d 318 (1992) 736
Kelly v. South Carolina, 534 U.S. 246, 122 S.Ct. 726, 151 L.Ed.2 d 670 (2002) 702
Kenford Co. v. County of Erie, 73 N.Y.2 d 312 (1989) 335
Kennedy v. Louisiana, 554 U.S. ___, 128 S.Ct. 2641, 2008 U.S. LEXIS 5262 (25. Juni 2008) 72
Kerotest Mfg. Co. v. C-O-Two Fire Equipment Co., 342 U.S. 180, 72 S.Ct. 219, 96 L.Ed. 200 (1952) 147
Kerr S.S. Co. v. Radio Corp. Of America, 245 N.Y. 284, 157 N.E. 140 (1927) 335
Kinney v. United Healthcare Services, Inc., 70 Cal. App.4th 1322, 83 Cal.Rptr. 2 d 348 (1999) 312
Kirby v. Illinois, 406 U.S. 682, 92 S.Ct. 1877, 32 L.Ed.2 d 411 (1972) 715
Kirk v. Louisiana, 536 U.S. 635, 122 S.Ct. 2458, 153 L.Ed.2 d 599 (2002) 708
Kirkbride v. Hickok, 98 N.E.2 d 815 (Ohio 1951) 543
Klaxon Co. v. Stentor Electric Manufacturing Co., 313 U.S. 487, 61 S.Ct. 1020, 85 L.Ed. 1477 (1941) 236
Klopfer v. North Carolina, 386 U.S. 213, 87 S.Ct. 988, 18 L.Ed.2 d 1 (1967) 705
K.M. v. E.G., 37 Cal.4th 130, 117 P.3 d 673 (2005) 517
Knight v. Florida, 528 U.S. 990, 120 S.Ct. 459, 145 L.Ed.2 d 370 (1999) 72
Knight v. H & H Chevrolet, 215 Neb. 166, 337 N.W.2 d 742 (1983) 477
Knight v. Jewett, 834 P.2 d 696, 712, 3 Cal.4th 296 (1992) 389
Kothe v. R.C. Taylor Trust, 280 U.S. 224, 50 S.Ct. 142, 74 L.Ed. 382 (1930) 338
Kruman v. Christies Int'l, 284 F.3 d 384 (2 d Cir. 2002) 647
Kruss v. Booth, 185 Cal.App. 4th 699, 111 Cal.Rptr. 3d 56 (2010), as modified 2010 Cal.App. LEXIS 1119 (Cal.App. 4th Dist. 2010) 281
Kuhnhoffer v. Naperville Community School District, 203, 758 F.Supp. 468 (N. D. Ill. 1991) 290
Kyllo v. United States, 533 U.S. 27, 121 S.Ct. 2038, 150 L.Ed.2 d 94 (2001) 710
Labine v. Vincent, 401 U.S. 532, 91 S.Ct. 1017, 28 L.Ed.2 d 288 (1971) 536
Lackey v. Texas, 514 U.S. 1045, 115 S.Ct. 1421, 131 L.Ed.2 d 304 (1995) 72
Laker Airways Ltd. v. Sabena, Belgian World Airlines, 731 F.2 d 909 (1984) 647
Lakin v. Prudential Secs., 348 F.3 d 704 (8th Cir. 2003) 133
Lakin v. Senco Prods., Inc., 329 Or. 62, 987 P.2 d 463 (1999) 419
Lalli v. Lalli, 439 U.S. 259, 99 S.Ct. 518, 58 L.Ed.2 d 503 (1978) 273
Lamb v. Morderosian, 36 Or. App. 505, 584 P.2 d 796 (1978) 297
Langan v. St. Vincent's Hospital of N.Y., 196 Misc.2 d 440, 765 N.Y.S.2 d 411 (N.Y.Super.2003) 517
Lapeer Foundry & Machine, Inc., 289 N.L.R.B. 952 (1988) 666
Lawrence v. Fox, 20 N.Y. 268 (1859) 341
Leal García v. Thaler, ___ U.S. ___, ___ S.Ct. ___, 2011 U.S. LEXIS 5019 (2011) 737
Leatherman v. Tarrant County Narcotics Intelligence and Coordination Unit, 507 U. S. 163, 168 (1993)
Lecy v. Bayliner Marine Corp., 973 P.2 d 1110 (Wash. Ct. App. 1999) 398

Ledbetter v. Goodyear Tire & Rubber Co., 550 U.S. 618, 127 S.Ct. 2162, 167 L.Ed.2d 982 (2007) 670A
Lee v. United States, 81 F.3 d 169 (9th Cir. 1996) 388
Lehr v. Robertson, 463 U.S. 248, 103 S.Ct. 2985, 77 L.Ed.2 d 614 (1983) 525
Lemmer v. Nu-Kote Holding, Inc., 2001 U.S. Dist. LEXIS 13 978 (N.D. Tex. 2001) 614
Levy v. Louisiana, 391 U.S. 68, 88 S.Ct. 1509, 20 L.Ed.2 d 436 (1968) 518
Lewis v. American Cynamid Co., 715 A.2 d 967 (N.J. 1998) 398
Lewis v. BT Inv. Managers, Inc., 447 U.S. 27, 100 S.Ct. 2009, 64 L.Ed.2 d 702 (1980) 627
Li v. Yellow Cab Co. of California, 532 P.2 d 1226, 13 Cal.3 d 804 (1975) 388, 389
Livesey v. Copps Corp., 90 Wis.2 d 577, 280 N.W.2 d 339 (1979) 297
Lloyd's Credit Corporation v. Marlin Management Services, 158 Vt. 594, 614 A.2 d 812 (1992) 300
Lockett v. Ohio, 438 U.S. 586, 98 S.Ct. 2954, 57 L.Ed.2 d 973 (1978) 702
Lockyer v. Andrade, 538 U.S. 63, 123 S.Ct. 1166, 155 L.Ed.2 d 144 (2003) 738
Lofton et al. v. Sec'y, Dep't of Children and Family Services, 358 F.3 d 804 (11th Cir.), *rehearing denied, with additional opinion*, 377 F.3 d 1275 (11th Cir. 2004), *cert. denied*, 573 U.S. 1081, 125 S.Ct. 869, 160 L.Ed.2 d 825 (2005) 529
Londoner v. Denver, 210 U.S. 373, 28 S.Ct. 708, 52 L.Ed. 1103 (1908) 90, 92
LSI Industries Inc. v. Hubbell Lighting, Inc., 232 F.3 d 1669 (Fed. Cir. 2000) 133
Lubbe v. Cape, PLC [2000] 1 W.L.R. 1545 (H. L.) 142
Lummus Co. v. Commonwealth Oil Refining Co., 297 F.2 d 80 (2 d Cir. 1961) 207
MacPherson v. Buick Motor Co., 217 N.Y. 382, 111 N.E. 1050 (1916) 28, 394
Mahan v. Howell, 410 U.S. 315, 93 S.Ct. 979, 35 L.Ed.2 d 320 (1973) 115
Maiorino v. Schering-Plough Corp., 695 A.2 d 353 (N.J. Super. Ct. App. Div. 1997) 670
Malloy v. Hogan, 378 U.S. 1, 84 S.Ct. 1489, 12 L.Ed.2 d 653 (1964) 705
Mannington Mills, Inc. v. Congoleum Corp., 595 F.2 d 1287 (3 d Cir. 1979) 645
Mapp v. Ohio, 367 U.S. 643, 81 S.Ct. 1684, 6 L.Ed.2 d 1081 (1961) 705
Mapp v. Ohio, 367 U.S. 643, 81 S.Ct. 1684, 6 L.Ed.2 d 1081 (1961) 716
Marbury v. Madison, 5 U.S. 137, 1 Cranch 137, 2 L.Ed. 60 (1803) 57
Marshall Field & Co. v. Clark, 143 U.S. 649, 12 S.Ct. 495, 36 L.Ed. 294 (1892) 81
Martinez v. Monroe County et al., 850 N.Y.S.2 d 740 (N.Y.A.D. 4 Dept. 2008) 517
Marvin v. Marvin, 557 P.2 d 106, 18 Cal.3 d 660 (1976) 513
Maryland Penitentiary v. Hayden, 387 U.S. 294, 87 S.Ct. 1642, 18 L.Ed.2 d 782 (1967) 708
Maryland v. Pringle, 540 U.S. 366, 124 S.Ct. 795, 72 U.S.L.W. 4103 (2003) 709, 712
Massachusetts v. Sheppard, 468 U.S. 981, 104 S.Ct. 3424, 82 L.Ed.2 d 737 (1984) 716
Massaro v. United States, 538 U.S. 500, 123 S.Ct. 1690, 155 L.Ed.2 d 714 (2003) 735
Mathews v. Eldridge, 424 U.S. 319, 96 S.Ct. 893, 47 L.Ed.2 d 18 (1976) 92
Matsushita Elec. Indus. Co. v. Zenith Radio Corp., 475 U.S. 574, 106 S.Ct. 1348, 89 L.Ed.2 d 538 (1986) 647
Matusevitch v. Telnikoff, 877 F.Supp. 1 (D.D.C. 1995) 220A
Matter of Baby M., 537 A.2 d 1227, 109 N.J. 396 (1988) 521
McClanahan v. Arizona State Tax Com., 411 U.S. 164, 93 S.Ct. 1257, 36 L.Ed.2 d 129 (1973) 63
McCleskey v. Zant, 499 U.S. 467, 111 S.Ct. 1454, 113 L.Ed.2 d 517 (1991) 736
McConnell v. FEC, 2003 U.S. LEXIS 9195, 72 U.S.L.W. 4015 (U.S. 2003) 52
McDonald v. City of Chicago, ___ U.S. ___, 130 S.Ct. 3020 (2010) 69
McGeshick v. Choucair, 9 F.3 d 1229 (7th Cir. 1993) 364
McIntosh v. Magna Sys., Inc., 539 F.Supp. 1185 (N. D. Ill. 1982) 305
McKane v. Durston, 153 U.S. 684, 14 S.Ct. 913, 38 L.Ed. 867 (1894) 732
McKaskle v. Wiggins, 465 U.S. 168, 104 S.Ct. 944, 79 L.Ed.2 d 122 (1984) 705
Mechanics Laundry & Supply, Inc. v. Wilder Oil Co., 596 N.E.2 d 248 (Ind.App. 1992) 127
Medellin v. Dretke, 371 F.3 d 270 (2004), *cert. granted*, 544 U.S. 660, 125 S.Ct. 686, 160 L.Ed.2 d 518 (2004) 737
Medellín v. Texas, 552 U.S. 491, 128 S.Ct. 1346 (2008) 18, 231
Medina v. California, 505 U.S. 437, 412 S.Ct. 2572, 120 L.Ed.2 d 353 (1992) 686
Meritor Savings Bank v. Vinson, 447 U.S. 57, 106 S.Ct. 2399, 91 L.Ed.2 d 49 (1986) 669
Metallgesellschaft AG v. Sumitomo Corp. of Am., 325 F.3 d 836 (7th Cir. 2003) 647
Metallgesellschaft v. Hodapp, 121 F.3 d 77 (2 d Cir. 1997) 188
Metropolitan Life Ins. Co. v. Robertson-Ceco Corp., 84 F.3 d 560 (2 d Cir. 1996) 133
Michael. H. v. Gerald D., 491 U.S. 110, 109 S.Ct. 2333, 105 L.Ed.2 d 91 (1989) 525

Table of Cases

Michigan v. Lucas, 500 U.S. 145, 111 S.Ct. 1743, 114 L.Ed.2 d 205 (1991) 696
Michigan v. Tyler, 436 U.S. 499, 98 S.Ct. 1942, 56 L.Ed.2 d 486, (1978) 712
Mid-South Packers, Inc. v. Shoney's Inc., 761 F.2 d 1117 (5th Cir. 1985) 290
Miliken v. Pratt, 125 Mass. 374 (1878) 256
Millennium Enterprises, Inc. v. Millennium Music, 33 F.Supp.2 d 907 (D. Ore. 1999) 133
Miller v. Bank of Holly Springs, 131 Miss. 55, 85 So. 129, 130 (1923) 300
Miller-El v. Cockrell, 537 U.S. 322, 123 S.Ct. 1029, 154 L.Ed.2 d 931 (2003) 724
Miller-Jenkins v. Miller-Jenkins, 637 S.E.2 d 330 (Va Ct. App. 2006) und 2010 Vt. 98, 12 A.3d 768 (Vt. 2010) 517
Milliken v. Meyer, 311 U.S. 457, 61 S.Ct. 339, 85 L.Ed. 27 (1940) 132
Mills v. Electric Auto-Lite Co., 396 U.S. 375, 90 S.Ct. 616, 24 L.Ed.2 d 593 (1970) 156
Mills v. Maryland, 486 U.S. 367, 108 S.Ct. 1860, 100 L.Ed.2 d 384 (1988) 702
Minidoka Irrigation Dist. V. *DOI*, 154 F.3 d 924 (9th Cir. 1998) 329
Mink v. University of Chicago, 460 F. Supp. 713 (N.D.Ill.1978) 355, 364
Minnesota State Board for Community Colleges v. Knight, 465 U.S. 271, 104 S.Ct. 1958, 79 L.Ed.2 d 299 (1984) 92
Mintzberg v. Golestaneh, 390 So.2 d 759 (Fla. Ct. App. 1980) 297
Miranda v. Arizona, 384 U.S. 436, 86 S.Ct. 1602, 16 L.Ed.2 d 694 (1966) 713,
Missouri ex rel. Nixon v. Am. Blast Fax, Inc., 323 F.3 d 649 (8th Cir. 2003) 637
Mitchell v. Esparza, 540 U.S. 12, 124 S.Ct. 7, 157 L.Ed.2 d 263 (2003) 738
Mitchell v. United States, 526 U.S. 314, 119 S.Ct. 1307, 143 L.Ed.2 d 424 (1999) 722
MLK, Inc. v. University of Kansas, 23 Kan. App. 2 d 876, 940 P.2 d 1158 (1997) 335
Mohr v. Williams, 95 Minn. 261, 104 N.W. 12 (1905) 355
Morissette v. United States, 342 U.S. 246, 72 S.Ct. 240, 96 L.Ed. 288 (1952) 684
Morrison v. Trust Company Bank, 229 Ga. App. 145, 493 S.E.2 d 566 (1997) 293
Moser v. F.C.C., 46 F.3 d 970 (9th Cir. 1995) 637
Moses v. Macferlan, 2 Burr. 1005, 97 Eng. Rep. 676 (1760) 347
Mosler Safe Co. v. Ely-Norris Safe Co., 273 U.S. 132, 47 S.Ct. 314, 71 L.Ed. 578 (1927) 653
Motenko v. MGM Dist., Inc., 112 Nev. 1038, 921 P.2 d 933 (Nev.1996) 263
Mullane v. Central Hanover Bank & Trust Co., 339 U.S. 306, 70 S.Ct. 652, 94 L.Ed. 865 (1950) 92
Murphy v. Ford, 390 F.Supp. 1372 (W.D. Mich. 1975) 50
Murray v. Carrier, 477 U.S. 478, 106 S.Ct. 2639, 91 L.Ed.2 d 397 (1986) 736
Nashville Milk Co. v. Carnation Co., 355 U.S. 373, 78 S.Ct. 359, 2 L.Ed.2 d 340 (1958) 641
National Labor Relations Board v. Wyman-Gordon Co., 394 U.S. 759, 89 S.Ct. 1426, 22 L.Ed.2 d 709 (1969) 90
National Refining Co. v. Benzo Gas Motor Fuel Co., 20 F.2 d 763 (8th Cir. 1927) 653
Neumeier v. Kuehner, 31 N.Y.2 d 121, 335 N.Y.S.2 d 64, 286 N.E.2 d 454 (1972) 238, 262
New Castle v. Yonkers Contracting Co., 131 F.R.D. 38, 40 (D.N.J. 1990) 181
New York Football Giants v. Los Angeles Chargers Football Club, 291 F.2 d 471 (5th Cir. 1961) 340
New York Life Insurance Co. v. Dunlevy, 241 U.S. 518, 36 S.Ct. 613, 60 L. Ed. 1140 (1916) 178
New York Times v. Sullivan, 376 U.S. 254, 84 S.Ct. 710, 11 L.Ed.2 d 686 (1964) 404
New York v. Class, 475 U.S. 106, 106 S.Ct. 960, 89 L.Ed.2 d 81 (1986) 710, 712
New York v. Exxon Corp., 932 F.2 d 1020 (2 d Cir. 1991) 148
Nichols v. Azteca Rest. Enters., 256 F.3 d 864 (9th Cir. 2001) 670
Nix v. Williams, 467 U.S. 431, 104 S.Ct. 2501, 81 L.Ed.2 d 377 (1984) 716
NLRB v. Jones & Laughlin Steel Corp., 301 U.S. 1, 57 S.Ct. 615, 81 L.Ed. 893 (1937) 660
NLRB v. Town and Country Electric, Inc., 516 U.S. 85, 116 S.Ct. 450, 133 L.Ed.2 d 371 (1995) 673
Northern Pipeline Co. v. Marathon Pipe Line Co., 458 U.S. 50, 102 S.Ct. 2858, 73 L.Ed.2 d 598 (1982) 106
Nuovo Pignone v. Storman M/V, 310 F.3 d 374 (5th Cir. 2002) 137
O'Brien v. O'Brien, 489 N.E.2 d 712 (Ark. 1985) 500
Occidential Petroleum Corp. v. Buttes Gas & Oil Co., 331 F.Supp. 92 (C.D. Cal. 1971) 648, 649
O'Keefe v. Smith, Hinchman, Grylls, Assoc., 380 U.S. 359, 85 S.Ct. 1012, 13 L.Ed.2 d 895 (1965) 196
Oklahoma Tax Comm'n v. Chickasaw Nation, 515 U.S. 450, 115 S.Ct. 2214, 132 L.Ed.2 d 400 (1995) 63
Olberding v. Illinois C. R. Co., 346 U.S. 338, 74 S.Ct. 83, 98 L.Ed. 39 (1953) 135
Oliver v. United States, 466 U.S. 170, 104 S.Ct. 1735, 80 L.Ed.2 d 214 (1984) 710

Table of Cases

Oregon v. Ashcroft, 192 F. Supp. 2 d 1077, 1080 (D. Or. 2002), *aff'd,* 368 F.3 d 1118 (2004), *cert. granted, Gonzales v. Oregon*, 546 U.S. 243, 125 S. Ct. 1999, 161 L.Ed.2 d 104 (2005) 96, 694
Oregon v. Mathiason, 429 U.S. 492, 97 S.Ct. 711, 50 L.Ed.2 d 714 (1977) 714
Orr v. Orr, 440 U.S. 268, 99 S.Ct. 1102, 59 L.Ed.2 d 306 (1979) 495
Pacific Seafarers, Inc. v. Pacific Far East Line Inc., 404 F.2 d 804 (U.S. App. D.C 1968) 630
Padilla v. Rumsfeld, 2003 U.S. App. LEXIS 25 616 (2 d Cir. 2003) 711
Palmore v. Sidoti, 466 U.S. 429, 104 S.Ct. 1879, 80 L.Ed.2 d 421 (1984) 524
Palsgraf v. The Long Island Railroad Co., 248 N.Y. 339, 162 N.E. 99 (1928) 372, 386
Panama Refining Co. v. Ryan, 293 U.S. 388, 55 S.Ct. 241, 79 L.Ed. 446 (1935) 81
Paradine v. Jane, 82 Eng. Rep. 897 (1647) 333
Parker v. Dugger, 498 U.S. 308, 111 S.Ct. 731, 112 L.Ed.2 d 812 (1991) 702
Parklane Hoisery Co. v. Shore, 439 U.S. 322, 99 S.Ct. 645, 58 L.Ed. 552 (1979) 208
Pascali v. Hempstead, 8 N.J.Super. 40, 73 A.2 d 201 (1950) 303
Pavesich v. New England Life Insurance Co., 122 Ga. 190, 50 S.E. 68 (1905) 405
Payne v. Arkansas, 356 U.S. 560, 78 S.Ct. 844, 2 L.Ed.2 d 975 (1958) 736
Payne v. Tennessee, 501 U.S. 808, 111 S.Ct. 2597, 115 L.Ed.2 d 720 (1991) 702
Payton v. New York, 445 U.S. 573, 100 S.Ct. 1371, 63 L.Ed.2 d 639 (1980) 708
Pazzi v. Taylor, 342 N.W.2 d 481 (Iowa 1984) 274
Pearson v. Dodd, 410 F.2 d 701, 133 U.S.App.D.C. 279 (1969) 361, 362
Peerless Casuality Co. v. Housing Authority of the City of Hazelhurst, 228 F.2 d 376 (5th Cir. 1955) 290
People v. Liberta, 64 N.Y.2 d 152, 474 N.E.2 d 567 (N.Y.1984) 696
Perkins v. Benguet Consolidated Mining Co., 342 U.S. 437, 72 S.Ct. 413, 96 L.Ed. 485 (1952) 133
Perry v. Schwarzeneger, 704 F.Supp.2d 921 (N.D. Cal. 2010) 516
Peterson v. Haffner, 59 Ind. 130 (1877) 355
Philadelphia Elec. Co. v. Anaconda American Brass, 43 F.R.D. 452 (E.D. Pa. 1968) 181
Philip Morris USA v. Williams, 549 U.S. 346, 127 S.Ct. 1057 (2007) 423
Phillips v. Kimwood Machine Co., 525 P.2 d 1033, 269 Or. 485 (1974) 397
Pickering v. Board of Education, 391 U.S. 563, 88 S.Ct. 1731, 20 L.Ed.2 d 811 (1968) 672
Pinker v. Roche Holdings, Ltd., 292 F.3 d 361 (3 d Cir. 2002) 139
Piper Aircraft Co. v. Reyno, 454 U.S. 235, 102 S.Ct. 252, 70 L.Ed.2 d 419 (1981) 142
Poe v. Ullman, 367 U.S. 497, 81 S.Ct. 1752, 6 L.Ed.2 d 989 (1961) 114
Pointer v. Texas, 380 U.S. 400, 85 S.Ct. 1065, 13 L.Ed.2 d 923 (1965) 705, 725
Pollux Holding, Ltd. v. Chase Manhattan Bank, 329 F.3 d 64 (2 d Cir. 2003) 142
Posner v. Posner, 233 So.2 d 381 (Fla. 1970) 503
Pounders v. Trinity Nursing Home, Inc., 265 Ark. 1, 576 S.W.2 d 934 (1979) 357
Powell v. McCormack, 395 U.S. 486, 89 S.Ct. 1944, 23 L.Ed.2 d 491 (1969) 115
Powers v. Ohio, 499 U.S. 400, 111 S.Ct. 1364, 113 L.Ed.2 d 411 (1991) 198, 724
Precision Assocs. v. Panalpine Transp., 2011 U.S. Dist. LEXIS 51330 (E.D.N.Y. 2011) 646
Prestenbach v. Rains, 4 F.3 d 358 (5th Cir. 1993) 388
Pritchard v. Norton, 106 U.S. 124, 1 S.Ct. 102, 27 L.Ed. 104 (1882) 256
Public Safety v. Doe, 338 U.S. 84, 123 S.Ct. 1140, 155 L.Ed.2 d 164 (2003) 697
Quaile & Co. v. William Kelly Milling Co., 184 Ark. 717, 43 S.W.2 d 369 (1931) 338
Quill v. Vacco, 518 U.S. 1055, 117 S.Ct. 36, 135 L.Ed.2 d 1127 (1996) 694
Quill v. Vacco, 80 F.3 d 716 (2nd Cir. 1996) 694
R.A.V. v. St. Paul, 505 U.S. 377, 112 S.Ct. 2538, 120 L.Ed.2 d 305 (1992) 698
Radioptics, Inc. v. United States, 621 F.2 d 1113 (Ct. Cl. 1980) 295
Ragan v. Merchants Transfer Warehouse Co., 337 U.S. 530, 69 S.Ct. 1233, 93 L.Ed. 1520 (1949) 156
Rasul v. Bush, 542 U.S. 466, 124 S.Ct. 2686, 159 L.Ed.2d. 548 (2004) 711
Raulerson v. Saffold, 61 So.2 d 926 (Fla. 1952) 543
Raytheon Co. v. Hernandez, 540 U.S. 44, 124 S.Ct. 513, 157 L.Ed.Ed 357 (2003) 670
Redwing Carriers, Inc. v. Foster, 382 So.2 d 554, 556 (Ala. 1980) 123
Reed v. Ross, 468 U.S. 1, 104 S.Ct. 2901, 82 L.Ed.2 d 1 (1984) 736
Reed v. Wehrmann, 159 F. Supp. 2 d 700 (S.D. Ohio 2001) 293
Reilly Foam Corp. v. Rubbermaid Corp., 206 F.Supp. 2 d 643 (E.D. Pa. 2002) 293
Reinhardt v. Passaic-Clifton National Bank & Trust Co., 16 N.J.Supp. 439, 84 A.2 d 741 (1951) 302
Republic of Austria v. Altmann, 539 U.S. 987, 124 S.Ct. 46, 156 L.Ed.2 d 703 (2003) 648
Republic of Mexico v. Hoffman, 324 U.S. 30, 65 S.Ct. 530, 89 L.Ed. 729 (1945) 648

Table of Cases

Rhode Island Tool Co. v. United States, 130 Ct. Cl. 698, 128 F.Supp. 417 (1955) 297
Richards v. Wisconsin, 520 U.S. 385, 117 S.Ct. 1416, 137 L.Ed.2 d 615 (1997) 710
Ring v. Arizona, 536 U.S. 584, 122 S.Ct. 2428, 153 L.Ed.2 d 556 (2002) 702
Ring v. Spina, 148 F.2 d 647 (2 d Cir. 1945) 640
Roberts v. Roberts, 670 N.E.2 d 72 (Ind. App. 1996) 500
Robinson v. Lindsay, 92 Wash.2 d 410, 598 P.2 d 392 (1979) 377
Rock v. Arkansas, 483 U.S. 44, 107 S.Ct. 2704, 97 L.Ed.2 d 37 (1987) 725
Rogers v. Tennessee, 532 U.S. 451, 121 S.Ct. 1693, 149 L.Ed.2 d 697 (2001) 689
Roper v. Simmons, 543 U.S. 551, 125 S.Ct. 1183, 161 L.Ed.2 d 1 (2005) 702A
Rosenberg v. Townsend, Rosenberg & Young, Inc., 376 N.W.2 d 434 (Minn. Ct. App. 1985) 295
Rothgery v. Gillespie County, 554 U.S. ___, 128 S.Ct. 2578 (2008) 715
Roto-Lith, Ltd. v. FP Bartlett & Co., 297 F.2 d 497 (Mass. 1962) 293
Rowland v. Christian, 443 P.2 d 561, 69 Cal.2 d 108 (1968) 376
Rush v. Savchuk, 444 U.S. 320, 100 S.Ct. 571, 62 L.Ed.2 d 516 (1980) 129
Rylands v. Fletcher, L.R. 3 H. L. 330 (1868) 393
Salyer Land Co. v. Tulare Water District, 410 U.S. 719, 93 S.Ct. 1224, 35 L.Ed.2 d 659 (1973) 115
Sample v. Schuller Intl., Inc., 836 F. Supp. 876 (S.D. Ga. 1993) 667
Sanborn v. Zollman, 40 Fed. Appx. 916 (6th Cir. 2002) 364
Santosky v. Kramer, 455 U.S. 745, 102 S.Ct. 1388, 71 L.Ed.2 d 599 (1982) 523
Saunders v. Saunders, 796 So.2 d 1253 (Fla. App. 2001) 275
Sawyer v. Whitley, 505 U.S. 333, 112 S.Ct. 2514, 120 L.Ed.2 d 269 (1992) 736
Scales v. Immigration and Naturalization Service, 232 F.3 d 1159 (9th Cir. 2000) 77
Schilb v. Kuebel, 404 U.S. 357, 92 S.Ct. 479, 30 L.Ed.2 d 502 (1971) 720
Schlup v. Delo, 513 U.S. 298, 115 S.Ct. 851, 130 L.Ed.2 d 808 (1995) 736
Schmidt v. Gibbs, 305 Ark. 383, 807 S.W.2 d 928 (1991) 381
Schmuck v. United States, 489 U.S. 705, 109 S.Ct. 1443, 103 L.Ed.2 d 734 (1989) 728
Schultz v. Boy Scouts of America, Inc., 65 N.Y.2 d 189, 491 N.Y.S.2 d 90, 95, 480 N.E.2 d 679, 684 (1985) 262
SEC v. Chenery, 332 U.S. 194, 67 S.Ct. 1575, 91 L.Ed. 1995 (1947) 90
SEC v. Hoover, 903 F.Supp. 1135 (S.D. Tex. 1995) 617
SEC v. Lipson, 278 F.3 d 656 (7th Cir. 2002) 617
Semtek Int'l Inc. v. Lockheed Martin Corp., 531 U.S. 497, 121 S.Ct. 1021, 149 L.Ed.2 d 32 (2001) 209
Shady Grove Orthopedic Associates, P.A. v. Allstate Insurance Co., – U.S. –, 130 S.Ct. 1431, 176 L.Ed. 2d 311 (2010) 209
Shaffer v. Heitner, 433 U.S. 186, 97 S.Ct. 2569, 53 L.Ed.2 d 683 (1977) 129, 193
Shannon v. Irving Trust Co., 246 App.Div. 280, 285 N.Y.S. 478 (1936) 278
Sheppard v. Maxwell, 384 U.S. 333, 86 S.Ct. 1507, 16 L.Ed.2 d 600 (1966) 724
Sherrer v. Sherrer, 334 U.S. 343, 68 S.Ct. 1087, 92 L.Ed. 1429 (1948) 509
Sherwood v. Walker, 66 Mich. 568, 33 N.W. 919 (1887) 311
Shope v. Board of Supervisors of Loundoun County, 1993 U.S. App. LEXIS 33 058 (4th Cir. Va. 1993) 667
Simmons v. Simmons, 708 A.2 d 949 (Conn. 1998) 500
Singer v. Marx, 301 P.2 d 440 (Cal.App. 1956) 355
Slattery v. Hartford-Connecticut Trust Co., 115 Conn. 163, 161 A. 79 (1932) 274
Smith v. FRB of N.Y., 346 F.3 d 264 (2 d Cir. 2003) 648
Smith v. Islamic Emirate of Afghanistan, 262 F.Supp. 2 d 217 (S.D.N.Y. 2003) 648
Smith v. Murray, 477 U.S. 527, 106 S.Ct. 2661, 91 L.Ed.2 d 434 (1986) 736
Smith v. Robinson, 528 U.S. 259, 120 S.Ct. 746, 145 L.Ed.2 d 756 (2000) 733
Smith v. Socialist People's Libyan Arab Jamahiriya, 101 F.3 d 239 (2 d Cir. 1996) 648
Smith-Victor Corp. v. Sylvania Electric Products, Inc., 242 F.Supp. 302 (N.D. Ill. 1965) 653
Snepp v. United States, 444 U.S. 507, 100 S.Ct. 763, 62 L.Ed.2 d 704 (1980) 560
Snook v. Delaware Turnpike Administration, 1998 Del. Super. LEXIS 428 (Del. Super. 1998) 381
Southern Cal. Acoustics Co. v. CV Holder, Inc., 71 Cal.2 d 719, 79 Cal. Rptr. 319, 456 P.2 d 975 (1969) 291
Southern Region Indus. Realty v. Chattanooga Warehouse & Cold Storage Co., 612 S.W.2 d 162 (Tenn. App. 1980) 297
St. Charles Cable TV v. Eagle Comtronics, 687 F.Supp. 820 (S.D.N.Y. 1988) 293

Stack v. Boyle, 342 U.S. 1, 72 S.Ct. 1, 96 L.Ed. 3 (1951) 720
Standard Oil Co. v. FTC, 340 U.S. 231, 71 S. Ct. 240, 95 L.Ed. 239 (1951) 641
Stanford v. Kentucky, 492 U.S. 361, 109 S.Ct. 2969, 106 L.Ed.2 d 306 (1989) 702A
Stanley v. Illinois, 405 U.S. 645, 92 S.Ct. 1208, 31 L.Ed.2 d 551 (1972) 525, 529
Stanton v. St. Jude Med., Inc., 340 F.3 d 690 (8th Cir. 2003) 137
State ex rel. Ohio Academy of Trial Lawyers v. Sheward, 86 Ohio St.3 d 451, 715 N.E.2 d 1062 (1999) 419, 424
State ex rel. Polaris Indus., Inc. v. District Court, 215 Mont. 110, 695 P.2 d 471 (1985) 127
State Farm Fire & Casualty Co. v. Tashire, 386 U.S. 523, 87 S.Ct. 1199, 18 L.Ed.2 d 270 (1967) 176
State Farm Mut. Auto. Ins. Co. v. Campbell, 123 S.Ct. 1513, 155 L.Ed. 585 (2003) 423
State v. Casino Mktg., 491 N.W.2 d 882 (Minn. 1992) 637
State v. Wolske, 160 N.W.2 d 146 (Minn. 1968) 722
Steele v. Bulova Watch Co., 344 U.S. 280, 73 S.Ct. 252, 97 L.Ed. 319 (1952) 645
Stevens v. Calumet Public Schools, 573 N.W.2 d 341 (Mich. App. 1997) 377
Stewart v. LaGrand, 526 U.S. 115, 119 S.Ct. 1018, 143 L.Ed.2 d 196 (1999) 701
Stone v. Powell, 428 U.S. 465, 96 S.Ct. 3037, 49 L.Ed.2 d 1067 (1976) 716, 736
Strawbridge v. Curtiss, 7 U.S. 267, 2 L.Ed. 435 (1806) 122, 167
STS Transp. Serv., Inc. v. Volvo White Truck Corp., 766 F.2 d 1089 (7th Cir. 1985) 311
Stukey v. USAF, 790 F. Supp. 165 (S.D. Ohio 1992) 667
Subia v. Colorado & S. RY. Co., 565 F.2 d 659 (10th Cir. 1977) 667
Summers v. Tice, 33 Cal.2 d 80, 199 P.2 d 1 (1948) 383
Sun Oil Co. v. Wortman, 486 U.S. 717, 728, 108 S.Ct. 2117, 100 L.Ed.2 d 743 (1988) 517
Sun Printing & Publishing Association v. Moore, 183 U.S. 642, 22 S.Ct. 240, 46 L.Ed. 366 (1902) 338
Sun Printing & Publishing Association v. Remington Paper & Power Co., 235 N.Y. 338, 139 N.E. 470 (1923) 288
Superior Boiler Works, Inc. v. Sanders, Inc., 711 A.2 d 628 (R. I. 1998) 293
Surette v. Islamic Republic of Iran, 231 F. Supp. 2 d 260 (D.C. Cir. 2002) 648
Swierkiewicz v. Sorema N. A., 534 U. S. 506, 515 (2002) 156
Swift v. Tyson, 41 U.S. 1, 10 L.Ed. 865 (1842) 236
Swinton v. Potomac Corp., 270 F.3 d 794 (9th Cir. 2001) 424
Tango Music, LLC v. Deadquick Music, Inc, 348 F.3 d 244 (7th Cir. 2003) 122
Tate v. Short, 401 U.S. 395, 91 S.Ct. 668, 28 L.Ed.2 d 130 (1971) 720
Taunt v. Barman, 252 B.R. 403 (Bankr. E.D. Mich. 2000) 716
Taylor v. Louisiana, 419 U.S. 522, 95 S.Ct. 692, 42 L.Ed.2 d 690 (1975) 724
Teague v. Lane, 489 U.S. 288, 109 S.Ct. 1060, 103 L.Ed.2 d 334 (1989) 737
Teferi v. Dupont Plaza Associates, 77 Md. App. 566, 551 A.2 d 477 (1989) 193
Tennessee v. Garner, 471 U.S. 1, 83 S.Ct. 407, 9 L.Ed.2 d 441 (1985) 708
Terry v. Ohio, 392 U.S. 1, 88 S.Ct. 1868, 20 L.Ed.2 d 889 (1968) 709
Testing Systems, Inc. v. Magnaflux Corp., 251 F.Supp. 286 (E.D. Pa. 1966) 653
Texas v. Florida, 306 U.S. 398, 59 S.Ct. 563, 83 L.Ed. 817 (1939) 508
Textile Workers Union v. Lincoln Mills, 353 U.S. 448, 456, 77 S.Ct. 912, 1 L.Ed.2 d 972 (1957) 665
Theo H. Davies & Co. v. Republic of the Marshall Islands, 174 F.3 d 969 (9th Cir. 1999) 648
Thomas Learning Center, Inc., v. McGuirk, 766 So. 2 d 161 (Ala. Civ. App. 1998) 341
Thompson v. Lupone, 62 A.2 d 861 (Conn. 1948) 370
Timberlane Lumber Co. v. Bank of America, 549 F.2 d 597 (9th Cir. Cal. 1976) 645
Timken Roller Bearing Co. v. United States, 341 U.S. 593, 71 S.Ct. 971, 95 L.Ed. 1199 (1951) 630, 645
Torres v. Mullin, 540 U.S. 1035, 124 S.Ct. 562, 157 L.Ed.2 d 454 (2003) 737
Toth v. Toth, 946 P.2 d 900 (Ariz. 1997) 500
Toyota v. Williams, 534U.S. 184, 122 S.Ct. 681, 151 L.Ed.2 d 615 (2002) 670
Trimble v. Gordon, 430 U.S. 762, 97 S.Ct. 1459, 52 L.Ed.2 d 31 (1977) 273, 518
Tronzo v. Biomet, Inc., 236 F.3 d 1342 (Fed. Cir. 2001) 424
Turcq v. Shanahan, 950 P.2 d 47 (Wyo. 1997) 388
United Mine Workers of America v. Bagwell, 512 U.S. 821, 114 S.Ct. 2552, 129 L.Ed.2 d 642 (1994) 673
United Mine Workers v. Gibbs, 383 U.S. 715, 86 S.Ct. 1130, 16 L.Ed.2 d 218 (1966) 161
United States v. Aluminum Co. of America, 148 F.2 d 416 (2 d Cir. 1945). 645
United States v. Arora, 860 F. Supp. 1091 (D.Md. 1994) 361

Table of Cases

United States v. Arvizu, 534 U.S. 266, 122 S.Ct. 744, 151 L.Ed.2 d 740 (2002) 709
United States v. Banks, 540 U.S. 31, 124 S.Ct. 521, 157 L.Ed.2 d 343 (2003) 710
United States v. Bin Laden, 132 F.Supp. 2 d 168 (S.D.N.Y. 2001) 714
United States v. Brawner, 153 U.S.App.D.C. 1, 471 F.2 d 969, 981 (D.C.Cir. 1972) 685
United States v. Carroll Towing Co., 159 F.2 d 169 (1947) 378
United States v. Chadwick, 433 U.S. 1, 97 S.Ct. 2476, 53 L.Ed.2 d 538 (1977) 712
United States v. Concentrated Phosphate Export Association, 393 U.S. 199, 89 S.Ct. 361, 21 L.Ed.2 d 344 (1968). 650
United States v. Craft, 535 U.S. 274, 122 S.Ct. 1414, 152 L.Ed.2 d 437 (2002) 432
United States v. Darby, 312 U.S. 100, 61 S.Ct. 451, 85 L.Ed. 609 (1941) 658
United States v. Demjanjuk, 367 F.3d 623 (6h Civ. 2004) 91
United States v. Deutsches Kalisyndikat Gesellschaft, 31 F.2 d 199 (D.N.Y. 1929) 648
United States v. Dickerson, 166 F.3 d 667 (4th Cir. 1999) 714
United States v. Dickerson, 530 U.S. 428, 120 S.Ct. 2326, 147 L.Ed.2 d 405 (2000) 714
United States v. Falcone, 257 F.3 d 227 (2 d Cir. 2001) 617
United States v. Florida E. Coast Ry., 410 U.S. 224, 93 S.Ct. 810, 35 L.Ed.2 d 223 (1973) 90
United States v. Gotwals, 156 F.2 d 692 (10th Cir. Okla. 1946) 620
United States v. Havens, 446 U.S. 620, 100 S.Ct. 1912, 64 L.Ed.2 d 559 (1980) 714
United States v. Hensley, 469 U.S. 221, 105 S.Ct. 675, 83 L.Ed.2 d 604 (1985) 709
United States v. Holophane Co., 119 F.Supp. 114 (D. Ohio 1954) 652
United States v. Hubbell, 530 U.S. 27, 120 S.Ct. 2037, 147 L.Ed.2 d 24 (2000) 716
United States v. Imperial Chemical Industries, Ltd., 105 F.Supp. 215 (D.N.Y. 1952) 651
United States v. Larrabee, 240 F.3 d 18 (1st Cir. 2001) 617
United States v. Leon-Delfis, 203 F.3 d 103 (1st Cir. 2000) 723
United States v. Mead Corp., 533 U.S. 218, 226–227 (2001) 96
United States v. Microsoft Corp., 65 F.Supp.2d 1 (1999) 643
United States v. Microsoft, 87 F.Supp.2 d 30 (D. D.C. 2000) 643
United States v. Miller, 471 U.S. 130, 105 S.Ct. 1811, 85 L.Ed.2 d 99 (1985) 728
United States v. Minnesota Mining & Mfg. Co., 92 F.Supp. 947 (D.Mass. 1950) 630
United States v. Montoya de Hernandez, 473 U.S. 531, 105 S.Ct. 3304, 87 L.Ed.2 d 381 (1985) 709
United States v. National Lead Co., 63 F.Supp. 513 (D.N.Y. 1945) 645
United States v. Nixon, 418 U.S. 683, 94 S.Ct. 3090, 41 L.Ed.2 d 1039 (1974) 57, 115
United States v. Nova Scotia Food Products Corp., 568 F.2 d 240 (2 d Cir. 1977) 94
United States v. Pabst Brewing Co., 384 U.S. 546, 86 S.Ct. 1665, 16 L.Ed.2 d 765 (1966) 633
United States v. Park, 421 U.S. 658, 95 S.Ct. 1903, 44 L.Ed.2 d 489 (1975) 688
United States v. Raddatz, 447 U.S. 667, 100 S.Ct. 2406, 65 L.Ed.2 d 424 (1980) 96
United States v. Robinson, 485 U.S. 25, 108 S.Ct. 864, 99 L.Ed.2 d 23 (1988) 725
United States v. Ross, 456 U.S. 798, 102 S.Ct. 2157, 72 L.Ed.2 d 572 (1982) 712
United States v. Ruiz, 536 U.S. 622, 122 S.Ct. 2450, 153 L.Ed.2 d 586 (2002) 722
United States v. Salerno, 481 U.S. 739, 107 S.Ct. 2095, 95 L.Ed.2 d 697 (1987) 721
United States v. Santana, 427 U.S. 38, 96 S.Ct. 2406, 49 L.Ed.2 d 300 (1976) 708
United States v. Shiomos, 864 F.2 d 16 (3rd Cir. 1988) 724
United States v. Sisal Sales Corp., 274 U.S. 268, 47 S.Ct. 592 (1927) 645
United States v. Socony-Vacuum Oil Co., 310 U.S. 150, 60 S.Ct. 811, 84 L.Ed. 1129 (1940) 630
United States v. Storer Broadcasting Co., 351 U.S. 192, 76 S.Ct. 763, 100 L.Ed. 1081 (1956) 90
United States v. Topco Associates, Inc., 405 U.S. 596, 92 S.Ct. 1126, 31 L.Ed.2 d 515 (1972) 631
United States v. United States Alkali Export Association, 86 F.Supp. 59 (D.N.Y. 1949) 650
United States v. Wade, 388 U.S. 218, 87 S.Ct. 1926, 18 L.Ed.2 d 1149 (1967) 715
United States v. Watchmakers of Switzerland Information Center, Inc., 1963 Trade Cases P 70 600 (S.D. N.Y. 1962) 651
United States v. Watchmakers of Switzerland Information Center, Inc., 1965 Trade Cases P 71 352 (S.D. N.Y. 1965) 651
United States v. Watson, 423 U.S. 411, 96 S.Ct. 820, 46 L.Ed.2 d 598 (1976) 708
Universal City Studios, Inc. v. Corley, 273 F.3 d 429 (2001) 656
Utah v. American Pipe & Constr. Co., 49 F.R.D. 17 (C.D. Cal. 1969) 181
Van Bergen v. Minnesota, 59 F.3 d 1541, 1555 (8th Cir. 1995) 637
Vesta Investa, Inc. v. Harris, 1999 WL 55 649, 1999 Minn. App. LEXIS 123 (1999) 293

Virginia v. Black, 538 U.S. 343, 123 S.Ct. 1536, 155 L.Ed.2d. 535 (2003) 698
Virginia v. Moore, 553 U.S. 164, 128 S.Ct. 1598, 170 L.Ed.2d 559 (2008) 708
Volkswagenwerk Aktiengesellschaft v. Schlunk, 486 U.S. 694, 108 S.Ct. 2104, 100 L.Ed.2 d 722 (1988) 651
Vosburg v. Putney, 80 Wis. 523, 50 N.W. 403 (1891) 355
W. S. Kirkpatrick & Co. v. Environmental Tectonics Corp., Int'l, 493 U.S. 400, 110 S.Ct. 701, 107 L. Ed.2 d 816 (1990) 649
Wainwright v. Sykes, 433 U.S. 72, 97 S.Ct. 2497, 53 L.Ed.2 d 594 (1977) 736
Wal-Mart Stores, Inc. v. Dukes, __ U.S.__, __ S.Ct. __, 2011 U.S. LEXIS 4567 (2011) 181
Waley v. Johnston, 316 U.S. 101, 62 S.Ct. 964, 86 L.Ed. 1302 (1942) 722, 735
Walker v. Armco Steel Corp., 446 U.S. 740, 100 S.Ct. 1978, 64 L.Ed.2 d 659 (1980) 116, 156, 237
Wallace v. Rosen, 765 N.E.2 d 192 (Ind.Ct.App. 2002) 355
Walton v. Arizona, 497 U.S. 639, 110 S.Ct. 3047, 111 L.Ed.2 d 511 (1990) 702
Washington v. Glucksberg, 518 U.S. 1057, 117 S.Ct. 37, 135 L.Ed.2 d 1128 (1996) 694
Washington v. Texas, 388 U.S. 14, 87 S.Ct. 1920, 18 L.Ed.2 d 1019 (1967) 705, 725
Waters v. Lanier, 116 Ga. App. 471, 157 S.E.2 d 796 (1967) 303
Watson v. Memphis, 373 U.S. 526, 83 S.Ct. 1314, 10 L.Ed.2 d 529 (1963) 73
Weaver v. Ward, Hob. 134, 80 Eng. Rep. 284 (1616) 415
Weeks v. Baker & McKenzie, 74 Cal. Rptr. 2 d 510 (Cal. Ct. App. 1998) 667
Western v. Sobieski, 12 Cal. Rptr. 719 (Ct. App. 1961) 281
Whealton v. Whealton, 67 Cal.2 d 656, 63 Cal.Rptr. 291, 432 P.2 d 979 (1967) 271
White v. United States, 330 F.2 d 811, 1964 U.S. App. (8th Cir. Mo. 1964) 720
White v. University of Idaho, 797 P. 2 d 108 (Idaho 1990) 355
Whitney v. Stearns, 16 Maine 294, 297 (1839) 300
Wiggins v. Smith, 539 U.S. 510, 123 S.Ct. 2527, 156 L.Ed.2 d 471 (2003) 729
Williams v. Curtiss-Wright Corp., 694 F.2 d 300 (3 d Cir. N.J. 1982) 649
Williams v. North Carolina (I), 317 U.S. 287, 63 S.Ct. 207, 87 L.Ed. 279 (1942) 508
Williams v. North Carolina (II), 325 U.S. 226, 65 S.Ct. 1092, 89 L.Ed. 1577 (1945 508
Windsor Securities, Inc. v. Hartford Life Ins. Co., 986 F.2 d 655 (3 d Cir. Pa. 1993) 653
Winterbottom v. Wright, 10 M&W 109, 152 Eng.Rep. 402 (1842) 394
Wisconsin v. Mitchell, 508 U.S. 476, 113 S.Ct. 2194, 124 L.Ed.2 d 436 (1993) 698
Withrow v. Larkin, 421 U.S. 35, 95 S.Ct. 1456, 43 L.Ed.2 d 712 (1975) 92
Wong Sun v. United States, 371 U.S. 471, 83 S.Ct. 407, 9 L.Ed.2 d 441 (1963) 708, 716
Wood v. Eli Lilly & Co., 38 F.3 d 510 (10th Cir. 1994) 384
Wood v. Lucy, Lady Duff-Gordon, 222 N.Y. 88, 118 N.E. 214 (1917) 313
Woodford v. Garceau, 538 U.S. 202, 123 S.Ct. 1398, 155 L.Ed.2 d 363 (2003) 737
Woods v. Texas, 296 S.W.3d 587 (Tex. Crim. App. 2009), 72 703
Worcester County Trust Co. v. Riley, 302 U.S. 292, 58 S.Ct. 185, 82 L.Ed. 268 (1937) 508
World-Wide Volkswagen Corp. v. Woodson, 444 U.S. 286, 100 S.Ct. 559, 62 L.Ed.2 d 490 (1980) 122, 137
Wyoming v. Houghton, 526 U.S. 295, 119 S.Ct. 1297, 143 L.Ed.2 d 408 (1999) 712
Yancey v. O'Kelly, 208 Ga. 600, 68 S.E.2 d 574 (1952) 308
Ybarra v. Spangard, 25 Cal.2 d 486, 154 P.2 d 687 (1944) 381
Youngstown Sheet & Tube Co. v. Sawyer, 343 U.S. 579, 72 S.Ct. 863, 96 L. Ed. 1153 (1952) 86
Zadvydas v. Davis, 533 U.S. 678, 121. S.Ct. 2491, 150 L.Ed.2 d 653 (2001) 79
Zeid v. Kimberley, 11 Fed. Appx. 881 (9th Cir. 2001) 614
Zenith Radio Corp. v. Matsushita Elec. Indus. Co., 723 F.2 d 238 (1983) 647
Zoll v. Ruder Finn, Inc., 2003 U.S. Dist. LEXIS 17 514 (S.D.N.Y. 2003) 264
BGH, Urt. v. 29. Januar 2003, VIII ZR 155/02, (Überseering), BGHZ 153, 353. 607A
BGH, Urt. v. 4. Juni 1992, IX ZR 149/91, BGHZ 118, 312 424
BVerfG, 2 BVR 1198/03 (*Bertelsmann-Beschluß*), BVerfGE 108, 238. 651

Stichwortverzeichnis

Die Zahlen verweisen auf Randnummern

Abnormally dangerous activities 393
Abtretung 343 ff.
– Assignment 343 f.
– Delegation 345
Abuse of process 406
Accord 330
Act-of-state-Doktrin 648 f.
Adjudication 89
Administrative agencies 83 ff.
Administrative deference 96
Administrative law judges 93
Adoption 274, 529 f.
Adverse possession 467
Alternative Dispute Resolution 222 ff.
American Rule 154
Anerkennung und Vollstreckung, siehe Urteilsanerkennung
Anfechtbarkeit 308 ff.
Angebot 287 ff.
– Erlöschen 293
– Widerruf 290 ff.
Annahme 295 ff.
– Falschlieferung als Annahme 296
– mailbox rule 297 ff.
Anticipatory repudiation 329, 335
Antitrust 630 ff.
Arbeitsrecht 657 ff.
– Arbeitsvertragsrecht 666 ff.
– Diskriminierungsverbote 667 ff.
– Entwicklung 658 ff.
– Kollektives Arbeitsrecht 673
Arbitration 224 f.
Assault 356
Assumption of risk 389
Attachment 481
Ausländerrecht 74 ff.
– Ausbürgerung 78
– Ausweisung 79
– Einbürgerung 77
– Einreise und Aufenthalt 74 ff.
Ausschlagung der Erbschaft 548
Außergerichtliche Streitbeilegung 222 ff.
– Mediation 228
– Schiedsverfahren 224 ff.
– weitere Formen 226 ff.

Bailment 476 ff.
Battery 355
Bedingungen 322 f.
Belegenheitszuständigkeit 129
Bereicherungsrecht 346 ff.
– Fallgestaltungen 349 ff.

– Quasi contract 347
– Rückerstattungspflicht 348
Beschlagnahme 710 f.
Besondere Territorien 62
Better law approach 241
Beweisverwertungsverbote 707, 713 f., 716
Bill of Rights 37, 47, 64 ff., 704 f.
Bundesgerichte 106 ff.
– Court of Appeals 107 f.
– Örtliche Zuständigkeit 140 f.
– Persönliche Zuständigkeit 130 ff.
– Sachliche Zuständigkeit 110 ff.
– Supreme Court 57, 109
Bundesrecht 17 f.
Bundesverfassung 37 ff., Anhang 2
Burglary 699
Business trust 604

Case law 19 ff., Anhang 1
Case or controversy 114
Caveat emptor-Doktrin 454, 456
Checks and balances 37, 86
Chevron deference 96
Civil union 272A
Claim joinder 159 ff.
Claim preclusion 201 ff.
Class action 179 ff.
– Opting out 180
– Repräsentanten 181
– Voraussetzungen 181
Clayton Act 632 ff., 640 ff.
Close corporation 601 f.
Closing 470
Commander in Chief 50 f.
Common law 1 ff.
– Auffinden von Fallrecht 25 ff.
– Terminologie 16
Common law marriage 488 f.
Common law property 497 f.
Community property 499 ff.
Comparative negligence 388
Compensatory damages 416 ff.
Condominium 435
Consideration 300 ff.
Contracts, siehe Vertragsrecht
Contingent fee 155
Contributory negligence 387
Conversion 361 f.
Corporations 584 ff.
– Anerkennung im Ausland 607A
– Ausländische Gesellschaften 609 ff.
– Besteuerung 586

– Close corporation 601 f.
– Delaware-Effekt 607
– Geschäftsführung 585
– Gründung 588 ff.
– Limited liability company 608
– Organe 589 ff.
– Professional corporation 605
– Public corporations 587 ff.
Counterclaim 163 ff.
Court of Appeals 107 f.
Covenant 466
Covenant marriage 490
Crossclaim 168 f.
Custody 523 ff.

Defamation 399 ff.
Deliktsrecht 352 ff., siehe Unerlaubte Handlungen
Dépeçage 250 f.
Determinable estate 442
Dictum, obiter 22
Diebstahl 700
Dingliche Beschränkungen, Nutzungsrechte 460 ff.
Discovery 106, 184 ff.
Diversity 103, 110 f.
Doctrine of necessities 496
Doctrine of privity 341 f.
Doing business 133
Domestic partnership 272A
Domicile 132, 245 f.
Due process clause 67, 102, 220A, 697
Durchsuchung 710 ff.

Easement 460 ff.
Ehe 485 ff.
– Common law marriage 488 f.
– Common law property 497 f.
– Community property 499 f.
– Covenant marriage 490
– Domestic partnership 513 ff.
– Ehegüterrecht 495 ff.
– Ehehindernisse 492
– Ehescheidung 505 ff.
– Eheschließung 485 ff.
– Ehewirkungen 493 f.
– Gleichgeschlechtliche Ehe 516 f.
– Nichteheliche Lebensgemeinschaft 513 ff.
– Putative spouse doctrine 492
– Unterhalt 495 ff.
Einbürgerung 77
Einstweiliger Rechtsschutz 190 ff.
– Attachment 193
– Preliminary injunction 191
– Temporary restraining order 192
Einwilligung 363 f., 684
Einzelstaaten 58

– Einzelstaatliches Recht 18
– Gerichte 117 ff.
– Organisation 58
Equal protection-Klausel 49, 67, 73, 102
Equitable servitudes 466
Equity 6 ff.
Erbrecht 531 ff.
– Ausschlagung Erbschaft 548
– Gesetzliche Erbfolge 535 f.
– Nachlaßverfahren 549 ff.
– Pflichtteil 545 ff.
– Testamentarische Erbfolge 537 ff.
– Trusts 554 ff.
Erfolgshonorar 155
Erie-Doktrin 113, 235 ff.
Ersitzung 467
Erwerb dinglicher Rechte an Grundstücken 467 ff.
Estates 437 ff.
– Freehold estates 439 ff.
– Nonfreehold estates 444 ff.
Estate subject to a condition subsequent 443
Estate subject to executory limitation 443
Estoppel 291, 304
Executory interests 442 f., 450 f.
Exekutive 50 ff.
Exempt property 547
Ex parte divorce 507 f.
Express trust 558

Fallrecht 19 ff.
– Distinguishing 23
– Obiter dictum 22
– Precedents 20
– Ratio decidendi 22
– Stare decisis 20
Falschlieferung 296
False arrest 357
False imprisonment 357
Familienrecht 484 ff., siehe auch Ehe, Kindschaftsrecht
– Eherecht 485 ff.
– Kindschaftsrecht 518 ff.
– Verlöbnis 485 ff.
Family allowance 547
Federal question 103, 110 ff.
Federal Reserve Bank System 56
Federal Trade Commission Act 635
Federal transfer 122 ff., 145 f.
Fee simple absolute 439
Fee tail 440
Foreclosure 475, 480, 483
Form, Vertrag 305 ff., Testament 539
Forum non conveniens 142 ff.
Freehold estates 439 ff.
Frustration of contract 332

357

Full Faith and Credit-Gebot 102, 147, 202, 209, 215 ff.
Future interests 448 ff.

Garantievereinbarungen 317 ff.
General damages 418
General partnership 573 ff.
Gerichtsstandsvereinbarungen 126 f.
Geschäftsfähigkeit 308
Gesellschaftsrecht 564 ff.
– ausländische Gesellschaften 609 ff.
– Kapitalgesellschaften 584 ff., s. auch Corporations
– limited liability company 608
– Personengesellschaften 573 ff., s. auch Partnerships
– Vertretungsrecht 565 ff.
Gesetzgebungsverfahren 46 f.
Gesetzgebungskompetenzen 48 f.
– Interstate Commerce Clause 49
– Necessary and Proper Clause 49
Gewaltenteilung 37, 85 ff.
Gleichgeschlechtliche Ehe 272A, 516 f.
Grundrechte 64 ff.
– Equal protection-Klausel 69
– Geschichte 65 ff.
– Habeas-corpus-Klausel 49, 67, 73, 102
Guantánamo Internierungslager 50A, 735, 737
Gutgläubiger Erwerb 473, 479

Haager Abkommen, Kindesentführung 526
Habeas corpus-Klausel 71, 735 ff.
Haßdelikte 698
Helms Burton Act 654 f.
Homestead allowance 547
Homicide 689

Immunität 412 ff.
Impeachment-Verfahren 50, 53
Impleader 170 f.
Implied covenant of quiet enjoyment 455
Implied warranty of habitability 457
Incomplete offenses 687
Independent agencies 55, 84
Indianerreservate 18, 63
Infliction of mental distress 358
Insanity 685 f.
Insolvenzrecht 618 ff.
– Bankruptcy Code 620 ff.
– Formen 622 ff.
– Liquidation 622
– Reorganisation 624 f.
– Zuständigkeit 620 f.
Interest analysis 240
Internationales Privatrecht 229 ff.
– Begriff 229
– Dépeçage 250 f.

– Domicile 245 ff.
– Erbrecht 275 ff.
– Erie-Doktrin 235 ff.
– Familienrecht 269 ff
– Gesellschaftsrecht 279 ff.
– Ordre public 254
– Renvoi 252 f.
– Sachenrecht 265 ff
– Theoriendebatte 238 ff.
– Trusts 278
– Unerlaubte Handlungen 259 ff.
– Vertragsrecht 255 ff.
– Qualifikation 248 f.
– Quellen 231 ff.
Interpleader 176 ff.
Interstate commerce clause 49, 610, 627
Intervention 172 ff.
Invasion of privacy 405
Issue preclusion 207 f.

Joint and several liability 407
Joint stock company 606
Joint tenancy 431, 553
Joint venture 582
Judikative 57 f.
Jurisdiction 106 ff., s. auch Zuständigkeit
– in rem 129
– personal 130 ff.
– subject matter 110 ff., 119 f.
– supplemental 161
– transient 130
Jury 198 f., 724, 728 f.
– Kapitalgesellschaften, siehe Corporations
– Kapitalmarktrecht 612 ff.
– Forward looking statements 614 f.
– Insiderhandel mit Wertpapieren 617
– Kapitalmarktaufsicht 613

Kartellrecht 627 ff.
Kausalität 382 ff.
Kaution 720
Kindschaftsrecht 518 ff.
– Adoption 529 f.
– Kindesentführungsabkommen, Haager 526
– Legitimation und Abstammung 518 ff.
– Sorgerecht 523 ff.
– Unterhalt 527 f.
Kommunalverwaltung 59 ff.
Kongreß 43 ff.
– Gesetzgebungskompetenzen 48 f.
– Gesetzgebungsverfahren 46 f.
– Repräsentantenhaus 44 f.
– Senat 46
Verfassungsänderung 47

Landlord and Tenant 453 ff.
Land records 472

Learned Hand formula 378
Legislative 43 ff.
Leihmutterschaft 521 f.
Leistungsgefahr 316
Lexis 34 ff.
Libel 401 ff.
Libel Tourism 221
Lien theory 474
Life estate 441
Limited liability company 608
Limited liability partnership 583
Limited partnership 578 ff.
Lis pendens 147 f.
Long-arm statutes 136

Magistrate judge 106
Mailbox rule 297 ff.
Malicious Prosecution 406
Manslaughter 692
Marketable title 469
Market share liability 384
Mediation 228
Merger 150 f., 202 f., 220A
Minimum contacts 136
Miranda-Rechte 713 f.
Mortgages 474 f.
Murder 682, 690 f.

Nachlaßverfahren 549 ff.
Necessary and proper clause 49
Necessity 368 f.
Nichteheliche Lebensgemeinschaft 513 ff.
Nichtigkeit von Willenserklärungen 308 ff.
No-fault statutes 427
Nominal damages 335, 417
Nonfreehold estates 444 ff.
Notwehr und Notstand 365 ff., 684
Novation 331, 345, 459
Nuisance 390 f.

Oberbefehlshaber 50 f.
Obiter dictum 22
Ordre public 220A, 254

Parol evidence rule 314
Party joinder 166 f.
Partnerships 573 ff.
– General partnership 573 ff.
– Limited liability partnership 583
– Limited partnership 578 ff.
Perfection 482
Perfect tender rule 325 f.
Periodic tenancy 445
Personal jurisdiction 130 ff.
– Domicile 132
– Doing business 133
– Long-arm statutes 136

– Minimum contacts 136
– Principal place of business 132
– Stream of commerce 138
Personengesellschaften, siehe Partnerships
Pflichtteil 545 ff.
Plea bargaining 722
Political question doctrine 115
Possibility of reverter 449
Präjudizien 20
Präsident 50 ff.
– Impeachment-Verfahren 53
– Wahl 52 f.
Precedents 20
Preclusion 201 ff.
– Claim preclusion 202 ff.
– Issue preclusion 207 f.
– Kollisionsrechtliche Fragen 209
Principal place of business 132
Privity, doctrine of 341 f.
Produkthaftung 393 ff.
Professional corporation 605
Profits 465
Promissory estoppel 304
Property, siehe Sachenrecht
Public corporation 587 ff.
Punitive damages 153, 335, 421 ff.
Putative spouse doctrine 492

Qualifikation 248 f.
Quasi-community property 501

Ratio decidendi 22
Recapture 368
Rechtsgeschichte 1 ff.
– Equity 6 ff.
– Writ-System 4
Rechtskraft 201 ff.
Rechtsquellen 17 ff.
– Bundesrecht 18
– Einzelstaatliches Recht 18
– Lexis und Westlaw 34 ff.
– Rechtsfortbildung 24
– Restatements 32
– Stare decisis 20
– Uniform laws 18
Rechtsmittel 210 ff., 732 ff.
Rechtsschutz gegen Verwaltungshandeln 94 ff.
Redemption 475
Rejection 326
Remainder 450
Removal 122
Renvoi 252 f.
Repräsentantenhaus 44 f.
Reservate 18, 63
Res ipsa loquitur 381
Res judicata 201 ff.

359

Restatements 31 f.
Restitution 351 ff.
Reversion 449
Revocation 289 ff.
Rügelose Einlassung 128
Rule against perpetuities 452, 561
Rulemaking 89

Sachenrecht 428 ff.
– Bailment 476 ff.
– Dingliche Beschränkungen 460 ff.
– Ersitzung 467
– Estates 437 ff.
– Freehold estates 439 ff.
– Future interests 448 ff.
– Gutgläubiger Erwerb 473
– Immobiliarsachenrecht 436 ff.
– Landlord and tenant 453 ff.
– Mobiliarsachenrecht 476 ff.
– Mortgages 474 f.
– Nonfreehold estates 444 ff.
– Nutzungsrechte 460 ff.
– Rechte mehrerer Personen 430 f.
– Rule against perpetuities 452
– Security interest 480 ff.
– Sicherungsrechte 480 ff.
Sammelklagen 179 ff.
Satisfaction 330
Schadensersatz 335 ff., 416 ff.
– Compensatory damages 418 f.
– General damages 335, 418
– Liquidated damages 338
– Nominal damages 335, 417
– Punitive damages 421 ff.
– Special damages 335, 420
Schenkung causa mortis 545
Schiedsverfahren 224 f., siehe Außergerichtliche Streitbeilegung
Schuldausschließungsgründe 684 ff.
Selbstmord 693 ff.
Senat 46
Servitudes 460, 466
Shepard's Citators 27 ff.
Sherman Act 630 f., 640 ff.
Sicherungsrechte 480 ff.
Slander 401 ff.
Sole proprietorship 603
Sorgerecht 523 ff.
Sorgfaltspflicht 372 ff.
– Owners and occupiers of land 373 ff.
– Verletzung 377 ff.
Sozialrecht 674 ff.
– Krankenversicherung 675
– Social Security Act 676
Special damages 335, 420
Specific Performance 152, 339 f.
SPEECH Act 221

Staats- und Verfassungsrecht 37 ff.
– Ausländerrecht 74 ff.
– Besondere Territorien 62 f.
– Bund 41 ff.
– Einzelstaaten 58
– Exekutive 50 ff.
– Gesetzgebungskompetenzen 48 f.
– Gesetzgebungsverfahren 46 f.
– Gewaltenteilung 85 ff.
– Grundrechte 64 ff.
– Judikative 57 ff.
– Kommunalverwaltung 59
– Repräsentantenhaus 44 f.
– Senat 46
– Verfassung (U.S. Constitution) Anhang 2
Staatsverträge 18
Stare decisis 20
Statute of Frauds 305
Stellvertretung 565 ff.
Sterbehilfe 694 f.
Strafschadensersatz 421 ff.
Strafprozeßrecht 704 ff.
– Durchsuchung 710 ff.
– Ermittlungsverfahren 707 ff.
– Haftbefehl 708 ff.
– Hauptverhandlung 723 ff.
– Jury trial 724
– Kaution 720
– Kumulative Haftstrafen 731
– Miranda-Rechte 713 f.
– Nebenrechtsmittel 734 ff.
– Plea bargaining 722
– Rechtsmittelverfahren 732 f.
– Untersuchungshaft 721
– Verfassungsrechtliche Garantien 704 f.
– Verhaftung 707 ff.
– Verurteilung 728 ff.
– Vorverhandlungsstadium 717 ff.
Strafrecht 681 ff.
– Allgemeiner Teil 683 ff.
– Burglary 699
– Defenses 684 ff.
– Delikte gegen das Leben 689 ff.
– Delikte gegen das Vermögen 699 f.
– Diebstahl 700
– Haßdelikte 698
– Homicide 689
– Larceny 700
– Manslaughter 692
– Murder 690 f.
– Strafbarkeit 683
– Theft 700
– Todesstrafe 69, 701 ff.
– Vergewaltigung 696 f.
Stream of commerce 137 f.
Strict liability 392 ff.
Summary Judgment 194

Supremacy Clause 18, 41
Supreme Court 57, 109

Tenancy at sufferance 447
Tenancy at will 446
Tenancy by the entirety 432
Tenancy for years 444
Tenancy in common 433
Testament 537 ff.
Theft 700
Tierhalterhaftung 392
Title theory 474
Todesstrafe 69, 701 ff.
Totschlag 689, 692
Torts 352 ff., siehe Unerlaubte Handlungen
Trespass 359 f.
Trust 278, 554 ff.
– Constructive trust 560
– Express trust 558
– Rechtsnatur 554
– Trustee 562

UCC 255, 266 ff., 288, 315 ff., 325 ff., 336 ff.
Unerlaubte Handlungen 352 ff.
– Assault 356
– Battery 355
– Conversion 361 f.
– Defamation 399 ff.
– Delikte gegen die Person 355 ff.
– Delikte gegen Sachen 359 ff.
– Fahrlässigkeitsdelikte 371 ff.
– False imprisonment 357
– Haftungsausschluß 363 ff.
– Immunität 412 ff.
– Infliction of mental distress 358
– Invation of Privacy 405
– Joint and Several liability 407
– Kausalität 382 ff.
– Libel 401 ff.
– Nuisance 390 f.
– Privileges 363 ff., 387 ff.
– Produkthaftung 348 ff.
– Reformen 264, 394 ff.
– Reputation and Privacy 399 ff.
– Schaden 416 ff.
– Slander 401 ff.
– Sorgfaltspflicht 372 ff.
– Strict Liability 392 f., 395
– Trespass 359 f.
– Umfang der Haftung 370
– Vicarious Liability 408 ff.
– Wrongful death and survival statutes 425
Uniform Laws 18
– Revised Uniform Partnership Act 573 ff.
– Uniform Commercial Code 255, 266 ff., 288, 315 ff., 325 ff., 336 ff.
– Uniform Conflict of Laws Limitation Act 249

– Uniform Determination of Death Act 689
– Uniform Enforcement of Foreign Judgments Act 217
– Uniform Foreign Money Judgments Act 220
– Uniform Marital Property Act 499
– Uniform Partnership Act 573 ff.
– Uniform Premarital Agreement Act 502
– Uniform Probate Code 531 ff.
– Uniform Reciprocal Enforcement of Support Act 512
Unjust enrichment 347 ff., siehe Bereicherungsrecht
Unmöglichkeit 333
Unterhalt 495 ff.
– Ehelicher Unterhalt 495 ff.
– Kindesunterhalt 527 f.
– Nachehelicher Unterhalt 511 f.
Unterschlagung 700
Untersuchungshaft 721
Urteilsanerkennung 213 ff., 272A
– Internationale Anerkennung 218 ff.
– Merger-Doktrin 213
– Zwischenstaatliche Anerkennung 215 ff.

Venue 140 f.
Verfassung 38 ff., Anhang 2
Verfassungsänderung 47
Verfassungsprinzipien 37
Vergewaltigung 696 f.
Verhaftung 707 ff.
Verlöbnis 485
Vertragspflichten 313 ff.
Vertragsrecht 282 ff.
– Abtretung 343 ff.
– Anfechtbarkeit 308 ff.
– Angebot 287 ff.
– Annahme 295
– Assignment 343 f.
– Bedingungen 322 f.
– Consideration 300 ff.
– Delegation 345
– Erlöschen der Vertragsverpflichtung 329 ff.
– Formerfordernisse 305 ff.
– Frustration of purpose 334
– Geschäftsfähigkeit 308
– Implied warranties 318 ff.
– Leistungsklage 339 f.
– Mailbox rule 297 ff.
– Nichtigkeit 308 ff.
– Promissory estoppel 304
– Schadensersatz 335 ff., siehe auch dort
– Specific performance 339 f.
– Statute of Frauds 305 ff.
– UCC 284, 315 ff., 235
– UN-Kaufrecht (CISG) 285
– Unmöglichkeit 332 f.
– Vertrag zugunsten Dritter 341 f.

361

– Vertragsbestandteile 313 ff.
– Vertragsbruch 329, 335 ff.
– Vertragserfüllung 324 ff.
– Vertragsschluß 287 ff.
– Warranties 318 ff.
– Wegfall der Geschäftsgrundlage 334
– Zusicherungen 317 ff.
Verwaltungsbehörden 83 ff.
– Administrative agencies 83
– Independent agencies 84
Verwaltungsrecht 80 ff.
– Begriff 80
– Geschichte 81 f.
– Rechtsschutz gegen Verwaltungshandeln 94 ff.
– Verwaltungsbehörden 83 ff.
– Verwaltungsverfahren 89 ff.
Verwaltungsverfahren 89 ff.
– Administrative law judges 93
– Handlungsformen 89 f.
– Verfahrensrechte und -leitung 91 ff.
Vested rights 239
Vicarious liability 408 ff., 683, 688
Vollstreckung 212, 221

Wegfall der Geschäftsgrundlage 334
Westlaw 34 ff.
Wettbewerbsrecht 627 ff.
Widerruf 289 ff.
Workers' compensation statutes 426, 680
Writ system 4

Zivilprozeß 97 ff., 149 ff.
– Anerkennung und Vollstreckung 213 ff.
– Außergerichtliche Streitbeilegung 222 ff.
– Begriff 97 ff.
– Behandlung ausländischen Rechts 200
– Beweismittel 196 f.
– Bundesgerichte 106 ff.
– Claim joinder 159 ff.
– Class action 179 ff., siehe auch dort
– Counterclaim 163 ff.
– Crossclaim 168 f.
– Discovery 184 ff.
– Einstweiliger Rechtsschutz 190 ff.

– Einzelstaatliche Gerichte 117 ff.
– Erfolgshonorar 155
– Erweiterung des Verfahrensgegenstandes 158 ff.
– Gerichtssystem 106 ff.
– Hauptverhandlung 195 ff.
– Impleader 170 f.
– Interpleader 176 ff.
– Intervention 172 ff.
– Jury 198 f., 724, 728 f.
– Klageeinleitung 156 f.
– Klageinhalt 150 ff.
– Kosten 154 f.
– Party joinder 166 f.
– Political question doctrine 115
– Quellen 101 ff.
– Summary Judgment 194
– Urteilswirkungen 201 ff.
– Verfahrensgegenstand, Erweiterung 158 ff.
– Wiederaufnahme und Rechtsmittel 210 ff.
– Zuständigkeit 106 ff.
Zusicherungen 317 ff.
Zuständigkeit, internationale 125 ff.
– Belegenheitszuständigkeit 129
– Domicile 132
– Gerichtsstandsvereinbarungen 126 f.
– Long arm statutes 136
– Minimum contacts 136
– Personal jurisdiction 130 ff.
– Principal place of business 133
– Rügelose Einlassung 128
– Stream of commerce 138
– Territorialprinzip 130
Zuständigkeit, örtliche 140 f.
Zuständigkeit, Regeldurchbrechungen 142 ff.
– Forum non conveniens 142 ff.
– Federal transfer 145 f.
– Lis pendens 147 f.
Zuständigkeit, sachliche 110 ff., 119 f.
– Bundesgerichte 110 ff.
– Einzelstaatliche Gerichte 119 f.
– Federal transfer 145 f.
– Removal 122
Zuständigkeitswechsel 122 ff.